SÃO PAULO, OS ESTRANGEIROS E A CONSTRUÇÃO DAS CIDADES

SÃO PAULO, OS ESTRANGEIROS E A CONSTRUÇÃO DAS CIDADES

Ana Lúcia Duarte Lanna
Fernanda Arêas Peixoto
José Tavares Correia de Lira
Maria Ruth Amaral de Sampaio
[organizadores]

alameda

Publishers: Joana Monteleone/ Haroldo Ceravolo Sereza/ Roberto Cosso
Edição: Joana Monteleone
Editor assistente: Vitor Rodrigo Donofrio Arruda
Projeto gráfico e diagramação: João Paulo Putini
Capa: Ana Castro/ João Paulo Putini
Revisão: Patrícia Jatobá U. de Oliveira
Assistente de Produção: João Paulo Putini
Imagem da capa e quarta capa: Isabel Falleiros. *Montanha de concreto* (Série "São Paulo a pé")

CIP-BRASIL. CATALOGAÇÃO-NA-FONTE
SINDICATO NACIONAL DOS EDITORES DE LIVROS, RJ

S241

SÃO PAULO, OS ESTRANGEIROS E A CONSTRUÇÃO DAS CIDADES
Ana Lúcia Duarte Lanna... [*et al.*] (orgs.).
São Paulo: Alameda, 2011.
690 p.

Inclui bibliografia
ISBN 978-85-7939-102-6

1. São Paulo (SP) – História. 2. Arquitetura brasileira – São Paulo (SP) – Influências estrangeiras – História. 3. Imigrantes – São Paulo (Estado) – História. I. Lanna, Ana Lúcia D. (Ana Lúcia Duarte), 1958-. II. Título.

11-5846. CDD: 981.61
CDU: 94 (815.61)

029374

ALAMEDA CASA EDITORIAL
Rua Conselheiro Ramalho, 694 – Bela Vista
CEP 01325-000 – São Paulo – SP
Tel. (11) 3012-2400
www.alamedaeditorial.com.br

Sumário

Traços e linhas de um projeto coletivo 7

Parte 1: Redes e territórios étnicos 17

Redes em processos migratórios 19
Oswaldo Truzzi

Bom Retiro: bairro de estrangeiros, bairro central (1928-1945) 39
Sarah Feldman

Presença estrangeira na indústria das confecções e evoluções urbanas nos bairros centrais de São Paulo 63
Sylvain Souchaud

Os coreanos no Bom Retiro 89
Maria Ruth Amaral de Sampaio

O Bexiga e os italianos em São Paulo, 1890/1920 117
Ana Lúcia Duarte Lanna

Parte 2: Construtores da cidade 131

A aldeia na cidade: ecos urbanos de um debate antropológico 133
Adrián Gorelik

Capitais latino-americanas e urbanistas estrangeiros (1920-1950) 165
Arturo Almandoz

A presença norte-americana e a transformação de São Paulo no pós-guerra 183
Maria Cristina da Silva Leme

Um lugar para as elites: os Campos Elísios de Glette e Nothmann no imaginário urbano de São Paulo 209
Paulo César Garcez Marins

Os arquitetos estrangeiros e o mercado imobiliário através da experiência de Jacques Pilon 245
Joana Mello de Carvalho e Silva

Construtores estrangeiros e a produção arquitetônica moderna no Bom Retiro (1950-1970) 261
Stamatia Koulioumba

Profissão: pintor-decorador. Oreste Sercelli na cultura de ornamentação arquitetônica de São Paulo 287
Solange Ferraz de Lima

De espelhos e imagens 317
Jussara Derenji

Parte 3: Trajetórias e olhares 333

Olhando de perto um mundo diferente 335
Gwendolyn Wright

Arquitetos estrangeiros, a arquitetura no estrangeiro e a história 353
José Tavares Correia de Lira

A produção escrita e projetual de Bernard Rudofsky em São Paulo (1938-1941) 387
Luisa Amoroso Guardado

Fotógrafos estrangeiros na cidade: Werner Haberkorn, Hildegard Rosenthal e Alice Brill 415
Mariana Guardani

Aventura, missão e diáspora: os vários motivos de viagens e a necessidade de relatar 443
Karen Macknow Lisboa

O caminho para a cidade: viagem e a condição estrangeira em relação ao transcurso espacial 471
Graciela Silvestri

Parte 4: Intelectuais, artistas e a cidade 495

Deslocamentos Milão-São Paulo: estrangeiros na cidade 497
Fernanda Fernandes

A presença estrangeira em *Habitat* (1950-54) e *Mirante das Artes, Etc.* (1967-68) 521
Adriana Maiolini Mesquita

Roger Bastide e as cidades: dois ângulos e uma perspectiva 543
Fernanda Arêas Peixoto

Um laboratório antropológico em movimento: as pesquisas da Sociedade de Etnografia e Folclore na cidade de São Paulo e nos seus "arredores" 573
Luísa Valentini

Donald Pierson em São Paulo: entre o Departamento de Cultura e a Escola Livre de Sociologia e Política 611
Isabela Oliveira Pereira da Silva

A montagem de um ideário urbano em São Paulo: Lebret, 1947 645
Dinalva Derenzo Roldan

Dois autores em busca de um passado: Richard Morse e Sérgio Buarque de Holanda na construção da especificidade paulista 661
Ana Claudia Veiga de Castro

Sobre os autores 685

Traços e linhas de um projeto coletivo

Ana Lanna, Fernanda Peixoto,
José Lira e Maria Ruth A. de Sampaio

Desde a Antiguidade, a história das cidades ocidentais se confunde com a da presença de grupos desconhecidos, vindos de regiões mais ou menos distantes, percebidos como estranhos ou estrangeiros. Tais presenças adventícias – rejeitadas ou acolhidas – tiveram papel destacado na transformação da paisagem urbana, deixando suas marcas nas pedras e traçados, assim como no plano das ideias e da imaginação. Os estrangeiros são assim parte inseparável das cidades, vividas ou sonhadas.[1]

No território americano, por sua vez, os conquistadores – espanhóis e portugueses – "ladrilharam" e "semearam" cidades, estrangeiras por definição ao espaço e aos modos de vida indígenas. A formação e a transformação das cidades americanas, desde então, é impensável sem os personagens de todas as cores, línguas, nacionalidades e culturas que aqui aportaram, trazendo em suas bagagens modelos, técnicas, valores e visões de mundo.[2]

Do ponto de vista de seu escopo temático, este livro soma-se a uma já ampla tradição de estudos sobre as relações dos estrangeiros com as cidades, mas espera contribuir, do ponto de vista da perspectiva projetada, para iluminar novas faces de um problema que há muito mobiliza o interesse dos analistas.

A maior parte das pesquisas que integram este volume tiveram início em um projeto coletivo de investigação, de feitio francamente interdisciplinar, cujo eixo estava dado pelas presenças estrangeiras, fundamentais nos processos de transformação física, demográfica, econômica, social e cultural da cidade de São Paulo desde finais do

1 Para um exame dos grupos estrangeiros nas cidades europeias, cf. Jacques Bottin & Donatella Calabi (éds), *Les étrangers dans la ville.* Paris: Éditions de la Maison des Sciences de l'Homme, 1999.

2 Ver, entre outros, José Luis Romero, *América Latina, as cidades e as ideias* (1999). Tradução Bella Josef, Rio de Janeiro: Editora da UFRJ, 2004.

século XIX.[3] O pressuposto dos trabalhos era a impossibilidade de compreender São Paulo, em suas mais variadas dinâmicas, sem esses personagens. Mas quem eram eles?

De modo a recuperarmos a multiplicidade de experiências que constitui o estrangeiro como categoria sociocultural, resistimos à sua redução à figura clássica do imigrante, frequentemente representado como nexo básico de explicação dos processos de modernização urbano-industrial das grandes cidades americanas. O mote original da investigação era justamente este: apreender a diversidade de formas do estrangeiro, as especificidades que os distribuem no tempo e no espaço, suas origens e legados, suas lógicas de emigração, itinerários e meios de transporte, suas múltiplas figurações nas relações com os lugares de destino – imigrantes, viajantes, visitantes, residentes, nativos ou eternos estrangeiros – na heterogeneidade dos modos de viver, descrever e simbolizar o outro.

As trajetórias desses personagens foram consideradas em função do modo como elaboram a alteridade; afinal, como categoria analítica, o estrangeiro permite pensar deslocamentos não puramente espaciais ou nacionais, mas também temporais e sócio-culturais. Foi possível ainda perceber como, ao longo dos périplos de viajantes erráticos, excepcionais ou imprevisíveis, dos roteiros provisórios de profissionais e turistas, e das travessias em fluxos massivos de imigrantes, variam as formas de inserção na estrutura produtiva; no ambiente cultural e político; nos meios técnicos, profissionais e intelectuais. Variam também suas atividades e seus olhares conforme as motivações e expectativas que organizam a movimentação desses atores no tempo e no espaço, de acordo com conhecimentos prévios que possuem da terra alheia, das redes que constroem, das hierarquias que organizam os campos locais de trabalho, do conhecimento, prestígio e s papéis que as cidades de destino solicitam, colocando-lhes diante de horizontes, paisagens e situações específicas.

Em suma, a construção do estrangeiro como objeto multifacetado – alvo de políticas, sujeito de práticas, textos e intervenções, e também um patamar de observação a partir do qual a cidade é vista de outros ângulos –, permitiu à pesquisa revelar uma paisagem urbana construída na articulação de sua materialidade, de suas redes de sociabilidade e dos processos de construção de identidades e alteridades, assim como de suas ideias, disciplinas e representações, inseparáveis do plano material.

3 "São Paulo: os estrangeiros e a construção da cidade", Projeto Temático Fapesp (2007-2011), coordenado por Ana Lanna, e de cujo núcleo central fizeram parte: Fernanda Fernandes, Fernanda Peixoto, José Lira, Maria Cristina Leme, Maria Ruth Sampaio, Paulo Garcez, Sarah Feldman, Solange Lima, além de bolsistas de Treinamento Técnico, Iniciação Científica, Mestrado, Doutorado e Pós-Doutorado.

O projeto de investigação primeiro ampliou o seu escopo analítico em função de dois seminários internacionais: "São Paulo: os estrangeiros e a construção da cidade" (agosto de 2009) e "Os estrangeiros e as cidades" (agosto de 2010), ambos realizados na FAU Maranhão (São Paulo), que tiveram o mérito de cruzar miradas interpretativas e casos empíricos diversos. A empresa comparativa resultou em um notável alargamento de foco: a cidade de São Paulo foi colocada em perspectiva em função de suas congêneres brasileiras; ao caso brasileiro, por sua vez, acrescentou-se a reflexão sobre situações latino-americanas diversas.

Este volume é produto dessa história, de todas essas colaborações e parcerias. Sua divisão em quatro partes deixa ver as linhas de força que organizam a reflexão. A despeito da relativa autonomia dos segmentos – que poderiam, no limite, dar origem a publicações independentes – a leitura do conjunto não deixa dúvidas quanto à forte comunicação das partes, em termos de temas e problemas, eis a razão de termos decidido mantê-los lado a lado.

O primeiro conjunto de textos, *Redes e territórios étnicos*, articula-se em torno do interesse pelas questões propriamente migratórias e da constituição de espaços específicos nas cidades em função das presenças estrangeiras, temas enfrentados a partir de enfoques diversos. O artigo de Oswaldo Truzzi abre o conjunto lançando uma reflexão de cunho teórico-metodológico: trata-se de pensar a rentabilidade do conceito de "redes" em relação a outros paradigmas explicativos, para esclarecer tanto a escolha de destinos quanto a inserção dos estrangeiros no mercado de trabalho na sociedade receptora.

O bairro do Bom Retiro, no centro de São Paulo, é objeto de três reflexões distintas. Sarah Feldmann apoia sua análise em duas indagações de fundo. Em primeiro lugar, quer pensar como, em algumas décadas, o bairro é identificado como "de judeus" e, anos após, como "de coreanos". Em seguida, pergunta ela, a condição de bairro central auxiliaria o entendimento das dinâmicas sociais, econômicas e culturais, assim como as transformações ocorridas na materialidade do território? Desde uma perspectiva longitudinal dos migrantes no espaço urbano (no Bom Retiro, Braz e Pari), Sylvain Souchaud parte do pressuposto que os próprios imigrantes – no caso, os bolivianos – são os principais vetores da reorganização produtiva do setor de confecções na atualidade, por eles definida e orientada em função da conjunção de interesses que caracterizam seus projetos e trajetórias imigratórias.

Finalmente, Maria Ruth Amaral de Sampaio, amparada nos estudos sociológicos de Barry Wellman e Mark Granovetter, retoma o conceito de redes para refletir sobre a experiência migrante no Bom Retiro a partir de laços fortes e fracos, assim como do trânsito dos coreanos em círculos variados – intra e extra colônia. Através de entrevistas com membros de destaque da colônia em São Paulo, a pesquisadora desvenda as relações do grupo com a sociedade mais ampla.

Outro bairro central de São Paulo – o Bixiga – vem à tona pela análise de Ana Lúcia Duarte Lanna, que, mais uma vez apoiada na noção de rede, busca analisar a constituição desse território, fortemente marcado pela presença de italianos do sul. Estamos aí diante de imigrantes que não se inserem na relação com a cafeicultura e com a imigração subsidiada, e que fazem da cidade seu destino primeiro e preferencial, conferindo ao lugar uma identidade decorrente da predominância de suas atividades e dos controles exercidos sobre elas.

O segundo segmento do livro, *Construtores da cidade*, reúne um conjunto de artigos que aborda as ações de múltiplos profissionais estrangeiros que atuaram, com suas práticas e ideias, em toda a América Latina, de finais do século XIX até a segunda metade do século XX. A noção de construção aqui mobilizada ultrapassa a visão restrita de edificação em pedra e cal; nesse sentido são evocadas as relações entre o pensamento urbanístico, a arquitetura e as tradições intelectuais das ciências sociais, assim como os trânsitos políticos e econômicos entre diversos agentes estatais e privados. As análises confrontam a tese, insustentável a partir dos resultados apresentados, de uma importação de ideias e práticas que aqui implantadas teriam conformado as cidades, a reflexão sobre elas, a constituição de campos acadêmicos e, por fim, a própria nação.

A noção de "influência" é explicitamente problematizada e descartada como procedimento analítico por Adrián Gorelik, em sua análise minuciosa da circulação de profissionais norte-americanos pela América Latina, assim como das inspirações que esses urbanistas, consultores e planificadores, retiram da antropologia de Chicago. Trata-se aí de acompanhar o processo de transformação de certas categorias analíticas, a constituição de temáticas e análises específicas para a América Latina. Os diversos autores considerados pela análise de Gorelik – Redfield, Park, Oscar Lewis, Matos Mar, Andrew Pearse, Gino Germani, entre outros –, assim como pelo artigo de Arturo Almandoz, figuram em campos de tensão e disputas onde, sejam as cidades, sejam os próprios profissionais, constituem-se e transformam-se nesses processos de contatos e trocas. Almandoz focaliza contextos urbanos (Buenos Aires, Cidade do México, Santiago e Caracas) que acolheram arquitetos e urbanistas estrangeiros – Hegemann,

Forestier, Jaussely, Le Corbusier, Brunner y Rotival, entre outros –, considerados o ponto de origem do urbanismo na América Latina.

A existência de um corpo de profissionais locais capazes de dialogar, criticar e funcionar como parceiros dos profissionais estrangeiros – contemplada pelos textos de Gorelik e Almandoz – é também objeto de atenção do artigo de Cristina Leme, voltado para a análise dos embates na definição de planos e propostas de intervenção urbana. A autora revela na ação do IBEC e de Roberto Moses para a elaboração do Programa de Melhoramentos Públicos em São Paulo, a forte presença de interesses americanos – mais um aspecto da decisiva atuação de Nelson Rockefeller – mas também a existência de confrontos locais (o Departamento de Urbanismo da Prefeitura, a Light, Henrique D. Vilares e Prestes Maia), o que contraria a ideia de um país "em branco" a ser construído pelas "influências" estrangeiras.

Além dos urbanistas – e das ideias, modelos e planos que com eles circularam –, os textos dessa parte tratam também da atuação de arquitetos, loteadores e construtores, relacionando-os a interesses públicos e privados. Esse é o propósito de Paulo Garcez ao revelar como as representações em torno de uma "cidade luz" e marco civilizacional chegam ao Brasil e são reiteradas pelos olhares construídos sobre os Campos Elíseos, bairro central paulistano, seja por memorialistas ou por intelectuais – que usam este imaginário para inventar uma cidade cindida, mas homogênea em suas divisões – seja por empresários, como Frederico Glette e Victor Nothman.

Finalmente, Solange Lima, Joana Mello, Stamatia Koulioumba e Jussara Derenji analisam a ação de artesãos, construtores e arquitetos que atuaram na transformação da cidade em metrópole. Tomando a profissão de pintor-decorador a partir do exame de Oreste Sercelli, Solange Lima redimensiona o lugar desses agentes sociais na consolidação da cultura arquitetônica paulistana, revelando como no atendimento às demandas locais, eles atualizam e criam soluções estéticas novas. Nos textos de Joana e Stamatia, a verticalização, as referências tomadas de empréstimo da arquitetura moderna e as relações com o mercado imobiliário são entradas analíticas que revelam a ação dos estrangeiros e as novas possibilidades de construção da cidade de São Paulo.

Apoiada no exame de padrões e técnicas, Stamatia Kouliomba mostra como os construtores judeus apropriam-se do vocabulário arquitetônico moderno, utilizando-o na verticalização do bairro do Bom Retiro, e alterando formas de morar e ocupar o território. Joana Mello, por sua vez, quer compreender a ação dos profissionais estrangeiros – Jacques Pilon, Duschenes, Adolf Franz Heep, Gian Carlo Gasperni, entre outros – a partir do modo como eles se inserem no mercado imobiliário, modificando a cena arquitetônica local, ao mesmo tempo em que são "afetados", diz ela, pela nova experiência "criando edifícios que são constituídos justamente por uma via de mão dupla entre o local e o estrangeiro".

A análise de Jussara Derenji sobre a construção de uma cidade, e de suas imagens, na Amazônia brasileira, oferece interessante contraponto aos demais artigos. Lançando mão de uma perspectiva histórica, ela mostra como, na fase da conquista, o caso de Belém coloca o problema das relações entre colonizadores e governantes no além mar (as cidades construídas procuram reproduzir os modelos existentes nos países de origem). Em um segundo momento, de fins do século XIX e início do XX, a cena urbana se transforma com a chegada de profissionais especializados em busca de trabalho, por exemplo o italiano Filipo Santoro.

A terceira sessão, como o próprio título indica, está centrada na relação entre *trajetórias e olhares.* Os textos aí reunidos exploram práticas e experiências diversas na tentativa de apanhar a geografia do deslocamento em seus múltiplos relevos e coordenadas, sentidos e escalas, sublinhando as maneiras como os trânsitos redefinem permanentemente os pontos de vista. São justamente a inefabilidade e a polifonia do olhar que fornecem os prismas pelos quais Gwendolyn Wright aborda a experiência do estrangeiro: o que ele vê certamente difere do que vê um nativo ou residente, mas será que o olhar não constitui uma espécie de língua franca que sutilmente atravessa as fronteiras idiomáticas? Trata-se de repensar o nexo entre as experiências do olhar e do deslocamento dos arquitetos, sobretudo europeus e norte-americanos, ali onde eles embarcam em projetos existenciais, turísticos ou profissionais fora de seu universo ocidental de referência.

O conceito de estrangeiro, indissociável da experiência metropolitana europeia, é posto em questão por Graciela Silvestri ao evocar a condição inevitável de deslocamento que configura a experiência civilizatória na América do Sul: do eterno deslocamento rumo à "terra sem mal" dos tupi-guarani aos conquistadores, missionários e exploradores coloniais, e às sucessivas ondas migratórias que redefiniram inteiramente a relação entre o estrangeiro e o nativo, o ocidental e o não ocidental, e os significados locais de um e de outro.

Essas indagações gerais encontram ecos específicos na viagem de profissionais, artistas e intelectuais ao longo da história – objeto dos artigos de Gwendolyn Wright, José Lira e Luisa Guardado (arquitetos), de Mariana Guardani (fotógrafos) e Karen

Lisboa (escritores) – e na exploração contemporânea: a viagem fluvial entre Buenos Aires e Assunção, realizada em 2010 (narrada por Silvestre), que reuniu artistas, escritores, arquitetos, antropólogos, astrônomos, músicos e cozinheiros, argentinos, paraguaios e espanhóis.

A complexa cartografia de deslocamentos de arquitetos pelo mundo, entre o final do século XIX e meados do XX, é vista por Lira como ocasião de um debate historiográfico. Ao afastar-se das epopeias individuais e das hierarquias presumidas entre origens metropolitanas, cosmopolitas ou centrais e destinos coloniais, provincianos, ou periféricos, o arquiteto estrangeiro é apanhado nesta análise no terreno movediço em que se insere, na diversidade dos circuitos que realiza, em suas múltiplas figurações e posições, tão variáveis quanto o movimento internacional de agentes, ideias e práticas.

Ao colocar o foco na trajetória do arquiteto tcheco Bernard Rudofsky e em sua passagem por São Paulo, entre 1938 e 1941, Luisa Guardado recupera o capítulo específico de uma vida marcada pela errância, construindo, de modo cuidadoso, o perfil altamente móvel de um arquiteto, oscilando entre países, culturas e campos de atuação diversos. Também centrado em São Paulo, o artigo de Mariana Guardani retoma a pluralidade de trajetórias a partir da consideração de três fotógrafos estrangeiros na cidade, entre meados dos anos 1930 e meados dos anos 1950 – Werner Haberkorn, Hildegard Rosenthal e Alice Brill –, recolocando a questão do olhar e da imagem à luz das distintas formas de inserção profissional do estrangeiro na divisão social e simbólica do campo fotográfico paulistano.

Imagens e ideias, projetos e escritos, assim como a articulação recorrente entre o ver e o escrever, consideradas por todas as análises, reaparece no artigo de Karen Lisboa, que segue o itinerário de escritores alemães que se transferem para o Brasil, entre a crise do imperialismo e a ascensão do nazismo. Longe da imagem edênica dos trópicos, associada à certa literatura de viagem, valorizam- se aí os nexos entre as figurações do outro e as múltiplas razões – editoriais, estéticas, propaganda colonialista – da presença ou da viagem local desses personagens; seu modo de ver também se articulando à inserção produtiva do artista na terra estranha. Não é outra senão esta a questão que percorre o artigo de G. Silvestri já mencionado: como o estado permanente de trânsito, no caso, em uma expedição fluvial, nos permite repensar a noção de estrangeiro? Ou antes, como no vasto território atravessado, apenas pontuado por cidades mestiças, elaboram-se as fronteiras entre natureza e cultura, rural e urbano, nacional e estrangeiro?

O segmento final – *Intelectuais, artistas e cidade* –, longe de encerrar o volume, abre novas pistas ao conjunto de reflexões pelo exame de outros percursos e miradas. Aqui é São Paulo o foco das pesquisas, seja em função de suas instituições científicas, culturais e artísticas (museus de arte, universidades e prefeitura); das revistas e publicações (*Habitat, Mirante das Artes, Etc.* e *Revista do Arquivo Municipal*), ou ainda pelo modo como a cidade foi pensada pelos intelectuais: sua fisionomia arquitetônica, paisagem humana e história, um passado frequentemente acionado porque vivo seja nas formas urbanas, seja na imaginação de uma especificidade paulista.

O Museu de Arte de São Paulo (MASP), criado em 1947 por Assis Chateaubriand, se configura como espaço de atuação de vários profissionais estrangeiros na São Paulo da década de 1950, indica Fernanda Fernandes. Os trajetos do jornalista e crítico de arte, Pietro Maria Bardi, dos arquitetos Lina Bo Bardi e Giancarlo Palanti e do artista Bramante Buffoni, minuciosamente analisados, permitem aferir a temperatura dos debates sobre a arquitetura racionalista na Itália, assim como a circulação de saberes e práticas entre Milão e São Paulo, no pós Segunda Guerra. Bardi e Lina Bo têm ainda atuação destacada na primeira fase da revista *Habitat* (1950-1954) – associada ao MASP, à sua Escola de Propaganda e ao Instituto de Arte Contemporânea – e em *Mirante das Artes, etc.*, nos anos 1967 e 1968, outra ponta da militância do casal Bardi enfrentada por Adriana Mesquita. Tais publicações, impensáveis sem as mudanças que conferem novos contornos à paisagem material e à vida cultural da cidade, são outros nichos fundamentais de inserção e atuação desses estrangeiros, pontos de confluências, trocas e parcerias.

Os artigos de Fernanda Peixoto, Luisa Valentini e Isabela Oliveira P. da Silva dirigem-se às instituições universitárias criadas na década de 1930 – Universidade de São Paulo e Escola Livre de Sociologia e Política – e às suas relações com o Departamento de Cultura, sob a direção de Mário de Andrade e Sérgio Milliet, respectivamente. Ao trazer à tona escritos pouco conhecidos de Roger Bastide sobre as cidades, arquitetura e vida urbana, dos anos 1930 aos anos 1950, Peixoto reinterpreta a produção do sociólogo francês e professor da USP, em função do que denomina sua "perspectiva barroca", contribuindo ainda para inserir o autor na seara dos debates urbanos e arquitetônicos. As conexões entre a Universidade e a cidade são matéria do artigo de Valentini, debruçada sobre a parceria entre Lévi-Strauss, Dina Dreyfus e Mário de Andrade no interior da *Sociedade de Etnografia e Folclore*. Retomando a questão das trocas e da circulação internacional de saberes, colocada de outro ângulo por Fernanda Peixoto, Valentini ensina que as pesquisas sobre a São Paulo em transformação é inseparável das etnografias da cultura popular e do folclore realizadas nos arredores.

Isabela Oliveira P. da Silva dá seguimento a essa linha de reflexão ao se deter sobre experiência de Donald Pierson na ELSP, entre 1930 e 1950. A centralidade da produção do sociólogo norte-americano sobre o urbano – veiculada na *Revista do Arquivo Municipal* do Departamento de Cultura –, sua atuação entre a instituição universitária (na qual forma novas gerações de pesquisadores) e o órgão público (para o qual contribui com pesquisas aplicadas), e seu lugar como mediador entre o Brasil e os Estados Unidos, permite à autora melhor qualificar os tão propalados impactos da "Escola de Chicago" entre nós. Também debruçada sobre um caso particular, o do frei dominicano Joseph Lebret, em sua primeira viagem ao Brasil, no ano de 1947, Dinalva Roldan contribui para repensarmos a importância decisiva desse personagem entre nós, que se movimenta entre os meios católicos, a militância política, as pesquisas acadêmicas, o planejamento e a intervenção urbanas.

Trânsitos de saberes e parcerias intelectuais são requalificados na análise de Ana Castro sobre os diálogos que ela localiza nas produções de Richard Morse e Sérgio Buarque de Holanda sobre São Paulo. Em diversos textos escritos por eles, o passado da cidade e da região é convocado para o esboço de uma história cultural paulista, na qual convivem: paisagem física, cultura material, representações sobre a tradição e perspectivas sobre o moderno. Menos que influências de um sobre o outro, a autora sublinha os conhecimentos partilhados em solos e experiências concretas.

Diante desse conjunto, parece claro que a diversidade temática, problemática e estilística dos artigos aqui reunidos não elimina as enormes afinidades existentes entre eles; afinidades enraizadas em um solo comum de interesses, e construídas ao longo de quatro anos de colaboração, seja no cotidiano do projeto de pesquisa e nos seminários do grupo, seja em trocas e encontros informais. Fica aqui registrado o nosso agradecimento a cada um dos autores que integram este volume, também à Fapesp pelo auxílio concedido e a todos os demais bolsistas, técnicos e funcionários da FAU-USP, do Museu Paulista, do Departamento de Antropologia da USP e do Instituto de Estudos Brasileiros da USP, sem os quais nada disso teria sido possível.

Parte 1
Redes e territórios étnicos

Redes em processos migratórios[1]

Oswaldo Truzzi

Esse artigo busca explorar a utilização do conceito de redes em processos migratórios. Nesse campo de estudos, o enfoque de redes sucedeu a aplicação da noção de cadeias migratórias, de certo modo ampliando-a. Estas, por sua vez, vinculam-se a uma forma específica nos quadros de uma tipologia migratória mais ampla. Após retraçar a gênese de aplicação do conceito de redes em processos migratórios, esse artigo: a) mostra como informações e recursos providos através de redes influenciam tais processos; b) compara as vantagens da utilização do conceito, em relação a outros paradigmas explicativos, para esclarecer tanto a escolha de destinos, quanto a inserção no mercado de trabalho na sociedade receptora e c) discute as oportunidades e dificuldades de emprego do conceito de redes nos estudos migratórios. Apoiando-se sobre exemplos de experiências migratórias colhidos na literatura, argumenta-se que a noção de redes é crucial a todos os que almejam entender migrações – históricas ou contemporâneas – como um processo social.

Tipologias migratórias

Charles Tilly, em um influente artigo publicado originalmente em 1978, após reconhecer que existe uma boa dose de arbitrariedade na definição de quem é imigrante, procura estabelecer tipologias migratórias associadas a duas variáveis que considera como importantes: a distância entre origem e destino, e o grau de ruptura (com a origem) de quem emigrou, seja este um indivíduo, uma família, um trabalhador, etc. Essas duas variáveis indicam a fronteira, ainda que sempre arbitrária, entre um simples deslocamento ou mobilidade e uma experiência migratória. Assim, tanto deslocamentos de curta distância, mesmo que definitivos, quanto uma viagem turística ao Japão, mesmo que do outro lado do planeta, escapam ao que normalmente compreendemos por fenômeno migratório.

1 Originalmente publicado em *Tempo Social*, vol. 20 (1), 2008, p. 199-218.

De caráter distinto desse tipo mais comum de mobilidade, as migrações abrangem outras categorias e, sempre segundo Tilly (1978), podem ser classificadas em:

a) *locais*: quando o indivíduo se desloca a um mercado (seja este de trabalho, de terras ou mesmo matrimonial) geograficamente contíguo, que normalmente já lhe é familiar;
b) *circulares*: quando o indivíduo se desloca a um mercado por um determinado intervalo de tempo definido, ao cabo do qual ele retorna a sua origem;
c) de *carreira*: em que o indivíduo se desloca respondendo a oportunidades de ocupação de postos oferecidos por uma organização a que pertence ou associados a uma profissão que já exerce;[2]
d) em *cadeia*: que envolve o deslocamento de indivíduos motivados por uma série de arranjos e informações fornecidas por parentes e conterrâneos já instalados no local de destino.[3]

São esses os tipos mais comuns e, como se trata de um artifício classificatório, é conveniente observar que as fronteiras entre os tipos propostos, bem como entre estes e a categoria anterior de simples mobilidade, são ambíguas. Assim, por exemplo, é lícito se perguntar como se enquadram as emigrações de pioneiros nessa categorização. Algumas das regiões da Europa que mais forneceram emigrantes que cruzaram o Atlântico, ao longo do século XIX, já contavam com uma larga experiência de deslocamentos menores no interior do próprio continente europeu, normalmente para regiões vizinhas, onde o emprego era mais fácil ou os salários maiores. Migrações locais parecem assim ter contribuído para a formação de uma *cultura migratória* (Massey *et al*, 1993, p. 452-3) que pôde se tornar, após algum tempo, intercontinental. Como exemplo, tome-se inicialmente o caso de emigrantes procedentes do Vêneto, região do nordeste da Itália que mais contribuiu para o estoque de italianos no Brasil (Franzina, 2006; Alvim, 1986; Trento, 1989). A literatura italiana aponta para essa região um histórico anterior de emigração a países vizinhos, sobretudo à França, num movimento

2 Clérigos pertencentes a uma ordem religiosa como a dos escalabrinianos, por exemplo, vindos ao Brasil para prestar assistência aos emigrantes italianos, constituem um caso típico de emigração de carreira.

3 Mais tarde, esse mesmo autor reformulará parcialmente tais categorias, adicionando a categoria de migrações colonizadoras (quando segmentos de uma dada população se deslocam a territórios anteriormente por ela não ocupados), e sugerindo que as variáveis cruciais para a tipologia são o grau com que os imigrantes retêm posições na rede social de envio e o grau em que o deslocamento é definitivo (Tilly, 1990, p. 88).

que pode ser caracterizado como de emigração local ou circular. Essa tradição ou cultura da emigração, a partir da penúltima década do século XIX, facilitou o deslocamento ao Brasil nos quadros de uma emigração em cadeia, em que parentes, conterrâneos e agentes de propaganda agiam como uma corrente transmissora de informações que alimentavam as vindas.

Historicamente, sabe-se também que alguns fluxos ultramarinos iniciaram-se por indivíduos que habitavam zonas costeiras, normalmente portuárias (genoveses na Itália, por exemplo). Antigos marinheiros, acostumados a determinados trajetos, aos quais depois se oferece a oportunidade de se fixar em um determinado destino, podem ser compreendidos como migrantes de carreira. Se essa implantação ocorre apenas transitoriamente, ao longo de períodos sucessivos, ela acaba se tornando circular. As altas taxas de retorno para a emigração italiana ao Brasil de modo geral podem sugerir não necessariamente apenas fracassos, mas uma emigração de caráter circular, ao menos para alguns estratos específicos (como comerciantes importadores, por exemplo), que se dispusessem a repetir a viagem e a estadia no Brasil algumas vezes como estratégia de longo prazo para acumular algum pecúlio.

De outro modo, é natural que uma emigração caracteristicamente circular acabe deixando residualmente, com o decorrer dos anos, alguns indivíduos estabelecidos no local de destino. Esses pioneiros, sobretudo se bem sucedidos, podem agir como elementos de atração para outros eventualmente se estabelecerem, facilitando a fixação de novos ingressantes em caráter permanente. Ao cabo de alguns anos, a emigração outrora circular pode assumir uma característica de cadeia. A imigração em cadeia surge assim como o modo natural de desenvolvimento de um fluxo migratório para aqueles que não são os pioneiros, os desbravadores de um novo destino.

O interessante dessa classificação é que, apesar dessas sobreposições, os tipos em questão tendem a exibir certas características peculiares. Emigrações circulares tendem, por exemplo, a ser sexualmente seletivas, tanto para homens quanto para mulheres, dependendo da ocupação oferecida no local de destino. Emigrações em cadeia e de carreira tendem, por sua vez, a contemplar destinos mais distantes, embora a segunda geralmente envolva um número maior de destinos (multipolaridade) que a primeira. Também as emigrações locais e as de carreira tendem a ser majoritariamente individuais, enquanto as circulares e, sobretudo, as em cadeia, tendem a envolver mais famílias.

Cadeias e redes migratórias

Seja no bojo da experiência histórica de recepção de imigrantes, inaugurada ainda na segunda metade do século XIX, seja na moldura recente de emigração de brasileiros para o exterior, o fenômeno das migrações em cadeia é aquele que nos interessa mais de perto. Na literatura teórica sobre a experiência migratória de diversos grupos, o fenômeno das cadeias migratórias e das redes sociais que as sustentam vem recebendo atenção crescente (Tilly, 1990). O termo cadeias, concebido na década de sessenta do século passado por pesquisadores australianos, foi originalmente definido "como o movimento pelo qual migrantes futuros tomam conhecimento das oportunidades de trabalho existentes, recebem os meios para se deslocar e resolvem como se alojar e como se empregar inicialmente por meio de suas relações sociais primárias com emigrantes anteriores" (MacDonald & MacDonald, 1964, p. 82).

Baily (1985, p. 47), analisando o caso dos italianos na Argentina, propôs uma definição de cadeias relativamente similar, referindo-se a "contatos pessoais, comunicações e favores entre famílias, amigos e 'paesani' (conterrâneos de um mesmo 'paese', ou aldeia) em ambas sociedades, emissora e receptora", atuando como "fatores fundamentais para determinar quem emigrava, como escolhiam seu destino, onde se estabeleciam, como obtinham trabalho e com quem se relacionavam socialmente" os imigrantes.

Tais definições, relativamente amplas, contemplavam na verdade alguns tipos bastante distintos de cadeias migratórias: as migrações de homens solteiros através de agentes recrutadores ("padroni", como se convencionou chamar na literatura americana); a imigração contínua de trabalhadores incentivada pela ajuda de outros indivíduos trabalhadores já instalados; e a imigração defasada da família, quando esposa e filhos se reúnem ao marido que anteriormente havia partido em busca de trabalho. Incomodado com essa variedade de situações que tais definições podiam abarcar, Devoto (1988) procurou delimitar com maior precisão o termo, restringindo sua abrangência, ao propor que o mecanismo de emigração em cadeia deveria se diferenciar "de pelo menos outros três tipos: a) emigração através de mecanismos de assistência impessoais, b) emigração através de mecanismos semiespontâneos onde o processo começa incentivado por informações de parentes, de conterrâneos ou 'públicas', mas o movimento resulta como produto de iniciativas e de recursos de um indivíduo ou de uma família isoladamente; c) emigração através de 'padroni' ou de outros sistemas mais difusos de mediação e clientelismo, nos quais a gestão do processo está em mãos de intermediários externos à cadeia". Essa definição mais restrita de cadeias contrasta com o emprego mais genérico do termo redes migratórias.

Para Massey (1988, p. 396), redes migratórias podem ser definidas como "complexos de laços interpessoais que ligam migrantes, migrantes anteriores e não migrantes nas áreas de origem e de destino, por meio de vínculos de parentesco, amizade e conterraneidade". Outra definição coloca em relevo algumas das funções sociais das redes, ao defini-las como "agrupamentos de indivíduos que mantêm contatos recorrentes entre si, através de laços ocupacionais, familiares, culturais ou afetivos. Além disso, são formações complexas que canalizam, filtram e interpretam informações, articulando significados, alocando recursos e controlando comportamentos" (Kelly, 1995, p. 219).

De qualquer modo, o emprego dos termos cadeias e redes, em suas acepções mais restritas ou abrangentes, procura sublinhar a circunstância de que muitos decidiam emigrar após informarem-se previamente das oportunidades (e dificuldades) com imigrantes anteriores, seja por carta, seja quando estes retornavam. Estes podiam prover tanto *informações*, no tocante às perspectivas de emprego e alojamento iniciais, quanto *recursos*, através de remessas monetárias, que pudessem financiar e assim viabilizar a viagem. Cabe, nesse sentido, sublinhar o papel ativo dos emigrados, já partidos, na sociedade de origem, de modo a influenciar o comportamento de novos migrantes potenciais, estimulando ou refreando projetos, expectativas e investimentos futuros.

Financiamento da imigração e estratégias familiares

Do ponto de vista desse último tema – dos *recursos* para a viagem –, observou-se que, no marco das cadeias migratórias, em várias ocasiões, o próprio contato no país de destino do potencial emigrante facilitava parcialmente, ou mesmo financiava integralmente sua viagem. Este podia ser um parente (é muito comum, por exemplo, tios chamando sobrinhos, ou irmãos chamando irmãos) ou um conhecido já instalado na região de destino, que buscava convencer indivíduos à emigração.

Isso desde já não elimina a possibilidade, também muito comum, de o próprio indivíduo se responsabilizar pelos custos da travessia atlântica. Nesse caso, mais usual era que não o indivíduo isoladamente, mas a família tomasse uma decisão no sentido de enviar um ou mais de seus membros à emigração, num cálculo de que alguns anos de América poderiam favorecer estratégias familiares diversas: ora de evitar a proletarização iminente, ora de manter ou melhorar o *status quo* relativo da família na aldeia de origem, ora de saldar dívidas contraídas, ora de aumentar uma propriedade rural diminuta incapaz de absorver todos os herdeiros, ora de preservar a autoridade paterna, ora mesmo de diversificar o risco enviando alguns filhos à América.

Em todos esses casos, o importante é assinalar o contexto da economia doméstica e do chamado ciclo de vida familiar (Brettell, 1986; Stark, 1991), capaz de tecer diferentes estratégias migratórias, normalmente perseguidas mais por famílias do que por indivíduos isolados. Em muitas ocasiões, a família como um todo emigra quando a relação entre bocas para alimentar e braços para trabalhar é favorável, isto é, quando os filhos estão adentrando a adolescência. Tal estratégia foi muito comum entre os imigrantes que chegaram ao Brasil, seja como colonos na lavoura cafeeira paulista, seja como colonizadores rurais nos estados do sul do país e do Espírito Santo.

Em outras ocasiões, emigra-se ainda jovem, quando os entusiasmos (e provavelmente também as ilusões) são maiores e, sobretudo, quando se avalia que os potenciais benefícios advindos da emigração poderão ainda ser usufruídos, justamente porque se estima ter ainda muitos anos de vida pela frente. Em outras ainda, emigra-se porque o sistema de herança praticado na origem não comporta a permanência de todos os herdeiros na propriedade rural familiar, predispondo indivíduos a considerar seriamente a alternativa da emigração. Em alguns casos, jovens herdeiros inquietos à busca de oportunidades receberam sua parte na forma de passagens à América.

Alternativamente, determinados núcleos familiares podem ter a estratégia de enviar em primeiro lugar o chefe, individualmente, para sondar oportunidades e enfrentar o período mais crítico de adaptação à nova terra. Ao cabo de alguns anos e de várias remessas monetárias, os demais membros de sua família vão também se deslocando, reunindo-se progressivamente ao pioneiro, num processo característico das imigrações em cadeia.

Por fim, o agente financiador da emigração poderia ser um recrutador interessado em canalizar indivíduos ou famílias para uma determinada região. No caso brasileiro, essa forma de financiamento foi muito importante, sobretudo se comparada ao contexto internacional. Nos Estados Unidos houve, como já se mencionou, emigração de indivíduos italianos, financiados por agentes recrutadores interessados em prover mão de obra barata, sobretudo para trabalhar em serviços públicos. Estabeleceram-se assim laços clientelistas entre turmas de trabalhadores oriundos de uma determinada região e "padroni", elementos que recrutavam e "apadrinhavam" tais contingentes. Os imigrantes recrutados por esse sistema ficavam assim à disposição de consignatários locais, até que pagassem integralmente com seu trabalho o custo de suas passagens.

Mas o fenômeno da imigração subsidiada realmente assumiu proporções muito mais notáveis no Brasil, sobretudo em São Paulo. Nesse caso, o financiamento contínuo, ao longo de décadas,[4] e público (bancado pelo governo), priorizou a vinda não de indivíduos isolados, mas de famílias inteiras dispostas ao trabalho como colonos nas fazendas de café. Também aí se estabelecia um vínculo de obrigações (e, por consequência, muitos conflitos) entre as famílias de colonos e os proprietários, até que as primeiras lograssem, ao cabo de anos de trabalho, pagar suas dívidas relativas ao financiamento da viagem transatlântica. Na experiência paulista atuaram em momentos diversos tipos distintos de agente recrutador e financiador da emigração: o fazendeiro diretamente, empresas particulares (como a firma Vergueiro) ou agentes contratados a serviço do governo.

Informação e confiança nos processos migratórios

No que concerne ao tema da *informação*, constitui uma variável chave o modo como esta se dissemina. Tal processo é normalmente concebido através de redes, cujo grau de abrangência pode variar muito. Há redes circunscritas a círculos familiares, há outras mais extensas que perpassam informações a toda uma aldeia, outras ainda maiores que exercem impacto sobre toda uma microrregião. Inicialmente, aceitava-se como razoável um modelo no qual a variável chave era a distância. Quanto mais próxima uma aldeia de outra da qual haviam partido imigrantes, maior seria a possibilidade de "contágio" da "febre" emigratória.

Tome-se como exemplo a seguinte passagem, extraída de um relatório de uma missão presbiteriana no Oriente Médio, ao final do século XIX: "a febre emigratória não apresenta indícios de diminuir. Chegou a tornar-se uma mania. Tirou das nossas igrejas alguns dos seus membros mais úteis; muitos dos professores dão sinais de inquietude [...] A emigração, como um fermento possante, agita todas as aldeias e povoados de nosso campo. Todo mundo está em movimento e ninguém parece disposto a ficar, desde que possa, de um jeito ou de outro, arranjar dinheiro suficiente para pagar a viagem" (Knowlton, 1961, p. 29). Os próprios termos empregados na descrição do fenômeno sugerem um modelo "epidemiológico" de disseminação de informações.

4 Na Argentina, por exemplo, a imigração subsidiada manteve-se apenas por três anos, sendo encerrada após um amplo debate que acentuou as desvantagens de promoção de uma imigração considerada "artificial" (Devoto, 2004).

Contudo, observou-se que obstáculos geográficos ou, o inverso, eixos de circulação importantes (estradas ou vales de rios, por exemplo) influenciavam a morfologia da disseminação da informação (Otero, 1992). Além disso, Grieco (1987) criticou o pressuposto da proximidade física, argumentando que, na verdade, vínculos pessoais fortes, nos quais existe o reconhecimento de relações (obrigações) recíprocas, são mais decisivos para fundamentar a decisão de emigrar. Em outras palavras, conforme endossou Ramella (1995, p. 20), a informação não é "a mesma para todos os vizinhos e conterrâneos de uma aldeia, nem necessariamente se transmite de vizinho a vizinho, porque os canais através dos quais ela passa são as relações sociais fortes, que prescindem da distância e, por conseguinte, da frequência de contatos. Em conclusão, a informação não se difunde por epidemia".

Essas e outras considerações levaram muitos autores a utilizar o aparato conceitual de redes (Granoveter, 1976) – com densidades distintas, laços fortes e fracos etc. – como modelo apropriado para representar o modo como informações relevantes para a decisão de emigrar se disseminavam. Informações sobre oportunidades ou sobre dificuldades fluem autorregulando o sistema. Assim, cada informação sobre um indivíduo em sua trajetória influencia o sistema como um todo.

Nesse mesmo sentido, outro ponto importante é a confiabilidade atribuída a tais informações, o que enfatiza a importância das chamadas relações sociais primárias. A pessoa ou família que pensava em emigrar tendia a confiar mais nas informações trazidas, ao vivo ou por carta, de um parente, vizinho ou amigo, por exemplo, do que nos folhetos de propaganda distribuídos por um agente recrutador, cujos lucros dependiam apenas do número de indivíduos que conseguisse colocar a bordo de um vapor. Assim sendo, os contatos pessoais tornavam-se mais importantes, porque mais confiáveis, que as informações não pessoais.

Não há necessidade, por outro lado, como observou Martes (2000) analisando a chegada recente de brasileiros na área de Boston, que os laços que ligam os imigrantes às diversas redes sejam muito robustos. "Um endereço do conhecido de um amigo, do parente de um parente, ou de um padre 'que ajuda os brasileiros a ir para lá' pode ser suficiente". Essa autora, após identificar cerca de 6 redes sociais que deram início ao movimento migratório, conclui que "de modo geral, é por meio das redes que são veiculadas informações e opiniões que condicionam a favor da emigração [...] As redes sociais, geralmente de parentesco, amizade ou mesmo religiosas, são fundamentais para explicar como os brasileiros chegam aos Estados Unidos, sobretudo porque elas ajudam a reduzir o custo psicológico e econômico da emigração" (Martes, 2000, p. 73). Nesses termos, é sempre conveniente distinguir entre redes sociais e redes migratórias, as primeiras pré-existindo e, por vezes alimentando, as segundas.

Isso significa afirmar que os mapas mentais dos que pensam em emigrar são diferentes dos mapas geográficos. Locais como outro continente, mas com parentes e empregos, podem ser emocionalmente e materialmente próximos, enquanto espaços sociais vizinhos, mas sobre os quais não se têm muitas referências, podem parecer muito distantes. Os emigrantes potenciais preferem informação e, sempre que possível, de confiança (Hoerder, 1999).

Redes em contraposição a outros paradigmas explicativos do fenômeno migratório

Tais ordens de consideração, exploradas, em termos de tradição disciplinar, mais por historiadores e antropólogos do que por economistas (Baines, 1994), acabaram por colocar o conceito de redes no centro da decisão de emigrar. Tal *parti pris* recupera, por assim dizer, o papel do agente e de sua rede de relações na decisão de partir, em contraposição ao clássico modelo *push-pull*, no qual são enfatizadas as condições estruturais das regiões de origem e de destino dos imigrantes. Desse modo, atuando no interior de redes de relações pessoais, o emigrante, individualmente ou em um núcleo familiar, passou a ser visto como um agente racional que persegue objetivos e mobiliza recursos relacionais não apenas para escolher destinos, mas também para se inserir no mercado de trabalho na sociedade receptora. Dito em outros termos, o imigrante passou a ser visto como agente mobilizador de seu capital social. Assim, as variáveis relacionais, frequentemente acomodadas em uma história narrativa, deslocam, disputam, ou pelo menos completam a explicação dos fenômenos migratórios oferecida pela abordagem estruturalista.

Elege-se, mesmo que as fontes empíricas sejam mais raras e trabalhosas, o indivíduo e suas relações como foco de análise (Miguez, 1995). Do ponto de vista do esforço da pesquisa, isso significa uma clara opção pela micro-história (Levi, 2001), normalmente traduzida por uma redução da escala de observação e pelo uso intensivo de fontes nominativas, na convicção de que uma observação microscópica revelará aspectos e significados até então não observáveis em análises macro. Pode-se partir de indivíduos a princípio tomados isoladamente, mas o que se persegue é identificar e recuperar suas redes de relacionamento.

Ainda que vislumbrada por alguns como mero instrumento de pesquisa ou método de análise, no fundo, a perspectiva de redes tenta explicar como são forjadas as relações sociais. Aplicada aos fenômenos migratórios, aposta-se que as redes fornecem contextos sociais de referência para o indivíduo que deseja emigrar, tornando-se assim um instrumento valioso para se estudar a ação social, já que elas são capazes de condicionar comportamentos. Tal paradigma encontra-se em franca oposição aos pressupostos tanto da teoria econômica neoclássica, segundo os quais as relações sociais produzem efeitos nulos ou marginais sobre o comportamento do indivíduo (indivíduo hipossocializado), quanto da teoria sociológica funcionalista, na qual, ao contrário, o indivíduo normativamente orientado (hipersocializado) encontra pouco espaço para uma ação autônoma. Como argumentou Levi (2001, p. 98), "toda a ação social é vista como o resultado de constantes negociações, manipulações, escolhas e decisões do indivíduo em face de uma realidade normativa que, embora abrangente, oferece, no entanto, múltiplas possibilidades a condutas e interpretações individuais".

De modo similar, Brettell e Hollifield (2000, p. 107) argumentaram que "a teoria das migrações mediadas por redes são bastante distintas das teorias embasadas nos modelos de escolha racional ou de tomada de decisão preferidos por alguns economistas e cientistas políticos". Em contraposição a teorias de mercado que pressupõem os imigrantes tomando suas decisões baseados primordialmente em análises financeiras de custo-benefício, o recurso às redes muitas vezes é capaz de emprestar maior concretude aos processos migratórios.

Na realidade, a perspectiva de se analisar os processos migratórios através das redes não deixa de considerar os imigrantes como agentes econômicos (e, portanto, como tomadores de decisões que potencialmente maximizarão sua situação econômica), mas também recupera as variáveis sociais e culturais que devem ser consideradas em conjunto com as de caráter econômico. Justamente esse *plus* na análise é que muitas vezes permitirá distinguir as sutis diferenças entre grupos ou comunidades francamente envolvidas em processos migratórios e outras que não, embora às vezes muito próximas geograficamente.

Por outro lado, o enfoque também pode esclarecer porque em muitas ocasiões determinados fluxos migratórios se estendem ou se perpetuam, mesmo quando mudanças nas condições econômicas ou políticas (tanto na origem quanto no destino) em tese deveriam refreá-los. Isso ocorre porque as redes migratórias podem se tornar autoalimentadoras: cada novo migrante reduz o custo de migrações subsequentes para o conjunto de seus amigos e parentes, de modo que alguns destes são, portanto, induzidos a emigrar; o que amplia, por sua vez, o conjunto de indivíduos com vínculos no exterior (Massey *et al*, 1993, p. 449). "A rede associa migrantes a não migrantes através do tempo e do espaço. Uma vez iniciados, os fluxos migratórios se tornam autoalimentados, na medida que refletem a instauração de laços e de redes de informação, assistência e obrigação que se desenvolvem entre o imigrado na sociedade de destino e amigos e parentes que permaneceram na área de origem" (Boyd, 1989, p. 641). Esse fenômeno, identificável, por exemplo, na imigração de mexicanos aos Estados Unidos, ou de imigrantes de variadas nacionalidades que sucederam ao sistema *guestworker* na Europa, é apropriadamente denominado por alguns autores de *efeito estoque*: mesmo que cessadas as condições estruturais que lhe deram início, os fluxos populacionais persistem porque o estoque de indivíduos de uma determinada origem incentiva e facilita a vinda de parentes ou conterrâneos.

Passada a fase de deslocamento dos pioneiros, qualquer processo migratório de massa sempre tende a associar demandas e ofertas de mão de obra. O conceito de redes enfatiza que estas duas esferas entram em contato e se concretizam no interior de uma trama de relações pessoais, através das quais fluem as informações sobre trabalho disponível. São as relações pessoais que determinam quem partirá e tomará tal trabalho. A informação não é concebida como um bem livre: os indivíduos compartilham e dispõem de informações limitadas, sempre dependentes de sua rede de relações. Nessa perspectiva, são, portanto, as redes de relações sociais, que estruturam oportunidades, tanto de partir quanto de se colocar no novo país.

Tome-se ainda, por exemplo, numa outra linha de trabalhos, um autor como Sayad, que, ao discutir o retorno dos migrantes à sua terra natal, argumenta necessariamente pressupor, esta questão, vários modos de relações. Com o tempo (de ontem e do futuro), com a terra (natal e a nova) e com "o grupo: aquele que se deixou fisicamente, mas que se continua a carregar de uma maneira ou de outra, e aquele no qual se entrou e ao qual é preciso se impor, aprender a conhecer e dominar". Não há aqui a adoção explícita de uma perspectiva de redes, mas é evidente a consideração das relações sociais do imigrante, "na medida em que todo indivíduo é em princípio membro de um grupo original e, em seguida, membro de vários outros grupos que se diria 'segundos', mas não necessariamente secundários, sobretudo no caso da imigração, em que se é inevitavelmente membro, de uma certa maneira, da sociedade de imigração e de outros grupos ainda, entre os quais, os grupos dos imigrantes (de mesma origem ou de origem diferente)" (Sayad, 2000, p. 12-3).

O papel estratégico das redes na sociedade receptora

De fato, nesse último sentido, compreende-se que os vínculos sociais possam ser valorizados não apenas na sociedade de origem, instruindo a decisão de emigrar, mas também na sociedade de recepção, após a emigração. Daí o valor estratégico dos vínculos comunitários também no período de integração à nova sociedade, normalmente estudados segundo uma série de indicadores, entre os quais os padrões residenciais, ocupacionais, matrimoniais, e o vigor das associações étnicas (especialmente associações de socorro mútuo organizadas por origem) são os mais comuns. O que se deseja, em cada um desses casos, é justamente se aferir o grau em que as redes pré-emigratórias ainda operam no novo país, a ponto de influenciar, respectivamente, aglomerações espaciais, opções profissionais, taxas de endogamia e esferas de sociabilidade próprias a cada grupo de imigrantes (Ramella, 1995).

Tome-se o caso das chamadas etnias comerciais que vieram a São Paulo. É admirável, por exemplo, o vigor com que as redes de sírios e libaneses operaram historicamente a construção de um nicho ocupacional no setor de armarinhos e confecções em São Paulo, e mesmo em todo o Brasil (Truzzi, 1997). O mesmo pode ser dito em relação ao papel das redes na rápida mobilidade socioeconômica dos judeus. Ou ainda atente-se para sua importante função no fornecimento de crédito entre coreanos, segundo o mecanismo conhecido por *kye* (Choy, 1991; Truzzi, 2000).

Entre os principais grupos de imigrantes que vieram a São Paulo (italianos, portugueses e espanhóis), é provável que redes menores, ainda que não abrangendo o conjunto de imigrantes de qualquer dessas nacionalidades, tenham operado da mesma forma, mesmo que o financiamento da imigração pelo governo e a alocação, por vezes casual, dos imigrantes às fazendas cafeeiras, tenham em parte enfraquecido o papel exercido pelas redes.

Na verdade, não são apenas as redes de relações tecidas anteriormente à emigração que desenharão os vínculos étnicos na sociedade receptora: a própria experiência migratória por si só é capaz de propor e redefinir novas identidades e reconhecimentos que podem se traduzir em novas redes. Desde o embarque no vapor, novas redes vão se reconfigurando, porque indivíduos e famílias se reconhecem na mesma condição (Fausto, 1998, p. 15). Foi assim, por exemplo, que imigrantes com identidades e culturas próprias, provenientes de diversas regiões da Itália, descobriram-se italianos no Brasil (Trento, 1989; Alvim, 1986; Bertonha, 2005) e que hoje brasileiros no exterior se reconhecem e desenvolvem identidades próprias ao grupo, porque compartilham da condição comum de imigrantes. Tilly (1990), por exemplo, refletindo sobre esta questão, proporá que as redes de envio e de recepção de migrantes interagem e conformam novas redes, formadoras de novas sociabilidades.

Usos e dificuldades

A análise por redes fornece ao investigador um instrumento objetivo para identificar conexões (relações ou laços) entre pontos (atores ou nós) no interior de um determinado sistema. Tomando-se por base as indicações de Marshall (1998, p. 447), o emprego do conceito de redes em processos migratórios pode ser utilizado sob pelo menos três perspectivas distintas, não excludentes entre si – pelo contrário, complementares. A utilização de uma ou outra abordagem dependerá do problema empírico concreto a ser enfrentado. Em primeiro lugar, estudos de difusão exploram a configuração de determinados fluxos-chave, perseguindo sua propagação no interior das redes. Um desses fluxos, bastante caro à análise de processos migratórios, é, como já se mencionou anteriormente, o da informação, seja ela mais ou menos confiável.

Em segundo lugar, a chamada perspectiva sistêmica leva em consideração todos os participantes da rede, focalizando sua própria estrutura, como fez Granovetter (1974) ao identificar a importância dos 'laços fracos' para se obter informação sobre trabalho. Esse autor argumentou que informações relevantes para esse fim são trazidas por indivíduos que têm acesso a diferentes fontes de informação, e não por aqueles do círculo mais próximo de relacionamento, que tendem somente a trazer informações redundantes. Nesse sentido, Ambrosini (2005), atentando à prevalência de laços fortes, derivados de vínculos familiares ou de conterraneidade no interior das redes migratórias, observa que tais redes sociais nos países de destino expressam uma combinação de fragilidade e de força. De um lado, o *capital social de solidariedade*, que produz sustentação mútua entre os integrantes da rede, pode ser alto, mas, em muitos casos, conspícuo. De outro, o *capital social de reciprocidade*, derivado das relações tecidas externamente à rede, com outros grupos, e muitas vezes crucial à mobilidade social, é débil.

Nessa operação, vinculam-se atributos e oportunidades a posições que o ator social ocupa em uma dada estrutura relacional. Além da posição de um ator em uma dada rede social determinar em boa medida o grau de autonomia ou dependência deste relativamente aos demais, ela configura a estrutura de oportunidades desse ator no que diz respeito à facilidade de acesso a recursos de outros atores situados na rede ou fora dela. Em outras palavras, a forma das redes condiciona concretamente as relações dos indivíduos em interação. Assim, conforme argumentou Rocha-Trindade (1995, p. 91), "se numa determinada rede cada actor possui recursos valorizados pelos restantes actores e se cada vínculo representar a possibilidade de obter esses recursos, então a estrutura da rede representa uma estrutura de oportunidades determinante para o comportamento dos actores em presença [...] Quer isso dizer que há um contexto macroscópico que estabelece condições estruturais, mas que ao nível microscópico as decisões migratórias são influenciadas pela participação em redes sociais que proporcionam o acesso dos actores a determinados recursos, nomeadamente assistência e informação".

Por fim, e de modo semelhante, redes egocêntricas identificam o escopo das relações sociais elaboradas em torno de um único ator, definido como um "nó" em meio a uma configuração estelar (Degenne e Forsé, 1999). Elas podem apoiar a construção de perfis biográficos e exploram a teia de relações tecidas por um único indivíduo ao longo de sua trajetória de vida, como fez Devoto (2004) ao chamar a atenção para o papel-chave de intermediários e articuladores entre grupos sociais distintos, nomeadamente entre colônias de imigrantes e elites nativas em Buenos Aires. Ou ainda, como estabeleceu Soares (2002) de modo mais sistematizado, ao analisar a centralidade da microrregião de Governador Valadares nos fluxos de brasileiros emigrados para fora do país.

Do ponto de vista das críticas, alguns autores (Light, Bachu e Karageorgis, 1993) ressaltam a maior facilidade do conceito em explicar a continuidade de fluxos já estabelecidos do que propriamente o movimento de pioneiros em direção a um determinado destino. Em outros termos, o modo como determinadas redes identificam, escolhem e se dirigem a novos destinos quando destinos anteriores mostram-se saturados.

No caso da imigração subsidiada para São Paulo, em particular, é aplicável e particularmente relevante atentar para a crítica que Goss e Lindquist (1995) formulam ao conceito de redes, ao sugerirem que este enfatiza demasiadamente as dimensões informais dos processos que produzem a emigração, relegando a segundo plano o papel das agências e das instituições formais promotoras dos deslocamentos. Há autores, como Nugent (1995), que sustentam, por exemplo, que o Brasil somente se incluiu entre os mais importantes países receptores da imigração em massa – ao lado dos Estados Unidos, Argentina e Canadá – graças à imigração subsidiada promovida institucionalmente pelo governo paulista. Ou pense-se, ao contrário, nas restrições impostas por governos europeus à própria imigração subsidiada para o Brasil (decreto Prinetti na Itália, por exemplo). Constrangimentos ou favorecimentos desse tipo, associados às diferentes doutrinas ideológicas que acabam constituindo a carne e o osso das políticas migratórias para qualquer período ou nação, certamente conformam a face institucional dos processos migratórios.[5]

Por outro lado, experiências migratórias associadas a situações de extrema penúria e dificuldade nas regiões de origem dos imigrantes, provocadas por uma multiplicidade de fatores atuando simultaneamente, como sugeriu Franzina (2006) em seu livro recentemente traduzido ao português, que enfoca a emigração de colonos provenientes do Vêneto, ainda que não invalidem, obviamente colocam sob outro prisma a utilização do conceito de redes migratórias.

Um aspecto relevante nessa discussão é que há também dificuldades na aplicação concreta do conceito de redes aos estudos migratórios, sobretudo quando estes são estudados sob uma perspectiva histórica, já que é sempre mais problemática, nesse caso, a utilização de fontes capazes de reconstituir com alguma fidelidade e de modo sistemático os laços sociais que prevaleciam entre os migrantes, as informações a que tinham acesso e, sobretudo, a mentalidade que as avaliava.

Mesmo entre autores que se dedicam ao estudo de migrações contemporâneas, é comum se combinar perspectivas distintas para explicar o processo social das migrações. Massey (1987, p. 4), por exemplo, sugere que processos migratórios iniciam-se com desequilíbrios macroestruturais entre regiões de origem e destino, mas são sustentados por fluxos contínuos de trocas (sobretudo interpessoais), alimentados pelas redes sociais. Assim, embora uma abordagem "pura" das redes sociais em processos migratórios descarte uma análise à prori do perfil dos migrantes segundo *atributos* (cor, idade, sexo, nível de renda, profissão, etc) para se ater essencialmente à análise das *relações* entre indivíduos (Fazito, 2002), é mais comum que, frente ao desafio de se explicar um sistema migratório concreto, o investigador se valha de paradigmas distintos para dar conta de determinadas situações empíricas.

5 No caso brasileiro, atente-se, por exemplo, aos trabalhos de Seyferth (1996 e, entre outros), além das coletâneas sobre políticas migratórias organizadas por Boucault e Malatian (2003) e Sales e Salles (2002).

Considerações finais

Cadeias e redes são instrumentos poderosos para se explicar porque alguns locais de destino dos imigrantes se vinculam fortemente a outros locais de origem dos mesmos. Em outras palavras, dada uma determinada localidade de partida, é justamente o vigor com que operam as redes e as cadeias o fator decisivo que canaliza o fluxo preferencialmente a determinados destinos (White e Woods, 1980), conformando-se então um sistema migratório (Hoerder, 1999).

O aspecto mais importante, privilegiado nas análises segundo essa perspectiva, são as relações, e não os atributos de cada indivíduo. O ponto fundamental é buscar, a partir de cada indivíduo, a identificação de sua rede de relações. Assim, o conceito de redes concebe a sociedade como um conjunto de relações, introduz uma dimensão da estrutura social entendida como estrutura de relações, o que é bastante diferente de imaginá-la como estruturada segundo categorias agregativas.

A adoção de uma perspectiva de redes interessa a todos os que se ocupam dos fenômenos migratórios, tanto no presente, quanto no passado. Em primeiro lugar, porque estes normalmente ocorrem segundo critérios bastante seletivos por origem e tipo de imigrante. Em segundo lugar, porque em geral tais fenômenos não acontecem isoladamente como resultado de decisões individuais, mas de grupos de pessoas relacionados por familiaridade e destino comum. Não eram esses grupos meras categorias – homens ou mulheres, jovens ou idosos, habilitados ou não habilitados, pobres ou ricos, solteiros ou casados, militantes ou apolíticos, crentes ou agnósticos. Claro que indivíduos migraram, e às vezes, sozinhos. Mas o fizeram como participantes de um processo social que se estendia muito além deles próprios. É esse o sentido da afirmação de Tilly (1990, p. 84): "os indivíduos não emigram, mas sim a rede". Além disso, o modo como enfrentaram no passado, ou enfrentam hoje, os desafios na nova terra indica que se valeram amplamente de laços prévios. Buscando aprofundar o modo como oportunidades estruturais se traduzem concretamente em ações familiares e individuais, a perspectiva de redes pode iluminar e oferecer explicações bastante satisfatórias a todas essas questões.

Bibliografia

ALVIM, Zuleika. *Brava Gente! Os Italianos em São Paulo, 1870-1920*. São Paulo: Brasiliense, 1986.

BAILY, Samuel S. "La cadena migratória de los italianos en la Argentina". In: BOUCAULT, Carlos Eduardo de Abreu e MALATIAN, Teresa. *Políticas Migratórias: fronteiras dos direitos humanos no século XXI*. Rio de Janeiro e São Paulo: Renovar, 1985; 2003.

BAINES, Dudley. "European Emigration, 1815-1930: Looking at the Emigration Decision Again". *The Economic History Review*, 47, 3, p. 525-44, 1994.

BERTONHA, João Fábio. *Os Italianos*. São Paulo: Contexto, 2005.

BOYD, M. "Family and Personal Networks in International Migration: Recent Developments and New Agenda". *International Migration Review*, vol. 23, n. 4, p. 853-76, 1989.

BRETTELL, Caroline B. *Men Who Migrate, Women Who Wait. Population and History in a Portuguese Parish*. Princeton: Priceton University Press, 1986.

________ e HOLLIFIELD, James F. *Migration Theory: Talking Across Disciplines*. New York: Routledge, 2000.

CHOI, Keum Joa. *Além do Arco-Íris: a imigração coreana no Brasil*. Dissertação de Mestrado. São Paulo, FFLCH-USP, 1991.

DEGENNE, A. e FORSÉ, M. *Introducing Social Networks*. London: Sage, 1999.

DEVOTO, Fernando. "Las cadenas migratórias italianas: algunas reflexiones a la luz del caso argentino". *Estudios Migratorios Latinoamericanos*, 8, 1988.

_______. *Historia de la Inmigración en la Argentina*. Buenos Aires: Editorial Sudamericana, 2004.

_______ e ROSOLI, Gianfausto (orgs.). *La inmigración italiana en la Argentina*. Buenos Aires, 1985.

FAUSTO, Boris. "Imigração: cortes e continuidades". In: NOVAIS, Fernando A. e SCHWARCZ, Lilia Moritz. *História da Vida Privada no Brasil* (vol. 4). *Contrastes da intimidade contemporânea*. São Paulo: Companhia das Letras, 1998.

FAZITO, Dimitri. "A Análise das Redes Sociais (ARS) e a Migração: mito e realidade". *Anais do XIII Encontro da Associação Brasileira de Estudos Populacionais*, 2002.

FRANZINA, Emilio. *A Grande Emigração – o êxodo dos italianos do Vêneto para o Brasil*. Campinas: Editora da Unicamp, 2006.

GOSS, J. e LINDQUIST, B. "Conceptualizing international labor migration: a structuration perspective". *International Migration Review*, vol. 29, n. 110, p. 317-51, 1995.

GRANOVETTER, Mark S. "The Strenght of Weak Ties". *The American Journal of Sociology*, 78, 6, p. 1360-80, 1973.

GRIECO, M. *Keeping It In The Family: Social Networks and Employment Chance*. London: Tavistock Publications, 1987.

HOERDER, Dirk. "From Immigration to Migration Systems: New Concepts in Migration History". *OAH Magazine of History*, fall, p. 5-11, 1999.

KELLY, P. F. "Social and Cultural Capital in the Urban Ghetto: Implications for the Economic Sociology of Immigration". In: PORTES, A. (org.). *The Economic Sociology of Immigration*. New York: Russell Sage, 1995.

KNOWLTON, Clark S. *Sírios e Libaneses: mobilidade social e espacial*. São Paulo: Anhambi, 1961.

LEVI, Giovanni. "On Microhistory". In: BURKE, Peter. *New Perspectives on Historical Writing*. The Pennsylvania State University Press, p. 97-119, 2001.

MACDONALD, L. & MACDONALD J. S. "Chain Migration, Ethnic Neighborhood Formation and Social Networks". *The Milbank Memorial Fund Quarterly*, XLII, 1, p. 82-96, 1964.

MARSHALL, Gordon. *A Dictionary of Sociology*. Oxford: Oxford University Press, 1998.

MARTES, Ana Cristina Braga. *Brasileiros nos Estados Unidos – um estudo sobre imigrantes em Massachusetts*. São Paulo: Paz e Terra, 2000.

MASSEY, Douglas. "Economic Development and International Migration in Comparative Perspective". *Population and Development Review*, 14, p. 383-413, 1998.

_______ *et al. Return to Aztlan – The Social Process of International Migration from Western Mexico*. Berkeley: University of California Press, 1987.

_______ *et al.* "Theories of International Migration: a Review and Appraisal". *Population and Development Review*, 19, 3, p. 431-66, 1993.

MÍGUEZ, Eduardo. "Microhistoria, redes sociales y historia de las migraciones: ideas sugestivas y fuentes parcas". In: BJERG, María e OTERO, Hernán (orgs.). *Inmigración y redes sociales en la Argentina moderna*. Tandil: CEMLA – IEHS, p. 23-34, 1995.

NUGENT, Walter. *Crossings – The Great Transatlantic Migrations, 1870-1914*. Bloomington: Indiana University Press, 1995.

OTERO, Hernán. "La Inmigración francesa en Tandil. Un aporte metodologico para el estudio de las migraciones en demografia historica". *Desarrollo Económico*, 32, 125, p. 79-106, 1992.

RAMELLA, Franco. "Por un uso fuerte del concepto de red en los estudios migratorios". In: BJERG, María e OTERO, Hernán (orgs.). *Inmigración y redes sociales en la Argentina moderna*. Tandil: CEMLA – IEHS, p. 9-21, 1995.

ROCHA-TRINDADE, Maria Beatriz. *Sociologia das Migrações*. Lisboa: Universidade Aberta, 1995.

SALES, Teresa e SALLES, Maria do Rosário R. *Políticas Migratórias. América Latina, Brasil e brasileiros no exterior*. São Paulo: EdUFSCar e Sumaré, 2002.

SAYAD, Abdelmalek. "O retorno – elemento constitutivo da condição do imigrante". *Travessia – revista do migrante*, ano XIII (número especial), p. 7-32, 2000.

SEYFERTH, Giralda. "Construindo a nação: hierarquias raciais e o papel do racismo na política de imigração e colonização". In: MAIO, Marcos Chor e SANTOS, Ricardo Ventura (orgs.). *Raça, Ciência e Sociedade*. Rio de Janeiro: Editora Fiocruz, 1996.

SOARES, Weber. *Da metáfora à substância: redes sociais, redes migratórias e migração nacional e internacional em Valadares e Ipatinga.* Belo Horizonte. Tese de Doutorado. CEDEPLAR/FACE/UFMG, 2002.

STARK, O. *The Migration of Labour*. Cambridge: Basil Blackwell, 1991.

TILLY, Charles. "Migration in Modern European History". In: MCNEILL, William H. e ADAMS, Ruth S. (eds.). *Human Migration, Patterns and Policies*. Indiana University Press, p. 48-72, 1978.

_______. "Transplanted Networks". In: YANS-MCLAUGHLIN, Virginia (ed.). *Immigration Reconsidered. History, Sociology and Politics.* Oxford University Press, p. 79-95, 1990.

TRENTO, Angelo. *Do Outro Lado do Atlântico. – um século de imigração italiana no Brasil.* São Paulo: Nobel, 1989.

TRUZZI, Oswaldo. *Patrícios – Sírios e Libaneses em São Paulo*. São Paulo: Hucitec, 1997.

________. "Etnias em convívio: o bairro do Bom Retiro em São Paulo". *Estudos Históricos*, CPDOC, FGV, n. 28, p. 143-166, 2001.

WHITE, Paul e WOODS, Robert. "The Foundations of Migration Studies". In: _______ e _______ (eds.). *The Geographical Impact of Migration*. London: Longman, 1980.

Bom Retiro: bairro de estrangeiros, bairro central (1928-1945)

Sarah Feldman

Nem bairro, nem centro

Até o final do século XIX, o núcleo mais densamente urbanizado da cidade de São Paulo se manteve circundado por um "cinturão de chácaras". A construção da ferrovia operada pela The São Paulo (Brazilian) Railway Company Ltd e a condição de São Paulo como "capital do café" aceleram o processo de urbanização destas chácaras, dando origem a um conjunto de bairros que se constituem, se moldam e se transformam com a participação significativa de estrangeiros.

Estes bairros podem ser qualificados como bairros centrais,[1] termo que expressa a ambiguidade que os caracteriza – nem bairro, nem centro. Esta ambiguidade, como mostra Muller (1958, p. 175), se delineia a partir do momento em que "a área central se tornou perfeitamente individualizada":

> A partir de 1870, surgiu o que poderíamos chamar de embrião da zona de transição, uma vez que, entre o " coração da cidade" – o Triângulo, e os bairros tipicamente residenciais, veio a se constituir uma zona que não podia ser incluída no Centro de então, mas que não se classificava entre os bairros da cidade, onde as residências apareciam entremeadas por pequenas lojas, oficinas diversas e, como elemento bem característico dessa área, casas de "rendez-vous" e "pensões suspeitas"

1 O termo bairro central vem sendo utilizado de forma ampla. Santos (1959), em *O Centro da Cidade de Salvador*, denomina bairros centrais o conjunto Cidade baixa e Cidade alta que compõe o centro de Salvador. Fernandes (1986), no estudo sobre o Bom Retiro, utiliza o termo bairro central industrial. Neste texto utilizamos o termo não apenas pela localização, mas principalmente pelas características ambíguas destes bairros. Nem todo bairro com localização central contém esta ambiguidade. Higienópolis, por exemplo: a localização é central, mas o bairro é residencial.

Este processo se explica pela própria configuração do centro tradicional de São Paulo. Desde sua origem, este centro abriga um conjunto expressivo de atividades que não se incluem entre as chamadas "funções centrais"[2]nobres: habitações coletivas, comércio atacadista, pequenos estabelecimentos de serviços, "casas de tolerância", um amplo leque de instituições, órgãos públicos, escolas, etc. São estas atividades, representativas "quer da vida urbana, quer vida regional"[3] de São Paulo no final do século XIX que, pelas vantagens de localização e dos baixos preços de imóveis, transbordam seus limites. Estas atividades assumem papel fundamental como indutoras do desenvolvimento de bairros que se configuram como uma extensão do centro.

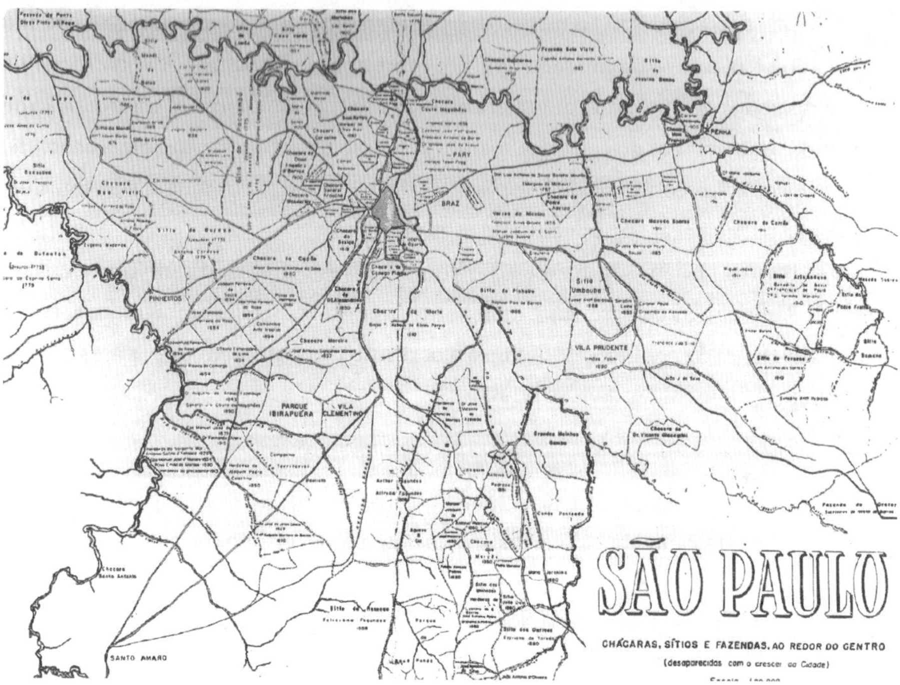

Figura 1. São Paulo. Chácaras, sítios e fazendas ao redor do centro.
Fonte: Arquivo Aguirra. Museu Paulista

2 Nos estudos sobre delimitação de centros, a perspectiva funcional prevalece, sendo consideradas funções centrais as de maior importância e nobres (Fogelson, 2001). Nessa perspectiva, tudo que é considerado não importante é interpretado como inadequado ao centro e deteriorado.

3 Segundo Santos (1959), é nesse sentido que devem ser estudadas as funções do centro de cada cidade.

Nos anos de 1950, este transbordamento que Muller denomina "zona de transição"[4] inclui a maioria dos bairros que se originam do cinturão de chácaras. Nesse momento, sela-se a indissociabilidade entre centro e bairros centrais. Nas décadas seguintes, estes bairros se consolidam como centros de emprego de grande importância para a economia paulistana e como local de moradia de um leque amplo de grupos sociais.

O Bom Retiro – situado entre o rio Tietê e a ferrovia – é um destes bairros,[5] e é resultado da urbanização das Chácaras Marquês de Três Rios, Dulley, Fazenda Municipal, Fidêncio Prates, Dona Maria Marcolina de Barros, Bom Retiro, parte da Chácara Elias Chaves e parte do Sítio do Carvalho.[6]

A presença de estrangeiros é uma constante no bairro e antecede seu surgimento. Com a inauguração do primeiro jardim público de São Paulo – o Jardim Botânico[7] – em um dos limites da área que viria a constituir o Bom Retiro, as chácaras passam a ser utilizadas como retiro de fim de semana das elites. Algumas foram adquiridas por engenheiros que participaram da abertura da ferrovia e utilizadas como local de encontro da então comunidade inglesa que se instala em São Paulo. É o caso da Chácara Dulley, de propriedade do americano Charles Dimmit Dulley,[8] que abriga as primeiros práticas de golf e o São Paulo Athletic Club, onde se realizaram os primeiros jogos de "foot-ball" na cidade (Antunes, 1992).

No intenso processo de desmembramento, venda e revenda de lotes que se inicia na década de 1880, destaca-se, por exemplo, o judeu Manfred Mayer, como proprietário e loteador.[9] A maior parte das primeiras transmissões de imóveis são realizadas para

4 Muller tem como referência o estudo de Ernest Burgess (1925), "O crescimento da cidade: introdução a um projeto de pesquisa. In: D. Pierson. *Estudos de Ecologia Humana*. São Paulo: Ed. Martins, 1970, onde define uma zona de transição que circunda o centro como aquela que abriga indústrias, áreas deterioradas e atividades de pouca reputação.

5 Os outros bairros centrais do antigo "cinturão de chácaras" são: Bela Vista, Liberdade, Pari, Barra Funda, Santa Cecília, Santa Ifigênia, Campos Eliseos, Cambuci, Consolação, Luz.

6 Conforme o mapa São Paulo – chácaras, sítios e fazendas ao redor do centro, desaparecidos com o crescer da cidade. Arquivo Aguirra.

7 A construção do Jardim Botânico é iniciada em 1709 e concluída em 1825. Em 1938 passou a se chamar "Jardim Público" e posteriormente Jardim da Luz.

8 Engenheiro chefe da ferrovia de São Paulo ao Rio de Janeiro, inaugurada em 1877.

9 Segundo Brito (2000), Manfred Meyer esteve envolvido no loteamento de terras, em atividades urbanizadoras e na construção civil.

italianos, portugueses e espanhóis, e a ocupação do bairro se dá de forma acelerada, pois nas duas primeiras décadas do século XX, as vendas de casas superam as de lotes (Mangili, 2010, p. 151-160). A população do Bom Retiro passa de 4 mil, em 1901, a 29.804, em 1920.

Portugueses e italianos ocupam o bairro no final do século XIX, e de 1900 a 1940 os italianos predominam entre a população estrangeira. No início do século XX os judeus começam a ter presença destacada. Gregos, armênios e sírios também se instalam no Bom Retiro ao longo do século XX. Desde os anos de 1960 começam a chegar os coreanos e, nas duas últimas décadas, um fluxo de imigração latino-america – bolivianos, peruanos e, mais recentemente paraguaios – marca presença no bairro.

As singularidades do Bom Retiro como bairro central e como bairro de estrangeiros resultam da combinação entre presença da ferrovia, proximidade do centro e sucessão de diferentes grupos de estrangeiros. A proximidade ao centro repercute tanto na atuação de empreendedores privados, como em estratégias do poder público de destinar ao bairro tudo que exige acessibilidade, mas que é indesejado no centro.

Por duas décadas, a ferrovia dificultou o acesso do Bom Retiro ao centro, embora dele estivesse muito próximo. Por volta de 1900, concomitante à construção da nova Estação da Luz, uma passagem de nível e um viaduto superam a barreira da linha férrea, fazendo as ligações com Campos Elíseos e Santa Ifigênia. Este conjunto de obras viárias permite que o bairro supere a condição de enclave e se integre ao centro. Nesse mesmo ano, o Bom Retiro é o segundo bairro de São Paulo a ter bondes elétricos, com uma linha entre a rua dos Italianos e o Largo São Bento (Dertonio, 1971, p. 35).

Até os anos 1920 o Bom Retiro é um bairro que contém todos os elementos que caracterizam o primeiro arranque da indústria paulista: grandes indústrias localizadas às margens da ferrovia; operários estrangeiros e brasileiros com famílias numerosas ocupando moradias de aluguel, em vilas ou cortiços; construções e condições urbanas precárias, principalmente nas áreas da várzea, com ruas sem asfalto, inadequados serviços de água, esgoto e coleta de lixo, recorrência de enchentes e, consequentemente, focos de epidemias.[10]

---

10 São vários os estudos sobre São Paulo que expõem as condições do Bom Retiro. Dentre estes, destacam-se: Ernani Silva Bruno. *História e Tradições da Cidade de São Paulo.* Vol. III – Metrópole do Café (1872-1918) – São Paulo de agora (1918-1954). São Paulo: Hucitec/Prefeitura do Município de São Paulo/Secretaria Municipal de Cultura, 1984; Richard Morse. *Formação histórica de São Paulo (de comunidade a metrópole).* São Paulo: Difusão Europeia do Livro, 1970; Henrique Raffard. *Alguns dias na pauliceia.* Biblioteca da Academia Paulista de Letras, vol. 4, São Paulo, 1977.

Dois equipamentos paradigmáticos do período de grandes fluxos imigratórios, surtos epidêmicos e ação saneadora da administração pública completam este quadro. O primeiro alojamento para receber os imigrantes europeus que chegavam no porto de Santos e subiam a serra pelos trens da São Paulo Railway Company Ltd. é instalado na casa-sede da antiga Chácara Bom Retiro.[11] Pela rua dos Imigrantes[12] os estrangeiros que desciam na Estação da Luz se dirigiam ao alojamento, onde permaneciam por alguns dias, até serem empregados na lavoura, núcleos coloniais ou indústrias. Com a mudança do alojamento para a Hospedaria dos Imigrantes construída no Brás, o Serviço Sanitário do Estado instala nesta mesma casa um Desinfetório para atender os casos de doenças contagiosas da cidade, remover os doentes para o Hospital de Isolamento e promover a desinfecção das casas nas situações de doença epidêmica e de mudança de inquilinos (Dertonio, 1971, p. 34).

Esta feição de bairro fabril e de estrangeiros é reforçada pela presença de clubes esportivos, como o Sport Club Corinthians Paulista, fundado por operários e o Esporte Clube Saturno; organizações sindicais, como a Liga Operária do Bom Retiro, União dos Trabalhadores Ferroviários, Liga Internacional de Marceneiros, União dos Trabalhadores em Fábricas de Tecidos; clubes recreativos e dançantes vinculados a vários grupos de estrangeiros, como a Sociedade Dramática e Musical Luso-Brasileira, o Centro Recreativo Paulistano, o Centro Dramático e Recreativo Renascença e o Clube de Gênova,[13] além de instituições de apoio aos imigrantes judeus, como a Sociedade das Damas Israelitas e a EZRA – Sociedade Israelita Amigos dos Pobres.

Concomitante à ocupação por indústrias, os pequenos negócios por conta própria proliferam no bairro. Os portugueses participaram do trabalho fabril, mas grande parcela abriu pequenos e médios negócios, principalmente, no setor alimentício, dentro da casa (Hall, 2004, p. 133). Os italianos constituíram o maior contingente de mão de obra assalariada das indústrias que se instalam no final do século XIX, mas também desenvolvem outras atividades no bairro: sapatarias, marcenarias, fábricas de massas, de calçados, de

---

11 O alojamento se manteve no Bom Retiro de 1882 a 1888, quando, para adequar-se à escala assumida pela imigração, é construído, no Brás, um novo e amplo prédio – a Hospedaria dos Imigrantes. Com capacidade para acomodar 1.200 imigrantes, foi implantado ao lado da linha férrea, facilitando o desembarque e o transporte do pessoal

12 Após as obras viárias sobre a linha ferroviária, somente o primeiro trecho da rua dos Imigrantes, entre a transposição da ferrovia e a rua Prates passa a se chamar rua José Paulino. Mais tarde, se estende à totalidade da rua.

13 Sobre as associações no Bom Retiro entre 1915 e 1924, consultar Siqueira (2002).

chapéus, alfaiatarias, padarias, funcionavam em fundos de armazéns, em estalagens, além de oficinas de fundo de quintal "que ficavam a meio termo entre comércio e indústria" (Truzzi, 2001, p. 4).

Atividades distintas do universo fabril do bairro, que desfruta das vantagens de acessibilidade ao centro, ocupam seus principais eixos viários. Na rua Três Rios, que dá acesso à avenida Tiradentes, são instaladas a Escola Politécnica(1894), a Escola de Farmácia de São Paulo (1905) e um internato de moças – o Colégio Santa Inês – fundado por irmãs salesianas (1907). E nas ruas José Paulino, da Graça, Italianos, se pulverizam casas comerciais dos mais variados produtos, como móveis, espelhos, chapéus, etc. Em 1920, segundo Siqueira (2002, p. 34), havia 252 casas de negócios, além das 75 fábricas e oficinas no bairro.

O Bom Retiro se estrutura como um bairro múltiplo – nas atividades, nos grupos de estrangeiros e na própria composição da população que mora, trabalha e frequenta o bairro.

Entre as décadas de 1920 e 1940, a afirmação da indústria paulista como centro dinâmico da economia nacional e a modernização e construção da imagem metropolitana de São Paulo repercutem no bairro. Os negócios por conta própria ganham nova dimensão, e o bairro se especializa como centro de indústria e comércio de confecções. As edificações passam por adequações, inicia-se um processo de verticalização, a urbanização atinge a várzea com a retificação do rio Tietê entre a Ponte Grande e a Avenida Rudge, a Escola de Farmácia e a Escola Politécnica são incorporadas à USP, com mudança da última para o edifício na esquina da a avenida Tiradentes, que passa por obras de alargamento.

As transformações na materialidade do bairro, ao mesmo tempo em que estão em sintonia com as transformações que ocorrem no centro da capital, adquirem um caráter particular. A adequação do bairro à dinâmica econômica entre os anos 1920 e 1940 se caracteriza menos pela lógica dominante na cidade apoiada no binômio demolição/reconstrução, e mais por apropriação de uma mesma estrutura física.

Um grande volume de "aumentos" e reformas acomodam indústrias de fundo de quintal e pequenos estabelecimentos comerciais nas edificações existentes, incorporando o trabalho ao espaço da habitação, ou se destinam à construção de cômodos, banheiros ou quartos, que serviam como cortiços. Novas edificações voltadas para pequenas indústrias, muitas associando espaço de produção, comércio e habitação, proliferam no bairro sem alterações da estrutura fundiária original. Demolições com remembramento de lotes e construção de edifícios de arquitetura moderna se restringem à área mais valorizada do bairro, com unidades habitacionais que de diferenciam tanto do padrão Higienópolis, como dos edifícios de kitchenettes (Mangili, 2009, p. 75-90).

À valorização dos imóveis do centro, no processo de sua expansão do Triângulo em direção à Praça da República, se associam estratégias do poder público para deslocar o principal território de prostituição do bairro de Santa Ifigênia. Em 1940, uma portaria de Adhemar de Barros – interventor do presidente Getúlio Vargas em São Paulo – determina que em "duas discretas vias públicas" do Bom Retiro – Itaboca e Aimorés – se instale uma zona para confinamento da prostituição feminina.

A retirada das chamadas "casas de tolerância", hotéis e pensões do caminho entre Campos Elíseos e o comércio de luxo da Barão de Itapetininga era fundamental para viabilizar as obras que vinham sendo realizadas no âmbito do Plano de Avenidas do então prefeito Francisco Prestes Maia. As duas ruas sem saída, junto à parede da linha férrea, além da discrição, não representavam um grande deslocamento de Santa Ifigênia. Além disso, as "pensões noturnas" instaladas na zona, que serviam de local de trabalho e moradia para as mulheres prostitutas, tinham organização coincidente com a organização dos cortiços. Desde o final do século XIX, territórios de prostituição e territórios concentradores de cortiços eram coincidentes e submetidos à vigilância policial. No contexto do Estado Novo à vigilância sobre cortiços e prostitutas se sobrepõe a vigilância sobre a concentração de judeus no Bom Retiro (Feldman, 1989).

Nos anos de 1940, o Bom Retiro aparece como o distrito com a maior incidência de habitações classificadas como "habitações muito más" (dentre as quais se distinguem os cortiços), no estudo "Sondagem preliminar a um estudo sobre habitação em São Paulo", realizado sob coordenação do Padre Lebret em 1947, na condição de professor contratado da Escola de Sociologia e Política.[14]

Apesar do bairro manter seu caráter múltiplo, apesar da permanência e potencialização de processos pré-existentes no bairro desde sua origem, é neste momento que se confere ao Bom Retiro uma identidade étnica – bairro "dos israelitas" ou "dos judeus". Os dados do censo de 1934 mostram que de um total de 28.449 moradores do Bom Retiro, 64,4% são brasileiros e 35,6 são estrangeiros. E destes, 11% são italianos, 2,54% portugueses, 2,3% russos, e entre últimos estão incluídos os judeus (Araújo, 1940, p. 235).

---

14 *Revista do Arquivo Municipal*, n. 139-140, 1947, p. 7-42. Além do Bom Retiro, Santa Ifigênia, Sé e Liberdade são incluídos entre os distritos que contêm 30% ou mais de habitações desta categoria.

Mesmo do ponto de vista da propriedade imobiliária entre grupos de estrangeiros se mantém significativa a presença de italianos. Na área mais próxima do centro, onde os preços dos imóveis são dez vezes maiores que os do setor da várzea,[15] ocorre um intenso processo de transferência de propriedades para imigrantes judeus. Nas áreas em direção à várzea predominam os proprietários de origem italiana. E na área urbanizada após a retificação do Tietê há proprietários italianos e judeus (Mangili, 2009). Ou seja, o bairro não se configura nem como um bairro onde um único grupo étnico prevalece, nem com bairro só de estrangeiros.

A identidade étnica seletiva do bairro ocorre em função do universo de trabalho que se constrói em seu território. De 1929 a 1945, o bairro se especializa e se consolida como um centro de indústria e comércio de roupas feitas, e nesse processo os judeus são protagonistas. Embora negócios por conta própria dos mais variados ramos estivessem massivamente presentes no bairro, e estabelecimentos de confecção de judeus estivessem em outros bairros da cidade, ocorre no Bom Retiro um processo singular e diferenciado. A organização da base material compreendendo todos os elementos da cadeia de produção e vendas, num território delimitado e fortemente concentrado em um grupo de estrangeiros – uma economia de base étnica – é o que lhe confere uma identidade.

A completude da cadeia de indústria e comércio de confecções instalada permite que esta identidade seletiva seja, também, mutante. É ela que permite que o bairro passe, algumas décadas mais tarde, de bairro "dos judeus" a ser identificado como bairro "dos coreanos", independente destes grupos constituírem ou não o maior contingente de sua população.

A cadeia de indústria e comércio de confecções: produção estandartizada e negócios por conta própria

Embora o Bom Retiro tenha abrigado indústrias de grande porte e integre, ao lado de outros bairros centrais, o primeiro conjunto de bairros operários da capital, desde os primórdios de sua ocupação se esboça a tendência de pequenos e médios negócios por conta própria (Bandeira Junior, 1901; Petrone, 1958; Langenbuch, 1971; Fernandes, 1986; Truzzi, 2001).

---

15 A partir de valores da Planta Genérica de Valores de 1952. Decreto Municipal 2066 de 27/12/1952.

Assim, grandes indústrias que se instalam no bairro, como a Olaria Manfred – a primeira grande olaria da cidade, pertencente a Manfred Meyer – no final do século XIX, a Fábrica Anhaia, pertencente a Luiz Antônio Anhaia, que em 1900 empregava 350 operários, a Cervejaria Germânia (filial em São Paulo da Cervejaria Brahma, fundada no Rio de Janeiro), e as oficinas da Companhia Inglesa e da Ford – mesclam-se a uma miríade de atividades econômicas bastante diversificadas – tecelagem, estamparia e vestuário, fábricas de calçados, fábricas de doces, licores, xaropes e vinagres, chapelaria, entre outras.

A associação negócios por conta própria/estrangeiros é fator de permanência no Bom Retiro. A partir do final da década de 1920 esta associação ganha contornos mais definidos, dando início a um ciclo diferenciado, que se completa em meados da década de 1940. Ao longo de quase duas décadas, os imigrantes judeus empreendem a instalação de pequenas indústrias, de estabelecimentos de venda de roupas, de fios, de máquinas, etc.– de todos os elementos que dão suporte à produção e à comercialização de roupas.

Diferentemente dos italianos, os judeus não se inseriram como trabalhadores assalariados, mas trabalharam no comércio. Iniciaram como mascates, nas ruas do centro e do próprio bairro e, posteriormente, criaram seus próprios negócios no ramo de vestuário, fabricando e comercializando roupas feitas.

Sem dúvida, para o tipo de mercadoria que produzem e vendem, principalmente na confecção de ternos e vestidos, mobilizam o saber de artesãos em seus países de origem, assim como a prática em atividades comerciais. Os judeus poloneses, por exemplo, nos anos 1920 se caracterizam como uma população quase totalmente urbanizada e concentrada no comércio e em ofícios diversos, como os de sapateiro, alfaiate e mecânico (Knowlton, 1950, p. 128; Truzzi, 2001, p. 5).

Mas a análise da segmentação do mercado de trabalho apenas através do determinante cultural, é insuficiente para entender o processo que ocorre no Bom Retiro. Outros fatores são relevantes, como mostra Green (1997): as condições dos países de origem, que impulsionam a emigração e as oportunidades oferecidas pelos países para imigração – o componente de oportunidade.

A indústria de vestuário se caracteriza pela força de trabalho multiétnica. Apesar de judeus russos e poloneses constituírem, na França dos anos 1920 e 1930, um contingente significativo do ramo de vestuário e duas décadas depois, os judeus da África do Norte, este ramo foi, depois do comércio, o que mais absorveu imigrantes de diferentes origens. Além dos judeus, italianos, armênios, turcos, belgas se inseriram no setor. Em Nova York, ingleses, escoceses, alemães, além de judeus, italianos e americanos passaram pela indústria de vestuário. Green caracteriza o setor de vestuário como "an industry of passage", onde os trabalhadores se tornam patrões ou a segunda geração não dá continuidade, e a renovação se faz possível tanto pela intervenção do governo como pelos fluxos geopolíticos das migrações (Green, 1997, p. 199-209).

Em São Paulo, no mesmo período em que os judeus instalam seus negócios no Bom Retiro, indústrias de confecções estão disseminadas por toda a cidade, com forte presença de italianos. E, no Bom Retiro, além dos judeus, os gregos também se inseriram na confecção de roupas; a partir dos anos 1960, os coreanos assumem grande parte dos negócios e, mais recentemente bolivianos, peruanos e paraguaios participam da cadeia produtiva.

As várias levas de imigração de judeus para o Brasil são motivadas pelas adversas condições econômicas e políticas nos seus países de origem. Entre 1916 e 1920, período da primeira guerra mundial e da revolução russa, chegam os "judeus russos"; na década de 1930, quando se agrava o quadro de desemprego, com a crise econômica de 1929 que atingiu a Europa, chegam os "judeus polacos" e, posteriormente, durante e após a segunda guerra mundial, em função do antissemitismo e perseguição nazista, chegam os "judeus orientais (Truzzi, 2001, p. 5; Falbel, 2008, p. 27).

A escala da imigração judaica para o Brasil é muito inferior à portuguesa e à italiana.[16] As levas mais significativas ocorreram na primeira metade do século XX,[17] e o Brasil não foi destino preferencial de judeus. Em 1927, enquanto nos Estados Unidos havia mais de quatro milhões de imigrantes judeus e, na Argentina, 200 mil, no Brasil eram 30 mil.[18] Entre 1920 e 1949 entraram no Brasil cerca de 60 mil judeus. Quase um terço se dirigiu para o Estado de São Paulo e, destes, a maioria ficou na capital. Em 1940, viviam na capital cerca de 17 mil judeus e em 1950, quase 23 mil (Povoa, 2007, p. 133-4; Lesser [1995] *apud* Povoa, 2007, p. 136; Hall, 2004, p. 144).

---

16 Os italianos totalizavam, em 1893, 34% dos habitantes, no começo do século XX passam a 50%, e até 1940 continuam como maior contingente estrangeiro na cidade; os portugueses foram até 1940 o segundo contingente de imigrantes, totalizando quase 15 mil em 1893 e cerca 65 mil em 1920.

17 No fim do século XIX judeus vieram da África do Norte, da Alsacia, da França, etc. para várias regiões do país.

18 H. S. Linfield. "Statistics of Jews in American Jewish Year Book. 1928-1929". *American Jewish Committee*, p. 246. www.ajcarchives.org.

Os judeus que se instalam no Bom Retiro são majoritariamente europeus do grupo cultural askenazi, de idioma íidish, imigrados de várias regiões da Rússia, Polônia, Romênia, Lituânia, Hungria, Bessarábia (atual parte Moldavia e parte Ucrânia).

O fator oportunidade que viabiliza os negócios por conta própria dos judeus no Bom Retiro, a partir da segunda década do século XX, é a nova modalidade de vendas introduzida nesse momento no Brasil – a venda da fábrica diretamente ao consumidor. Nessa combinação o fabricante era também comerciante e a oficina era dependência da loja. Ou vice-versa. As indústrias de roupas são introduzidas em São Paulo a partir de 1870, localizando-se, em sua maioria, nas ruas centrais da cidade. Desde o início, oficinas com mais de duzentos operários convivem com pequenos negócios realizados com capital mínimo – máquinas de costura de segunda mão, quatro ou cinco empregados, uma sala alugada em espaços com aluguéis mais baratos, no entorno do centro. Até 1920, a capital concentra a produção que atendia todo o interior do Estado, mas ainda prevalecia a fabricação do vestuário por alfaiates e costureiras autônomos (Maleronka, 2007, p. 39-44).

No processo de constituição da venda direta ao consumidor em pequenos negócios, a partir dos anos 1920, os estrangeiros têm papel destacado. Italianos, sírios, libaneses e judeus estão entre os maiores proprietários de estabelecimentos de roupas feitas (Knowlton, 1950, p. 143). Na década de 1940, a indústria e comércio de roupas em São Paulo avança tanto pela organização industrial em estabelecimentos de grande porte para seu próprio abastecimento, como pela proliferação de pequenas empresas. Estas somam mais de 6 mil, em 1946, empregando mais de 28 mil operários. Ainda não se realiza a "verdadeira estandardização do vestuário existente nos Estados Unidos, mas ocorre a ampliação de facilidades de vendas a crédito e de estratégias de propaganda (Maleronka, 2007, p. 45; p. 138).

No final da década de 1920, a indústria têxtil, onde a atuação dos italianos é essencial, já está organizada para atender a demanda interna decorrente do crescimento acentuado da população – em especial a demanda das classes de menor renda. De mais de 2 mil estabelecimentos pertencentes a italianos espalhados no país, quase 1500 estão em São Paulo (Carone, 2001, p. 100-106). Os tecidos para atender às classes médias e altas – tanto as roupas feitas como as confeccionadas por alfaiates – não são fabricados no Brasil.

É nesse contexto de disseminação da produção nacional de tecidos e de produção estandartizada de roupas que se estrutura a cadeia de produção e comercialização da indústria de confecções no Bom Retiro. Embora uma das maiores fábricas da cidade – a Fiação e Tecidos Anhaia Fabril – tenha se instalado no bairro no final do século XIX, junto à ferrovia, o bairro não se distingue como localização preferencial das indústrias de fiação e tecelagem.

Os primeiros estabelecimentos de confecção de roupas em geral e de roupas brancas se instalam no bairro entre 1924 e 1927, pertencendo a italianos. Entre 1928 e 1945, 310 estabelecimentos ocupam o bairro, e os não pertencentes a judeus não ultrapassam uma dezena.

Os judeus dominam a produção e comercialização de roupas e de acessórios, como guarda-chuvas, chapéus, cintos, luvas, gravatas, mas penetram em toda a cadeia produtiva. A maior parte dos estabelecimentos de confecções de roupas e acessórios tem, no máximo, quatro operários, caracterizando negócios familiares. Apenas dois estabelecimentos são de grande porte, sendo um deles, com certeza, pertencente a judeus, com 212 operários. As confecções de roupas de malha se caracterizam pelo porte maior: mais da metade tem entre 20 e 50 operários, mas apenas uma é de grande porte – a Taufic Schahin & Irmãos, com 266 operários.

O bairro passa a produzir e vender roupas masculinas e femininas, como "manteaux", "tailleurs", vestidos, paletós, "pullovers", sobretudos, ternos, além de capas, "roupas brancas" – blusas, camisolas pijamas camisas, "peignoirs", combinações, cuecas, "soutiens", lençóis, fronhas, e roupas para crianças, como "terninhos", "vestidinhos", "casaquinhos". Note-se que os produtos são discriminados pelos termos franceses, revelando a forte influência da França no vestuário brasileiro.

Estas confecções constituem cerca de 80% do total das indústrias instaladas. As demais produzem complementos como guarda-chuvas, bonés, cintos, suspensórios, gravatas, cachecóis, lenços, bolsas, porta-níqueis, e há fábricas que realizam trabalhos específicos como caseados em roupas e bordados em toalhas.[19]

A este universo de indústrias são agregadas, no mesmo período, indústrias de embalagens que produzem caixas de madeira e de papelão, indústrias de "botões, fivelas, fechos e semelhantes", indústrias de máquinas e acessórios para malharia, de máquinas para tecidos e teares, de consertos e reformas de máquinas, até indústrias de máquinas registradoras e oficinas gráficas que produzem impressos comerciais, cartões, rótulos e talões de notas fiscais e de entrega.

19 Os dados sobre as indústrias foram trabalhados a partir das informações contidas em Departamento Estadual de Estatística. Divisão de Estatísticas da Produção e Comércio (1947).

Ou seja, o bairro adquire uma autossuficiência quase que total para desempenhar a produção e comercialização das roupas e acessórios, prescindindo apenas de indústrias de fiação e tecidos. Em 1945, apenas 7 indústrias de tecidos (de algodão, de malha e de rayon) estão no Bom Retiro. Destas, apenas três, com 4 a 8 operários, pertencem a judeus. As demais com mais de 30 operários, pertencem a sírio-libaneses e italianos, destacando-se apenas a S.A. Fiação e Tecelagem Lutfalla com 199 operários. O maior centro produtor de tecidos situa-se neste momento no Brás, a pequena distância e de fácil acesso pelo Bom Retiro.

O mapeamento das indústrias agrupando os vários componentes da cadeia de produção e comercialização mostra que as indústrias de roupas e de acessórios se instalam, preferencialmente, ao longo da rua José Paulino (antiga rua dos Imigrantes), principal acesso do bairro ao centro e aos bairros da zona leste onde se concentram as indústrias de tecidos e fiação. Na década de 1940, já se disseminam por quase todo o bairro, pontuadas por indústrias de suporte à produção e comercialização.

Na segunda metade da década de 1930, a especialização do Bom Retiro já se evidencia: em 1937, 25% das indústrias de roupas feitas, 16% das malharias e 24% das indústrias de chapéus e guarda chuvas da Capital estavam no Bom Retiro (Araújo, 1940, p. 241).

A importância adquirida pela atividade concentrada nas mãos dos judeus não significa a homogeinização do bairro. A condição de bairro central se potencializa.

No que se refere aos grupos sociais, o estudo da SAGMACS – Sociedade de Análise Gráfica e Mecanográfica Aplicada aos Complexos Sociais, realizado em 1957, explicita a diversidade no contexto de estruturação da cadeia de produção e comercialização de roupas feitas. Segundo o estudo, predominavam no Bom Retiro as "classes médias inferiores" – "pequenos industriais, artesãos importantes, comerciantes médios, funcionários e empregados médios". Além destes, o bairro também possuía "classes populares urbanas" – "pequenos artesãos, pequenos comerciantes, empregados e funcionários, operários qualificados e trabalhadores braçais" – e, em menor escala, "classes médias superiores" – "proprietários rurais, industriais e comerciantes, profissionais liberais, funcionários e empregados de alto nível" (SAGMACS, 1958, p. 2-79).

Mapa 1. Localização das indústrias de confecções de roupas no Bom Retiro

BOM RETIRO. A CADEIA DE INDÚSTRIA E COMÉRCIO DE CONFECÇÕES
1928-1945.
Fonte: Departamento Estadual de Estatística. Divisão de Estatística de Produção e Comercio (1947)
Catálogo das Indústrias do Município da Capital 1945. São Paulo. Tipografia Brasil. Rothisld Loureiro & Cia. Ltda

LOCALIZAÇÃO DAS INDÚSTRIAS

Base: Mapa Vasp Cruzeiro, 1950/ Escala: 1: 4500

	1924-1945	
CONFECÇÃO DE ROUPAS	■	Roupas brancas, de malha e meias
ACESSÓRIOS	■	Botões, fivelas, fechos, pont à "jour", artefatos de elástico, tinturaria, etc.
DEMAIS COMPONENTES	□	Máquinas, tecidos, embalagem, máquinas, serviços gráficos, etc.

Dois manifestos reagindo contra a instalação da zona confinada de prostituição feminina no bairro revelam a persistência do Bom Retiro como bairro múltiplo – o leque de instituições, grupos sociais e credos presentes em seu território.

No primeiro, lançado um mês após a instalação da zona, em 1940, 18 estabelecimentos de ensino – creches, escolas de primeiro grau públicas e privadas, além da Faculdade de Odontologia e da Escola Politécnica da USP lançam um manifesto solicitando sua retirada. Revela-se neste documento que vários estabelecimentos foram obrigados a fechar seus cursos noturnos, pois "há famílias que desoladas com a triste e inacreditável realidade já não permitem aos seus filhos frequentarem estes estabelecimentos (Ramalho, 1941, p. 332).

Em 1951, são os comerciantes e proprietários de confecções que fazem publicamente um apelo ao governador do estado Lucas Garcez para que transferisse com urgência a zona.[20]

Numa página de jornal, sob o título "Apelo do Comercio do Bom Retiro", dezenas de anúncios de estabelecimentos, com os nomes de proprietários – a maioria de judeus, acompanhados de um texto que expressa a condição de bairro central, que é parte do centro, e portanto, não mais se coloca como receptáculo daquilo que é inconveniente para o centro:

20 A zona permanece no bairro por 13 anos, ocupando também as ruas Carmo Cintra e Ribeiro de Lima. Somente em 1953, o governador Lucas Nogueira Garcez decreta o fim da zona, que ocorre sob protestos das mulheres e sob ação violenta da polícia (Feldman, 1989).

> [...] Eis que o funcionamento do "mal social necessário" no coração de um bairro densamente povoado como o Bom Retiro, com seu comércio movimentadíssimo, seus numerosos estabelecimentos de ensino, seus templos, instituições religiosas e residências familiares e fábricas ocupando milhares de jovens de ambos os sexos, constitui um perigo social dos mais graves. Na verdade, raramente uma capital cristã se consentiria a existência de semelhante foco de aviltamento moral a conspurcar a vida e as atividades da população ordeira e progressista que é a população do Bom Retiro.[21]

30 de Outubro de 1951 O JORNAL DOS BAIRROS Página 5

Passeios e Excursões

Apelo do Comercio do Bom Retiro ao Exmo. Sr. Governador Lucas Garcez

Porque é urgente a transferência do meretricio?

Figura 2. Campanha do comércio do Bom Retiro para transferência do meretrício. *O Jornal dos Bairros*, 30 de outubro de 1951, p. 5.

21 "Apelo do Comércio do Bom Retiro ao Exmo. Sr. Governador Lucas Garcez. Por que e urgente a transferência do meretrício?" In: *O Jornal dos Bairros*, 30 de outubro de 1951, p. 5.

Solidariedade étnica

A base material da cadeia de produção e vendas de roupas feitas, concentrada entre judeus, que se instala no Bom Retiro entre 1928 e 1945, tem por suporte o elevado grau de organização da comunidade judaica. A partir da chegada de judeus em São Paulo durante a primeira guerra, começa a se constituir uma rede de apoio para inserção dos recém-imigrados na vida paulistana. Esta rede se estrutura através da organização de um conjunto de instituições que envolve judeus pertencentes à elite paulistana e judeus moradores do bairro, assim como instituições internacionais.

Entre as famílias que iniciam o processo imigratório na década de 1880 para São Paulo, vindos da Bessarábia, e da Lituania, que ascendem socialmente, como industriais, comerciantes e políticos, destacam-se os Tabacow, os Teperman, os Klabin, os Segall e os Lafer. São principalmente os membros destas famílias – homens e mulheres – que assumem a direção da maioria das instituições de apoio aos imigrantes judeus. Além disso, têm atuação destacada como doadores de terrenos para construção de suas sedes.

Os objetivos inscritos na Ata de uma das primeiras instituições criadas – a "EZRA-Sociedade Israelita Amigos dos Pobres"- é reveladora do caráter assistencial, fundamentado no preceito religioso de ajuda aos necessitados (Hirschberg, 1976, p. 23) que move a atuação junto aos imigrantes. A EZRA tinha como objetivo " não deixar que peçam esmola, auxiliar os pobres, doentes, e arranjar serviço aos que não têm, e ajudar também materialmente, quando necessário" (Falbel, 2008, p. 301).

O conjunto de instituições criadas sob a liderança de figuras desta elite – a maioria instalada no Bom Retiro – atua neste amplo espectro de necessidades com que se defrontam os judeus que chegam a São Paulo, em sua maioria, da classe operária ou pequenos artesãos. A exceção a este perfil são os judeus alemães de classe média, profissionais liberais e homens de negócios, com prestígio econômico e social em suas cidades de origem que, a partir de 1933, começam a chegar a São Paulo. Para estes, uma estrutura de instituições de apoio paralela será criada (Hirschberg, 1976, p. 33).

De modo geral, estas instituições tinham como princípio a sustentação financeira por seus sócios-fundadores, coleta entre a comunidade de São Paulo e de outras cidades do interior, e angariação de fundos através da organização e promoção de eventos sociais e culturais. Além disso, obtém auxílio de uma poderosa rede de instituições internacionais de apoio aos imigrantes judeus.

A EZRA, criada em 1916 está entre as principais instituições atuantes em São Paulo Instala-se na rua Guarani e, além da ajuda financeira e empréstimos, fornece ajuda médica e hospitalar (tendo inclusive, criado um Sanatório para tuberculosos em Campos do Jordão), ensino da língua portuguesa e oportunidades de trabalho através de contatos com empresas e indústrias.

Um conjunto de organizações assistenciais femininas são criadas e lideradas pelas mulheres das famílas abastadas – a Sociedade Beneficiente das Damas Paulistas, criada em 1915, a Gota de Leite da Associação B´nai B´rith, em 1932 e o Lar da Criança Israelita, em 1939. Além de ajuda financeira e alimentos, oferecem educação sanitária através de um Programa de higiene materno-infantil, assistência a recém-nascidos e creche para crianças de 3 a 7 anos cujas mães precisavam trabalhar. Neste último caso, a maioria das vagas se destinavam às mulheres residentes no Bom Retiro. O Lar se instala em terreno adquirido através de campanha promovida por Luba Klabin, na rua Jorge Velho, em 1940. Neste ano, estas três instituições se unem, dando origem à Organização Feminina de Assistência Social.

Em 1929 é criada a Linat Hatzedeck por um grupo de médicos de diferentes especialidades, que oferecem serviços profissionais gratuitos, além de mobilizar pessoas para pernoitar com enfermos. Em 1931 a família Tabacow doa um imóvel na rua Ribeiro de Lima, onde a instituição permanece até 1960.

Como o crescimento da imigração de judeus, em função das condições políticas na Europa, visando ampliar a proteção e assistência aos imigrantes é criada a Sociedade Pró-imigrantes, em 1924, por Horácio Lafer. É nesse momento que ocorre uma articulação efetiva com instituições internacionais. Com a política de cotas estabelecida pelos Estados Unidos, em 1924, organizações internacionais estreitam relações com a América Latina, que passa a ser um destino possível para os judeus. A presença de representantes destas instituições passa a ser uma constante em São Paulo e no Rio de Janeiro.

A Sociedade Pró-imigrantes se funde com a EZRA que assume papel importante no estabelecimento de Intercâmbios com instituições como a JCA (Jewish Colonization Association) de Londres, a Emirgdirekt (na Alemanha) e a HIAS (Hebrew Imigrant Aid Society) dos Estados Unidos. Esta última possuía um centro administrativo e assistencial em São Paulo. Em 1927, estas três instituições se unem, formando a HICEM – uma organização voltada para as migrações de judeus que conta com cerca de 57 comitês distribuídos por 20 países. Outras instituições de abrangência internacional intensificam seus contatos com países da América Latina durante a perseguição nazista. É o caso do

American Jewish Committee, criado em 1906, no contexto de perseguição aos judeus na Rússia, Em 1938, num relatório de atividades da instituição, consta um auxílio de três mil dólares para fins educacionais para os judeus de São Paulo.[22]

Algumas instituições instalam escritórios locais, como o American Jewish Joint Distribution Committee (the Joint) instala um Comitê Auxiliar em São Paulo, em 1946.

Figura 3. Comitê Auxiliar do Joint. Campanha 1946.
Fonte: Acervo AJHS P 290 Box 6 Folder 4. New York

Além destas formas de apoio, os judeus do Bom Retiro se organizam em instituições segundo seus lugares de origem. Esta forma atomizada de organização, bastante generalizada entre imigrantes, se consolida entre judeus no século XIX, com a massiva imigração para os Estados Unidos. As " landmanshaftn" (nome dado a este tipo de organização entre os judeus), além de ser uma forma de auxílio fraterno em situações de necessidade, nos Estados Unidos desempenham papel importante como uma ponte, uma passagem do status de imigrante ao status de americano (Soyer, 2001, p. 43).

22 "Activities of the American Jewish Committee in Latin America" (1940). In: *American Jewish Committee Archives* (www.ajcarchives.org.) e Cecilia Razovsky Papers, p. 290, AJHC.

Instalam-se no bairro a Associação de Auxílio da Bessarabia, Associação dos Israelitas Poloneses, Comitê de Socorro aos Israelitas sobreviventes da Guerra na Bessarábia, Sociedade Beneficiente dos Israelitas Poloneses.[23] Em 1922, imigrantes da Europa Oriental fundam, no bairro, a primeira escola paulistana a oferecer o diploma de primário junto ao ensino judaico – o Colégio Renascença –, que funcionava também como uma escola profissional para jovens e adultos, oferecendo cursos para os imigrantes recém-chegados da Europa que buscavam sua inserção no mercado de trabalho (Veltman, 1996).

A solidariedade étnica que se expressa na estrutura capilar do suporte aos recém-chegados judeus se completa com a criação, em 1928, da Sociedade Cooperativa de Crédito Popular do Bom Retiro ("Laispar Casse-Caixa de Empréstimo e Poupança"). Criada como uma caixa de empréstimos de pequenos créditos, desempenha papel fundamental na inserção dos judeus em ramos significativos da indústria e do comércio, em geral, e na estruturação da cadeia de indústria e comércio de confecções do Bom Retiro, em particular.

A Sociedade Cooperativa é criada nos moldes de instituições existentes na Europa, nos Estados Unidos e também no Brasil (no Rio Grande do Sul e Bahia), com apoio de instituições internacionais. Entre judeus russos, poloneses e lituanos, o cooperativismo foi uma prática de associação econômica difundida. No Brasil, surgem na década de 1920, no contexto de grandes fluxos de imigração judaica. O número significativo de judeus trabalhando como mascates, e suas necessidades de emancipação financeira dos comerciantes para quem trabalhavam, foi um dos determinantes da criação da Cooperativa em São Paulo (Falbel, 1999, p. 545).

A criação da Sociedade Cooperativa estava prevista desde a criação da Sociedade Pró-Imigrantes, mas sua fundação formal ocorre em 1926, e somente dois anos depois, com o suporte do HICEM e da EZRA, inicia suas atividades. Vinte e cinco acionistas compraram 53 ações na reunião de sua fundação.[24] A Cooperativa atua como "distribuidora de crédito mobiliário mediante módica taxa de mutualidade" para promover e auxiliar "o desenvolvimento, de modo particular, do associado pequeno trabalhador, em qualquer ramo de atividade".[25]

---

23 "List of Latin American Jewish Organizations and Leaders". In: *American Jewish Foreign Affairs Department – Foreign Affairs Files – FAD-2-YIVO.*

24 Acta de fundação de uma caixa de empréstimos na cidade de São Paulo. 11 de julho de 1928. Fundo 03 - Livro de Atas. p. 1.

25 Documento Cooperativa de Crédito Popular do Bom Retiro Limitada. Fundo 448 - Caixa 3. AHJ.

Após algumas crises internas, em 1932 se instala na Rua José Paulino, amplia o número de associados e, para atender à grande demanda de empréstimos, promove a venda de novas ações e recorre a empréstimos dos judeus bem sucedidos economicamente. Em 1938, com as mudanças na lei de cooperativismo no Brasil, passa a fazer empréstimos e receber depósitos (Falbel, 1999, p. 548).

Figura 4. Cooperativa de Crédito do Bom Retiro – Acervo AHJB

As atas da instituição mostram que, até sua extinção, em 1974, semanalmente eram realizadas reuniões da diretoria para "exame dos pedidos de empréstimos da semana".

É incontestável a importância da Cooperativa na inserção dos judeus do Bom Retiro no circuito da indústria e comércio de confecções. Até o ano de sua fundação, 1928, estavam instaladas na rua José Paulino apenas duas indústrias de roupas, uma de guarda-chuvas, uma de malhas e uma gráfica de propriedade de judeus. Considerando as confecção de roupas, que correspondem a 80% dos negócios abertos por judeus, entre 1928 e 1931, período de crises e atuação irregular da Cooperativa, 12 estabelecimentos foram abertos. Entre 1932, quando os empréstimos se regularizam, e 1945, mais de 200 negócios de judeus surgem no Bom Retiro.

Bibliografia

ANTUNES, Fátima M. R. Ferreira. *Futebol de fábrica em São Paulo*. Dissertação de Mestrado. São Paulo, FFLCH-USP, 1992.

ARAÚJO, Oscar Egídio de. "Enquistamentos Étnicos". *Revista do Arquivo Municipal*, São Paulo, vol. LXV, mar. 1940.

AZEVEDO, Aroldo (org.). *A cidade de São Paulo: estudos de geografia urbana*. São Paulo: Companhia Editora Nacional, 4 vols., 1958.

BANDEIRA JR., Antonio Francisco. *A indústria no estado de São Paulo em 1901*. São Paulo, 1901.

BRITO, Mônica Silveira (2000). *A participação da iniciativa privada na produção do espaço urbano: São Paulo, 1890-1911*. Dissertação de mestrado. São Paulo, FAU-USP, 2000.

BRUNO, Ernani Silva. *Histórias e tradições da cidade de São Paulo*. São Paulo: Hucitec/PMSP, 1953.

CARONE, Edgard. *A Evolução Industrial de São Paulo(1889-1930)*. São Paulo: Ed. Senac, 2001.

DEPARTAMENTO ESTADUAL DE ESTATÍSTICA. *Catálogo das Indústrias do Município da Capital*. São Paulo: Tipografia Brasil, Rothschild Loureiro & Cia. Ltda, 1947.

DERTONIO, Hilário. *O Bairro do Bom Retiro*. São Paulo: Secretaria Municipal de Cultura/PMSP, 1971.

FALBEL, Nachman. *Instituições comunitárias de ajuda e amparo ao imigrante israelita: Da sociedade das damas Israelitas a UNIBES*. Parte de monografia/livro, 1999.

FELDMAN, Sarah. *Segregações Espaciais Urbanas. A Territorialização da Prostituição Feminina em São Paulo*. Dissertação de mestrado. São Paulo, FAU-USP, 1989.

_______. "São Paulo: Qual Centro?" In: SCHICCHI, M. C.; BENFATTI, D. (orgs.). Urbanismo: Dossiê São Paulo-Rio. Campinas: Óculum, 2004.

_______. "Permanence of Urban Fabric and Movement of Foreigners". In: *Proceedings of 13th International Planning History Society Conference*. Chicago, Illinois, 2008.

FERNANDES, Ana. "Bairros Centrais Industriais de São Paulo: uma primeira aproximação". In: *Revista Espaço e Debates*, n. 17, NERU, São Paulo, p. 67-78, 1986.

FAUSTO, Boris. *Negócios e ócios: histórias da imigração em São Paulo*. São Paulo: Companhia das Letras, 1997.

_______. *Historiografia da Imigração para São Paulo*. São Paulo. Editora Sumaré/ Fapesp, 1991.

GREEN, Nancy. *Ready- to-Wear and Ready-to-Work. A century of Industry and Imigrants in Paris and New York*. Durham & London: Duke University Press, 1997.

HALL, Michael. "Imigrantes na cidade de São Paulo". In: PORTA, Paula (org). *História da Cidade de São Paulo. A cidade na primeira metade do século XX*. São Paulo: Paz e Terra, 2004.

HIRSCHBERG, Alice Irene. *Desafio e resposta: a história da Congregação Israelita Paulista desde a sua fundação*. São Paulo: CIP, 1976.

KNOWLTON, Clark. *Sírios e Libaneses: mobilidade social e espacial*. São Paulo: Anhembi, 1950.

LAGENEST, Barruel H. D. "Os Cortiços de São Paulo". In: *Revista Anhembi*, vol. XLVIII, n. 139, 1962.

LANGENBUCH, Juergen Richard. *A estruturação da Grande São Paulo: estudo de geografia urbana*. Rio de Janeiro: Instituto Brasileiro de Geografia, Departamento de Documentação e Divulgação Geográfica e Cartográfica, 1971.

LEBRET, J. L. "Sondagem Preliminar a um Estudo sobre a habitação em São Paulo contratado pela Escola de Sociologia e Política de São Paulo, coordenado por J. L. Lebret". *Revista do Arquivo Municipal*, n. 139-140, 1947.

LESSER, Jeffrey. *A negociação da Identidade Nacional. Imigrantes, minorias e a luta pela etnicidade no Brasil*. São Paulo: Editora Unesp, 2001.

LEVIN, Eliezer. *Bom Retiro*. São Paulo: Perspectiva, 1972.

MACEDO, Gilma M. R. de Almeida. *História da Cooperativa de Crédito Popular do Bom Retiro. Primeiras Incursões*. Dissertação de Mestrado. São Paulo, FFLCH-USP (Depto. de Letras Orientais), 2005.

MALERONKA, Wanda. *Fazer Roupa Virou Moda. Um Figurino de Ocupação da Mulher 1920-1950*. São Paulo: Ed. Senac, 2007.

MANGILI, Liziane Peres. *Transformações e Permanências no Bom Retiro (1930-1954)*. Dissertação de Mestrado. São Carlos, EESC-USP (Depto. de Arquitetura e Urbanismo), 2009.

MÜLLER, Nice Lecocq. "A Área Central de São Paulo". In: AZEVEDO, Aroldo de (org). *A Cidade de São Paulo*, vol. III. São Paulo: Cia. Editora Nacional, 1958.

OBSERVADOR ECONÔMICO E FINANCEIRO. "O Progresso Industrial de São Paulo". In: *Observador Econômico e Financeiro*, n. 32, p. 163, set. 1938.

POVOA, Carlos Alberto. A *Territorialização dos Judeus na Cidade de São Paulo-SP: a Migração do Bom Retiro ao Morumbi*. Dissertação de Mestrado. São Paulo, FFLCH-USP (Depto. de Geografia), 2007.

RAMALHO, João. *A Administração Calamitosa do Sr. Adhemar de barros*. São Paulo, 1941.

SAGMACS. *Estudo da Aglomeração Paulistana: estruturas atuais e estruturas racionais*. São Paulo, 1958.

SANTOS, Márcio Pereira (2000). *O Bom Retiro: uma paisagem paulistana*. Dissertação de mestrado. São Paulo, FFLCH-USP, 2000.

SIQUEIRA, Uassyr de. *Clubes e Sociedades dos Trabalhadores do Bom Retiro. Organização, lutas e lazer em um bairro paulistano (1915-1924)*. Dissertação de Mestrado. Campinas, IFCH-Unicamp (Departamento de História), 2002.

SOYER, Daniel. *Jewish Immigrant Associations and American Identity in New York, 1880-1939*. Detroit: Wayne State University Press, 2001.

TRUZZI, Oswaldo. "Etnias em convívio: o bairro do Bom Retiro em São Paulo". *Estudos Históricos*, Rio de Janeiro, n. 28, p. 1-24, 2001.

VELTMAN, Henrique. *A História dos Judeus em São Paulo*. São Paulo: Editora Expressão e Cultura, 1996.

Presença estrangeira na indústria das confecções e evoluções urbanas nos bairros centrais de São Paulo[1]

Sylvain Souchaud

Introdução

A evolução da dinâmica migratória no Brasil observada nos últimos dez a quinze anos caracteriza-se pelo crescimento dos fluxos migratórios e mudanças na origem e no perfil dos migrantes. Em sua grande maioria, os imigrantes recentes são de países vizinhos, principalmente Bolívia, Paraguai e Peru. São populações que conheciam, nos lugares de saída, situações de pobreza e que apresentam baixos níveis de qualificação escolar. Predominantemente masculino e na idade economicamente ativa, esse contingente de imigrantes concentra-se na região metropolitana de São Paulo onde trabalha no subsetor industrial da confecção de roupas.

Na cidade, eles vivem, em sua maioria, nos bairros da área central do município paulistano e a relativa antiguidade de sua presença nesses bairros torna a área um lugar privilegiado para a observação da organização das suas trajetórias, desde os lugares de saída até a inserção na cidade de São Paulo.

As explicações mais recorrentes sobre este fluxo migratório afirmam que o surgimento, o desenvolvimento e a consolidação da imigração metropolitana é uma consequência da "reestruturação produtiva", quadro analítico que privilegia a macro estrutura produtiva, a qual seria responsável pela organização do trabalho e dos fluxos migratórios. Nesse esquema, os migrantes seriam atores dependentes e sem autonomia que responderiam a lógicas econômicas superiores e exteriores.

1 Agradeço aos organizadores do seminário "São Paulo: os estrangeiros e a construção da cidade" a possibilidade de apresentar uma primeira versão deste texto, e em particular à Prof. Sarah Feldman pela organização da mesa redonda "Território, etnicidades e cosmopolitismo" e pela releitura do texto. Agradeço também ao professor Dominique Vidal (Université Denis Diderot, Paris 7) pela leitura crítica do texto e as proveitosas observações.

Em vez de fazer das mudanças estruturais o fator determinante da evolução dos padrões migratórios, eu prefiro adotar neste texto uma perspectiva segundo a qual os próprios migrantes são os principais vetores da reorganização produtiva no setor da confecções, por eles definida e orientada em função da conjunção de interesses e escolhas que caracterizam seus projetos e trajetórias migratórios. Nessa perspectiva, o projeto migratório é uma construção retrospectiva que se baseia na identificação de trajetórias migratórias, reconstituídas a partir do levantamento e análise das biografias dos migrantes, recolhidas em entrevistas semidirigidas. Portanto, o projeto migratório é identificado pela pesquisa com base em materiais biográficos a partir da perspectiva longitudinal das trajetórias dos migrantes no espaço urbano.

Esta opção metodológica confere ao migrante o estatuto de um autor relativamente autônomo, considerando-o como o próprio agente das evoluções geográficas e demográficas que os distritos do centro expandido vêm conhecendo ultimamente.

O trabalho baseia-se em estudos feitos no estrangeiro, em particular os de Roger Waldinger (1984, 1990) sobre o empresariado étnico, de Emmanuel Ma Mung (1992, 1999) sobre a questão da autonomia migratória e ainda de Nancy Green (1998, 2002) sobre a história comparada da confecção em Nova York e Paris. Tratando-se de questões envolvendo grupos de migrantes, esses autores insistem na necessidade tanto de não etnicizar a discussão como de cuidar para não dar excessiva importância a efeitos de estrutura. Nessa perspectiva, tento interpretar a trajetória recente de alguns distritos centrais da cidade de São Paulo, focando a espacialização da população migrante e das atividades ligadas ao subsetor da confecção no centro expandido. Entender a relação entre esses dois elementos, que constituem grande parte da evolução recente desses espaços impõe que consideremos os projetos migratórios e as trajetórias migratórias do migrantes internacionais, e suas declinações individuais e familiares.[2]

As nossas fontes de informações são os dados do censo demográfico brasileiro de 2000, entrevistas e observações de campo realizadas entre 2008 e agosto de 2010. Apesar de algumas restrições importantes, conferimos ao Censo da população de 2000 (IBGE, 2001) um valor importante, e, no que se refere ao tratamento da população

2 Este trabalho sobre a imigração e a confecção nas áreas centrais de São Paulo é a continuidade de dois projetos de pesquisa. O primeiro, recentemente concluído, foi realizado junto no Núcleo de Estudos de População (NEPO) da Unicamp e tratava da imigração regional no Brasil. O segundo é um projeto internacional financiado pela ANR e o IRD (ambos da França) sobre migrações e mobilidade em três metrópoles da América do Sul: Bogotá, Santiago do Chile e São Paulo.

estudada, consideramos os microdados do censo de 2000 como de certa forma uma amostra do que foi a situação da imigração sul-americana no final dos anos 1990 e início dos anos 2000.

As observações de campo foram feitas principalmente nos bairros do Brás, Bom Retiro e Pari. As entrevistas foram realizadas num primeiro momento com imigrantes bolivianos e a partir do final de 2009, resolvemos dar uma atenção particular à população paraguaia, cuja importante imigração foi até hoje ignorada, pelo menos no âmbito acadêmico.[3]

1.

Nas últimas décadas, o perfil migratório do Brasil foi de um país predominantemente de emigração e, cada vez menos, de imigração. Nos entanto, nos últimos vinte anos, o Brasil vem reconstruindo uma tradição de hospitalidade migratória, em lenta e progressiva extinção desde o final dos anos trinta. Essa renovação aconteceu primeiro com o surgimento de fluxos com origens geográficas novas, em grande parte dos países vizinhos ou da Ásia (Coreia e China). A partir dos anos noventa, esses fluxos cresceram em volume e a maioria dos migrantes, que vêm dos países vizinhos, são da Bolívia, do Paraguai e do Peru. Trata-se de uma certa novidade porque até esses fluxos crescerem e se consolidarem, a imigração regional vinha predominantemente da Argentina, do Chile e do Uruguai. Além disso, população vinda da Bolívia, Paraguai e Peru atingiu volumes demográficos que superam os volumes da anterior imigração regional.

Os imigrantes bolivianos, paraguaios e peruanos apresentam características diferentes dos argentinos, uruguaios e chilenos, os quais, a partir dos anos cinquenta, têm perfis de qualificação profissional média ou superior. Uma parte importante fugia das ditaduras e entrava no Brasil por motivos diretamente ou indiretamente políticos.[4] A

3 Até hoje, nas nossas pesquisas bibliográficas, não encontramos um texto que tratasse especificamente da presença da população paraguaia em São Paulo.

4 É importante mencionar que a oposição política pode envolver vários tipos de represálias que levam a vários motivos de emigração. As ditaduras provocaram a emigração daqueles que, em consequência de suas opiniões políticas, eram perseguidos ou ameaçados e temiam por sua liberdade de opinião ou integridade física. Mas, entre os entrevistados paraguaios com mais tempo de presença em São Paulo, também foram encontrados pessoas que, assumindo uma posição política divergente sem ser reivindicativa no seu país, saíram do Paraguai em busca de um trabalho, tornando-se migrantes econômicos

partir dos anos noventa, a participação de uma população migrante com uma qualificação profissional básica, escolaridade baixa e rendas e recursos escassos nos lugares de saída vem aumentando à medida que o costureiro vai se tornando a principal figura de migrante.

Junto com essa concentração em torno da atividade da confecção, observa-se uma concentração geográfica da migração, polarizada na região metropolitana de São Paulo (RMSP), onde, provavelmente, se encontram 80% dos imigrantes recentes no Brasil. Esse fenômeno não é novo, pois reafirma uma tendência histórica: São Paulo, a Província, o Estado e logo a cidade, foram, desde as décadas finais do século XIX, o principal lugar de instalação dos migrantes internacionais.

Os dados da recente anistia aos migrantes irregulares no Brasil nos dão uma ideia sobre as relações entre as diversas populações imigrantes segundo o país de origem (tabela 1). Encontramos, em primeiro lugar, a população boliviana, depois, limitando-nos a considerar os sul americanos, vêm os peruanos e os paraguaios em volumes comparáveis. Além disso, sempre segundo o Ministério da Justiça, em São Paulo, foram feitas e aceitas 34.000 demandas de regularização, ou seja 81% do total nacional. Hoje, as estimativas variam, mas é razoável acreditar que em torno de 100.000 bolivianos e 25.000 paraguaios estejam presentes na grande São Paulo. Lembramos que o censo demográfico de 2000 identificou aproximadamente 250.000 imigrantes internacionais na RMSP, dos quais 9.000 nasceram na Bolívia e 2.000 tanto no Paraguai quanto no Peru (tabela 2).

Observa-se (mapa 1 e 2) uma distribuição da população imigrante em toda região metropolitana, contudo ela concentra-se nos bairros centrais ou pericentrais. Os mapas dois e três representam o maior contingente desses imigrantes, os bolivianos, distinguindo os mais recentes e a população total imigrante. Não aparece uma distinção importante na localização entre os dois grupos e para ambos observamos uma localização predominante no quadrante nordeste da região metropolitana, com nítido efeito de concentração na ponta do cone, isto é, nos bairros pericentrais do Bom Retiro, Brás, Pari e Belém, principalmente. Os dados apresentados têm dez anos, mas as tendências atuais não contradizem fundamentalmente esse esquema de localização, somente poderíamos mencionar o papel cada vez mais importante dos bairros norte na localização dos imigrantes; entre eles principalmente, a Casa Verde, Tucuruvi, Jardim Brasil. Essa

por ostracismo, pois o simples fato de não se alistarem no partido do poder (o Partido Colorado) comprometera severamente sua inserção profissional e logo, as condições de sua sobrevivência.

difusão em direção aos bairros norte do município de São Paulo foi observada não somente para os bolivianos (Xavier, 2010) mas também para os paraguaios.

Além de uma geodinâmica particular, desde as regiões de saída até a região metropolitana de São Paulo, a imigração sul-americana atual distingue-se por suas características sociodemográficas. O migrantes são, em sua grande maioria, homens, operários, e mais especificamente costureiros do subsetor industrial da confecções. Até um passado muito recente, uma grande proporção era indocumentada. A irregularidade de sua permanência contribuiu para a acentuação de sua marginalização (de caráter social e de nenhuma forma geográfico, como acabamos de ver) e fez com que ficassem desconhecidos ou mal conhecidos, embora não invisíveis, como repetidas vezes foram qualificados.

A área onde foi realizada a pesquisa é formada pelos distritos do Brás, Pari e Bom Retiro. Existe uma importante documentação acadêmica sobre esses bairros cuja história é ao mesmo tempo recente, porque não remonta além do final do século XIX, e densa porque se confunde com os primeiros momentos da história da cidade de São Paulo (Amadio, 2004 ; Andrade, 2000 ; Dean, 1971 ; Feldman, 2009 ; Mangili, 2009; Monbeig, 1953a, 1953b). Esses bairros começaram a se urbanizar no final do século XIX. Nas décadas anteriores, tinham uma relação funcional importante com a cidade. Em 1872, São Paulo tinha 26.000 habitantes, e em 1900, 240.000. Esses bairros pericentrais faziam parte do chamado "cinturão das chácaras", propriedades adquiridas pelas camadas mais ricas da sociedade paulista onde instalaram-se residências secundárias e se desenvolviam áreas de cultivo de legumes e frutas, para o consumo próprio e abastecimento da cidade. Era também uma área de lazeres campestres para todos, em razão sempre de sua proximidade com o centro da cidade mas também de sua localização nas beiras do rio Tietê, espaço ainda semirrural e ameno.

O cinturão das chácaras foi essencial para o rápido processo de urbanização da cidade de São Paulo. Segundo a descrição de L. Mangili (2009), em poucas décadas, a área vai desenvolver e concentrar várias funções. Num primeiro momento, a partir da década de 1880, as chácaras foram arruadas e loteadas, para atender a demanda crescente por terras por parte do setor industrial nascente que precisava localizar instalações industriais e construir moradias para os operários. O arruamento de várias chácaras formou o bairro do Bom Retiro situado na área chamada anteriormente Campos de Guaré. Uma das principais chácaras, situada na parte ocidental do bairro atual, pertencia a Manfred Mayer, um judeu emigrado da Alsácia que comprara sua propriedade do Barão de Iguapé.[5]

Rapidamente, em função de opções no arruamento e traçado dos lotes, os bairros do Bom Retiro e Brás foram se definindo como bairros industriais e operários, quando áreas vizinhas assumiam trajetórias urbanas diferentes. Na área dos Campos Elíseos, por exemplo, a opção foi por um arruamento menos denso, desenhando lotes mais amplos e espaçosos para atender à demanda da classe alta, o que afinal determinou a diferenciação social do bairro em relação ao vizinho Bom Retiro.

O segundo elemento determinante no processo de urbanização e especialização dos bairros próximos ao centro foi a construção de infrastruturas ferroviárias (linhas e estações).[6] O traçado acelerou a diferenciação do espaço urbano em formação de duas formas. Primeiro, pelas atividades que a proximidade da linhas e estações gera, as quais são de dois tipos: umas são de apoio ao desenvolvimento ferroviário e significam a construção de escritórios e moradias para os funcionários, a implantação de serviços e comércios diversos (restaurantes, hotéis, oficinas); outras são consequência da articulação ao complexo ferroviário que projeta os lugares articulados em espaços vastos, regionais e até transnacionais e acelera fortemente o desenvolvimento das atividades e infraestruturas industriais (fábricas, oficinas, galpões) e conexas, como o acolhimento da mão de obra imigrante, seja temporária na Hospedaria dos Imigrantes, seja duradoura nos bairros.

Segundo, o traçado da ferrovia também definiu linhas de diferenciação do espaço urbano. A linha divisória do espaço que marca a estrada do ferro traz uma acentuada ruptura em dito espaço, já que de ambos os lados as trajetórias urbanas vão se diferenciar, tanto morfologicamente quanto funcionalmente (Villaça, 1998).

Nas últimas décadas do século XIX, esta região já se tornara a área industrial predominante da cidade, centrada nas atividades têxteis e metalúrgicas, paralelamente, define-se a função residencial marcada pela concentração de uma população operária e estrangeira (portugueses, italianos, espanhóis).

---

5 É importante insistir no fato que o processo de urbanização foi engajado a partir da atuação de um novo ator cujo perfil difere profundamente do anterior. Um imigrante internacional se substitui a um aristocrata e faz escolhas radicalmente diferentes para a terra que comprou, traçando uma trajetória nova para o espaço muito além dos limites de sua chácara. Nesse caso já podemos identificar as temáticas que nos interessam nesses texto: como a atuação de um indivíduo, em função da qualidade de migrante que define suas escolhas, vai interferir e redefinir o processo de formação do espaço.

6 A Província de São Paulo totalizava 139 km de ferrovias em 1870 e 2425 km em 1890 (Mangili, 2009).

No entanto, nas primeiras décadas do século XX, desenvolve-se, ao lado das grandes unidades de produção industrial, uma produção de porte médio e pequeno que aos poucos ganha espaço e importância, até tornar-se predominante (Mangili, 2009). Nessa época, o rápido desenvolvimento das pequenas oficinas artesanais e industriais, no fundos dos quintais, nos próprios domicílios ou em cômodos de prédios residenciais surge, por um lado, como consequência do desemprego cíclico e estrutural no setor cafeeiro, cuja mão de obra cresce a um ritmo muito rápido com a chegada de centenas de milhares de imigrantes europeus entre o final do século XIX e as primeiras décadas do século XX. Por outro lado, junto à integração no mercado de trabalho urbano industrial e artesanal de uma parte dos excedentes da mão de obra rural, encontram-se atores econômicos que chegam na cidade empurrados pela intenção de se envolverem no setor industrial emergente e na vida urbana. Muitos são imigrantes internacionais, que chegam com um capital e um projeto empresarial formado ou no país de origem ou nas fazendas de café do interior da São Paulo; outros, sem capital, são atraídos pelas perspectivas de um crescimento urbano mirabolante.

A multiplicação da unidades indústrias de pequeno porte e a coexistência trabalho-moradia caracterizaram o desenvolvimento urbano e industrial nos bairros do Brás, Bom Retiro e Pari no primeiro quartel do século XX. Mas essas características perdurariam depois das mudanças que ocorreram na área a partir dos anos 1930, isto é, a compactação e adensamento dos bairros (Mangili, 2009, p. 56), e apesar do início da fase de metropolização dos anos 1930-40, quando, por conta do movimento de periferização, o modelo de urbanização evolui se generaliza, na escala da cidade, a dissociação dos lugares de trabalho e moradia (Amadio, 2004, p. 120). Na fase de constituição da periferia, os bairros centrais tinham uma distinção funcional e morfológica, identificada pela importante presença de cortiços. Hoje, ela é perpetuada e acentuada pelos novos imigrantes internacionais, bolivianos, paraguaios e peruanos, fazendo com que se mantenha pouco alterado o padrão urbanístico original inaugurado pelos imigrantes europeus e seguido pelas primeiras levas de migrantes internos, nordestinos ou mineiros.

A partir dos anos 1960, e de maneira mais marcada ainda nas décadas dos 1970, 1980 e 1990, a indústria de São Paulo transfere-se gradativamente para a periferia do município, para os municípios da região metropolitana, o interior do Estado ou, ainda, Estados distantes do Nordeste e do Sul (Kontic, 2007; Meyer, Grostein, Biderman, 2004; Rolnik, 2001; Silva, 2008).

Os operários "históricos", isto é, estrangeiros, também tinham saído desses bairros. Devido à diminuição dos fluxos de entrada de imigrantes internacionais a partir dos anos 1930, a presença estrangeira começa a tornar-se mais escassa na cidade de São Paulo quando acontece a segunda guerra mundial. Logo, os imigrantes são cada vez menos presentes nos bairros Brás, Bom Retiro, e Pari, sendo que, além das perdas demográficas (por envelhecimento e retorno), uma parte importante, seja dos próprios migrantes, seja dos seus filhos, passou por um processo de ascensão social cuja realização implicou uma mobilidade residencial para bairros mais nobres em direção a Higienópolis, por exemplo.

Contudo, apesar da diminuição da população estrangeira e da evolução de seu perfil, a população operária foi crescendo em São Paulo, mas os imigrantes internacionais e seus filhos foram substituídos por migrantes internos, entre os quais predominavam os mineiros e nordestinos. Já a partir dos anos 1940, o movimento é significativo, e nas décadas seguinte a migração interna para cidade de São Paulo será de uma magnitude maior do que a anterior imigração internacional e alimentará o vasto movimento de expansão da periferia. Uma parte dos migrantes internos seguiu definindo sua residência nos bairros centrais, enquanto os outros sustentaram o movimento de espalhamento urbano: o padrão de residência nos bairros centrais para a classe popular e operária não é mais dominante.

Em consequência, os bairros do Bom Retiro e Brás foram perdendo, aos poucos, parte de seus papéis industrial e residencial. E nítido, no que se refere à função residencial, que esses distritos perdem população na década dos 1980 e1990 (mapas 3 e 4) e têm densidades urbanas baixas em comparação com os outros distritos do município. Entre 1981 e 2000, a população do Bom Retiro diminui um 44%, a do Brás um 35%. Hoje esse dois distritos têm densidades habitacionais respectivamente de 67 e 77 habitantes por hectare.[7]

Hoje então, O Brás e o Bom Retiro e, de maneira crescente, o Pari, são áreas essencialmente comerciais e especializadas na comercialização de roupas, no atacado e no varejo, segundo várias modalidades:[8] em lojas de prédios comerciais, em barracas nas

7 O Distrito do Brás vem perdendo população pelo menos desde do anos 1930; em 1934 contava com 83000 habitantes (Amadio, 2004, p. 117). A evolução demográfica do Bom Retiro e do Pari é menos linear.

8 Existem outras atividades importantes nesses bairros, principalmente no Brás. Mencionemos por exemplo o comércio atacadista de produtos alimentícios, secos e úmidos ; a construção e o conserto

feiras (feira da madrugada nas ruas Barão de Ladário, Oriente e vizinhas) e na calçada nas principais ruas do bairro (fotos 1, 2 e 3). Essa atividade específica alimenta outras, direta ou indiretamente, as quais procuram a proximidade geográfica com o mercado que abastecem ou do qual dependem e se instalam no bairro. São as lojas de venda de aviamentos, de venda e concerto de diversos tipos de máquinas de costura (na rua São Caetano, por exemplo), mas também o comércio ambulante que oferece alimentos e bebidas e artigos de bazar à numerosa população de clientes que circula dia e noite, seis dias por semana, pelas ruas do bairro, à procura de artigos de vestuário.

Mais discreta, mas muito importante, é toda a produção industrial que corresponde essencialmente à confecção de roupas. Ela ocorre em oficinas de costura que são estruturas pequenas e medianas. Juntam entre 3 e 30 trabalhadores, principalmente costureiros, e são discretamente instaladas nos pisos superiores dos prédios comerciais.

Então, é importante mencionar que a produção industrial, isto é, a confecção, se manteve ou pelo menos voltou aos bairros centrais, enquanto grande parte da indústria tradicional (têxtil, siderúrgica, por exemplo) tem saído desses mesmos bairros. Por outro lado, o dinamismo fabril deve ser relacionado com o fato descrito anteriormente, ou seja, a crescente presença (como trabalhadores e moradores) da mão de obra estrangeira nas oficinas de costura desses bairros.

2.

A presença dos imigrantes sul-americanos no Brás, Bom Retiro e Pari cria uma disjunção no modelo de urbanização e povoamento dos bairros centrais, tal qual costuma ser observado e definido por grande parte dos urbanistas, geógrafos e demógrafos que insistem, com razão, na diminuição do número de habitantes e domicílios e na saída das atividades industriais. Essa disjunção criada pelos novos fluxos de imigração internacional é dupla:

– Primeiro porque a chegada dos migrantes internacionais sul-americanos, em expansão desde o final dos anos 1990, estabeleceu as condições de inverter a tendência

de máquinas ferramentas, a fabricação e o comércio de têxteis ; mas a confecção de roupas e sua venda são as atividades que mais espaço urbano ocupam e mão de obra movimentam.

à desertificação dos bairros centrais observada há várias décadas, sem que isso tenha sido corretamente identificado pelo censo demográfico de 2000.[9]

– Segundo, porque os imigrantes contribuíram para o reassentamento e a continuidade da atividade industrial nos bairros centrais, da qual pensava-se que tinha saído definitivamente das áreas centrais para se instalar duravelmente nas periferias urbanas de São Paulo e outras cidades do país.

É importante notar que essa reinstalação aconteceu junto com uma evolução da estrutura da produção, doravante, nas áreas centrais, articulada pelas oficinas de costura, peça central da disjunção no dispositivo socioterritorial que mencionamos.

A oficina de costura é uma estrutura flexível no que diz respeito a seu tamanho. Logo uma oficina varia de uma estrutura com um ou dois costureiros a quarenta empregados, sendo sempre a maioria composta de costureiros. O que a distingue essencialmente das fábricas tradicionais não é tanto seu tamanho, embora seja uma diferença importante, quanto o fato de a oficina ser subcontratada, por uma loja, por um magazine, por uma grande marca. Para manter/criar uma atividade, ela aposta que vai garantir a capacidade de reatividade e flexibilidade de seus clientes que são as lojas, marcas, magazines, que trabalham com os consumidores finais cujas preferências e exigências evoluem constante e rapidamente. O desenvolvimento recente e importante da demanda popular em artigos de vestuário dinamizou o setor. Essa demanda popular, esse consumo crescente de roupas deve-se evidentemente ao crescimento do poder aquisitivo das populações de baixa renda, mas também não se pode perder de vista o contexto da urbanização e metropolização. A cidade, a metrópole, é o lugar onde se cria a dinâmica da moda, ou seja, a combinação de um processo de fomento e diversificação dos gostos e preferências estéticas das populações, e um dispositivo produtivo complexo. Portanto, as populações urbanizadas vão adotar rapidamente novas práticas culturais (preocupações estéticas) e econômicas (crescimento do consumo), as quais o setor industrial das confecções vai não somente aproveitar senão também estimular pela diversificação, difusão, e renovação em ciclos curtos das coleções de roupas.[10]

---

9 O censo de 2010 deveria dar melhores resultados na descrição dessa população cujo volume aumentou e situação melhorou desde a época do censo anterior quando uma proporção importante ficava em situação irregular.

10 Seria importante considerar a dimensão individual da relação que existe entre moda e cidade: como, no contexto urbano, as pessoas, individualmente, se percebem e se projetam no grupo? Pois a moda se define também pela relação da própria pessoa com o grupo.

A oficina tanto cria quanto responde à grande necessidade de circulação de mercadorias nas mãos dos consumidores finais. Ela garante e gera a aceleração do consumo *per capita* de roupas. Um dos imperativos do sistema é garantir a fluidez e a rapidez da circulação dos produtos e das informações. O sistema resolve parcialmente essa questão mantendo a proximidade geográfica entre seus diversos atores. Os bairros do Brás e do Bom Retiro realizam essa concentração geográfica, a qual organiza-se em torno de lugares: a rua, onde se encontram os consumidores finais e o comerciante/produtor nos três tipos de locais acima mencionados (a loja, a barraca da calçada, seja da feira, seja do ambulante) e nos prédios do bairro, onde, nos andares superiores, as oficinas organizam a produção. As oficinas do Brás e do Bom Retiro melhoram seu desempenho não somente porque elas ficam próximas aos clientes e consumidores finais, mas também se beneficiam da proximidade da mão de obra, que mora no bairro ou até na própria oficina. Finalmente, para otimizar o funcionamento da oficina, a mão de obra há de ser disponível e flexível (seja em relação a horários, ritmos de trabalho, mobilidade entre as oficinas, tudo isso em função das variações curtas da demanda). A realização dessas condições garantem a competitividade de uma oficina.

É comum comparar a oficina do Brás e do Bom Retiro com o *sweatshop*, termo que se refere a outro lugar e outra época, precisamente, à confecção na Inglaterra e nos Estados Unidos do final do século XIX e na primeira metade do século XX.

A referência justifica-se porque existem muitos pontos em comum entre a oficina e o *sweatshop*: o tamanho da estrutura e a organização da produção (subcontratação) e do trabalho caracterizada pela informalidade, flexibilidade e precariedade; a importante presença de uma mão de obra estrangeira em um lugar de trabalho insalubre que eventualmente é também o lugar de residência dos próprios operários. O trabalho de costureiro é desgastante e penoso e, segundo Nancy Green (Green, 1998, p. 249), 80% da mão de obra na confecção é composta por operadores de máquinas de costura, cujo " 'savoir-faire' significa rapidez e precisão".

Mas a comparação entre a oficina atual e o *sweatshop* precisaria ser contextualizada e seria importante conhecer detalhadamente a oficina de costura, seus atores e organização, porque o insuficiente conhecimento da oficina onde é empregada uma mão de obra estrangeira facilitou qualificações abusivas e sistemáticas, em particular quando se tende a considerar o trabalho nas oficinas como necessariamente semiescravo, ou quando as relações sociais que existem em torno e nas oficinas são analisadas em função das diferenças étnicas dos grupos nelas envolvidos. É comum descrever e definir etnicamente a divisão do trabalho colocando os coreanos na situação de empregadores que exploram a mão de obra boliviana semicativa. Por exemplo, a descrição das diferentes atividades que existem numa mesma oficina (cozinheira, passador de roupa, ajudante, costureiro – distinguindo práticas em vários tipos de máquinas –, piloteiro, encarregado) e o levantamento das trajetórias profissionais dos migrantes na oficina mesma, demonstraria que este é um lugar de rápida ascensão social para muitos migrantes.

No entanto, existe uma especificidade da oficina, tal como a descrevemos brevemente, que está relacionada à presença e característica da mão de obra imigrada e estrangeira.

3.

A associação da imigração internacional e da indústria da confecção materializa-se nas oficinas e produz arranjos territoriais impactantes e específicos nos bairros centrais: por um lado uma possível tendência ao repovoamento (instalação de populações novas e crescimento demográfico) e, por outro lado, a preservação (mediante adaptações) das atividades industriais (a confecção de roupas) nos bairros estudados.

Como poderíamos explicar esses elementos e sobretudo, porque entendê-los como uma especificidade relacionada às características da dinâmica da imigração internacional?

Primeiro, voltamos a insistir no fato de que essas mudanças são diretamente relacionadas à chegada dos imigrantes sul-americanos, já que se observam formas de espacialização realmente diferentes entre os trabalhadores da indústria de confecção sul-americanos e brasileiros. A confecção não perdera seu dinamismo antes da chegada dos migrantes sul-americanos, e eles, com certeza, não monopolizam esse setor de atividade, mas conseguiram inaugurar, ou pelo menos, desenvolver o modelo de oficinas[11] que acabamos de descrever, e que deve ser percebido como um dispositivo territorial.

Na região metropolitana de São Paulo, em 2000, foram recenseados cerca de 135.000 costureiros, ou "operadores de máquinas de costura de roupas", segundo a terminologia do IBGE. A maioria são migrantes internos, originários principalmente da região Nordeste do Brasil. Foram identificados somente 3563 costureiros imigran-

11 O modelo da oficina de subcontratação foi provavelmente promovido pelos imigrantes coreanos, que aos pouco, facilitaram a inserção dos sul-americanos em todos os níveis hierárquicos do dispositivo.

tes internacionais (dos quais, 69% são bolivianos, paraguaios e peruanos),[12] representando 1,8% do total dos costureiros da RMSP.

A grande parte desses 135.000 operários trabalham em casa ou em grandes fábricas. Grande parte das oficinas, que contratam brasileiros, têm formas de organização e funcionamento diferentes daquelas oficinas que predominam no Brás e no Bom Retiro e que contratam principalmente uma mão de obra estrangeira. Por outro lado, os costureiros brasileiros, na maioria dos casos, moram longe das áreas centrais, e muitos moram na periferia (mapa 5). Em 2000, os costureiros bolivianos, paraguaios e peruanos representavam 38,5% do total dos costureiros (estrangeiros e brasileiros) que moravam nos distritos do Bom Retiro, Brás, Pari. Além disso, 19% do total dos costureiros bolivianos, paraguaios e peruanos da RMSP moram no Bom Retiro, Brás e Pari, enquanto somente 1% do total metropolitano dos costureiros nordestinos moram nesses três distritos (IBGE, 2003).

Portanto, pode-se dizer que existe um modelo socioespacial específico dos imigrantes internacionais que trabalham na confecção de roupas que os distingue de seus colegas brasileiros.

Como explicar essa diferença entre os costureiros imigrantes internacionais e os costureiros brasileiros que se observa nos lugares de residência e na organização da atividade?

Poderíamos usar argumentos a favor de efeitos estruturais: a reestruturação produtiva (desconcentração/reconcentração industrial), a transição demográfica (crescimento urbano e modalidades do povoamento), a dinâmica do mercado imobiliário (movimento de dispersão da periferia pela área metropolitana em função do afastamento da classe operária) mas parece interessante também adotar uma perspectiva individual, biográfica, a do migrante e seu projeto migratório. Os migrantes, internos ou internacionais, costumam trazer consigo um projeto de acesso à propriedade. Mas, enquanto os bolivianos e paraguaios ainda privilegiam a realização desse projeto em sua terra natal (na Bolívia ou no Paraguai), entre os migrantes internos o sonho de acesso à propriedade é em São Paulo.

A força do enraizamento das projeções do migrante no lugar de origem não depende exclusivamente de sua origem, estrangeira ou nacional; em outras palavras os laços com os lugares de origem não são fortes para os estrangeiros e fracos para os migrantes internos. Essa distinção é parcialmente válida, mas o que afrouxa os laços

12 O sub-registro dos bolivianos, paraguaios e bolivianos no Censo 2000 é conhecido. Mas o que foi captado é especialização deles na confecção, já que, por exemplo, 25% do total dos bolivianos eram costureiros (ou seja, 40% dos ativos).

com os lugares de origem, e que aos poucos introduz rupturas na biografia dos migrantes, é sem dúvida o tempo acumulado no lugar de destino e com ele acontecimentos decisivos no ciclo de vida. Entre eles, cabe mencionar uma união, um nascimento, a entrada na idade adulta dos filhos que resolvem formar um novo domicílio nesse mesmo lugar. São eventos que aos poucos sedentarizam os migrantes e afastam a perspectiva de um retorno. No caso de São Paulo essa perspectiva temporal deve considerada para entender diferenças importantes entre os migrantes internos e internacionais, já que a migração interna vem ocorrendo há muito tempo, mais tempo do que a migração internacional aqui analisada.

Mas o fato de identificarmos diferenças nas projeções do acesso à propriedade entre os bolivianos e paraguaios, por um lado, e os migrantes internos, por outro, não explica as diferenças de localização na cidade entre uns e outros. Somente explica porque é que os migrantes internacionais alugam mais, enquanto os migrantes internos são mais proprietários, e não explica as diferenças de localização geográfica das residências entre os dois grupos, de tal forma que os migrantes internos poderiam ser proprietários no centro expandido enquanto os imigrantes internacionais seriam locatários nas periferias, situação que não acontece, ou acontece ainda de forma minoritária.[13] Para explicar esse dado, deve-se pensar nas formas históricas como e aonde os migrantes internos acederam à propriedade. Em grande parte, o acesso à propriedade se fez e se faz pela moradia social mas, sobretudo, pela autoconstrução que historicamente foi possível porque aconteceu junto com o crescimento das periferias. Tornar-se proprietário significou morar e construir (n)a periferia, ou seja longe do lugar de trabalho. Portanto, o acesso à propriedade significou uma ruptura na relação moradia/trabalho, passando de um padrão de coexistência à dissociação espacial.

Por outro lado, no centro expandido segue existindo uma oferta de habitações em locação, em particular nos cortiços, o que torna possível a presença dos migrantes internacionais nas áreas centrais.

---

13 Não é à toa que muitos dos migrantes bolivianos e paraguaios que se instalaram nas periferias da zona norte e leste são donos de pequenas oficinas, mesmo que modestas e clandestinas. Para eles, a saída do assalariado e a entrada no empresariado justificou um movimento em direção à periferia. A periferização, entre os migrantes bolivianos e paraguaios, acontece como materalização de um projeto empresarial e não por conta de uma vontade de acessão à propriedade imobiliária. Esse elemento qualifica de forma diferente o movimento de periferização dos migrantes internacionais em comparação com a maioria de seus vizinhos na periferia.

Para terminar, podemos nos perguntar porque é que cresceu tanto o sistema das oficinas, no padrão que descrevemos acima? De novo, poderíamos mencionar a evolução da organização do conjunto do setor têxtil no âmbito da globalização, da abertura dos mercados nacionais e no fomento de uma concorrência internacional acirrada. Para sobreviver nesse contexto, o setor teve que se flexibilizar para melhorar sua produtividade e reatividade e, para tal, procurou uma mão de obra flexível e barata, condições de trabalho facilmente aceitas entre os migrantes bolivianos e paraguaios em situação de vulnerabilidade. Aparentemente, a oficina tem cumprido essas exigências de adaptação, em benefício de todo o setor. Mas o fato de as oficinas terem se desenvolvido e, ao mesmo tempo, terem sido cada vez mais associadas a uma população imigrante internacional (mão de obra e dono) tem a ver, novamente, com as características dos projetos dos migrantes internacionais e certas disposições frequentemente compartilhadas entre eles: o projeto migratório viabilizaria a ascensão social transformando-os em empresários.

Se lembrarmos que a oficina de costura é pequena, que ela envolve um capital limitado, que ela produz rapidamente, que existe uma mão de obra disponível e flexível (que eventualmente se submeteria às duras condições do trabalho na perspectiva de poder rapidamente ganhar conhecimento e experiência e ascender ao empresariado), que ela pode existir de forma irregular administrativamente, logo podemos ver que a oficina atende às expectativas do empreendedorismo migrante. Desta perspectiva, os migrantes seriam os promotores desses modelos de oficinas.

Conclusão

Segundo os elementos apresentados neste texto, aparece em primeiro lugar que a atual dinâmica da imigração em São Paulo surge como uma reposta à adaptação do setor da confecção de roupas à irresistível necessidade de flexibilidade que se impôs ao setor. Os migrantes internacionais são os promotores da flexibilização do setor industrial, e, de certa forma, a oficina de costura reflete a adesão aos valores do empreendedorismo que sustentam o projeto migratório de numerosos estrangeiros, qualquer que seja seu posicionamento na hierarquia do setor, sejam donos de oficina, costureiros ou ajudantes. A oficina de costura, independentemente das duras e, às vezes, desumanas condições de trabalho que se podem observar, é considerada pelo migrante como o espaço de sua possível ascensão social, valor que fundamenta seu projeto migratório;

não que o migrante não esteja ciente da iniquidade de sua situação, ou que ele a julgue aceitável porque a compara com a situação que viveu no lugar de origem, mas principalmente porque ele a vê como transitória e suscetível de melhora, caso "se esforce". Esse é provavelmente um dos principais mecanismos que conferem à oficina seu sucesso. Muitos costureiros começaram como ajudantes, uns e outros tornaram-se piloteiros, enquanto outros montaram uma oficina. A perspectiva de uma mudança/melhora individual torna a situação presente aceitável (por mais penosa e difícil que seja), porque é vista como transitória.

Ao contrário, a falta de uma perspectiva de evolução pode provocar a migração. Os migrantes não insistem nas dificuldades reais pelas quais passaram e, quando se tenta saber porque razões saíram de seu país, numerosos trabalhadores do setor preferem insistir sobre o fato de que lá "não havia oportunidade" para "melhorar" "avançar" e que as oficinas oferecem essa perspectiva de mudança.

Por outro lado, a atuação dos migrantes na reorganização da confecção favoreceu uma inserção urbana caracterizada pela revalorização de áreas do centro expandido, lugar de trabalho e de residência, já que no Brás, Bom Retiro e Pari encontramos uma proporção significativa tanto das oficinas onde trabalham quanto das residências onde moram os migrantes internacionais. Não é raro ouvir que essa localização residencial não decorre de uma escolha e sim de uma situação consequente da organização do-mercado do trabalho, imposta pelo dono da oficina. Mas, muitos migrantes residem nos bairros centrais por escolha, e isso não somente ocorre em função da proximidade do mercado de trabalho, mas também na procura de relações de vizinhança e proximidade com os conterrâneos e, como vimos, em função de diferenças existentes nos projetos migratórios dos imigrantes internacionais e dos brasileiros, que moldam olhares diferenciados sobre os espaços urbanos, centrais e periféricos. Essa migração que contribui para reativar a função residencial no centro expandido ainda é recente e será preciso observá-la no futuro para ver se as tendências se consolidam ou se surge uma mobilidade residencial majoritária para outros bairros da cidade, fazendo com que essa polarização residencial no Brás e no Bom Retiro tenha sido somente temporária e associada a um momento específico do ciclo migratório dos bolivianos e paraguaios em São Paulo.

Tabela 1. Regularização dos estrangeiros em situação irregular entrados no Brasil antes fevereiro 2009. Resultados parciais das demandas feitas entre junho e dezembro de 2009.

País de nascimento	Ef.	%
Bolívia	16881	40,4
China	5492	13,1
Peru	4642	11,1
Paraguai	4135	9,9
Coreia	1129	2,7
Sub total	32279	77,2
Total	41816	100,0

Fonte: Ministério da Justiça, 2010.

Tabela 2. Nascidos na América do Sul residentes na Região Metropolitana de São Paulo (RMSP) em 2000.

País de nascimento	Região Metropolitana de São Paulo (RMSP)
Argentina	6284
Bolívia	8910
Chile	8089
Colômbia	754
Equador	218
Guiana	35
Guiana Francesa	-
Paraguai	2078
Peru	2105
Suriname	18
Uruguai	2854
VenezuelaU	317
Total nascidos na América do Sul	31662
Total dos nascidos no exterior	250406

Censo demográfico 2000, IBGE.

Mapa 1. Imigração boliviana em São Paulo.

Distribuição da população nascida na Bolívia, segundo o distrito de residência em 2000.

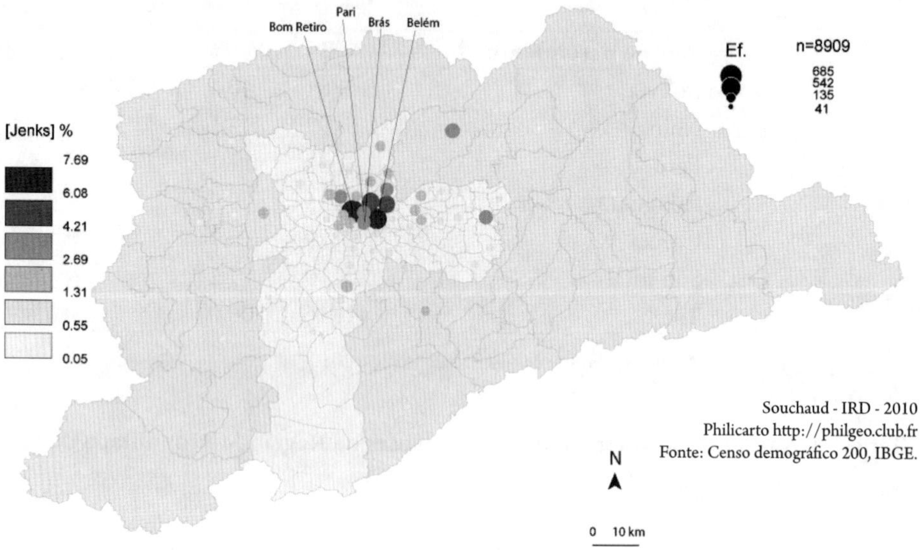

Mapa 2. Imigração boliviana recente em São Paulo.

Distribuição da população residente na Bolívia em 1995, segundo o distrito de residência em 2000.

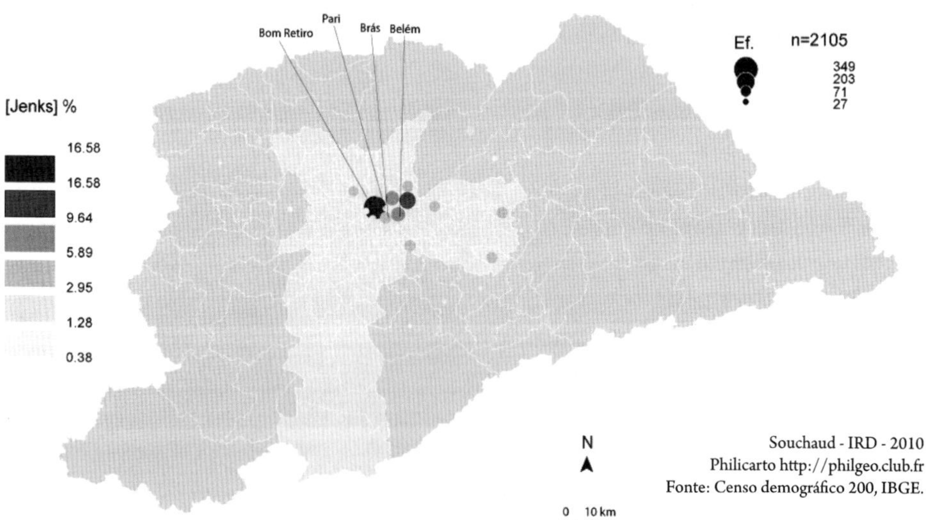

Mapa 3. São Paulo, crescimento anual médio da população por distrito, entre 1981 e 1991.

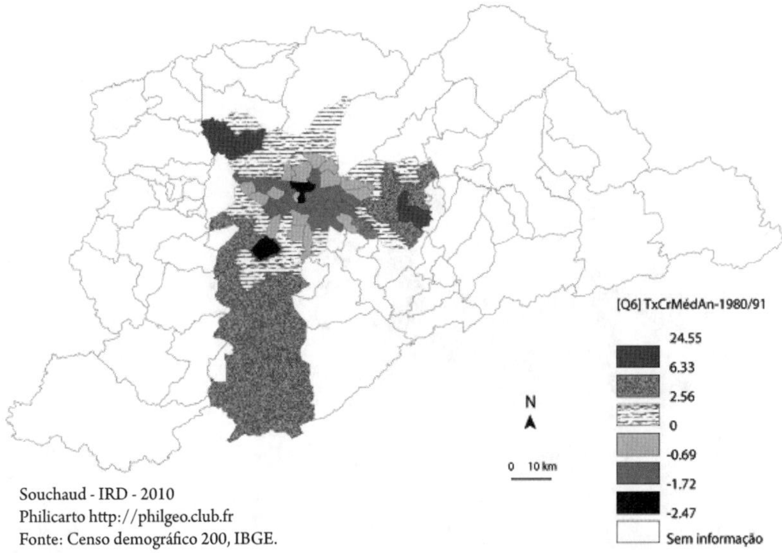

Souchaud - IRD - 2010
Philicarto http://philgeo.club.fr
Fonte: Censo demográfico 200, IBGE.

Mapa 4. São Paulo, crescimento anual médio da população por distrito, entre 1991 e 2000.

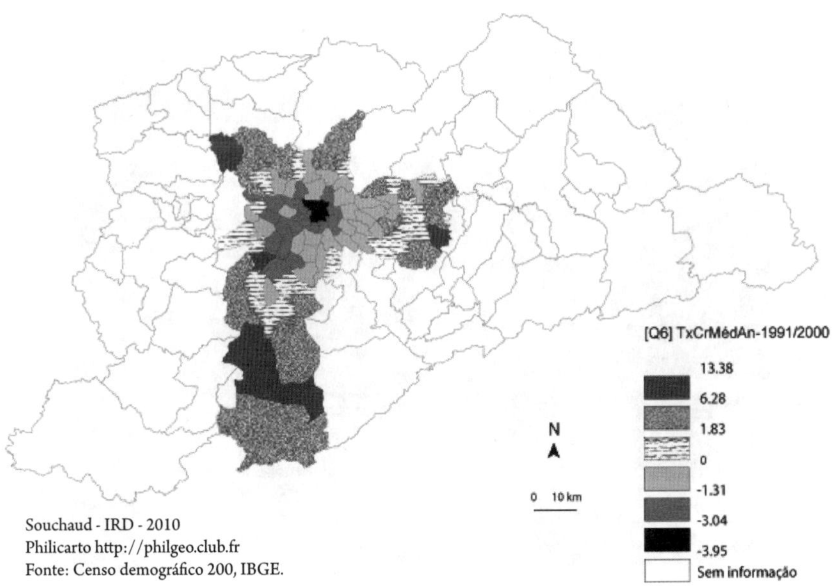

Souchaud - IRD - 2010
Philicarto http://philgeo.club.fr
Fonte: Censo demográfico 200, IBGE.

Mapa 5. Costureiros em São Paulo.

Distribuição da população costureira segundo o distrito de residência em 2000.

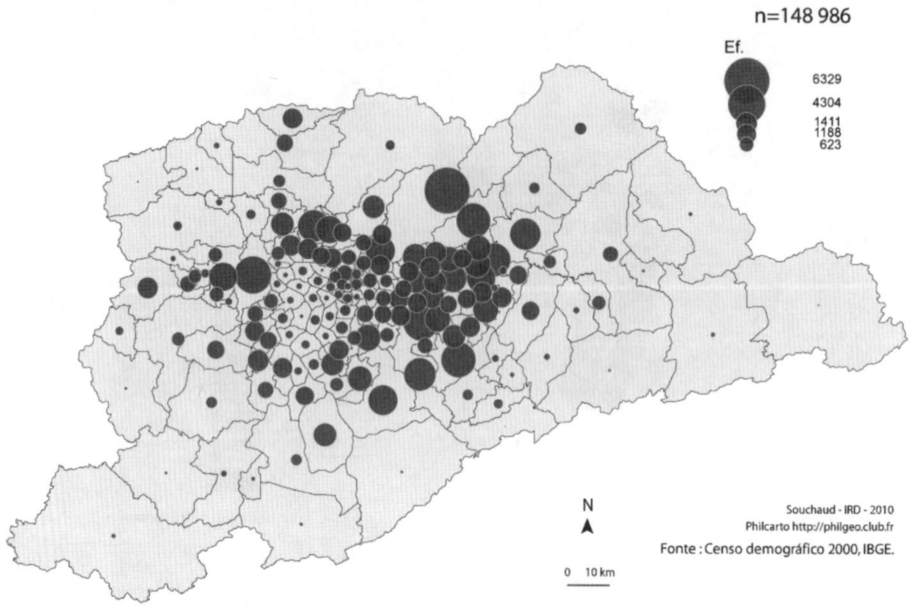

Figura 1. Prédios de uso misto no Brás: lojas de roupa no térreo, oficinas de costura e depósitos no primeiro andar

Souchaud - IRD, 2009.

Figura 2. A feira da madrugada, rua Oriente.

Souchaud - IRD, 2010

Figura 3. Vendedores ambulantes nas calçadas do Brás.

Souchaud - IRD, 2010

Figura 4. Imigrantes paraguaios trabalhando numa oficina do Bom Retiro.

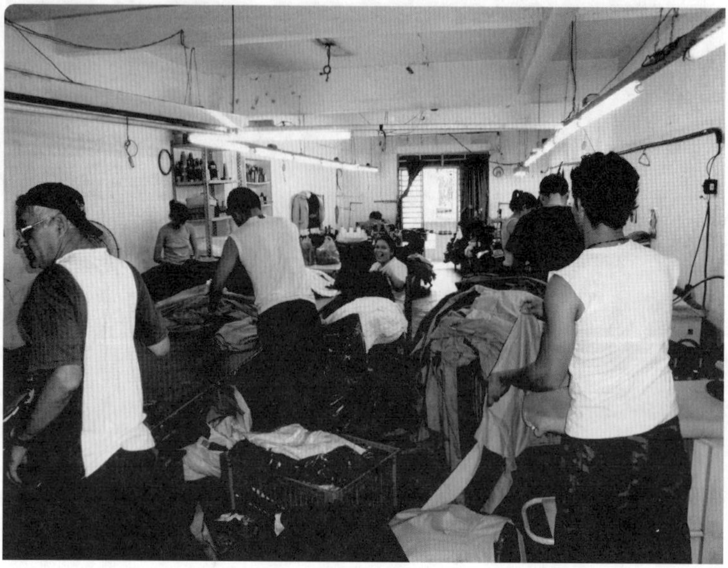

Souchaud - IRD, 2010

Figura 5. Equipamentos de uma oficina no Bom Retiro.

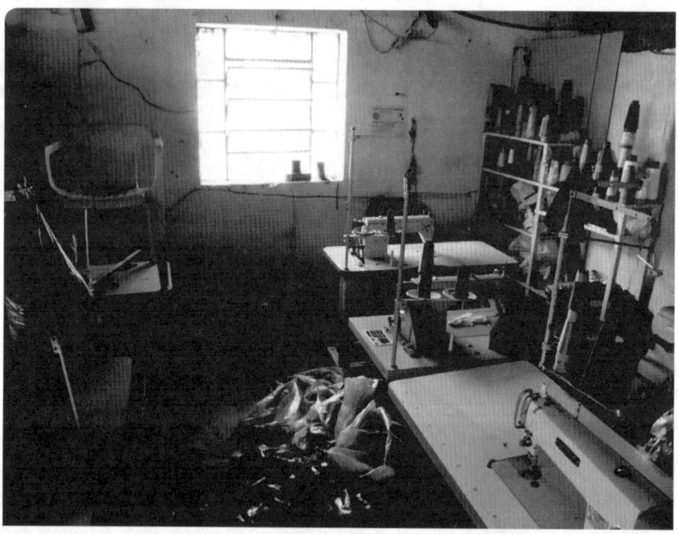

Souchaud - IRD, 2010

Figura 6. Quarto dos funcionários imigrantes numa oficina do Bom Retiro.

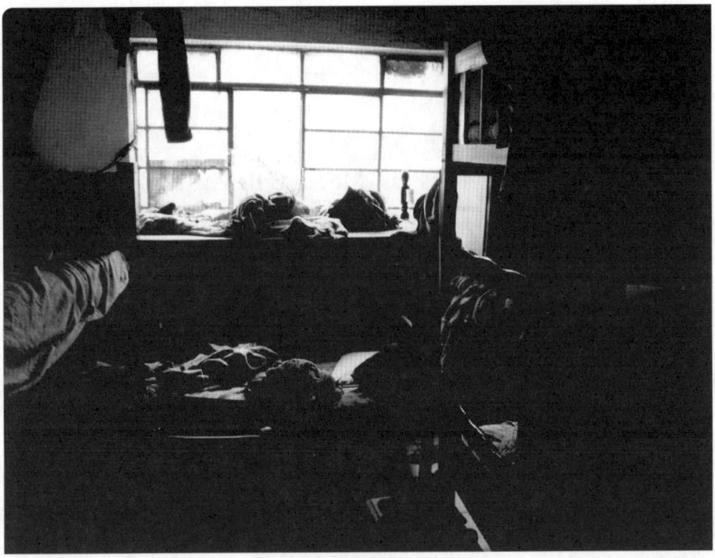

Souchaud - IRD, 2010.

Figura 7. Prédio residencial no Brás com domicílios de imigrantes bolivianos e migrantes internos. Alguns apartamentos misturam residência e oficina de costura.

Souchaud - IRD, 2009.

Bibliografia

AMADIO, Decio. *Desenho urbano e bairros centrais de São Paulo: um estudo sobre a formação e transformação do Brás, Bom Retiro e Pari*. Tese de doutorado. São Paulo, FAU-USP, 2004.

ANDRADE, Margarida Maria de. "Brás, Moóca e Belenzino, formação e dissolução dos antigos bairros 'italianos' além-Tamanduateí". *Travessia, XIII* (38), São Paulo, CEM, p. 5-10, 2000.

DEAN, Warren. *A industrialização de São Paulo*. São Paulo, 1971.

FELDMAN, Sarah. "Bom Retiro: bairro de estrangeiros, bairro central". In: Workshop do Projeto Temático Fapesp – *"São Paulo. Os estrangeiros e a construção da cidade"*. São Paulo, 2009.

GREEN, Nancy L. *Du Sentier à la 7e avenue. La confection et les immigrés Paris-New York 1880-1980*. Paris: Seuil, 1998.

_______. *Repenser les migrations*. Paris: PUF, 2002.

IBGE. *Censo demográfico 2000*. Rio de Janeiro: FIBGE, 2003.

KONTIC, Branislav. *Inovação e redes sociais: A indústria da moda em São Paulo*. Tese de doutorado. São Paulo, FFLCH-USP (Departamento de Sociologia), 2007.

MA MUNG, Emmanuel. "Dispositif économique et ressources spatiales: éléments d'une économie de diaspora". *Revue Européenne des Migrations Internationales*, 8 (3), Poitiers, 1992.

_______. *Autonomie, migrations et altérité*. Habilitation à diriger des recherches (Géographie). Poitiers, Université de Poitiers, 1999.

MANGILI, Liziane Peres. *Transformações e permanências no bairro do Bom Retiro (1930-1954)*. Dissertação de Mestrado. São Carlos, EESC-USP (Teoria e história da arquitetura e do urbanismo), 2009.

MEYER, Regina Maria Prosperi; GROSTEIN, Marta Dora; BIDERMAN, Ciro. *São Paulo Metrópole*. São Paulo: Edusp, 2004.

MONBEIG, Pierre. "La croissance de São Paulo". *Revue de géographie alpine*, 41 (1), p. 59-97, 1953a.

_______. "La croissance de São Paulo (suite et fin)". *Revue de géographie alpine*, 41 (2), p. 261-309, 1953b.

ROLNIK, Raquel. *São Paulo*. São Paulo: Publifolha, 2001.

SILVA, Carlos Freire da. *Trabalho informal e redes de subcontratação: dinâmicas urbanas da indústria de confecção em São Paulo*. Dissertação de mestrado. São Paulo, FFLCH-USP (Departamento de Sociologia), 2008.

VILLAÇA, Flávio. *O espaço intraurbano no Brasil*. São Paulo: Studio Nobel, 1998.

WALDINGER, Roger. "Immigrant Enterprise in the New York Garment Industry". *Social Problems*, 32 (1), University of California Press, p. 60-71, 1984.

_______. "Ethnicity and Entrepreneurship". *Annual Review of Sociology* (16), p. 111-135, 1990.

XAVIER, Iara Rolnik. *Projeto migratório e espaço. Os migrantes bolivianos na Região Metropolitana de São Paulo*. Dissertação de mestrado. Campinas, IFCH-Unicamp (Departamento de Demografia), 2010.

Os coreanos no Bom Retiro

Maria Ruth Amaral de Sampaio

> A liberdade que a cidade oferece permite a cada instante mergulhar, atar e reatar outros laços sociais, abandonar os traços culturais antigos e aderir a conteúdos culturais novos (Ansay e Schoonbrodt, 1989).

Um imigrante ao chegar ao novo destino tem necessidade de um reinício, um recomeçar, precisando ter a liberdade de constituir novas redes de relações sociais e culturais, que tenham a potencialidade de resistir aos mecanismos de rigidez das hierarquias sociais existentes, criando formas de igualdade, liberdade e convívio que suplantem as resistências encontradas. Esse é seu primeiro desafio. A questão do convívio é complexa, uma vez que envolve muitas vezes a aprendizagem progressiva da coexistência pacífica, da coabitação com a diferença.

Nosso enfoque, neste trabalho, que tem por objeto o estudo dos coreanos no bairro paulistano do Bom Retiro, consiste em analisar como os laços estabelecidos em redes proporcionam oportunidades e limitações, influindo no acesso das pessoas e instituições a recursos como informações, riqueza e poder. Consideramos as redes sociais, como um instrumento de análise que permite a reconstrução dos processos interativos dos indivíduos e grupos, a partir das conexões interpessoais construídas cotidianamente.

Seguiremos as linhas mais descritivas de estudos das redes, tanto inglesas, como norte-americanas, que desde a década de 1940 privilegiaram o estudo de indivíduos e seus laços interpessoais, visando entender as relações da vida cotidiana. Trata-se de uma nova forma de estudar a estrutura social, objeto da Sociologia.

O sociólogo canadense Barry Wellman, professor da Universidade de Toronto, analista de redes sociais, define a rede como um grupo de unidades conectadas (pessoas, organizações, unidades), que podem pertencer a diversas redes de amizade, de comércio, de religião, de imigrantes, etc. Uma rede social é constituída por "nós", que são unidades em princípio conectadas, ligando indivíduos, famílias, grupos de trabalho, organizações, etc. Os nós estabelecem diferentes tipos de relações entre si, e essas relações denominam-se "laços". Segundo esse autor, as redes estabelecem meios de organização social e de pensamento, além de ser a maior fonte de capital social na sociedade contemporânea. Para ele, a rede, isto é, a análise dos padrões de laços que ligam as pessoas, é o caminho mais direto para se construir uma teoria da estrutura social (Wellman, 1983).

Mark Granovetter, sociólogo americano, é também conhecido pelo seu trabalho sobre redes, defendendo a hipótese que quanto mais forte for a relação entre duas pessoas, maior é a intensidade dos laços interpessoais, sobrepondo-se laços fortes e fracos. Os laços fracos, por sua vez, colocam o indivíduo em contato indireto com um maior número de pessoas, em outros círculos diferentes dos seus. Referindo-se a importância dos laços fracos na organização de algumas comunidades, o sociólogo explica por que algumas comunidades se organizam em torno de objetivos comuns, enquanto outras são incapazes até mesmo de mobilizar recursos variados contra ameaças objetivas. O autor cita o exemplo de uma comunidade italiana nos subúrbios de Boston, incapaz de se organizar para lutar contra projeto de renovação urbana, que acabou por destruí-la (Granovetter, 1973).

Optamos por desenvolver, no presente trabalho, entrevistas com os principais representantes das entidades da comunidade coreana em São Paulo, muitas das quais com sede no bairro. A maioria deles chegou ao Brasil ainda jovem e alguns realizaram curso superior no Brasil. Nossa intenção foi conhecer alguns aspectos da trajetória desses imigrantes, tentando iluminar os aspectos relacionados à adaptação, as relações sociais e aos pontos de apoio desse percurso.

O coreano e o bairro: tempos de adaptação

O bairro do Bom Retiro tem abrigado, ao longo de sua existência, trabalhadores de várias nacionalidades. Nas últimas décadas do século XIX, foi habitado principalmente por imigrantes italianos, que chegavam a São Paulo, na Estação da Luz, nas vizinhanças do bairro, provenientes do porto de Santos, e que se notabilizaram, nessa época, como bons artífices. Os italianos foram sendo, no decorrer do século XX, gradativamente sucedidos por judeus, sírios, libaneses, turcos, russos, gregos e, atualmente, coreanos, além de uma leva recente de latino americanos, predominando bolivianos, mas também, paraguaios e peruanos.

A partir da chegada dos judeus, o bairro notabilizou-se pela indústria e comércio de confecções, armarinhos e máquinas de costura. Os coreanos começaram a se estabelecer no Bom Retiro há cerca de 50 anos, inserindo-se, desde a sua chegada, nesta mesma dinâmica econômica. A maioria que emigrou ao Brasil, veio devido à insegurança e o desejo de se afastar do clima de guerra reinante em seus respectivos países de origem, no caso, a Coreia do Norte e a do Sul. Os primeiros imigrantes declaravam-se agricultores, pois, na época, esta era a única maneira legal possível de se adentrar o país.

As relações diplomáticas oficiais entre Brasil e Coreia começaram em 1959, no governo de Jânio Quadros, e em 1962 foi instalada a Embaixada Coreana no Brasil.[1]

O primeiro grupo de imigração coreana em caráter oficial para o Brasil chegou no ano seguinte, fevereiro de 1963, sendo constituída de imigrantes da Coreia do Norte, muitos militares, membros da classe alta e média da sociedade, com razoável nível educacional. Essa leva era constituída de 92 pessoas, pertencentes a 11 famílias, e mais 11 ex-militares à serviço da companhia de promoção de cooperação entre o Brasil e a Coreia. Os militares tinham a incumbência de observar as áreas de agricultura, pois outras levas deveriam chegar (Choi, 1991). Já existiam dúvidas com relação ao sucesso desses pioneiros agricultores, pois as condições de trabalho eram duras, exigiam capital. Jornal coreano da época, Dong-A dizia: "eu acho que eles vão tentar é fazer comercio na cidade".

Essa decisão inédita do governo coreano de intermediar a emigração decorria da guerra de 1950/53 e da situação socioeconômica no país, que fez com que pela primeira vez, fosse concedido apoio oficial irrestrito ao movimento emigratório que crescia. Lei de emigração, outorgada em 1962, tornou a emigração oficial e o governo coreano emitiu autorização para emigração oficial em grupo, para a América Latina, Brasil, Argentina, Paraguai e Bolívia.

No Estado de São Paulo a primeira leva foi para a fazenda Seul, próxima à Guarulhos, que explorava a avicultura, horticultura. Outros foram para Mogi das Cruzes, fazenda Arirang, inaugurada como propriedade coreana em março de 1963, além da fazenda Santa Maria, no Paraná.

Ressalta-se que não havia a intenção dos recém-chegados de regressar à pátria, e, se porventura pensassem em nova imigração, seria em direção aos EUA e Canadá, países pelos quais os coreanos tinham e tem grande apreço.

A expectativa de sucesso era grande, entretanto o impacto da nova terra e as dificuldades a serem enfrentadas, levaram muitas famílias a abandonarem as fazendas

1 No dia 7/7/2009, o Consulado Coreano comemorou no Museu da Casa Brasileira o 50°aniversario das relações diplomáticas entre Brasil e Coreia, com uma exposição "Moda Coreana-Arte e tradição".

antes mesmo do fim dos contratos. Em 1968, o governo coreano sentiu-se responsável pelo fracasso dos imigrantes como agricultores, proibindo a imigração não só para o Brasil mas também para a Argentina, Bolívia, Paraguai e Uruguai.

Na segunda metade dos anos 70, chegava ao país outro tipo de emigrante, clandestino, que fugia da instabilidade socioeconômica e política, vigente na península tendo sido por isso criticados, tanto na Coreia, como no Brasil. Em 1976, segundo dados oficiais, existiam no Brasil aproximadamente 8.500 coreanos, embora esse número pudesse atingir cerca de 20.000, se fossem considerados os clandestinos. A entidade responsável pela emigração coreana para o Brasil era e continua sendo a Associação Cultural Brasil/Coreia.

Os primeiros imigrantes coreanos eram originários sobretudo da Coreia do Norte e exerciam na Coreia do Sul a profissão de comerciantes; pretendiam se estabelecer no Brasil definitivamente, cultivando a terra e transformando-se em pequenos proprietários. Cerca de 3 anos após a chegada, verificou-se que quase 90% deles haviam mudado para São Paulo, e exerciam atividades comerciais, sendo pequenos comerciantes. A explicação para essa mudança era conseguir mais rapidamente a independência financeira.

Em 1969, a lei 944, que regulamentava a imigração, anistiou os ilegais. Outra anistia, em agosto de 1980, beneficiou cerca de 15.351 estrangeiros em situação ilegal, dos quais cerca de 4.500 eram coreanos, que haviam entrado no país via Paraguai (*Folha da Tarde*, 1984).

Cerca de 1.400 coreanos, a partir de 1970, chegaram á São Paulo como técnicos, com diploma universitário. A partir de 1972, uma medida restritiva do Brasil interrompeu esse fluxo. Isso entretanto, não impediu que os coreanos continuassem a entrar no país. Nestes últimos dias os imigrantes clandestinos no Brasil, coreanos inclusive, obtiveram uma vitória, que aliás estava sendo esperada, pois em 3 de julho de 2009, o governo brasileiro anistiou os imigrantes entrados irregularmente no país.

Chegando a São Paulo depois de curta experiência na área rural, os recém-chegados passaram a vender diversos produtos (roupas, badulaques, bijuterias, etc.), de porta em porta, para sobreviver. Na etapa seguinte, algumas famílias passaram a montar barracas desmontáveis para vender artigos que haviam trazido da Coreia. Também iniciaram a confecção em casa, de peças para serem vendidas nas ruas. Daí para a especialização em lojas houve um salto gradativo, que conduziu à profissionalização.

Alguns testemunhos mostram como ocorreu a chegada desses imigrantes no bairro e, como aos poucos, se deu a adaptação dessa comunidade em São Paulo. O Diretor da Associação Brasileira de Coreanos, Don Soo Park, por exemplo, chegou ao Brasil aos 28 anos de idade, formado em Engenharia Elétrica em seu país de origem (Coreia do Sul). A barreira da língua fez com que tivesse que optar por outra ocupação, e para sobreviver, comprou, inicialmente, uma quitanda. Hong Sup Kim, diretor da Escola Polilógos, relata, por seu lado, que veio ainda criança, em companhia da família, aos 12 anos de idade. Realizou todos os seus estudos em São Paulo, tendo se formado, em 1987, pelo Instituto de Matemática e Estatística da Universidade de São Paulo.

A Dra. Shin, conhecida advogada da colônia, é formada pela Faculdade de Direito da Universidade de São Paulo, com mestrado na Bélgica. Filha de lojistas, também veio ao país ainda criança, tendo estudado desde cedo no Colégio Bandeirantes. Os pais tinham, inicialmente, uma confecção em Santo André e já tinham obtido certo prestígio, após terem começado com vendas a domicílio. Posteriormente estabeleceram-se com uma confecção e loja no Bom Retiro. Seu discurso mostra que os coreanos prezam a educação de qualidade acima de tudo. Conta, igualmente, que em criança não sabia se era brasileira ou coreana.

Outro caso é o do pastor emérito da Igreja Missionária Metodista do Bom Retiro, Sr. Moon. Filósofo e professor de várias faculdades, dentre elas, a Universidade Metodista, é um dos coreanos mais antigos residente em São Paulo, estando há 53 anos no Brasil. Veio refugiado da guerra, junto com uns poucos que foram se adaptando ao país. Quando chegou era um jovem que gostava de estudar filosofia e religião, o que o conduziu à Universidade Metodista. A barreira da língua era um empecilho, mas mesmo assim sobreviveu às agruras do começo de sua vida, vivendo, inicialmente, em Rudge Ramos. Foi o responsável pela construção da Igreja no Bom Retiro, auxiliando atualmente o seu sucessor. A Igreja, iniciada através de doações dos fiéis, estabeleceu-se há 20 anos, uma vez que antes disso alugavam um salão. Aposentado, há aproximadamente 15 anos, ainda reside no bairro. Hoje considera o Brasil a sua pátria.

Simmel (1983), referindo-se ao estrangeiro em seu novo habitat, na nova comunidade, ressalta que sua posição é determinada pelo fato de não ter pertencido a ele desde o começo, ou seja, por ter introduzido qualidade que não se originou, nem poderia se originar, no próprio grupo. Uma característica do estrangeiro é a 'proximidade e distância', pois a pessoa fundamentalmente móvel entra, ocasionalmente, em contato com todos os elementos do grupo, mas não está organicamente ligado a qualquer um deles por laços de parentesco e localidade. Está, porém ligado pela ocupação.

Os coreanos foram gradativamente substituindo os judeus na indústria do vestuário e, hoje, praticamente dominam esse setor no bairro. Assim sendo, a 'proximidade e distância', próprias do estrangeiro, confere a ele um caráter de objetividade. Ele está próximo na medida em que sente traços comuns da natureza humana. Está distante na medida em que esses traços comuns se estendem além dele, além de nós ou para além de nós, e se conectam apenas por que ligam muitíssimas pessoas.

O bairro

O bairro é uma noção dinâmica, necessita de uma progressiva aprendizagem, que vai aumentando mediante a repetição do engajamento do usuário no espaço público até exercer aí uma apropriação. Devido ao seu uso habitual, pode ser considerado como a privatização progressiva do espaço público, garantindo uma solução de continuidade entre aquilo que é mais íntimo (o espaço privado da residência) e o do que é desconhecido, do conjunto da cidade ou mesmo, por extensão, do resto do mundo. Existe uma relação de apreensão entre o ser e o espaço urbano ao qual este se liga. No Bom Retiro, embora existam comerciantes que moram fora do bairro, é sabido que é aí o local em que passam a maior de seu tempo. Assim sendo, o bairro é, também, lugar de passagem pelo outro, visto que é passível de reconhecimento devido a sua relativa estabilidade.

Em outras palavras, nem íntimo, nem anônimo, mas sim vizinho. Ou como nos coloca Henri Lefebvre, é "a porta de entrada e de saída entre espaços qualificados e o espaço quantificado". Michel de Certeau (1994), por seu lado, menciona o bairro como "o espaço de uma relação com o outro como ser social, sair de casa, andar pela rua, é efetuar um ato cultural, não arbitrário: inscreve o habitante em uma rede de sinais sociais, que exigem tratamento especial, em uma rede de sinais que lhe são preexistentes, (vizinhos, lugares), sendo sempre uma relação entre o mundo físico e social".

Mafessoli (2004) acrescenta um novo dado, da errância por uma sucessão de lugares característicos da sociabilidade contemporânea, um paradoxo que é necessário enfrentar, o enraizamento dinâmico – pertence-se inteiramente a um dado lugar, mas nunca de maneira definitiva.

Alguns dos aspectos, acima mencionados, são verificáveis no bairro do Bom Retiro. Hoje, pode-se dizer que os coreanos aí residentes, têm uma presença dominante, que segundo um entrevistado, traduz o bairro como sendo um pedaço de Seul em São Paulo. A ocupação destes no bairro ocorreu em poucos anos. Eles foram se infiltrando através da indústria e comércio de confecções, melhorando, aos poucos, de posição social. Por conseguinte, ocuparam espaços e substituíram outras levas migratórias, tais como os judeus que os antecederam.

Figuras 1 e **2**. Fachadas e vitrines das lojas de moda do Bom Retiro

Neste sentido, é interessante o relato dos alunos que desde cedo frequentaram a Escola Polilógos. Para estes, o bairro é desde a infância, uma técnica de reconhecimento do espaço enquanto um dado social: se inscreve na sua história como a marca de um pertencimento indelével na medida em que é a configuração primária, ou seja, o arquétipo de todo o processo de apropriação do espaço como lugar da vida cotidiana pública.

Para os adultos, a caminhada pelo bairro é, por outro lado, portadora de diversos sentimentos, tais como: o sonho de viajar diante de uma vitrine, um breve sobressalto sensual, a excitação do olfato sob as árvores do parque, as lembranças dos itinerários felizes, algumas considerações alegres, serenas ou amargas sobre seu próprio destino, os 'segmentos de sentido' que podem ser substituídos conforme se caminha, despertados ao acaso, e, muitas vezes, suscitados pela atenção flutuante dos acontecimentos que se produzem sem cessar nas ruas.

Os coreanos mais velhos preferem viver no Bom Retiro, local onde estão concentrados os negócios. Também essa mesma população, que inclui alguns viúvos, adquiriu aí alguns hábitos arraigados, dentre eles, ir ao Parque da Luz, viver perto dos conterrâneos, falar o idioma coreano, percorrer a pé o bairro, ter conhecidos em cada esquina, desde o vendedor de verduras e temperos, como por exemplo as pimentas, pó de pimenta, molho de pimenta, massa de arroz, óleo de gergelim, gengibre, tofu, broto de feijão, além do alho e da cebolinha, até a dona da farmácia, de procedência japonesa, mas que fala coreano e conhece toda a colônia. Além disso, não se pode esquecer da proximidade do metrô, que permite ao morador do bairro circular com facilidade pela cidade. Com isso, um coreano, residente no Bom Retiro, pode passar o dia inteiro sem necessidade de falar português.

O bairro constitui-se, assim, no termo médio de uma dialética existencial, entre o dentro e o fora. E é, na tensão entre esses dois termos, que vai aos poucos se tornando o prolongamento de um dentro, que se efetua a apropriação do espaço. Um bairro é, por assim dizer, uma ampliação do habitat: para o usuário, ele se resume na soma das trajetórias inauguradas a partir do seu lugar de habitação. Não é propriamente uma superfície urbana transparente ou estatisticamente mensurável, mas antes, a possibilidade oferecida a cada um de se inscrever na cidade, ou mais além, um sem número de trajetórias cujo núcleo irredutível continua sendo sempre a esfera do privado (Certeau, 2004).

O Comércio

Uma das transformações mais visíveis efetuadas pelos coreanos no Bom Retiro, diz respeito a parte comercial. Eles mudaram a feição do comércio do bairro, modernizando-a, a partir da transformação da aparência das lojas que possuíam um caráter visual anteriormente pouco atraente. As mais novas expressões de uma arquitetura comercial sofisticada estão presentes, atualmente, em algumas lojas do Bom Retiro, que contam, inclusive, com a participação de arquitetos refinados, como Isay Weinfeld, autor do projeto da reforma da loja de roupas, localizada na Rua José Paulino, 400. As marcas desse arquiteto estão presentes no pé direito alto, nas paredes brancas, na claraboia de vidro e no estilo absolutamente limpo e despojado que caracteriza a obra desse arquiteto. A loja, de propriedade de dois coreanos que possuem estabelecimentos de comércio no Bom Retiro e no Brás, exemplifica a nova feição do bairro, e a nova clientela, que hoje não é mais constituída somente de sacoleiras, mas de toda a população, especialmente a feminina paulistana, que quer comprar a moda do momento, com os melhores preços.

Figura 3. Edifício na Rua José Paulino, 400.

E é na época de comemorações especiais, como o Dia das Mães, Natal, o Dia dos Namorados e outros eventos, que o comércio do bairro apresenta intenso movimento, tanto de pedestres, quanto de veículos. Percorrendo as ruas Júlio Conceição, Silva Pinto, da Graça, César Lombroso, e outras, onde se localizam lojas modernas e luxuosas, com pé direito duplo, fachadas e interiores sofisticados, que é possível notar o que há de mais atual em termos de decoração de vitrines de moda feminina. Segundo informações, especialistas coreanos em decoração de vitrines são os responsáveis por esse visual moderno que caracteriza essa parte do bairro, destinado às vendas por atacado.

As roupas expostas exibem as últimas tendências em moda feminina internacional, rivalizando com as peças exibidas nos shoppings mais famosos da cidade, como, por exemplo, o Iguatemi, o Higienópolis e outros, indicando que o vestuário exibido nesses shoppings é em parte originário do Bom Retiro. Esse comércio evidencia a permanente atualização da vocação do bairro de importante polo produtor de moda feminina, hoje feita principalmente pelos coreanos ao mesmo tempo mostrando a rapidez com que as últimas tendências da moda internacional chegam ao bairro e são reproduzidas.

Representante da Câmara dos Dirigentes Lojistas do Bom Retiro, em encontro realizado pelo IPHAN (Instituto do Patrimônio Histórico Artístico Nacional),[2] em 2008, para discutir o tombamento do bairro, como Patrimônio Imaterial em esfera nacional, lembrou que o local tornou-se um verdadeiro shopping a céu aberto. Ressaltou, igualmente, que os lojistas são bastante organizados, promovendo festejos por ocasião do aniversário do bairro (no mês de outubro), ocasião em que são organizados desfiles comemorativos e o lançamento das novas coleções. O principal acontecimento, nos últimos dois anos, tem ocorrido na Rua Ribeiro de Lima, que exibe desfile de rua bem sucedido. Ressaltou, também, que o Bom Retiro abriga 2.700 empresas, das quais 1.200 do setor têxtil, com total de cerca de 50.000 empregados.

Em bons tempos, que não os de hoje (em virtude da crise financeira internacional), segundo informações da Câmara dos Dirigentes Lojistas do Bom Retiro, circulam pelo bairro 70.000 pessoas, em mais de 1.200 lojas, que criam 6 novos modelos por dia, sendo produzidas 20.000 peças por mês, por empresa. Foi ressaltada, também, a influência conceitual da cadeia espanhola Zara, na elaboração de uma moda barata e chique, na produção de roupas do Bom Retiro.

Um dos entrevistados, ao comentar sobre a moda produzida no Bom Retiro, declarou que ela é melhor que a moda feita nos Estados Unidos, importante polo exportador. Destacou que a produção feita no bairro é voltada para o mercado interno, com pronta entrega. A moda é sempre atualizada, existindo uma preocupação constante dos fabricantes em viajar para o exterior a fim de buscar as últimas tendências do mercado. A seu ver, a globalização desfavoreceu o local e enfatizou o global. De outro lado, o preço dos fretes, cada vez mais caros, tornou mais fácil a fabricação nacional. A diversificação, por parte dos coreanos, prejudicou, em contrapartida, os judeus, tradicionalmente estabelecidos no setor. Um exemplo disso é a rotatividade das vitrines, que se renovam a cada semana. Em suma, a moda muda a fim de se adaptar ao gosto da mulher brasileira.

Do ponto de vista comercial, podemos dizer que o Bom Retiro vive num ritmo incessante graças aos lojistas e sacoleiras provenientes de todo o Brasil e exterior que, apesar da crise, buscam neste local as mercadorias a serem comercializadas. Exemplo típico são as sacoleiras angolanas, que gastam até US$1.200, de passagem aérea, a fim

2 Encontro patrocinado pelo IPHAN (Instituto do Patrimônio Histórico Artístico Nacional) nas Oficinas Culturais Oswald de Andrade, reunindo representantes das instituições principais localizadas no Bom Retiro.

de adquirirem peças de vestuário e outros itens, a serem revendidos no país de origem, uma vez que lá existe uma escassez desses produtos especializados.

A opinião dos entrevistados não foi unânime em relação às conexões que o comércio do bairro proporciona. Para alguns dos entrevistados, as múltiplas conexões que o trabalho enseja, por envolver um grande número de participantes, dá lugar a uma oxigenação nas relações dos indivíduos, fazendo com que as desvantagens de permanecerem restritos apenas ao seu grupo mais íntimo sejam acrescidas por novas notícias não apenas para o mercado de trabalho, em que novas oportunidades dependem de informações em tempo certo. Para outros, o comércio do Bom Retiro não tem grandes conexões, pois é constituído de comerciantes de pequeno e médio porte. Cumpre acrescentar que parte do comércio produzido no Bom Retiro alimenta-se de aviamentos produzidos no Braz e no Pari, também de propriedade de coreanos, que fabricam roupas destinadas ao comercio mais popular. Estes não alcançaram ainda os níveis de prosperidade de seus conterrâneos do Bom Retiro.

A produção do Bom Retiro é expressiva não só pelo volume de vendas, como pela diversidade e pela aparência do comércio. Convém ressaltar, ainda, que existem muitos brasileiros empregados nas confecções, em tarefas ligadas ao sistema produtivo, que se dão bastante bem, embora saibamos que a informalidade e a exploração no trabalho vigorem intensamente.

Polos onde as redes nascem e se multiplicam

Unir-se para se fortalecer é a função dos locais que funcionam como polos de agregação, que tanto podem ser as igrejas, as praças, as escolas, as mercearias, os restaurantes, os hotéis de luxo com campo de golfe e sauna, etc. O Bom Retiro tem várias igrejas frequentadas pelos coreanos, protestantes, batistas, pentecostais e católicas, que representam um dos alicerces sociais fundamentais para os coreanos estabelecidos em São Paulo. Nestes locais eles se encontram, travam e desenvolvem relações básicas para suas vidas, como fazer amizades, estabelecer negócios, obter fiadores e procurar casamento (Choi, 1991).

Esse processo de fortalecimento da colônia decorrente da união contribui para assegurar uma identidade indispensável para que, de um lado, os estrangeiros possam integrar-se às normas e valores da sociedade que os acolhe e, de outro lado, que a população autoctone possa aceitar os costumes e os valores trazidos pelos coreanos. O que acaba ocorrendo, pelo menos nas primeiras gerações dos recém-chegados, é que inicialmente ocorre uma separação entre a vida pública e a privada, reservando as particularidades de identidade somente à esfera privada. A integração de valores estrangeiros e a mudança cultural é um processo gradativo, que pode efetuar-se sem traumas e de forma voluntária, bastando que cada um aceite a visão do outro (Kosakai, 2000).

No bairro, durante o ano, principalmente no início do inverno, ocorrem também campanhas, como a do agasalho, ligadas às igrejas e algumas manifestações culturais dos vários imigrantes que vivem no bairro. Em outubro de 2010, aconteceu um culto ecumênico que teve grande comparecimento da colônia.

Entre as entrevistas que realizamos no decorrer dessa pesquisa, destacamos algumas que merecem ser transcritas, como a do Diretor do Colégio Polilógos, Hong Sup Kim.

Uma das instituições coreanas mais renomadas em São Paulo é o Colégio Polilógos, que existe desde 1997, regido pela Secretaria de Educação do Estado, embora seja uma instituição educacional bilíngue. Trata-se de uma escola particular, construída e mantida pela comunidade, que comprou terreno de uma fábrica antiga, desativada em 1996. O projeto é do arquiteto Mario Biselli.

Figura 4. Vista interna do Colégio Polilógos

A localização da escola no Bom Retiro, Rua Sólon, 1018, foi decorrente da concentração de imigrantes coreanos, que necessitavam de um ensino que levasse em conta a cultura e a educação coreana, mas que preparasse o aluno para ser também um brasileiro. O entrevistado declarou que o ideal de todo pai coreano que coloca o filho no Polilógos é que ele entre na USP, pois os coreanos querem estudar, querem aprender, querem vencer na vida. Na Coreia aprender, estudar e melhorar de vida é o ideal de todo o jovem, ideal esse que encontra incentivo e apoio oficial.

O Polilógos tem 270 alunos, dos quais os não coreanos não chegam a 20. Na parte da manhã, o ensino é em português e, a tarde, em coreano. Neste ano, dos alunos da escola que prestaram vestibular, sete entraram na USP, dois na FGV e outros tantos, no Mackenzie. Uma das características da imigração coreana é que eles vieram para o Brasil para ficar, mas apesar disso, querem que os filhos, nos primeiros anos, tenham uma educação coreana, a fim de não perderem o contacto com a língua de seus antepassados.

As crianças coreanas, que frequentam o Polilógos, não terão necessariamente a mesma profissão de seus pais, e nem é isso que os pais esperam deles, pois em toda nova geração as ambições mudam. Assim sendo, provavelmente não continuarão a se dedicar ao comércio e à produção de vestuário. Há uma mudança de interesse em cada nova geração e as gerações mais velhas tem conhecimento disso. Isso contribui para explicar por que os jovens que se casam e constituem famílias, não moram mais no Bom Retiro, estudaram, diversificaram as profissões, tem novos interesses profissionais e apesar dos pais muitas vezes se decepcionarem, sabem que nem todos continuarão na indústria da moda. Uma das propostas principais do Polilógos é, por conseguinte, aumentar a rede de relacionamentos, pois consideram que o imigrante tem que se relacionar, para melhor se ambientar e se integrar no país que o recebe, retribuindo a acolhida que teve.

Figura 5. Jardim de infância do Colégio Polilógos.

A escolha de outros bairros pelos coreanos, como Higienópolis e Aclimação, decorre também do fato dos jovens recém-casados considerarem os prédios do Bom Retiro velhos, com pouco espaço, além do fato da oferta ser escassa, fazendo com os jovens busquem outros bairros.

Outro aspecto relatado pelo entrevistado diz respeito à religião. Para eles é muito importante ter fé. Alguns são católicos, outros protestantes, evangélicos ou budistas. Alguns acham que os brasileiros têm preconceito em relação a eles. São inicialmente ariscos e só depois de ter um contato mais frequente, começam a se abrir e ficar mais à vontade. Na opinião do diretor, o coreano é ainda pouco conhecido dos paulistanos. Na Coreia, ele é considerado o 'italiano da China', com caráter passional, alegre, festeiro, fala alta e hospitaleiro. Além disso, uma das características do coreano é que ele jamais se faz de coitado. Todos trabalham, vão atrás de novas oportunidades, procuram se entrosar.

No fundo, os coreanos fazem o que sabem fazer, em outras palavras, lidam com tecelagem e roupas, que constituem a especialidade da colônia. Diz o folclore que a origem da confecção coreana vem do fato de um dos primeiros imigrantes terem sido fornecedor de fardas para o exército coreano, e ao chegar aqui, deu início a uma produção caseira. Hoje, o caráter caseiro da produção é coisa do passado.

O entrevistado comentou que a colônia coreana tem poucos contatos com os brasileiros, mesmo sendo constituída por cerca de 30 mil coreanos. Como estão muito concentrados no Bom Retiro, vivem e circulam na mesma área, sua representação frente ao governo brasileiro é insignificante, apesar de terem grandes empresas no país, como a Posco, que mantém fortes relações com a Vale do Rio Doce.

É raro filho de coreano que não faça curso superior, embora a profissionalização depois da faculdade não seja regra. A Coreia preza a educação acima de tudo. O coreano pode não comer, mas não tira o filho de uma boa escola. Para ele, a educação constitui o principal valor. Exemplificou ao comentar que cerca de 70% da renda familiar é gasta com a educação dos filhos. Os coreanos repetem que os países que mais se distinguem são aqueles que valorizam o saber.

Perguntado sobre a existência do *Kie* na colônia coreana em São Paulo, disse que se trata de uma organização mundial que atua em vários continentes e que tem como objetivo o combate à pobreza e a fome. Trata-se de um grupo voluntário de coreanos que ajuda brasileiros inclusive, tendo sua atuação ligada à Igreja. É comum o casamento entre coreanos, uma vez que a colônia é pequena, apesar do número de casamentos inter-raciais estar aumentando. Pode-se dizer entretanto que o processo de assimilação através de casamento é mínimo. O divórcio hoje é aceito, embora não gostem.

Por fim, o entrevistado falou que se considera um cidadão do mundo. Acha que na época em que vivemos, a nacionalidade não tem mais muito sentido. Em outras palavras, tem dias que sente necessidade de comer uma feijoada.

Uma das organizações que se destaca na colônia coreana é a Associação Brasileira dos Coreanos, cujo presidente é Don Soo Park, que chegou no Brasil, em 1971 com 28 anos, vindo da Coreia do Sul onde se formou em engenharia elétrica. A barreira da língua porém o impediu de trabalhar em sua profissão. Iniciou sua vida em São Paulo, comprando uma quitanda, localizada em São Bernardo, quando chegou ainda solteiro. Dois anos depois mudou de negócio e abriu uma loja de varejo no Itaim Bibi, Rua João Cachoeira. Casou-se nessa época e tem dois filhos hoje casados. Mora atualmente em Higienópolis, mas já morou no Bom Retiro no começo de sua vida comercial.

É inquilino e tem loja de tecidos na Rua da Graça. Está no bairro desde 1994 e teve pequena confecção na mesma rua, de roupas femininas. Almoça no bairro em restaurantes coreanos, que abundam, e algumas vezes come pratos brasileiros. Pesquisando os restaurantes coreanos do bairro verificamos que gozam de prestígio o Ogori, o Umigan, o Dare, entre outros. Abastece-se sempre no bairro, pois lá são encontrados os ingredientes necessários para o preparo das comidas coreanas, enfim, tudo que precisa compra no Bom Retiro.

Seus filhos são ambos formados na USP; a filha é bióloga e o filho é engenheiro civil pela Escola Politécnica. A filha cresceu trabalhando em confecção, o filho trabalha com transportes internacionais. Preocupa-se muito com a aparência do bairro que precisa ser modernizado, principalmente a parte habitacional que é muito antiquada, essa é a razão pela qual parte da colônia, principalmente os mais jovens mudam para outros bairros.

Outra questão que leva a isso é o preço do metro quadrado, de R$ 2.000,00 a R$2.500,00 reais, muito alto que afasta os investidores. Enquanto o comércio cresce e se moderniza, aliás, o comércio não está crescendo como devia e tem força para isso, pois acabou ficando comprimido devido à compra pela Prefeitura de um estacionamento localizado na Rua Tenente Pena, impedindo seu crescimento. Sugere a expansão na direção da Rua General Flores, com a construção de um shopping center, que permitiria a ampliação do comércio e a consequente criação de mais empregos. Lembra, ainda, que entre os empregados no comércio do Bom Retiro, predominam os brasileiros seguidos dos coreanos e bolivianos.

Os coreanos contribuíram para a melhoria do bairro, valorizaram esse trecho da cidade que quase atinge a Barra Funda. É pena que grande parte dos terrenos ainda esteja nas mãos dos judeus, pois os coreanos acabaram reformando e modernizando lojas cujos prédios não são deles. Entre as modernizações feitas pelos coreanos lembra dos imponentes edifícios do Luz Plaza e do Prince Tower, e as lojas, mas isso ainda é pouco em comparação ao número de imóveis decadentes que necessitam de reformas.

Figura 6. Luz Plaza Hotel

Figura 7. Prince Tower (campo de golf ao lado)

O Bom Retiro coreano melhorou muito desde os anos 80. As ruas César Lombroso e José Paulino são exemplos flagrantes, mas ainda falta muito. Na Rua Prates e Rua da Graça ainda há muito por fazer, mas mesmo assim, o metro quadrado custa demasiado, não atraindo construtores. Existe grande entrosamento entre os comerciantes de várias nacionalidades no bairro. O café que consome em sua loja vem de um café grego, vizinho. O entrevistado julga necessário e urgente uma reconstrução do bairro para melhorar o visual. E não é só isso. O bairro, por parecer decadente, gera problemas de segurança, tem muitos bandidos, assaltando os prédios e as lojas.

Há duas semanas o "Estado de S. Paulo" publicou uma reportagem sobre os perigos que são os ladrões para os habitantes do bairro. Eles agem principalmente nas horas de abertura e fechamento das lojas. Essa é também uma das razões pelas quais os que podem e estão começando a vida, procuram outros bairros, apesar dos preços dos alugueis no Bom Retiro ainda serem razoáveis. Assim a prioridade do bairro é melhorar o ambiente.

Nos primeiros 20 anos de Brasil, o entrevistado não foi à Coreia e, quando lá voltou, encontrou um país muito diferente da Coreia que conhecia. Tudo ficou muito moderno. Depois de alguns anos voltou à Coreia, pelo menos 6 vezes, principalmente nos últimos anos, devido ao fato de ser presidente da Associação Brasil-Coreia.

O povo coreano apoia o governo, principalmente na questão da educação do povo. Quando vivia na Coreia trabalhou em banco, estudou engenharia elétrica. Formou-se em 1971, e quando soube que no Brasil precisavam de agrônomos, começou a estudar agronomia. Veio oficialmente e não se arrepende de ter emigrado. Tem ambição de comprar, junto com outros investidores coreanos, um terreno no Bom Retiro para transformar numa mini Seul, numa área da cidade nova, iluminada, com uma boa arquitetura, clara e segura. Acha uma pena a burocracia aqui ser tão complicada e atrapalhar tanto. Lembra que um presidente coreano, por roubar, suicidou-se.

Outra instituição importante para a colônia coreana é a Câmara de Indústria e Comércio Brasil-Coreia, localizada na Rua Três Rios, Bom Retiro, num prédio de dois andares com instalações modestas. A sala onde fui recebida tem fotos do presidente, Marcos Lee, jovem, dinâmico, esportivo e autoconfiante.

Embora já esteja há alguns anos em São Paulo, fala pouco português – fui auxiliada por uma tradutora –, e durante a entrevista que durou quase duas horas, mostrou-se muito orgulhoso de seu país, tendo inúmeras vezes falado com entusiasmo da importância da Coreia, de seu progresso e do papel que os coreanos desempenham não só lá como nos Estados Unidos e espera ele, no Brasil. Sua esperança é que as duas Coreias se unam e dessa forma o poder coreano seria ampliado.

Falando do bairro do Bom Retiro, ressaltou que tudo que um coreano necessita pode encontrar no bairro, ele próprio pratica até esportes como golfe e tênis no bairro. A culinária coreana, com seu sabor apimentado, é encontrada facilmente no bairro. São mercearias, farta de vegetais, legumes, carnes, lulas, macarrões e seus pratos temáticos, servidos em dias especiais. O bairro tem também escolas, igrejas, além de lojas, que organizam eventos culturais, reunindo toda a comunidade moradora no bairro. Até farmácias coreanas são encontradas no bairro, como a drogaria Mori, de propriedade de uma japonesa, onde os clientes comunicam-se com a proprietária em poucas palavras, ora coreanas, ora japonesas. Além dessa, existe no bairro outra farmácia, a Farmais, do Sr. Ho Sang, fundada em 1987 (Kim, 2008).

Lamentou que alguns jornais tivessem lançado notícias sobre a exploração da mão de obra boliviana, fazendo com que eles passassem a ter dificuldades em contratar costureiras, mas essa questão já está sendo contornada através de contratação de mão de obra fora do bairro e, até da cidade, com costureiras contratadas em outros municípios paulistanos e em Minas Gerais.

A atividade de Marcos Lee leva-o a ter muitos contatos com os Estados Unidos, país que ele admira, referindo-se mais as suas relações internacionais que propriamente nacionais ou estaduais.

Woo Sik Park ou Padre José, da Igreja Católica do Bom Retiro, ressalta que os coreanos são muito religiosos, sejam protestantes, católicos, budistas ou confucionistas, e a grande liberdade religiosa no país é reflexo disso. Pertencem a uma cultura diferente da nossa, sendo obrigados a se adaptarem a uma sociedade com valores e costumes diversos daquela que foram educados, o que exige um preparo psíquico-mental para a adaptação à vida social.

Pelo fato de serem imigrantes, procuram inicialmente a estabilidade econômica, sendo comum os pais trabalharem dia e noite, não tendo muito tempo disponível para se dedicar aos filhos, que acabam sendo independentes muito cedo, faltando interação com os pais, ocorrendo com frequência um choque cultural. Isso ocorre muitas vezes, gerando graves problemas de relacionamento no âmbito familiar.

Outro problema que os coreanos enfrentam e que os perturba, principalmente no Bom Retiro, é o da segurança, e isso, a seu ver, é um problema que atinge toda a sociedade, sendo resultado de falhas na política social. Esse tipo de insegurança não acontece na Coreia, pois é praticamente impossível a entrada de armas no país.

A grande frequência dos coreanos à igreja aqui em São Paulo, inclusive dos jovens, sobretudo nos fins de semana, significa antes de tudo a busca de convívio. Percebe que a juventude coreana/brasileira frequenta muito mais a igreja que os jovens na mesma faixa etária na Coreia. A igreja, por sua vez, responde com ampla programação, não só de cultos e atividades filantrópicas, como também de variadas programações culturais.

A população não coreana do Bom Retiro também frequenta a Igreja, obviamente não fala o idioma coreano, mas aprecia, sobretudo o ambiente, que chama atenção pela arquitetura, mobiliário e obras modernas de arte religiosa. A igreja, depois de pronta, foi doada à Arquidiocese de São Paulo, conservando sua porta sempre aberta durante o dia. O entrevistado quando fala em brasileiros, refere-se, sobretudo, aos filhos de coreanos nascidos no Brasil.

Considera que um imigrante que chega ao país tem a obrigação e necessidade de integrar-se, tem que tentar aprender a viver e conviver com os brasileiros, contribuindo para a integração, aprendendo inclusive a gostar do Brasil, o que, para ele, é fácil. Considera ser primordial falar português. Ele ainda não fala perfeitamente, tendo necessitado de um auxiliar, mas está estudando. Acha que é impossível exercer corretamente sua função se não falar bem a língua do país.

Comentando o sonho de alguns coreanos da unificação das duas Coreias, acha que esse desejo permanecerá longínquo. Lembra do caso da unificação das duas Alemanhas, que foi preparada por décadas. A Coreia do Norte tem grandes problemas econômicos, sendo sua filosofia muito diferente da do Sul. Para ele, essa unificação requereria anos de preparo a fim de ser completada com sucesso e isso está distante. Essa unificação desejada não irá acontecer. Destacou também que o nível dos coreanos que tem chegado ao Brasil é alto, visto que grande parte tem curso superior. Isso tem auxiliado na integração das novas levas migratórias.

Outro religioso, o emérito "Pastor Moon" (Myong Chui), da Igreja Missionária Oriental de São Paulo, situada à Rua Mamoré, 71, lembra que a igreja tem muitos fiéis, e não só coreanos: chineses, bolivianos, brasileiros frequentam a igreja, que tem desde milionários até mendigos. Os cultos são diários, pela manhã e à noite; aos domingos fazem seis cultos, o primeiro às 6 horas e o último às 19 horas. A igreja é evangélica, no domingo chega a ter 1.200 fiéis, entre os quais muitos nada têm a ver com os coreanos. O Pastor Moon dá também atendimento aos fiéis no Parque da Luz, às quintas- feiras, às 8:30 hs; vai ao encontro do povo, para agradecer a Deus a possibilidade de evangelizá-los. Os guardas do Parque dão segurança ao local.

Figura 8. Igreja Missionária Oriental de São Paulo

Todas as quintas feiras, o Pastor Moon recebe os pobres em local dentro da Igreja, ocasião em que são distribuídas refeições gratuitas, sobretudo aos moradores de rua. Com o auxílio de funcionários brasileiros treinados, desempenha com alegria seu trabalho.

Com a relativa aposentadoria do Pastor Moon, assumiu suas funções o novo Pastor Moises, Eun Chui Hwang, dando continuidade ao trabalho uma vez que desde criança foi frequentador da Igreja, e queria ser pastor. Estudou na Fuller University, nos EUA, onde fez mestrado e doutorado em Psicologia. Vive no Bom Retiro, criou-se e amadureceu no bairro, na Rua Prates e, o Pastor Moon, na Rua Amazonas.

O Bom Retiro passou por uma mudança profunda, até de nacionalidades, antes eram os judeus, hoje são coreanos, bolivianos e brasileiros. Se pensarmos no comércio do bairro, predominam os coreanos, com cerca de 70% das lojas. Devido à presença dos coreanos, o bairro lembra a Coreia, pelas lojas, restaurantes, supermercados, etc. É um lugar onde se pode vivenciar várias culturas, predominando a coreana, e o exemplo disso é que no bairro tem cerca de 30 restaurantes coreanos.

É pena que atualmente uma onda de assaltos perturbe o bairro. Ele conta que vários membros da Igreja já tiveram suas casas e lojas assaltadas, que essa é uma questão preocupante para os moradores, estão todos amedrontados. Não pensa em ir morar na Coreia, apesar de ter uma filha e um neto que moram lá.

O traço predominante do coreano é a seu ver a preocupação com a educação, e o Colégio Polilógos é um exemplo que mostra essa necessidade de educar bem. Na Coreia existe uma verdadeira preocupação com a educação, o país não tem recursos naturais, mas têm humanos. Assim é formado o povo, com boa instrução, que faz o país ser forte e criativo. Hoje a Coreia é a 9ª economia do mundo. Sua população é de cerca de 40 milhões de habitantes.

O Bom Retiro é, para ele, um bairro bom. Historicamente é um gueto de várias imigrações. A sociedade não tem reconhecido o valor do bairro, nem tampouco a sua bagagem cultural. Os próprios coreanos têm contribuído para esse fato, uma vez que pagam diversos impostos que deveriam ser revertidos na melhoria do bairro, na modernização da infraestrutura, no recolhimento do lixo, na iluminação, na modernização das redes e águas e esgotos, dado que o comércio do bairro contribui bastante com impostos. E não sente a retribuição por parte do poder público. O policiamento, então, é a maior queixa, pois os assaltos abundam, principalmente à noite, quando deveria existir uma ronda policial.

Calcula que cerca de 100.000 pessoas trabalhem em confecções coreanas, acaba de voltar do interior e verificou a existência de grande desemprego. Acha que as autoridades não dão o devido valor e não retribuem os empregos criados pelos coreanos com a indústria das confecções. Aliás, a culpa não é apenas dos brasileiros, os coreanos também participam pouco da sociedade paulista.

A rede de relações em São Paulo entre paulistas e coreanos é tênue, escassa. Assistiu na Câmara Municipal a concessão do título de cidadão paulistano ao diretor do Polilógos, mas isso é um acontecimento raro, pois são muito escassos os elos entre os coreanos e os paulistanos. Hoje, entretanto, os mais jovens, são mais participativos. A verdade é que os coreanos têm mais relacionamento com os brasileiros que os brasileiros com os coreanos. Isso não é, contudo, uma peculiaridade do Brasil. Os coreanos de Los Angeles e de Nova York têm ainda menos relacionamentos com os americanos que os coreanos do Bom Retiro com os brasileiros.

Sua opinião particular é que o relacionamento entre coreanos e brasileiros é fraco. É necessário criar, portanto, mais elos, mais conexões com os brasileiros. As redes entre brasileiros e coreanos são importantes, apesar dos coreanos-brasileiros, filhos de coreanos nascidos ou criados em outros estados brasileiros serem mais comunicativos. Constatou que as novas gerações de coreanos, que já nasceram no Brasil, fazem parte da sociedade brasileira, são participantes, podendo surgir lideranças nessa nova geração. Eles, por exemplo, estão construindo um templo ao lado do existente, impulsionado pela nova geração. Essa geração preocupa-se com a inovação, fala português e tem facilidade em se relacionar. Possuem amigos aqui, formaram-se aqui, são engenheiros, arquitetos e há até um juiz, além de empresários com variadas formações. Logo, o coreano de hoje está se diversificando, embora haja ainda uma atração pela confecção. A moda coreana está feliz de vencer no Brasil.

Empresária coreana que prefere não se identificar e que vive no Brasil desde 1966, chegou em 2 de janeiro, em Paranaguá, num navio com mais 53 famílias coreanas. Era a quinta leva de coreanos que chegava ao Brasil, se estabelecendo em Castro, no Paraná. Chegaram como agricultores, os pais e quatro irmãos, era uma das únicas maneiras de se conseguir imigrar para o Brasil. Um mês depois estavam no Estado de São Paulo. Naquela época viviam aqui poucos coreanos. Vieram da Coreia do Norte e saíram por causa do comunismo, apesar de seu pai ser proprietário de um cinema nesta localidade.

Chegando a São Paulo, foram para Mogi das Cruzes, com os pais e quatro irmãos. Já tinham inclusive conhecidos lá, tendo ficado em Mogi por cerca de dois anos. Ela bordava e os irmãos começaram a trabalhar em São Paulo, todos os três solteiros. Um dos irmãos era arquiteto e arranjou emprego, embora não falasse português. A irmã foi trabalhar numa fábrica de bolsas como ajudante de costura. Vieram de uma cidade na Coreia em que muitos jovens eram universitários. Ela ainda era aluna do ginasial, pois chegou com apenas quinze anos.

Uma vez em São Paulo, foram viver na Liberdade, na Rua Dr. Oscar Cintra Gordinho, estabelecendo-se com uma confecção que existe até hoje, sendo uma das mais antigas e renomadas do gênero em São Paulo. Logo depois, com o desenvolvimento do negócio, resolveram abrir lojas, sendo a primeira delas na Liberdade, e depois, na João Cachoeira, e em 1999 abriram loja no Bom Retiro. Os coreanos que chegaram naquela época iam primeiro para o Brás, e depois para o Bom Retiro.

Quando chegou ao Brasil teve dificuldades para se ambientar. Na Coreia já estava no ginásio e aqui para aprender a língua, entrou no primeiro ano de uma escola primária para aprender falar português. Atualmente, fala correntemente e sem sotaque. Hoje, mora em Higienópolis, nunca morou no Bom Retiro, mas todos os dias vêm ao bairro. Um dos motivos de ter escolhido Higienópolis para a sua residência é justamente a proximidade com o Bom Retiro, onde fica sua loja.

A necessidade fez com que acabassem vencendo. Hoje tem *know how* de confecção, pois trabalham com moda feminina há 28 anos, sendo os dez últimos no Bom

Retiro, na Rua Aimorés, embora mantenha outra loja, na Rua Muller, no Brás, que vende muito bem. O Brasil é um país ideal, pois oferece oportunidades para quem quer trabalhar. É acolhedor, recebe todos igualmente. Vai todos os dias a loja, passa o dia inteiro no bairro. Tem clientela cativa, pois só vende no atacado. A seu ver, os coreanos que vivem em São Paulo não têm intenção de voltar à Coreia, apesar do desenvolvimento da Coreia do Sul. Vão apenas para visitas.

Tem três filhos, um estudante de propaganda e marketing, outra estudando psicologia e a terceira preparando-se para o vestibular. Nenhum deles quer ir morar na Coreia. A filha passou ultimamente três meses na Coreia, gostou muito, mas não para morar. Tem ainda uma irmã vivendo lá.

Dra. Shin, jovem advogada do Escritório Tozzini e Freire, referiu-se inicialmente a uma nova leva de coreanos que chegou ao Brasil nos anos 90, que trouxe profissionais liberais e também integrantes da Koreia Foundation, que dá bolsas de estudos para coreanos da América Latina irem à Coreia estudar. Viaja relativamente pouco a Coreia, é casada com coreano-americano e no escritório atende grandes grupos coreanos como a Samsung, a LG, Rio Sang, Kobrasco e a Posco, maior fábrica de aço da Coreia. Hoje há cerca de 40 empresas coreanas no país, multinacionais ou até globais.

De outro lado, existem as pequenas empresas que contribuem para a renovação e popularização da moda. A grande contribuição dessas empresas pequenas de confecção no Brasil é a visibilidade, antes de ser advogada trabalhou numa confecção, bancada pelos pais que eram do ramo. Chegou a viajar para aprender e conhecer a moda, estudou modelagem, criou modelos e sua confecção chegou a ter um nome, para espanto dos pais, que eram do ramo. Ganhou dos pais US$10.000 para montar confecção. Tem um irmão que também é advogado, e ambos desistiram de dar continuidade ao mesmo negócio dos pais. Na época em que trabalhavam juntos, um ia de manhã e o outro à tarde. Era uma época em que qualquer coisa que apresentassem na vitrine era vendida facilmente, tendo permanecido nessa atividade por 18 meses. Tiveram tanto sucesso que havia fila para entrar na loja, acha que tinha olho para a moda, também naquela época era fácil e ela desenhava modelos.

Os pais, quando começaram a ganhar dinheiro com costura, diziam que para ter sucesso só precisavam ter máquina, compraram casa e a ambição deles era dar uma boa educação aos filhos. Foi morar na Chácara Flora, embora continuassem com a confecção no Bom Retiro. Sua mãe não fez curso superior, e dava muito valor aos estudos. Por isso, achava que os filhos deveriam viajar, conhecer o mundo, aprender inglês, fazer curso superior. Fez curso de inglês na Inglaterra e nos EUA. Quando falou para os pais que não pretendia ficar no comércio, achava uma atividade banal, que não tinha mais nada que aprender nela, eles não se mostraram aborrecidos, o irmão permaneceu mais 2 anos para descobrir o que queria fazer. Os pais faziam bastante dinheiro, pegavam o faturamento de cada semana e trocavam em dólares, achavam que poupança segura é em dólares.

Quando decidiu abandonar a confecção, entrou também na Fundação Getúlio Vargas, além da Faculdade de Direito, mas mesmo assim aos sábados ia ajudar os pais, que apesar de tentarem seduzi-la, diziam para que ela seguisse seu próprio caminho. A ideia de que a confecção dava dinheiro era o que fazia com que os pais insistissem em convencer os filhos a permanecer no negócio. Porém, hoje é sócia do Tozzini e Freire, que emprega 450 advogados e tem 1.200 funcionários. São sócios do escritório 50 advogados. Julga-se uma advogada-comerciante coreana. Seus clientes são principalmente as grandes firmas coreanas, tem 4 advogados coreanos no escritório, é o "Korean Desk".

Para ela, o coreano é mais direto que o japonês, que é desconfiado. O coreano também adora as associações. Devido às restrições, esses imigrantes se tornaram criativos, se associando em diversas entidades: associação de golfistas, da terceira idade, dos artistas, dos ex-alunos de várias faculdades, etc. Em suma, são associativos por natureza, fato este que os conduz aos negócios variados. Ela mesma pertence à International Lawyers Association e a Korean Women International Association.

Lembrou que atualmente há uma movimentação para anistia dos coreanos que entraram no país até fevereiro de 2009. Os coreanos que aqui chegam, não voltam para viver na Coreia, principalmente os mais jovens. Ela, por exemplo, não sabe mais se é coreana ou brasileira. Considera-se uma cidadã do mundo. No último ano visitou a Coreia, tendo levado a filha a conhecer a avó, que fez 96 anos, lúcida.

No Brasil não sente preconceito com relação aos coreanos, só por parte da elite, ao passo que nos EUA sente bastante preconceito. O sogro é engenheiro naval e vive nos Estados Unidos. A guerra provocou a dispersão dos coreanos pelo mundo, e em geral, em todos os lugares foram bem acolhidos. Em sua fala, ressalta que não sentiu preconceito aqui, apesar de ser mulher e coreana.

Iniciou sua carreira de advogada tratando de questões simples, como aluguel, questões decorrentes de divórcio, de negociações simples da colônia. Era sócia de uma colega. Ambicionava mais. Fez mestrado em Bruxelas, onde se especializou em questões tributárias, dumping, comércio internacional, e achou que estava pronta para enfrentar questões mais complexas. Começou a trabalhar no Tozzini e Freire, em 1992, quando o escritório tinha 35 advogados, época em que começaram a chegar as grandes empresas coreanas.

Existe uma associação que reúne essas empresas, denominada Associação de Empresas Exportadoras Coreanas, que exportam da Coreia para o Brasil. Foi com um dos sócios principais da empresa, Dr. Freire, para a Coreia em 1996, época em que cerca de 120 empresas coreanas queriam vir ao Brasil, muitas dessas se tornaram clientes. Tem grande clientela coreana constituída de bancos, grande empresas que possuem filiais em São Paulo, todas com decreto presidencial para atuarem no país. Um exemplo dessas instituições é o KIB (Korean Insurance Bank), instituição coreana que incentiva a parceria Coreia/Brasil. Essa instituição oferece trabalhos jurídicos e divulga o Brasil na Coreia.

É casada com coreano, executivo versátil, que morou em vários países antes de vir ao Brasil. Tem empresa de consultoria e, entre outras coisas, ajuda empresas coreanas se estabelecerem no país. Comentou que os coreanos são encontrados em várias atividades, além do comércio de confecções. Muitas empresas brasileiras empregam coreanos em áreas de administração, o responsável pelo HSBC na América Latina, por exemplo, é coreano. Isso mostra que, além de versáteis, eles sabem arriscar com segurança, é uma marca da personalidade do povo coreano, aliada à vontade de vencer, de não ver obstáculos que não possam ser superados.

Mencionando o Bom Retiro, observa que os judeus são muito semelhantes aos coreanos, aliás, onde tem judeu, tem coreano, como é o caso do *garment district* de Los Angeles. Andando no Bom Retiro um coreano pode pensar até que está na Coreia. Dois grandes prédios, em especial, impõem-se no bairro, marcando a presença coreana: o Prince Tower e o Luz Plaza, além da Igreja católica, do famoso Polilógos, de lojas de roupas e restaurantes, farmácia, cabeleireiros, escolas infantis e, campo de golfe e sauna coreana. Decorrente do associativismo coreano é comum a organização de excursões de grupos coreanos comerciantes para visitarem os Estados Unidos e países da Europa. Apesar de serem concorrentes e amigos, um não mostra a mercadoria comprada para o outro.

Conclusão

As entrevistas realizadas não seguiram um roteiro pré-determinado, mas em todas elas tentamos encaminhar os relatos para questões relacionadas à chegada ao Brasil, aos processos de adaptação ao país, à importância do trabalho e do bairro, da família, da escola, da religião, das redes de relações, os planos futuros, a descendência, etc.

O papel que desempenha a indústria da confecção e sua localização no Bom Retiro constitui elemento fundamental e aglutinador da comunidade. Como diria Maffesoli, o lugar faz o elo, o espaço, o território, o localismo remetem a um sentimento reforçado de inserção, de compartilhamento emocional. Produz um vínculo que não se constituiu a partir de um ideal distante, mas que muito pelo contrário, baseia-se organicamente na posse comum de valores arraigados: língua, costumes, culinária, etc. Todas elas são coisas cotidianas, concretas, que aliam num paradoxo apenas aparente o material e o espiritual de um povo.

A colônia coreana do Bom Retiro fortaleceu-se no Bom Retiro através da necessidade de solidariedade e proteção que caracteriza todos os grupos sociais. Os coreanos que vieram ao Brasil e seus descendentes, depois de passarem por processos diversos de adaptação, com variadas trajetórias, hoje se encontram praticamente integrados, não fazendo parte de seus planos retornarem à terra natal. Seus filhos, grande parte deles criados ou nascidos no Brasil, formados em nossas universidades, veem com curiosidade a terra natal de seus pais, mas não manifestaram desejo de lá permanecerem, pois se sentem brasileiros.

Analisando a realidade cotidiana dessa população, o trabalho, a vida familiar, as escolas, os estabelecimentos religiosos, somos levados a afirmar que o processo de assimilação dos imigrantes coreanos continua ocorrendo mais rapidamente em São Paulo, sendo os principais facilitadores desse processo as instituições pesquisadas. Esses lugares e espaços de sociabilidade são compostos por afetos e emoções comuns, consolidados pelo cimento cultural ou espiritual, em suma existem por e para aqueles que neles escolheram seu domicilio.

Bibliografia

ANSAY, P. e SCHOONBRODT, R. *Penser la Ville*. Bruxelles: Archives D´Architecture Moderne, 1989.

CERTEAU, Michel de. *A invenção do cotidiano, vol. 1 – Artes de Fazer*. Petrópolis: Ed. Vozes, 1994.

_______; GIARD, L.; MAYOL, P. *A invenção do cotidiano, vol. 2 – Morar e Cozinhar*. 7°ed. Petrópolis: Ed. Vozes, 1994.

CHOI, Kem Joa. *Além do arco-íris: a imigração coreana no Brasil*. Dissertação de mestrado. São Paulo, FFLCH-USP, 1991.

Encontro patrocinado pelo IPHAN (Instituto do Patrimônio Histórico Artístico Nacional) nas Oficinas Culturais Oswald Andrade, reunindo representantes das instituições principais localizadas no Bom Retiro, 2008.

FOLHA DA TARDE, 29 de maio de 1984.

GRANOVETTER, Mark. "The Strength of Weak Ties". *Americam Journal of Sociology*, vol. 78, issue 6, may 1973.

KIM, Yoo na. *A Jovem Coreia*. São Paulo: SSUA Editora, 2008.

KOZAKAI, Toshiaki. *L´etranger, l´identité: essai sur l´intégration culturelle*. Paris: Edition Payot & Rivages, 2000.

MAFFESOLI, Michel. *Notas sobre a pós-modernidade. O lugar faz o elo*. Rio de Janeiro: Editora Atlantica, 2004.

SIMMEL, G. *Coleção Grandes Cientistas Sociais*. Organizador: Evaristo de Moraes Filho. Coordenador: Florestan Fernandes. São Paulo: Editora Ática, 1983.

WELMANN, Barry. "Network analysis: some basic principles". *Sociological Theory*, vol. I, 1983.

Entrevistas

KIM, Hong S. Diretor da Escola Polilógos.

PARK, Dom S. Associação Brasileira dos Coreanos

LEE, Marcos. Presidente da Câmara de Comércio Indústria Brasil-Coreia.

Dra. SHIN, advogada. Escritório Tozzini & Freire.

PARK, Woo S. (Padre José). Igreja Católica do Bom Retiro.

CHUI, Myong (Pastor Moon). Pastor da Igreja Missionária Metodista de São Paulo.

Empresária que não quis se identificar.

O Bexiga e os italianos em São Paulo, 1890/1920

Ana Lúcia Duarte Lanna

Este texto busca analisar a constituição de um bairro central, o Bexiga, fortemente marcado pela presença de italianos que vieram para o Brasil desvinculados da imigração subvencionada. Esta configurava uma política de estado que tinha por objetivo principal fornecer braços para a cultura cafeeira em expansão no *hinterland* paulista. A maior parte destes imigrantes, originários da região do Vêneto, norte da Itália, chegaram no Brasil nas décadas finais do século XIX. É sobre este grupo e suas inserções nos processos de constituição da cultura cafeeira, urbanização e industrialização que a maior parte da bibliografia se detém. Os estrangeiros, moradores do Bexiga e tema preferencial de nossa investigação, constituem um grupo bastante diverso do acima mencionado. Originários, em sua maioria, do sul da Itália, fizeram da cidade seu destino primeiro e preferencial, conferindo ao bairro uma identidade decorrente da predominância de suas atividades e controles exercidos sobre elas. Marcam, com sua presença, uma situação urbana onde é possível encontrar marcas e vestígios de grupos estrangeiros não associados ao trinômio café-indústria-urbanização. Seja pelo que revelam da situação do estrangeiro na cidade em expansão, seja pela cidade diversa e plural que sugerem existir, ou ainda pela possibilidade de problematizar vínculos de origem e inserção transnacional, este grupo de imigrantes, inserido em um bairro específico, se revela um instigante objeto de estudo. Procuramos então compreender o ato migratório destes grupos e aprofundar a leitura do bairro considerando as redes de relações estabelecidas, que têm na origem comum um dado significativo. Nestas inflexões e articulações, a noção de rede constituiu-se como categoria de análise, possibilitando a construção de reflexões que trazem trajetórias individuais inseridas na compreensão da construção da cidade como prática social.

Para tanto, foi fundamental compreender os movimentos e características do processo emigratório que concentrou no Bexiga populações oriundas de, sobretudo, três regiões italianas: Calábria, Basilicata e Campânia. Neste percurso reconhecemos que os processos aqui ocorridos são específicos em relação a outros bairros italianos em São Paulo mas similares aos dos mesmos grupos de origem ocorrido nas Américas.

O estudo das evidências materiais da presença dos grupos de estrangeiros na configuração de bairros, categoria assumida como o recorte espacial em relação ao conjunto da cidade, torna mais consistente a possibilidade de compreensão de uma atuação decisiva de estrangeiros para a produção do espaço urbano paulistano.

A documentação utilizada é diversa. O Arquivo Aguirra pertence ao Museu Paulista e foi construído por João Baptista de Campos Aguirra (1871-1958) que, ao longo se sua vida organizou, em função de seus interesses profissionais de assessoria de negócios imobiliários e de sua atividade como pesquisador da história paulista, um extenso conjunto de documentos (fichas, cadernos, plantas, mapas, livros) relacionados à organização fundiária de São Paulo. Estes dados resultam de consultas e cópias minuciosamente realizadas nos acervos de arquivos públicos, cartoriais e particulares de São Paulo. A Série Obras Particulares do Arquivo Municipal Washington Luiz (AMWL) reúne as solicitações de obras e reformas nos imóveis particulares da capital submetidos à aprovação na prefeitura da cidade cobrindo o período de 1870 a 1921. As informações contidas nestes dois fundos permitiram reconstituir, parcialmente, a ocupação do bairro, indicando os nomes dos proprietários, as características das edificações e os processos de parcelamento das glebas. A documentação policial e do judiciário (inventários e testamentos) viabilizaram vislumbrar modos de vida, sociabilidades e características socioeconômicas de alguns dos moradores do bairro em estudo. Entrevistas, relatos de memorialistas e fontes diversas também foram fundamentais para a recuperação, ainda que parcial, de algumas trajetórias familiares e individuais.

Deslocamentos

A chegada e fixação de milhares de imigrantes europeus, notadamente os de origem italiana, foi um dos elementos e uma das características mais espetaculares das profundas transformações, quantitativas e qualitativas pelas quais passou a cidade de São Paulo a partir de finais do século XIX. Com aproximadamente 32.000 habitantes em 1872, a capital do estado chega a 600.000 habitantes em 1920. As duas últimas décadas do século XIX e os primeiros anos do século XX serão marcados pela imensa presença italiana. Reconhecer os lugares de origem e as intenções e expectativas que originaram o ato imigratório é um dos elementos a revelar as relações e inserções estabelecidas no Brasil (Truzzi, 2008; Alvim, 1986).

Os grupos imigrantes nomeados "calabreses", que vieram para São Paulo e tem forte presença na região do Bexiga, são, majoritariamente, oriundos de três regiões do sul da Itália – Campânia, Basilicata e Calábria – e, via de regra, não se incluem naqueles contingentes aqui chegados através da imigração subvencionada (Lanna, 2011). Suas regiões de origem tem forte e antiga tradição de deslocamentos sazonais para o trabalho. O deslocamento não é novidade mas as dimensões em que ele ocorre a partir de finais do século XIX e o sentido de longa duração a ele associado marcam novas escalas e questões (Favero e Tassello).[1]

Múltiplas são as causas desta emigração, assim como diversas são as características dos grupos emigrantes. A bibliografia explica a disponibilidade para a realização do ato imigratório como decorrente do processo de transformação fundiária, pauperização e industrialização em curso na Itália em finais do século XIX, assim como de tragédias "naturais". A tradição de mobilidade desta população (transumância), assim como as condições políticas decorrentes da unificação são outros elementos importantes na explicação da força do movimento emigratório (Bevilacqua, 1993; Scalise, 1905; Barbagallo, 1973; Franzina, 2006).

Considerar as condições e características destes grupos migratórios, que aportaram aos milhares em São Paulo, mobilizando para isso suas redes pessoais, é necessário para que possamos aprofundar a compreensão de suas inserções em São Paulo e, portanto, a construção do espaço em questão: o bairro do Bexiga. Estabelecer estes vínculos atlânticos para compreender esta relação entre imigração e a construção do lugar nos levou a destacar três elementos:

I. Em primeiro lugar, estes estrangeiros não integravam, em sua maioria, o contingente de imigrantes subvencionados que aportaram no Brasil em finais do século XIX.

A associação imigração/colono do café fez com que pouco se perguntasse sobre os milhares de imigrantes que afluíram para a cidade de São Paulo naqueles finais do século XIX, tendo como origem as cidades italianas e destino as cidades brasileiras. Este contingente imigrante, excluído da imigração subsidiada, compõem muitos dos moradores do Bexiga.

1 Luigi Favero e Graziano Tassello, em *Un secolo di emigrazione italiana 1876/1976*, mostram que entre 1876/1976 saíram da Itália 25.800.000 de pessoas, sendo que 54% delas até 1915. Deste total, 44% foram para a América, sendo os EUA o primeiro destino com 6.000.000. Para o Brasil, vieram cerca de 1.500.000. Apesar do Vêneto ser a região com maior número de emigrados, 2/5 dos italianos partem do sul do país, sendo cerca de 2.000.000 da Calábria e 2.700.000 da Campânia. Os autores informam ainda que até 1900 a Argentina e o Brasil eram dos destinos preferenciais e que cerca de 8.500.000 foram, ao longo do período, repatriados.

II. A maioria daqueles emigrantes originários do sul da Itália é constituída por homens jovens e que viajavam sozinhos, fossem ou não casados. Taruffi indica que para período 1876/1905 entre 70 a 85% dos emigrantes calabreses são homens, jovens(mais de 14 anos)(Taruffi *et alli,* 1908). Mas como destaca Andreina de Clementi nenhuma viagem é sozinha porque há sempre uma decisão familiar que ampara e justifica o deslocamento e que reforça no imigrante o familismo (De Clementi, 2007, p. 27-35), que tem importantes impactos seja na Itália seja nos destinos da América. No Brasil, o familismo e os vínculos de origem revelarão a possibilidade de múltiplos arranjos de moradia e organização dos espaços urbanos. Esta migração masculina e solitária será elemento fundamental para a manutenção dos vínculos atlânticos.

III. É fundamental destacar que estes milhares de homens e mulheres que se deslocam para a América e se dirigem para o Bexiga, na cidade de São Paulo constituem grupo social bastante heterogêneo. Integram este contingente desde trabalhadores agrícolas expropriados (os bracianti) até grupos de pequenos proprietários que terão papel ativo na organização do fluxo emigratório. Esta diversidade de origens e condições sociais marcará os arranjos, organizações e possibilidades de inserção destes grupos na América. Mas é importante enfatizar que apesar destas diversidades eles tendem a migrar para cidades e regiões onde encontrarão membros das comunidades de origem.

Ao estudarmos o Bexiga acreditamos que estes elementos e características são fundamentais para compreender, na sua articulação, a construção da materialidade do bairro. Não se trata de trazer e "implantar" tradições mas de mobilizar possibilidades que põem em diálogo a cultura de origem com os desafios do novo mundo. Nem recriações, nem enquistamentos, mas trânsitos e fronteiras (Sayad, 1998; Todorov, 1989)

Bexiga, um bairro italiano

A história da região do Bexiga revela a existência de uma ampla área, articulada à cidade, que servia como lugar de caça, de abrigo de escravos fugidos, e pessoas portadoras da varíola (bexiga). Também nesta região havia, pelo menos desde o início do século XIX, um importante pouso de tropeiros e passava um caminho que ligava a capital a Santos. A partir de 1878 esta região será loteada se transformando em bairro. Este bairro abrigará, a partir da década de 1890, milhares de imigrantes italianos que chegavam a São Paulo (Marzola, 1985; Bruno, 1984; Saint-Hilaire, 1976).

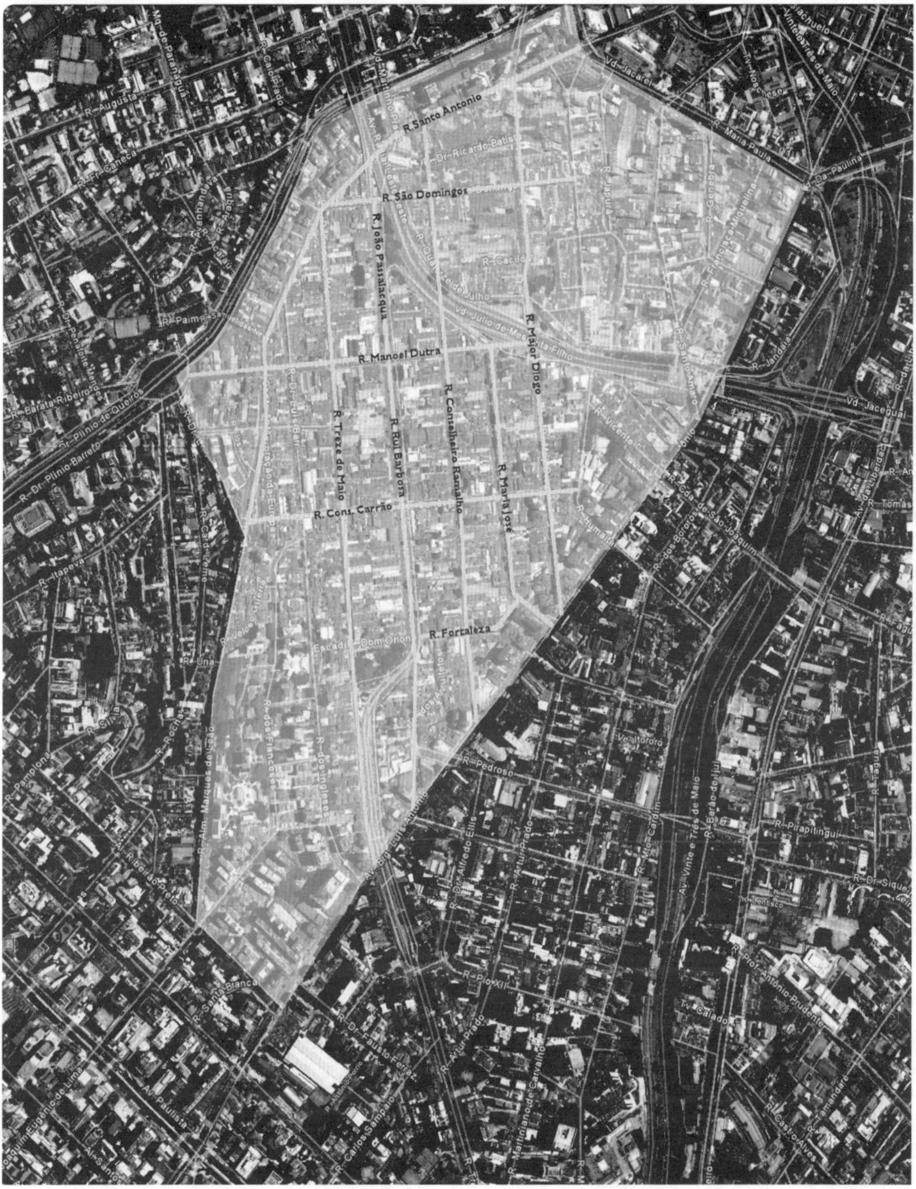

Figura 1. Área do loteamento do Bexiga indicando as ruas para as quais foram realizados levantamentos documentais sobre obras particulares.

Em 1878, o português Antonio Leite Braga iniciou o loteamento das terras que constituiriam o bairro. A gleba compreendia a região entre as Ruas 13 de Maio, Abolição, Brigadeiro Luís Antônio e Santo Antônio. Parte de suas terras seriam destinadas à construção do hospital da Santa Casa de Misericórdia. Rapidamente constitui-se um vigoroso mercado de compra e venda de terras. Podemos perceber neste processo a tentativa de constituição de lotes de pequena e média dimensões. As terras agregadas por alguns proprietários iniciais, como Eusébio Gamba, serão rapidamente transformadas em lotes característicos do bairro: frentes estreitas e fundos extensos, indefinidos e irregulares. Entre janeiro e junho de 1879, Leite Braga, o proprietário do loteamento, realizou, apenas na Rua Conselheiro Ramalho, sete transações imobiliárias. Nestas primeiras vendas é predominante a presença de portugueses. Apenas um italiano, José Passalacqua, figura entre os sete compradores, adquirindo um terreno de 32 metros de frente por 77 metros de fundos. José Passalacqua será um proprietário de terras e imóveis nesta região. O seu inventário informa que ele faleceu aos 77 anos, residindo na Rua Major Diogo e possuindo 10 imóveis e um terreno na região do Bexiga, todos lindeiros entre as Ruas Conselheiro Ramalho, Conselheiro Carrão e Maria José. Este é um padrão bastante recorrente onde aqueles que puderam comprar imóveis(terrenos ou casas) o fizeram pelo critério de vizinhança com o seu imóvel de residência. Outros como Gamba, apesar de proprietários de terras, nunca foram moradores do bairro. Mas, aparentemente, os italianos que chegaram em São Paulo ainda no século XIX tiveram melhores condições de constituir patrimônio imobiliário, que se traduziu em casa de moradia e aluguel. A pequena diferença de tempo entre a chegada a São Paulo e a aquisição das propriedades fundiárias nos indica que estes imigrantes chegaram ao Brasil com algum e variável recurso financeiro. A sua presença pode ser entendida como elemento agregador e referencial na constituição de redes de acolhimento para os milhares de imigrantes que chegaram em São Paulo no início do século XX, e que fariam do Bexiga um bairro italiano, um bairro calabrês.

O parcelamento da chácara resultou, a partir do anos 1890, em um bairro construído por muitos pequenos lotes, que têm, em média, até 10 metros de frente com quase nunca menos que 30 metros de profundidade. Não são incomuns terrenos com 60 a 80 metros de fundo. A maior parte dos primeiros negócios envolvem terrenos sem edificações. Esta configuração facilitará a construção de habitações coletivas e/ou de usos múltiplos, em geral associadas a atividades de sobrevivência de seus moradores. Entretanto a forte presença deste tipo de lote não exclui a existência de grandes terrenos onde foram construídos sobrados, muitos deles com algum luxo e requinte, e que pertenceram a famílias paulistanas abastadas. Sobrados luxuosos, como o de Inácio Mamana, também foram edificados nestes terrenos de testadas estreitas. Na documentação encontramos também muitas casas pertencentes a artesãos e pequenos comerciantes que associavam moradia e trabalho. Trata-se, portanto da constituição de um bairro que abriga uma multiplicidade de situações de moradia envolvendo diversos grupos sociais, com forte predominância de habitações coletivas. Vale destacar que habitação coletiva não significa exclusivamente, pelo menos no início do século XX, pobreza e precariedade. Parece-nos que o padrão predominante de moradia em São Paulo, mesmo entre a elite, não incluía, até os anos 1900, a habitação unifamiliar.

A partir de 1890, a presença de italianos, imigrantes para o trabalho, se fará crescentemente marcante no ex-loteamento consolidando um bairro de lotes com frentes estreitas e fundos alongados. Esta forma será largamente favorável à consolidação de edificações de uso misto e formas coletivas de morar. As fontes pesquisadas indicam que a presença dos italianos como proprietários, no bairro, é majoritária a partir de 1905. Os dados levantados permitem reconhecer a presença predominante de grupos oriundos da Calábria, entendida aqui como a região do sul da Itália composta pela Campania, Basilicata e Calábria. São encontrados também alguns imigrantes vindos da Puglia e da Sicília. Esta concentração de estrangeiros de mesma origem refaz um padrão bastante comum na emigração de italianos.[2]

A presença inicial de um imigrante da aldeia estimula e viabiliza um fluxo migratório que utiliza e constrói uma rede de pertencimento espacializada em bairros. Esta concentração de estrangeiros de mesma origem produz particulares movimentos de construção de identidades, fazendo-os italianos nos lugares de fixação e transformando referências locais na América.[3]

2 Maria Minicuci, em *Qui e altrove: famiglie di Calabria e di Argentina*, estuda em Buenos Aires imigrantes vindos de Zaccanopoli, Cantazaro; Andreina di Clementi, em *Appunti di viaggio*, reforça a ideia do familismo como elemento comum da imigração italiana; Robert Harvey, em *Dalla frontiera alle little italies, gli italiani in Canada 1800-1945*; e Keity Rossi, em *Immigracion italiana en el Uruguay 1860-1920*, analisam grupos oriundos da Basilicata, e Devoto, em *Les petites italies de Buenos Aires*, estuda, a partir do bairro da Boca, a presença dos italianos em Buenos Aires.

3 A concentração de imigrantes de mesma origem é recorrente. Os estudos realizados para São Paulo no Idesp revelam a permanência destas características para muitas das nacionalidades que constituíram a metrópole. Ver Grun, 1993; Sakurai, 1993; Klein, 1994; Salles, 1995 e Truzzi, 1992. Como desdobramento deste último título publicado do Idesp, há também, do mesmo autor, Truzzi, 1997.

Alguns destes italianos, como o industrial José Caruso, transformaram-se em proprietários de muitos imóveis adquiridos ao longo de décadas de permanência no Brasil. As atividades profissionais e de moradia superpunham-se nos endereços. Convivia-se em uma proximidade física que configurava a existência de uma significativa diversidade socioeconômica amalgamada por origens comuns e relações familiares.

A pesquisa mostra a presença estrangeira ainda no momento de constituição do retalhamento da chácara. Mais do que apenas moradores que ali se concentraram devido a preços mais acessíveis, e que em tese permaneciam à margem de áreas mais consolidadas, alguns imigrantes assumiram um papel evidentemente ativo na constituição da área urbanizada do bairro, cujas características materiais de ocupação indicam a presença de um perfil de moradores médios, com certa qualificação e autonomia, capazes de constituir um patrimônio imobiliário. A vida que se construía neste espaço, transformando-o em bairro e seus ocupantes em italianos, transcorria em moradias que, em geral, associavam habitação, trabalho e lazer. A associação entre moradia e trabalho será um dos elementos mais recorrentes na construção do bairro abarcando diversos grupos sociais, dos mais pauperizados aos que possuem algum patrimônio. A constituição do bairro não se fará através de uma homogeneidade de vizinhança demarcada por igualdade de condições sociais. Encontramos na Rua Arthur Prado o comerciante Vito Mammana, nascido em Regalbuto, Sicília, casado, no Brasil, com Domenica Grasso, nascida em Messina, também Sicília. Os pais de ambos nunca vieram ao Brasil, mas moravam com o casal, além dos cinco filhos, um outro irmão de Vito, Domenico. Apenas uma filha casada não morava no imponente palacete que pertencia à família. Sua casa, propriedade de seu pai, ficava a menos de 100 metros do endereço da Arthur Prado. Vito nasceu em 1874 e se casou, já residente no Brasil, em 1899, com 25 anos de idade. Após trinta anos de casamento, tinha um significativo patrimônio e um filho médico. Seus outros imóveis, destinados a alugueis, eram localizados na Rua Treze de Maio, próximos a sua residência. Um parente de Vito, chamado Inácio Mamana, nascido em 1864, vindo da mesma cidade, teve outros seis filhos. Chegou ao Brasil antes do primo e morava no mesmo bairro de seu parente, só que mais próximo ao centro, na Rua Manuel Dutra, 15. Comerciante, faleceu em 1932, com 68 anos. Todos os seus filhos homens formaram-se na Faculdade de Medicina em São Paulo. Sua casa era um luxuoso sobrado de três andares construída em um dos muitos lotes padrão do bairro, em terreno de 7,75m de frente por 27m de frente a fundo. Tinha três andares, no primeiro hall, escritório, sala de estudo, despensa e garage nos fundos; no segundo andar havia sala de visitas, jantar, música, chá e cozinha, privada, despensa e terraço. Por fim, no terceiro andar, cinco dormitórios, banheiro, terraço coberto com telha tipo francês. Ao redor de sua residência, nas ruas Maria José, Major Diogo, Conselheiro Ramalho e Conselheiro Carrão possuía treze imóveis de aluguel. Destes, seis eram casinhas de dois andares com dois dormitórios, a chamada moradia operária. O inventário revela também a construção de um "condomínio" edificado em terrenos na Rua Maria José, 51 e 53, e Major Diogo, 140 e 142. Neste terreno foram construídas quatro casas cujas frentes davam para as respectivas ruas, e no miolo do lote uma garagem de uso comum. Lindeiros a estas casas e a própria residência do falecido existem, pertencentes ao espólio, outras quatro casinhas de aluguel de dois andares, dois dormitórios e uma privada.[4] Mesmo famílias abastadas ou comerciantes bem sucedidos, como Mammana, possuíam em seus terrenos mais que uma casa ou nela habitava mais que uma família. Centenas de outros italianos povoavam estas ruas, construindo vizinhanças, onde os laços de família e, sobretudo, de pertencimento a um país comum, estabeleciam redes de sobrevivência e sociabilidade. Esta imigração para ambientes étnicos de acolhimento significa que estes estrangeiros vinham conhecendo, pelo menos parcialmente, as oportunidades da nova vida, e que obtinham o primeiro trabalho via relações pessoais primárias.

Estas características não são específicas nem dos italianos nem dos estrangeiros no Brasil. Ao contrário, conferem um padrão recorrente para o "fazer a América" e caracteriza movimentos migratórios espontâneos modernos. Parece-me que estas características são diversas dos movimentos estabelecidos para territórios coloniais, para a imigração subvencionada e para os submetidos a contratos e empreitas.

Para além da diversidade social, estes imigrantes compartilhavam outras experiências. A análise da série de obras particulares do AMWL revela um bairro onde múltiplas formas do morar estão presentes: cortiços com casinhas em série ocupando os fundos dos longos lotes, porões habitados, casas isoladas ocupando o mesmo lote, sobrados individuais com requintes burgueses, casas com armazéns e lojas na frente, casas com oficinas nos fundos, casas com cocheiras. Enfim, uma pluralidade de arranjos que revelam a coexistência de diversos extratos sociais e para os quais a noção de habitação coletiva como precariedade não é nem adequada nem suficiente para contemplar as diversidades. O que efetivamente parece ausente ou rarefeito no bairro é a construção de casa unifamiliar em lote isolado.

Morar coletivamente incluía habitações precárias, que abrigavam em um mesmo lote dezenas de pessoas que dividiam pequenos cômodos ou porões com poucos e precários banheiros, caracterizando objeto de intervenção e repressão das autoridades sanitárias e policiais. Siqueira (2008), ao estudar as diversas associações e formas de

4 Inventário de Inácio Mammana, 1a Vara da Família e sucessões, 1932.

lazer dos trabalhadores paulistanos, revela fortes permanências e vínculos decorrentes da região de origem. Em razão de uma briga, vários italianos foram atuados no posto policial do sul da Sé, em fevereiro de 1906. Acompanhando os testemunhos pode-se perceber que todos os envolvidos moravam no Bexiga, a maior parte deles no mesmo endereço (Rua Marechal Deodoro, 40), trabalhavam como vendedores de doces e balas e eram todos naturais de Salerno. O proprietário do imóvel, além do bar localizado na frente do mesmo, trabalhava como pedreiro.

Mas no bairro também encontramos grandes casas que abrigavam, a partir do casal inicial, os filhos casados com suas novas famílias. Estes arranjos podiam significar subdivisões da casa principal ou um agregado de casas em torno de um terreiro ou pátio, como o caso dos Albanese, proprietários da padaria São Domingos. Na maioria destas casas, ricas e pobres, o trabalho se desenrolava no mesmo espaço. Era assim com a família Scarlato e sua marcenaria. A família Scarlato, originária de São Demétrio, Cosenza e Calábria, marcou sua presença no bairro desde 1903. Vicente Scarlato, o patriarca, migrou diretamente para Bebedouro, São Paulo. Lá casou-se com uma jovem de origem sírio-libanesa e mudaram para o Bexiga, São Paulo. O imigrante marceneiro constrói importante indústria moveleira localizada no fundo do terreno onde morava na Rua Treze de Maio, atual número 57. Os seus cinco filhos trabalhavam na marcenaria e moravam no mesmo terreno, ou na casa assobradada que fechava a frente do lote, ou em casas construídas no fundo do terreno.[5] Outro exemplo desta diversidade do morar associada a diversidade social pode ser reconhecida no inventário de Rafael Briganti. Ele morre em 1912 e era natural de Póla, província de Salerno. Morava na Rua Major Diogo, 88. Neste mesmo endereço tinha uma fábrica de chapéus localizada em um barracão de dois andares e três salões. Seu filho mais velho, Antonio, casado, morava no mesmo endereço e cuidava do negócio. O inventário não informa quando da morte do pai e o local de residência dos outros cinco filhos. Os seus outros imóveis, num total de nove, eram vizinhos, localizando-se de forma contígua na Rua Major Diogo e Maria José. Eram imóveis de porta e janela, com quatro ou cinco cômodos e dependências externas (telheiro de zinco), cujo usufruto fica para a viúva, o que nos leva a supor que eram imóveis para locação.[6]

---

5 Informações obtidas em entrevista com o neto Francisco Scarlato, professor de Geografia na USP. O professor Scarlato era, por parte de mãe, também neto do Capuano, dono do restaurante.

6 Inventário de Raphael Briganti, 1912. Arquivo do Judiciário.

O convívio destes estrangeiros, marcado pela multiplicidade de arranjos de sobrevivência onde tem forte presença a construção de um patrimônio imobiliário que associa renda e local de moradia, trabalho e moradia, lazer e moradia fez deste bairro uma estrutura urbana complexa e diversificada. A presença destes muitos arranjos impõem relativizar a noção de habitação coletiva associada à pobreza.

Esta diversidade revela que a prática da habitação coletiva não se confunde, ou se superpõe, à pobreza. A precariedade e provisoriedade associada à imigração para o trabalho, o esforço coletivo para a construção de um patrimônio imobiliário e as redes e vínculos de comunidade que reinventavam aqui vínculos de além mar parecem ser caminhos mais instigantes de compreensão das formas de morar e viver neste espaço da cidade de São Paulo. A noção de cortiço, ainda que dificilmente definível, mas recorrentemente associada à pobreza, marginalidade e exclusão social, obscurece e não contempla a complexidade destes arranjos e redes sociais.

Bibliografia

ALVIM, Zuleika. *Brava Gente*. São Paulo: Brasiliense, 1986.

ANGELO TRENTO. *Do outro lado do Atlântico: um século de imigração italiana no Brasil*. São Paulo: Nobel, 1988.

BARBAGALLO, Francesco. *Lavoro ed esodo nel sud, 1861-1971*. Napole: Guida, 1973.

BEVILACQUA, Piero. *Breve Storia dell'Italia meridionale, dall'ottocento a oggi*. Roma: Donzelli, 1993.

BRUNO, Ernani Silva. *História e Tradições da cidade de São Paulo*. São Paulo: Hucitec/ Prefeitura de São Paulo, 1984.

DE CLEMENTI, Andreina. "Carrateri storico-antropologici dell'emigrazione italiana". In: DE ROSA, Ornella e VERRASTRO, Donato (orgs). *Appunti di viaggio. L'emigrazione italiana tra attualitá ememoria*. Bologna: Il Mulino, 2007.

DEVOTO, Fernando J. "Les Petites Italies de Buenos Aires entre quotidienneté et réprésentation(1885-1904)". In: BLANC-CHALEARD, Marie Claude *et alli* (orgs.). *Les petites italies dans le monde*. Rennes: Presses Universitaires, 2007.

FAVERO, Luigi e TASSELLO, Graziano. *Un secolo di emigrazione italiana 1876/1976*

FRANZINA, Emílio. *A grande emigração: o êxodo dos italianos do Vêneto para o Brasil.* Campinas: Ed. Unicamp, 2006.

GRUN, Roberto. *Negócios e famílias: armênios em São Paulo.* São Paulo: Idesp, 1993.

HARVEY, Robert. *Dalla frontiera alle little italies, gli italiani in Canada 1800-1945.* Roma: Bonacci, 1984.

KLEIN, Herbert. *A imigração espanhola no Brasil.* São Paulo: Idesp, 1994.

MARZOLA, Nádia. *Bela Vista, História dos Bairros de São Paulo,* vol. 15. São Paulo: DPH, 1985.

MINICUCI, Maria. *Qui e altrove: famiglie di Calabria e di Argentina.* Milano: Franco Angeli, 1989.

ROSSI, Kethy. *Immigracion italiana en el Uruguay 1860-1920.* Montevideo: Proyeccion, 1989.

SAINT-HILAIRE, A. *Viagem à Província de São Paulo.* Belo Horizonte: Itatiaia, 1976.

SAKURAI, Célia. *Romanceiro da imigração japonesa.* São Paulo: Idesp, 1993.

SALLES, Maria do Rosário R. *Médicos italianos em São Paulo, 1890- 1930.* São Paulo: Idesp, 1995.

SAYAD, Abselmalek. *A imigração.* São Paulo: Edusp, 1998.

SCALISE, Giuseppe. *L'emigrazione dalla Calabria.* Napoli: Luigi Pierro ed., 1905.

SIQUEIRA, Uassyr. *Entre sindicatos, clubes e botequins: identidades, associações e lazer dos trabalhadores paulistanos (1890/1920).* Tese de doutorado (História). Campinas, IFCH-Unicamp, 2008.

TARUFFI, Dino *et alli. La questione agraria e l'emigrazione in Calabria; note statistiche ed economiche.* Firenze: G. Barbera, 1908.

TODOROV, Tzvetan. *Nous et les autres, la réflexion française sur la diversité humaine.* Paris: Seuil, 1989.

TRUZZI, Oswaldo. *De mascates a doutores: sírios e libaneses em São Paulo.* São Paulo: Idesp, 1992.

_______. *Patrícios: sírios e libaneses em São Paulo*. São Paulo: Hucitec, 1997.

_______. "Redes em processos migratórios". In: *Tempo Social,* revista de sociologia da USP. São Paulo, vol. 20, n. 1, 2008.

Parte 2
Construtores da cidade

A aldeia na cidade: ecos urbanos de um debate antropológico[1]

Adrián Gorelik

A primeira versão deste texto foi escrita para uma revista de antropologia e se propôs a entender o *crossover* cultural que ocorreu na América Latina, ao longo de uma trama central do século XX, entre o pensamento urbano e certos debates antropológicos.[2] A ideia básica era que, ainda que tais debates sejam muito conhecidos na história desta disciplina, não se havia refletido o suficiente sobre eles; e sobre o fato de que praticamente todo o pensamento urbano latino-americano no período entre a Segunda Guerra e os anos 1970 se desenvolveu no marco dado por um debate antropológico suscitado no interior da problemática definida originalmente pela chamada Escola de Chicago (as peripécias dos processos de adaptação/aculturação em um mundo em transição): o debate entre o "continuo folk-urbano" de Robert Redfield e a "cultura da pobreza" de Oscar Lewis.[3] Mas foi recentemente, quando o texto já estava terminado, obrigado pela circunstância de que seria discutido em um Seminário interno do projeto temático "São Paulo: os estrangeiros e a construção da cidade", quando comecei a reparar na quantidade de figuras "estrangeiras" que o atravessavam, figuras de pensamento (como as categorias postas em jogo naquele debate), e especialistas (antropólogos, sociólogos, urbanistas, planificadores), especialmente norteamericanos, mas também ingleses e franceses, que cruzaram a América Latina de ponta a ponta buscando as suas chaves.

---

1 Tradução de Marília Chaves.

2 *Revista del Museo de Antropología* nº 1, Córdoba, Universidad Nacional de Córdoba, dez. 2008, p. 73-96; esta é uma versão modificada e substancialmente reduzida.

3 Cabe dizer, também, que outro foco do texto estava vinculado ao notório contraste entre o interesse que a Escola de Chicago sempre suscitou no pensamento social internacional, e sua quase completa ausência na América Latina desde os anos 1970. É chamativo que até os dias de hoje não existam boas edições em espanhol das obras canônicas do período "heroico" de Chicago, começando por *The City*, de Robert Park, Ernst Burgess e Roderick McKenzie. Para uma leitura da Escola de Chicago a partir da antropologia urbana, ver Hannerz (1986); sobre as relações entre a Escola de Chicago e as teorias da modernização na América Latina, ver Marsal (1967).

Cabe esclarecer que entre aquela releitura e esta reescritura não realizei uma reflexão profunda sobre o assunto; apenas enuncio a questão e proponho duas premissas sobre a mesma que me parecem inevitáveis na hora de encará-la: a) o pensamento produzido nos países latino-americanos tem sido sempre o resultado de um diálogo de muitas vozes e em muitas línguas, e nele não é fácil determinar toda vez o que é ou não "estrangeiro", já que se trata de um mundo definido, desde sua origem, pela fluidez característica da modernidade, o contato, a circulação e a transculturação; b) em alguns momentos especiais de sua história (sem dúvida no período que este texto aborda), América Latina foi um laboratório privilegiado para as teorias do pensamento social internacional, hospedando uma série de aspirações que uma e outra vez converteram o continente em um reservatório da imaginação ocidental.

Robert Redfield é uma figura singular dentro do grande contingente de estudiosos norte-americanos que no último século e meio desenvolveram a carreira (ou parte dela) pesquisando na América Latina. Ele trabalha no limite de duas épocas em relação ao interesse que despertava o subcontinente: começa seus trabalhos de pesquisa na década de 1920 com a busca do "mundo primitivo" que já vinha caracterizando a atração da antropologia e a arqueologia por regiões como o México, mas faz uma série de perguntas que se conectam claramente com as preocupações do pós-guerra sobre o desenvolvimento, momento em que a América Latina começa a interpretar o papel inverso, de terra prometida para o ensaio de uma mudança modernizadora.

Seu interesse pela América Latina é, em troca, menos singular: pura fascinação romântica, iniciada no seu caso por uma viagem inaugural através do México pós-revolução da década de vinte, onde conheceu o antropólogo Manuel Gamio e definiu sua nova vocação.[4] Logo que se torna antropólogo, em Chicago, volta ao México, em 1926, para realizar seu primeiro estudo etnográfico, que é publicado em 1930 como *Tepoztlan, a Mexican Village*. Redfield descreveu uma sociedade harmoniosa, integrada e estável, não "primitiva" mas "folk": um grupo popular-aldeão que ainda não estava isolado, mas que seguia mantendo características socioculturais do mundo tradicional – tamanho reduzido, status fixo, centralização da família na reprodução cultural, organização sagrada da vida, ausência de racionalidade instrumental etc. –,

4 Antes de viajar ao México, Robert Redfield (1897-1958) havia abandonado a prática da advocacia (González Ortiz e Romero Contreras, 1999). Ao retornar desta primeira viagem ao México, Redfield se forma em antropologia em Chicago, graças à sua proximidade a Park, com cuja filha havia casado em 1920.

em um todo de acordo com o núcleo definidor do polo comunitário-tradicional que o pensamento social europeu havia organizado em oposição ao polo societário-moderno (o "jogo de dicotomias" que constituiu, como dito por Nisbet [1996, p. 19], "a verdadeira teia da tradição sociológica").

A partir daí, Redfield se propôs a estudar diversas comunidades para desenvolver sua própria tipologia dicotômica: a polaridade "folk-urbana". Se instalou na área cultural maia, entre a península de Yucatán e a Guatemala, onde construiu o "contínuo folk-urbano" como um experimento de laboratório: selecionou quatro comunidades da região situadas em diferente posição na linha imaginária que vai da menor à maior urbanização, organizando sua análise como uma linha "evolutiva" caracterizada pela diferente intensidade do contato com o polo civilizador, e buscou determinar as características destas comunidades que eram afetadas por tal contato. No livro *The Folk Culture of Yucatan*, de 1941, e em um famoso artigo, "The Folk Society", de 1947, expôs seus resultados postulando que os pares polares (isolamento/comunicação) e (homogenidade/heterogenidade) constituíam, dentro de um conjunto de variáveis interdependentes, a polaridade dominante, porque dela dependiam outras, como (organização/desorganização da cultura), (sacralidade/secularização), (coletivismo/individualismo). Era como assistir, em uma pequena porção do território americano, o quadro vivo da civilização humana completa, já que para Redfield (1947, p. 306) "todos os homens viveram em um tempo nestas pequenas sociedades folk", e todos se encaminham até esta outra forma, tão recente – se considerada "a longa história do homem sobre a terra"–, que é a sociedade urbana.

Como todos os críticos advertiram em seu tempo, este extremo moderno do contínuo, a cidade, não recebia, da parte de Redfield, nenhuma análise específica, mas que respondia à definição que alguns anos atrás havia estilizado Louis Wirth (1938) em um dos textos mais famosos de Chicago: "Urbanism as a Way of Life". Quando vistos juntos os dois artigos – o "paradigma Wirth-Redfield", como foi considerado desde então –, surpreendem pela clareza e elegância com que os autores souberam organizar e condensar toda uma tradição de pensamento sobre as formas sociais opostas do par tradição/modernidade, sendo possivelmente os que tiveram a maior capacidade para entender os pontos de vista da sociologia urbana de Chicago. E também surpreende que o paradigma mais influente no pensamento urbano, de uma disciplina tão positiva e otimista como o planejamento, se sustentava em uma ambiguidade radical a respeito de qualquer ideia de "progresso" implícita nessa "evolução". Em ambos autores também sobrevivia a idealização da ordem e da estabilidade do polo folk e o receio sobre sua inevitável inversão no polo urbano que caracterizaram toda a reflexão clássica sobre a modernidade. Como foi digerida esta ambiguidade no pensamento planejador? Ou, melhor, que marcas deixou? Sobre isto ainda voltaremos.

Em 1943 Oscar Lewis (1914-1970), recém-graduado em Antropogia na Universidade de Columbia, decide começar sua carreira de pesquisador "reestudando" a população que Redfield tinha pesquisado: Tepoztlán; uma decisão quase estética de rebater o paradigma no mesmo terreno de origem, o que deu lugar a um debate clássico em etnologia interpretativa (Hannerz, 1986, p. 85) e converteu Tepoztlán em um santuário da história da antropologia.

Em seu estudo, Lewis buscou provar que os tepoztecos não eram a comunidade harmônica e estável descrita por Redfield e, especialmente, que suas trocas culturais não vinham com exclusividade de uma fonte "civilizatória" externa, como se mostrava no esquema folk-urbano, e sim de heterogenidades histórico-culturais próprias (Lewis, 1944; 1951). Mas a sua busca para rebatê-lo apenas começava.

O passo decisivo foi pôr à prova o próprio "contínuo" em uma pesquisa que se organizou também através de um esquema de monitoramento do processo de "transição", mas não selecionando, como Redfield, quatro fotografias fixas tiradas sobre a linha imaginária que vai do folk ao urbano, mas seguindo, como em um filme documental, a própria dinâmica da passagem através de duas famílias migrantes desde Tepoztlán à uma *vecindad* (cortiço) da Cidade do México. Com os primeiros resultados, Lewis (1952) publicou "Urbanization without Breakdown: a Case Study", um artigo em que propôs a família como unidade de análise antropológica: toda uma definição metodológica a respeito das remanescências do tradicional no moderno. Mantendo-se fiel às modificações de um objeto de estudo que se deslocava, o antropólogo-documentalista ia da aldeia à cidade – aos seus interstícios degradados, aos lugares onde os migrantes deviam enfrentar a prova definitiva em seu processo de adaptação à vida metropolitana. O estudo mostra os primeiros resultados de análise da vida de 100 famílias tepoztecas na Cidade do México. Reúne, pela primeira vez na América Latina, a indagação sobre as causas da migração no ponto de origem e sobre as razões da atração no ponto de chegada, e formula hipóteses sobre o impacto psicossocial e cultural da mudança. E o faz no mesmo momento em que a migração rural-urbana está convertendo-se em questão sociológica, política e cultural na América Latina.

A partir dessa pesquisa, Lewis definiu a *vecindad*[5] como o *locus* privilegiado para a análise da cultura migrante e ampliou seu espectro de casos ao de outras comunidades de origem, publicando, em 1959, *Five Families (Mexican Case Study in the Culture of Poverty)*, onde apresentou pela primeira vez a categoria que o faria famoso, "a cultura da pobreza" (mesmo apenas lhe dedicando algumas linhas na introdução). Iniciou o estilo de relato que se converteria em sua marca reconhecível, o "realismo etnográfico" ("nem ficção nem antropologia convencional"): uma reconstrução quase ficcional dos testemunhos recolhidos na forma de biografia coletiva, utilizando procedimentos característicos da ficção – o relato de "um dia na vida" de cada família. É significativo que Lewis inicie com a antropologia um movimento simétrico àquele que estava se iniciando, nesses mesmos momentos, desde a literatura até a *non-fiction* (no mesmo ano de 1959 acontece também o crime que levaria Truman Capote a publicar, em 1966, o livro mais famoso do gênero, *A sangue frio*): o antropólogo se afasta da ciência e os escritores se afastam da ficção para encontrarem-se em um ponto médio, de difícil definição, especialmente para os cânones da ciência.

Durante todos estes ciclos de seu debate com Redfield, Lewis buscou provar que o processo de urbanização social não era nem unitário nem universal, mas que dependia das condições de partida – históricas, econômicas, sociais e culturais – de cada grupo migrante (Lewis, 1952, p. 39-41). Em termos mais específicos, em sua pesquisa não havia podido reconhecer na cidade nenhum dos fatores clássicos "do enfoque Simmel-Wirth-Redfield": nem anonimato pessoal, nem isolamento individual, nem desorganização social; mas o contrário, já que verificou a reprodução dos laços fortes da familia ampliada e do espírito comunitário. Nem encontrou secularização, já que a vida religiosa seguia sendo vigorosa na cidade – e ainda mais do que na aldeia, pela melhor organização da Igreja católica–; nem abandono de traços culturais elementares, como a alimentação ou as práticas de cura tradicionais.

Finalmente, critica aquele paradigma, argumentando que não havia chegado a encontrar "evidências experimentais ou outras válidas que indiquem que a exposição de um grande número de pessoas por este apenas as fez ter mais ansiedade ou tensão nervosa ou que a existência das relações secundárias diminui a força e importância das relações primárias" (Lewis, 1965, p. 497). Ou seja, a cidade não é para o migrante apenas o mundo heterogêneo e impessoal ao qual deve se adaptar, porque o fenômeno migratório formou nela "pequenas comunidades" (a *vecindad*) que atuam de forma

5 Termo que designa construções mexicanas similares às favelas brasileiras. (NT)

coesiva e "amortecem" o impacto da mudança ao recriar, no novo meio urbano, um universo cultural completamente semelhante ao da sua procedência.

Foi mencionado, no início, que este debate deveria ser considerado como um debate interno da problemática definida pela Escola de Chicago, mas cabe esclarecer que não foi lido assim em sua recepção latino-americana da década de 1960: se produziu um deslizamento de sentido que fixou as críticas de Lewis ao modelo folk-urbano como oposição radical ao conjunto de pressupostos da socioetnografia urbana de Chicago. Por isso, é importante deter-se no momento anterior a essa leitura: naqueles primeiros textos de Lewis é muito evidente que a ideia de "cultura da pobreza" está orientada a oferecer ferramentas para a boa assimilação dos migrantes, como assinala a sua fórmula *urbanization without breakdown*. Os objetivos reformistas de Chicago de compreender as leis da troca social para favorecer a melhor integração do tradicional no moderno, não são postos em dúvida por Lewis; em todo caso, o que assinala aos planejadores funcionalistas é que para cumprir adequadamente com estes objetivos deve-se ter em conta muito seriamente o caminho que os próprios migrantes mostram em sua laboriosa empreitada de integração à vida urbana, uma espécie de "ajuste funcional" ao novo meio, em que a eficácia está dada pelo uso acertado dos próprios recursos culturais "tradicionais". A "aculturação", em última análise entendida como perda da própria cultura, não seria nem necessária nem conveniente para garantir uma adaptação bem-sucedida à realidade da cidade latino-americana.

Esta interpretação de Lewis permite compreender até que ponto suas posições sintonizavam bem com o núcleo originário de Chicago estabelecido por Robert Park, em quem a ambiguidade a respeito do "processo de civilização" está ainda assim mais claramente presente do que nas estilizações posteriores de Wirth e Redfield. Como assinalaram Morton e Lucía White em um livro clássico, *El intelectual contra la ciudad*, Park pensava que "os imigrantes recentemente chegados, que mantinham seus hábitos aldeões simples com organizações religiosas e de ajuda mútua, haviam conseguido resistir melhor ao impacto do novo meio ambiente" (White, 1967, p. 159). Visto deste ângulo, o debate entre Lewis e Redfield se desloca: não é só sobre como melhorar a adaptação, mas sobre que papel possuem os "outros", os aldeões, na cultura urbana. A resposta de Park a respeito disso não havia deixado lugar para dúvidas: um papel moralizador.

No texto fundamental da temática urbana em Chicago, "La ciudad. Sugerencias para la investigación del comportamiento humano en el medio urbano", o artigo de

Park de 1915 que logo abriu *The City* (1925), já suprimir se usava a definição de "sociedade primitiva" de William G. Sumner para caracterizar o funcionamento dos grupos primários que persistiam dentro da grande cidade. No artigo de 1925, que também integrou *The City*, apresentava a comunidade de imigrantes como um "modelo" para a sociedade urbana norteamericana, na busca de incentivar "um novo espírito aldeão" (Park, 1999, p. 101-112). Já que, como argumentou em "La ciudad como laboratorio social", de 1929, o problema social da metrópole é de obter "na liberdade da cidade, uma ordem social e um controle social equivalentes a isso que cresce de forma natural na familia, no clã e na tribo" (Park, 1999, p. 115). Nesta reivindicação do papel preservador dos grupos primários dentro da cidade, articulada com uma definição reformista do câmbio social que lhes abre possibilidades de adaptação, se vê a preponderância da matriz durkheimiana – o intento de mostrar que a sociedade moderna só poderá sustentar-se ao se basear em aspectos sensíveis da sociedade tradicional, não em sua negação completa– e a dupla diferença que estabelece o pensamento de Chicago frente a outras influências muito importantes: por uma parte, frente à posição mais radicalmente modernista de Simmel; pela outra, frente ao darwinismo conservador de uma figura como Sumner.[6] Não é difícil entender que, em um primeiro momento, as contribuições de Lewis puderam ser lidas na América Latina como uma tábua da salvação desse mesmo equilíbrio reformista a respeito do papel da comunidade na sociedade.

O debate latino-americano interpretou com suas próprias chaves essa tradição reformista e os textos de Lewis ingressaram nos anos 1950 não como uma alternativa radical, mas como um corretivo para pensar os processos de transição locais ou, melhor, como uma primeira *tradução*: a importância que é dada à aldeia em Chicago, o gueto ou o bairro, em Lewis aparecia já de forma tipicamente latino-americana, a *vecindad*, era muito fácil fazer a passagem a esse outro dispositivo urbano naquilo que tomaria forma a "alteridade" aldeã nas cidades latino-americanas contemporâneas: a favela.

É ilustrativo, neste sentido, o estado do debate latino-americano dos anos 50 sobre essa questão crucial: a favela era o diafragma delicado que materializava o momento mais dramático da transição, em que a qualidade temporal que parecia dar conta da percepção teórica sobre ela, era fixada em espaços inaceitáveis para a percepção tanto política como urbana. Em 1959, ano de publicação de *Five Families*, Lewis apresentou

6 Em seu capítulo sobre a noção de "comunidade", Nisbet (1966, I, p. 118) assinala esse aspecto da compreensão durkheimiana. Emilio Martínez (1999, p. 22) argumenta sobre as diferenças entre o "darwinismo reformista" de Chicago e o "darwinismo social" de Sumner.

seu trabalho sobre "a cultura da vizinhança" no "Seminário sobre problemas de urbanização na América Latina", organizado em Santiago do Chile por Cepal e Unesco, onde se relataram os resultados dos primeiros estudos sociológicos sistemáticos realizados em populações urbanas marginais com intenção comparativa (Hauser, 1967). E este Seminário oferece um excelente panorama do estado da investigação sobre estes temas em um momento chave, porque são temas que imediatamente depois entrariam em um ciclo de enormes mutaçõess, tanto na opinião científica como política. Os casos que receberam uma atenção sistemática foram três: Lima, Rio de Janeiro e Buenos Aires, constituindo uma das seções principais do Seminário.

O relator do processo de Lima foi José Matos Mar, antropólogo social do Instituto de Etnología da Universidade de San Marcos, que apresentou os estudos sobre as *barriadas* que vinha realizando junto ao geógrafo britânico John P. Cole, iniciados em 1955 por encargo da Unesco.[7] Matos Mar formava parte do círculo reformista de Fernando Belaúnde Terry, arquiteto e político que havia impulsionado a criação da Corporação Nacional da Moradia em 1945, ao que se seguiu uma série de iniciativas institucionais muito características do *ethos* planificador da época (Instituto Nacional de Urbanismo, Oficina Nacional de Planejamento e Urbanismo) que foi delineando sua chegada à presidência da nação em 1963 com o partido *Acción Popular*, encarnando de um modo certamente emblemático a centralidade que nesses assumiu os problemas do desenvolvimento urbano na agenda política dos países latino-americanos.[8]

Em seu estudo de 1959, Matos Mar apresentava as favelas não como um problema "de moradia" – que era o modo em que vinha abordando o pensamento arquitetônico modernista –, mas como um "reflexo do desequilíbrio nas estruturas econômicas e sociais nacionais" que estava produzindo a vertiginosa migração da população rural – majoritariamente da região andina –, através de um processo escalonado que finalmente conduzia a Lima. Por esta razão, entre 1940 e 1957, a população de Lima havia triplicado (chegando a 1.370.000 habitantes), concentrando 50% da população urbana nacional e configurando um caso extremo de um fenômeno tipicamente latino-americano: a alta "primazia" urbana – a segunda cidade do país, Arequipa, não

7 Matos Mar (1921) se formou na Universidade de San Marcos, Lima, e na École Practique des Hautes Études da Universidade de Paris.

8 Matos Mar integrou o grupo "Espacio", a formação arquitetônica-cultural modernizadora liderada por Belaúnde, e foi membro fundador do partido *Acción Popular* (entrevista realizada a Matos Mar na Cidade do México, 27 de setembro de 2004).

chegava a 10% da população de Lima (o que equivale a 117.000 habitantes) (Matos Mar, 1967, p. 193). Mas o fenômeno mais notável estava que, em boa parte desse crescimento, se produzia nas favelas de Lima – cuja população também já havia superado a de Arequipa – em um ritmo muito mais elevado que o já elevado da própria capital.

O estudo de Matos Mar mostrava como a falta de desenvolvimento e oportunidades no interior acompanhava um processo de "urbanização cultural" de todo o país, em que sobressaíam os efeitos deslocadores de alguns meios de comunicação e um sistema educativo de concepção unitária sobre uma população culturalmente heterogênea, que impunha estímulos que só poderiam encontrar resposta efetiva na capital. Com um duplo resultado: a emergência de uma classe mestiça nacional, com "valores e modalidades próprias de formas de vida urbana", e o surgimento na cidade de núcleos de cultura rural com padrões tradicionais, especialmente de matriz indígena, que sofrem "desajustes mentais, sociais e econômicos que atentam contra sua boa adaptação" (Matos Mar, 1967, p. 196).

Mas se estes termos parecem reproduzir a concepção funcionalista da "desorganização social" no contínuo folk-urbano, rapidamente Matos Mar se ocupa de descrever, em termos completamente análogos aos da correção lewisiana do paradigma, os recursos culturais e as tramas organizacionais dos grupos migrantes que funcionam como "mecanismos de compensação", o principal deles, como no caso da *vecindad* mexicana, a família. Assim, as favelas "repetem em sua estrutura sistemas tradicionais comunitários" de organização cooperativista, caracterizados por um conjunto de hábitos, desde os padrões habitacionais até a medicina, a alimentação e o sistema de "crenças mágicorreligiosas", por não mencionar a própria língua "estrangeira", constituindo uma intrusão popular-tradicional-aldeã na vida metropolitana. Poderia dizer-se que em Matos Mar convivem a preocupação em mostrar a integração efetiva da população das *barriadas*,[9] a vida econômica da cidade (contra os tradicionais estigmas de marginalidade) e a sensibilidade por identificar, em seu isolamento cultural, a importância dos papéis amortecedores de uma identidade indígena-comunitária desdenhada pela cultura crioula dominante.

O processo do Rio de Janeiro foi apresentado por Andrew Pearse, um antropólogo e sociólogo inglês que, como especialista da Unesco com sede no Centro Brasileiro de Pesquisas Educacionais (CBPE), havia realizado entre 1956 e 1957 um estudo sobre a

9 Equivalente à favela (NT)

integração da população favelada através da escola (Pearse, 1958).[10] Em seu relato no Seminário, Pearse deu definições gerais sobre a favela bastante coincidentes com as de Matos Mar sobre as *barriadas*: a considerou uma consequência das desigualdades na estrutura socioeconômica do Brasil, um dispositivo urbano que "desempenha uma função inevitável e essencial na relação entre o setor urbano rico e industrial e o setor rural pobre e agrícola, que se encontram separados por uma excepcional disparidade econômica" (Pearse, 1967, p. 220). Além de seu estudo qualitativo, se apoiou em análises do censo que indicavam que a população favelada já alcançava, em 1957, 30% da população de Rio (650.000 de 2 milhões de habitantes), cifra que coincidia com a que circulava há anos atrás na opinião pública, mas que havia sido desmentida pelos primeiros censos específicos de 1948 e 1950, que apontavam uma população favelada 10% menor (Valladares, 2005, p. 63-73).

A polêmica quantitativa, habitual nestes temas controversos e difíceis de medir, no caso do Rio é também um indício da existência mais recente de estudos sobre o tema: possivelmente porque se tratava de um fenômeno de mais tempo, já que as primeiras ocupações ilegais de morros no Rio de Janeiro haviam se formado no final do século XIX, tanto o debate político-social como os trabalhos de levantamento e investigação das favelas haviam desenvolvido no Brasil um campo de reflexão específica mais denso e variado. Na verdade, Pearse estava em contato com o CBPE com Luiz Costa Pintos, uma das principais figuras na renovação das ciências sociais no Brasil, que haviam dedicado à favela um dos capítulos de seu livro de 1953, *O negro no Rio de Janeiro*, resultado de uma pesquisa sobre as relações raciais também financiada pela Unesco. E quase no mesmo momento em que Pearse executava seu trabalho de campo, levava adiante um estudo integral sobre as favelas do Rio pela *Sociedade de Analise Gráfica e Mecanográfica Aplicada aos Complexos Sociais* (SAGMACS), a equipe técnica formada há uma década em São Paulo por Louis-Joseph Lebret, o sacerdote francês que havia criado na Bretanha o movimento *Économie et Humanisme*, referente internacional dos movimentos de renovação católica no pósguerra, com especial ênfase no planejamento humanista.[11] Este é um caso especialmente representativo tanto da pluralidade das abordagens científicas que no Brasil já gerava a questão da favela, como de suas

10 Pearse chegaria a ter uma trajetória na América Latina como expert das Nações Unidas, com foco especial na educação campesina no Chile e Bolivia (Pearse, 1975).

11 Sobre o padre Lebret, ver Lamparelli (1994); sobre o estudo das favelas de SAGMACS, ver Valladares (2005, p. 86 e ss).

enormes repercussões políticas e culturais: SAGMACS havia sido convocada ao Rio de Janeiro pelo bispo Helder Câmara, que em 1955 havia impulsionado a *Cruzada São Sebastião* a favor de uma ação integral para a urbanização da favela, radicalizando sua defesa como comunidade frente às campanhas políticas que pediam a sua erradicação (Valladares, 2005, p. 74 e ss.).

Retomando a apresentação de Pearse, esta também coincide com a de Matos Mar em definir a favela como uma "intrusão de moradias de tipo rural no sistema urbano de vida" (Pearse, 1967, p. 220). Mas esta separação ambiental (reflexo da separação radical no padrões socioeconômicos da população campesina) não encontra na favela a contrapartida que, em termos socioculturais, parece caracterizar a *barriada* de Lima, pela proveniência indígena da sua população. Porque se é certo que Pearse considera os habitantes da favela como estranhos à experiência urbana, também é indubitável que os vê como parte de uma cultura moderna popular-nacional muito mais integrada que no Peru.

Assim assinalava, de um lado, as características "tradicionais" da população favelada que explicam sua "desorganização" através de índices característicos da indagação funcionalista: baixa sindicalização, dificuldades para incorporar os hábitos laborais das grandes empresas, baixo "sentimento de bairro", baixo nível de associação como contrapartida de uma forte familiaridade que se estende na trama dos "grupos de parentesco", formando una cadeia migratória "em movimento constante para a cidade" (Pearse, 1967, p. 224). Mas, de outro lado, parece claro em seu texto que os favelados encontram uma integração principal através da cultura de massas (o futebol, o *jogo do bicho*, o rádio), ao ponto de que é este contraste entre certos hábitos "tradicionais" e a forma de vida urbana moderna que permite a Pearse explicar o populismo brasileiro como um substituição da velha dependência pessoal do mundo rural por novos tipos de proteção estatal no contexto de uma cultura massiva do bem-estar, uma característica política que está muito longe de circunscrever-se à favela.

A diferença da combinação de Lima entre integração funcional e separação cultural entre a *barriada* e a cidade, Pearse está menos interessado em provar as formas de integração econômica do que em analisar a plasticidade da adaptação sociocultural à uma tradição política de populismo. A favela não é para ele como uma "porta de entrada" para a cidade, mas o lugar marginal do qual o migrante se vê obrigado a adaptar-se, configurando uma forma moderna de desvantagem socioeconômica. Neste sentido suas hipoteses são bastante coincidentes com as que estava elaborando contemporaneamente o estudo da SAGMACS, que defende a favela como *comunidade*, não fazendo-o em função de alguma essência cultural de origem, mas de seus logros em se estabelecer em um meio adverso.[12]

O caso de Buenos Aires, por último, foi relatado no seminário de Santiago do Chile por Gino Germani, que pela Unesco realizou sua primeira incursão em temas urbanos, que foi, ao mesmo tempo, o primeiro estudo sobre a cidade com os instrumentos da sociologia "científica" – um duplo batismo para uma articulação clássica.[13] Germani elegeu como foco deste estudo a Isla Maciel, um fragmento tradicional da área industrial da grande Buenos Aires, que oferecia uma possibilidade em completa sintonia com nosso problema: a existência de um "contínuo" de urbanização, desde um setor de *villa miseria* recente, até um setor popular de edificação regular e assentamento arraigado na zona, o que levou Germani a organizar sua investigação através de cinco grupos populacionais de estudo que (como as quatro comunidades yucatecas de Redfield, mas em uma geografia muito mais concentrada) lhe permitiam analisar diferentes estados da transição folk-urbana: "uma espécie de progressão das famílias imigradas mais homogêneas enquanto a origem de seus membros e caráter recente de sua imigração, até as famílias totalmente nativas" (Germani, 1967, p. 235).

É notório que Germani apresenta seus resultados sobre o plano de fundo implícito do paradigma Wirth-Redfield, com um tipo de argumentação que busca verificar no que se cumpre e o que não é contínuo transicional, para fazer os ajustes empíricos adequados ao caso de Buenos Aires. Assim, vê cumprir-se quase redfieldianamente um processo no qual a maior integração supõe nos cinco grupos selecionados transformações progressivas até as pautas do matrimônio legal, menor quantidade de filhos, relações familiares mais abertas e igualitárias, maior grau de associação, maior nível ocupacional, maior nível educacional. Também é sensível a essa preocupação tipicamente chicaguiana, que é descobrir que "o bairro tende a herdar parte das funções das pequenas comunidades da sociedade tradicional, mantendo também certos sentimentos de identificação e pertencimento que são bastante perceptíveis na zona urbanizada da Isla" (Germani, 1967, p. 253). E já em completa sintonia com o "ajuste"

---

12 Cf. Valladares (2005), que por esta razão vê em SAGMACS um avanço frente às posições "marginalistas", ainda que discordemos com ela quando coloca nestas últimas posições o trabalho de Pearse. Ver Valladares (1987).

13 A figura de Germani (1911-1979), de indiscutível centralidade na tradição sociológica argentina, nos últimos anos foi objeto de atenção renovada, na qual se destaca o livro de Blanco (2006).

lewisiano, tem que reconhecer que lhe é muito difícil a utilização da dicotomia clássica de organização/desorganização atribuída ao mundo tradicional e ao moderno, respectivamente. Assim como não é possivel encontrar na origem dos grupos migrantes uma diferença substancial enquanto a estabilidade ou coesão familiar e comunitária – o que indica uma grande homogeneidade de partida nas pautas socioculturais de migrantes e nativos da cidade, devido à extensão nacional inicial dos traços característicos de uma sociedade altamente urbanizada–, por outra parte, são maiores os traços de "desorganização" nos locais de partida da população não urbana que na própria cidade, com a qual o processo de urbanização "produz por sua vez – e paradoxalmente– organização e desorganização" (Germani, 1967, p. 242). Ou seja, Germani encontra no processo migratório de Buenos Aires um contínuo muito reduzido, o que supõe reconhecer que nem o polo folk nem o urbano podem se identificar com a clareza dos tipos clássicos.

Analisando o conjunto dos três relatos, é fácil ver que compartilham a preocupação por demonstrar a integração socioeconômica nas atividades urbanas das populações estigmatizadas como "marginais", assumindo uma espécie de *dualismo atenuado* ou reformista, em que se intenta precisar as desvantagens de inicio dos grupos migrantes (sociais, econômicas ou culturais), sob um prisma que valoriza a integração aos setores modernos identificados com a cultura urbana. É notável que as três análises fazem parte de um primeiro estado de revisão das noções mais crassamente funcionalistas. No caso das migrações, isto se verifica na advertência contínua sobre os limites de noções como "superurbanização" ou da mesma dicotomia "tradicional/moderno"; não porque estes analistas não participaram da visão crítica sobre os processos que conduziam a estes fenômenos (como a diferença entre as taxas de urbanização e as de industrialização, ou o peso das migrações na extensão de um setor de serviços de baixíssimo *standard*), mas porque advertiam que, colocados naqueles moldes teóricos, essas noções terminavam caracterizando a cidade latino-americana como patologia, mero *desvio* da norma ditada pela modernização ocidental.

Por fim, as três análises podem ser lidas também como uma exemplificação dos diferentes momentos do contínuo folk-urbano em uma escala continental – desde a maior contraposição entre migrantes rurais e habitantes urbanos em Lima, até a maior proximidade entre os dois polos em Buenos Aires–, como as fases progressivas de um único estudo de transição do tradicional ao moderno, suficientemente poroso para incorporar em variadas proporções os ingredientes diversos de um funcionalismo *a la* Refield ou um culturalismo *a la* Lewis. Fica claro que o *main stream* das nascentes ciências sociais na região se movia, em 1959, dentro da noção de "contínuo", vendo nela um instrumento passível de ajustes para incorporar a peculiaridade latino-americana de sociedades em trânsito a diversas formas de integração urbana, tanto porque cada uma partia de polos tradicionais completamente diferentes, como porque a própria consistência moderna do polo urbano devia ser entendida idiossincraticamente em cada caso.

"Dualismo" e "marginalidade" são palavras que, como se sabe, em 1959 estavam às portas de uma transformação vertiginosa, como objetos de polêmicas intensas, à luz das quais ainda hoje continua a ser julgada a produção anterior. Por isso é importante se deter um momento diante da fronteira que a década de 1960 nos coloca nestes temas, para analisar os correlatos operativos daquelas posições sobre o contínuo transicional nas ideias sobre moradia social. Pois onde encontrar mais claramente delineadas as posições sobre o papel dos "aldeões" na cidade que nos debates sobre como deveriam ser suas casas e seus bairros?

É notório que, nos anos 1950, a velha "questão da moradia" tinha voltado a se converter em um grande disparador da imaginação social e política na região, produzindo um terreno aparentemente comum para as indagações da antropologia e da sociologia e da arquitetura; ainda que esta última pudesse, de fato, reclamar uma notável precedência frente às ciências sociais, já que fazia pelo menos três décadas que tinha ativado sua revolução modernista graças a uma reflexão original sobre a moradia em massa, assentada para meados do século em uma resposta formal e tipológica, a "unidade de habitação". De fato, desde os anos 1940 havia começado a construção em diversos países da região de uma série de grandes conjuntos habitacionais que colocavam em jogo os critérios mais avançados da arquitetura internacional para a moradia social, consolidando a aliança entre estado e arquitetura moderna por meio da qual se vinha produzindo, desde a década de 1930, uma radical transformação territorial na América Latina (Gorelik, 2005b). Conjuntos como "El Silencio" (1941) ou a urbanização "23 de Enero" (1954), ambos de Carlos Raúl Villanueva em Caracas; obras como "Pedregulho" (1950), de Affonso Reidy, no Rio de Janeiro, ou as "Superquadras" concebidas por Lucio Costa para Brasília (1957); os "multifamiliares" "Miguel Alemán" (1947) e "Presidente Juárez" (1950), ambos de Mario Pani, no México; entre muitos outros exemplos, foram apenas os marcos arquitetônicos de maior visibilidade na vastíssima produção levada adiante por instituições públicas como o Banco Obrero da Venezuela, o Departamento de Habitação Popular da Prefeitura do Rio e os Institutos de Aposentadorias e Pensões do Brasil, a Caja de Habitación Popular e a Corporación de la Vivienda no Chile, a Secretaría de Vivienda da Municipalidade da Cidade de Buenos Aires e o Banco Hipotecario Nacional na Argentina etc.[14] Assim se implantou sobre as principais cidades do continente uma miríade de marcas materiais do comum impulso modernizador que inspirava os corpos técnicos estatais, para além das notórias divergências políticas e ideológicas entre os diversos governos. Estes grandes conjuntos foram obviamente emblemas difusores de representações políticas dentro de uma tradição estatal de utilização grandiloquente da obra pública com fins propagandísticos, mas também foram um sinal de maturidade da experimentação arquitetônica local e, especialmente, foram a orgulhosa forma na qual América Latina celebrava seus potenciais atributos para resolver seus conflitos sociais a partir de um salto para frente sobre sua própria modernidade.

É sabido que este modelo habitacional também reconhece um alento comunitarista, reativo à dissolução metropolitana dos laços sociais primários. Mas sua ideia de comunidade era muito mais um projeto de organização coletiva adequada aos novos tempos que uma valorização das especificidades culturais que deveria ser preservadas ou sequer aproveitadas em sua capacidade "amortizadora". Neste sentido, a ideia de "unidade de habitação" encontra analogias no universalismo da noção de "contínuo folk-urbano", propondo-se como instrumento capaz de reparar as arestas mais conflitantes da vida metropolitana: é a resposta vanguardista ao diagnóstico simmeliano, que opta por radicalizar as lições contemporâneas da metrópole – a concentração e a densidade – mas como caminho mais adequado para a restauração, em um plano superior, das formas comunitárias que ela deslocou. De fato, a faixa de casas flutuando sobre suas colunas em uma extensão verde não é simplesmente o resultado de uma combinação de motivos higiênicos (contra a superlotação da cidade especulativa) e técnicos (a utilização industrial de novos materiais, o concreto armado, o aço e o vidro) para responder com racionalidade e eficiência às novas demandas massivas de habitação; é também a busca de recuperação da dupla harmonia perdida na metrópole moderna, para dentro na comunidade (e por isso cada unidade se pensa como novo "falanstério" com serviços comuns para as necessidades sociais e culturais da

14 Nabil Bonduki (1999) aponta que, no caso do Brasil, a historiografia da arquitetura reparou sempre exclusivamente nos grandes marcos arquitetônicos, ignorando a enorme produção institucional de moradia social entre as décadas de 1930 e 1950, e algo semelhante poderia ser dito para vários dos países latino-americanos.

vizinhança) e para fora na natureza. E se pudesse ser criticável a pouca atenção que o projeto destas casas dava às condições de vida efetivas dos grupos aos quais estava dirigido, se deve compreender que esta arquitetura buscava modificar os hábitos e as relações com a cidade de *toda* a população, não só de seus segmentos mais necessitados: de fato, essa necessidade era pensada como virtude, já que se esperava que da moradia social uma transformação vanguardista do conjunto da vida metropolitana. Para a arquitetura modernista, todos os habitantes metropolitanos, migrantes ou não – sem esquecer que, como apontou Raymond Williams (1997), a resposta cultural da vanguarda à metrópole também pode ser explicada na origem "aldeã" de boa parte dos artistas que reagiam com fascinação e estranhamento diante da cidade grande – são seres alienados que poderão se reencontrar nas novas comunidades que os grandes conjuntos habitacionais lhes oferecem.

Mas esta noção modernista-voluntarista da comunidade teve que enfrentar uma alternativa que se traduziria, nos anos 50, em uma política pan-americanista de moradia social muito diferente: a política de apoio econômico e técnico à autoconstrução, confirmatória "das tradições e costumes da vida local", como defendia em 1953 uma comissão *ad hoc* da União Panamericana (1954, p. 16). O modelo da construção com "esforço próprio e ajuda mútua" partia de um diagnóstico econômico – é impossível resolver o impressionante déficit de moradia com escassos recursos dos Estados da região – mas o combinava com uma visão ideológico-cultural dominante nas instituições pan-americanas que traduziam, assim, o consenso técnico norte-americano, tanto sobre o problema da moradia em si (o ideal anglo-saxão de suburbanização residencial como alternativa à concentração metropolitana), como sobre a população carente dos países subdesenvolvidos (os hábitos do trabalho coletivo serviriam como reforço aos laços comunitários debilitados pelo assistencialismo estatal e a desmoralização provocada pelas condições miseráveis de sua vida na cidade).

A experiência que servia de modelo para esta posição era aquela que se levava adiante em Porto Rico, onde, por sua condição colonial, os técnicos norte-americanos puderam realizar sem obstáculos um experimento radical de reorganização territorial, desenvolvimento agrícola e industrial, programas de moradia e modernização das infraestruturas sanitárias, escolares, viárias e turísticas, de notáveis efeitos na redistribuição social, em um todo de acordo com essa combinação de tecnocracia e reformismo populista que supôs o clima ideológico do *New Deal*. Assim, a ilha se converteu em um campo de práticas avançadas da planificação norte-americana (ali se concebeu o *comprehensive planning*, dominante nas décadas seguintes) e, ao mesmo tempo, em um "microcosmos" ideal para experimentar com "os problemas e aspirações [...] das regiões superpovoadas e subdesenvolvidas" (Perloff, 1950, p. 24). O processo tinha começado em 1941 com o governo de Rexford Tugwell – que tinha sido subsecretário de Agricultura de Roosevelt e chefe da *Resettlement Administration*, a agência federal encarregada de enfrentar a escassez de alojamentos urbanos e rurais durante a crise – e continuou depois de 1946 com a *Bootstrap Operation*.[15]

Na questão da moradia, o "modelo porto-riquenho" se resumia a uma inovadora política de reabilitação de subúrbios mista: o governo saneava as terras e instalava os serviços, as famílias construíam suas casas de acordo com planos-padrão muito simples; um sistema que dava resultados mais rápidos e menos conflituosos que as políticas de erradicação e substituição por grandes conjuntos habitacionais. Estas foram as bases que a União Panamericana usou, que haviam organizado em 1949 sua seção de Moradia e Planificação. Francis Violich, um planificador californiano que na União Panamericana estava começando uma longa carreira de especialização na região, tinha feito o projeto da Seção a partir de uma estadia de estudos em Caracas, da qual extraiu uma análise muito crítica da "via latino-americana" para moradia social: os grandes conjuntos habitacionais de iniciativa pública eram inadequados, insuficientes e nunca chegavam à população realmente necessitada, o que terminava resultando em incentivo para o crescimento descontrolado dos bairros de invasão.[16] Com esses critérios se criou, em 1952, o Centro Interamericano de Moradias (CINVA) em Bogotá, que funcionou com uma caixa de ressonância da planificação porto-riquenha, chegando a ser nas décadas seguintes um núcleo de treinamento massivo e difusão dos programas de assistência técnica em projetos de moradia econômica por ajuda mútua com financiamento norte-americano (Rivera Páez, 2002).

Até 1959, quando acontece o Seminário de Santiago do Chile, é possível reconhecer uma distribuição geográfica bastante nítida de ambos modelos no mapa latino-americano, com domínio da política de grandes conjuntos habitacionais no México e na América do Sul, e da política de ajuda mútua na Colômbia e nos países centro-americanos – onde o CINVA e, de modo mais geral, as instituições pan-americanas tinham uma presença

---

15 Um relato apologético sobre a planificação em Porto Rico, realizado por um de seus protagonistas, em Picó (1962); uma análise crítica da *Bootstrap Operation*, em Pantojas-García (1990).

16 Francis Violich (1911-2005) foi uma figura decisiva na expansão da planificação norte-americana pela América Latina; ver a reportagem realizada por Juan José Martín Frechilla (2004).

muito ativa – embora isto deva ser relativizado pelo fato de que todos os países que tinham em andamento acordos de assistência técnica com os Estados Unidos implementavam em proporções variadas programas de microempreendimentos de moradias urbanas e rurais (Chile, Peru e Brasil, claramente), assim como os países que seguiam a "via pan-americana" não deixaram por isso de realizar unidades de habitação paradigmaticamente modernistas. Mas as relações entre as duas "vias", latino-americana e pan-americana, para além do pragmatismo dos governos quando há programas de assistência técnica e financeira em jogo, eram tensas e intrincadas. Porque se as instituições pan-americanas e a tentativa de converter a experiência porto-riquenha em um modelo para todo o continente geravam enorme resistência nas equipes técnicas e políticas locais, ao mesmo tempo, suas propostas de ajuda mútua e autoconstrução assistida sintonizavam com as posições mais radicalmente comunitaristas e mais próximas da militância social de base nas próprias populações, como mostram iniciativas mencionadas de urbanização das favelas, tocadas por setores da Igreja.

Pode parecer paradoxal, certamente, em relação com as imagens estabelecidas das relações entre os países latino-americanos e os Estados Unidos no período, o que surge desta breve revisão das políticas de habitação: as instituções oficiais e os funcionários dos países latino-americanos parecem pouco relutantes em aceitar a "interferência" norteamericana, enquanto os agrupamento de base parecem realmente se fundir à ela. E no reverso deste paradoxo, que a história da planificação nos mostra é algo nem sempre fácil de adverter nas histórias das ciências sociais: o reformismo populista e de base, muitas vezes com nuances de radicalismo, que os técnicos norte-americanos dedicados à cooperação com a América Latina transportaram diretamente da experiência do *New Deal* (experiência que migrou para o sul frente as condições pouco propícias que a América do Norte oferecia ao progressismo nos anos 1950).

Mas se desde 1960 a ideia de "participação popular" mostra uma confluência heterogênea de interesses, no curso da década emergirá uma posição mais drástica, que verá na autoconstrução popular e na consolidação de seus núcleos de residência uma verdadeira alternativa aos dilemas da modernidade urbana latino-americana (e, mais em geral, "terceiromundista"). Frente ao paradigma comunitarista, que supunha a radicação consolidada da "aldeia" e sua integração à cidade como parte com direitos iguais, as novas posições populistas irão mais além, propondo "a aldeia" como célula regeneradora da sociedade, retomando quase literalmente a função moralizadora que lhe havia atribuído Robert Park.

O campo da arquitetura estava bem abonado para que essa resposta germinasse, atravessado pela onda de rebelião do pós-guerra contra a burocratização e mercantilização do modernismo no novo mundo construído pela expansão capitalista – uma reação em muitos sentidos "antropológica" contra o mundo moderno, como mostra a reivindicação romântica da arquitetura vernácula da célebre mostra "Arquitetura sem arquitetos", de Bernard Rudofsky, entre muitos outros exemplos. Naturalmente, este debate também incidiu na arquitetura dos grandes conjuntos habitacionais, através de investigações tipológicas que nos anos 1960 tentaram incorporar elementos da cultura de moradia dos setores populares (pátios, terraços, variedade volumétrica). Mas sua expressão mais sintomática do que faz a habitação social na América Latina se encontra nas experiências de autoconstrução, como foram elaboradas pelo arquiteto inglês John Turner durante várias estadias em Lima.

Turner havia chegado ao Peru em 1957 convidado por Eduardo Neira, que havia conhecido em uma reunião do Congresso Internacional de Arquitetos Modernos (CIAM) em Veneza em 1950 e com quem logo estabeleceu relações mais firmes durante os estudos de pós-graduação que realizou em Liverpool.[17] Segundo o relato de Turner, em 1955 Neira o convocou para integrar a Oficina de Assistência Técnica às Urbanizações Populares em Arequipa, e lhe deu como única bibliografia os manuais porto-riquenhos de autoconstrução comunitária que se converteram em seu primeiro contato com o tema e em seu guia quando tiveram que enfrentar as consequências do terremoto de 1958, que deixou sem moradia praticamente 50% da população de Arequipa (Chávez, 2000). A partir de então, Turner se converteu em uma espécie de etnógrafo da construção popular – em trabalhos de campo nas favelas de Lima realizados em diálogo com o antropólogo nortea-mericano William Mangin – e em um propagandista internacional da alternativa participativa para a habitação social.[18]

17 Eduardo Neira Alva (1924-2005) é uma figura muito representativa dos rumos que começavam a tomar os arquitetos comprometidos na América Latina. Concunhado de Matos Mar, também integrou os anfitriões modernistas do grupo "Espacio" de Fernando Belaúnde Terry. Realizou uma pós-graduação em Design Urbano em Liverpool e já na volta para Lima em 1953 fez sua primeira transição de arquiteto modernista a funcionário de temas urbanos, incorporando-se à função pública. Em 1961, passou a dar aulas em Caracas, fazendo sua segunda transição de funcionário de urbanismo a especialista em planejamento latino-americano participando da criação do Centro de Estudos do Desenvolvimento (CENDES); ali, Neira dirigiu os *Cuadernos* do CENDES até realizar um estudo de planejamento regional na Bahia contratado pelo Banco Mundial, fazendo sua terceira e última transição como consultor internacional.

18 As posições de Turner obtiveram repercussão internacional em 1963, ao preparar o número especial da revista britânica *Architectural Design*: "Dwelling resources in Latin America" (Turner, 1963).

O raciocínio partia de bases estritamente pragmáticas e utilitárias, no sentido de que mostrava aos pobres que sua moradia se tratava de uma arma de sobrevivência, de um meio de vida eficiente na economia urbana, mais do que um problema cultural. Mas rapidamente se passava a uma idealização da vida nas *barriadas* (que teriam "um nível mais elevado que numerosos distritos de Lima que se haviam desenvolvido legalmente") e, especialmente, de seus habitantes, que eram "muito mais livres" que os pobres das sociedades ricas.[19] E se parecia evidente que estes pobres tinham objetivos conformistas, de acomodação à sociedade estabelecida, ao mesmo tempo, como afirmava Mangin em 1963, a impossibilidade de que no Peru se produzissem as trocas necessárias para satisfazer estas ambições reformistas de progresso social, os levariam à frustração, convertendo-os em atores objetivos da mudança: "É possível que quando os meninos [os filhos da primeira geração de ocupantes ilegais] compreenderem isto, façam acontecer a atual profecia paranoica de muitos peruanos de classe média e alta que consideram a população das favelas como rebelde e revolucionária" (Mangin, 1969, p. 21).

Durante os anos 1960 e o início dos 1970 não havia margem de dúvida que havia se tratado de uma profecia autocumprida, e estas posições a favor da moradia social participativa formaram claramente parte do amplo lote de perspectivas de esquerda, ao compasso de uma fortíssima onda de mobilizações populares urbanas que instalou "os aldeões" num lugar destacadíssimo de cena política da cidade. Governos de muitos diferentes tiveram que aceitar a realidade e o direito das invasões e estabelecer políticas para sua consolidação, e o pensamento social se lançou a diversas operações teóricas para incorporar estas "lutas pelo consumo" em um lugar destacado da agenda de pesquisa (boa parte do debate sobre a "urbanização dependente" e as "teorias da marginalidade" se explica na força com que haviam irrompido os "novos sujeitos sociais" definindo uma suposta via latino-americana para a revolução).

Publicou inumeráveis livros difundindo suas experiências, como *Housing by People* (Turner, 1976). Em seu artigo mais conhecido, Mangin (1967) impôs a fórmula pela qual as barriadas se convertiam "de problema a solução".

19 Ver John Turner, "The squatter settlement: an architecture that works", *Architectural Design* Nº 8, 1968, citado por Ballent (2004, p. 90) que analisa em detalhe a experiência de PREVI, o concurso internacional de moradia popular que foi feito em Lima em 1966 com apoio das Nações Unidas e a participação de alguns dos arquitetos mais importantes do período.

O debate entre Redfield e Lewis sobre a adaptação dos "aldeões" à cidade foi a modulação de um problema antropológico que, entre os anos 1940 e os 1970, encontraria ecos nos mais variados rincões do pensamento urbano, social e político latino-americano, saturando suas significações. Por isso é possivel utilizá-lo como um tornassol para testar as diferentes reações de cada um dos elementos que entraram em ressonância com ele, com a aspiração de que assim poderiam se iluminar zonas de historicidade diferentes das já transitadas pelos enfoques mais específicos sobre os debates políticos, sociológicos ou urbanos do período.

Nesse sentido, tentei mostrar que o arco aberto entre a proposta analítica de Redfield e o "ajuste" lewisiano pôs o horizonte universalista-reformista dentro do qual pode surgir uma reflexão específica sobre a "cidade latino-americana", com um matiz atenuado do dualismo tradição/modernidade que manteria a confiança na mudança social, mesmo sabendo que isto já não seguiria exatamente o itinerário traçado pela experiência da cidade europeia ou norte-americana. Nesse primeiro estado da reflexão urbana, contemporâneo da institucionalização das ciências sociais na região, do auge do pensamento cepalino e do otimismo desenvolvimentista, já se havia processado uma primera revisão do debate que pôs ênfase nas críticas a Redfield de um modo em que dava razão a Lewis, opondo-os sem nuances. As críticas a Redfield se centravam em três aspectos: o esquematismo abstrato de seus tipos polares (a inexistência de algo empiricamente reconhecível como "sociedade folk" ou "sociedade urbana"), o pretendido universalismo do contínuo que se estabelecia entre eles, e, como contrapartida deste último, o "etnocentrismo ocidental" da dicotomia, de acordo com os termos com que Philip Hauser, apoiando-se decididamente em Lewis, denunciava sua inadequação para as cidades do mundo em desenvolvimento (Hauser e Schnorre, 1965).

Mas ainda que os teóricos latino-americanos conhecessem bem essas críticas e em boa medida as compartilhavam, a ideia de "contínuo" seguia dominando como a base desde a qual se organizava o conjunto da problemática, o poderoso instrumento para pensar a integração dos "aldeões" a um processo de mudança social que imaginavam trastornando desde as cidades as tradicionais estruturas desiguais dos países latino-americanos. O próprio esforço de compreensão do caráter das "aldeias" que surgem nas cidades mostrava que o mero avanço econômico e o desenvolvimento industrial não produziria por si só essa integração: a necessidade de encontrar novas categorias para a "cidade latino-americana" é uma demostração da defasagem produtiva que se abre até finais dos anos 1950 entre os modelos de referência e da reflexão local. Na ambiguidade dessa defasagem sem solução, entre a necessidade universalista e a evidência empírica da reforma, se desdobra, a meu ver, no momento mais original da reflexão urbana latino-americana.

A partir de então, ao longo da década de 1960 era possível assinalar o surgimento de outros dois estados de reflexão sobre o problema que cercam, a seu modo, aquele horizonte. Um, em vinculação com as posições radicalizadas sobre o tema da moradia popular, que poderíamos chamar de *monismo radical*, já que pôs o foco na necessidade de eliminar todo remanescente de "marginalidade" que pudera desprender daquele dualismo anterior, como manifestação extrema da vontade de legitimar um equipamento intelectual específico para pensar o fenômeno da "cidade latino-americana". Estas investigações surgiram de um poderoso impulso de identificação política e cultural com "os aldeões", insistindo na homogeneidade essencial dos processos de urbanização nos setores de maior pobreza, mas além da especificidade de seu habitat na cidade. Isto é, a ideia de "contínuo" ficava diretamente anulada pela necessidade de reivindicar o caráter plenamente urbano da experiência da vida nos bairros populares, contra as descrições anteriores que viam neles uma "intrusão rural". O matrimônio de antropólogos norte-americanos Anthony e Elizabeth Leeds realizou estudos sobre as favelas no Rio muito característicos deste estado: em contato direto com as investigações de Turner e Mangin, com quem colaboraram em várias oportunidades no intento de traçar hipóteses comparativas, os Leeds buscaram desmitificar o caráter "aldeão" da favela para mostrar que participava com altas doses de criatividade das atitudes e valores da cidade moderna, como parte indivisível dela (Leeds e Leeds, 1972).[20]

Na linha das críticas que já haviam apontado o etnocentrismo implícito na equivalência de "integração" e "ocidentalização", os Leeds propuseram entender os termos próprios em que a favela se integrava em um sistema urbano maior, junto a uma gama completa de ambientes sociorresidenciais da pobreza que organizava um conjunto muito mais matizado e plural do que aquele que surgia da redução dualista do esquema favela (tradição)/cidade (modernidade). E assim como mostrava a plena integração em termos econômicos, sociais e políticos da favela com o mundo urbano e seus valores – dando um quadro do favelado que o mostrava como oportunista engenhoso à caça de imensas oportunidades que a cidade e seus mercados formais e informais ofereciam para a mobilidade social–, por outro lado, através de um estilo de pesquisa

20 Valladares, que claramente se identifica com a experiência dos Leeds, lhe dedica uma passagem muito interessante de seu livro (Valladares, 2005, p. 112-113).

participante que supôs uma imersão total na favela, mostraram que esta possuia uma estratificação social interna complexa – tanto quanto a da própria cidade–, composta de níveis de status, grupos e redes que eliminavam qualquer simplificação comunitarista centrada na família e nos laços primários.

Por isso rechaçaram o procedimento metodológico de Lewis, porque o foco analítico no interior da família criava, para eles, a ilusão de um tradicionalismo que impedia sequer espreitar a novidade das redes em que seus membros estavam imersos. E discutiram fortemente com a noção da "cultura da pobreza" como responsável central na reprodução acadêmica e política dos prejuízos sobre os pobres urbanos. Mas é importante esclarecer que já não se tratava de uma polêmica com o primeiro Lewis, ele, que indagava os recursos com os quais os migrantes se "ajustavam" através de sua própria cultura à da cidade, – como em "Urbanization without Breakdown"–, mas com um Lewis que, a partir da universalização da "cultura da pobreza" (com trabalhos desenvolvidos na Índia, Porto Rico e Estados Unidos, continuando o estilo de reportagem coletiva de *Five families*), foi desenvolvendo uma visão miserabilista dos pobres urbanos que os situava exclusivamente na carência e na marginalidade, como seres indefensos e frustrados, condenados a reproduzir de modo incessante as mesmas condições culturais que haviam originado seu estado de pobreza.[21]

Mas, por seu lado, o *monismo radical*, apesar de seu compromisso militante, levantava sérias dificuldades conceituais na perspectiva de esquerda da qual se sentia participante. Assim lhe assinalava, por exemplo, que a ideia de que a favela "não é o problema, mas a solução", ideia que os Leeds compartilhavam com Mangin, tirava toda a dramaticidade das condições reais de vida dos favelados, normalizando sua situação de indigência; ou também, desde análises marxistas, que a proposta de autoconstrução e autourbanização significava mascarar a superexploração dos favelados, que se viam obrigados a produzir também por sua conta os meios de vida necessários para garantir sua reprodução como força de trabalho; que a ênfase na ideia de integração mostrava que os favelados eram "grupos adaptáveis e não revolucionários", empenhados em uma ascensão social que os distraia de qualquer tipo de esforço organizacional transformador.[22]

21 Me refiro à série de livros aberta em 1961 por *Los hijos de Sánchez*. De fato, Lewis foi precisando o uso da noção de "cultura da pobreza" para os casos de completa marginalidade urbana; ver a conversação de Oscar Lewis com K. S. Karol e Carlos Fuentes (1967, p. 20).

22 A citação é de Eduardo Neira, tomada dos debates suscitados pelo documento já citado dos Leeds, no qual também se pode encontrar intervenções muito valiosas de Milton Santos e Alberto Urdaneta que expressam a primeira e a terceira das objeções aqui enumeradas (Funes, 1972, p. 161-175); a

Finalmente, o outro estado da reflexão que me interessa destacar, produto da necessidade de sair das encruzilhadas que levantava ao pensamento de esquerda ou *monismo radical*, foi um regresso à ideia de marginalidade, mas positivizada: um *dualismo exasperado*. Aqui a noção de "cultura da pobreza" fará seu outro caminho, já completamente independente de Lewis, convertendo-se em uma cultura radicalmente *outra*, portadora de valores autônomos capazes de oferecer uma alternativa global aos valores burgueses da civilização urbana ocidental. É o enfoque característico das teorias da "urbanização dependente", que buscou provar que os setores "marginais" eram uma expressão inextirpável das condições de dependência em que se desenvolve o capitalismo em nossos países, encarnando sua própria contradição interna, da qual poderia chegar a sair, por tanto, a sua superação. Para Aníbal Quijano, por exemplo, a "presença de elementos culturais de procedência rural" nas cidades latino-americanas estava levantando "uma alternativa cultural" frente à mais estendida "cultura urbana dependente" formada "com modelos e elementos procedentes das metrópolis externas dominantes" (Quijano, 1968, p. 7). A *barriada* se convertia, assim, na incrustação subversiva de uma alternativa político-cultural à ordem dominante no seu mesmo seio, a cidade; ou seja, por uma via curiosa encontramos a clássica ambiguidade das posições de Chicago frente à cidade, transfigurada agora em franca antipatia.

E ainda que tenham posições diversas em muitos sentidos, tais conclusões não eram demasiado diferentes das que obtinha Manuel Castells, que elaborou boa parte de suas hipóteses sobre a "questão urbana" na Santiago de Chile do começo dos anos 1970, com o plano de fundo de um dos episódios mais intensos de protagonismo político da demanda habitacional. Castells discute a noção de "marginalidade", porque os setores "marginais" do ponto de vista do mercado laboral e o mercado habitacional capitalistas, possuiam sem dúvida uma altíssima organização social (muito maior que o resto dos setores urbanos), oferecendo um modelo alternativo antagônico à *cultura urbana* estabelecida. E é importante lembrar aqui que no livro que o fez famoso, Castells dedicou uma parte importante de seu esforço teórico a desmontar as hipóteses chicaguianas do urbanismo "como forma de vida" e "a interpretação evolucionista da história humana implícita no contínuo folk-urbano" (Castells, 1974b, p. 99). Desde o estruturalismo althusseriano Castells discute a ideologia implícita na noção

---

segunda, a da superexploração, tem sido argumentada em termos consequentemente marxistas por Emilio Pradilla (1982). De todos modos, vale esclarecer que são apenas exemplos pontuais de debates muito estensos no campo do pensamento urbano do período.

de "cultura urbana", propondo-a como um mito tranquilizador para mascarar os conflitos estruturais que atravessam a sociedade de classes; e desde a teoria da dependência, assinalava que o principal destes conflitos nas cidades latino-americanas proporcionava a irredutibilidade daquele mundo "marginal" ao "setor moderno *integrado* sob o controle dos monopólios" e incentivado pelo canto das sereias da modernização e o progressismo urbano que propunha o Estado com suas reformas urbanas. Se a cidade latino-americana era um vínculo principal do sistema de dependência, expandindo por toda a nação as redes do "colonialismo interno", o ingresso desse conflito no seio do mundo urbano era completamente decisivo para produzir alinhamentos de classe que rompiam a ordem social imperante (Castells, 1973, p. 89).

Claro que agora no Chile lia-se de forma alinhada com Cuba, onde as políticas urbanas da Revolução, especialmente a radical descentralização de Havana (que como medida técnica integrava parte do repertório mais convencional da planificação desenvolvimentista, mas em Cuba ganhava um adicional político "antiurbano" pela visão da capital como síntese ideológica do regime deposto e último bastião social a ser conquistado por uma revolução que tinha vindo do campo), alimentavam a desconfiança nos efeitos conformistas da cidade. Como tinha escrito Horowitz em 1966, pelo caráter específico que a "dicotomia urbana-rural" assumia nas condições de dependência da América Latina, "a cidade se converte em área reformadora" – representação das necessidades e ambições da classe média" – e o campo "se torna a zona revolucionária [...] das soluções totais para os problemas totais" (Horowitz, 1966, p. 90). Este parecia ser, em definitivo, o papel dos "aldeões" na cidade: introduzir sua presença desestabilizadora ante a inviabilidade de uma cooptação reformista como a que tinham sofrido os setores trabalhistas tradicionais. E assim, depois de três décadas nas quais a "explosão urbana" tinha relativizado a centralidade da questão rural na cultural latino-americana, se assistia uma nova inversão, que restituía por completo a oposição campo/cidade.

É possível encontrar este tom antiurbano, bastante generalizado no final dos anos 1960, como expressão da crise de confiança na própria modernização; mas devemos destacar que não foi pouco discutido dentro do pensamento urbano de esquerda, como mostra a obra de Paul Singer (1975), seguramente um dos polemistas mais lúcidos entre os que enfrentaram a hipótese da teoria da dependência com instrumentos da economia urbana marxista. Francisco Sabatini (1977, p. 62) já destacou o modo como Singer relativizou a discussão sobre se os migrantes formavam ou não comunidades fechadas à sociedade urbana, explicando que isso não se dava em razão de algum caráter essencial da cultural "aldeã" na cidade, mas em função dos ciclos da economia urbana, que quando está em expansão oferece emprego e integração, e quando está em recessão obriga os grupos expulsos do mercado de trabalho a se organizar para a subsistência de forma "comunitária" e autossuficiente. Ou seja, o *monismo* ou o *marginalismo* seriam não o resultado dos marcos teórico-ideológicos de compreensão com que os estudiosos encaravam o problema, mas sim de momentos nos ciclos econômicos das cidades que mostravam caras aparentemente contraditórias de um mesmo fenômeno.

E seguindo um raciocínio análogo, que se apoiava em um exaustivo estado da questão sobre o tema no final da década de 1960, Richard Morse detectava um "dilema esmagador" para o pensamento urbano: "Expressando em termos mais crus, diremos que a coesão social de grupos urbanos 'marginais' reúne forças sob a adversidade e a hostilidade, e retrocede ante a tolerância e a benevolência". E é especialmente significativo para o nosso enfoque que, em uma nota ao pé dessa mesma frase, com seu habitual modo de contrariar os consensos estabelecidos, Morse ironize sobre o revisionismo sociológico que dominava entre seus contemporâneos e proponha um retorno a Chicago e às teorias gerais de mudança social: "As pesquisas realizadas entre as favelas e subúrbios latino-americanos estão saturadas com um canto de guerra contra os venerados modelos teóricos da sociedade urbana [mas o que provam] não é tanto o etnocentrismo de Maine, Durkheim ou Wirth, mas a ingenuidade da ciência social norte-americana contemporânea e sua incapacidade de tratar simultaneamente modelos generalizados e sistemas culturais. A 'cultura da pobreza' convida a mesma inversão malévola que praticou Marx com a 'filosofia da miséria' de Proudhon" (Morse, 1971, p. 43).

Por fim, talvez essa sensação de fim de um ciclo no pensamento social, manifestada ironicamente por Morse, possa explicar que em uma data tão tardia como 1974, Gino Germani tenha preparado para uma editora italiana uma antologia de textos sobre o tema, *Urbanizzazione e modernizzazione*, dando lugar de premência para o artigo que Redfield escreveu com Milton Singer, e que já tinha renegado umas mil vezes, "El papel cultural de las ciudades", e, mais ainda, tenha tentado realizar, em sua introdução ao volume, um esforço extraordinário de compatibilização das teorias clássicas com boa parte das novas aproximações, ainda em busca de uma teoria geral da modernização que fosse capaz de incorporar, sem distorcer, a experiência de urbanização latino-americana.

Mas podemos também perguntar – com um ânimo relativista análogo ao de Paul Singer – se a busca dos universais de Germani e seu reformismo empedernido não podem ser entendidos como impostos pela cidade a partir da qual se interrogava sobre a urbanização latino-americana, Buenos Aires, um dos casos de maior modernidade e integração do continente (o que não implica que Germani fosse otimista com relação ao tipo de sociedade que essa modernidade e integração tinham gerado, em absoluto).

Em todo caso – e este parece um razoável modo de terminar esse percurso já demasiado longo – o retorno em 1974 a essas velhas perguntas de matriz antropológica sobre a adaptação/aculturação em uma sociedade em transição, realizado por uma das figuras mais atentas aos desvios do pensamento social de seu tempo, mais que um simples anacronismo, talvez deva ser tomado com indício de que nos encontramos frente a um universo de questões e posições teóricas que seguiam – e seguem – abertas. Desde sua aparição como problema do pensamento social, as "aldeias" na cidade latino-americana passaram de "problemas" a "soluções", de "estigmas" a "alternativas" e vice-versa, mas sua presença cada vez mais característica e seus déficits, sempre tão agudos e massivos, ainda são desafios principais do pensamento e da política urbana, sobre os quais aquele debate antropológico talvez tenha ainda algo a dizer.

Bibliografia

Alteridades. Revista *Alteridades,* ano 4, n. 7, México, Universidad Autónoma Metropolitana – Iztapalapa. Número especial dedicado a Oscar Lewis, com artigos de Eduardo Nivón e Ana Rosa Mantecón, Mattew Guttman, Jorge Aceves Lozano e outros, 1994.

BALLENT, Anahi. "*Learning from Lima.* PREVI, Perú: habitar popular, vivienda masiva y debate arquitectónico". *Block. Revista de cultura de la arquitectura, la ciudad y el territorio,* n. 6, Buenos Aires, Universidad Torcuato Di Tella, 2004.

BLANCO, Alejandro. *Razón y modernidad. Gino Germani y la sociología en la Argentina.* Buenos Aires: Siglo XXI Editores, 2006.

BONDUKI, Nabil. "Otra mirada sobre la arquitectura brasileña: la producción de vivienda social (1930-1954)". *Block. Revista de cultura de la arquitectura, la ciudad y el territorio,* n. 4, Buenos Aires, Universidad Torcuato Di Tella, 1999.

CASTELLS, Manuel. "La urbanización dependiente en América Latina". In: SCHTEINGART, Martha (comp.). *Urbanización y dependencia en América Latina.* Buenos Aires: Ediciones Siap, 1973.

_______ (comp.). *Estructura de clases y política urbana en América Latina.* Buenos Aires: Ediciones Siap, 1974a.

_______. *La cuestión urbana* (París, 1972). Madrid: Siglo XXI Editores, 1974b.

COSTA PINTOS, Luiz. *O negro no Rio de Janeiro.* São Paulo: Companhia Editora Nacional, 1953.

CHÁVEZ, Roberto; VILORIA, J.; ZIPPERER, M. "Entrevista con John F. C. Turner". Washington, Banco Mundial. Disponívem em: <www.worldbank.org/urban/forum2002/docs/turner-tkd-spn.pdf.>, 2000.

FORNI, Floreal. "Aspectos sociales de la urbanización". In: HARDOY, Jorge E. e TOBAR, Carlos (dirs.). *La urbanización en América Latina.* Buenos Aires: Editorial del Instituto, 1969 [1966].

FUNES, Julio César (ed.). *La ciudad y la región para el desarrollo.* Caracas: Comisión de Administración Pública de Venezuela, 1972.

GERMANI, Gino. "Investigación sobre los efectos sociales de la urbanización en un área obrera del Gran Buenos Aires". In: HAUSER, Philip (ed.). *La urbanización en América Latina* (París, 1962). Buenos Aires: Solar /Hachette, 1967.

_______ (comp.). *Urbanizzazione e modernizzazione.* Bologna: Il Mulino, 1974 (publicado en castellano como *Urbanización, desarrollo y modernización.* Buenos Aires: Paidós, 1976).

GONZÁLEZ ORTIZ, Felipe e CONTRERAS, Tonatiuh Romero. "Robert Redfield y su influencia en la formación de científicos mexicanos". *Ciencia Ergo Sum,* vol. 6, n. 2, Toluca, Universidad Autónoma del Estado de México, 1999.

GORELIK, Adrián. "A produção da 'cidade latino-americana'". *Tempo Social. Revista de sociología da USP,* vol. 17, n. 1, São Paulo, Universidade de São Paulo, 2005a.

_______. *Das vanguardas à Brasília. Cultura urbana e arquitetura na America Latina.* Belo Horizonte: Editora UFMG, 2005b.

HANNERZ, Ulf. *Exploración de la ciudad* (Nova York, 1980). México: Fondo de Cultura Económica, 1986.

HAUSER, Philip (ed.). *La urbanización en América Latina* (Paris, 1962). Buenos Aires: Solar/Hachette, 1967.

HAUSER, Philip e SCHNORRE, Leo. *The Study of Urbanization*. Nova York/Londres/ Sidney: John Willey & Sons, 1965.

HOROWITZ, Irving Louis. "La política urbana en Latinoamérica". *Revista Mexicana de Sociología,* vol. 28, n. 1, Ciudad de México, 1966.

LAMPARELLI, Celso. "Louis-Joseph Lebret e a pesquisa urbano-regional no Brasil – Crônicas tardias ou história prematura". *Revista Espaço e Debates,* n. 37, São Paulo, 1994.

LEEDS, Anthony e LEEDS, Elizabeth. "El mito de la ruralidad urbana: experiencia urbana, trabajo y valores de los 'ranchos' de Río de Janeiro y Lima". In: FUNES, Julio César (ed.). *La ciudad y la región para el desarrollo.* Caracas: Comisión de Administración Pública de Venezuela, 1972.

LEWIS, Oscar. "Social and economic changes for a Mexican Village: Tepoztlán, 1926-1944". *América Indígena,* n. 4, México, 1944.

_______. *Life in a mexican Village: Tepoztlan Reestudied.* Urbana: University of Illinois Press, 1951 (traducción en español: *Tepoztlán, un pueblo de México.* México: Joaquín Moritz, 1960).

_______. "Urbanization without Breakdown: a Case Study". *The Scientific Monthly,* vol. 75, n. 1, 1952.

_______. *Five Families. Mexican Case Study in the Culture of Poverty.* Nova York: Basic Books, 1959a. (trad. en español: *Antropología de la pobreza. Cinco familias.* México: Fondo de Cultura Económica, 1961).

_______. "La cultura de la *vecindad* en la ciudad de México". Ponencia presentada en el Seminario sobre problemas de la urbanización en América Latina, Santiago de Chile, CEPAL, 1959b (versión mimeografiada).

_______. *Los hijos de Sánchez* (Nova York, 1961). México: Fondo de Cultura Económica, 1964.

_______. "Further observations on the folk-urban continuum and urbanization with special reference to Mexico City". In: HAUSER, Philip e SCHNORRE, Leo. *The Study of Urbanization*. Nova York/Londres/Sidney: John Willey & Sons, 1965.

LEWIS, Oscar; KAROL, K. S.; FUENTES, Carlos. "Diálogo sobre la cultura de la pobreza". *Cuadernos de la Sociedad Venezolana de Planificación,* n. 44, Caracas, 1967. (reproduzido em LEWIS, Oscar. *La cultura de la pobreza.* Barcelona: Anagrama, 1972).

MANGIN, William. "Latin American Squatter Settements: a problem and a solution". *Latin American Research Review*, n. 2, 1967.

_______. "Historia de un caso de urbanización en el Perú" (1963). *Cuadernos summa – nueva visión,* n. 29, Buenos Aires, 1969.

MARSAL, Juan. *Cambio social en América Latina. Crítica de algunas interpretaciones dominantes en las ciencias sociales* (Princeton, 1965). Buenos Aires: Solar/Hachette, 1967.

MARTÍN FRECHILLA, Juan José. *Diálogos reconstruidos para una historia de la Caracas moderna*. Caracas: Universidad Central de Venezuela, 2004.

MARTÍNEZ, Emilio. "Introducción". In: PARK, Robert. *La ciudad y otros ensayos de ecología urbana*. Barcelona: Ediciones del Serbal, 1999.

MATOS MAR, José. "Las barriadas limeñas: un caso de integración a la vida urbana". In: HAUSER, Philip (ed.). *La urbanización en América Latina* (Paris, 1962). Buenos Aires: Solar/Hachette, 1967.

MORSE, Richard. *La investigación urbana latinoamericana: tendencias y planteos*. Buenos Aires: Ediciones SIAP, 1971.

NISBET, Robert. *La formación del pensamiento sociológico* (Nova York, 1966). Buenos Aires: Amorrortu, 1996.

PANTOJAS-GARCÍA, Emilio. *Development Strategies as Ideology. Puerto Rico's Export – Led Industrialization Experience*. Boulder/Río Piedras: Lynne Rienner Publishers/ Editorial de la Universidad de Puerto Rico, 1990.

PARK, Robert. *La ciudad y otros ensayos de ecología urbana*. Barcelona: Ediciones del Serbal, 1999 (con selección y estudio introductorio de Emilio Martínez).

PARK, Robert; BURGESS, Ernst; McKENZIE, Roderick. *The City*. Chicago: University of Chicago Press, 1925.

PEARSE, Andrew. "Notas sobre a organização social de uma favela de Rio de Janeiro". *Educação e Ciencias Sociais*, ano III, n. 7, Rio de Janeiro, 1958.

_______. "Algunas características de la urbanización en Río de Janeiro". In: HAUSER, Philip (ed.). *La urbanización en América Latina* (Paris, 1962). Buenos Aires: Solar/ Hachette, 1967.

_______. *The Latin American Peasant*. Londres: Routledge, 1975.

PERLOFF, Harvey S. *Puerto Rico's Economic Future: a Study in Planned Development*. Chicago: The University of Chicago Press, 1950.

PICÓ, Rafael. *Puerto Rico: planificación y acción*. San Juan: Banco Gubernamental de Fomento para Puerto Rico, 1962.

PRADILLA, Emilio. "Autoconstrucción, explotación de la fuerza de trabajo y políticas del Estado en América Latina". In: PRADILLA, E. (comp.). *Ensayos sobre el problema de la vivienda en América Latina*. México,:Universidad Autónoma Metropolitana Unidad Xochimilco, 1982.

QUIJANO, Aníbal. "Urbanización y tendencias de cambio en la sociedad latinoamericana". Documento del Centro de Investigaciones en Desarrollo Urbano y Regional, Santiago de Chile, Pontificia Universidad Católica de Chile, 1968..

REDFIELD, Robert. *Tepoztlan, a Mexican Village*. Chicago: University of Chicago Press, 1930.

_______. *The Folk Culture of Yucatan*. Chicago: The University of Chicago Press, 1941.

_______. "The Folk Society". *The American Journal of Sociology*, vol. 52, n. 4, Chicago, The University of Chicago Press, 1947.

RIVERA PÁEZ, Jorge Alberto. *El CINVA: un modelo de cooperación técnica, 1951-1972.* Tesis de grado. Bogotá, Departamento de Historia, Facultad de Ciencias Humanas, Universidad Nacional de Colombia, 2002 (mimeo, 2 tomos).

SABATINI, Francisco. "La dimensión ambiental de la pobreza urbana en las teorías latinoamericanas de la marginalidad". *Eure. Revista Latinoamericana de Estudios Urbano Regionales*, vol. 8, n. 23, Santiago de Chile, CIDU, 1977.

SINGER, Paul. *Economia política da urbanização*. São Paulo: CEBRAP, 1975..

TURNER, John. "Dwelling resources in Latin America". In: *Architectural Design*, ano XXXIII, n. 8, Londres, 1963.

_______. *Housing by People*. Londres: Marion Boyard, 1976.

VALLADARES, Licia do Prado. "Études sur le logement au Brésil". *Cahiers du Brésil Contemporain*, n. 1, París, Maison dês Sciences de l'Homme, 1987..

_______. *A invenção da favela. Do mito de origem a favela.com.* Rio de Janeiro: Editora FGV, 2005.

WHITE, Morton e Lucía. *El intelectual contra la ciudad. De Thomas Jefferson a Frank Lloyd Wright* (Cambridge, 1962). Buenos Aires: Ediciones Infinito, 1967.

WILLIAMS, Raymond. "Las percepciones metropolitanas y la emergencia del Modernismo". In: *La política del modernismo. Contra los nuevos conformistas* (Londres, 1989). Buenos Aires: Manantial (compilación y estudio introductorio: Tony Pinkney), 1997.

WIRTH, Louis. "Urbanism as a Way of Life". *The American Journal of Sociology*, vol. 44, n. 1, Chicago, The University of Chicago Press, 1938.

Capitais latino-americanas e urbanistas estrangeiros (1920-1950)[1]

Arturo Almandoz

Consideração introdutória

Buscando respostas para algumas questões colocadas no eixo temático sobre deslocamentos e destinos, no marco do projeto "São Paulo: os estrangeiros e as cidades", este trabalho tenta esboçar, de modo panorâmico e comparativo, os contextos nos quais chegaram arquitetos e urbanistas estrangeiros – Forestier, Jaussely, Le Corbusier, Brunner e Rotival, entre outros – no período de formulação dos primeiros planejamentos urbanos e do surgimento do urbanismo institucional em cinco capitais latino-americanas: Buenos Aires, Cidade do México, Santiago do Chile e Caracas.[2] Sem pretensões exaustivas, nem propriamente comparativas, se busca considerar aspectos como marco institucional dos convites, a maturidade dos meios profissionais e as reações diante das propostas; sem entrar na análise delas, em alguns casos se coloca as concepções mais teóricas dos urbanistas visitantes, o que colabora com o tema de saberes e ideias profissionais que este projeto assume como um de seus núcleos. Dado o longo período considerado, que abarca a mudança do nascente urbanismo desde uma concepção academicista até um funcionalismo modernista, alguns dos visitantes aparecem não apenas em mais de uma cidade, mas também às vezes até com mais de uma posição ou enfoque dentro da mesma, na medida em que variaram bastante sua orientação técnica, ou amadureceram sua concepção sobre o caso em estudo.

Buenos Aires, entre academicista e corbusiano

Criada em abril de 1923 pela municipalidade de Buenos Aires e presidida pelo intendente Carlos Noel, seguido pelos arquitetos Carlos Morra e René Karman, assim

1 Tradução de Marília Chaves.

2 Embora o artigo tente dialogar com as questões do projeto, ele está ligado à linha de pesquisa sobre "Modernização urbana na América Latina, 1850-1950", desenvolvida pelo autor desde 1998. Por motivos de extensão, excluem-se os casos de Brunner e Le Corbusier em Bogotá, entre outros.

como pelo engenheiro Sebastia Ghigliazza, a Comissão de Estética e Edificação (CEE) convidou como assessor em 1924 Jean-Claude Nicholas Forestier (1861-1930). Consagrado pelo desenho do parque Maria Luisa, em Sevilha, assim como pelas intervenções nas colônias francesas na África e na Indochina – assim como outros membros do que Françoise Choay chamaria de École Française d'Urbanisme (EFU) (Choay, 1983, p. 253-4) – o paisagista defendeu, entre outros projetos, uma desconcentração de funções administrativas pela conurbação portenha, assim como um reforçado desenvolvimento ao longo do rio, com edificações e desenhos relacionados com os ideais do *City Beautiful* e do *Städtebau*. Parte das propostas de Forestier seria incluída no primeiro "Projeto Orgânico" de Buenos Aires, levado adiante a partir de 1925 pela CEE, embora não tenha contemplado suas demandas sobre a aproximação regional na metrópole em expansão (Berjman, 1998, p. 215-267).

Figura 1. Jean-Claude Nicholas Forestier no Jardín Botánico de Buenos Aires, nov. 1923; foto de Carlos León. Tomado de Berjman, 1998.

Patrocinado pela Associação de Amigos da Cidade (AAC), constituída na capital argentina em 1924, outro conhecido *urbaniste* da EFU com experiência colonial, Léon Jaussely (1875-1933), trouxe propostas um pouco mais modestas a Montevidéu e Buenos

Aires em 1926, quando o cofundador da Société Française d'Urbanistes (SFU) manifestou certa oposição à quadrícula colonial, pronunciando-se a favor de alguns princípios da cidade jardim com relação à expansão urbana (Gutiérrez, 2010, p. 64-66; Berjman, 1998, p. 267-271). Neste último sentido, e na mesma direção das demandas de Forestier, Jaussely defendeu a planificação regional para controlar o crescimento da metrópole rioplatense; era uma preocupação que deixaria plantada no urbanista argentino pioneiro, Carlos María della Paolera, que tinha sido seu aluno e que o contatara para sua visita enquanto estudava, entre 1922 e 1928, no Instituto de Urbanismo da Universidade de Paris. Ali Della Paolera desenvolveu, nessa mesma direção, seu doutorado sobre "Plano Regulador para a Aglomeração Bonaerense", que incluía não apenas a área urbana, mas também a conurbação regional, de acordo com o enfoque de Patrick Geddes, então muito em voga, embora seu clássico *Cities in Evolution* (1915) não tivesse sido traduzido nem para o francês nem para o espanhol (Randle, 1977, p. 12).

Figura 2. Léon Jaussely, foto de Arquitectura, Montevideo, ano XII, n. 107, out. 1926. Tomado de Berjman, 1998.

Apesar da reputação dos *urbanistes* da EFU nos meios acadêmicos, uma mensagem mais contundente de funcionalismo era esperada com o convite a Le Corbusier (1887-1965) para visitar Buenos Aires, como primeira parada de um inédito *tour* sul-americano que também incluiria Montevidéu, Rio de Janeiro e São Paulo. Promovido pelo brasileiro Paulo Prado, era um percurso que, de modo significativo, o membro dos Congrès Internationaux d'Architecture Moderne (CIAM) empreendia enquanto o segundo desses congressos acontecia em Frankfurt, em 1929, para mais tarde reportálo em um de suas obras clássicas: *Précisions sur un état présent de l'architecture et de l'urbanisme* (1930) (Pérez Oyarzun, 1991; Liernur e Pschepiurca, 1991).

Figura 3. Le Corbusier retratado por Di Cavalcanti, Paris, 1923. Coleção MAC, SP. Tomado de Nicolini, 1995.

A viagem evitava para Corbusier um novo confronto com a ala mais funcionalista, radical e esquerdista dos CIAM, representada pelos socialistas alemães e eventualmente pelos construtivistas soviéticos, para quem a arquitetura de Corbusier era estética demais, aburguesada, capitalista. Estes eram justamente os atributos pelos quais a elite portenha o convidara – incluindo figuras como Alfredo González Garraño e a escritora Victoria Ocampo, que viam no diretor do *L'Esprit Nouveau* o artista e o escritor.

Contudo, Le Corbusier não chegou no melhor momento para brilhar em Buenos Aires, entre outubro e novembro, considerando que na incessante vida cultural da metrópole austral estavam intelectuais do calibre de Waldo Frank, que não apenas obscureceu a cobertura da imprensa sobre o arquiteto suíço, como também a atenção que lhe dispensaram admiradoras como Ocampo. No meio mais técnico, a Sociedade Central de Arquitetos e seu órgão divulgador, a *Revista de Arquitetura*, ignoraram a presença do visitante, embora outros grupos profissionais da Universidade de Buenos Aires tenham acolhido-no. (Liernur e Pschepiurca, 2008, p. 64-65, 80-88).

Diferente de outros ilustres que o precederam, o convidado chegou criticando a situação, o que foi visto como um silogismo que reforçava seu papel messiânico para transformar Buenos Aires (Nicolini, 1995). Em vista de sua inexperiência para formular planejamentos urbanos, é provável que durante sua estadia na capital Le Corbusier tenha mudado sua ideia inicial de aplicar um *ready-made* como o da *Ville Contemporaine* pelo do *Plan Voisin* de 1922, que tinha tentado implementar "uma cidade de negócios em pleno coração da cidade", iniciativa progressista que tinha sido supostamente rechaçada pelo *establishment* acadêmico francês (Le Corbusier, 1930, p. 167, 172-174, 202; Liernur y Pschepiurca, 2008, p. 100-101).

Um veterano do mundo germânico foi também chamado para apadrinhar o nascente urbanismo argentino. Editor da revista *Der Städtebau* e autor do manual *The American Vitruvius* (1922), Werner Hegemann (1881-1936) foi convidado em 1931 a Buenos Aires pela Associação de Amigos da Cidade (AAC), um grupo de especialistas que não parecia estar satisfeito nem com as propostas academicistas da EFU, nem com planejamentos preconcebidos e fora de contexto de Le Corbusier; especialmente surpreendente tinha sido a tese concentradora de desenvolvimento urbano apresentada por este último em sua conferência na AAC, que contrastava com as aproximações de corte regionalista de Forestier e Jaussely (Collins, 1995, p. 210-219; Liernur e Pschepiurca, p. 94-95). Assim como no caso do primeiro, o responsável pelo convite a Hegemann tinha sido Della Paolera, familiarizado no Instituto de Urbanismo de Paris com as agendas do Museu Social e da SFU, ao mesmo tempo conhecedor do enfoque tanto científico quanto humanístico com que o mestre de Mannheim encarava a planificação, o qual tinha evidenciado uma larga prática profissional na Europa e América do Norte (Randle, 1977).

Figura 4. Werner Hegemann circa 1930.
Archivo Christiane Crasemann Collins.
Tomado de Tartarini, 1995.

Durante a estadia de quatro meses em Buenos Aires, Rosário e Mar del Plata, Hegemann buscou ser discreto com relação às propostas dos visitantes que o precederam, enquanto se concentrava nas particularidades das cidades e o meio argentino. Em sua primeira conferência, em 18 de setembro de 1931, criticou as densidades permitidas pelas regulações vigentes, que para ele seria uma das causas para a escassez de espaços públicos na capital. Neste sentido, seu treinamento como urbanista lhe permitiu calcular a saturação do Regulamento Edilício, que registrava a incrível magnitude de 30.700.000 habitantes, com uma densidade média de 1.615 habitantes por hectare. Para descongestionar o tecido urbano, o uso de um sistema de parques como elementos estruturadores – e não apenas paisagista – foi interpretado como tácita alusão, ao mesmo tempo que uma mudança com relação às propostas de Bouvard e Forestier. Diferente de Le Corbusier, a visão mais integral e veterana de Hegemann com relação a Grande Buenos Aires lhe permitiu recomendar sua inclusão em um único sistema administrativo, na mesma linha defendida por Della Paolera, ao mesmo tempo que pedia a substituição do Regulamento Edilício vigente e a criação de impostos para frear o desenvolvimento imobiliário especulativo (Tartarini, 1995, p. 58-59; Liernur e Pschepiurca, 2008, p. 158-160).

Não apenas Le Corbusier parece ter entendido a necessidade e contextualizar e respeitar o meio profissional local em sua segunda proposta para Buenos Aires – onde aconteceu o I Congresso Argentino de Urbanismo em 1935 – mas também a situação e o debate nacionais tinham mudado substancialmente, sobretudo depois da crise que sucedeu a quebra de 1929. Em meio a uma ideologia rural avivada pelos desequilíbrios territoriais e demográficos do país em ritmo de industrialização e urbanização, acentuou-se o debate sobre a macrocefalia portenha, cujos 2.425.000 habitantes representava um quinto da população nacional em finais dos anos 1930; de modo que a questão da cabeça de Golias – apresentada por Martínez Estrada em seu *Radiografía de la pampa* (1933) – deveria ser levada em conta na defesa e avaliação de todas as propostas de então. De fato, "com sua oposição ao crescimento indiscriminado" e sua adoção de instrumentos urbanísticos como o *zoning*, o Plano Diretor de Buenos Aires terminaria sendo debatido em "uma dialética conste entre o apelo à tradição e a proposta inovadora" (Liernur e Pschepiurca, 2008, p. 149-152, 201-202).

Preparado no atelier parisiense da rue de Sèvres, entre 1937 e 1938, com os arquitetos argentinos Juan Kurchan e Jorge Ferrari Hardoy, líderes do grupo Austral, o projeto recolheu algumas ideias surgidas na primeira viagem do professor a Buenos Aires, como os arranha-céus da cidade de negócios, instalados em uma ilha artificial no Rio de la Plata, a abertura de uma grande avenida na direção norte-sul, a construção de blocos de casas que permitiram liberar solo urbano e a aplicação de uma estrita zonificação nunca antes tentada na Argentina. Seguindo os preceitos funcionalistas e segregacionistas da carta de Atenas, assim como da *Ville Radieuse* – que substituída na segunda proposta do modelo do *Plan Voisin* da visita de 29 – a comparação com o corpo humano foi levada ao extremo, enquanto o sistema viário era estendido em analogia com o "sistema cardíaco" (Caride, 2002-4, p. 218).

Embora o Plano Diretor tenha sido contratado institucionalmente depois da chegada de Julio Rinaldini ao escritório do plano de Urbanização, criado em 1932, assim como depois de numerosas insistências de Le Corbusier com seus contatos argentinos – entre os quais estavam responsáveis pela visita de 29, como Garraño e Ocampo, que se afastaram daquele depois de sua aproximação com o regime de Vichy – pouco do plano terminou sendo levado a cabo (Liernur e Pschepiurca, 2008, p. 180, 185). Apesar disso, junto com a construção do aeroporto de Ezeiza (1944-49) – em consonância com os objetivos comunicacionais do desenvolvimentismo e do funcionalismo – a comissão desse Plano Diretor, apresentado em 1940, ficaria como uma das grandes operações do peronismo em Buenos Aires, servindo de insumo para sua definição regional.

Brunner em Santiago

Convidado pelo primeiro governo ditatorial de Carlos Ibáñez (1927-31), no marco do assim chamado "Chile novo" – com política progressistas de obras públicas, crédito industrial e agrário, acompanhadas de programas de "desburocratização" e da criação de instituições como o Banco Central e a Controladoria Geral da República –, a prolongada estadia de Karl Brunner (1887-1960) em Santiago o consolidou como o mais notável representante na América Latina de um *Städtebau*, ou arte urbana racionalista e contextual, que alguns setores profissionais buscavam depois do esteticismo sitteano (Hofer, 2003, p. 105-115). Assim como Hegemann, essa concepção entre cultural e técnica, artística e humanística, que Brunner teve da nascente disciplina enquanto "ciência", em superação de sua fase monumentalista, junto com a concepção mais ligada à engenharia que sucedeu, foi resumida pelo urbanista austríaco em uma de suas conferências na Universidade do Chile:

> O Urbanismo atual considera em primeiro plano o aspecto cultural e de higiene social de sua missão relacionada com os problemas político-econômicos; em seguida, o aspecto técnico-engenheiro dos problemas e das necessidades que cria; e, em terceiro lugar, o aspecto artístico-estético, que se esmera em criar um conjunto harmônico no quadro da cidade (Brunner, 1930, p. 12).

Figura 5. Karl Brunner en ruta a Santiago, 1929. Tomado de Hofer, 2003.

A concepção científica do urbanismo não era incompatível com o forte componente artístico do *Städtebau*, cuja tradição alimentava Brunner, tal como se evidenciou em seu planejamento para Santiago de 1933. Em vista da suposta falta de marcos urbanos capitalinos, o plano se propunha a "arquiteturizar" o tecido e configurar novos centros e eixos, enquanto os espaços abertos ganharam importância para dar forma à emergente estrutura metropolitana que beirava os 700.000 habitantes; tal propósito parecia ilustrar outro desejo do mestre, manifestado ao inaugurar em 1930 o seminário de Urbanismo na Universidade do Chile: "O urbanismo deve fazer de cada povo ou cidade expoente da cultura e civilização de seus moradores, uma verdadeira obra de arte, conferindo-lhe uma estrutura arquitetônica" (Brunner, 1930a, p. 901). Essa demanda parecia se concretizar na Santiago do Chile em que trabalhava Brunner, que além de produzir "a impressão de centro social e cultural do Ocidente", era reconhecida no planejamento como uma capital que tinha conseguido materializar avanços em infraestrutura, tão fundamentais para a concepção urbanística do mestre (Brunner, 1932, p. 7-9).

Com a criação do Instituto de Urbanismo e a promulgação de uma Lei Geral de Construções e Urbanizações de 1929, assim como a celebração do primeiro congresso de Arquitetura e Urbanismo em 1934, o Chile que então visitava Brunner – onde seu plano foi aprovado em 1939 e sua cátedra de Urbanismo continuada – se destacava junto com o México como uma das plataformas mais sólidas de urbanismo latino-americano.

O México de Meyer

Desde antes do urbanismo academicista, o racionalismo de esquerda de Hannes Meyer (1889-1954) interagiu no México durante dos dez anos em que ali esteve o antigo diretor da Bauhaus, depois de outra prolongada experiência na União Soviética de Stalin. Há que se recordar neste sentido que, durante a década de 1930, o funcionalismo esteve marcado no meio arquitetônico mexicano a serviço dos objetivos e da ideologia da Revolução, pela defesa de princípios modernos socialmente orientados (Arias Montes, 2001). Materializado principalmente nas escolas e edificações oficiais promovidas por Narciso Bassols desde a secretaria de Educação Pública, o assim chamado "funcionalismo socialista" liderado por Juan O'Gorman e Juan Legarreta, Álvaro Aburto e José Villagrán García, permaneceu durante aquela década mais próximo aos princípios da Bauhaus que aos de Le Corbusier; em embargo, já para os anos 1940, sob a liderança de Villagrán e diante de novas figuras como Luis Barragán, a influência corbusiana se acentuou, sobretudo na arquitetura residencial (Tomas, 1993, p. 79-83). No campo do urbanismo, a presença da CIAM tinha sido vista com reserva por pioneiros como Carlos Contreras, mais ligados aos International Housing and Town Planning Congresses (IHTPC), cujo décimo sexto se reuniu na Cidade do México em 1938, defendendo "a desconcentração urbana e densidades mais baixas que nas soluções à Le Corbusier" (Contreras citado em Sánchez Ruiz, 2008, p. 265-266).

Figura 6. Hannes Meyer.
Tomado de http://personales.unican.es.

Os projetos de moradia de interesse social e instituições públicas dos que Meyer participou ajudaram não apenas na mudança para uma arquitetura mais vernácula e regionalista que já vinha em curso durante do regime de Lázaro Cárdenas (1934-40), como também na radicalidade ideológica do meio profissional, levando à criação da União de Arquitetos Socialistas em 1938. Como convidado ao já mencionado XVI Congresso Internacional de Planificação e Moradia, celebrado na capital mexicana naquele mesmo ano, a chegada de Meyer foi vista ainda assim como uma defesa do projeto – movido por José Luis Cuevas e Enrique Yánez, militantes também do "funcionalismo socialista" – de uma Escola Superior de Desenvolvimento e Urbanismo dentro do Instituto Politécnico Nacional (IPN), cuja liderança foi dada ao antigo diretor da Bauhaus; a experiência soviética deste estava convidada a ajudar na articulação do que o urbanismo mexicano buscava com as emergentes categorias de região e planificação (Tomas, 1993, p. 80-81).

A influência de Meyer diminuiu depois da presidência de Cárdenas, enquanto os "arquitetos socialistas" perdiam força e se dispersavam, dando espaço a um modernismo internacional de corte corbusiano, cujos primeiros arranha-céus e conjuntos habitacionais estiveram a cargo de uma nova geração liderada por Mario Pani, Enrique del Moral e Juan Sordo Madaleno; este modernismo fez frequente uso do *zoning* para romper a trama urbana e desembocaria, já no final da presidência progressista de Miguel Alemán (1946-52), em projetos como o da Cidade

Universitária, coordenado por Pani, Del Moral e Carlos Lazo, obra ícone de um modernismo mexicano que reinterpretou a iconografia nativa com uma nova ressonância internacional (Ochoa, 1993, p. 91-92).

Caracas entre o primeiro e o segundo Rotival

Um defasado exemplo do ecletismo da EFU na América Latina pode ser visto no primeiro planejamento de Caracas (1939), elaborado pela Direção de Urbanismo do Distrito Federal capitalino, onde a equipe crioula de especialistas, incluindo Leopoldo Martínez Olavarría e Carlos Raúl Villanueva, tinha sido apoiada, desde a criação em 1937, pelo escritório parisiense de Henri Prost (1874-1959). Projetos nas colônias francesas e Turquia impossibilitaram a visita do famoso urbanista, cujos parceiros mais novatos, Jacques Lambert (1891-s/d) e Maurice Rotival (1892-1980), foram enviados a coordenar o planejamento da modesta capital de 200.000 habitantes que despertava à democracia, em meio à bonança petroleira, depois da longa ditadura de Juan Vicente Gómez (1908-35) (Almandoz, 2006, p. 317-321).

Figura 7. Maurice Rotival, circa 1940.
Tomado de Martínez Olavarría, 1983.

Não era difícil para o renomado Rotival assumir seu papel como embaixador da prestigiosa missão em Caracas. "Você não entende!", costumava exclamar em tom de reprimenda aos membros jovens da equipe venezuelana, de acordo com as memórias que estes conservavam de seus primeiros encontros com os enviados franceses. No entanto, pelo menos Martínez Olavarría não pareceu ressentir os termos desiguais de sua relação com Rotival; "Ele exercia de verdade a direção da elaboração do plano e sua opinião era a definitiva: não em vão ele era o professor e nós uns discípulos novatos" (Martínez *et al*, 1983, p. 63). O veterano ganhou o respeito da equipe com seu novo marco metodológico, que combina ingredientes tanto evolucionistas quanto filosóficos do urbanismo francês, com a análise funcional do moderno planejamento urbano.

Esta abordagem parece ter sido uma revelação urbanística para a equipe local: "Quando chega Rotival à Venezuela, aqui ninguém sabia o significado da palavra 'urbanismo'", é como os membros da DU viram em retrospectiva a impressionante metodologia francesa. Martínez Olavarría confirmou que apesar de seu incipiente interesse na nova disciplina – alimentado por seu conhecimento do manual de Brunner – os técnicos crioulos até então tinham praticado um mero urbanismo arquitetural; foi a partir da chegada de Rotival que esse enfoque fragmentário seria abordado desde uma nova visão "macrocósmica" ou global de toda a cidade, enfoque que com frequência dependia da intuição do urbanista gaulês (Martínez *et al*, 1983, p. 57, 64).

Entre múltiplas referências a Paris, o exemplo da capital de Haussmann foi utilizado para resolver o grande dilema que enfrentava o também chamado Plano Monumental de Caracas com relação à renovação ou extensão urbana do centro. Aprendendo as lições haussmannianas, o plano optou por uma espécie de renovação urbana deste último, ao mesmo tempo que se prolongaram as atividades comerciais e administrativas até o leste da cidade. Dava-se prioridade também à execução de obras monumentais, lideradas pela avenida Central de 30 metros de largura, dividida em diagonais nos dois extremos. Coroadas por um santuário dedicado ao Libertador Simón Bolívar a oeste, os novos edifícios públicos reforçariam o caráter monumental ao longo da avenida (GDF, 1939, p. 32). Assim como Rotival representava os ingredientes academicistas da EFU, fazendo finalmente possível – depois de não ter tido uma significativa transformação novecentista, como outras capitais latino-americanas – a extemporânea chegada da cirurgia haussmanniana a Caracas, a avenida Central coroava o monumentalismo ao estio de Champs-Élysées e Unter den Linden, como estabelecia o mesmo plano; se conjugava com ela o desenvolvimento metropolitano até o leste desde meados da década de 1940, quando uma variante foi construída como avenida Bolívar (GDF, 1939, p. 31).

Chegados desde o final dos anos 1940 na Venezuela, mas sobretudo na progressista ditadura de Marcos Pérez Jiménez (1952-58), o *planning* emergente foi preconizado por José Luis Sert (1902-83), pelos planificadores norte-americanos Robert Moses (1888-1981) e Francis Violich (1911-2005), assim como novamente por Rotival (**figura 8**). Eles assessoraram os projetos habitacionais do Banco Obrero (BO), com destaque para os superblocos de 2 de dezembro – depois chamados de 23 de janeiro – junto à Comissão Nacional de Urbanismo (CNU), criada em 1946, que elaboraria "planos reguladores" para várias cidades venezuelanas encabeçadas por Caracas, que já superava os 600.000 habitantes. Além do ênfase que Violich dava sobre a utilidade do *zoning* como instrumento chave de setorização e controle urbanístico, uma nova e concentrada versão da *neighbourhood unit* que tinha sido proposta pelo urbanista norte-americano Clarence Perry (1872-1944) foi levada às cidades venezuelanas por membros e consultores da CNU, especialmente por Sert (Almandoz, 1993, p. 62-67).

Figura 8. Maurice Rotival (de espaldas, segundo desde la izquierda) con colaboradores en Caracas, 1958. Tomado de AUTORES VÁRIOS. *El Plan Rotival. La Caracas que no fue*. Caracas: Instituto de Urbanismo, Universidad Central de Venezuela (UCV), 1990.

O segundo Rotival apareceu diante de seus antigos aprendizes venezuelanos com ares norte-americanos. Trabalhando então na Universidade de Yale, o planificador chegou com notória preocupação pela região, um âmbito que o Rotival do Plano Monumental de Caracas não parecia ter prestado tanta atenção. O urbanista da pós-guerra também pedia consideração para os aspectos financeiros dentro da metodologia de planificação; utilizando uma distinção que formularia com precisão anos depois, se poderia dizer que o antigo *urbaniste* agora desejava ser considerado como *planificateur*, a nova "mão direita" dos estadistas norte-americanos (Rotival, 1956, p. 13; 1964, p. 42, 45). De acordo com sua experiência norte-americana, o segundo Rotival considerou que o chamado arquiteto-urbanista era um híbrido que podia ser até perigoso em termos de planificação, "porque o urbanista se preocupou até agora com a composição arquitetônica, mas de fato tem ignorado a planificação", toda uma mudança epistemológica se evidenciava entre o primeiro e o segundo Rotival em Caracas (Violich, 1975).

Algumas conclusões

Embora profissionais dos meios locais – de Contreras no México a Della Paolera na Argentina – contassem com a formação e expertise suficientes para lidar com as crescentes tarefas do urbanismo emergente nas capitais latino-americanas desde os anos 1920, observou-se a tendência, em uma América Latina em ritmo de urbanização e modernização, de convidar urbanistas estrangeiros famosos, seja por razões políticas, de prestígio ou contatos pessoais. Os visitantes representaram correntes internacionais diversas que coloriram a modernidade urbanística latino-americana, ajudando a consolidar meios profissionais e acadêmicos: Forestier, Jaussely e Rotival prolongaram as formas academicistas da EFU, enquanto Le Corbusier, Hegemann e Brunner representaram tendências mais vanguardistas ou racionais.

Apesar que a existência de propostas demonstrava uma prévia noção de urbanismo nestes meios locais, a interação dos enviados estrangeiros com os técnicos crioulos tende a ser considerada como partida do nascimento do urbanismo profissional nos contextos nos quais participaram. Ao mesmo tempo, para esses paisagistas ou urbanistas cujas carreiras estavam internacionalizando-se, a estadia mais ou menos breve nas capitais latino-americanas representou um capítulo de maior projeção que aquilo que terminaram fazendo em seus próprios meios profissionais da Europa ou América do Norte.

Embora anunciada com a primeira visita corbusiana de 1929, uma concepção multisetorial e funcionalista da disciplina se consolidaria depois da Segunda Guerra Mundial, quando o modernismo dos CIAM proporcionaria o substrato teórico e prático para a trajetória do urbanismo à planificação, novamente sob a égide de ilustres estrangeiros: Le Corbusier em Buenos Aires e Bogotá, Meyer no México, o segundo Rotival em Caracas, entre outros que formavam parte de uma comunidade internacional de consultores. Assim como no caso de seus antecessores, tais visitantes não foram estritamente necessários do ponto de vista profissional, embora seja inegável que também ajudaram a consolidar a incipiente plataforma de planificação, sobretudo em sua trajetória da escala regional à nacional. Novamente, essas experiências contratadas no apogeu do desenvolvimentismo e modernismo da América Latina não apenas engrossaram como também realçaram, talvez mais do que outros contextos, os portfólios e as credenciais dos ilustres estrangeiros.

Bibliografia

ALMANDOZ, Arturo. *Urbanismo europeo en Caracas (1870-1940)* (1997). Caracas: Equinoccio, Fundación para la Cultura Urbana, 2006.

_______. "Notas conceptuales sobre la evolución del urbanismo en Venezuela". *Analys-art,* Caracas, n. 5, p. 53-78, 1993.

ARIAS MONTES, J. Víctor. "El programa funcionalista". In: AA. VV. *Pláticas sobre arquitectura. México, 1933.* México: Universidad Nacional Autónoma de México (UNAM)/Universidad Autónoma Metropolitana-Azcapotzalco, p. 21-25, 2001.

BERJMAN, Sonia. *Plazas y parques de Buenos Aires: la obra de los paisajistas franceses. André, Courtois, Thays, Bouvard, Forestier, 1860-1930.* Buenos Aires: Gobierno de la Ciudad de Buenos Aires, Fondo de Cultura Económica, 1998.

BRUNNER, Karl. *Santiago de Chile. Su estado actual y su futura transformación.* Santiago: Imprenta La Tracción, 1932..

_______. "Problemas actuales de urbanización", *Anales de la Universidad de Chile,* VIII (1), p. 11-40, 1930.

_______. "Conceptos urbanísticos de Santiago". Conferencia inaugural do Seminario de Urbanismo, Universidad de Chile, 6 de mayo de 1930. *Anales de la Universidad de Chile*, VIII (2), p. 873-906, 1930a.

CARIDE, Horacio. "La ciudad representada. Metáforas, analogías y figuraciones en el urbanismo de Buenos Aires". *Anales del Instituto de Arte Americano e Investigaciones Estéticas "Mario J. Buschiazzo"*, 37-38, p. 211-253, 2002-4.

CHOAY, Françoise. "Pensées sur la ville, arts de la ville". In: AGULHON, Maurice (ed.). *Histoire de la France urbaine. La ville de l'âge industriel. Le cycle haussmannien.* Paris: Seuil, vol. IV, p. 158-271, 1983.

COLLINS, Christiane. "Urban Interchange in the Southern Cone: Le Corbusier (1929) and Werner Hegemann (1931) in Argentina". *Journal of the Society of Architectural Historians*, 54 (2), p. 208-227, 1995.

Gobernación del Distrito Federal (GDF). "Plan monumental de Caracas". *Revista del Concejo Municipal del Distrito Federal*, 1, p. 17 e ss., 1939.

GUTIÉRREZ, Ramón. "Buenos Aires, a Great European City". In: ALMANDOZ, Arturo (ed.). *Planning Latin America's Capital Cities, 1850-1950* (2002). Londres/ Nova York: Routledge, p. 45-74, 2010.

HOFER, Andreas. *Karl Brunner y el urbanismo europeo en América Latina*. Bogotá: El Áncora Editores/Corporación La Candelaria, 2003..

LE CORBUSIER. *Précisions sur un état présent de l'architecture et de l'urbanisme*. París: Les Éditions G. Crès & Cie, 1930.

LIERNUR, Francisco Liernur e PSCHEPIURCA, Pablo. *La red austral. Obras y proyectos de Le Corbusier y sus discípulos en la Argentina (1924-1965)*. Buenos Aires: Universidad Nacional de Quilmes/Prometeo 3010, 2008.

_______. "Le Corbusier y el plan de Buenos Aires". In: PÉREZ OYARZUN, Fernando (ed.). *Le Corbusier y Sudamérica, viajes y proyectos*. Santiago de Chile: Escuela de Arquitectura, Pontificia Universidad Católica de Chile, p. 15-41, 1991.

MARTÍNEZ OLAVARRÍA, Leopoldo *et al.* "Maurice Rotival". *Punto*, 65, p. 56-66, 1983.

NICOLINI, Alberto. "Le Corbusier: Utopía y Buenos Aires". *DANA. Documentos de Arquitectura Nacional y Americana*, 37/38, p. 106-113, 1995.

OCHOA VEGA, Alejandro. "México. Formas arquitectónicas y ciudad". In: CORTÉS, José Luis (coord.). *París-México. La primera modernidad arquitectónica.* México: Instituto Francés de América Latina (IFAL), Colegio de Arquitectos de México, Sociedad de Arquitectos Mexicanos (CAM-SAM), Universidad Autónoma Metropolitana-Xochimilco (UAM-X), p. 89-92, 1993.

PÉREZ OYARZUN, Fernando. "Le Corbusier y Sudamérica en el viaje del 29". In: PÉREZ OYARZUN, Fernando (ed.). *Le Corbusier y Sudamérica, viajes y proyectos.* Santiago de Chile: Escuela de Arquitectura, Pontificia Universidad Católica de Chile, p. 56-71, 1991.

RANDLE, Patricio. "Introducción". In: DELLA PAOLERA, Carlos María. *Buenos Aires y sus problemas urbanos* (sel. P. H. Randle). Buenos Aires: Oikos, p. 11-20, 1977.

ROTIVAL, Maurice. "Planification et Urbanisme". *Urbanisme*, 82-83, p. 42-45, 1964.

_______. "La planificación: doctrina y método de trabajo". *Revista del Colegio de Ingenieros de Venezuela*, 249, p. 13-21, 1956.

SÁNCHEZ RUIZ, Gerardo. *Planeación moderna de ciudades.* México: Trillas, 2008.

TARTARINI, Jorge. "La visita de Werner Hegemann a la Argentina en 1931". *DANA. Documentos de Arquitectura Nacional y Americana*, 37/38, p. 54-63, 1995.

TOMAS, François. "México. 1920-1949: la primera modernidad arquitectónica". In: CORTÉS, José Luis (coord.). *París-México. La primera modernidad arquitectónica.* México: Instituto Francés de América Latina (IFAL), Colegio de Arquitectos de México, Sociedad de Arquitectos Mexicanos (CAM-SAM), Universidad Autónoma Metropolitana-Xochimilco (UAM-X), p. 61-88, 1993.

VIOLICH, Francis. "Caracas: Focus of the New Venezuela". In: WENTWORTH, H. (ed.). *World Capitals. Toward Guided Urbanization.* Nova York: Anchor Press, Doubleday, p. 246-292, 1975.

A presença norte-americana e a transformação de São Paulo no pós-guerra[1]

Maria Cristina da Silva Leme

Introdução

No Palacete Prates, em frente à Praça do Patriarca, prédio alugado pela Câmara Municipal de São Paulo, ocorria, em 15 de maio de 1950, a 280ª sessão da nova legislatura.[2] Voltava-se a discutir a proposta do vereador João Fairbanks de constituir uma Comissão para prevenir o congestionamento de trânsito e acidentes no Município. Apesar da proposta ter recebido parecer favorável de diferentes Comissões da Câmara, o comentário do vereador Toledo Piza desclassifica a possibilidade de atuação dos vereadores no campo do urbanismo. Ele observa que apesar de ter sido criada a Comissão de Planejamento da Cidade, ainda não estava em funcionamento e "todos são acordes em afirmar que esta Comissão tem sido inútil nos destinos urbanísticos desta Capital".

Um mês depois, em sessão extraordinária, a Câmara aprova[3] a contratação de estudos, recorrendo se necessário a contratação de técnicos estranhos aos quadros do funcionalismo municipal. Na mensagem que justifica o projeto afirmava-se que o "crédito destina-se a realização de estudos técnicos sobre planejamento geral do Município tais como organização de cadastro, saneamento, tráfego e abertura de novas

1 A pesquisa aos arquivos em Nova York foi realizada em dois momentos com o apoio da Fapesp e do CNPq. Iniciada em 1997 e retomada em 2008, como *visiting scholar*, com o professor Thomas Bender, a quem agradeço os comentários e sugestões de pesquisa, no Departamento de História da New York University.

2 A Câmara estivera fechada desde o golpe que instaurou o Estado Novo. A Assembleia Constituinte promulga a Constituição de 1946 e no ano seguinte realizam-se eleições. No dia 1º de janeiro de 1948, quarenta e cinco vereadores tomam posse constituindo-se a Primeira Legislatura, de 1948 a 1951.

3 Projeto de lei 278/50 do executivo autorizando a Prefeitura "a despender até a importância de Cr$ 2.000.000,00 (dois milhões de cruzeiros) para promover estudos técnicos referentes ao planejamento geral do Município, recorrendo, se necessário, à colaboração de técnicos estranhos ao quadro de funcionalismo municipal; e a abertura na Secretaria de Finanças de um crédito especial que será coberto pelo saldo disponível apurado no exercício de 1949".

vias" A Comissão de Urbanismo da Camara presidida por Henrique Dumont Villares manifesta o parecer positivo na mesma sessão.[4]

O julgamento sobre a competência é estendido ao Departamento de Urbanismo da Prefeitura de São Paulo. Tratavam-se de questões da esfera de atribuições da Secretaria de Obras, através do Departamento de Urbanismo, porém como argumentavam os vereadores, a complexidade e amplitude dos problemas, justificaria "a contratação de técnicos estrangeiros especializados que poderão trazer sua grande experiência na solução dada a casos análogos, em cidades de maior população que São Paulo e onde tais problemas se apresentaram de forma acentuada" Abria-se desta forma a oportunidade para a contratação de uma equipe externa a Prefeitura para elaborar um plano para São Paulo.

Em 14 de julho de 1950 é firmado o contrato[5] entre a prefeitura de São Paulo, representada pelo prefeito Lineu Prestes, e o IBEC (International Basic Economy Corporation), para a elaboração do Programa de Melhoramentos Públicos para a cidade de São Paulo (Moses, 1950).

O fato de ter sido coordenado por Robert Moses, urbanista com importante atuação em Nova York, obscureceu uma característica do plano realizado para São Paulo – a contratação do IBEC Tech, de propriedade de Nelson Rockefeller, empresa de consultoria técnica para a formulação de estudos de viabilidade técnica e financeira.

Este trabalho procura situar o Programa no contexto político e econômico do período após segunda guerra, entre as atividades desenvolvidas por Nelson Rockefeller na America Latina e no Brasil.

O Programa de Melhoramentos foi o primeiro plano elaborado por uma equipe de urbanistas estrangeiros para a cidade de São Paulo. Sob o ponto de vista urbanístico, o Programa pode ser considerado em uma linha de continuidade com o Estudo de um Plano de Avenidas para São Paulo, elaborado pelo engenheiro Francisco Prestes Maia em 1930, ao enfatizar também o transporte sobre pneus. Dois aspectos do Programa coordenado por Moses parecem ter tido um impacto importante e permanente no desenvolvimento da cidade e no meio urbanístico local: a proposta de um sistema de vias expressas e a afirmação da prioridade ao sistema de transporte coletivo por onibus.

---

4 Parecer favorável, n. 27-50 pela Comissão de Urbanismo, presidida por Henrique Dumont Villares e composta por José Diniz, Ângelo Bortolo e Pedro António Fanganiello.

5 Cf. Translation of contract inscribed in the books of 17th Notary Public of Sao Paulo. Contract for the engaging of technical services. Folder IBEC Technical Services, box 5, RG 13 Public Relations, Rockefeller Family Archives, RAC.

Duas questões abordadas no Programa de Melhoramentos – a indicação de compra de ônibus para suprir o transporte coletivo da cidade e a proposta de formação de uma corporação com a participação da *São Paulo Tramway Light and Power* para urbanizar as terras ao longo do canal do Rio Pinheiros – revelam que não se tratava apenas de um plano urbanístico, mas que abria a possibilidade de um campo de negócios entre as empresas estrangeiras e a municipalidade.

Figura 1. A cidade de São Paulo, skyline em 1945. No centro da fotografia o Vale do Anhangabaú e os edifícios da área central. Fonte: São Paulo, Prefeitura Municipal de São Paulo. "Os melhoramentos de São Paulo", São Paulo, 1945, 42.

IBEC : origem e forma de atuação

Segundo Broehl (1968), percebe-se o envolvimento maior da família Rockefeller com as questões políticas e econômicas dos países latino-americanos após a viagem de Nelson Rockefeller à Venezuela. Em abril de 1937, ele visita a empresa Creole Petroleum Corporation, de propriedade da família e ao retornar advoga a necessidade dos empresários americanos assumirem novos papéis econômicos e responsabilidades sociais nos países subdesenvolvidos. No período da segunda Guerra, como continuidade desta atuação na América Latina, Nelson ingressa no serviço público em 1940, como coordenador do *Inter-American Affairs* junto ao Departamento de Estado. Quatro anos depois é nomeado *Assistant Secretary of State for Latin America,* ajudando a formular e implementar a política do governo do presidente Franklin D. Roosevelt para os países da América Latina.

Ao final da guerra, há uma passagem da atividade do campo público para o campo privado. Nelson Rockefeller funda, em 1945, a *American International Association for Economic and Social Development* (AIA), empresa sem fins lucrativos, formada por capitais americanos e latino-americanos. Quando fica evidente que os objetivos filantrópicos e comerciais estavam entrando em conflito é decidida a criação, em 1947, de uma nova organização, *International Basic Economy Corporation,* (IBEC) esta sim com fins lucrativos. Em duas décadas[6] são fundadas duzentas empresas em trinta e três diferentes países. Na América do Sul, ele inicia as atividades no Brasil e na Venezuela.

Os aspectos éticos da atuação destas empresas no exterior foi objeto de discussão em uma conferência em Bogotá na Colômbia com a participação do *US Department of Commerce.* O relatório do Secretário do *Treasury Department* mostrara a preocupação do governo com os aspectos envolvidos na assistência técnica para operações de financiamento das instituições financeiras baseadas em Washington, como o *Export Import Bank* e o *International Bank.* A questão principal se referia ao conflito ético entre prover assistência técnica em conexão com a solicitação de empréstimos. Face a estas restrições, o grupo Rockefeller forma uma nova empresa – a *IBEC Technical Service Corporation* –, especializada em prover assistencia técnica para os países da América Latina para preparar os pedidos de financiamento.[7]

A continuidade das atividades do IBEC revela o interesse que o Brasil representa como mercado potencial para empresas americanas. Este mercado segundo os negócios intermediados[8] são bastante dirigidos e inovadores: no setor de implementos agrícolas na produção de sementes, de adubos e máquinas; no setor agro industrial na produção de café solúvel e leite em pó; no setor financeiro pela criação de fundos mútuos e no setor de abastecimento pela organização do comércio varejista com a implantação de supermercados.

6 O livro de Broehl aborda as atividades do IBEC até 1967, porém nos arquivos da Rockefeller Archive Center foram encontradas informações de funcionamento do IBEC até 1974.

7 O memorando de Rafael Oreamino para Nelson Rockefeller relata o trabalho que desenvolve em Washington para "fazer nossa Corporação conhecida como um meio a disposição para realizar trabalhos técnicos em outros países." *Conversations in Washington regarding technical services.* 12 de janeiro de 1949. Collection Rockefeller Family, RG 4 NAR Personal Series, AIA IBEC Box 5, IBEC Tehnical Services Corporation, 1942-1953.

8 Conforme memorando de Kenneth Kadow, no Rio de Janeiro, para Morrison Tucker. IBEC Nova York, 24 abril de 1947, Folder IBEC Brazil Progress, 1947, box 12, AIA IBEC series, RG 4 NAR Personal, Rockefeller Family Archives, RAC.

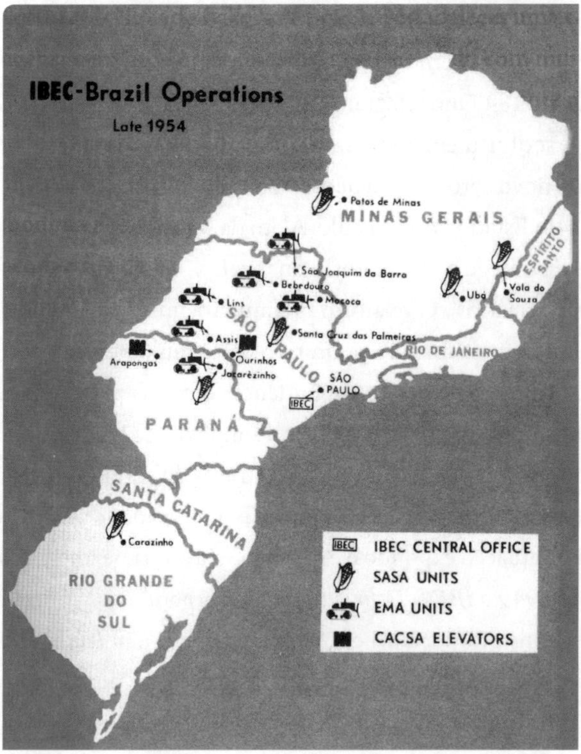

Figura 2. A atuação do IBEC no Brasil em 1954. Fonte: Broehl, Wayne G. "United States Business Performance Abroad: the case study of International Basic Economy Corporation". *National Planning Association*, 1968, 49.

IBEC Tech em São Paulo. A atuação do escritório de assistência técnica de Nelson Rockefeller

Em novembro de 1946, Nelson Rockefeller faz visitas e contatos[9] no Rio de Janeiro e em São Paulo. A cuidadosa preparação destas visitas incluía os nomes de uma extensa lista de personalidades. Encabeçavam a lista os ministros da Justiça, de Finanças, da Guerra, Agricultura, Comunicação, Marinha e Trabalho do Governo de Gaspar Dutra[10] mas também banqueiros, industriais, políticos, arquitetos, artistas plásticos. Aos nomes

9 A correspondência com Ari Torres em Outubro de 1947 mostra os contatos para a realização de estudos técnicos para obras do governo de Gaspar Dutra. Collection NAR RG III4B, Sub series IBEC Technical Service Inc., 1947, Box 13, Folder 129.

10 Sobre os ministros Flor Brenan informa, *"Politically, all these men are said to be right of center."*

eram acrescentados alguns detalhes sobre formação e cargos ocupados assim como contatos prévios estabelecidos com Nelson. É o início de relações em diferentes campos.[11]

Em setembro de 1947 um telegrama de Neil Friele[12] da *AIA American International Association* com escritório em São Paulo, sinaliza o início de estudos técnicos para a localização de um novo aeroporto, a pedido de Caio Batista, Secretário de Transportes e Obras Públicas do Estado de São Paulo. Além da localização, os estudos deveriam incluir estimativas de tráfego e um relatório financeiro. "Seremos reembolsados de todos os custos, inclusive salários". O relatório preliminar, em 15 de setembro, recomenda a ampliação do aeroporto de forma a permitir o uso simultâneo de quatro aeronaves.

A leitura dos contratos e da correspondência entre as partes interessadas revela o IBEC funcionando, também, como uma base de informação sobre o que ocorria na esfera política e técnica local.[13] As formas de atuação através de contratos para a intermediação de interesses entre empresas brasileiras, empresas americanas e órgãos públicos revelam uma nova lógica de atuação expondo e explicitando a arena de interesses econômicos.

Em agosto de 1949 o *IBEC Technical Service Corporation*,[14] contrata Robert Moses para coordenar a consultoria para a empresa canadense *São Paulo Tramway Light and Power* sobre a recuperação e o aproveitamento das terras adjacentes ao canal do rio Pinheiros, da confluência com o rio Tietê até a barragem no Rio Grande.[15] A vinda de Moses ao Brasil é preparada com cartas de apresentação de Nelson Rockefeller[16]

---

11 No Brasil, os contatos estabelecidos com Theodoro Quartim Barbosa e Walter Moreira Salles iniciam os programas de fusão com o banco Chase Manhatan de propriedade da família Rockefeller. No campo das artes plásticas – a criação do Museu de Arte de São Paulo – contou com o apoio e a presença de Nelson Rockefeller.

12 Collection NAR Record Group IIII 4B, Box 13, Folder 131.

13 Um exemplo são as informações que circulam sobre a probidade administrativa dos governantes locais. Correspondência de Henrique Dumont Villares a Robert Moses sobre o currículo de Armando de Arruda Pereira, o novo prefeito de São Paulo.

14 "A letter of agreement" entre o IBEC e a Light, datada de 3 de agosto de 1949, segundo Memorando de Robert Moses dirigido a Nelson Rockefeller em 20 janeiro, 1950, Folder IBEC Technical services, box 5, AIA IBEC series, RG 4 (NAR Personal), Rockefeller Family Archives, RAC.

15 *Metcalf and Eddy of Boston* haviam feito, sob demanda da Prefeitura de São Paulo, o estudo do sistema de esgoto e *Madigan – Hyland* havia feito o levantamento topográfico. Folder IBEC Technical services, box 5, AIA IBEC series, RG 4 (NAR Personal), Rockefeller Family Archives, RAC.

16 "É com prazer que apresentoa honorável Robert Moses, coordenador da New York City Construction e Comissioner of Parks. O senhor Moses é responsável pelo sistema de avenidas-parque no Estado e um pioneiro neste campo nos Estados Unidos. Ele é consultor associado ao IBEC. O senhor Moses visita o Brasil pela primeira vez e está muito interessado em conhecer obras públicas, parques e outros

dirigidas a personalidades do meio político, como o General Gaspar Dutra, presidente do Brasil, a Raul Fernandes Ministro das Relações Exteriores, como também do meio empresarial como Ary Torres, da Companhia Brasileira de Materiais Ferroviários.

O polêmico urbanista Robert Moses

Robert Moses era bastante conhecido, com uma longa carreira construída no serviço publico.[17] O primeiro trabalho de grande impacto, como coordenador da *Long Island State Parks Commission,* foi a criação em 1924 de Jones Beach, uma extensa praia artificial, em Long Island, reduto de casas de verão da elite econômica de Nova York. Construída com cuidados técnicos e estéticos, a nova praia proporcionava recreação a outras classes sociais.[18]

Em 1934, o prefeito de Nova York, Fiorello de La Guardia, o nomeia *Comissioner of Parks* com atuação na região de Nova York, abrangendo Manhatan e os quatro subúrbios: Brooklyn, Bronx, Queens e Staten Island. Em um período de forte recessão econômica ele esteve à frente da construção e reforma de piscinas, *playgrounds,* parques públicos na região de Nova York. As reformas e novas construções proporcionaram trabalho para uma grande massa de desempregados e também lazer e diversão para uma população vivendo em condições precárias e congestionadas de moradia. Este é o período em que ele ganha reconhecimento público.

Após a Segunda Guerra Mundial, como diretor do *Department of Parks,* membro do *City Planning Commision* e diretor do *State Park System* e *Triborough Authority Parks,* ele articula o programa de obras de parques, *parkways,* vias expressas ao programa de habitação e escolas.[19] Ele coordena o *Committee of Slum Clearance* nos anos cinquenta,

melhoramentos. Sei que ele apreciará a oportunidade de conhecê-lo e agradeço o que puder fazer por ele." (Rockefeller Archive Center, Rockefeller Family Collection Record Group III-4 series project Robert Moses Box 118, Folder 1158)

17 A graduação em Ciência Política, na Universidade de Yale e a pós-graduação em Oxford (*degree* em Direito e doutorado em Ciência Política) foram, segundo depoimento de Moses, a formação ao que mais o interessava – ingressar como profissional no serviço público. Entrevista "A conversation with Robert Moses", Arquivo *Oral History Research Office, Columbia University,* 1973

18 Segundo Moses, "quando se cria parques onde ricos e pobres podem se divertir, sentimos que estamos exercendo a democracia" (tradução da autora). In: Ballon, 2007, p. 160.

19 O custo estimado das obras era de $700.000.000, segundo Moses, no artigo "Parks parkways, express arteries and related plans for New York City after the war", reedição do *The American City,* dez. 1943.

programa nacional extenso de extinção de cortiços. Porém é forçado a pedir demissão do cargo de chefia e seus métodos são duramente criticados pela forma como selecionava tanto os lugares como os financiadores e considerados antidemocráticos. A indiferença com que tratou os movimentos das comunidades atingidas pelas obras incitaram um movimento a favor do planejamento e da participacão cidadã que ele não compreendeu nem acolheu.

É nesta segunda fase que sua atuação é objeto de criticas e polêmicas, quando a modernização da cidade se faz através da expansão para os subúrbios e as *expressways* são abertas às custas de derrubadas de bairros. No artigo "Comes the revolution", Moses (1944) explicita sua posição em relação ao modelo de urbanização que serve de base a estas obras urbanas. Ele critica tanto as propostas dos urbanistas estrangeiros Eliel Saarinen e Walter Gropius como as propostas de Frank Lloyd Wright, "brilhante porem errático", e as de Lewis Mumford.

Os argumentos utilizados são demolidores para as questões que representam pedras no caminho de Moses. Em primeiro lugar a questão da restrição ao crescimento da cidade, isto inclui tanto as ideias de Wright a respeito de futuro anti urbano das cidades americanas, como os seis estágios no ciclo das cidades descritos por Mumford em The Culture of the Cities.

Alguns anos mais tarde, ele explicita posições políticas claramente associadas ao período da Guerra Fria. Atribui aos "*long haired urban planners*" a responsabilidade pelas propostas de contenção ao crescimento urbano e defende enfaticamente as possibilidades de crescimento urbano viabilizada pelas novas formas de transporte, que permitiriam viver no campo e trabalhar na cidade ou o inverso, morar na cidade e ter a segunda casa no campo ou na praia.

A reação e as críticas sempre fizeram parte e alimentaram a carreira política e profissional de Moses. Porém, no início dos anos cinquenta, a reação contra o traçado da *expressway* que atravessaria Washington Square,[20] em Manhatan, sinaliza a importância e a força das oposições a esta vertente de urbanismo nos Estados Unidos.

O movimento foi organizado por grupos comunitários em defesa de assuntos urbanos. A mobilização não era fácil, tratando-se do período de acirramento da Guerra Fria. O clima de denúncias, investigações e prisões imposto pelo Senador Mc Carthy deixava as pessoas receosas de assinar qualquer abaixo assinado. Robert Fishman

20 "Report of the Washington Square Park Committee On Changes". In: *The Villager*, Greenwich Village, New York, December 31, 1952, p. 13.

(2007) recupera este momento chave e o papel que desempenhou Shirley Hayes, líder do movimento que desafiou Moses durante seis anos. Mas é o livro de Jane Jacobs, *Death and Life of Great American Cities*, que marca a oposição no campo do urbanismo ao defender os valores da comunidade local, as qualidades de relações de vizinhança e propõe novos métodos de intervenção em oposição à ação demolidora e à política rodoviarista implementada por Moses.

A trajetória profissional de Robert Moses foi recentemente objeto de estudos e reavaliação. Depois da crítica demolidora desenvolvida por Robert Caro (1975), o livro de Hilary Ballon and Jackson Kenneth (2007) proporciona um quadro de referências mais completo para a análise deste polêmico urbanista. Hilary Ballon observa (2007) que, apesar das críticas, é necessário reconhecer que Moses teria um plano coerente e uma visão pragmática para o futuro de Nova York. Seu objetivo era fortalecer o centro da cidade em uma era de descentralização, suburbanização, e decadência urbana. Com esta finalidade ele perseguiu uma estratégia que compreendeu a permanência da residência para a classe média, através de cooperativas habitacionais com a redução nos pagamentos iniciais, financiamento a preço moderado e a longo prazo e também abatimentos de impostos. Esta política permitiu que Moses tivesse um mecanismo de controle do mercado fundiário e aumentasse a participação de proprietários da classe média. O segundo objetivo foi expandir a educação superior – ele direcionou projetos para beneficiar universidades privadas: New York University e NYU Medical Center; Long Island University, Pratt Institute, Fordham University e Juilliard School, assim como instituições acadêmicas como Morningside Heights, Yeshiva University e Cooper Union. O terceiro objetivo foi promover uma dimensão internacional à cidade, disputando a sede das Nações Unidas, e instituições como o Colisieum e o Lincoln Center, de forma a conferir prestígio e preeminência cultural à cidade.

As viagens de Robert Moses ao Brasil foram sempre rápidas. Nas duas primeiras, foi acompanhado pela esposa Mary. Para os estudos encomendados pela Light, eles estiveram no Brasil entre 25 de outubro e início de dezembro de 1949, e para coordenar a equipe do Programa de Melhoramentos, ficaram apenas vinte dias em São Paulo, entre meados de agosto e início de setembro de 1950.[21] Em suas memórias, ele registra

21 A correspondência de Moses de 12 de Julho mostra que ele planejara a viagem ao Brasil e que esta havia sido adiada para agosto. Pela correspondência pode –se depreender que a viagem tenha sido de meio de agosto a primeira semana de setembro de 1950. A viagem foi realizada como férias e sua esposa Mary o acompanhou. Confome corrrespondencia. *Box 36 Pasta* 3C Letter from April 28,

(Moses, 1970, p. 797) duas outras viagens. Sem precisar a data, uma realizada a convite do governador e da municipalidade de São Paulo e a última, em 1954, por ocasião das comemorações do IV Centenário, quando pretende verificar se as suas propostas no Programa de Melhoramentos haviam sido seguidas ou modificadas.

A promoção imobiliária : uma nova escala de empreendimentos

A iniciativa do empresário Henrique Dumont Villares de construir o Centro industrial do Jaguaré sinaliza tanto a ampliação do parque industrial paulista como a expansão para novas localizações. A família Villares, proprietária desde 1939 de uma fábrica de elevadores, havia expandido para o ramo de metais básicos, máquinas e ferramentas e, como outros industriais, para o ramo imobiliário (Dean, 1971, p. 124). Henrique, formado em engenharia agrônoma pelo Instituto Agrícola de Gembloux, na Bélgica, era proprietário de uma área de 150 alqueires na várzea do Rio Pinheiros, na confluência com o Rio Tietê, distante doze quilômetros do centro da cidade. Ele projeta e constrói um bairro industrial com lotes de grandes dimensões e sistema viário completo. Prevê a construção de bairros residenciais para os operários e um horto florestal. O centro industrial do Jaguaré se beneficiaria dos laboratórios de pesquisa tecnológicas e de ensaios do vizinho campus da Universidade de São Paulo e seria, servido tanto pelo transporte ferroviário, com ramais em bitola dupla para os lotes industriais, que permitia a conexão com as ferrovias em operação naquele período – a Central do Brasil, São Paulo Railway, Paulista e Sorocabana – como para as novas estradas de rodagem para Campinas e para Curitiba. Fotos do Centro com a infraestrutura viária e ferroviária implantada, casas construídas do bairro residencial operário aparecem no livro de Dumont Villares (1946).

O empreendimento industrial na várzea do rio Pinheiros não era uma iniciativa imobiliária isolada. A Light detinha a concessão para desapropriar os terrenos ao longo do rio Pinheiros para a construção do canal, obra ligada à reversão das águas do rio, a formação da represa Billings e a estação de provisão de energia elétrica em Cubatão. A construção do canal somava a solução de provisão de água para geração de energia elétrica e abria uma nova fronteira de expansão urbana. Havia uma articulação entre as atividades imobiliárias da Light e os serviços de eletricidade e de transporte urbano, seja pela aquisição dos direitos de passagem das linhas de transmissão de energia, ou

---

1950 Mr Neal T Childs e July 12, 195 Mr Edward Anthony, Publisher. New York Public Library Manuscripts and Archives Division Robert Moses Papers

para a implantação dos trilhos dos bondes, como o direito de desapropriar terrenos para a instalação de subestações de transmissão; garagens de bondes e reservatórios.

Sem dúvida, o negócio imobiliário de maior porte envolveu estes terrenos ao longo do rio Pinheiros. Desde que obteve a concessão para desapropriar as terras da várzea inundável do Pinheiros, a Light foi negociando com os proprietários de forma muitas vezes conflituosa e com métodos duvidosos. A demarcação de um perímetro de enchente máxima, que definia o limite para a aquisição pela Light, foi objeto de grande controvérsia. Seabra (1986) interpreta que estes limites foram favoráveis a companhia que utilizou a capacidade de controle do fluxo de água através de abertura de comportas. Ao final da década de quarenta a companhia havia adquirido 2078 ha na várzea do Pinheiros dos quais 1890 ha correspondiam a negociações de terras e 188 ha ao leito velho do rio. Do total adquirido apenas 402 foram utilizados em obras de infraestrutura do canal para as linhas de transmissão, ferrovia e avenidas. O restante, cerca de 1676 ha, eram reservas de terra nas mãos da companhia. O contrato da Light com o governo do Estado de São Paulo para a construção do sistema de energia previa que colocasse a disposição todo o excesso de terra dentro dos limites da várzea do rio Pinheiros após ter completado o trabalho de aprofundamento e alargamento do canal com a finalidade de controle de enchentes e provimento de energia. A várzea era ainda uma barreira ao processo de urbanização e extensão da cidade.

A Light, ao contratar o IBEC Tech, pretendia planejar o aproveitamento das terras adjacentes ao rio Pinheiros, tanto as de sua propriedade, como as terras necessárias a abertura do canal. Seriam terras, Moses observa, com grande potencial para indústria, escritórios, habitação, lazer e outras finalidades públicas e privadas (IBEC, 1950, p. 4).

O trabalho contratado ao IBEC consistia em um plano de ocupação da área. Moses inclue algumas propostas de uso como o loteamento residencial/industrial do Jaguaré, o Jockey Club e o campus da Universidade de São Paulo. Propoe um espaco continuo de parques públicos e semipúblicos que tem como referência a área junto ao Rio da Plata em Buenos Aires.[22] Qualquer plano para esta área precisaria também incluir a eliminação do esgoto que corre do rio Tietê para o rio Pinheiros.[23]

---

22 "With its division into industrial and intermediate residential zones, adjoining the university of São Paulo" e na área próxima ao Jockey Club "a continuous space for public and quasi public parks and playfields. By quase public I mean the kind of sports clubs and associations of working people, civil servants, unions etc. wich flourish in Buenos Aires on the reclaimed land between the Plata River anda the avenida flanking it. [...] I would suggest that not less than two Miles be set aside on this side of the Canal for these purposes".

23 Moses observa ainda uma estimativa do custo para a instalação de um sistema de esgotos havia sido feita, sob demanda da prefeitura de São Paulo, pela firma *Metcalf & Eddy*, de Boston.

Ele observa a necessidade do plano ser acompanhado de um zoneamento, instrumento urbanístico que só existia de forma rudimentar e insatisfatória. A estimativa de custos apresentada incluía: a compra de terra (de US$80 a 100 milhões), a dragagem e disposição das terras para a abertura do canal (US$ 4 milhões), o custo de ferrovia, avenidas expressas, pontes e outros melhoramentos (US$ 12 a 15 milhões).

Para realizar estes trabalhos, Moses sugere a possibilidade de organizar uma agencia de desenvolvimento. Ele observa, que nos Estados Unidos considerariam a organização de uma agência semipública com autoridade pública com poder para declarar de utilidade pública as terras necessárias ao empreendimento. Porém, neste caso, aconselhava a organização de uma empresa privada com ações garantidas aos pequenos proprietários e a Light com a responsabilidade pelo desenvolvimento. Ele levanta a possibilidade da Light levantar empréstimos junto ao *World Bank e Export Import Bank* para cobrir as despesas iniciais para aquisição das terras. A ênfase nos aspectos de interesse publico tornaria o plano palatável aos cidadãos. "Este não pode ser apenas um negocio de eletricidade e promoção imobiliária". A dificuldade na continuidade destas obras é relatada na correspondência de Moses a Nelson Rockefeller.[24]

O Programa de Melhoramentos para São Paulo

O contrato[25] entre a prefeitura de São Paulo, representada pelo prefeito Lineu Prestes, e o IBEC para a elaboração do Programa de Melhoramentos Públicos para a cidade de São Paulo compreendia a realização de um mapa geral e zoneamento; a proposta de um sistema de vias expressas; um sistema de transporte de massa; sistema de parques e playgrounds; a canalização do rio Tietê e aproveitamento das terras a margem do rio, engenharia sanitária e sugestões quanto aos métodos de financiamento para execução das obras públicas e serviços.

Junto com Moses assinam o relatório um grupo de consultores, engenheiros especialistas em Nova York.[26] Para ser concluido em seis meses, o contrato especificava

24 O custo das obras de saneamento parecem ter sido subestimadas, conforme relata Moses em uma breve nota a Nelson Rockefeller escrita em 13 de novembro de 1949, quando estava em Buenos Aires, após uma visita ao Rio de Janeiro e a São Paulo.

25 Translation of contract inscribed in the books of 17th Notary Public of Sao Paulo. Contract for the engaging of technical services. Folder IBEC Technical services, box 5, RG 13 Public Relations, Rockefeller Family Archives, RAC.

26 Sidney H. Bingham, presidente, New York Board of Transportation; William S. Chapin, engenheiro consultor, Triborough Bridge; Frederic Alva Collins, conselheiro jurídico; Richard Gould, engenheiro

ainda a quantia a ser paga pela prefeitura.[27] Em outubro, uma carta da *IBEC Technical Services Corporation* ao *IBEC International Basic Economy Corporation* acertava as formas de prestação de serviços e a contratação dos serviços de Robert Moses e Frederic Collins para a supervisão e direção dos serviços.[28] A estadia em São Paulo desde a moradia e escritório foi organizada por Henrique Dumont Villares.

O volume entregue em edição bilíngue, impresso em Nova York, era composto na primeira parte por uma síntese dos principais aspectos assinada por Moses e pelo Relatório dos Consultores na segunda parte. O Programa acrescentou dois objetivos aos definidos em contrato, o plano de beneficiamento e urbanização do canal de Pinheiros e a pedido do prefeito de São Paulo, o problema de eliminação de resíduos sólidos. Iniciava recomendando a realização de um levantamento aéreo fotogramétrico das áreas urbanizadas em escala 1:2000. Com base neste levantamento deveria ser feita a planta oficial da cidade.

A equipe de consultores elaborou uma proposta de zoneamento, que não diferia do que já vinha sendo elaborado na prefeitura de São Paulo, porém recomendavam torná-la mais minuciosa

> com distinções mais específicas dos usos das propriedades, atenda mais às questões de uso de luz e do ar e imponha restrições mais rigorosas quanto a parte da área de um lote pode ser ocupada por um prédio. Os usos permissíveis, a área e a altura dos edifícios devem ser incorporados ao decreto e rigorosamente representados em uma planta exata da cidade (1950, p. 24).[29]

---

chefe, New York City Department of Public Works; Arthur Hodkiddd, New York City Department of Parks; Thorndike Saville, diretor, New York University; Sidney Shapiro, engenheiro chefe, Long Island State Park Comission; Geroge Spargo, General Manager Triborough Bridge and Tunnel Authority; Harry Taylor Assistant General Manager Triborough Bridge and Tunnel Authority.

27 Seriam pagas seis parcelas de US$15.000.00 para as despesas de custeio da equipe. O total não deveria exceder Cr$ 2.000.000,00 que fora o crédito aprovado para o contrato. Entretanto, se não fosse suficiente a prefeitura se comprometia a solicitar a Câmara recursos suplementares. Após a entrega do relatório seria pago Cr$ 400.000,00. In: Translation of contract for the engaging of technical services. Folder IBEC Technical services, box 5, RG 13 Public Relations), Rockefeller Family Archives, RAC.

28 Carta de ITSC para IBEC datada de outubro 1950. Folder IBEC Technical services, box 5, RG 13 Public Relations), Rockefeller Family Archives, RAC.

29 "entende-se por zoneamento uma série de regras acerca do uso das áreas da cidade de tal modo que se protejam da melhor forma tanto os interesses da coletividade como os do proprietário individual" (IBEC, 1950, p. 23).

> O presente plano reduz a área da zona central e estabelece como distrito comercial principal C1. Neste Distrito os principais usos permissíveis seriam: residências em geral, atividades comerciais e industrias leves. Fizeram-se para o distrito em questão reduções importantes no limite de altura dos edifícios situados no alinhamento da rua e na área permissível de espaço habitável acima desta cota. Desta maneira cremos se conseguira minorar em grande parte o congestionamento existente de transeuntes e veículos nas ruas do coração da cidade tão estreitas e supertransitadas.
>
> O proposto distrito C2 constitui uma faixa de vários quarteirões de largura que envolve o Distrito C1. Nesta faixa permitem-se os mesmos usos do Distrito C1 além de outros adicionais como armazéns de deposito e cousas semelhantes as quais por sua natureza de certo criarão trânsito. A massa de edifícios da zona C2 é muito menor que a da C1 e a combinação destes dois distritos é a maneira lógica de tratar a área media da cidade, isto e centro a região circunvizinha (IBEC, 1950, p. 21).

Uma parte considerável foi reservada para os distritos industriais I1 e I2 Ainda que os limites destas zonas sigam em geral as linhas de construção e expansão industrial, a área deveria ser reduzida ao longo do Tietê perto da divisa leste da cidade. Aconselhavam que se estabelecesse distritos para uso industrial nas vizinhanças do canal de Pinheiros "tanto porque descentralizaria as atividades industriais o que aliviara o problema de transporte de operários assim como porque a inovação traria razões práticas para a construção dos novos meios de transporte os quais valorizariam as terras sob o ponto de vista industrial" (IBEC, 1950, p. 22).

Sugeriam que a elaboração do decreto de zoneamento deveria tomar como base e apoio o zoneamento de Nova York, para isso encaminhavam cópia da legislação da cidade.

Consideravam urgente resolver o problema do transporte coletivo na cidade

> para que se possa criar um serviço apropriado de transporte da população dentro do mais curto espaço de tempo impõe-se a compra de um conjunto de ônibus espaçosos de tipo que facilite seu uso segundo a necessidade na maioria das linhas. Sugerimos para tal o emprego de grandes ônibus movidos a motor diesel cuja capacidade seja de 50 passageiros sentados e 85 em pé; aliás, o ônibus já em uso é preferido pelas grandes cidades da América do Norte e de outros países. Tais veículos substituiriam os ônibus menores e bonde que servem as linhas expressas do centro da cidade os bairros residenciais de maior importância (IBEC, 1950, p. 25).

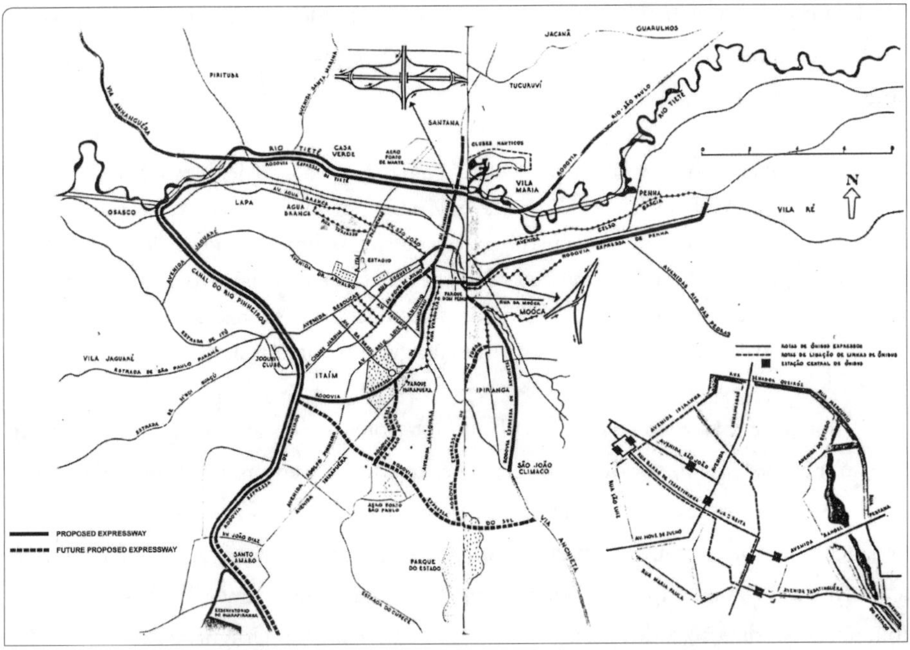

Figura 3. O sistema de *expressway* proposto para São Paulo. Fonte: IBEC International Basic Economy Corporation, IBEC Technical Services Corporation, "Programa de Melhoramentos Públicos para a cidade de São Paulo. Program of Public improvements " Robert Moses, diretor de estudos, New York City, 1950, 32.

Propunham a compra imediata de 500 ônibus novos, grandes e espaçosos, em substituição aos caminhões, caminhonetes e carros que operavam como ônibus. Completando a frota seria necessária ainda a aquisição anual de 100 ônibus, durante dez anos. Com motor a diesel, de fabricação estrangeira poderiam ser montados no Brasil. Incluíam também recomendações quanto a oficinas e itinerários dos ônibus com modificações no sistema viário.

Especificavam as larguras mínimas do sistema de ruas, rodovias expressas e estradas-parque. Das mais estreitas, residenciais de tráfego reduzido com largura entre o alinhamento dos edifícios de 18 metros, faixa carroçável com 12 metros e passeios com 3 metros, as Rodovias expressas e estradas-parque com alameda central formada por duas vias cada uma com 11 metros e rodovias auxiliares- faixa carroçável de 10 metros e passeios de 4,5 metros.

Um ponto importante do relatório era a proposta do sistema de vias expressas[30] e rotas de ônibus com estimativas do custo dos terrenos a serem desapropriados e de construção do sistema.

> A avenida 9 de Julho é um boulevard muito bem construído, entre o Vale de Anhangabaú e o túnel na vizinhança da Av. Paulista, porem não é uma artéria de acesso limitado. Recomendamos que, na medida possível se diminua a possibilidade de entrada no boulevard de veículos que saiam de propriedades particulares [...] Em relação ao desenvolvimento do Canal Pinheiros deveria projetar-se uma artéria expressa ao longo deste, que corresse da rodovia Anhanguera a Santo Amaro (IBEC, 1950, p. 42).

A novidade maior em relação aos planos anteriores está na articulação do sistema viário ao novo sistema de rodovias por constatar que todas paravam nos limites da cidade. Propunham uma rodovia expressa ao longo do rio Tietê ligando a nova estrada para o Rio de Janeiro com a recém-inaugurada Via Anhanguera. A nova rodovia Anchieta penetraria até o centro cortando o Ipiranga em via expressa e uma rodovia atravessando o Parque do Ibirapuera em direção sudoeste através de Cotia com rumo ao Uruguai e Argentina.[31] Na zona leste, paralela a avenida Celso Garcia, apenas uma nova rodovia expressa.

> os prolongamentos das rodovias Anchieta, Anhanguera e Rio – São Paulo até o centro de São Paulo deveriam ser de responsabilidade do Estado e do Governo Federal e deveriam ser construídas na medida do possível como rodovias expressas de acesso limitado.

Para este sistema funcionar era fundamental vencer a barreira que representava o rio Tietê. "A Municipalidade planeja a construção de dezessete pontes para a passagem sobre o rio de varias rodovias e estradas de ferro. Uma das pontes já foi construida tres estão em construção e as treze restantes ainda estão em projeto" (IBEC, 1950, p. 51).

30 Rodovias expressas propostas: Avenida Anhangabau/Avenida 9 de Julho, Rodovia expressa do Anhangabaú, Rodovia expressa do aeroporto, Rodovia expressa do Sul, Rodovia expressa da Água Funda, Rodovia expressa da Penha, Rodovia expressa Anchieta, Rodovia expressa Tietê, Rodovia Expressa do Pinheiros.

31 A realização desta proposta foi objeto da última viagem, em 1954, quando viaja por conta própria para verificar nas obras do Parque do Ibirapuera "se uma recomendação que fiz na primeira pesquisa foi comprometida pelo IV Centenário de São Paulo" (tradução da autora) (Moses, 1970, p. 797).

Figura 4. Via expressa proposta mostrando as possibilidades para o um sistema de trafego rapido. No centro a ponte e estação. Fonte: IBEC International Basic Economy Corporation, IBEC Technical Services Corporation "Programa de Melhoramentos Públicos para a cidade de São Paulo. Program of Public improvements " Robert Moses, diretor de estudos, New York City, 1950, 44.

Na proposta de formação de uma companhia para a urbanização das terras do canal do Pinheiros conferia um papel central a *São Paulo Tramway Light and Power*.

> O Canal do Pinheiros, excelente obra de engenharia que se estende por 26 quilômetros do rio Tietê até o dique do reservatório do rio Grande, foi construído com o fim de produzir energia hidráulica, obter proteção contras as enchentes. O produto da dragagem foi usado para a recuperação das terras baixas adjacentes. O dique controla os reservatórios do sul de São Paulo, a Serra do Mar, cadeia de montanhas costeiras de onde as águas descem por meio de uma altura de 718 metros até a estação principal de energia elétrica da São Paulo Tramway Light & Power Company situada acima de Santos.
>
> (...)Finalmente, o Vale do Pinheiros deveria ser protegido por regulamentos adequados de divisão em zonas. Estes regulamentos seriam parte integrante do projeto plano geral de zoneamento da cidade. Um padrão já foi estabelecido, pela disposição do Jockey Clube, da Cidade Universitária e do adjacente Centro Industrial Jaguaré, os quais ocupam larga area das terras recuperadas ao sul da interseção do Canal com o Tietê, área que está dividida em uma seção industrial e uma residencial

intermediária. Cumpre, decerto indicar o custo aproximado das obras de dragagem e dos melhoramentos urbanos necessário, incluindo aterro hidráulico, por meio de dragas elétricas, cobertura do produto de dragagem, ajardinamento e arborização, localização da estrada de ferro, rodovias principais e secundárias, canalizações centrais de esgotos e de água, pontes, instalação de facilidades para recreação, linhas de transmissão, etc... [...] (IBEC, 1950, p. 61).

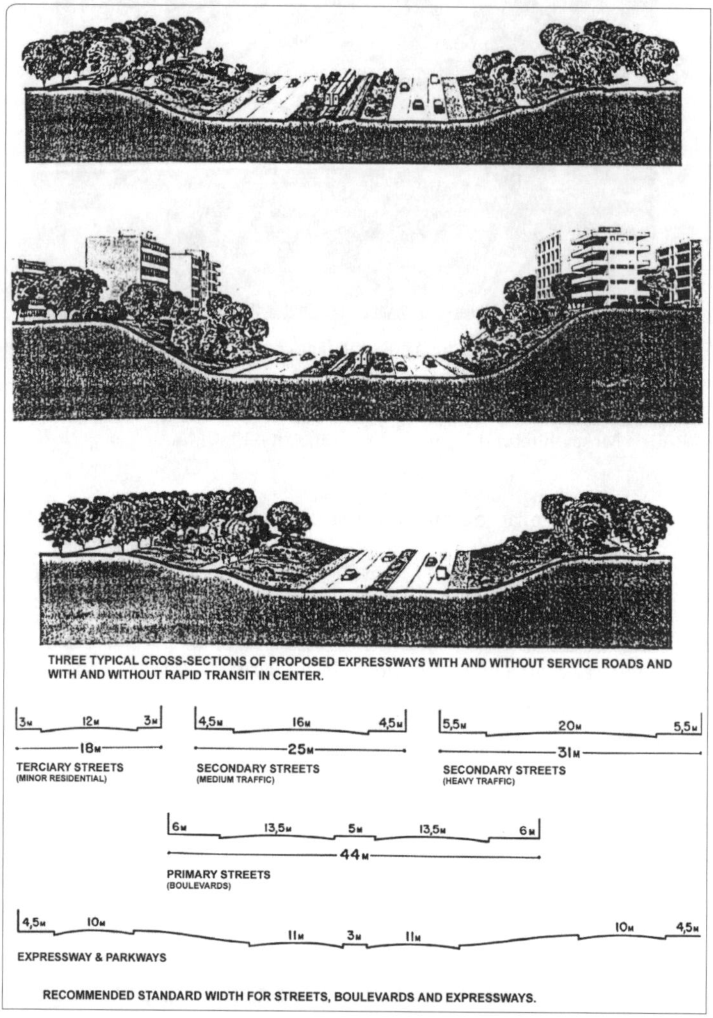

Figura 5. As larguras recomendadas para as ruas, boulevards e vias expressas. Fonte IBEC International Basic Economy Corporation, IBEC Technical Services Corporation "Programa de Melhoramentos Públicos para a cidade de São Paulo. Program of Public improvements". Robert Moses, diretor de estudos, New York City, 1950, 45.

No Programa para a prefeitura, Moses reforça o trabalho de consultoria que havia realizado para a Light. Propõe a formação de uma nova companhia proprietária e responsável pelo desenvolvimento de atividades ao longo do canal. A municipalidade passaria a ter o direito de passagem para a construção de rodovias, estradas de ferro, pontes, linhas de transmissão e outros serviços públicos.

No Programa os consultores mostram que a

> primeira possibilidade é que a Companhia seguisse ao pé da letra e sem modificações o seu presente acordo com o Estado [...] Tal cousa, feitas em referência a um programa geral e bem planejado de beneficiamento e desenvolvimento urbano, contrariaria os interesses públicos, e ameaçaria o crescimento harmonioso da cidade, dando ocasião a especulacões prejudiciais e a subdivisões desordenadas da gleba. [...] a segunda possibilidade seria modificar os decretos existentes e estabelecer uma Corporção de Urbanização das terras do canal, na qual a São Paulo Tramway Light & Power teria uma participação adequada. A Companhia continuaria os trabalhos de dragagem, aterro e melhoria das terras do canal, segundo o plano primitivo. A venda das terras beneficiadas pela Corporação de Urbanização só deveria ser autorizada sob certas condicões que assegurassem o cumprimento dum plano definido de urbanização e os proventos desta venda deveriam ser empregados no custeio de melhoramentos públicos para a área beneficiada (IBEC, 1950, p. 55).

Os consultores americanos sugeriam também a passagem do controle do trânsito, do âmbito do Estado para o do Município. Esta questão da divisão de atribuições e falta de coordenação entre Estado e Município é abordada também para o abastecimento de água, a rede de esgoto e a coleta de lixo. Recomendações específicas são feitas quanto à necessidade de estação de tratamento e extensão da rede. Quanto ao lixo, faz-se menção a necessidade de mecanização da coleta, programa de aterros sanitários e construção de incineradores.

Um capitulo é dedicado à análise das possibilidades de recreação na cidade. Além dos parques estaduais, das praças, dos centros de recreação incluem a praia de Santos como alternativa viável de lazer do paulistano. Com a experiência da administração de parques e *playgrounds* na região de Nova York, recomendam critérios para a definição de áreas que, por lei, os projetos de loteamento deveriam destinar a parques. Em certos casos, como se poderia esperar, o proprietário cumpre a lei mas reserva lotes irregulares de nenhuma utilidade.

Para o financiamento estudou-se a necessidade de aumentar o endividamento da Prefeitura através do lançamento de títulos municipais. Quatro engenheiros municipais foram convidados a visitar obras em Nova York aprofundando as relações entre a Prefeitura e o IBEC.[32] Luís Carlos Berrini, do Departamento de Urbanismo, mantém correspondência com Moses ate a década de 70. Ele o informa sobre as mudanças políticas, as obras realizadas e os planos e empresas contratadas. O fato de incluir esta correspondência em seu livro *Public Works* demonstra a importância que Moses confere a estes contatos.

As repercussões do Programa de Melhoramentos: críticas e negociações

Em 14 de dezembro de 1950, o governador de São Paulo, Adhemar de Barros e o prefeito Lineu Prestes apresentaram a um público formado por vereadores, técnicos municipais e imprensa o relatório do Programa de Melhoramentos. As primeiras repercussões foram imediatamente relatadas a Moses[33] e refletiam o tom crítico com que foi apresentado. Entre os editoriais publicados na grande imprensa e nas revistas especializadas, a principal, que causou repercussão imediata, segundo correspondência enviada pelo IBEC para Nova York,[34] veio do IAB, seção São Paulo.

O arquiteto Oswaldo Bratke, presidente da seção São Paulo é duro e enfático. O IAB havia recomendado a realização de um plano para São Paulo, porém não considera que o relatório elaborado pelos especialistas estrangeiros substituísse o tão reclamado plano geral, não seria "satisfatório nem como simples programa de melhoramentos porque a despeito de ter sido feito por nossos especialistas que compreendem os problemas locais é absolutamente impraticável porque contém erros elementares, resultado do fato de seus autores não nos conhecerem, não conhecerem nossa cidade e não terem nem o mais superficial contato como eles declaram."[35]

32 Luís Carlos Berrini do Departamento de Urbanismo; Mário Lopes Leão do Departamento de Serviços Municipais; Paulo Sampaio Whitaker do Departamento de Obras Públicas e José C Borroul do Departamento de Obras Publicas da Prefeitura de São Paulo.

33 Correspondência de Henry Bagley para Francis Jamieson em 15 dezembro de 1950 relatando a apresentação ao público e à imprensa do plano elaborado pelo IBEC. Folder IBEC Technical Services, box 5, RG 13 Public Relations, Rockefeller Family Archives, RAC.

34 Correspondência de Henry Bagley para Francis Jamieson em 21 dezembro de 1950. Folder IBEC Technical Services, box 5, RG 13 Public Relations, Rockefeller Family Archives, RAC.

35 Correspondência de Henry Bagley a Francis Jameson, de 26/01/1951. Folder IBEC Technical Services, box 5, RG 13 Public Relations, Rockefeller Family Archives, RAC.

As críticas do IAB dão a tônica para os outros comentários críticos como o de Leo Ribeiro de Moraes em reunião da Sociedade Amigos da Cidade.[36] Aparecem algumas observações mais favoráveis, do engenheiro Henrique Neves Lefevre e de Ranulpho Pinheiro Lima, editor da revista Engenharia do Instituto de Engenharia,[37] publicadas pelo Diário de São Paulo de Assis Chateaubriand.

A acolhida e mesmo as críticas de Prestes Maia (1951) ao Programa de Melhoramentos Públicos de Moses sinalizam a sua filiação a uma mesma tradição de urbanismo de realizações, de obras ao mesmo tempo que sinalizam para um anacronismo em relação ao pensamento urbanístico local. Irônico, Prestes Maia, observa que aqueles que aguardavam "perspectivas fantásticas, espaços verdes, imensos arranha céus a Corbusier e paisagismos a inglesa" esqueciam que Moses, era da escola de urbanismo que "realiza e não oferece a incoerência de urbanistas que passam a vida a pregar utopias e morrem sem deixar o mais pífio arruamento" (Maia, 1951, p. 5).

Distanciando-se de qualquer preocupação teórica, descrente quanto ao potencial transformador das utopias tanto a modernista como a do modelo cidade jardim, Prestes Maia mais uma vez aproveita a oportunidade para demonstrar ser profundo conhecedor da estrutura física da cidade, cada detalhe do sistema viário, e do funcionamento da infraestrutura de água, do esgoto e drenagem. Prestes Maia é o único a demonstrar conhecer a extensão das atividades do IBEC no Brasil. "Absurdo inicial foi a maneira de promover a consulta, se consulta foi, através de uma organização muito idônea, mas predominantemente comercial e agrícola que tanto importa maquinaria para a lavoura, sementes, adubos, e reprodutores, como técnicos e urbanistas para cá trazidos sem se saber bem porque nem para quê".[38]

Prestes Maia, em 1930, no Plano de Avenidas, já criticara os especialistas "curiosos de passagem", mas desta vez é mais contundente. Avalia o relatório americano de pré-técnico, apenas com recomendações gerais, quando os urbanistas paulistas como Victor Freire, Ulhôa Cintra e ele mesmo já haviam passado do terreno das ideias a realizações práticas.

---

36 Correspondência de Henry Bagley para Francis Jamieson em 30/01/1950, Folder IBEC Technical Services, box 5, RG 13 Public Relations, Rockefeller Family Archives, RAC.

37 Na mesma correspondência de Henry Bagley a Francis Jameson de 26/01/1951, Folder IBEC Technical Services, box 5, RG 13 Public Relations, Rockefeller Family Archives, RAC.

38 Maia Francisco Prestes, "O Programa Norte Americano de Melhoramentos para São Paulo". In: *Revista Digesto Econômico*, abr. 1951, p. 5-27.

> O relatório americano e a propaganda política podem dar ao leigo inadvertido a impressão que nada havia sido estudado ou planejado para São Paulo que toda a engenharia municipal nunca fizera nada mas que alguns técnicos estrangeiros de passagem em uma escassa semana tudo resolveram. É justamente o contrário. Os ilustres técnicos pela impraticabilidade absoluta de aprender em dias um problema tão complexo e extenso jamais poderiam descobrir a pólvora, limitando-se naturalmente a uma sumária impressão.

No terreno das recomendações o relatório nada acrescentara; segundo ele, "só confirmaram o que já estava diagnosticado, resolvido ou em execução." O relatório não abordou o futuro e seu desenvolvimento – para uma cidade de 2.200.000 que duplica a cada treze anos não procurar enquadrar em um plano regional e responder as questões: convém que cresça? Será possível contê-la? Quais os ideais a defender? Crescimento compacto, radial? Por núcleos satélites? Deve coordenar-se com um plano regional? Em que sentido? As forcas que criaram e impeliram a cidade subsistem? Outras se exercem?

Reclama ainda o tratamento de questões urgentes como a "habitação proletária" face ao crescimento das favelas, e o enfrentamento do transporte coletivo rápido, um metro em superfície. As críticas denotam posição urbanística muito diferente das defendidas no programa de melhoramentos.

Logo após a entrega do relatório, iniciaram-se as negociações do prefeito Lineu Prestes para obter o financiamento para realizá-lo.[39] Porém, em fevereiro, é eleito Lucas Nogueira Garcez para o governo de São Paulo, que nomeia Armando Arruda Pereira para a prefeitura. Na troca de correspondência entre Henrique Dumont Villares e Robert Moses imediatamente é encaminhado um curréculo muito elogioso do novo prefeito, salientando o mestrado na NYU e a sua ligação com o Rotary Club. Apesar de aparentemente muito mais afinado com o meio técnico e político americano as negociações para o financiamento do plano não são mais noticiadas.

Em 1956, ainda aparecem referências aos estudos realizados pelo IBEC sobre alternativas para a compra de terrenos para a abertura de supermercados, um importante ramo de atividade iniciado na América Latina.

---

39 Conforme sugere a correspondencia de Palmgren para Robert Fulton, em 22/12/1950, a intenção do prefeito era de que Nelson Rockefeller coordenasse a obtenção de fundos – a soma sugerida seria de 5 bilhões de cruzeiros, para um programa de cinco anos – para realizar as obras. Uma carta de Lineu Prestes em 24/01/1951 para Nelson Rockefeller aborda também a possibilidade de financiamento. Folder IBEC Technical Services, box 5, RG 13 Public Relations, Rockefeller Family Archives, RAC.

Em São Paulo, as criticas ao Programa de Melhoramentos sinalizam as limitações das propostas em relação ao meio urbanístico local. Os debates e estudos empreendidos pelos arquitetos e urbanistas paulistas, conforme alertam Oswaldo Bratke, Francisco Prestes Maia e Leo Ribeiro de Moares já avançavam no tratamento de questões estratégicas como a inserção da cidade na região, a proposta de transporte de massa subterrâneo ou em superfície e o enfrentamento de questões sociais importantes como a demanda de habitação para as classes de baixa renda.

Apesar da complexidade em estabelecer de forma precisa os efeitos de um plano no processo de urbanização de uma cidade, alguns aspectos do programa coordenado por Moses parecem ter tido um impacto importante e permanente no desenvolvimento da cidade e no meio urbanístico local. A articulação das propostas de um sistema de vias expressas ao sistema de transporte coletivo por ônibus confirmavam a precedência do modo de transporte sobre pneus.

O sistema de vias expressas introduziu uma nova escala no projeto de vias, mais largas e construídas de forma independente do sistema existente evitando cruzamentos. Incidiram de forma radical nos bairros consolidados que atravessaram e possibilitaram a comunicação mais rápida e mais eficiente entre o município e a região, ao articular as vias expressas às estradas para Santos, Rio de Janeiro e Campinas. Este foi o novo padrão viário adotado pela Prefeitura de São Paulo na abertura de avenidas. A implementação de um sistema de transporte de massa só foi se concretizar ao final da década de sessenta. A opção pelo transporte rodoviário resultou na aceleração do processo de suburbanização e contínuo crescimento da cidade extensiva à periferia.

Porém o impacto urbano do programa não pode ser analisado apenas na esfera técnica urbanística, mas como parte das iniciativas do governo brasileiro e americano e respectivos empresários que estabeleceram relações econômicas e abriram frentes para novos investimentos e parcerias no cenário político e econômico do período após a Segunda Guerra.

Algumas iniciativas não prosseguiram como a proposta de formação de uma corporação com a participação da *São Paulo Tramway Light and Power* para urbanizar as terras ao longo do canal do Rio Pinheiros, outras como o Programa de Melhoramentos tiveram mais sucesso. Conforme observa Broehl, a experiência adquirida neste primeiro período de atuação do IBEC no Brasil foi estendida a outros países.

Bibliografia

BALLON, Hilary e JACKSON, Kenneth (eds.). *Robert Moses and the modern city: the transformation of New York*. New York: W. W. Norton & Company, 2007.

BALLON, Hilary. "Robert Moses and urban renewal. The Title Program". In: BALLON, Hilary e JACKSON, Kenneth (eds.). *Robert Moses and the modern city: the transformation of New York*. New York: W. W. Norton & Company, 2007, p. 94-115.

BROEHL, Wayne G. *United States Business Performance Abroad: the case study of International Basic Economy Corporation*. National Planning Association, 1968.

CARO, Robert A. *The power broker. Robert Moses and the fall of New York*. New York: Randon House, 1975.

CHOMSKY, Noam *et al*. *The cold war and the univesity*. New York: New Press, 1997.

DEAN, Warren. *A industrialização de São Paulo*. São Paulo: Difel, 1971.

DUMONT VILLARES, Henrique. *Urbanismo e Indústria em São Paulo*. São Paulo: edição do autor, 1946.

FISHMAN, Robert. "The revolt of the urbs". In: BALLON, Hilary e JACKSON, Kenneth (eds.). *Robert Moses and the modern city: the transformation of New York*. New York: W. W. Norton & Company, 2007, p. 122-129.

IBEC International Basic Economy Corporation, IBEC Technical Services Corporation. *Programa de Melhoramentos Públicos para a cidade de São Paulo. Program of Public improvements*. Robert Moses, diretor de estudos, New York City, 1950.

LEÃO, Mario Lopes. *O Metropolitano de São Paulo*. São Paulo, 1945.

LEME, Maria Cristina da Silva. "ReVisão do Plano de Avenidas: um estudo sobre o planejamento urbano em São Paulo, 1930". Tese de doutorado. São Paulo, FAU-USP, 1990.

MAIA, Francisco Prestes. *O estudo de um Plano de Avenidas para São Paulo*. São Paulo: Melhoramentos, 1930.

_______. "O Programa Norte Americano de Melhoramentos para São Paulo". *Revista Digesto Econômico*, abr. 1951, p. 5-27.

_______. *Anteprojeto de um sistema de transportes rápido metropolitano*. 1955.

MOSES, Robert. "Comes the revolution". Reprinted from the *New York Times Sunday Magazine*, june 25, 1944.

_______. "Practical or long haired planning". Reprinted from the *New York Times Sunday Magazine*, december 5, 1948.

_______. *Public Works: a dangerous trade*. New York: Mc Graw Hill Book Company, 1970.

MUMFORD, Lewis. *From the ground up*. New York: Harvest Books, 1956.

PREFEITURA MUNICIPAL DE SÃO PAULO. *Os melhoramentos de São Paulo*. São Paulo, 1945, p. 42.

SAES, Flavio Azevedo Marques de. *A grande empresa de serviços públicos na economia cafeeira*. São Paulo: Hucitec, 1986.

Um lugar para as elites: os Campos Elísios de Glette e Nothmann no imaginário urbano de São Paulo

Paulo César Garcez Marins

A perspicácia, no dizer de um psicólogo, sempre teve olhos azuis, de lynce, olhos que enxergam longe...
Paulo Cursino de Moura (1932, p. 239).

A década de 1870 tem sido rotineiramente apontada como o período em que teria ocorrido a "segunda fundação" da cidade de São Paulo, pautada por um redimensionamento urbano em escala imensa, capaz de constituir uma clivagem na trajetória da capital. Tal mutação estaria alicerçada tanto em ações provenientes da esfera pública quanto da privada, polos de uma ordem burguesa que começava a se estabelecer incisivamente na cidade. Uma ordem que, afinal, como apontou Richard Morse, lançava as bases de uma nova dinâmica em que a abstração, a ideia e a instituição começavam a contrastar os costumes oriundos da experiência colonial, em que a fragilidade do Estado, ou sua conivência, face aos segmentos sociais evidenciava-se na ocupação das ruas e em seu próprio traçado.[1]

A refundação do poder público na esfera política municipal foi interpretada como a marca da gestão de João Theodoro Xavier. Seu governo conciliou o fortalecimento do aparato legal de controle da cidade à expansão de obras públicas, instituindo a municipalidade como instância decisiva na transformação material da cidade, por meio dos "melhoramentos urbanos" Tais intervenções deviam inseri-la em padrões de civilidade emanados da Corte e da Europa, dotando-a de infraestrutura, embelezando-a e instituindo simultaneamente novas práticas de sociabilidade no "espaço público",

1 Ver: Paula, 1954; Silva, 1984; Morse, 1954. Uma visão crítica à gestão de João Theodoro e à avaliação otimista de suas ações, devido à fragilidade e precariedade das mesmas está presente em: Campos, 2004, p. 215-218.

que então se fundava, bem como na obediência progressiva do ordenamento legal na propriedade "privada".

As transformações geradas no âmbito estatal eram contemporâneas a outros enfeixamentos de mudanças que se impulsionavam a partir da ação particular. Seja pela reestruturação dos transportes advinda da operação da *The São Paulo Railway* a partir de 1867 na cidade, seja pela enxurrada de novos estabelecimentos comerciais e de serviços nas ruas centrais, São Paulo sofria uma dinamização econômica sem precedentes, vinculada aos influxos da economia cafeeira que se expandia na porção ocidental da província.

Tais transformações econômicas são também rotineiramente associadas à presença de estrangeiros na capital paulista. Ingleses na atividade ferroviária, italianos e germânicos no comércio e serviços, e esses últimos mais pronunciadamente também na atividade industrial, todos foram alçados à condição de artífices da modernidade urbana, muito antes das levas de imigrantes que se precipitaram para as fazendas da província a partir de meados da década de 1880.[2]

Para além da dinamização econômica, estrangeiros estariam também na germinação da própria transformação da paisagem urbana. Nomes como Tomazo Bezzi, Luigi Pucci, Domiziano Rossi, Matheus Haussler e Euzébio Stevaux, entre vários outros, são apontados como decisivos na introdução e disseminação do vocabulário eclético nas décadas finais do século XIX e iniciais do seguinte. São também apontados como responsáveis pela criação de projetos que atendiam novos programas arquitetônicos, mais complexos e de escala grandiosa, ligados ao uso público (como monumentos, correios, teatros, fóruns, etc.) ou ao mais evidente sinal privado da fortuna advinda do café, o palacete.[3]

A reincidência da associação de estrangeiros à transformação radical da capital paulista a partir do último quartel do século XIX originou-se em textos de caráter memorialístico ou laudatório e também perpassou a produção historiográfica sobre a cidade no século XX, gerada nos círculos universitários. Tal associação acabou por gerar uma dimensão imaginária relativa à cidade, formada por diferentes circuitos de representações coletivas somadas, simultaneamente oriundas da experiência urbana e que sobre ela interferiu (Chartier, 1991, p. 183; Baczko, 1984, p. 8, 35). Foram fixando a

2 Tome-se como exemplo Bruno, 1953-54, cap. 6; Morse, 1954; e, mais recentemente, Barbuy, 2006.

3 Cf.: Salmon; Debenedetti, 1981; Homem, 1996; Campos, 1995. Esse protagonismo vem sendo, entretanto, matizado por pesquisas recentes, que apontam nacionais atuando simultânea e decisivamente na transformação da paisagem arquitetônica, num esforço para problematizar um dos mais sedimentados vieses interpretativos da história paulistana, ver: Campos, 1997; 2005; 2007.

consciência de uma experiência pautada por lugares e práticas modernos, e ordenados, bem como de agentes munidos do poder de disciplinar a cidade, de constituir-se como um "modelo formador" (Baczko, 1985, p. 309). Consolidaram-se, assim, entendimentos de que a integração à modernidade capitalista, internacionalizada, essencialmente urbana e de aparência burguesa foi possível, sobretudo, por meio dos "importadores" de tais dimensões.

Assim, esse imaginário quanto ao protagonismo dos estrangeiros se constitui, paralelamente, àquele que disseminou o empalidecimento da capacidade operativa tanto das elites locais – que foram afastadas de um comportamento propositivo e ativo para o de simples recebedores e consumidores passivos das novidades, da civilidade, da civilização em moldes modernos – quanto de setores médios e da população pobre ou escrava.[4] Os segmentos da sociedade nativa e sua inserção quotidiana na cidade foram enquadrados no ocaso de uma modorra "colonial", superada e transformada pelos adventícios. Nesse sentido, a cidade saltaria diretamente de sua arrastada condição setecentista para a de capital republicana, pujante e moderna. São Paulo foi, portanto, interpretada como uma cidade que não teria vivido as dinâmicas do Império, experimentada apenas pelos prósperos municípios da cafeicultura.

Este texto procura examinar uma dimensão específica da construção imaginária desse protagonismo estrangeiro, a produção do espaço urbano. Toma-se como foco a ação de dois germânicos migrados para o Brasil, Frederico Glette e Victor Nothmann, naquilo que se consolidou como sendo uma das bases dessa nova ordem urbana surgida no último quartel do século XIX: o bairro de elite. Os "olhos de lynce" de Glette, nas palavras a ele dirigidas por Paulo Cursino de Moura, um dos mais célebres memorialistas da cidade de São Paulo, teriam antecipado não apenas o surto urbanizador, mas o grande negócio da terra urbanizada, incluindo aquela direcionada aos segmentos mais abastados.

Loteado no fim da década de 1870, o bairro dos Campos Elísios inaugura a ação de Glette e, sobretudo, de Nothmann como agentes da urbanização do espaço da capital, a partir da conversão de uma antiga chácara em bairro arruado geometricamente. Tomado como exemplo acabado de uma ruptura simultaneamente formal, devido ao tecido retilíneo de suas ruas e quadras, e social, devido à reputação de ser território das elites cafeicultoras, os Campos Elísios foram imaginados ao longo do século XX, em contraste com o que se pode aferir no exame das fontes cartográficas, como o início do processo

4 Quanto a estudos que procuram enfatizar a ação dos segmentos sociais nacionais nas dinâmicas urbanas, ver, por exemplo: Dias, 1984; Wissenbach, 1998; Oliveira, 2005; Lins, 2003.

de especialização social do espaço urbano da cidade. Hiperbolizado como loteamento exclusivo, o bairro foi revestido da condição de berço de uma nova ordem urbana, eficiente e disciplinada desde sua aurora. Tal compreensão foi capaz de situar na era da "refundação" uma convergência, efetiva e eficaz, entre o agente estrangeiro modernizador, o estado disciplinador e as elites ansiosas por habitar – como o nome do bairro indica – em uma transposição da civilidade parisiense para a capital paulista. Sem necessariamente o ser em sua dimensão material e social,[5] o bairro foi exclusivo e "aristocrático", tanto nas representações relativas a si quanto nas da própria cidade de São Paulo.

Evocação dos *Champs Elysées* parisienses e do triunfo de um exclusivismo caracteristicamente burguês de áreas urbanas elitizadas e socialmente uniformes, os Campos Elísios foram continuamente lidos como espaço livre de sua complexidade socioespacial e funcional, por meio de representações imagéticas, mas, sobretudo, por discursos textuais, presentes, sobretudo, em livros, revistas ou jornais. Serão aqui abordados, mediante amostragem, dois segmentos de representações presentes em fontes textuais, que são parte fundamental dos discursos que formularam o bairro como espaço imaginário da modernidade, da especialização urbana e do protagonismo transformador dos estrangeiros.

O primeiro deles é composto por álbuns de propaganda e descrições de viajantes publicados na Primeira República, que destacam seu caráter elitizado, sem o generalizar; o segundo é composto por nomes célebres do pensamento acadêmico que se consolidavam no país a partir das décadas de 1940 e 1950 e que radicalizaram a compreensão do bairro como espaço exclusivo e marcado pela *vieille roche* paulista.

Tais textos serão tomados, simultaneamente, como documentos para a compreensão de seu próprio papel na constituição das representações da cidade, seja no tocante ao dimensionamento do alcance da ação dos estrangeiros no reordenamento da capital do café, seja na compreensão do diálogo que mantiveram com as aspirações de transformação e de ordenamento urbanos almejadas pelas elites dirigentes, especialmente aquelas associadas aos fluxos da cafeicultura.

De chácara a loteamento

O diário *A Província de São Paulo*, no dia 3 de maio de 1878, publicou, com destaque em primeira página, um artigo assinado por Elias Machado denominado *Melhoramentos materiais*. Seu teor homenageava Friderich Glette, "dotado de um

5 Como já apontaram Homem (1986, p. 123), Pires (2006, p. 137) e Branquinho (2007, p. 42).

espírito perspicaz, inteligente, ativo e propenso às grandes iniciativas", tomado então como exemplo de empreendedor arrojado, alguém que não apenas prosperava com atividades lucrativas, mas que, sobretudo, promovia a coletividade e a cidade por meio de suas iniciativas. A evidência maior de seu arrojo seria o bairro que acabara de lotear, denominado Campos Elísios, materialização de sua capacidade transformadora:

> Acha-se o terreno em questão todo retalhado por meio de oito espaçosas ruas destinadas ao trânsito público, as quais, interceptando-as em ângulos retos, formam seis grandes paralelogramos iguais, além de outros tantos menores que têm irregulares os lados limítrofes com os terrenos adjacentes em razão da ondulação da linha divisória, prestando-se, porém, todos esses quadriláteros a um vasto plano de construções que seu proprietário projeta realizar em parte, dispondo de outra parte, por meio de venda, para os que quiserem imitá-lo.
>
> Algumas dessas ruas formam o prolongamento de outras antigas de domínio público que são a dos Bambus, dos Andradas e do Triunfo, sendo mais de notar-se que todas aquelas serão macadamizadas e apedregulhadas por exclusiva conta de seu proprietário.
>
> [...] esse prestigioso cavalheiro, dizíamos, traçando aquelas ruas, fê-lo de modo a serem todas arborizadas e, de fato, já trata de adorná-las por conta própria com duplas alas [sic] de alamedas, por cuja razão já deu àquele bairro o nome, se bem que nos pareça um tanto pomposo, de Campos Elísios, como se vê na respectiva planta que submeteu à aprovação da edilidade.

Lindeiro ao bairro de Santa Ifigênia, o loteamento de Glette inaugurava sua atividade como agente imobiliário e indicava, no nome pretensioso ironizado pelo diário, a ambição de espelhar a imagem parisiense. A geometria retilínea das ruas e lotes e as aleias de árvores – que justificavam a introdução da nomenclatura "alameda" na capital paulista – procuravam materializar a ideia de cidade embelezada e disciplinada. Essa nova ordem deveria seduzir as elites locais que ainda habitavam as ruas centrais ou, ainda, os cafeicultores que começavam a manter residências na capital devido à facilidade de deslocamento garantido pela malha ferroviária em expansão pelo interior da província. Tratava-se, portanto, de um esforço para atrair aqueles afortunados que almejavam viver à francesa, em lotes amplos abrigando palacetes, cercados de jardins e grades. Disso dava também notícia o artigo de Elias Machado:

> [...] na transmissão que faz dos lotes de terrenos aos que ali também pretendem edificar, o Sr. Glette, como já o fez, lhes impõe a cláusula de só levantarem suas construções na distância de cinco metros pelo menos afastadas do alinhamento das ruas, afim de ficarem estas mais amplas do que já são, e colocarem nas respectivas frentes grades que determinem aquele alinhamento, de modo a serem feitos pequenos jardins entre as mesmas grades e paredes das fachadas: tal plano é prova exuberante do seu bom gosto que dessa arte procura harmonizar o útil com o belo.

Afastamentos, grades, jardins. A convenção entre agentes privados iniciava, portanto, a prática do controle edilício que visava à construção isolada no lote, em que os compradores deviam se submeter ao projeto prévio de Glette. Um bairro que surgia de uma abstração, em que tanto o desenho retilínio de quadras e ruas quanto a ocupação dos lotes deviam espelhar o gosto, mas igualmente a possibilidade de controlar o futuro do empreedimento.

Os Campos Elísios foram um desdobramento – em grande proporção e com planificação complexa – das primeiras manifestações de deslocamento residencial das elites paulistanas para fora das ruas centrais. Um estudo recente de Eudes Campos documentou a primeira concentração nesse movimento centrífugo, decorrente do loteamento das chácaras do Brigadeiro Rafael Tobias de Aguiar e de Antônio Paes de Barros, ambas no limite entre a Luz e a porção mais ocidental do bairro de Santa Ifigênia. A de Antônio Paes de Barros, primeiro barão de Piracicaba, foi adquirida após 1868, ano em que o fazendeiro ituano se mudou para a capital, sendo posteriormente retalhado entre seus parentes. Em 1875, Rafael Paes de Barros (segundo barão de Piracicaba, filho de Antônio) já pedia alinhamento para o primeiro dos grandes palacetes erguidos na região, totalmente isolado no lote (Campos, 2005).

Muitas das residências ali erguidas seguiram essa grande novidade. Eram assim, por exemplo, as casas dos irmãos Rafael, Antônia, Antônio e Diogo Paes de Barros, e a de Bernardo Avelino Gavião Peixoto. Outras, como as do conde do Pinhal, de Antonio Álvares Penteado (futuro conde Penteado e construtor da Villa Penteado, em Higienópolis, já no século XX) e de Rafaela Cantinho, eram alinhadas na calçada. Em meio dessas, entretanto, pequenas casas térreas ou sobrados propiciavam um perfil heterogêneo, mas não tão intenso quanto nas ruas centrais.[6]

---

6 Cf. Campos, 2005. Um perfil semelhante de retalhamento de chácara entre membros de uma mesma família é o que o ocorreu com o loteamento da antiga chácara do barão de Sousa Queiros, dando origem à rua São Luís; ver Lefèvre, 2006.

Se os Campos Elísios não tiveram a primazia do deslocamento das elites, tampouco foram o primeiro arruamento retilíneo de grandes proporções na cidade de São Paulo, o que coube à chamada Cidade Nova. Não existem estudos até o momento que documentem e reflitam cuidadosamente sobre essa região, composta pela grelha de ruas em torno do eixo da rua de Santa Ifigênia, e pela grelha ao sul da rua de São João, loteada pelo barão de Itapetininga. Ambas também resultaram de retalhamento de chácaras, mas foram ocupadas em sua quase absoluta totalidade por casas alinhadas no lote, modestas (como indicam fotos tomadas do "Canudo" de João Theodoro e depois da torre da Estação da Luz), com raras residências providas de jardins frontais e recuos laterais. O célebre relatório de 1893 já acusava, inclusive, diversas moradias coletivas no bairro de Santa Ifigênia, incluindo cortiços, numa ocupação dos lotes bastante densa (Lemos, 1998; Cordeiro, 2010).

Quando, em 1878, Friderich Glette iniciou o loteamento da antiga chácara de João Ribeiro da Silva, localizada no Campo Redondo e adquirida mediante escritura pública de 11 de março de 1878 por 16:000$000 de réis (Branquinho, 2007, p. 38), as experiências de loteamento anterior indicavam uma tendência de demanda pelas ruas retilíneas e pela possibilidade de erguer residências abastadas isoladas nos lotes. A inovação dos Campos Elísios estava justamente em oferecer essas duas novidades num mesmo empreendimento imobiliário, acrescido de arborização e de um compromisso cartorário de erguer construções que tendiam ao luxuoso, ao uso supérfluo do espaço disponível no lote.

Além disso, a quebra do Banco Mauá, em 1875, foi um fator de fortalecimento, em várias cidades do país, dos investimentos em negócios imobiliários como maneira de proteção às crises do sistema financeiro. São Paulo, que estava então em franca expansão econômica e demográfica, não escapou a esta tendência e é bastante certo que Glette e Nothmann, envolvidos na praça tanto em comércio quanto em indústrias e serviços, tenham percebido a oportunidade de lançar-se rapidamente ao mercado imobiliário – e com um produto diferenciado.

Glette a este tempo era já empresário na capital, embora residisse no Rio de Janeiro. Iniciou em 5 de fevereiro de 1878 (Siriani, 2003, p. 162), no mês anterior à compra das terras no Campo Redondo, a construção daquele que passaria a ser por décadas o mais importante equipamento hoteleiro da cidade – o Grande Hotel situado na esquina das ruas São Bento, Lapa e São José, inaugurado em 1 de julho do mesmo ano, segundo informa *A Província de São Paulo* na edição do dia subsequente. Glette era, portanto, sensível a importância dos fluxos de negócios e deslocamentos que se adensavam rapidamente na cidade, o que incluía fazendeiros, cada vez mais presentes na capital. Sua atividade hoteleira de luxo, um dos primeiros traços de cosmopolitismo na cidade, permite inferir sua sensibilidade para a sedução dos novos padrões franceses de arquitetura e urbanismo, também evocados claramente em um loteamento denominado por ele de Campos Elísios. Assim, a internacionalização de seus empreendimentos ecoava na capital paulista o que as cada vez mais ocorrentes viagens dos fazendeiros à corte e à Europa permitira conhecer e desejar.

Victor Nothmann iniciara suas atividades na província na mesma década de 1870, como mascate. Em 1879, no ano seguinte à compra da gleba por Glette, Nothmann matriculou-se como comerciante na capital, com a firma Nothmann & Cia. Tornou-se o maior atacadista de tecidos na cidade, projeção econômica que o levou a tornar-se por diversas vezes cônsul do Império Alemão em São Paulo (Siriani, 2003, p. 143-144). Seu envolvimento com a comercialização dos lotes dos Campos Elísios, que assumiu formalmente após a morte de Glette em 1886 (Martins, 1973, p. 163),[7] acabou por vinculá-lo à urbanização de terras na capital em ampla dimensão. Em sociedade com outros empresários, especialmente com Martim Burchard, Nothmann realizou o loteamento de Higienópolis, de vastas áreas que praticamente envolviam a avenida Paulista e de glebas na Mooca e, com a família Alcântara Machado, de terras na Saúde.

Mônica Silveira Brito (2000, p. 32-38) apurou que Nothmann integrou também de maneira evidente a geração de empresários que se fortaleceram na capital mediante sociedades e investimentos em ações. No âmbito das sociedades anônimas voltadas diretamente à atividade urbanizadora, integrou a Cia. Mercantil de Obras Públicas (constituída em 1890); Cia. São Paulo Territorial (1890); Cia. Mista de Agricultura, Indústria e Comércio (1890); Cia. São Paulo Construtora (1890); Cia. Comercial Paulista (1894); Empresa Sublocadora e Comercial de São Paulo (1890); Cia. Vila Engenheiro Frontin (1891); Cia. Companhia Paulista de Curtume e Fabricação de Calçados (criada em 1890 mas não instalada); Cia. Industrial Rodovalho (1891; Companhia Ítalo Paulista (1892); Cia. Vila Pinto Gonçalves (1890); Cia. Iniciadora Paulista (1891); Cia. Predial de São Paulo (1890).

No âmbito da implantação de infraestrutura urbana, Mônica Brito também apurou sua participação na Cia. Paulista do Viaduto do Chá (1889); Cia. Ferro Carril de São Paulo

7 Os livros de registros dos tabeliães existentes na Coleção Aguirra do Museu Paulista indicam claramente a sucessão de Glette por Nothmann após o falecimento daquele.

(1889,); Cia. Água e Luz do Estado de São Paulo (1890); Empresa de Melhoramentos Locais (1891). Finalmente, seus investimentos cobriam outras atividades de serviços e indústria, integrando a Companhia Telefônica_do Estado de São Paulo, Companhia Central Paranaense (1890); Companhia Alpestre e Balneária (1891); Companhia Niagara Paulista (1891), dedicada à produção de açúcar e álcool no Engenho Central de Piracicaba; e o Banco Comercial Paulista.

Esta lista revela a amplitude dos negócios de Nothmann até sua morte, em 1905 (Martins, 1973, p. 163), e o amplo contato que os mesmos permitiram, inclusive societário, com as elites locais. Mas demonstra, sobretudo, sua estreita ligação com o mercado imobiliário, na medida em que a ampla maioria das empresas em que era sócio tinha nesse ramo de negócios o seu fulcro.

Os lucros obtidos na venda do lotes nos Campos Elísios certamente constitui um ânimo decisivo para o envolvimento de Nothmann no negócio imobiliário nas décadas seguintes. O sucesso financeiro do empreendimento pode ser constatado pela venda de um lote, já em 26 de abril de 1878, ao major Diogo Antonio de Barros, por 12:000$000 de réis, quase o total pago pela gleba inteira (Branquinho, 2007, p. 38). Antônio Egydio Martins, memorialista do início do século, lembrou que 100 contos teriam sido gastos na abertura das ruas, sendo apurados oitocentos na venda dos lotes (1973, p. 163).

O bairro dos Campos Elísios, ao tempo de Glette, resumia-se ao arruamento surgido nas terras da chácara adquirida em 1878, isto é, limitava-se à rua dos Bambus (atual avenida Rio Branco), ao leito da ferrovia nos fundos, à alameda do Triunfo (atualmente Cleveland) e à rua Duque de Caxias, pela qual fazia limite com Santa Ifigênia (Figura 1). Toda a porção dos Campos Elísios acima da rua dos Bambus, onde estão as ruas dos Guaianazes, Conselheiro Nébias e alameda Barão de Limeira, foi arruada posteriormente, emprestando o nome do loteamento original.

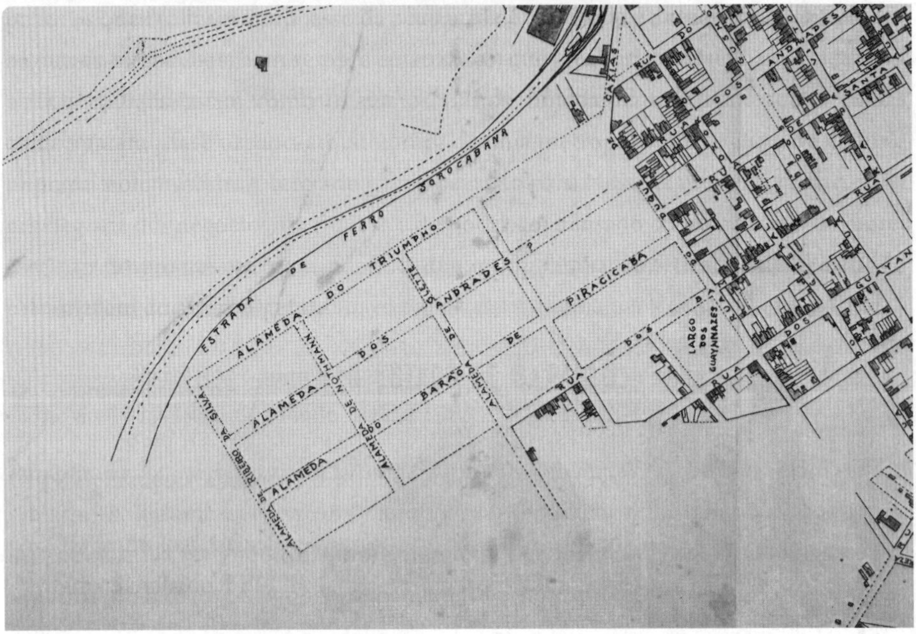

Figura 1. A Planta Cadastral da Companhia Cantareira, de 1881, aqui em fragmento, sinaliza o arruamento inicial dos Campos Elísios promovido por Glette, limitado a Oeste pela rua dos Bambus (atual avenida Rio Branco). *São Paulo antigo: plantas da cidade.* São Paulo: Comissão do IV Centenário da Cidade de São Paulo, 1954.

O exame das primeiras plantas sinalizadoras de quadras e lotes que representam os Campos Elísios aponta que a construção de edificações foi, entretanto, mais lenta que o sucesso da comercialização dos lotes. As mesmas plantas indicam também que as construções erguidas, em grande parte, não seguiram a intenção de uniformizar o afastamento em relação ao alinhamento, descaracterizando a intenção inicial de Glette.

A confrontação das plantas de Huet de Bacellar (1892) e da Repartição Técnica de Águas e Esgotos (1894) sinaliza lotes vazios em todas as ruas, mais de quinze anos após o loteamento. Além disso, um perfil edilício evidentemente misto se revela. São representados poucos palacetes isolados no lote, tipologia que se poderia julgar recorrente devido às exigências de Glette na transmissão de lotes. Há também, contraditoriamente a essa expectativa elitizante, numerosas residências geminadas, especialmente no prolongamento do bairro para além da rua dos Bambus.

Por meio da planta de Huet de Bacellar é possível estabelecer uma comparação imediata de Santa Ifigênia com os Campos Elísios, que é figurado com muito menor densidade de área construída no lote, o que evidencia um perfil certamente mais elitizado do que o bairro vizinho. O próprio desencontro das vias entre os dois bairros parece indicar uma deliberada intenção de distingui-los, visto que a rua do Triunfo não é alinhada com sua alameda homônima nos Campos Elísios, ocorrendo o mesmo com a rua e alameda dos Andradas, e com a rua de Santa Ifigênia, que não se prolonga com a alameda barão de Piracicaba (Figura 2).

Figura 2. Huet de Bacellar. Planta cadastral (fragmento), 1892, 1:2000. Detalhe dos bairros de Santa Ifigênia e parte dos Campos Elísios, em que se pode notar as variações de construções e o desencontro de parte de suas ruas. Acervo do Arquivo Público do Estado de São Paulo.

Chama a atenção nos Campos Elísios, entretanto, a grande quantidade de sequências de casas geminadas e alinhadas na calçada, sem qualquer afastamento das divisas frontal e laterais do lote. Uma delas volta-se para a rua dos Bambus (atual avenida Rio Branco), na esquina diagonal do lote onde seria erguido a partir do ano seguinte, 1893, o palacete de Elias Pacheco Chaves, entre Bambus, Glette e Guaianazes. Este conjunto ainda existe em parte. Trata-se aparentemente de um único sobrado, de linguagem neoclássica e intenção solene, cuja modulação é falseada para se dar a impressão de um único grande sobrado, ilusão que se desfaz na projeção das construções presente na planta de 1892.

Certamente menos imponentes eram os conjuntos compostos pelo perfilamento de casas seriadas, alinhadas nas calçadas, compondo duplas geminadas, de projeção no lote invertida. Duas sequências dessas séries de casas estão voltadas para a rua Helvetia (uma delas, entre Guaianazes e Conselheiro Nébias, com 15 casas geminadas, outra, entre Guaianazes e Bambus com 11), e mais duas, faceadas, para a rua dos Guaianazes (uma com com 13 outra com 15). Essas são ainda mais seriadas que o referido conjunto majestoso da rua dos Bambus, ocupando lotes mínimos e com planta gêmea invertida, evidente no puxado da cozinha e sanitário. Tratava-se muito possivelmente de casas de aluguel, voltadas provavelmente para segmentos mais altos da classe média, o que de certo já configurava o bairro como de perfil social misto (Figura 3).

Figura 3. Huet de Bacellar. Planta cadastral (fragmento), 1892, 1:2000. Detalhe do bairro dos Campos Elísios, com sequência de casas geminadas. Acervo do Arquivo Público do Estado de São Paulo.

Na planta da Repartição Técnica de Águas e Esgotos de 1894, em que já consta a projeção do palacete de Elias Chaves, foram figurados conjuntos de casas geminadas nas alamedas Nothmann (oito unidades geminadas), dos Andradas (atual Dino Bueno, seis unidades) e Glette (quatro unidades). As quadras entre as ruas dos Bambus e dos Guaianazes concentravam a maior parte das residências isoladas em lotes amplos, contrastando claramente com o perfil tipológico (e social) misto das quadras mais próximas à linha férrea (Figura 4).

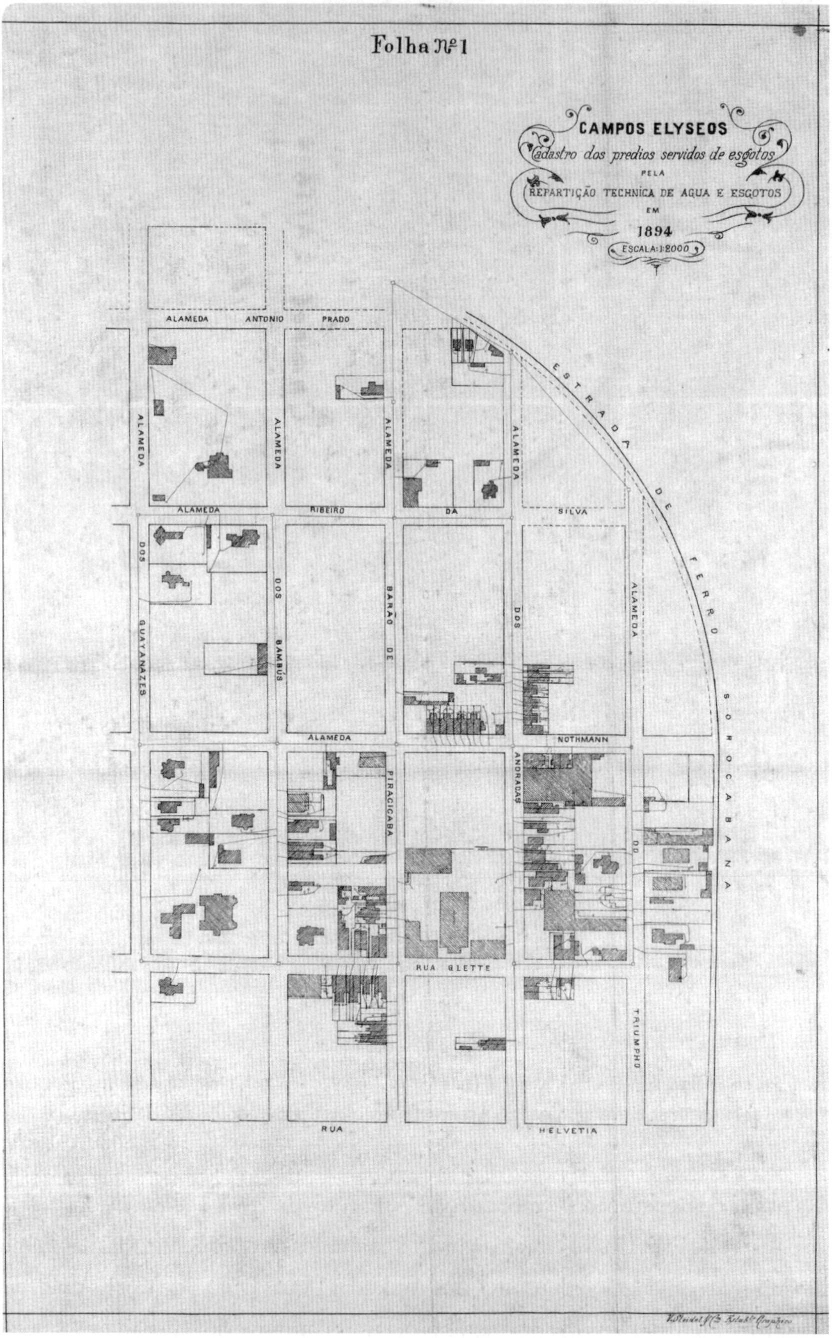

Figura 4. Repartição Técnica de Águas e Esgotos. Planta cadastral, 1894, 1:2000. Representação dos lotes construídos no bairro dos Campos Elísios, com respectivas ligações à rede de tubulações. Acervo do Museu Paulista da Universidade de São Paulo.

Ainda sobre a heterogeneidade do bairro, cabe lembrar a observação de Nestor Goulart Reis Filho (1992, p. 21) que, ao examinar uma fotografia desta área tomada nos primeiros anos do século XX da torre do Sagrado Coração de Jesus, constatou em meio a palacetes e residências de porte menor e, sobretudo, um expressivo conjunto de galpões vinculados ao padrão arquitetônico industrial, situado na esquina das ruas Visconde do Rio Branco (antiga dos Bambus) e alameda Nothmann. Tal presença novamente aponta os Campos Elísios como uma área mista, indicando uma possível dificuldade em especializar o bairro apenas com residências de elite, apesar de ali serem erguidos os palacetes de potentados como Elias Pacheco Chaves e Anésia da Silva Prado, Inácio e Olivia Guedes Penteado, os barões de Arary, os condes de Prates ou de Henrique Santos Dumont.

O vaticínio de semelhança parisiense proferido por Elias Machado na notícia de 1878 ganhou, portanto, cada vez menos possibilidade de se efetivar como prática:

> Tudo isso nos induz a acreditar que os Campos Elísios do Sr. Glette em breve corresponderão a sua expectativa; e conquanto jamais admitamos a possibilidade de que eles, qualquer que seja sua prosperidade, possam em menos de um século rivalizar com as da grande capital do mundo civilizado, todavia nos é grato afirmar que não está muito longe a época em que se tornarão dignos desse nome.

Mas se o bairro apresentava uma efetivação edilícia significativamente distante do perfil altamente elitista de seu inspirador francês, no âmbito das representações textuais esta ambição triunfaria, seja na descrição dos álbuns de propaganda e descrições de viajantes, seja ainda mais nas palavras dos cientistas humanos que consolidariam uma memória enobrecida a um bairro que se materializara de maneira bem menos exclusiva.

Um bairro de elite

Embora seja também lembrado por seu traçado regular, que se não foi inaugural, devido à primazia de Santa Ifigênia, foi um dos mais emblemáticos da ruptura formal face às ruas tortuosas das freguesias ao norte e sul da Sé, a representação que mais se repetiu ao longo de mais de 100 anos sobre os Campos Elísios foi sua estreita relação com as elites da cidade.

As plantas e fotografias que figuram o bairro estão longe de demonstrar uma especialização social ou funcional radical, pois indicam, como visto, a presença de sequências de casas geminadas de tipo locatício e mesmo de alguns exemplares da arquitetura industrial. Mas tais informações inscritas em imagens não lograram jamais contrastar a força dos discursos verbais que abordaram os Campos Elísios. O conjunto de textos que passam a ser examinados foi gerado entre 1895 e 1918, sendo constituído de publicações prioritariamente voltadas ao público externo à cidade. Em todos eles é marcante a caracterização do bairro como espaço residencial vinculado às elites locais, que paulatinamente sofreria concorrência de Higienópolis e da avenida Paulista.

O álbum *São Paulo* foi editado por Gustav Koenigswald em 1895, na própria capital paulista, em português, na sequência de uma primeira edição mais compacta em alemão editada no ano anterior, na mesma cidade. Ambas tinham por público alvo, obviamente, o visitante ou o leitor no exterior.[8] O livro de Koenigswald foi um dos primeiros álbuns impressos ilustrados com fotografias, dedicados à cidade e ao estado de São Paulo, novidade que certamente ampliava seu poder de divulgação junto ao público leitor.

Após um texto introdutório em que descreve a cidade, sua geografia, transformações materiais, composição demográfica e também as riquezas do interior do estado, Koenigswald apresenta imagens diversas realizadas por Gaennsly & Lindemann, Paulo Kowalsky, João Pompe, Carlos Hoenen, Axel Frick, Francisco Henszler, Oscar Ernheim, Heinrich Schulmann, Alberto Loefgreen e Paul Sack, referentes ao interior, mas dedicadas, sobretudo, à cidade de São Paulo. Ao comentar as áreas residenciais da cidade, frisou serem "os bairros novos, como Campos Elísios, Santa Cecília, Vila Buarque e outros, [os que] patenteiam o gosto arquitetônico em seus belos e sólidos edifícios" (Koenigswald, 1895, p. 10). Embora sem menção a classes sociais, o bairro encabeça a lista dos notáveis da cidade e aqueles que ditavam o bom gosto, num tempo em que as avenidas Paulista e Higienópolis eram descampados, pois acabavam de serem abertas.

A menção é reforçada por oito imagens dos Campos Elísios, que representam seis de seus palacetes, uma vista da alameda Glette e outra de um conjunto de casas geminadas de acabamento suntuoso na rua Conselheiro Nébias, entre Glette e rua Helvetia.[9]

8 Koenigswald repetiria a iniciativa ao editar um álbum sobre o Rio Grande do Sul (1898).

9 Na edição de 1894, apenas o palacete representado na fotografia de n. 57, localizado na rua dos Bambus, foi reproduzido.

A ideia de um bairro de elite começava a ter veiculação nacional, enfatizando a adesão da próspera capital da economia cafeeira aos padrões arquitetônicos historicistas e aos palacetes ajardinados.

Poucos anos depois, Alfredo Moreira Pinto publicou suas impressões da capital paulista na obra *A cidade de São Paulo em 1900,*[10] dedicada ao então presidente Campos Salles e aos presidentes paulistas Fernando Prestes e Peixoto Gomide. Nascido no Rio de Janeiro e ex-aluno da Faculdade de Direito do largo de São Francisco, Moreira Pinto tornou-se professor da Escola Militar da Praia Vermelha e faleceu ocupando o cargo de diretor da Biblioteca Municipal do Rio de Janeiro em 1903 (Gaspar, p. VI-VII). Retornando à cidade onde estudara na juventude, redigiu uma espécie de guia pormenorizado da mesma, composto por capítulos temáticos desdobrados em pequenos verbetes, em que apresenta aspectos diversos da capital como suas principais instituições e edifícios públicos, escolas, hospitais, fábricas, órgãos de imprensa e também seus logradouros, entre os quais faz mencionar as ruas e bairros mais elegantes para morar na passagem do século.

Cinco anos bastaram para que, após o silêncio de Koenigswald, Higienópolis, especialmente sua avenida homônima (então boulevard Burchard), e a avenida Paulista tomassem a dianteira nos locais mais destacados para moradia das elites paulistanas. Ambas recebem textos longos, em que Moreira Pinto destaca a arborização, os palacetes e os panoramas de que delas se avistavam. Previa que o boulevard Burchard – que atribui apenas a Martinho Burchard, "um teuto-paulista, um empreendedor arrojado, um verdadeiro *yankee*", sem mencionar seu sócio Nothmann – por suas "muitas casas apalacetadas, luxuosas, de diferentes gostos, em meio a poéticos jardins ou de verdejantes parques", tornar-se-ia "ponto obrigatório de passeio para os *touristes,* que procuram S. Paulo", enquanto a Paulista "a mais importante da cidade [...] plana, quase reta [...] com predios sumptuosos, constitui ela justo orgulho dos paulistas quando a apresentam ao estrangeiro admirador de nossas belezas naturais" (Pinto, 1900, p. 250-252).

Embora já não tão cintilantes, as ruas e alamedas dos Campos Elísios foram mencionadas em peso no livro-guia de Moreira Pinto. Já na introdução da obra, apontava que a cidade possuía "belas avenidas, como a denominada Paulista, encantadores arrabaldes como os Campos Elísios, a Luz, Santa Cecília, Santa Ifigênia, Higienópolis e Consolação", arrolando-o em primeiro lugar junto aos bairros que abrigavam os estratos mais ricos da cidade, o que repete ao listar outros 32, em que incluía vários populares

---

10 A primeira edição foi publicada em 1900, pela Imprensa Nacional, Rio de Janeiro.

ou habitados por setores médios. O mesmo destaque reaparece novamente, logo após celebrar a riqueza e a modernidade da área central: "Para além dos quatro pontos cardeais estendem-se lindíssimos bairros com ricos palacetes, avenidas e alamedas largas e extensas como a Paulista, a Glette, a Nothman, dos Bambus, do Triunfo, Barão de Piracicaba, Tiradentes, Rangel Pestana [...] ruas [...] como a do Barão de Itapetininga, Conselheiro Nébias, Aurora, S. João, Visconde do Rio Branco, Guaianazes, além de muitas outras." Segundo Moreira Pinto, os Campos Elísios tinham, por meio do largo dos Guaianazes (atual praça Princesa Isabel) também a primazia dos espaços públicos: "é o largo mais bonito da cidade, bastante espaçoso, com bonitos prédios e caprichosamente arborizado". (Pinto, 1900, p. 10, 29, 25, 261).

No capítulo denominado *Boulevard, avenidas e alameda* (distinto daquele denominado *Ruas principais*), o bairro é o único da cidade a ter exemplos mencionados da última tipologia de logradouro. As alamedas do Triunfo (atual Cleveland), Barão de Piracicaba, Bambus, Glette e Nothmann são ali constadas, destacadas seja pela arborização, seja pelas fortunas que lá habitavam, como a baronesa de Arary, Henrique Dumont, Eduardo Prates, Elias Chaves, Firmiano Pinto, José Estanislau de Arruda Botelho, o barão de Rezende, entre outros (Pinto, 1900, p. 253-255).

Sem mencionar Glette e Nothmann senão pelas vias que levam seus nomes, Moreira Pinto destacava os resultados de sua ação loteadora nos Campos Elísios pela primazia com que mencionava suas alamedas e ruas. A inexistência de uma grande avenida que articulasse o bairro o colocava em desvantagem aos novos empreendimentos em Higienópolis e no Caaguassú, mas a listagem dos moradores que menciona nos verbetes dedicados aos logradouros dos Campos Elísios dá a monta do bairro como a maior concentração de grandes fortunas na cidade de então.

O livro de Moreira Pinto, editado pela Imprensa Nacional, teve certamente por isso facilitada sua repercussão e circulação, visto ainda ser também autor de mais dois livros de impressões de viagem sobre Santos e Campinas, bem como de obras de geografia e história editadas também no Rio de Janeiro. Quem o lesse teria como certa a evidência de que os Campos Elísios materializavam a ascensão econômica da cidade, abrigando grande parte de seus potentados e dos sinais materiais privados de sua afinidade com as cidades europeias.

Após 30 anos de seu loteamento, o bairro havia se consolidado como um local em que os palacetes pontuavam a paisagem, mas certamente não eram predominantes, sobretudo entre a alameda Nothmann e a rua Duque de Caxias, a porção original dos

Campos Elísios. O tecido do bairro consolidou-se durante a Primeira República, o que é possível constatar nos célebres panoramas de Gaensly (1905) e de Valério Vieira (1922), tomados da torre do Santuário do Sagrado Coração de Jesus em direção leste. Em ambos é possível visualizar claramente os padrões de edificação e de função mistos, jamais mencionados nos textos que frisavam o caráter residencial e elitizado dos Campos Elísios.

Publicado pela Sociéte de Publicité Sud-Americaine em 1918 e impresso em Barcelona, o livro *O Estado de São Paulo* foi realizado para propagar a pujança agrícola, comercial, financeira e industrial paulista. Esses três últimos ramos de atividade, tradicionalmente associados na Europa à burguesia, foram imensamente representados na obra, que de certo contou com os grandes empresários como apoiadores, visto a presença ostensiva de empreendimentos abordados e de propagandas privadas.

Além da atenção aos empreedimentos, o livro também apresentava a esfera política e a própria capital, visto o caráter de difusão externa que marca a publicação. Nela consta novamente o destaque ao loteamento aberto do Glette e Nothmann ao lado de seus coetâneos e já sob um qualificativo que se replicaria nas décadas seguintes: "Os bairros aristocráticos da bela cidade de São Paulo são os denominados Higienópolis, Campos Elísios, Villa Buarque e Avenida Paulista". Frisava ainda que "As edificações particulares nos bairros aristocráticos se caracterizam pelo seu aprimorado gosto artístico, sendo de notar as construções que ladeiam a Avenida Paulista em toda a sua extensão, as da Avenida Higienópolis, Rua Maranhão, Avenida Angélica, Campos Elísios e muitas outras." (O Estado, 1918, p. 104, 108).

Desbancado definitivamente pelas áreas mais altas e certamente mais homogêneas socialmente, os Campos Elísios ainda permaneciam no topo dos bairros mais ricos da cidade. A esse tempo, já abrigava a residência oficial dos presidentes estaduais, instalada no palacete de Elias Pacheco Chaves e Anésia Prado, adquirido pelo Estado em 1911 (Homem, 1986, p. 169), o que certamente reforçava sua distinção entre os demais da cidade. Para além da fortuna, entretanto, é convocada a adjetivação aristocrática, na qual se expressa o caráter nobre e certamente fechado que oriundo do estamento nobiliárquico do Antigo Regime. Ainda que ocupados por fortunas provenientes em grande parte do comércio e da indústria, coube associar às elites econômicas da cidade, e seus bairros, a distinção advinda tradicionalmente da linhagem, do trato agrário, da toga ou, quando muito, dos títulos de nobreza concedidos pelo imperador deposto.

De certo, nem todas as descrições associam os Campos Elísios ou outros pontos de concentração das habitações de elites ao sentido *Ancien Régime*, como ocorrerá frequentemente a partir da década de 1940. Domenico Bartolotti, viajante italiano de vínculo fascista e autor de *Il Brasile Meridionale* (1930), editado também para o público estrangeiro, aponta igualmente o destaque do bairro de Glette e Nothmann em meio a seus coetâneos, frisando serem os locais residenciais das elites:

> Os bairros elegantes, onde aparecem villini, palazzine, ville, demonstram bom gosto artístico. São as grandes avenidas, primeira entre todas a Carlos de Campos, anteriormente Paulista, a ampla via asfaltada e arborizada, em uma elevação maravilhosa, onde frequentemente se escondem as luxuosas habitações dos ricos paulistas; em seguida, Campos Elísios, Brigadeiros Luís Antônio, Liberdade, Higienópolis, etc., todas amplas, com numerosas praças adornadas de jardins floridos.

Sem se referir aos setores médios bastante evidentes na cidade, Bartolotti opõe binariamente os bairros elegantes a seu contraponto: "Os bairros populares – Brás, Bexiga, Cambuci – localizam-se longe do centro, na zona dos mais importantes estabelecimentos comerciais, onde, em consequência, se concentra e se desenrola a vida do operariado" (Bartolotti, 1930, p. 204). Tal esquematismo é recorrente nas abordagens da cidade e de seus bairros, compreensíveis, sobretudo, se percebidos como especializados, de acordo com o que preconizava o padrão parisiense.

As três primeiras obras, publicadas ou patrocinadas por agentes localizados no Brasil, têm em comum o objetivo de sensibilizar um público externo, por meio de publicações que, sob formatos editoriais diferentes, procuravam exortar as características de uma cidade que se enriquecera rapidamente. A projeção internacional da economia cafeeira catapultava a cidade a um relativo interesse no exterior e mais ainda no país, pelo que tais edições certamente frisavam suas atividades econômicas, mas, igualmente, ao abordar o espaço da cidade, os dois polos mais visíveis de sua projeção capitalista. De um lado os bairros que abrigavam as elites emergentes com o café, de outro os bairros populares (mas não necessariamente eram operários) que concentravam a população de origem imigrante pobre ou remediada.

Apenas o álbum *O Estado de São Paulo* lançou, entretanto, o qualificativo aristocrático. Essa será, entretanto, uma presença constante em todos os principais textos que abordarão os Campos Elísios a partir da década de 1940, constituindo uma associação entre espaço e classe no mínimo paradoxal em relação aos modelos parisienses que procurava emular no nome e na forma.

Um bairro para a aristocracia?

Segundo as práticas de especialização social do espaço urbano em voga em Paris no século XIX – no qual obviamente um bairro denominado Campos Elísios está referenciado – os bairros de elite são uma criação que atende um anseio de distinção expressamente burguês. A ausência de atributo de sangue titulado foi compensada pelas novas elites econômicas e políticas do século XIX francês por uma série de instrumentos de afirmação social, vários deles, como lembra Arno Meyer (1987), partilhados ou inspirados nos apanágios de qualificação da aristocracia. Daí o anseio por títulos de nobreza concedidos por Napoleão III, a paixão pelos cavalos nas raias de turfe, a associação a clubes que agregavam as velhas elites, o colecionismo de objetos e obras de arte da era dos Luíses, a emulação dos estilos arquitetônicos do *Grand Siècle*, o que incluía novos e amplos palacetes urbanos diretamente inspirados nos *hotels particuliers* da velha nobreza de origem aristocrática.

O bairro socialmente especializado para as elites foi, assim, uma criação inovadora da Paris burguesa, reordenada em grande escala a partir das intervenções geridas pelo barão Haussmann. A antiga convivência entre os *hotels particuliers* da velha nobreza durante os Bourbons com habitações modestas, que caracterizava os tecidos urbanos do Marais, e dos *faubourgs* de Saint Germain e de Saint-Honoré, foi superada por novos loteamentos de vizinhanças homogêneas, surgidos ou consolidados ao longo do século XIX, a oeste dos Champs Elysées. Os Champs Elysées e, posteriormente, o XVIe arrondissement, composto pelos bairros de Chaillot, Porte Dauphine, Passy e Auteil, bem como o município lindeiro de Neuilly-sur-Seine, foram cobertos de palacetes, substituídos ao longo do século XX por edifícios de apartamentos de alto luxo. De certo houve nesses espaços a presença de segmentos das elites aristocráticas, mas os moradores frequentes eram os novos-ricos, os *parvenues*, do século XIX. Ali se podia ostentar a prosperidade econômica e a ascensão social nos palacetes das ruas que partiam da Étoile, nas quadrículas de Neuilly ou nos primeiros bairros-jardins a Oeste de Paris, como em Le Vésinet, que abrigavam moradias tipologicamente híbridas, entre a suntuosidade da cidade e o pitoresco cabível no campo(Pinçon; Pinçon-Charlot, 1992, cap. I e II; *Idem*, 1996, p. 231-233; Cueille, 1989).

Os Campos Elísios, surgidos na borda da mancha urbana em fins da década de 1870, tinham seu traçado composto por uma quadrícula de ruas absolutamente retas, semelhantes às que se abriram em Neuilly após o parcelamento, em 700 lotes, do antigo parque que cercava o *chateau* de Luís Felipe d'Orléans, queimado pela turba na revolução de 1848. Neuilly surgia como bairro de elite obrigando-se o afastamento da construção em relação ao limite dos lotes, dispostos em vias embelezadas com aleias de árvores (Pinçon; Pinçon-Charlot, 1996, p. 233-234). Os parâmetros do bairro paulistano eram, portanto, rigorosamente próximos do modelo de bairro burguês que se implantava nos Champs Elysées e nos loteamentos a Oeste do centro de Paris.

Sua associação com o que se convencionou chamar de aristocracia do café deve ser compreendida levando-se em conta uma periodização fundamental para o bairro. Desde fins do século XIX, os Campos Elísios sofriam concorrência de Higienópolis e da Avenida Paulista e neles, sim, a especialização social era muito mais efetiva, como sinalizava o modelo parisiense. Paradoxalmente, as fortunas ali instaladas tinham perfil econômico bastante heterogêneo, pois abrigavam segmentos de elites mais próximos ao capital industrial, como os empresários emergentes imigrantes presentes na Avenida Paulista ou segmentos de cafeicultores mais próximos à indústria, como os Álvares Penteado, em Higienópolis.

Embora também houvesse industriais instalados nos Campos Elísios, como o célebre Jorge Street, que habitava o antigo palacete de Firmiano de Moraes Pinto e de sua esposa Cândida de Arruda Botelho, pode-se afirmar que a memória do bairro está associada às grandes fortunas ligadas à economia do café, como os Pacheco Chaves, os Silva Prado, os Moreira de Barros, os Prates, os Guedes Penteado ou os Alves de Lima. As sucessivas crises da cafeicultura foram solapando a fortuna de parte dessas e de outras famílias ali instaladas, o que tornou sua sustentação como bairro de elite ainda mais difícil. Somam-se a isso outros fatores de crise de perfil elitizado, como a obsolescência de velhos palacetes em face de programas de necessidades mais modernos, que os tornava pouco atraentes, ou as partilhas entre herdeiros numerosos, que por vezes não podiam manter construções caras e amplas demais. Higienópolis e Avenida Paulista, embora também não a salvo das turbulências da cafeicultura e da crise de 1929, eram mais homogêneos. Permaneceram, por isso, mais próximos dos bairros exclusivos da Companhia City e seus similares como Jardim Europa e Cidade Jardim, que consolidaram na cidade a possibilidade dos segmentos mais ricos morarem apartados do restante da sociedade (Rolnik, 1997; Marins, 1998).

Algumas fortunas migraram dos Campos Elísios para os bairros mais novos, como ocorreu com Maria Dalmácia de Lacerda, baronesa de Arary, que morou no palacete projetado por Ramos de Azevedo na esquinas das alamedas Glette e Cleveland, e, quando faleceu, residia na Avenida Paulista. Mas a ideia de que as elites partiram em massa é uma evocação de prosperidade contínua que não encontra respaldo na trajetória na maior parte das famílias ali instaladas. Os que restaram iriam paulatinamente enfrentar o encortiçamento de palacetes vizinhos, a progressiva fragmentação de lotes em unidades e habitações menores e o aumento do hibridismo de atividades para além da habitação.

A partir da década de 1930, o bairro passou, contraditoriamente, a seu perfil social misto, a ser descrito e evocado por autores de filiação acadêmica como uma espécie de berço da especialização urbana, associada imaginariamente à aristocracia, camada que, embora jamais tenha existido em São Paulo de acordo com os padrões comportamentais da nobreza de Portugal ou da França, foi sendo apontada como o sinal da distinção evidente do loteamento. Burguês na tipologia e na composição social, aristocrata no imaginário, os Campos Elísios serviram à forja de uma ideia de cidade disciplinada, refinada, exclusiva, estribada naquilo que a sociedade paulista podia evocar como sua *vieille roche*, seu padrão máximo de refinamento e distinção nata. Foi e ainda é o bairro mais associado aos "barões" do café.

Caio Prado Junior, sobrinho-neto de Anésia da Silva Prado, proprietária, com seu marido Elias Pacheco Chaves, do mais opulento palacete do bairro (que se tornaria residência do Presidente do Estado sob o nome de Palácio dos Campos Elísios), foi talvez o primeiro intelectual de padrão acadêmico que aponta o bairro segundo o qualificativo já expresso desde 1918. Em artigo redigido em 1940 sob encomenda de Pierre Monbeig e publicado em 1941, ele examinava aspectos da geografia local, e apontava, numa óptica por demais otimista, o caráter especializado e aristocrático da expansão urbana a Oeste:

> As residências burguesas ou médias, que, até fins do século passado, nesta insignificante cidade que mais não era então S. Paulo, se confundiam com o centro comercial, destacam-se quando o crescimento da atividade urbana já não comportava mais residências em pleno centro. É lá por 1880 que se formam os primeiros bairros propriamente residenciais; e vamos notar que, ao contrário dos bairros operários, que se estabelecem nos terrenos mais ingratos das baixadas do Tietê e do Tamanduateí, as residências burguesas se fixam nas alturas do maciço. Localizam-se, a princípio, contíguas ao centro, para o lado do Tietê, isto é, na direção norte; e daí vão acompanhando o bordo inferior do maciço, pouco acima da linha em que começa a baixada do rio. É aí que se instala o bairro de Santa Ifigênia, com

> suas residências aristocráticas de fins do século passado, que se prolongam depois pelos Campos Elísios (Prado Jr., 1941, p. 210).

Quando passa a descrever a criação de novos bairros elitizados, Prado Jr. aprofunda os vínculos que considerava aristocratizantes dos Campos Elísios e de Higienópolis mediante a oposição aos locais das novas elites emergentes (obliterando que as da cafeicultura não datavam de não mais de que 50 anos e que maior parte delas também se ligava a atividades "burguesas", como o mercado financeiro, as ferrovias ou a exportação de café), ligadas à imigração:

> Em princípios do século atual, os bairros residenciais lançam-se decididamente pelo flanco do maciço, subindo-lhe as encostas à procura de terrenos mais altos e saudáveis; é a vez de Higienópolis, que será o bairro da aristocracia paulista das fortunas saídas do café. E subindo sempre, as residências alcançam o alto do espigão, onde se instala, acompanhando-o fielmente, a Avenida Paulista. Já então a progressão cafeeira se interrompera, as novas fortunas saem da indústria e do comércio, quase todo em mãos de estrangeiros, imigrantes enriquecidos nesta Canaã americana: a Avenida Paulista será o bairro residencial dos milionários desta nova fase da economia paulista, estrangeiros ou de recente origem estrangeira quase todos, e a arquitetura do bairro o dirá bem claramente (Prado Jr., 1941, 210).

Caio Prado certamente estava ciente de que as fortunas dos Campos Elísios não eram suficientemente autônomas de suas origens recentes (o que incluía eventuais, e também recentes, nobilitações por Pedro II) ou dos proventos no capital financeiro e exportador para que se pudesse nomeá-las como uma aristocracia *tout court*. Eram a nobreza possível, a que mais se aproximava – pelos títulos, pelo vínculo à terra ou pelos apelos linhagistas dos papéis velhos de Pedro Taques ou dos volumes da *Genealogia Paulistana*, de Luis Gonzaga da Silva Leme – ao que se poderia chamar de aristocracia da terra, oposta sobretudo à ameaça dos comerciantes e industrias imigrantes e emergentes. Essa visão, por assim dizer, pragmática das elites do café foi certamente fascinante ao próprio Prado, intelectual engajado, comunista mas também "quatrocentão", duas vezes casado nas velhas elites cafeicultoras, morador de Higienópolis e depois do Jardim Paulista. Note-se, aliás, que suas palavras, conquanto apontam o sucesso das empreitadas dos primeiros bairros elitizados "aristocráticos", não mencionam os nomes de Glette e Nothmann, deslocando enviesadamente o protagonismo na transformação urbana dos loteadores para os moradores.

Pierre Monbeig, docente da Universidade de São Paulo que solicitara o artigo acima mencionado a Caio Prado Junior, também discorreu sobre o bairro em sua tese complementar *La Croissance de la ville de São Paulo*, concluída em 1949 e publicada em 1953. Editada em francês na cidade de Grenoble, esse trabalho, entretanto, teve larga circulação nos meios acadêmicos do país, tendo sido apenas recentemente editada em português. Voltado em sua tese à compreensão da dinâmica da cidade sobre o sítio, Monbeig deteve-se no processo de radical expansão do tecido urbano havido por meio do retalhamento das chácaras e da ação de estrangeiros decisivas e inaugurais nesse processo:

> Estrangeiros frequentemente tomaram a iniciativa na implantação de trabalhos de interesse público. Um alemão construiu o primeiro matadouro na Vila Mariana, então em plana área rural, e lançou a ideia de ligar a cidade a Santo Amaro por meio de um bonde a vapor. Um francês, Jules Martin, promoveu a concepção e realização de um projeto de viaduto atravessando o Vale do Anhangabaú. Recém chegados, como os alemães Glette e Nothmann, envolveram-se também nas primeiras vendas de terrenos em forma de loteamentos. A presença e as atividades desses estrangeiros eram uma consequência das mudanças sociais; e eles, em troca, contribuíram, por sua fácil integração, para acelerar a evolução da sociedade e acelerar as transformações da cidade (Monbeig, 1953, p. 29; tradução deste autor).

O pioneirismo modernizante de Glette e Nothmann, parificado ao de outros estrangeiros que marcaram o processo de transformação da capital após a chegada da ferrovia, evidenciou-se, segundo Monbeig, também na abertura dos Campos Elísios, tomado, como já sugerira Prado Junior, como bairro socialmente uniforme e voltado à aristocracia:

> A inauguração de um serviço de bonde à tração animal (1872) aproximou a estação[da Luz] e as chácaras vizinhas do centro urbano. Os alemães Nothmann e Glette tiveram a iniciativa de prolongar essa primeira linha de transporte coletivo e também ofereceram aos fazendeiros que buscavam espaço na cidade um novo bairro, os Campos Elísios. Esse foi o bairro aristocrático de São Paulo no final do século XIX até um pouco mais do que as duas primeiras décadas do seguinte. As ruas bem traçadas foram margeadas por *hôtels particuliers* – os palacetes com dois ou tres andares – amiúde no terrívl estilo corrente no fim do século XIX, tanto externa quanto internamente, com amplos jardins. As mais importantes famílias paulistas colonizaram esses *Champs Elysées* do café; e há não mais do que 15 anos [na década

> de 1930] ainda se podia ver aí a chácara dos Prados,[11] uma versão modernizada da velha chácara que durante muito tempo delimitara a entrada da cidade para os viajantes que chegavam de Jundiaí (Monbeig, 1953, p. 37; tradução deste autor)

Numa indistinção entre classes sociais que se pode estranhar em um intelectual francês – e que certamente tinha pleno acesso a informações sobre hibridismo socioeconômico das elites locais – Monbeig lembrou a abertura de Higienópolis como concorrente e sucessora do caráter aristocrático dos Campos Elísios, tomado que seria pela burguesia disputada com o antigo bairro:

> A progressão das habitações em direção a oeste acentuou-se a partir de 1890, por meio da venda de terrenos localizados na colina acima da chácara[de rego] Freitas [onde se abriu a Vila Buarque]. O engenheiro Nothmann passou a atriar a burguesia paulista para um bairro mais elevado, mais arejado, distante das várzeas com suas ferrovias e camadas populares. Esse loteamento, Higienópolis, passou a concorrer com os Campos Elíseos como bairro de residências da alta burguesia (Monbeig, 1953, p. 38; tradução deste autor).

Nothmann, que ao que se sabe até o momento não era engenheiro, foi responsabilizado por Monbeig pelo primeiro abalo na primazia que gozava seu primeiro loteamento. Aristocrático um, sedutor à burguesia o outro, Campos Elísios e Higienópolis são apontados como os primeiros passos de uma dinâmica do território urbano, que acabava por assemelhar a capital ao interior paulista.[12] Monbeig associa o caráter migratório da fronteira do café ao da fronteira urbana dos bairros de elite em direção ao sul, seja em busca de afastamento dos bairros populares ou de uma topografia mais agradável:

---

11 Monbeig refere-se à Chácara do Carvalho, antiga residência do Conselheiro Antônio Prado, que foi loteada aos poucos pela família para o prolongamento da alameda Barão de Limeira e abertura de ruas menores em torno do palacete ainda hoje existente.

12 Monbeig oscila no enquadramento desses bairros como aristocrático ou burguês. Já em artigo publicado na Bélgica em 1954, Monbeig lembrou que, sucessor dos Campos Elísios como residência dos fazendeiros, Higienópolis "tornou-se o Faubourg St Germain do café", associando-o a um dos bastiões aristocráticos de Paris até o século XIX (Monbeig, 1954, p. 745). Por outro lado, matiza o caráter aristocrático atribuído aos Campos Elísios – em um mesmo trabalho no qual, contraditoriamente atribuía tal adjetivação – ao legendar uma imagem de um chalé outrora pertencente ao Dr. Jaguaribe, como "casa burguesa nos Campos Elísios, adaptação da fazenda (e de seus alpendres) ao habitat urbano, com influência europeia nos telhados" (Monbeig, 1953, 64B).

> De maneira que se pode acompanhar, geração por geração, a migração dos fazendeiros acompanhando as frentes pioneiras, o mesmo se passou com uma migração idêntica pelos bairros chiques da capital. Entre 1850 e 1870, seus ancestrais tinham chácaras nos limites da área urbana ou residiam nas ruas do Triângulo. Na geração seguinte, foi a moda do bairro dos Campos Elísios, sucedido pela paixão por Higienópolis, o bastião urbano dos fazendeiros. O enriquecimento dos imigrantes, italianos e sírios, ocasionalmente de filhos de franceses, acelerou um *rush* burguês ao longo da avenida Paulista, localizada no sítio mais belo da cidade de São Paulo. Depois de 1920, começou um movimento, inicialmente muito lento, em direção aos loteamentos do Jardim América e do Jardim Paulista (Monbeig, 1953, p. 48; tradução deste autor).

Monbeig compreendia essa primeira mutação espacial e temporal na cidade ligada à continuidade de um segmento social, a dos fazendeiros, que, estável e monolítico sob seus olhos, migrava pela cidade como migrava no interior paulista. Pode-se dizer, entretanto, que tal continuidade quase nunca existiu entre os grupos muito distintos de agricultores do vale do Paraíba e do posterior, e multisegmentado, "Oeste"; o que migrava era certamente a cultura cafeeira, mas raramente as famílias de fazendeiros, que declinavam, em sua imensa maioria, juntamente com suas áreas de origem. O mesmo pode ser dito dos primeiros bairros elitizados da cidade, cujas famílias viram, em grande parte, suas fortunas sucumbirem, o que lhes impossibilitava uma migração constante para a nova "fronteira" urbana rica.

Deve-se, entretanto, atentar ao corte representado pela imigração. Monbeig não estava alheio às mudanças de perfil das elites locais, cada vez mais ligadas a setores econômicos essencialmente urbanos e desenraizadas do passado agrário. O bairro de Glette e Nothmann, "quartier aristocratique", inaugurava a produção de um espaço uniforme, para uma certa elite, marcantemente agrária sob a percepção exagerada de Monbeig. Nesse sentido, Higienópolis, ainda um bastião de fazendeiros, somava-se aos Campos Elísios, ambos povoados miticamente pelas elites agrárias do café, ora tomadas como uma velha aristocracia rural, ora como alta burguesia.

O terceiro estudo marcante voltado à compreensão da trajetória da cidade – e do bairro – foi o livro de Richard Morse publicado pela Comissão do IV Centenário de São Paulo em 1954 e denominado *De comunidade a metrópole*. Tendo como um de seus objetivos a compreensão do surgimento de um processo de institucionalização da cidade, o que seria refratário à prática colonial de improvisação devido à fragilidade da Coroa como instância reguladora apontada por Sérgio Buarque de Holanda em *Raízes do Brasil*, Morse também situa o último quartel do século XIX como o período de reorientação radical da experiência urbana. Instituições públicas, fluxos culturais, dinâmica econômica e demográfica são fatores dessa mutação, no qual estrangeiros têm participação definidora, viso serem empreendedores e efetivos em suas iniciativas, superando a inércia das autoridades ainda baseadas na experiência modorrenta anterior à expansão da cafeicultura na província:

> Esta perda de fé nos motivos e na capacidade dos administradores brasileiros foi acompanhada por uma reverência crescente pelos costumes e mercadorias introduzidos por um núcleo sempre crescente de estrangeiros de classe média [...].
>
> O estrangeiro em São Paulo, quer fosse ministro ou *maitre d'hotel*, estava mostrando um propósito, uma confiança em si, uma combatividade em avançar segundo aquelas mesmas linhas que os líderes brasileiros, sem conseguirem demonstrar efetivamente liderança e realização, tinham traçado. O estrangeiro, nessa época, não podia ser assimilado como na década de 1820, pois a comunidade urbana tinha cedido sua individualidade de autodeterminada a uma individualidade que, cada vez mais, era influenciada pelo estrangeiro (Morse, 1954, p. 136, 141).

Glette e Nothmann são mais uma vez notabilizados nessa trajetória de transformação urbana, de uma cidade permissiva ao forasteiro e que acolhia a possibilidade de ascensão social e lucros rápidos:

> Os estrangeiros, como era de se esperar, desempenharam um grande papel na alta dos terrenos. Em 1877 foi contratado o engenheiro francês Jules Martin para construir um viaduto de 180 metros de extensão sobre o vale do Anhangabaú, ligando a colina central da cidade ao Morro do Chá, cuja chácara estava sendo subdividida em lotes. O viaduto do Chá, completado em 1892, tornou-se uma "válvula de segurança" para o congestionado "triângulo".
>
> Um alemão, Frederico Glette, adquiriu em 1879 extensa chácara ao oeste do centro, no bairro dos Campos Elísios. Depois de traçar mais de uma dúzia de ruas, ao custo de 100 contos, vendeu os lotes com um lucro igual a oito vezes essa soma. M. Burchard, outro alemão e sócio de Victor Nothmann, também se dedicou à propriedade imobiliária nessa zona e abriu a avenida que atravessa o aristocrático bairro de Higienópolis (Morse, 1954, p. 197)

Os altos lucros obtidos na abertura dos Campos Elísios – no dado assombroso que Morse retira de Antônio Egydio Martins – indicava a possibilidade de ganhos financeiros imensos, que Nothmann daria continuidade em São Paulo, após o falecimento de Glette em 1866, no Rio de Janeiro.

Morse também apontava, como Monbeig, que a abertura de novos bairros de elite estava associada à progressão dos segmentos que a compunham. Novamente os Campos Elísios recebem a compreensão de que abrigavam um segmento – ou ao menos o ideal – de uma "classe de lazer", algo próximo ao ócio que se atribuía ao comportamento da aristocracia face à burguesia operosa, que se estabelecia na avenida Paulista ou em Higienópolis:

> Um dos mais expressivos aspectos do desenvolvimento [do espaço urbano] foi a ocupação progressiva do maciço pela alta burguesia: avanço que começou em 1890 através de Higienópolis até a Avenida Paulista no espigão, para prosseguir depois pelas vertentes a sudoeste até os "Jardins". Este movimento corresponde à ascensão de uma elite imigrante, industrial e comercial, destituída de tradições, fato a refletir-se na transição das moradias de tipo-fazenda modificado dos barões do café, para a miscelânea ostentosa de estilos – clássico, florentino, inglês, oriental, neocolonial etc. – da Avenida Paulista. Ilustra também como o ideal de uma classe de lazer tranquila, culta, afrancesada, implícito no nome "Campos Elísios", cedia o lugar à imagem anglo-saxônica de uma plutocracia dinâmica, trabalhadora, endinheirada, dedicada ao lar, e dada aos esportes e ao conforto – imagem popularizada pelo urbanismo de Barry Parker. Ao afirmar que São Paulo se esforçava por atingir rapidamente as "proporções grandiosas das cidades anglo-americanas", o Diário Popular (1 de abril de 1893) considerava Higienópolis, com sua atmosfera de "cotage squares" ingleses, um dos mais bonitos lugares da cidade, e "o local predilectos dos inlgezes e dos americanos, yankees". E em 1900, Martinho Burchard, autor do projeto de um luxuoso bulevar na Consolação, foi descrito como um "teuto-paulista" e um "verdadeiro yankee" (Morse, 1954, p. 286).

Pode-se concluir que a consolidação dessa aproximação dos Campos Elísios com a tríade *bairro residencial/elites cafeicultoras/perfil aristocrático* deu-se na obra *A cidade de São Paulo – estudos de geografia urbana*, publicada em três volumes em 1958, sob coordenação de Aroldo de Azevedo, geógrafo e docente da USP. Previsto para ser publicado no ano do IV Centenário, esse amplo tratado sobre a cidade é até hoje a mais ambiciosa publicação sobre a geografia da cidade, tendo reunido numerosos especialistas como autores de seus capítulos.

Três desses autores abordam os Campos Elísios e em todos os textos emerge a representação do bairro como espaço residencial outrora ocupado pelas elites agrárias.

Odilon Nogueira de Matos, autor do capítulo *São Paulo no século XIX*, ressalta seus vínculos com os cafeicultores, uma camada que, embora tomada como aristocrática, não escondia sua contraditória juventude:

> Já os primeiros bairros residenciais finos se instalaram nos topos aplainados das colinas situadas para além do Anhangabaú, no rumo do Oeste, onde foram abertas ruas largas e construíram-se elegantes palacetes, sobretudo nos Campos Elísios, durante muitos anos o local preferido para residência da nova aristocracia do café.
>
> Foi somente na década de 1880-90 que se completou o arruamento dos Campos Elísios; visitando-o em 1883, Von Kozeritz não compreendeu por que deram um tão bonito nome "a um campo sem importância", como aquele... Esqueceu-se ele, certamente, da poderosa influência exercida pela França e, em particular, pela cidade de Paris na mentalidade e nos costumes da gente paulistana, na época; e não soube prever o futuro desenvolvimento desse bairro. Logo ali [p. 91] se instalaram ricos fazendeiros de café, fazendo construir belíssimos e até luxuosos palacetes, no meio de grandes jardins, alguns dos quais ainda hoje lá se encontraram, testemunhando, na tristeza de seu semiabandono, dias de riqueza e de glória, de um passado que não tem 80 anos. Somente nos primeiros anos do século atual foi que esse bairro perdeu sua privilegiada posição, deixando de ser o mais elegante trecho da cidade.
>
> Com efeito, substituiu-o nessa posição o bairro de Higienópolis, instalado em continuação à Vila Buarque e a Santa Cecília, sem demora caracterizada por suas luxuosas "mansões" de tipo francês ou inglês, centro da aristocracia paulistana até 1925, pelo menos (Matos, 1958, p. 90).

Para Matos, o caráter aristocrático não era exclusivo dos Campos Elísios, mas migrava também para Higienópolis. Tal transcendência de espaços, embora apontando os movimentos da cidade, não sinalizava as rupturas sociais que se escondiam sob o colapso do bairro de Glette, nem frisavam que o caráter misto tornava-se cada vez menos tolerado pelas elites emergentes ou pelas novas gerações ainda abonadas das fortunas mais antigas.

Pasquale Petrone escreveu o capítulo seguinte ao mencionado acima, dedicado a *São Paulo no século XX*, em que matizou o caráter binário dos bairros da cidade, introduzindo a existência daqueles em que residia a classe média. Ao mencionar aqueles que acolhiam as elites, Petrone generalizou o epíteto de bairro aristocrático para todos eles, numa indistinção que cimentava os já então decadentes Campos Elísios aos bairros-jardins:

> Uma terceira área funcional – a residencial – completava o quadro urbano [...]. Praticamente afastada do velho centro, aparecia bem caracterizada no restante da cidade, sob tríplice modalidade a que já tivemos oportunidade de nos referir: os bairros da classe média, na periferia do centro e, ainda, em outros pontos mais ou menos afastados; os bairros operários, localizados sobretudo nas vizinhanças da zona industrial; e os bairros aristocráticos, desde os Campos Elísios até a Avenida Paulista e ao então nascente Jardim América (Petrone, 1958, p. 140).

As oscilações econômicas do bairro são eclipsadas nessa descrição da trajetória de estruturação urbana em áreas especializadas. Campos Elísios e Jardim América, pontas opostas no processo de constituição do caráter residencial exclusivo de bairros paulistanos para as elites – aquele apenas incipiente, esse efetivo – são amalgamados como um só e sob um mesmo rótulo nobilitante que emprestava a todos a distinção incongruente às origens de suas fortunas.

Por fim, Renato da Silveira Mendes, autor do capítulo *Os bairros da zona norte e oriental*, frisou que os dias do bairro como espaço de elite já se tinham ido. Numa descrição de suas condições na década de 1950, em que o encortiçamento, a prostituição, a concentração de populações negras e o desgaste físico dos palacetes são apontados como evidência da mudança radical do perfil social de seus moradores, Mendes retoma ainda uma vez a origem mítica de exclusividade e de berço agrário, que cada vez mais coube ao bairro:

> O bairro dos Campos Elísios mereceu logo as preferências da classe abastada, sobretudo fazendeiros de café que se haviam deslocado para a Capital, beneficiando-se da crescente expansão das linhas férreas através das zonas cafeeiras. Foi então que surgiram numerosos palacetes e chalés, ao gosto da época, com amplos quintais e belos jardins, onde não faltavam os caramanchões junto à rua; muitos deles, sem dúvida luxuosos, ainda hoje testemunham essa fase áurea, em que o bairro era residencial e de alta classe (Mendes, 1958, p. 195).

O estudo de Renato Mendes pode também ser considerado parte de uma geração de trabalhos, como os de Maurice Le Lannou (1949, p. 239-241) e Lucila Hermann (1944), que constitui o termo inicial da reflexão acadêmica que começa a descrever os bairros centrais, incluindo os Campos Elísios, como espaços marcados pela decadência social, econômica e também material. Tais abordagens, entretanto, nunca enfatizam os padrões flexíveis do loteamento de Glette e Nothmann como favorecedores dos desdobramentos que o bairro viria a vivenciar ao longo do século XX.

A perda de condição de sede de despacho do governo estadual em 1964 e o incêndio do Palácio dos Campos Elísios em 1967, quando o mesmo perde também a função de residência, somam-se à inauguração da rodoviária em 1961 como os fatores que acabaram por acelerar definitivamente a mutação do bairro para uma área de perfil funcional misto, marcado também pela habitação popular, pela hotelaria modesta e pelo encortiçamento.

Explicada sua decadência por uma sucessão de fatores exógenos à sua origem – bairros concorrentes, migração das elites, tumulto devido ao transporte rodoviário, perda da condição de sede governamental – o bairro dos Campos Elísios teve, paralelamente, sua memória cristalizada como local exclusivo, essencialmente residencial, vinculado à aristocracia do café. Metáfora e suposta evidência da ambição disciplinadora que deveria marcar a trajetória moderna e cosmopolita da metrópole paulista desde sua refundação na década de 1870, o loteamento de Glette e Nothmann, privado recorrentemente de sua complexidade, foi e é vivido não apenas como espaço concreto, pleno de contradições, mas também como ideia, como representação simultânea das elites apartadas e da força transformadora dos estrangeiros na capital paulista.

Referências

BACZKO, Bronislaw. *Les imaginaires sociaux – mémoires et espoirs collectifs*. Paris: Payot, 1984.

_______. "Imaginação social". In: *Enciclopédia Einaudi*, vol. 5 (Anthropos-Homem). Lisboa: INCM, 1985.

BARBUY, Heloisa. *A cidade-exposição: comércio e cosmopolitismo em São Paulo, 1860-1914*. São Paulo: Edusp, 2006.

BARTOLOTTI, Domenico. *Il Brasile meridionale*. Roma: Alberto Stock, 1930.

BRANQUINHO, Evânio dos Santos. *Campos Elísios no centro da crise: a reprodução do espaço no centro de São Paulo*. Tese de doutorado. São Paulo, FFLCH-USP, 2007.

BRITO, Mônica Silveira. *A participação da iniciativa privada na produção do espaço urbano: São Paulo, 1890-1911*. Dissertação de mestrado. São Paulo, FAU-USP, 2000.

BRUNO, Ernani da Silva. *História e tradições da cidade de São Paulo*, vol. 2. Rio de Janeiro: J. Olympio, 1953-54.

CAMPOS, Eudes. "A cidade de São Paulo e a era dos *melhoramentos materiaes*: Obras públicas e arquitetura vistas por meio de fotografias de autoria de Militão Augusto de Azevedo, datadas do período 1862-1863". *Anais do Museu Paulista: História e Cultura Material*, São Paulo, vol. 15, n. 1, p. 11-114, jan.-jun. 2007.

_______. *Arquitetura paulistana sob o Império: aspectos da formação da cultura burguesa em São Paulo*. Tese de doutorado. São Paulo, FAU-USP, 1997.

_______. "Nos caminhos da Luz – antigos palacetes da elite paulistana". *Anais do Museu Paulista: História e Cultura Material*, São Paulo, vol. 13, n. 1, p. 11-57, jan.-jun. 2005.

_______. "O engenheiro Eusébio Stevaux e a arquitetura paulista, 1877-1885". *Revista Pós*, São Paulo, n. 5, p. 49-59, abr. 1995.

_______. "São Paulo: desenvolvimento urbano e arquitetura sob o Império". In: PORTA, Paula (org.). *História da cidade de São Paulo*, vol. 2. São Paulo: Paz e Terra, 2004, p. 215-218.

CHARTIER, Roger. "O mundo como representação". *Estudos Avançados*, São Paulo, vol. 5, n. 11, p. 173-191, abr. 1991.

CORDEIRO, Simone Lucena. *Os cortiços de Santa Ifigênia: sanitarismo e urbanização (1893)*. São Paulo: Arquivo Público do Estado de São Paulo; Imprensa Oficial, 2010.

CUEILLE, Sophie. *Le Vésinet. Modèle français d'urbanisme paysager 1858/1930*. Paris: Imprimerie Nationale, 1989.

DIAS, Maria Odila Leita de Silva. *Quotidiano e poder em São Paulo no século XIX*. São Paulo: Brasiliense, 1984.

GASPAR, Byron. "Prefácio". In: PINTO, Alfredo Moreira. *A cidade de São Paulo em 1900*. 2ª ed. São Paulo: Governo do Estado de São Paulo, 1979.

HERMANN, Lucila. "Estudo do desenvolvimento de São Paulo através da análise de uma radial: a estrada do café (1935)". *Revista do Arquivo Municipal*, vol. XCIX, p. 7-44, 1944.

HOMEM, Maria Cecília Naclério. *O palacete paulistano, e outras formas de morar da elite cafeeira*. São Paulo: Martins Fontes, 1996.

KOENIGSWALD, Gustavo. *São Paulo*. São Paulo: [s.n], 1895.

KOENIGSWALD, Gustavo. *Rio Grande do Sul*. São Paulo: Verlag des verfassers, 1898.

LANNOU, Maurice Le. *La Géographie humaine*. Paris: Flammarion, 1949.

LEFÈVRE, José Eduardo de Assis. *De beco à avenida: a história da Rua São Luiz*. São Paulo: Edusp, 2006.

LEMOS, Carlos A. C. "Os primeiros cortiços paulistanos". In: SAMPAIO, Maria Ruth Amaral de (org.). *Habitação e cidade*. São Paulo: FAU-USP, 1998.

LINS, Sílvia Queiroz Ferreira Barreto. *De tropas, trilhos e tatus arredores paulistanos do auge das tropas de muares à instalação das estradas de ferro (1855-85)*. Tese de doutorado. São Paulo, FFLCH-USP, 2003.

MARINS, Paulo César Garcez. "Habitação e vizinhança – limites da privacidade no surgimento das metrópoles brasileiras". In: SEVCENKO, Nicolau (org.); NOVAIS, Fernando A. (dir.). (Orgs.). *História da vida privada no Brasil*, vol. 3 (Da Belle Époque à Era do Rádio). São Paulo: Companhia das Letras, 1998.

MARTINS, Antônio Egydio. *São Paulo antigo*. São Paulo: Conselho Estadual de Cultura, 1973 [1911-1912].

MATOS, Odilon Nogueira de. "São Paulo no século XIX". In: AZEVEDO, Aroldo de (org.). *A cidade de São Paulo – estudos de geografia urbana* (vol. 2 – A evolução urbana). São Paulo: Nacional, 1958.

MENDES, Renato da Silveira. "Os bairros da zona norte e oriental". In: AZEVEDO, Aroldo de (org.). *A cidade de São Paulo – estudos de geografia urbana* (vol. 3 – Aspectos da metrópole paulista). São Paulo: Nacional, 1958.

MEYER, Arno. *A força da tradição – a persistência do Antigo Regime*. São Paulo: Companhia das Letras, 1987.

MONBEIG, Pierre. *La croissance de la ville de São Paulo*. Grenoble: Institut et Revue de Géographie Alpine, 1953.

_______. "Sâo Paulo, une metropole tropicale". *Industrie*, Bruxelas, vol. 8, n. 12, p. 740-749, dez. 1954.

MORSE, Richard. *De comunidade a metrópole – biografia de São Paulo*. São Paulo: Comissão do IV Centenário da Cidade de São Paulo, 1954.

MOURA, Paulo Cursino de. *São Paulo de Outr'ora (evocações da metrópole)*. São Paulo: Melhoramentos, 1932.

OLIVEIRA, Maria Luiza Ferreira de. *Entre a casa e o armazém: relações sociais e experiência da urbanização, São Paulo, 1850-1900*. São Paulo: Alameda, 2005.

PAULA, Eurípedes Simões de. "A segunda fundação de São Paulo – da pequena à grande metrópole de hoje". *Revista de História*, São Paulo, 17, 1954.

PETRONE, Pasquale. "São Paulo no século XX". In: AZEVEDO, Aroldo de (org.). *A cidade de São Paulo – estudos de geografia urbana*, (vol. 2 – A evolução urbana). São Paulo: Nacional, 1958.

PINÇON, Michel; PINÇON-CHARLOT, Monique. *Grands fortunes – dynasties familiales et forms de richesse en France*. Paris: Payot, 1996.

_______; _______. *Quartiers bourgeois, quartiers d'affaires*. Paris: Payot, 1992.

PINTO, Alfredo Moreira. *São Paulo em 1900 – impressões de viagem*. Rio de Janeiro: Imprensa Nacional, 1900.

PIRES, Mario Jorge. *Sobrados e barões da velha São Paulo*. Barueri (SP): Manole, 2006.

PRADO JUNIOR, Caio. "Nova contribuição para o estudo geográfico da cidade de São Paulo". *Estudos brasileiros*, Rio de Janeiro, vol. 7, n. 19-21, set.-dez. 1941, p. 195-221.

REIS FILHO, Nestor Goulart. *Campos Elísios; a casa e o bairro, a tecnologia da construção civil em 1900*. São Paulo: Imesp, 1992.

ROLNIK, Raquel. *A cidade e a lei – legislação, política urbana e territórios na cidade de São Paulo*. São Paulo: Studio Nobel, 1997.

SALMONI, Anita; DEBENEDETTI, Emma. *Arquitetura italiana em São Paulo*. São Paulo: Perspectiva, 1981 [1953].

SILVA, Janice Theodoro da. *São Paulo, 1554-1880: discurso ideológico e organização espacial*. São Paulo: Editora Moderna, 1984.

SIRIANI, Silvia Cristina Lambert. *Uma São Paulo alemã: vida quotidiana dos imigrantes germânicos na região da capital (1827-1889)*. São Paulo: Arquivo do Estado; Imprensa Oficial, 2003.

WISSENBACH, Maria Cristina Cortez. *Sonhos africanos, vivências ladinas: escravos e forros em São Paulo (1850-1880)*. São Paulo: Hucitec, 1998.

Os arquitetos estrangeiros e o mercado imobiliário através da experiência de Jacques Pilon

Joana Mello de Carvalho e Silva

Este artigo analisa os graus variados de inserção social e profissional dos arquitetos estrangeiros em São Paulo nos modos pelos quais produziram a cidade, considerando as relações de reciprocidade e conflito entre a condição de estrangeiro e o contexto local. Para tanto, recupera-se algumas das questões levantadas pelo seminário *Os estrangeiros e as cidades* no modo como elas foram discutidas no projeto temático *São Paulo: os estrangeiros e a construção da cidade*, especialmente na maneira pela qual incidiram em minha tese de doutorado *O arquiteto e a produção da cidade: a experiência de Jacques Pilon em perspectiva (1930-1960)*. Tendo como foco a formação do campo arquitetônico no Brasil, a história de São Paulo e de sua arquitetura a partir da atuação dos escritórios do arquiteto francês Jacques Pilon (1905-1962), a tese investigou não só a sua trajetória e a sua contribuição específica, mas também as de seus chefes de escritórios: os germânicos Herbert Duschenes (1914-2003) e Adolf Franz Heep (1902-1978) e o italiano Gian Carlo Gasperni (1926).

Ao recuperar as trajetórias desses arquitetos foi possível notar a diversidade de suas origens, formações, motivações de viagem, perfis de deslocamento, redes sociais, econômicas, profissionais e culturais que possibilitaram diferentes formas de inserção local. Foi perceptível também que os mesmos fatores assumiram sentidos variados e tiveram desdobramentos diferentes a depender da época em que esses arquitetos estrangeiros aqui aportararam. Daí a importância de analisar a condição de estrangeiro em consonância com o contexto local, única forma de compreender as estratégias, as possibilidades e os graus de inserção desses arquitetos assim como os modos pelos quais eles produziram a cidade. Neste artigo essas relações serão investigadas inicialmente do ponto de vista do exercício profissional e em seguida a partir de um projeto específico, o Edifício Tinguá (1945-49).

A condição de estrangeiro e o vínculo com o mercado imobiliário

Pilon, Duschenes, Gasperini e Heep deixaram sucessivamente a Europa em 1932, 1939, 1946 e 1947 por motivos e em momentos diversos de suas carreiras profissionais. Pilon era recém-formado, Duschenes e Gasperini tinham abandonado seus cursos em função da emigração e Heep era já um arquiteto maduro, com 45 anos de idade, dono de uma reconhecida obra em Paris ao lado do arquiteto polonês Jean Ginsberg (1905-1983) (Dehan, 1987). Apesar dessas diferenças, há um aspecto comum a todos eles que é o fato de nenhum deles ter sido especialmente convidado para vir ao Brasil, seja em função de um conhecimento específico, seja em razão do reconhecimento prévio de seu trabalho.

Não se tratando de *experts*, como Le Corbusier (1887-1965), Marcelo Piacentini (1881-1960) e outros tantos que aportavam no mesmo período no Brasil e na América Latina (Liernur, 2004), esses arquitetos foram impelidos a emigrar e a se estabelecer no país na condição de imigrantes individuais em busca de melhores oportunidades de vida e trabalho. Condição partilhada com outros arquitetos estrangeiros já estudados, como Gregori Warchavchik (1896-1972) (Lira, 2010), Lucjan Korngold (1897-1963) (Falbel, 2003), Daniele Calabi (1906-1964) (Calabi, 1999), Giancarlo Palanti (1906-1977) (Sanches, 2004) e Victor Rief (1909-1998) (Rebouças, 2004), ou ainda a serem investigados.[1]

Se até 1933 qualquer arquiteto estrangeiro podia exercer a profissão sem dificuldade a partir deste ano, com a promulgação do Decreto Federal n. 23.569, essa prática sofreu sérias restrições dificultando a aquisição do registro definitivo do Conselho Regional de Engenharia, Arquitetura e Agronomia (Crea).[2] O registro garantia o exercício legal da profissão em seus deveres e direitos, um deles especialmente dramáticos para os arquitetos estrangeiros que era o da autoria de suas obras, uma vez que sem o referido registro eles não podiam assinar nem se responsabilizar tecnicamente por seus projetos. A título de exemplo basta mencionar que Heep demorou onze anos para adquirir o seu registro, tendo sido obrigado a voltar algumas vezes para Frankfurt,

1 Pelo levantamento realizado nos livros de registro definitivo do Crea há cerca de uma centena de arquitetos estrangeiros em atividade em São Paulo entre 1933 e 1950, a maioria deles ainda desconhecidos do meio acadêmico.

2 Decreto-Federal n. 23.569 de 11 de dezembro de 1933. *Confea*. Disponível em: <http://normativos.confea.org.br/downloads/23569-33.pdf> Acesso em: 10 set. 2008.

onde se formou, e Paris, onde trabalhou, para levantar uma vasta documentação que comprovava a sua formação e ainda naturalizar-se, processo igualmente trabalhoso e dispendioso financeiramente que levou certa de cinco anos.[3]

A mudança na legislação profissional aliada às adversidades impostas pelos processos de naturalização limitaram o exercício profissional desses arquitetos a três alternativas:

1. Trabalhar como funcionário em empresas construtoras ou escritórios de engenharia e arquitetura locais.
2. Fundar um escritório de arquitetura em associação com um brasileiro nato ou naturalizado.
3. Abrir uma empresa construtora e contratar um profissional local como seu responsável técnico.

Embora as duas últimas alternativas sejam parecidas, há uma diferença importante que é o fato do estrangeiro poder abrir sozinho uma empresa construtora, mas não ter o direito de fazer o mesmo no caso dos escritórios técnicos de engenharia e arquitetura. A diferença revela de um lado a abertura do mercado de investimento na construção civil e uma preocupação, ainda muito incipiente, com a reserva de mercado profissional.

Em função dessas alternativas, do processo de urbanização intenso e da maneira como o campo profissional se estruturava a época, muitos desses arquitetos estrangeiros se vincularam ao mercado imobiliário. De fato, os estudos monográficos dedicados a Korngold, Heep, Palanti, Reif, Calabi e Pilon já apontavam um vínculo estreito com o mercado imobiliário, mas este elo só começou a ser valorizado e se tornou objeto de análise mais detido a partir da tese de livre-docência de José Lira sobre Gregori Warchavchik (Lira, 2007 e 2008). Seguindo a trilha aberta por Lira, procurei compreender e qualificar esse vínculo na tese, mostrando que a relação dos arquitetos estrangeiros com o mercado imobiliário se dava em virtude das dificuldades impostas pela legislação civil e profissional, inclusive porque desde o Decreto de 1933 e da Constituição de 1937 lhes era vetada juridicamente a atuação no serviço público e a participação em concursos públicos de projetos.

Há que se notar, contudo, que essas dificuldades atingiram Pilon, Duschenes, Heep e Gasperini de formas muito diversas. Pilon, por exemplo, chegou antes da

3 Processo de registro definitivo de Adolf Franz Heep n. 9878.

promulgação do referido decreto, adquirindo seu registro sem problemas. Duschenes nunca o obteve, pois, diferentemente de Gasperini não concluiu o curso de arquitetura no Brasil, o que lhe garantia a obtenção automática do registro. Heep, por sua vez, levou mais de onze anos para consegui-lo. Essas diferenças apontam que não se pode, portanto, creditar apenas à condição de estrangeiro a explicação sobre as suas formas de atuação profissional em São Paulo nem o seu vínculo com o mercado imobiliário. É preciso também lançar luzes sobre o campo e a prática profissional local.

O campo arquitetônico e o mercado imobiliário

De fato, até o final dos anos 1940, a maioria das empresas de arquitetura funcionava simultaneamente como escritórios técnicos, construtoras e imobiliárias. A indistinção entre as atividades que compunham o setor, desde a produção, a compra e a venda de materiais, até a execução do projeto e da obra, incluindo a sua administração ou comercialização, estava presente também no âmbito profissional, seja em função da sobreposição das atribuições profissionais de arquitetos e engenheiros estabelecida pelo Decreto-Lei de 1933, seja em virtude da inexistência de faculdades de arquitetura autônomas no país até 1945.

Nesse quadro, projeto e obra eram pensados como atividades pertinentes a um mesmo profissional (Ficher, 2005). Atuando diretamente no canteiro de obras, arquitetos desenvolviam o projeto mesmo depois de iniciada a sua construção, acertando os detalhes e as necessárias revisões na medida em que o edifício era erguido. A "fase do projeto não findava necessariamente, na apresentação da proposta e aprovação pelos órgãos competentes, mas retornava, de forma dinâmica, até que se encontrar a melhor proposta" tendo em vista as exigências da legislação, os interesses dos investidores, as mudanças do mercado imobiliário e a dinâmica da obra (Rossella, 2002:105), fato verificado no levantamento dos projetos de Pilon em sua coleção na Biblioteca da Faculdade de Arquitetura e Urbanismo da Universidade de São Paulo – FAU-USP, e no Arquivo de processos do Piqueri. Daí a dificuldade de atribuir um valor intelectual e comercial independente ao projeto e a necessidade dos arquitetos de atuarem como proprietários ou funcionários de grandes firmas construtoras ou de pequenas empresas de projeto e obra que atuavam basicamente para o mercado imobiliário.

A atuação de Pilon, Duschenes, Gasperini e Heep no mercado imobiliário, portanto, pode ser compreendida também dentro de um campo profissional estruturado na indistinção entre arquitetura e engenharia, projeto e obra, no qual eles se inseriram e procuraram se adaptar em função das limitações impostas pela legislação civil e profissional. Essa atuação, contudo, não pode ser creditada apenas também à ausência de um campo disciplinar autônomo. Além desses fatores, há outro igualmente importante, que é o fato do mercado imobiliário ter se tornado ao longo da primeira metade do século XX um negócio cada vez mais lucrativo em São Paulo, no qual os arquitetos também se engajaram em virtude das boas perspectivas econômicas que ele representava. Motivo pelo qual era igualmente conveniente constituir escritórios de arquitetura que atuavam também como construtoras e imobiliárias, como as fundadas por Pilon entre 1934 e 1940.

Figura 1. Carimbos da Pilmat (1934-1940), do escritório e da construtora individual de Pilon (1940-1962) (Acervo de projetos Biblioteca FAU-USP).

A cidade como negócio

O mercado imobiliário no qual atuavam vinha se estruturando desde o final do século XIX. Graças a Lei de Terras de 1850, a abolição da escravatura, o intenso processo de urbanização e diversificação econômica e social, a cidade se tornou um investimento lucrativo e seguro no qual salvaguardar os recursos advindos da agricultura, do comércio e da indústria (Rolnik, 1997: 22-5). Ao longo do tempo, especialmente a partir dos anos 1920, esse mercado foi se diversificando contemplando vários segmentos, desde loteamentos até casas populares, passando por residências unifamiliares e edifícios verticais de uso comercial, de serviços, misto ou residencial, com investidores, porte e clientela variadas (Souza, 1994; Somekh, 1997; Rossetto, 2002). Sua ação foi muito grande entre os anos de atuação dos escritórios de Pilon, definindo zonas de expansão e adensamento e desenhando em grande medida a cidade de São Paulo.

A legislação acompanhou a estruturação do mercado imobiliário, ratificando, induzindo e regulando os espaços da cidade especialmente através de um dispositivo legal conhecido como zoneamento (Feldman, 2005). Mas além dos aspectos econômicos e políticos que explicam o processo de ocupação de São Paulo e a atuação dos arquitetos, há outros, simbólicos, nem sempre enfatizados, que igualmente desenham a cidade.

Os códigos, assim como os planos viários, notadamente o Plano de Avenidas conformaram a face urbano-arquitetônica de uma metrópole que se afirmava como o principal polo industrial, terciário e financeiro do país. Nesse contexto, o centro, zona privilegiada dos negócios, da riqueza e do poder, foi pensado como o núcleo de representação do progresso e da modernidade metropolitana, sintetizados nesse período pela imagem do arranha-céu.

Figura 2. Seção proposta no Plano de Avenidas para a nova av. Timbiras, primeira página do jornal *O Estado de S.* Paulo em 1935 e av. Ipiranga nos anos 1940/50 (Somekh/Toledo).

Os escritórios de Pilon não atuaram só no centro da cidade nem se dedicaram apenas à construção de edifícios verticais, mas a sua produção nessa área e nesse segmento do mercado imobiliário foi muito significativa. Alguns de seus projetos se tornaram símbolos desse processo, louvado por revistas especializadas como a *Acrópole,* álbuns de fotografias e cartões postais.

Figura 3. Edifícios realizados por Pilon na área central de São Paulo entre 1933-1962.

Analisando essa produção específica, os arranha-céus, nota-se que a contribuição dos escritórios de Pilon não reside propriamente na organização do mercado imobiliário. Como no caso da atuação profissional, menos do que inovar Pilon buscou se inserir e se adaptar a uma estrutura que já estava dada e na qual ele pode investir em função dos recursos financeiros de que dispunha e de uma seleta clientela, formada por membro da elite paulistana, que ele soube cultivar a partir das relações prévias estabelecidas por seu pai Émile Hippolitte Germain Pilon[4] e de seu capital social de arquiteto francês formado na Escola de Belas Artes de Paris.

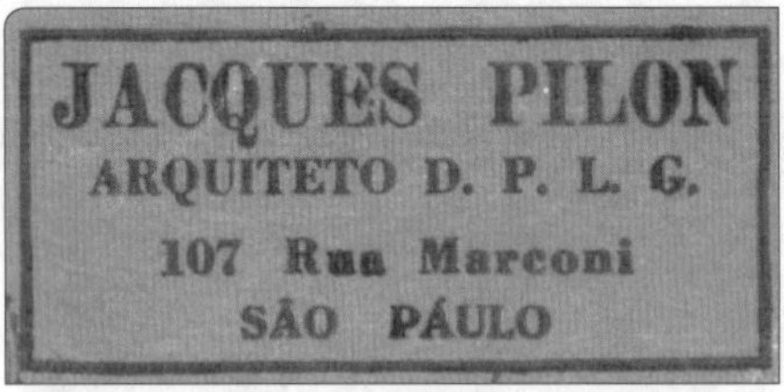

Figura 4. Neste carimbo, Pilon se identifica como Arquiteto D. P. L. G., insígnia dos formados na Escola de Belas Artes de Paris (Acervo de projetos Biblioteca FAU-USP).

A contribuição específica dos escritórios de Pilon, então, se dá no desenho do edifício, na revisão de certos programas, na expressão de seus projetos, a qual variou conforme a sua atuação e a de seus chefes de escritório, Duschenes, Heep e Gasperini.

Figura 5. Projetos realizados por Pilon e Dushenes: Edifícios Paissandu (1935-1936), São Manoel (1937-1939), Ernesto Ramos (1940-1942), Anhumas (1938-1940), Jaraguá (1939-1941) e São Luiz (1940-1942) (Fotos da autora/Acrópole/Acervo de projetos Biblioteca FAU-USP).

4 As informações sobre a família de Pilon foram colhidas durante a entrevista com o filho do arquiteto, Jean Louis Pilon, cedida à autora e a Marina Rosenfeld Sznelwar em abril de 2009. A clientela do arquiteto foi levantada junto à bibliografia citada e na Coleção Jacques Pilon do Acervo de Projetos Biblioteca da Faculdade de Arquitetura e Urbanismo da Universidade de São Paulo.

Figura 6. Projetos realizados por Heep: Edifícios Vicente Filizola (1943-1952), R. Monteiro (1945-1948), Salim Farah Maluf (1945-1951), Atlanta (1945-1949), Santa Mônica (1947-1950) e Basílio Jafet (1946-1950) (Fotos da autora).

Figura 7. Projetos realizados por Gasperini: Edifícios Pauliceia e São Carlos do Pinhal (1955-1959) e Banco Moreira Salles (1956-1959) (Acrópole/São Paulo).

Desse conjunto, destaca-se o Edifício Tinguá, realizado para Hylda e Otto Schloenbach, por ser especialmente interessante para pensar as relações entre as experiências pregressas de Pilon e Heep e as transformações de suas obras no embate com o contexto local.

A primeira versão do Edifício Tinguá foi elaborada em 1945. Variação do projeto do Edifício São Luiz, a proposta foi desenvolvida respeitando o código de obras vigente que exigia a implantação do edifício nos limites do lote e recuos escalonados a partir de certo gabarito em função da largura da via e dos preceitos acadêmicos de composição. A proposta, contudo, não foi desenvolvida, sendo substituída por outra, elaborada em 1946 por Herbert Duschenes para os mesmos clientes.

Figura 8. Primeira versão do edifício Tinguá (1945) (Acervo de projetos Biblioteca FAU-USP).

O estudo apresentado por Duschenes segue os mesmos princípios acadêmicos e as formas de sociabilidade que definiram a produção residencial do escritório de Pilon entre os anos de 1930 e 1940. Por isso, verifica-se em planta a definição do eixo de simetria, a proeminência do arranjo dos ambientes sobre a lógica estrutural, a constituição de ambientes encerrados em formas geométricas, cujas relações são intermediadas pelo vestíbulo e por arcos de passagem. No centro do edifício, havia uma poço de iluminação e ventilação que servia às áreas molhadas e de circulação, parte delas voltadas para o recuo no fundo do lote que geraria um vazio entre o prédio e as construções vizinhas voltadas para a rua Vitória, estranha à volumetria definida pelo Código Arthur Sabóia, ainda vigente.

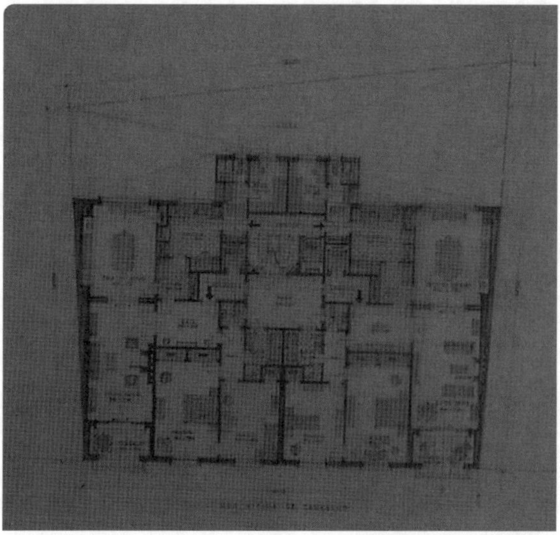

Figura 9. Segunda versão do edifício Tinguá (1946) (Acervo de projetos Biblioteca FAU-USP).

Em 1949, Heep propôs uma nova solução para os mesmos clientes, que foi afinal construída. O programa continuou o mesmo e a irregularidade do terreno também foi enfrentada por Heep através de acertos na geometria dos ambientes conquistados pelo desenho de armários e pelo alargamento das paredes. Contudo, ao privilegiar a orientação solar, a ocupação da esquina e o melhor aproveitamento do terreno, prevendo apenas um poço de iluminação e ventilação nas divisas internas do lote, esses acordos ficaram mais forçados do que nos projetos anteriores, especialmente no apartamento voltado para a rua Vitória.

A presença de um largo corredor que organiza a circulação e delimita os espaços de estar, repouso e serviço, e a intenção simultânea, contrária a essa disposição, de buscar uma maior integração entre os ambientes, enfatizam a sensação de desarranjo da planta e parecem indicar uma tensão entre formas distintas de organização do espaço e de projetar, regidas por uma sociabilidade em transformação e por parâmetros disciplinares diversos, um vinculado à academia e outro às proposições da arquitetura moderna. O projeto parece revelar, portanto, um embate entre as formas anteriores de projetar no escritório de Pilon, entre as exigências do cliente e a formação de Heep na Escola Municipal de Artes Aplicadas de Frankfurt, onde estudou de 1923 a 1926, complementada pelo estágio no Conselho de Construções da Repartição Municipal de Construções de Frankfurt de 1926 a 1928 e pela experiência no escritório de Le Corbusier entre 1928 a 1932.[5]

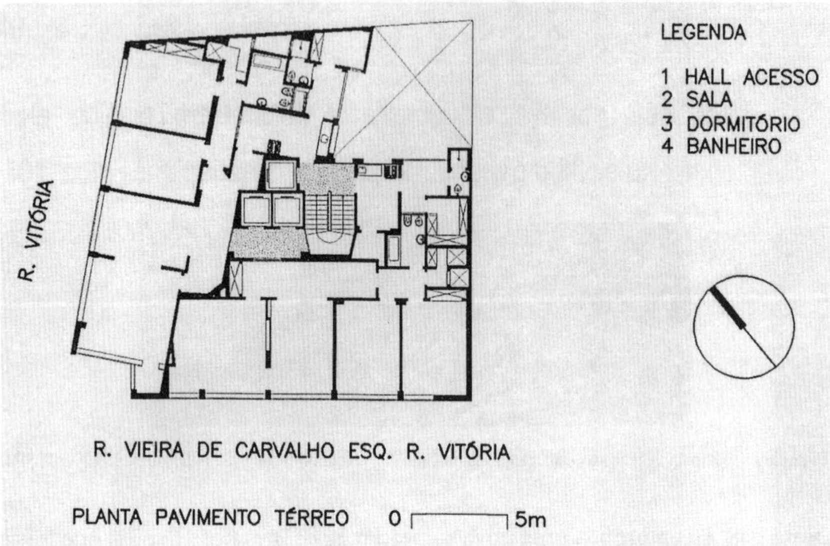

Figura 10. Versão definitiva do edifício Tinguá (1949) (Barbosa).

Do ponto de vista da composição, Heep introduz novidades para o escritório de Pilon que tem relação com a bagagem que ele trazia do aprendizado em Frankfurt e da prática profissional em Paris, ao lado de Jean Ginsberg. Essas novidades aparecem na superação da rígida ordenação tripartite e no desenho de elementos como os caixilhos onde se nota a intenção de fundir questões técnico-funcionais com estéticas, unindo engenharia e arquitetura não no sentido da prática, mas no sentido do raciocínio projetual.

5 Processo de registro definitivo de Adolf Franz Heep n. 9878.

Figura 11. Versão definitiva do edifício Tinguá (1949) (Foto da autora).

Por outro lado, percebe-se uma mudança significativa na produção de Heep se comparada com a realizada em Paris com Jean Ginsberg, que vai ganhar corpo e caráter mais definido a partir do Edifício Atlanta (1945-1949) e do que ele desenvolveria posteriormente em seu escritório particular. Nessa mudança identifica-se o aprendizado de Heep também no escritório de Pilon e o seu diálogo com produção moderna local.

Figura 12. Edifícios nas avenidas Versalhes (1933-1934) e Vion-Whitcomb (1934-1935) e na rua des Pâtures (1935-1936) realizados em Paris no escritório de Jean Ginsberg (Fotos da autora).

Figura 13. Edifícios Icaraí (1952-1953), Araraunas (1955) e Lausanne (1953-1958) (Acrópole).

O exemplo aqui escolhido não é isolado, as mesmas tensões e mudanças sendo verificadas em outros projetos do escritório de Pilon e de Heep. Menos do que tomá-lo como uma síntese de sua produção, o que se procurou mostrar através da leitura do Edifício Tinguá foi a importância de se cruzar a bagagem dos arquitetos estrangeiros que o conceberam com o contexto com o qual se debateram ao realizarem seus projetos em São Paulo. Só dessa maneira é possível identificar como esses arquitetos se inseriram profissionalmente, o que trouxeram de novo ou não, como modificaram a cena arquitetônica local e ao mesmo tempo como foram afetados por ela criando edifícios que são constituídos por uma via de mão dupla entre o local e o estrangeiro.

Bibliografia

BARBOSA, Marcelo Consiglio. *A obra de Adolf Franz Heep no Brasil.* Dissertação de mestrado. São Paulo, FAU-USP, 2002.

BOURDIEU, Pierre. *A economia das trocas simbólicas.* São Paulo: Perspectiva, 1974.

_______. *O poder simbólico.* Lisboa: Difel, 1989.

BRANCO, Ilda Helena Diniz Castelo. "Jacques Pilon". In: *Warchavchik, Pilon, Rino Levi – Três momentos da arquitetura paulista.* São Paulo: Museu Lasar Segall/FUNART, 1983.

_______. *Arquitetura no centro da cidade: edifícios de uso coletivo. 1930-1950.* Dissertação de mestrado. São Paulo, FAU-USP, 1988.

CALABI, Donatella. "Um arquitecto italiano em San Pablo". *Block*, Buenos Aires, n. 4, p. 104-9, dez. 1999.

CANCLINI, Néstor García. *Desigualdad cultural y poder simbólico. La sociología de Pierre Bourdieu.* México: Escuela Nacional de Antropología e Historia/Instituto Nacional de Antropología e Historia, 1986.

DEHAN, Phillipe. *Jean Ginsberg 1905-1983: une modernite naturelle.* Paris: Connivences, 1987.

FALBEL, Anat. *Lucjan Korngold: a trajetória de um arquiteto imigrante.* Tese de doutorado. São Paulo, FAU-USP, 2003.

FELDMAN, Sarah. *Planejamento e zoneamento São Paulo: 1947-1972.* São Paulo: Edusp/Fapesp, 2005.

FICHER, Sylvia. *Os arquitetos da Poli: ensino e profissão em São Paulo.* São Paulo: Edusp, 2005.

LIERNUR, Jorge Francisco. "Vanguardas versus expertos. Reconstrucción europea, expansión norteamericana y emergencia del 'Tercer Mundo': para una relectura del debate arquitectónico en la segunda posguerra (una mirada desde América Latina)". *Block*, Buenos Aires, n. 6, p. 18-39, 2004.

LIRA, José Tavares Correia de. "Ruptura e construção: a obra de Gregori Warchavchik, 1917-1927". *Novos Estudos Cebrap*, São Paulo, n. 78, p. 145-167, jul. 2007.

_______. "Arquitetura e Capital Gregori Warchavchik, da cidade à metrópole (1939-1954)". *Anais do X Seminário de História da Cidade e do Urbanismo*, Recife, 2008.

_______. *Fraturas da vanguarda em Gregori Warchavchik.* São Paulo: Cosac Naify, 2011.

REBOUÇAS, Ivy Smits. *A trajetória profissional de Victor Reif: 1909-1998.* Dissertação de mestrado. São Paulo, FAUM, 2004.

ROLNIK, Raquel. *A cidade e a lei: legislação, política urbana e territórios na cidade de São Paulo.* São Paulo: Studio Nobel/Fapesp, 1997.

ROSENTHAL, Hildegard. *Cenas Urbanas.* São Paulo: Instituto Moreira Salles, 2007.

ROSSETTO, Rossella. *Produção imobiliária e tipologias residenciais modernas. São Paulo-1945/1964*. Tese de doutorado. São Paulo, FAU-USP, 2002.

SANCHES, Aline Coelho. *A obra e a trajetória do arquiteto Giancarlo Palanti: Itália e Brasil*. Dissertação de mestrado. São Carlos, EESC, 2004.

São Paulo: Twenty-eight color photos of the fastest growing city of the world. Rio de Janeiro/ São Paulo/Porto Alegre: Livraria Kosmos Editora, 1961.

SOMEKH, Nadia. *A cidade vertical e o urbanismo modernizador*. São Paulo: Studio Nobel/Edusp/Fapesp, 1977.

SOUZA, Maria Adélia Aparecida de. *A identidade da metrópole: a verticalização em São Paulo*. São Paulo: Hucitec/Edusp, 1994.

TOLEDO, Benedito Lima de. *Prestes Maia e as origens do urbanismo moderno em São Paulo*. São Paulo: Associação de Cimento Portland, 1996.

Construtores estrangeiros e a produção arquitetônica moderna no Bom Retiro (1950-1970)

Stamatia Koulioumba

Os judeus no Bom Retiro

INTRODUÇÃO: HISTÓRICO DO BAIRRO[1]

O nome do bairro vem de uma das chácaras de recreio que existiam até a urbanização da região, onde foram realizadas as primeiras partidas de football, em campos da ferrovia inglesa, e fundado o Sport Club Corinthians, em 1910. O bairro era também conhecido pelas suas olarias para o fabrico de telhas e tijolos, além da Fábrica de Tecidos Anhaia e da Cervejaria Germânia (Cytrynowicz, 2005).

Situado em área de várzea junto ao rio Tietê, nas proximidades do centro de São Paulo, o Bom Retiro (Dertônio, 1971) surge, inicialmente, como área de lazer da cidade. Este bairro era composto, originalmente, por chácaras de retiro, sendo a principal delas a que lhe conferiu sua denominação, pertencente ao Marquês de Três Rios, além da Chácara Dulley, cujo proprietário era de origem inglesa e, porções significativas de terras na sua porção mais baixa, pertencentes a Manfred Meyer, outro estrangeiro. Com o aumento da imigração, ocorre uma intensificação no parcelamento do solo, nos arredores do antigo centro histórico de São Paulo, como forma de suprir a demanda habitacional que se estabelece na cidade entre o final do século XIX e o início do século XX.

Processo semelhante reflete-se em outras partes da cidade, tais como Barra Funda, Brás, Bexiga, Pari e Mooca. Porém, outros fatores culminam para que esta área central se tornasse porto seguro para inúmeros imigrantes que chegavam a São Paulo e, rapidamente se consolidasse como reduto étnico, sobretudo, de italianos, a partir dos

1 Certeau, 2008. Conforme o autor, para entender o conceito de bairro faz-se necessário um aprofundamento das relações sociais, físicas e culturais que o permeiam.

meados de 1890. Dentre eles, destacam-se a inauguração da Estação da Luz (1867), principal porta de entrada da cidade em direção ao interior paulista, bem como o surgimento de vários equipamentos.[2] A presença do estrangeiro (Simmel, 1908) faz-se notada, desde cedo, na própria nomenclatura das ruas do bairro, tal como a rua dos Italianos (Azevedo, 1976).

Estatísticas mostram que cerca de um terço dos que entraram em São Paulo, entre 1890 e 1920, permaneceram, conferindo uma nova fisionomia à cidade, agregando assim, novos valores socioeconômicos e culturais (Carelli, 1985; Cenni, s.d.; Hutter, 1972). Este processo de *"italianização"* tem sido amplamente discutido também sob a ótica da introdução de novas técnicas construtivas e arquitetônicas (Debenedetti & Salmoni, 1980; Passaglia, 1984; Macambira, 1995). Poucos estudos têm se debruçado, contudo, para a compreensão do desenvolvimento urbano e socioeconômico do Bom Retiro desde as suas origens (Evaso, 1998; Fina, 1976; Santos, 2000). No entanto, uma abordagem inicial mostra que a influência italiana no bairro foi marcante na construção civil (Koulioumba, 1993). Muitos arquitetos-construtores atuaram neste local, entre os quais se sobressaem: Carlos Milanese, Michele Marzo, Domenico Citti, Geronimo Tieppo, Pietro de Lorenzi, Giulio Saltini, Ângelo Laviola e outros.

Frequentemente observou-se a associação entre determinadas atividades econômicas, especialmente a relação dos serviços à moradia. Alguns indicadores mostram igualmente que a *"italianada"* criou mecanismos próprios de difusão cultural, tais como, a criação de jornais, escolas, agremiações, etc. Porém, nem tudo era italiano (Santos, 1998). O Bom Retiro foi e ainda é o núcleo histórico judaico mais tradicional de São Paulo, embora, ao longo das décadas, o bairro venha perdendo população, tanto dentro quanto fora da colônia.[3] A maioria dos imigrantes judeus aí se instalou sistematicamente, a partir de 1910, oriundos, sobretudo, da Europa oriental (Cytrynowicz, 2005, p. 35).

Nas primeiras décadas do século XX, os israelitas dominaram o cenário. "A *Rua dos Imigrantes*, hoje Rua José Paulino, constituía a via central por onde se diluíam as famílias recém-chegadas em espaços abertos e livres para contatos. Nas ruas paralelas e transversais do bairro, os asquenazes ergueram sinagogas segundo as suas origens. As

---

2 Jardim da Luz (1825), Cadeia Pública (1855), Quartel da Força Pública (1895), Escola Politécnica (1894), Liceu de Artes e Ofícios (1900), Faculdade de Farmácia (1905), Colégio de Santa Inês (1907), entre outros.

3 O Censo de 1981 contou 47.588 moradores. O de 2000, 26.598. O cadastro da Federação mostra que, em 1968, 15 mil judeus moravam lá. Em 2001, o número caiu para 7.200 (*Folha de São Paulo*, 2002).

instituições criadas por esses imigrantes serviram aos judeus de São Paulo" (Mizrahi, 2005, p. 40; Wolff, 1988). Além das casas de culto, surgiram as instituições de assistência aos imigrantes, como a Sociedade Israelita Amigos dos Pobres, a EZRA, em 1916; a Policlínica Linath Hatzedek, a Sociedade Cooperativa de Crédito Popular (Macedo, 2005; Falbel, 1999), entre outras (Veltman, 1996, p. 68).

Com eles, chegavam também o palavreado iídiche, alegres canções hassídicas, uma transformação na indústria paulista e os "russos da prestação" que vendiam em parcelas para gente que nem conheciam (*Revista Shalom*, 1984, p. 21). Diferentemente dos italianos (Alvim, 1986; Bigazzi, 2006), artesãos competentes, dos japoneses (Sakurai, 1993), com sua enorme habilidade de cultivar a terra, os judeus, assim como os sírios e libaneses (Truzzi, 1992), valeram-se da arte em negociar, fato este que lhes assegurou algum capital inicial (*Revista Veja SP*, 1989, p. 12). Foram esses "*clientelschiks*" ou mascates que introduziram na cidade aquela que seria a marca registrada do comércio paulistano: o crediário. Deste modo, a vida judaica em São Paulo e, particularmente no Bom Retiro, estruturou-se de forma admirável dos anos 20 em diante. Surgiram as primeiras lojas, as primeiras escolas e as primeiras agremiações recreativas e culturais (Veltman, 1996, p. 68).

Convém ressaltar, contudo, que as referências da comunidade judaica no Bom Retiro estão impressas até hoje. Ao percorrermos algumas de suas ruas, podemos nos confrontar com judeus ortodoxos, caminhando no Shabat para as preces nas sinagogas, adquirir pão trançado em uma da muitas mercearias especializadas ou, ainda, admirarmos construções de outras épocas. Apesar de muitos imigrantes judeus e de seus descendentes terem se mudado para outros bairros proeminentes da cidade, nota-se, ainda, um forte vínculo ao mesmo, seja ele do ponto de vista emocional, reforçadas a partir das redes sociais (Granovetter, 1973)[4] ou mesmo das necessidades cotidianas que aí remanescem. Pretendemos discutir a seguir uma pequena parcela destes aspectos no presente artigo, a partir de um olhar sobre a comunidade judaica.

NOVAS FORMAS DE MORADIA NO BAIRRO

Uma "Rua dos Imigrantes" já está assinalada com destaque em um mapa do Bom Retiro de 1890. Bairro de imigração italiana desde o último quarto do século XIX, o Bom Retiro permanece um "bairro de imigrantes" – também um bairro

4 O autor discorre sobre os laços fortes e fracos na criação de redes sociais, utilizando em seu artigo de exemplos diversos. Cf. Wellmann, 1983.

> judaico – e o lugar de convergência de diferentes grupos étnicos, geográficos e nacionais, entre eles italianos, espanhóis, portugueses, judeus, gregos, armênios, coreanos, bolivianos e migrantes nordestinos (Cytrynowicz, 2005, p. 34).

Com a injeção de capital, mudanças significativas na paisagem urbana ocorreram. Os judeus adquiriram as casas que haviam sido construídas pelos italianos, aprimorando lentamente as condições de moradia. Em paralelo ao processo de verticalização (Somekh, 1997), que tomou corpo em São Paulo a partir dos anos 1930, transformações se esboçaram na configuração arquitetônica do bairro. Surgiram os primeiros edifícios com mais de três pavimentos, entre eles, o Palacete da Luz,[5] nos arredores do jardim de mesma denominação, que pode ser considerado um dos mais antigos que se tem notícia. A contribuição dos judeus no âmbito da construção civil se deu na passagem da *cidade de tijolos* para a *cidade de concreto* (Toledo, 1981), com iniciativas de incorporação e vendas, bem como na construção de novas edificações.

Fatos históricos apontam, num primeiro momento, para uma gradual substituição étnica que se tornará visível inclusive no que tange a posse imobiliária do bairro. Com a ascensão social dos italianos, que se deslocam para bairros mais abastados (Homem, 1989; 1986), nos arredores da Avenida Paulista, constata-se que os judeus reformularam o uso e ocupação de certas ruas do Bom Retiro, embora o parcelamento do solo tivesse se mantido mediante pequenas alterações (Mangili, 2009).[6] Neste sentido, a antiga Rua dos Imigrantes e adjacentes assumiram, definitivamente, o caráter comercial, em partes devido à desvalorização de imóveis do local com a instalação do meretrício (Feldman, 1989).

O acúmulo de capital, proveniente da atividade comercial e a necessidade do aumento do estoque construído, fariam com que grandes empreitadas se dessem a partir de uma ótica empresarial. Dos antigos *"predinhos"* de poucos pavimentos passam-se aos edifícios de apartamentos de sete a dez andares, com finalidade residencial ou mista, sendo quase todos situados nas partes mais elevadas do bairro. Importantes construtores judeus marcaram esta fase. Apesar dos exemplares notáveis que apareceram neste período, reflexo de um desenvolvimento frutífero que permeou várias áreas da cidade de São Paulo, sob forte influência da vinda de imigrantes especializados (Fernandes, 2005), pouco se sabe acerca

---

5 Este projeto é de autoria de Marcos Kornet, imigrante judeu procedente do Rio de Janeiro. O Palacete da Luz foi um dos primeiros edifícios a ter utilizado o concreto armado.

6 A autora realiza amplo levantamento em que compara a transformação urbana do Bom Retiro a partir de uma análise dos lotes existentes no bairro no período acima citado.

do Bom Retiro. A retificação do Rio Tietê e, a consequente valorização dos terrenos de várzea, provocou, igualmente, a instalação de vilas residenciais, como forma de suprir a demanda prejudicada pela crise habitacional esboçada desde o congelamento dos aluguéis (Bonduki, 1998).

A partir dos anos 1950, o Bom Retiro se torna reduto de imigrantes de outras etnias, dentre eles: gregos, árabes, turcos, húngaros, búlgaros. A partir daí, inicia-se um período de expansão do mercado imobiliário local, acompanhando o "boom" imobiliário ocorrido na cidade de São Paulo. Desse período até meados dos anos 1970, intensifica-se a verticalização, sobretudo no setor habitacional. A localização do Bom Retiro junto ao centro da cidade e a presença de uma população local com poder aquisitivo elevado e a necessidade de melhores condições de moradia foram fatores determinantes para que este processo ocorresse. Os imigrantes judeus, por exemplo, deixaram uma contribuição inigualável, tendo colaborado para a verticalização e a difusão da Arquitetura Moderna em São Paulo, tema discutido adiante.

A participação dos estrangeiros no desenvolvimento da Arquitetura Moderna no Brasil

ARQUITETURA MODERNA EM SÃO PAULO ENTRE OS ANOS 1950 E 1970

O crescimento da produção imobiliária de São Paulo, a partir de 1945, mostra a atividade construtiva como reflexo da macroeconomia, ou seja, boa parte dos capitais disponíveis que alcançaram a construção civil eram provenientes da indústria.

> Esses mesmos empresários, de origem europeia, encontraram no mercado imobiliário uma diversificação para seus empreendimentos, tornando-se muito atuantes, tanto na figura do investidor, como na do incorporador. Neste sentido, podemos afirmar que a leva migratória refugiada da Segunda Guerra, incluindo não somente os poloneses,[7] em sua maioria judeus, mas grupos de outras origens,

7 "[...] o grupo de empresários poloneses sobre o qual nos debruçamos procedeu, juntamente como o arquiteto polonês Lucjan Korngold, antes mesmo da metade da década de 1940, as iniciativas pioneiras na área da construção, também em associação com empreendedores nacionais como foi o caso do edifício Banco Continental (1944, com 24 pavimentos), ou o edifício Thomas Edison (1944, com 26 pavimentos), este último um empreendimento feito exclusivamente pelos poloneses, no seu início liderado pelo empresário H. Pikienlny, que repassou o investimento para os investidores Szymon Raskin e Roman Landau. Outro nome relevante foi o do príncipe Sangusko, que ao lado de Germaine Lucie Burchard, já exercia uma certa influência na condução dos negócios imobiliários, aglutinando

> foi responsável pela verticalização[8] da área central da cidade, bem como pela sua expansão sobre os núcleos suburbanos, resultante da instalação de seus estabelecimentos industriais" (Falbel, 2005, p. 31).

Entre os anos 1950 e 1970, vários arquitetos estrangeiros[9] vieram ao Brasil devido aos acontecimentos da Segunda Guerra Mundial. Dentre eles, destacam-se Bernard Rudofsky, Lucjan Korngold, Giancarlo Palanti, Lina Bo Bardi, Adolf Franz Heep, Jacques Pillon, Giancarlo Gasperini, entre outros (Cavalcanti, 2001). A grande maioria veio ao Brasil atraída pela vanguarda arquitetônica que se esboçava.[10]

> Em contato com o Brasil e os brasileiros, contribuíram com a sua cultura de origem e, na interação com a cultura local, foram capazes de fertilizar obras, que corroboram o poder de assimilação a que a moderna arquitetura brasileira recorreu em sua origem, a partir de fontes europeias – capacidade de assimilação, às vezes conciliando opostos, comportamento pouco afeito a certo racionalismo ou funcionalismo em voga nos anos de 1940 – 1960 – e, talvez, razão primordial da "*exuberância*" brasileira ante o olhar europeu (Segawa, 2002, p. 139).

Estes arquitetos foram partidários do racionalismo, tendo sido influenciados pelos grandes nomes do Estilo Internacional (Bruand, 2003, p. 267). Este foi o caso do tcheco Adolf Franz Heep, que migrou para o Brasil em 1947. Ele teve como seus mestres, em Frankfurt, Walter Gropius e Adolf Meyer. Também trabalhou para Le Corbusier, tendo se associado, em 1932, a Jean Ginsberg, com quem projetou alguns edifícios de apartamentos em Paris (Segawa, 2002, p. 136). Dentre as suas obras, temos: a sede do jornal *O Estado de São Paulo* (1946), em conjunto com Jacques Pillon; o Edifício Tinguá (década de 50); a Igreja de São Domingos (1953); o Edifício Itália (1956); e,

---

ao seu redor o grupo de arquitetos e engenheiros imigrantes judeus poloneses em São Paulo, em especial a construtora "Luz-Ar" – que em 1970 contabilizava mais de 200 obras pela cidade, incluindo edifícios altos nas áreas centrais (Falbel, 2005, p. 32).

8 Souza, 1994.

9 Os profissionais imigrantes refugiados no Brasil, muitos deles com qualificações, tiveram que enfrentar uma série de restrições para exercer a profissão, tais como os longos e penosos processos de regularização que podiam se estender por dez anos ou mais. Isso obrigou a contratar profissionais nacionais como seus responsáveis legais (Falbel, 2005, p. 32).

10 De acordo com Segawa (2002), a enorme repercussão do "Brazil Builds", nos anos de guerra, acabou influenciando a decisão de alguns literatos, artistas plásticos e arquitetos a migrarem para o Brasil (p. 134). Particularmente interessante é o depoimento de Lina Bo Bardi acerca disso (Ferraz, 1993, p. 12).

o Edifício Lausanne (1953). Neste último projeto, notam-se algumas características notáveis, visto que sua planta concentra instalações sanitárias, cozinha e demais dependências de serviço, liberando totalmente uma faixa fronteira de estar e repouso. Outra inovação foi a colocação de persianas de correr, conferindo um ritmo próprio à fachada (Xavier *et al*, 1983, p. 34).

Outro arquiteto estrangeiro a trabalhar no Brasil foi Jacques Pillon (Silva, 2010), que chegou a São Paulo em 1933. Uma de suas obras mais relevantes foi a Biblioteca Municipal Mário de Andrade (1935), que com uma linguagem proto-modernista/art deco, elimina boa parte da ornamentação de suas fachada. Outros edifícios deste arquiteto, incluem o Edifício Pauliceia (1956), o Edifício São Carlos do Pinhal (1956) e o Edifício Barão de Iguape (1956). Ressaltam-se neles a natureza diversificada de tipos de apartamentos, sendo o menor apartamento isento de quarto de empregada, solução inesperada para a produção voltada para uma alta classe média, bem como a estrutura em concreto armado e a utilização de persianas de enrolar, justapostas umas as outras (Xavier *et al*, 1983, p. 39).

Lucjan Korngold,[11] que chegou ao Brasil no início dos anos 1940, também foi bastante atuante, tendo produzido mais de 100 obras no país, incluindo edifícios residenciais, fábricas, e um número significativo de prédios altos para uso comercial. Este arquiteto foi responsável pelo projeto do Edifício CBI[12] (1946), no Vale do Anhangabaú, a maior estrutura de concreto armado no país da época. O prédio apresentava algumas características da inovadora linguagem moderna, tais como: rigorosa modulação estrutural, planta livre e uso de pilotis. Em suma, era um empreendimento diferenciado, tanto no enfoque tecnológico, quanto em termos projetuais. Korngold foi responsável, ainda, por vários projetos na capital, dentre eles, o Centro Comercial Bom Retiro (CCBR), situado na Rua José Paulino com passagem para a Rua Ribeiro de Lima, um marco em termos de

11 Korngold nasceu em Varsóvia, e formou-se pela Faculdade de Arquitetura do Politécnico desta mesma cidade, tendo chegado ao Brasil em 1940, com uma experiência profissional bastante reconhecida em seu país. Ele esteve ligado às vanguardas no campo da arquitetura e do design que tomaram conta da Europa entre os anos 20 e 30 (Falbel, 2003).

12 Este edifício foi realizado a partir de uma associação entre imigrantes e nacionais. A Sociedade CBI era liderada pelo empresário polonês Henryk Spitzman Jordan com participação do grupo Germaine Burchard, Henry Landsberg, dos irmãos Octavio e Eduardo Guinle, dos irmãos Carlos Sabóia Bandeira de Mello e João Pedro Bandeira de Mello, além dos irmãos Nelson e Wilson Mendes Caldeira, diretores do grupo Bolsa de Imóveis, promotores de diversos empreendimentos conjuntos com os poloneses. Por fim, destaca-se sua estrutura de 33 andares, 50.000 m² de área e 112 metros de altura, algo completamente inviável para a Europa no período entre guerras (Falbel, 2005, p. 31).

arquitetura de caráter comercial e, também, pelo Palácio do Comércio (1951), no centro de São Paulo, o primeiro edifício em estrutura metálica feito no Brasil.

Por último, ressaltamos a presença da arquiteta italiana Lina Bo Bardi, cuja obra alcançou renome internacional (Bruand, 2003, p. 267). Sua contribuição não se restringiu ao âmbito da arquitetura, mas teve desdobramentos no design de móveis, elaboração de cenografias, produção gráfica da revista Habitat, entre outros (Ferraz, 1993). Em São Paulo, Lina produziu sua própria residência (1949-1951); a sede dos Diários Associados (1953) e o Museu de Arte de São Paulo (1957-1969). A casa que construiu para si e para seu marido, o crítico de arte Pietro Bardi, no bairro do Morumbi, por exemplo, revolucionou o panorama da arquitetura residencial no país. No projeto do MASP – Museu de Arte de São Paulo, Lina Bo Bardi retomou a ideia de um bloco suspenso por pórticos em um projeto que ela havia proposto para um museu em São Vicente, porém substituindo os mesmos lá esboçados por apenas dois enormes, no sentido longitudinal em concreto protendido.

Além dos arquitetos estrangeiros, alguns brasileiros tiveram um papel relevante em São Paulo, entre os anos 1940 e 1960, entre eles: Rino Levi (Guerra, 2001), Oswaldo Brakte e Vilanova Artigas (Lemos, 1980). Assim sendo, podemos afirmar que "[...] o grupo imigratório representado pela leva refugiada dos "fascismos europeus" da primeira metade do século XX, pode ser considerado como um agente modernizador na cidade pelo caráter cosmopolita de sua formação e sua contribuição tanto na paisagem urbana, assim como por sua atuação incidente em todas as demais áreas da cultura" (Falbel, 2005, p. 33). A produção arquitetônica, deixada pelos arquitetos estrangeiros e nacionais, em São Paulo, contribuiu, portanto, para a disseminação do vocabulário modernista (Sampaio, 2002; Vilarino, 2000). Logo, a linguagem racionalista corbusiana (Le Corbusier, 2002) difundiu-se, a partir da utilização de determinados "ingredientes", a saber: estrutura independente em concreto armado, planta livre, uso de pilotis, panos envidraçados, diferentes tipologias de apartamentos, preocupação com o conforto térmico, emprego das cores e do ritmo variado nas elevações, bem como a integração entre as artes plásticas e a arquitetura.

Arquitetura Moderna no bairro do Bom Retiro nas décadas de 1950 e 1970

Nossa pesquisa apoiou-se num estudo da Arquitetura Moderna, sobretudo, a de caráter residencial, produzida por construtores e engenheiros judeus no Bom Retiro entre as décadas de 1950 e 1970. Através de levantamentos "in loco" buscamos identificar os edifícios correspondentes. Foram percorridas as principais ruas do bairro, a saber: Afonso Pena, Amazonas, Bandeirantes, Barra do Tibagi, Correia de Melo, General Flores, Graça, Guarani, Italianos, José Paulino, Júlio Conceição, Lubavitch, Mamoré, Matarazzo, Newton Prado, Prates, Ribeiro de Lima, Silva Pinto, Sólon, Talmud Thorá, Tenente Pena, Três Rios. Os edifícios foram listados e catalogados em fichas cadastrais. A seguir, apresentamos uma análise sucinta com base no montante total de exemplares elencados.

TIPOLOGIAS

Entre os anos 1930 e 1950, percebemos a introdução dos edifícios de 2 a 3 pavimentos em linguagem protomodernista. Estes edifícios apresentavam térreo destinado ao uso comercial e pavimentos superiores destinados à habitação. Em alguns casos, nota-se a utilização de sacadas. Foram construídos por imigrantes e descendentes de distintas procedências de modo a conciliar moradia e trabalho. Numa segunda instância, aparecem os prédios com características modernistas também com gabarito baixo (2 a 3 pavimentos) e uso misto. Alguns serviram de experiência construtiva inicial para alguns dos jovens engenheiros formandos da Escola Politécnica da Universidade de São Paulo em meados dos anos 1950, conforme constatamos a partir das entrevistas realizadas.

Posteriormente, surgem edifícios com mais andares, variando entre 7 ou mais pavimentos. Estes edifícios são o foco principal de nosso estudo uma vez que reúnem as características marcantes do Movimento Moderno. Eles eram destinados à classe média e alta, particularmente dos imigrantes judeus em ascensão social. O programa de necessidades incluía, via de regra: 2 ou 3 dormitórios, 2 banhos, quarto e banho de empregada, sala de estar, sala de jantar, copa, cozinha, vestíbulo, escritório, entre outros. Quanto à distribuição dos cômodos, nota-se a priorização na localização das áreas sociais em detrimento às áreas de serviço, garantindo às primeiras condições de conforto térmico privilegiadas. Assim sendo, salas e dormitórios foram posicionados, em sua maioria, nas fachadas norte, leste e oeste, recebendo a melhor insolação. Banheiros e áreas molhadas foram distribuídos, por sua vez, ao sul. Além dessas preocupações, podemos perceber, nas tipologias encontradas que variavam entre $100m^2$ e $200m^2$, uma atenção redobrada quanto à funcionalidade.

LOCALIZAÇÃO

A maioria dos edifícios de caráter residencial, com 7 ou mais pavimentos, foi erguida no chamado *"alto Bom Retiro"*, em áreas menos sujeitas às inundações do Rio Tietê. Caracterizada pela proximidade em relação à Avenida Tiradentes, ao Jardim da Luz, a Estação da Luz, à Rua José Paulino e demais equipamentos públicos, compreende as ruas Afonso Pena, Amazonas, Correia de Melo, Bandeirantes, Graça, Guarani, Júlio Conceição, Lubavitch, Prates, Ribeiro de Lima e Silva Pinto. A medida em que nos aproximamos da zona de várzea, constatamos, em contrapartida, que o número de prédios com 7 ou mais pavimentos reduz-se drasticamente. Em ruas como General Flores, Italianos, Matarazzo, Mamoré, Sólon, Tenente Pena, entre outras, eles não ultrapassam 1 ou 2 exemplares. Até os dias de hoje prevalece a baixa densidade nesta parte do bairro, conhecida como *"baixo Bom Retiro"*.

IMPLANTAÇÃO

A grande maioria dos prédios analisados localiza-se em esquinas. Nesses casos, eles exploram todas as divisas do lote, sem recuos laterais, posteriores ou frontais, a fim de garantir um elevado coeficiente de aproveitamento. Este fato se deu em virtude de lacunas na legislação vigente do período, que possibilitou a verticalização em áreas centrais, como no caso do Bom Retiro, embora o zoneamento da época não permitisse.[13] Nos lotes de esquina localizavam-se atividades comerciais ou de serviços, ao contrário dos miolos de quadra, em que vigoravam vilas residenciais, motivo este que facilitou a aquisição dos mesmos.[14]

Nos demais casos, em que os prédios se posicionam no miolo de quadra, observa-se, quase sem exceção, o mesmo padrão de ocupação do lote. Raros são os recuos laterais, fazendo com que as edificações faceiem prédios baixos de 3 pavimentos ou altos com 7 ou mais andares em ambos os lados. Os recuos frontais não constituem a regra. No entanto, o que se costuma notar são afastamentos posteriores, somente observados através das plantas.

---

13 Muitos dos edifícios residenciais obtiveram aprovação inicial junto a prefeitura para o uso de consultórios ou escritórios. Este foi um recurso comum adotado por engenheiros construtores no período compreendido entre 1960 e 1970.

14 No tocante as medidas, os terrenos analisados variam, em sua maioria, de 5 a 10 metros de frente com 20 a 35 metros de fundos. Tratam-se de lotes que remontam a própria urbanização original do bairro, datada da transição do século XIX para o século XX, derivada do parcelamento de antigas chácaras, que inicialmente abrigaram residências autoconstruídas por imigrantes italianos e seus descendentes no estilo eclético (Koulioumba, 1993).

VOLUMETRIA

Percebe-se a adoção de volumes prismáticos. O corpo principal, com a função residencial, separa-se, por sua vez, da base, em que se situam lojas e afins, por meio de marquises ou recuos, conferindo elegância aos edifícios. Contudo, um instrumento bastante utilizado são os deslocamentos dos corpos principais dos edifícios em relação aos pavimentos térreos. Assim sendo, o bloco de apartamentos se distancia, graças ao terraço-jardim no primeiro pavimento.

ESTRUTURA INDEPENDENTE

O uso da estrutura independente em concreto armado é uma das principais características do Movimento Moderno. Na maioria dos casos, ela pode ser facilmente identificada a partir da utilização de pastilhas cerâmicas ou pintura que reforça a presença de pilares e vigas. No entanto, em nenhum dos exemplares estudados verificou-se o concreto na sua essência aparente no tocante aos princípios estruturais.

PILOTIS

Verificamos que em muitos dos edifícios os pilotis aparecem. Alguns adotam uma linguagem formal bem específica, como os no formato em "V", ícone da influência corbusiana no país. Muitos destes projetos contavam com térreos livres, o que contribuiu sobremaneira para evidenciá-los. Porém, a violência urbana crescente, estes pavimentos acabaram por ser fechados com a instalação de gradis. Convém destacar ainda a importância que o pavimento térreo desempenhava outrora no que diz respeito à transição entre o espaço público e o privado. Devido a sua natureza fluída, o térreo exercia um papel semipúblico notável entre o edifício e a rua.

ELEVAÇÕES

As elevações são estruturadas a partir de traçados lineares e ortogonais. Busca-se, com isso, uma simplificação formal a partir do jogo de cheios e vazios. Este último fato é comumente notado em edifícios que combinam varandas cobertas ou terraços soltos e planos diversos. O tratamento das fachadas se faz, no computo total, a partir de equilibradas composições cromáticas obtidas, em geral, com o emprego das cores primárias para os revestimentos, remetendo às pinturas abstratas do início do século XX. O uso de cores complementares também se fez presente. As pastilhas cerâmicas foram mais utilizadas para os acabamentos externos. Além delas, predominam as peças cerâmicas (azulejos), que contribuem para a elaboração de mosaicos ou desenhos geometrizados.

No caso das fachadas, nota-se a presença de sacadas que se projetam a frente do alinhamento principal da edificação, bem como os blocos hidráulicos em balanço, que se distinguem do restante da composição pela volumetria saliente e pelo tipo de revestimento, comumente em tonalidades diferenciadas. No primeiro caso, o vocabulário formal adotado para os balcões se assemelha às tipologias modernistas europeias, em que as laterais recebem proteção em gradil metálico e, a frente, exerce um papel estruturador, em concreto armado. No segundo caso, percebem-se pequenas aberturas superiores ou no próprio bloco sobressalente, o qual rompe, por si só, a monotonia da composição total.

Ainda no que diz respeito às elevações, nota-se o emprego de diversos tipos de fechamento (esquadrias). Alguns edifícios utilizam montantes externos em alumínio que são combinados com placas coloridas acrílicas por detrás dos vidros, criando um efeito estético singular. Também o vidro aramado foi muitas vezes utilizado em bandeiras inferiores. Muito frequente é, por sua vez, o uso de bandeiras inferiores e superiores em vidro translúcido, aumentando a luminosidade no interior dos apartamentos.

ESQUADRIAS

A utilização de esquadrias do tipo "maximar" é bastante frequente. Além delas, janelas de correr com persianas projetadas (de enrolar), ora em madeira, ora em alumínio, aparecem com frequência nas fachadas dos edifícios. Nas varandas cobertas, portas tipo "balcão" de correr, nos mesmos materiais, foram muito empregadas, tendo como complemento bandeiras envidraçadas superiores. No computo mais amplo, verifica-se que as esquadrias dos prédios estudados possuem dimensões e aberturas bem maiores que as atuais, demonstrando a preocupação latente dos arquitetos e engenheiros do período quanto às questões de insolação e ventilação. Outro tipo de caixilho observado é a janela tipo "guilhotina" com persiana em madeira. Este tipo de esquadria possibilita a ventilação total, otimizando a circulação do ar nos ambientes. Ela foi utilizada, em muitos casos também com a finalidade estética, contribuindo para a composição formal da fachada. Por fim, destacamos outras soluções para as aberturas, entre elas, a pele de vidro, com montantes em alumínio ou ferro, de piso a teto. Verificamos muitos exemplares comerciais que adotaram esta saída. No caso residencial, é muito comum a adoção deste partido nas áreas sociais.

Análise dos dados levantados

ENGENHEIROS E CONSTRUTORAS QUE ATUARAM NO BOM RETIRO

A análise destes dados mostrou-nos que algumas construtoras ou engenheiros tiveram uma expressiva atuação na edificação de prédios de 07 ou mais pavimentos no Bom Retiro, conforme explicitado na **Tabela 1.**

Tabela 1. Relação engenheiros/construtoras e obras realizadas (%)

Construtoras/Engenheiros	Obras realizadas	% do Total
Boris Moisés Mirocznik	7	8,6
Oscar Kuzniec	5	6,2
Construtora Stuhlberger Ltda.	4	4,9
Construtora Cracel & Juziuk	3	3,7
Gerszon Samuel Susskind	3	3,7
Ilicz Goldman	3	3,7
Jonas Spalter	3	3,7
Moysés Worcman	3	3,7
Construtora Zaterka & Frajzinger	2	2,5
Luiz Lustig	2	2,5
Maurício Flint	2	2,5
Samuel Kohn	2	2,5
Milton Schubsky	2	2,5
Victor Lichewitz	2	2,5
Daniel Spindel	2	2,5
Leon Chodik	2	2,5
Arsênio Hipólito Jr.	2	2,5
Saginur & Neumann Soc. Civil e Eng. Ltda.	1	1,2
Biro Ernerto Zeitel	1	1,2
Henrique Gurfinkel	1	1,2
Alfred Johann J. Cerveny	1	1,2
Construtora Opus Ltda.	1	1,2
Marcos Henrique Firer	1	1,2
Montecchio & Nogueira Ltda.	1	1,2
Hirch Appelbaum	1	1,2
José Hermes do Prado	1	1,2
Samuel Nepchan	1	1,2
Bobrow & Goldman Ltda.	1	1,2
Construtora Kauffmann Ltda.	1	1,2
Labibe Baracat	1	1,2

Henrique Hirschfeld	1	1,2
Nelson Gelleti	1	1,2
Rubens Diamante	1	1,2
Envil Escrit. Téc. Eng. e Com. Ltda.	1	1,2
Chevis & Flint Eng. e Construções	1	1,2
Const. Karniol-Scheinman Ltda.	1	1,2
Boarin & Mariotto Ltda.	1	1,2
Manoel Szterling	1	1,2
Esca Emp. Soc. Const. & Adm. Ltda.	1	1,2
Construtora Ambiente Ltda.	1	1,2
Leon Alexandre	1	1,2
Construtora Alfredo Gerab S/A.	1	1,2
H. S. Comercial e Const. Ltda.	1	1,2
Dan Joan Antonio	1	1,2
Const. E Imob. Amapá Ltda.	1	1,2
Henrique S. Sadocco	1	1,2
Construtora Gold Ltda.	1	1,2
Ezra Shammas	1	1,2
Lejb Kapel	1	1,2
Total	**81**	**100,0**

Fonte: Carla Elias, 2008. Dados obtidos a partir da Revista "A Construção em São Paulo", Editora PINI (anos 1962 a 1974) com base no levantamento realizado por Stamatia Koulioumba.

Os principais engenheiros e empresas construtoras atuantes no Bom Retiro, entre 1962 e 1974, são os seguintes: Boris Moises Mirocznik, Oscar Kuzniec, Construtora Stuhlberger, Construtora Cracel & Juziuk, Gerszon Samuel Susskind, Ilicz Goldman, Samuel Kohn, Mauricio Flint, Milton Schubsky, Moyses Worcman, Construtora Zaterka & Frajzinger, Victor Lichewitz, Luiz Lustig, Daniel Spindel e Jonas Spalter. Dentre as construtoras ou engenheiros acima citados, percebemos a forte atuação de 6 delas com a produção cerca de 25 prédios com 7 ou mais pavimentos, a saber: Boris Moises Mirocznik; Oscar Kuzniec; Construtora Stuhlberger; Construtora Cracel & Juziuk; Gerszon Samuel Susskind e Ilicz Goldman.

A primeira constatação é a de que a maioria dos engenheiros e empresas construtoras presentes no bairro era de imigrantes judeus. Alguns deles construíram os edifícios terrenos próprios, destinando um dos apartamentos a sua própria família e, os demais, à venda. Este tipo de empreitada era comum mesmo em tempos remotos do desenvolvimento urbano do Bom Retiro, que contou com a presença de imigrantes italianos e de procedência europeia em geral. Em outros casos, averiguou-se que os terrenos eram de propriedade de imigrantes judeus, que contratavam profissionais patrícios para a realização da construção dos edifícios, fato que confirma as redes sociais estabelecidas (Truzzi, 2001).

As construtoras, em sua maioria, se localizavam na região Central de São Paulo, sendo que alguns dos engenheiros e firmas construtoras tinham seus escritórios sediados no Bom Retiro (**Tabela 2**). A localização dos escritórios no próprio bairro facilitava as redes de contato para fechamentos de negócios. Interessante notar que, além de trabalhar aí, muitos dos construtores estudados, residiram no Bom Retiro por um determinado período, conforme atestam as entrevistas pessoais por nós realizadas.

Tabela 2. Localização dos escritórios de engenharia e construtoras atuantes no Bom Retiro

Construtoras/Engenheiros	Endereço Inicial	Alteração de endereço
Boris Moisés Mirocznik	Rua Silva Pinto, 426 - Bom Retiro	Rua Ribeiro de Lima, 332 - 1º and. - Bom Retiro
Oscar Kuzniec	Rua da Graça, 215 - 2º and. – Bom Retiro	Rua Ribeiro de Lima, 336 - 1º and. - Bom Retiro
Construtora Stuhlberger Ltda.	Rua Boa Vista, 314 - 3º and. – Centro	-
Construtora Cracel & Juziuk	Rua Cons. Crispiniano, 344 - 7º and. – Centro	-
Gerszon Samuel Susskind	Rua José Paulino, 811 - 1º and. - Bom Retiro	Rua Silva Pinto, 199 - 6º and. - Bom Retiro
Jonas Spalter	Rua Correia de Melo, 84 - 6° and. - Bom Retiro	Rua José Paulino, 226 - 6º and. - Bom Retiro
Ilicz Goldman	Viaduto Santa Ifigênia, 66 - 16° and. – Centro	Av. Prestes Maia, 220 - 16° and. – Centro
Moysés Worcman	Rua Ribeiro de Lima, 362 - 1º and. - Bom Retiro	-
Construtora Zaterka & Frajzinger	Rua Correia de Melo, 216 - 8º and. - Bom Retiro	-
Luiz Lustig	Rua Beneficência Portuguesa, 44 - 12º and.	-
Maurício Flint	Rua Prates, 831 - Bom Retiro	-
Samuel Kohn	Rua José Paulino, 413 - 1º and. - Bom Retiro	-
Milton Schubsky	Av. Nova Anhangabaú, 220 - 16° and. – Centro	-
Victor Lichewitz	Rua José Paulino, 500 - Bom Retiro	Rua José Paulino, 498 - 2º and. - Bom Retiro
Daniel Spindel	Rua José Bonifácio, 278 - 11º and. - Centro	-

Fonte: Carla Elias, 2008. Dados obtidos a partir da Revista "A Construção em São Paulo", Editora PINI (anos 1962 a 1974) com base no levantamento realizado por Stamatia Koulioumba.

Percebemos que conforme aumentava a demanda de projetos no bairro, era comum a ocorrência de mudança das sedes de seus escritórios para instalações maiores e melhor localizadas. Além disso, identificamos que alguns engenheiros ou construtoras estiveram presentes por longos períodos no bairro e outros tiveram atuações mais passageiras. O **Gráfico 1**, abaixo, aponta quais engenheiros ou construtoras atuaram por quantidade de anos no Bom Retiro:

Gráfico 1. Período de atuação das Construtoras/Engenheiros no Bom Retiro (anos)

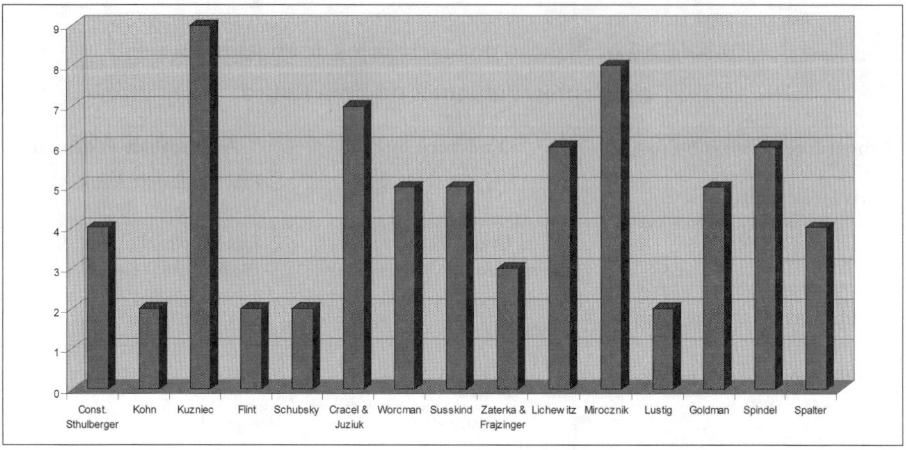

Fonte: Carla Elias, 2008. Dados obtidos a partir da Revista "A Construção em São Paulo", Editora PINI (anos 1962 a 1974) com base no levantamento realizado por Stamatia Koulioumba.

Os primeiros engenheiros e empresas construtoras a atuar na construção destes edifícios no bairro foram: Construtora Stuhlberger, Samuel Kohn e Oscar Kuzniec, iniciando suas atividades na década de 60 e atuando por um curto período aí. Kuzniec, no entanto, constitui-se uma exceção, pois atuou até o ano de 1970, sendo este o profissional de maior permanência na construção civil local. Na sequência as construtoras Cracel & Juziuk e Zaterka & Frajzinger passam a atuar no bairro. Neste mesmo período, entre 1963 e 1967, os profissionais Moysés Worcman e Gerszon Susskind também exerceram a construção de edifícios no Bom Retiro. Já no período mais tardio, próximo do início da década de 1970, percebemos a participação dos profissionais Ilicz Goldman e Jonas Spalter.

Tabela 3. Período de atuação dos principais construtores e engenheiros no Bom Retiro

Construtoras/Engenheiros	Período (Anos)
Construtora Stuhlberger	1962 a 1965
Samuel Kohn	1962 a 1963
Oscar Kuzniec	1962 a 1970
Maurício Flint	1962 a 1963
Milton Schubsky	1963 a 1964
Construtora Cracel & Juziuk	1963 a 1969
Moysés Worcman	1963 a 1967
Gerszon samuel Susskind	1963 a 1967
Construtora Zaterka & Frajzinger	1964 a 1966
Victor Lichewitz	1964 a 1969
Boris Moisés Mirocznik	1964 a 1971
Luiz Lustig	1966 a 1967
Ilicz Goldman	1967 a 1971
Daniel Spindel	1968 a 1973
Jonas Spalter	1969 a 1972

Fonte: Carla Elias, 2008. Dados obtidos a partir da Revista "A Construção em São Paulo", Editora PINI (anos 1962 a 1974) com base no levantamento realizado por Stamatia Koulioumba.

LOCALIZAÇÃO DOS EDIFÍCIOS COM 07 OU MAIS PAVIMENTOS

Na **Tabela 4** apresentamos a distribuição geográfica dos edifícios com 07 ou mais pavimentos existentes em cada uma das principais ruas levantadas. A maior incidência destes edifícios está nas ruas: Bandeirantes, Prates, José Paulino, Graça, Guarani, Três Rios, Ribeiro de Lima, Afonso Pena, Lubavitch, Correia de Melo, Talmud Torá, entre outras, portanto, na parte alta do bairro. Um dos fatores responsáveis pelo processo de verticalização no bairro concentrar-se junto às ruas de topografia mais elevada foi à ocorrência de enchentes próximas a várzea do rio Tietê.

Tabela 4. Localização dos principais edifícios com 7 ou mais pavimentos

Ruas	Edifícios existentes
Rua Bandeirantes	18
Rua Prates	12
Rua Júlio Conceição	11
Rua da Graça	11
Rua Newton Prado	09
Rua Três Rios	09
Rua Ribeiro de Lima	09
Rua Guarani	08
Rua Afonso Pena	08
Rua Correia de Melo	07
Rua José Paulino	07
Rua Amazonas	07
Rua Silva Pinto	06
Rua Talmud Torá – antiga Tocantins	05
Rua Lubavitch – antiga Correia dos Santos	05
Rua Barra do Tibagi	03

Fonte: Carla Elias, 2008. Dados obtidos a partir da Revista "A Construção em São Paulo", Editora PINI (anos 1962 a 1974) com base no levantamento realizado por Stamatia Koulioumba. Revisto por Camille Cristina Silva em conjunto com Stamatia Koulioumba, 2010.

O PROCESSO DE VERTICALIZAÇÃO DO BOM RETIRO

Um dos dados coletados na pesquisa foi o ano da aprovação dos projetos dos edifícios, junto à Prefeitura Municipal de São Paulo. A partir da análise desses dados geramos o **Gráfico 2**, que nos mostra aproximadamente a quantidade dos edifícios supostamente foram construídos a cada ano, no período estudado (1962 a 1974). Analisando o **Gráfico 2**, notamos que a maioria das construções surge, sobretudo, no início da década de 1960.

Gráfico 2. Quantidade de Edifícios construídos por ano (entre 1962 a 1974)

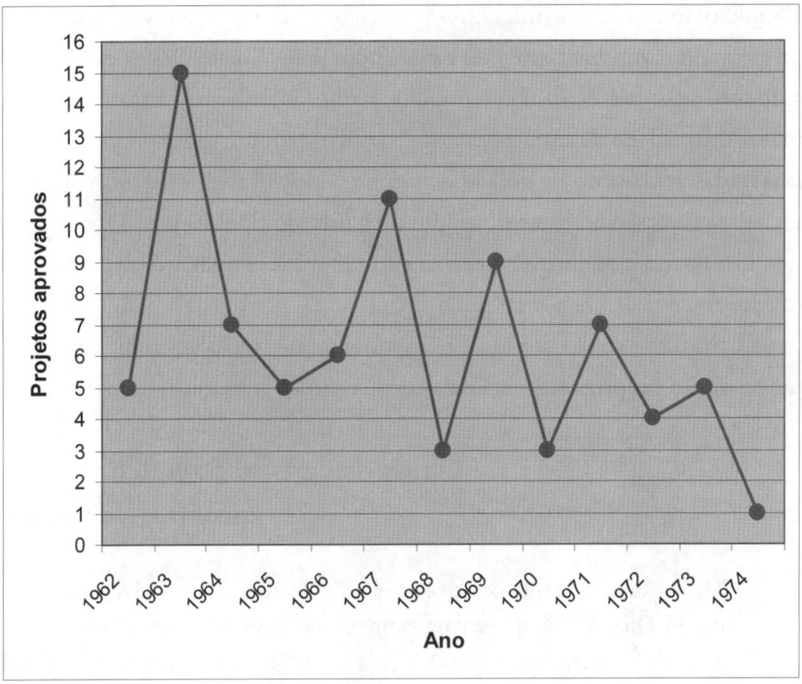

Fonte: Carla Elias, 2008. Dados obtidos a partir da Revista "A Construção em São Paulo", Editora PINI (anos 1962 a 1974) com base no levantamento realizado por Stamatia Koulioumba.

Vários fatores econômicos, urbanísticos e sociais podem ter colaborado para este desenvolvimento imobiliário no bairro. De acordo com Somekh (1997), a proximidade do Bom Retiro à região central, inseriu o bairro no processo de verticalização iniciado na década de 1940 e em total expansão na década de 1960. Ainda conforme Somekh (1997), a promulgação da lei 5.261, em 1957, que limitava os coeficientes de aproveitamento e a área mínima dos apartamentos para 210m^2, também favorecia os investimentos em edifícios residenciais para classe média e alta, ou seja, o mesmo perfil dos apartamentos construídos no bairro. Já no período entre 1964 e 1966, percebemos uma queda considerável na construção destes edifícios. Este declínio pode estar relacionado ao início da ditadura militar e aos problemas econômicos decorrentes.

Entre os anos de 1968 a 1971 ocorrem oscilações, porém já apresentando um decréscimo na construção dos edifícios verticalizados, que praticamente, se encerra em 1974. Essa redução drástica pode estar relacionada ao desinteresse nacional na construção de edifícios de médio e alto padrão e ao início dos investimentos na habitação popular, impulsionada pela criação, em 1967, do BNH (Banco Nacional da Habitação), além do início do êxodo dos imigrantes judeus, que começam a deixar o bairro, no final dos anos 1960, em busca de áreas mais nobres da cidade. Esse deslocamento se dá em direção a Santa Cecília, Higienópolis, Jardins e Pinheiros. Essas áreas recebem uma maior quantidade de infraestrutura e serviços, apontando para um processo de degradação das áreas centrais do Município de São Paulo. É nesse momento, que se identifica uma inversão no uso e ocupação do bairro do Bom Retiro. Se até os meados dos anos 1960 havia uma forte correlação entre moradia e trabalho (uso misto), a partir do deslocamento de imigrantes judeus para outros bairros da cidade, o Bom Retiro passa a se consolidar como um local preponderantemente comercial. Os anos 1970 denotam, assim, a própria estagnação da construção civil no local.

Conclusões gerais: Bom Retiro, bairro de encontros e desencontros

> Mas o coração de muitos deles ficou no Bom Retiro, diz o advogado Carol Goldstein. Quando eles querem um bom pão preto, uma boa comidinha do jeito que a avó deles fazia, onde é que ele tem que vir?" E vai até a janela de seu escritório na rua da Graça e aponta para baixo – "é aqui." Logo à frente do seu escritório fica o porãozinho onde dona Sara há muitos anos faz uma das melhores comidas judaicas do bairro (*Revista Shalom*, 1984, p. 29).
>
> Depoimento do advogado Carol Goldstein

O processo de verticalização da cidade de São Paulo, que se inicia nos anos 50 e se estende até meados dos anos 70, se reflete de forma intensiva no bairro do Bom Retiro na década de 1960. Neste período houve uma grande influência dos imigrantes judeus na construção civil no bairro. A participação deles se deu ora através da aquisição de terrenos e financiamento da obra, ora na própria questão técnica, por meio da atuação enquanto engenheiros/construtores. Boa parte desses edifícios traduzem o ideário moderno. Alguns edifícios estudados possuem aspectos formais que podem ser diretamente relacionados aos edifícios modernos produzidos por consagrados nomes da arquitetura moderna brasileira. Porém, são totalmente desconhecidos do público em geral.

A partir dos anos 70, chegam ao Bom Retiro os primeiros coreanos, que a princípio, se dirigiam ao bairro para trabalhar e, em seguida, morar. Grande parte deles se dedica às atividades ligadas à confecção. Como os judeus, os coreanos logo usufruíram as promissoras possibilidades que o bairro podia oferecer-lhes. Conforme eles (Kim, 2008; Choi, 1991; Sampaio, 2010) se estabeleciam economicamente passaram a comprar os imóveis dos judeus, que já deixavam o bairro em busca de áreas mais nobres da cidade. Os coreanos realizaram, sobretudo, a modernização das edificações comerciais. Com o crescimento desta colônia no bairro foram surgindo ainda algumas instituições que desempenham papel importante no fortalecimento das relações sociais. As levas mais recentes de imigração no bairro do Bom Retiro incluem, também, a presença de latino-americanos, sobretudo de bolivianos (Silva, Sidney A., 1997; 2005; 1998) e paraguaios. Porém, esses imigrantes têm sofrido bastante com as péssimas condições de trabalho e moradia precária.

No entanto, há que se salientar que o Bom Retiro ainda abriga uma pequena população judaica, que inclui famílias ortodoxas. É o bairro com maior número de sinagogas ativas na cidade, mantém escolas, a maior entidade assistencial judaica, a Unibes e sua creche, a sede da Sociedade Cemitério, a organização assistencial ortodoxa Ten Yad e uma plêiade de mercearias, restaurantes e lojas típicas, embora entre 2003 e 2004, tenha vivenciado a saída da sede local do Colégio Renascença e do Arquivo Histórico Judaico Brasileiro (Cytrynowicz, 2005, p. 38). Como nos sugere Cytrynowicz (2005, p. 39), pode-se afirmar que o Bom Retiro é o testemunho histórico, mas vivo e em transformação, do projeto de uma comunidade judaico-brasileira, com seus mecanismos de coesão social e presenças culturais e políticas plurais, que definiram um bairro judaico.

Assim sendo, *mais do que uma mera representação, o Bom Retiro é uma realidade dos fatos acumulados ao longo do tempo.* Neste espaço urbano se localiza o núcleo cultural e histórico do judaísmo europeu oriental na cidade, seu território e suas raízes. Foi lá – e ainda é – que se desenvolveu a base da experiência social histórica do judaísmo paulista (Cytrynowicz, 2005, p. 39). Apesar do aburguesamento, fruto de um notável percurso ascensional na estrutura social e da mudança territorial para outros bairros da cidade (Povoa, 2007), nota-se que as referências constituídas no Bom Retiro, a partir de elos sociais e vínculos emocionais, prevalecem. Os judeus construíram uma série de instituições, não só organizativas, mas também significados sobre seu "valor" na sociedade, que auxiliaram nos percursos individuais e no reconhecimento do grupo étnico no contexto nacional (Grün, 2000, p. 379). Objetivamos deixar aqui, portanto, uma singela contribuição para o tema, visto que entendemos a identidade judaico-brasileira como uma espécie de massa plástica que pode ser moldada em muitos aspectos (Grün, 2000).

Bibliografia

IMIGRAÇÃO JUDAICA E EM GERAL

ALVIM, Zuleika. *Brava Gente! Os italianos em São Paulo: 1870-1920.* 2ª ed. São Paulo: Brasiliense, 1986.

BIGAZZI, Anna Rosa Campagnano. *Italianos: história e memória de uma comunidade.* Série Lazuli – Imigrantes do Brasil. São Paulo: Companhia Editora Nacional, 2006.

CARELLI, Mario. *Carcamanos e comendadores: os italianos de São Paulo, da realidade à ficção. 1919-1930.* São Paulo: Ática, 1985.

CENNI, Franco. *Italianos no Brasil.* São Paulo: Martins Fontes/Edusp, s.d.

CHOI, Keum Joa. *Além do arco-íris: a imigração coreana no Brasil.* Dissertação de mestrado. São Paulo, FFLCH-USP, 1991.

CYTRYNOWICZ, Roney. "Cotidiano, imigração e preconceito: a comunidade judaica nos anos 1930 e 1940". In: GRINBERG, Keila (org.). *Os Judeus no Brasil: Inquisição, Imigração e Identidade.* Rio de Janeiro: Civilização Brasileira, 2005.

FALBEL, Nachman. "A Cooperativa de Crédito do Bom Retiro". *Boletim do Arquivo Histórico Judaico Brasileiro*. São Paulo, n. 17, p. 5, out. 1999.

FELDMAN, Sarah. *Segregações espaciais urbanas. A territorialização da prostituição feminina em São Paulo.* Dissertação de mestrado. São Paulo, FAU-USP, 1989.

GRÜN, Roberto. "Construindo um lugar ao sol: os Judeus no Brasil". In: FAUSTO, Boris (org.). *Fazer a América. A Imigração em massa para a América Latina.* São Paulo: Edusp, 2000.

HUTTER, Lúcia Maffei. *Imigração italiana em São Paulo: 1880-1889.* São Paulo: IEB/USP, 1972.

KIM, Yoo Na. *A jovem Coreia.* São Paulo: SSUA Editora, 2008.

MACEDO, Gilma Maria Ramos de Almeida. *História da Cooperativa de Crédito Popular do Bom Retiro.* Dissertação de mestrado. São Paulo, FFLCH-USP, 2005.

MIZRAHI, Rachel. *Judeus: do descobrimento aos dias atuais*. Série Lazuli – Imigrantes do Brasil. São Paulo: Companhia Editora Nacional, 2005.

POVOA, Carlos Alberto. *A territorialização dos judeus na cidade de São Paulo: a migração do Bom Retiro ao Morumbi*. Dissertação de mestrado. São Paulo, FFLCH-USP, 2007.

SAKURAI, Célia. *Romanceiro da imigração japonesa*. São Paulo, Sumaré, 1993.

SAMPAIO, Maria Ruth Amaral de. "Os coreanos no Bom Retiro". In: *Anais do I Workshop São Paulo: Os Estrangeiros e a Construção da Cidade*. Projeto Temático Fapesp, São Paulo, 2010.

SILVA, Sidney A. da. *Costurando Sonhos: trajetória de um grupo de imigrantes bolivianos em São Paulo*. São Paulo: Paulinas, 1997.

_______. *Bolivianos: a presença da cultura andina*. Série Lazuli – Imigrantes no Brasil. São Paulo: Companhia Editora Nacional, 2005.

_______. "Clandestinidade e intolerância: o caso dos bolivianos em São Paulo". *Travessia – Revista do Imigrante*, n. 30, jan./abr. 1998.

TRUZZI, Oswaldo. *De Mascates a Doutores: sírios e libaneses em São Paulo*. Série Imigração, vol. 2. São Paulo: Editora Sumaré, 1992.

VELTMAN, Henrique. *A História dos Judeus em São Paulo*. 2ª ed. Rio de Janeiro: Exped, 1996.

WOLFF, Egon & WOLFF, Frida. *Guia Histórico da Comunidade Judaica de São Paulo*. São Paulo: B'nei B'rith S/C, 1988.

WEINBERG, Marie Felice. "Histórias recontadas: imigrantes judias empresárias em São Paulo (1945 - 1956)". *Histórica – Revista Eletrônica do Arquivo Público do Estado de São Paulo*, n. 28, 2007.

ANTROPOLOGIA E SOCIOLOGIA

CERTEAU, Michel de *et al*. *A invenção do cotidiano. Vol. 2: Morar, cozinhar*. Tradução de Ephraim F. Alves e Lúcia Endlich Orth. 8ª ed. Petrópolis: Vozes, 2008.

GRANOVETTER, Mark. "The Strength of Weak Ties". *American Journal of Sociology*, vol. 78. Issue 6, may 1973.

WELLMANN, Barry. "Network analysis: some basic principle". In: *Sociological Theory*. Vol. 1, 1983.

SÃO PAULO: HISTÓRIA, ECONOMIA E CIDADE

AZEVEDO, Manoel Vitor. *São Paulo de antigamente: história pitoresca de suas ruas*. São Paulo: Grafistyl, 1976.

DEBENEDETTI, Emma & SALMONI, Anita. *Arquitetura Italiana em São Paulo*. Tradução de Paulo J. O. Bruna & Silvia Mazza. São Paulo: Perspectiva, 1980.

DERTÔNIO, Hilário. *O Bairro do Bom Retiro*. História dos Bairros de São Paulo, vol. 9. São Paulo: DC/PMSP, 1971.

EVASO, Alexander Sergio. *Bom Retiro: refuncionalização de um bairro paulistano*. Trabalho de Graduação Integrado. São Paulo, FFLCH-USP (Departamento de Geografia), 1998.

FINA, Wilson Maia. *O bairro do Bom Retiro e seus primórdios*. São Paulo: Sangirard, 1976.

HOMEM, Maria Cecília Naclério. *Higienópolis: grandeza e decadência de um bairro paulistano*. São Paulo: PMSP, 1989.

_______. *Palacete Paulistano: formas de morar da elite cafeeira: 1867-1918*. São Paulo: Martins Fontes, 1986.

KOULIOUMBA, Stamatia. *Influência de Imigrantes na arquitetura e evolução urbana de um bairro: Bom Retiro*. Iniciação Científica. São Paulo, FAU-USP/Fapesp, 1993.

MACAMBIRA, Yvoty. "Os italianos e a arquitetura paulistana". *Revista Italianística*, vol. 3, n. 3, p. 57-72, jul. 1995.

MACHADO, Antonio de Alcântara. *Brás, Bexiga e Barra Funda e Laranja da China*. São Paulo: Ed. Klik/Estadão, s. d.

MANGILI, Liziane Peres. *Transformações e permanências no bairro do Bom Retiro – São Paulo (1930-1954)*. Dissertação de mestrado. São Carlos, EESC-USP, 2009.

PASSAGLIA, Luis Alberto do Prado. *O italianizante: a arquitetura no período de 1880 à 1914 na cidade de São Paulo*. Dissertação de mestrado. São Paulo, FAU-USP, 1984.

SANTOS, Carlos José Ferreira dos. *Nem tudo era italiano (São Paulo e pobreza: 1890/1915)*. São Paulo: Annablume/Fapesp, 1998.

SANTOS, Marcio. *O Bom Retiro uma paisagem paulistana*. Dissertação de mestrado. São Paulo, FFLCH-USP, 2000.

TOLEDO, Benedito Lima de. *São Paulo: três cidades em um século*. São Paulo: Duas Cidades, 1981.

ARQUITETURA MODERNA EM SÃO PAULO E NO BRASIL:

BONDUKI, Nabil. *Origens da Habitação Social no Brasil: arquitetura moderna, lei do inquilinato e difusão da casa própria*. São Paulo: Estação Liberdade, 1998.

BRUAND, Yves. *Arquitetura Contemporânea no Brasil*. São Paulo: Perspectiva, 2003.

CAVALCANTI, Lauro. *Quando o Brasil era Moderno: guia de arquitetura (1928-1960)*. Rio de Janeiro: Aeroplano, 2001.

FALBEL, Anat. *Korngold: a trajetória de um arquiteto imigrante*. Tese de doutorado. São Paulo, FAU-USP, 2003.

FERNANDES, Fernanda. *Architecture in Brazil in the Second Postwar Period – The synthesis fo the Arts*. Alvar Alto Academy, 2005.

FERRAZ, Marcelo Carvalho (org.). *Lina Bo Bardi*. São Paulo: Instituto Lina Bo Bardi e Pietro Maria Bardi/Empresa das Artes, 1993.

GUERRA, Abílio (coord.). *Rino Levi: arquitetura e cidade*. São Paulo: Romano Guerra, 2001.

LE CORBUSIER. *Por uma Arquitetura*. 6ª ed. São Paulo: Perspectiva, 2002.

SAMPAIO, Maria Ruth Amaral de. *A promoção privada de Habitação Econômica e a Arquitetura Moderna: 1930-1964*. São Carlos: Rima, 2002.

SEGAWA, Hugo. *Arquiteturas no Brasil: 1900-1990*. São Paulo: Edusp, 2002.

SOMEKH, Nadia. *A Cidade Vertical e o urbanismo modernizador: São Paulo 1920-1939*. São Paulo: Nobel/Edusp, 1997.

SILVA, Joana Mello de Carvalho. *O arquiteto e a produção da cidade: a experiência de Jacques Pillon em perspectiva (1930-1960)*. Tese de doutorado. São Paulo, FAU-USP, 2010.

SOUZA, Maria Adélia Aparecida de. *A identidade da metrópole: a verticalização de São Paulo*. São Paulo: Hucitec/Edusp, 1994.

VILARINO, Maria do Carmo. *Habitação verticalizada na cidade de São Paulo dos anos 30 aos anos 80: investigação acerca da contribuição dos arquitetos modernos ao tema*. Estudos de casos. Dissertação de mestrado. São Paulo, FAU-USP, 2000.

XAVIER, Alberto *et al*. *Arquitetura Moderna Paulistana*. São Paulo: Pini, 1983.

ARTIGOS EM PERIÓDICOS, JORNAIS E INTERNET

CYTRYNOWICZ, Roney. "Instituições de assistência social e imigração judaica". *História, Ciências, Saúde* – Manguinhos, vol. 12, n. 1, p. 169-84, jan./abr. 2005.

TRUZZI, Oswaldo. "Etnias em convívio: o bairro do Bom Retiro em São Paulo". *Estudos Históricos*, Rio de Janeiro, n. 28, 2001.

FOLHA DE SÃO PAULO. "Fim de escola deixa Bom Retiro menos judeu". *Caderno Cotidiano*. 16 jun. 2002.

REVISTA CLÁUDIA. "O Bom Retiro". *Caderno São Paulo*, n. 55, s./d.

REVISTA ESTUDOS JUDAICOS. "Judeus no Brasil Contemporâneo" Abr. 2005 (vários artigos).

REVISTA SHALOM. "O velho novo bairro dos imigrantes: Bom Retiro (Zona Norte)". Ano XVI, n. 191, ago. 1981 (vários artigos).

_______. "Quando os judeus descobriram (e amaram) São Paulo". Ano XIX, n. 223, ago. 1984. Edição dedicada à imigração judaica (vários artigos).

REVISTA VEJA SÃO PAULO. "A estrela dos judeus em São Paulo". 20 set. 1989.

Profissão: pintor-decorador. Oreste Sercelli na cultura de ornamentação arquitetônica de São Paulo

Solange Ferraz de Lima

A partir de um estudo de caso – a produção no Brasil do pintor-decorador Oreste Sercelli, formado pela Escola de Artes Decorativas e Industriais de Florença[1] – procura-se redimensionar o lugar desses agentes sociais na consolidação da cultura arquitetônica paulistana. O redimensionamento é feito a partir da análise da biblioteca de Oreste Sercelli e da dinâmica de criação de seus projetos de decoração mural. Esta análise teve início durante o desenvolvimento da pesquisa de doutorado, quando se trabalhou com a hipótese que os artesãos estrangeiros envolvidos com a decoração arquitetônica praticada na capital paulista foram agentes que propiciaram a atualização de soluções estéticas aqui praticadas, dado seus vínculos com a Europa, especialmente a Itália, bem como desenvolveram formas criativas e específicas para atender as demandas locais. Buscou-se, assim, escapar de uma crítica redutora à prática dos italianos engajados na ornamentação arquitetônica na primeira metade do século XX em São Paulo.[2] Neste sentido, esta pesquisa alinha-se com as reflexões recentes sobre a produção arquitetônica que propõem uma revisão do ecletismo.[3]

O caminho adotado para entender a contribuição do italiano para a cultura arquitetônica paulistana, para além dos nomes já consagrados, foi considerar as escalas, no sentido tratado por Le Petit (1996), e a perspectiva de redes. A investigação focalizou as contribuições materiais trazidas por este estrangeiro cuja elucidação dos contextos

1 Oreste Sercelli chegou a São Paulo em 1896. Trabalhou na cidade até meados da década de 1900, e depois em cidades do nordeste. Retornou a São Paulo no final da década de 1910. Faleceu em 1927. Suas netas venderam a coleção de projetos, materiais e instrumentos de trabalho além de uma biblioteca de repertórios ornamentais ao Museu Paulista da USP.

2 Em minha tese de doutorado dediquei especial atenção às relações entre clientes e artesãos e, neste contexto, analisei as críticas à produção ornamental de artesãos italianos publicadas em revistas e boletins especializados em arquitetura. Cf. Lima, 2001.

3 Conferir, por exemplo, Fabris, 1987; 1993; 1995.

de realização e produção depende de um olhar para realidades expressas numa escala micro: as redes de relações sociais com suas permeabilidades e limites que garantiram trocas profícuas entre imigrantes e as elites locais.

Das fontes para o mapeamento da trajetória profissional de artífices

A trajetória e a produção de Oreste Sercelli devem funcionar como um patamar de observação para analisar, de um lado, as maneiras pelas quais determinados grupos de imigrantes aqui se estabeleceram profissionalmente, ou seja, entender como funcionavam as redes que garantiram a sua inserção na sociedade local e, de outro, os parâmetros para a aceitação estética de sua produção decorativa e ornamental. Essa perspectiva metodológica parte da micro-história para atingir outro patamar, em que ganham destaque as redes que dão sustentação às práticas profissionais do estrangeiro imigrado. Foram os textos de Vittorio Capelli (2007) e Oswaldo Truzzi (2008) que melhor apontaram possibilidades de uma releitura da trajetória de Sercelli a partir desta perspectiva.

Procurei rever a biografia de Sercelli com a atenção voltada para a sua inserção social e profissional com o intuito de caracterizar os vínculos sociais que garantiram sua expansão como profissional das artes decorativas. A trajetória de Oreste Sercelli nos permite considerar as redes sociais que aqui o sustentaram e não as redes migratórias, pois as motivações de sua vinda, isolada, não permitem enquadrá-las na classificação proposta por Tilly (1978), corroborando as observações de Truzzi a respeito da tipologia de migração proposta (Truzzi, 2008, p. 200). Segundo depoimento de suas netas, a saída de Oreste de sua região – a Toscana – não está vinculada a informações fornecidas por parentes ou amigos já estabelecidos no Brasil. A memória desta chegada é constituída por certa dose de romantismo: segundo suas netas, Oreste prematuramente viúvo e após a decepção por não poder ocupar a vaga de professor na Escola de Belas Artes de Urbino, para a qual havia concorrido, decide de forma impulsiva sair da Itália. Este tipo de narrativa é relativamente comum entre imigrantes: a chegada a um novo território sem nenhum contato prévio ajuda a construir a imagem de *self-made-man*, ou seja, do imigrante que sozinho consegue vencer as vicissitudes e se estabelecer com sucesso.[4]

4 Em sua tese de doutorado sobre a trajetória do fotógrafo francês Jean Manzon, Helouise Costa chama a atenção para esta mítica em torno da chegada do migrante ao novo território. Em seus depoimentos,

Não há maiores informações a respeito de sua vinda senão esta, da empreitada solitária. É pouco provável, no entanto, que Sercelli tenha se aventurado sozinho, com seu filho de 4 anos, em uma viagem sem nenhuma garantia ou conhecimento prévio. A investigação relativa às redes sociais que balizaram seu lugar profissional talvez possa trazer mais dados a respeito de sua vinda (cartas de italianos aqui estabelecidos, por exemplo). Como afirma Truzzi a propósito da pesquisa de Martes sobre emigrantes brasileiros em Boston, "é sempre conveniente distinguir entre redes sociais e redes migratórias, as primeiras preexistindo e por vezes alimentando as segundas" (Truzzi, 2008, p. 207). Mas no momento não se dispõe, ainda, de fontes para especular nesta direção.

No entanto, é fato que os toscanos não constituíam massas expressivas em São Paulo na segunda metade do século XIX. Ao contrário do Vêneto e posteriormente da Calábria, a região toscana não gozava de uma tradição de emigrações e nem foi alvo dos contratos governamentais (Capelli, 2007; Alvim, 1986). O levantamento preliminar da origem dos profissionais italianos empregados na arquitetura e artes decorativas que se estabeleceram em São Paulo no último quartel do século XIX indicou a presença de alguns toscanos que guardam um importante diferencial: como o florentino Oreste Sercelli, eram profissionais formados em Escolas de Arquitetura, ou Belas Artes ou Artes Decorativas. Ou seja, italianos que partiram para a América com formação superior e provavelmente algum capital (econômico, social e cultural).

Foi o caso do arquiteto Luigi Pucci, toscano nascido em Grassina, província de Florença, formado em arquitetura e que se estabeleceu em São Paulo na década de 1870. Na década seguinte, já encontramos o seu nome associado ao de Tomaso Gaudencio Bezzi (este de Nápoles), como o encarregado da construção do Monumento do Ipiranga (Museu Paulista), entre 1885 e 1890. Pucci é o autor do projeto da Chácara do Carvalho, de propriedade de Antônio Prado (1890-1893), o que denota sua plena inserção social na elite econômica e dirigente paulista.

Em 1894, Pucci associa-se a outro toscano de Florença, o jovem Giulio Micheli (1862-1919). Giulio Micheli era filho do diretor da Academia de Belas Artes de Florença, mas graduou-se em Paris. Chega a São Paulo em 1888, com 26 anos de idade, após longa viagem por toda a Europa. A firma Pucci e Micheli finaliza os trabalhos de decoração da capela da Santa Casa de Misericórdia (Vila Buarque), projeto de Pucci vencedor do concurso realizado em 1876.

Jean Manzon afirmava ter aqui desembarcado sem contato algum, quando na verdade ele contava com indicações de políticos brasileiros residentes em Paris. Costa, 1999.

Para a pintura decorativa do interior da capela da Santa Casa, a firma de Micheli e Pucci contrata outro italiano também toscano de Florença, Gino Catani (1879/1944), que chega ao Brasil em 1893. Catani trabalhou também na pintura decorativa da Igreja de Santa Cecília (1909), juntamente com Benedito Calixto e Oscar Pereira da Silva. Após seu sócio Pucci se aposentar, Micheli associa-se a Giuseppe Chiappori e seu escritório foi responsável pelo projeto e construção do Viaduto Santa Ifigênia (1911) e do Edíficio Leonardo Da Vinci (1913) que abriga o Colégio Dante Alighieri entre inúmeros outros edifícios e residências, atendendo, também, as demandas não só da elite paulistana com também da elite imigrante, em processo de enriquecimento.[5]

Segundo suas netas, Oreste Sercelli tinha especial admiração por Micheli e seu nome e o de Catani eram corriqueiros nas oficinas do avô, localizada à Rua do Seminário. Na biografia de Oreste Sercelli a igreja de Santa Cecília também consta como um de seus trabalhos, indicando a possibilidade de ele e Catani terem trabalho juntos nesta decoração. A admiração por Micheli é compreensível. Como bem aponta Debenedetti e Salmoni, Micheli pode ser considerado um dos introdutores do estilo *Floreale* ou *Liberty* e chega a São Paulo com repertório atualizado da Europa (Debenedetti & Salmoni, 1953, p. 59). Como se verá mais adiante, a biblioteca e os projetos de Sercelli demonstram clara filiação com as tendências dos estilos *Floreale* e *Art Nouveau* e em suas propagandas ele oferecia decorações "modernas":

> Sercelli – pintor
> Acceita qualquer trabalho de decoração moderna
> R. do Seminário, n. 37.
> (*Revista de S. Paulo.* Semanal – julho de 1902.)

Mas essa constatação por si só não explicita conexões profissionais entre Oreste Sercelli, Pucci, Micheli e Catani. Os projetos de Oreste Sercelli contam com pouca identificação – local e data, e por vezes a função do cômodo ao qual refere-se a decoração proposta. A biografia construída por Florença Sercelli afirma que a decoração mural da Igreja de Santa Cecília (inaugurada em 1901, mas decorada entre 1907 e 1909) é de Oreste Sercelli. No entanto, nenhuma outra fonte corrobora esta afirmação. Infelizmente, do total de projetos que integram a coleção, aqueles propostos para residências e edifícios de caráter público na capital paulista são os menos documentados. Os projetos melhor

5 Cf. Relação de projetos executados por Micheli em Debenedetti & Salmoni, 1981, p. 92.

documentados são aqueles executados para edifícios públicos (em Maceió, Salvador e Aracajú) e aqueles destinados às igrejas e entre esses, encontramos tão somente propostas decorativas para a Igreja de Santa Luzia (inaugurada também em 1901), para a matriz de Piracicaba (1902) e bem mais tarde a matriz de Jaú (década de 1920).[6]

O projeto para teto datado de 1896 fora catalogado por Florença como destinado ao Palácio Germaine Burchard. Uma das poucas fotografias da coleção, datada deste mesmo ano, traz Oreste Sercelli com sua equipe à frente de uma residência que supostamente seria este Palácio Burchard. No entanto, o confronto com as residências construídas para Martinho Burchard em Higienópolis (projetos de Guilherme e Jorge Krug) e com a edificação reformada para se tornar a Casa Germaine no largo da Sé (reforma projetada por Carlos Ekman) evidenciava não se tratar da mesma residência, levando a um impasse e mesmo questionamento se Sercelli havia, de fato, sido contratado pela família Burchard. Recentemente, Dona Bruna localizou documentos manuscritos que trouxeram nova informação – o endereço da Rua Arthur Prado.

O manuscrito autobiográfico de Carlos Ekman confirma a informação de uma Vila Burchard construída na Rua Arthur Prado (a residência tornou-se a casa do arcebispo de São Paulo, na década de 1940), hoje demolida. Este teria sido um dos primeiros trabalhos da sociedade Augusto Fried e Carlos Ekman. Não há dados sobre a autoria do projeto, exceto que ele teria vindo da Europa. No manuscrito de Ekman, o arquiteto afirma que "Hermann Buchard nos deu a construção da vila à Rua Arthur Prado, tendo projeto, torres, etc. chegado da Europa." (*Vila Penteado, 100 anos*, 2002, p. 59). Seria da Itália?

Esta hipótese deve ser levada em consideração. A propósito da arquitetura residencial, a pesquisadora Jussara Derenji[7] destaca o papel do arquiteto florentino Gino Coppedé (1866-1927), que chegou a realizar alguns projetos para o norte do Brasil entre 1906 e 1909. A autora atribui a Coppedé, especialmente ao projeto de um

---

6 Oreste Sercelli parte para a Bahia por volta de 1908 onde se estabelece por muitos anos, até 1921. Em Salvador, Oreste Sercelli projeta e executa a decoração da Vila Catharino (hoje sede do Museu Rodin), projeto do arquiteto Rossi Baptista. Entre 1911 e 1918, Oreste Sercelli trabalhou em projetos em outras capitais do nordeste – Aracaju, Maceió. Sua produção é diversificada: em Maceió, decora o Teatro Deodoro (1910), em Salvador sua pintura decorativa compõe o Cassino Bahiano (1911), o Insituto Antirábico (s/d) e a igreja de Nossa Senhora da Ajuda (1914); Em Aracaju-Sergipe, foi o responsável pela decoração interna do Palácio do Governo (1918).

7 Jussara Derenji arquiteta e urbanista, desenvolve pesquisa acerca do patrimônio edificado da cidade de Belém, Pará, com foco na presença italiana no norte (Derenji, 1998).

quarteirão destinado à classe alta romana, inovações que colocaram em cena uma tipologia nova de habitação – o *villino* – ou uma *villa* em escala reduzida:

> O villino tornou-se uma alternativa para uma faixa da população média-alta e, por isso mesmo, uma tipologia na qual se procurava obter uma qualidade arquitetônica nova com grande desenvolvimento da decoração de interiores (Derenji, 1998, p. 35).

A referência a esta tipologia chama a atenção, pois entre 1896 e 1905 são construídos em São Paulo os palacetes que ganhariam o nome de vilas – Vila Fortunata, Vila Penteado, Vila Antonieta e a Vila Burchard decorada por Sercelli. Todas de autoria de arquitetos estrangeiros – alemães ou italianos.

O segundo trabalho de Oreste Sercelli foi a decoração mural da capela de Santa Luzia. O arquiteto responsável era um irmão salesiano, oriundo também da Toscana, Domingos Delpiano (o sobrenome Del Piano é típico da região toscana próxima a Grosseto). Delpiano estava entre os sete salesianos que chegam ao Brasil em 1883, primeiramente em Niterói e depois em São Paulo. Delpiano, assim como Micheli, estudou engenharia em Paris. Além da Capela, há indicações que Sercelli tenha trabalhado na equipe de decoradores do Liceu Sagrado Coração de Jesus, também de autoria de Domingos Delpiano e concluído em 1900.

Já no caso das edificações religiosas, a documentação é um pouco mais detalhada. Além dessas duas edificações em São Paulo, Oreste Sercelli encarregou-se da decoração mural da Matriz de Piracicaba (1902) e, com seu filho e Carlo De Servi, da Matriz de Jau, em 1922.

Oreste Sercelli parte para a Bahia por volta de 1907 onde se estabelece por muitos anos, até 1921. Em Salvador, Oreste Sercelli projeta e executa a decoração da Vila Catharino (hoje sede do Museu Rodin), projeto do arquiteto Rossi Baptista. Entre 1911 e 1918, Oreste Sercelli trabalhou em projetos em outras capitais do nordeste – Aracaju, Maceió. Sua produção é diversificada: em Maceió, decora o Teatro Deodoro (1910), em Salvador sua pintura decorativa compõe o Cassino Bahiano (1911), o Insituto Antirábico (s/d) e a igreja de Nossa Senhora da Ajuda (1914). Em Aracaju-Sergipe, foi o responsável pela decoração interna do Palácio do Governo (1918).

Em suas pesquisas, Vittorio Capelli (2007) e Nivaldo Viera de Andrade Junior (2007) atribuem o sucesso em Salvador e Aracaju de arquitetos como Filinto Santoro e Rossi Batpista, à maçonaria. Nela reuniam-se homens de negócios, capitalistas e políticos, via de regra, membros da elite dirigente local. E maçons tornam-se clientes de maçons. A missão italiana promovida em Aracaju pelo presidente da Província reunia, além de Oreste Sercelli, o construtor Federico Gentile, calabrês, que se filiou à loja maçônica sergipana por esta data, do mesmo modo que Filinto Santoro e Rossi Baptista eram filiados à loja bahiana. Embora suas netas não tenham informação sobre a filiação de Oreste Sercelli à maçonaria, na obra sobre a Villa Catharino, Kátia Fraga Jordan (2006) considera plausível que ele, assim como Rossi e Santoro, fosse um filiado maçom. É, de fato, possível, pois a trajetória profissional de Sercelli se consolida com algum sucesso quando sai de São Paulo para trabalhar na Villa Catharino com Rossi Baptista. E todas as obras contratadas no Nordeste ou eram de filiados maçônicos ou mediadas por estes.[8]

A pesquisa nos arquivos alagoanos sobre a decoração do Teatro Deodoro (1910) de Maceió também foram nesta mesma direção. O arquiteto responsável, Luigi Lucarini (1842-1907), de Lucca, formou em Nápoles, trabalhou em Florença e em Lucca e veio para o Brasil em 1872. Em 1875 já se encontra em Alagoas e em 1877 seu nome já aparece no Almanaque local como arquiteto, com escritório em Maceió, além de negócios que mantém em Penedo, cidade que escolhe para residir. Lucarini envolve-se com o partido republicano de Penedo e nesta cidade começa a construir inúmeros edifícios públicos. Sua carreira em Alagoas foi, sobretudo, ligada ao poder público.[9] É sabido que os republicanos no nordeste integravam, na sua maioria, a maçonaria. E tudo indica que Lucarini era também maçon.

Foi no período em que residia em Salvador que Oreste Sercelli foi contratado para decorar o Teatro Deodoro. A descrição do interior do teatro publicada no jornal *A Tribuna* no dia de sua inauguração, 15 de novembro de 1910, atribui a Oreste Sercelli todo o serviço de decoração do teatro, além de cenários e a pintura do pano de boca representando a cachoeira de Paulo Afonso, símbolo da modernidade e desenvolvimento de Alagoas:

8 Para entender o funcionamento da maçonaria, a perspectiva que valoriza as redes é essencial: "O conceito de redes enfatiza que essas duas esferas (demandas e ofertas de mão de obra) entram em contato e se concretizam no interior de uma trama de relações pessoais, através das quais fluem as informações sobre trabalho disponível. São as relações pessoais que determinam quem partirá e tomará tal trabalho. A informação não é concebida como um bem livre: os indivíduos compartilham e dispõem de informações limitadas, sempre dependentes de sua rede de relações. Nessa perspectiva, são, portanto, as redes de relações sociais que estruturam oportunidades, tanto de partir como de se colocar no novo país" (Truzzi, 2008, p. 209-210).

9 Sobre a trajetória de Luigi Lucarini, ver Amorim, 2010.

> O panno de bocca, em tons de velludo grenat, representa a Cachoeira de Paulo Afonso, a grandiosa quéda de água do S. Francisco, que é um justo orgulho da nossa prodigiosa Natureza, trabalho do exímio Professor Oreste Sercelli, a quem se deve todo o serviço de decoração e scenographia do Theatro Deodoro, que acha-se também dotado de scenarios luxuosos de elevado gosto artistico.
>
> [...] ao centro o Salão Nobre propriamente dito, ricamente decorado à Cájanti com tecto em alto relevo, de tons de ouro de 18 quilates, rico mobiliário estilo Luiz XVI, tendo ao centro conversadeira e jardineira, do mesmo estylo e consolo de marmore com riquissimo espelho de crystal [...].[10]

A contratação de Oreste Sercelli certamente foi feita por Antonio Barreiros Filho, genro de Lucarini, incumbido de finalizar as obras do Teatro Deodoro, após a morte do arquiteto em 1907, inclusive a decoração e o mobiliário.[11] Não se sabe, ao certo, de quem foi a indicação do pintor e decorador italiano. No entanto, a atuação de Oreste Sercelli em Salvador, tendo como cliente uma das mais abastadas e influentes famílias na cena política e econômica baiana certamente lhe garantia boas recomendações. Sercelli muito provavelmente continuara atuando em obras do arquiteto Rossi Baptista, especializado em projetos residenciais, após finalizar a decoração da Vila Cattarino.

Sercelli desembarcou em Maceió no dia 17 de fevereiro de 1910,[12] acompanhado por sua esposa, Emilia Sercelli e seu filho, o pintor Bruno Sercelli, com quem trabalhava. A família Sercelli passou 4 meses em Maceió, tendo partido em junho de 1910.[13]

> No paquete "Manáos", aqui esperado do sul da República, no dia 17 do corrente, deve chegar a esta cidade, o sr. Oreste Sercelli, que vem incumbir-se da decoração do "Teatro Deodoro".

---

10 THEATRO Deodoro. *A Tribuna*. Maceió, 15 nov. 1910, p. 1.

11 "Só a conclusão do novo theatro trouxe grandes dispendios e foi ella contractada com o sr. Antonio Barreiros Filho pela quantia Rs.187:000$000, inclusive decoração e mobiliário." MENSAGEM apresentada ao Conselho Municipal de Maceió, em sessão de 16 de janeiro de 1910, pelo intendente bacharel Demócrito Brandão Gracindo. Maceió: [s.n.], 1910. In: *Mensagens Diversas*, Instituto Histórico e Geográfico de Alagoas (IHGAL).

12 PASSAGEIROS. *A Tribuna*. Maceió, 18 fev. 1910, p. 2.

13 PASSAGEIROS. *A Tribuna*. Maceió, 16 jun. 1910, p. 2.

> Ao que sabemos, o sr. Oreste Sercelli, que em várias cidades do nosso país já se tem desempenhado de iguais trabalhos, é um artista de grande e reconhecido mérito.[14]

Embora tenha sido possível localizar documentação sobre a chegada de Sercelli a Maceió, os valores pagos pela decoração, os registros materiais de seu trabalho são escassos e apresentam inúmeras lacunas que não permitem análises conclusivas sobre a extensão de seu trabalho decorativo no interior do teatro, tampouco se houve alguma colaboração de outros profissionais decoradores. As várias repinturas e descaracterizações do Salão Nobre ao longo de todo século XX tornam esta tarefa ainda mais difícil, somadas ao fato de não haver, na coleção de projetos originais de Oreste Sercelli, nenhum croqui identificado como destinado ao Teatro Deodoro.

Graças à restauração do teatro, iniciada em 2009 como parte das comemorações dos seus 100 anos existência e coordenada pelo restaurador Mario Swenso, foi possível proceder a uma análise comparativa dos temas e estilo de Sercelli com o que foi encontrado na decapagem realizada, sobretudo no Salão Nobre, única forma de atestar que esta decoração também ficou a cargo de Sercelli, pois não há assinatura, nem desenho original e tampouco a documentação textual encontrada fornece detalhes a respeito, exceto a afirmação de que "todo o serviço de decoração" teria sido a ele encomendado. Esta análise comparativa foi realizada e os resultados indicam que os motivos e soluções formais são próprios do repertório de Sercelli.[15]

A preocupação em identificar as formas de inserção de Sercelli no contexto social e profissional continua a orientar a pesquisa em torno dos arquitetos a quem possivelmente ele se associou. Não é tarefa fácil, pois cartas, notas e memórias fiscais ou contábeis não foram preservadas como os projetos pela família Sercelli. Os depoimentos representam as principais fontes tanto para levantar novos dados como para confirmar outros, pesquisados em outras fontes.[16]

A escassez de fontes para entender as redes que sustentaram a inserção profissional de Sercelli na sociedade brasileira merece aqui ser problematizada, pois aponta para

14 Recorte de jornal "O Jornal de Alagoas há 50 anos", pertencente à coleção Sercelli do Museu Paulista. O exemplar do Jornal de Alagoas de 13 de fevereiro de 1910 encontrado no Arquivo Público de Alagoas está indisponível para a pesquisa por não se encontrar péssimo estado de conservação.

15 Esta análise resultou em artigo. Lima, 2010.

16 Este trabalho de levantamento de fontes encontra-se em andamento, com a leitura da correspondência de Oreste e de seu filho Bruno que integra o acervo privado da família.

uma questão que extrapola este estudo de caso, a saber, a memória do trabalho de artífices. A situação não configura exceção e é apontada entre aqueles que se dedicam a este tema.[17]

As netas de Oreste Sercelli sempre guardaram, com muito orgulho e cuidado, os projetos, algumas ferramentas e pigmentos utilizados por seu avô na decoração mural. O conjunto que Bruna e Florença formaram para oferecer ao Museu Paulista tinha este núcleo como principal. A documentação textual que lograram integrar à coleção reúne diplomas, a carteira de estudante, recorte de jornal com obituário de Oreste Sercelli, uma receita de afresco, e um cartão de Benedito Calixto endereçado a Bruno Sercelli. Nada mais. Ora, a análise de redes nesse caso depende de fontes que possam indicar contatos havidos entre Sercelli e arquitetos ou clientes: correspondências de Sercelli a familiares na Itália nas quais pudessem constar comentários indicando nomes; notas e contratos de serviços, cartões de visitas, notícias em jornais são algumas das fontes que permitem compreender formação de redes sociais.

Os projetos eram as "provas" que consubstanciavam este reconhecimento profissional. Este foi o pressuposto que orientou os itens selecionados. A valorização do projeto acontece em detrimento de outros documentos gerados na esfera privada e a busca por aproximação com a notoriedade torna invisível outros aspectos da trajetória profissional. Assim, as únicas cartas que mereceram ir para o Museu Paulista foram aquelas enviadas por Benedito Calixto a Bruno Sercelli. Pela mesma razão, valoriza-se o conjunto de projetos, que atestam a qualidade "artística" de Sercelli, mas desprezam-se notas, contratos, recibos de pagamentos, enfim, todas aquelas fontes que poderiam explicitar o processo de contratação e as redes sociais.

Não se trata simplesmente de justificar as dificuldades decorrentes da ausência de fontes para mapear e problematizar a trajetória deste profissional a partir da perspectiva de redes. Mas sim de apontar como, na escala micro, esta perspectiva metodológica acabou por tornar evidente um dos mecanismos de reprodução social das elites, a saber, a construção de biografias e memórias em espaços públicos. Esse mecanismo não apenas lega mais abundantemente suportes materiais que podem ser tomados como fontes documentais, como provoca a invisibilidade daqueles que ocupam as "franjas" desta cadeia produtiva e social. No caso dos doadores das camadas médias e pobres

17 Maria Elísia Borges, Regina Tirello, Jussara Dereenji, por exemplo, já apontaram esta dificuldade nos seus estudos sobre pintura parietal.

que passaram pelo Museu, a introjeção das noções de notoriedade acabou incidindo diretamente no modo de selecionar e organizar suas doações.

Outras manifestações desta invisibilidade do trabalho dos artífices, em maior ou menor grau, reverberam os mesmos vetores da formação de algumas coleções nos museus. São os casos das biografias ou autobiografias de arquitetos consagrados pelas elites locais no início do século XX, por exemplo, na quais pouca ou nenhuma atenção é dada aos trabalhos de decoração mural ou de fachada ou ainda de fundição que integram seus projetos arquitetônicos (cf., a título de exemplo, o manuscrito autobiográfico de Carlos Ekman em *Vila Penteado, 100 anos*).

No caso de Oreste Sercelli, é justamente quando ele se aproxima das elites e, sobretudo das elites políticas das capitais do nordeste, que encontramos maiores referências sobre seus contatos profissionais e clientes. As decorações de edifícios públicos em Salvador, Aracaju[18] e Maceió foram documentadas e recebem críticas em jornais, existem documentos que reportam a contratação dos serviços, ou seja, quanto maior a proximidade com os notáveis, maior a chance de ocupar o foco de luz e, portanto, gerar futuras fontes documentais. Não foi em São Paulo que Oreste Sercelli encontrou espaço para compartilhar esta notoriedade com os arquitetos que admirava. E este foi o desafio que se colocou à pesquisa.

Mas, mesmo assim, é possível, ainda que exploratoriamente, levantar alguns pontos de interesse mais amplos a partir da trajetória de Oreste Sercelli no Brasil. Se de fato a sua vinda não foi precedida de contatos prévios com familiares ou conhecidos já estabelecidos aqui, nos parece evidente que a inserção profissional de Sercelli está vinculada a uma rede de italianos de sua região, a Toscana. Onde um olhar anacrônico considerava genericamente os "italianos", um olhar mais atento revela grupos com afinidades regionais. Neste caso, não são as práticas religiosas ou festivas que constituem os espaços propícios ao estabelecimento de vínculos solidários, e sim as práticas profissionais fomentadas, por vezes, por instituições como a maçonaria, que ampliam os espaços de trocas e favorecimentos mútuos.

As pesquisas de Jussara Derenji trouxeram contribuições para essa linha investigativa. Zuleika Alvim, ao discutir o papel das elites na configuração das redes profissionais que favoreceram italianos em São Paulo ressalta em certo momento que estes

18 A pesquisa de cujo o presente texto aborda apenas uma fração encontra-se em andamento no tocante ao levantamento e análise da documentação crítica produzida a respeito da produção decorativa de Sercelli em Aracaju e Salvador.

grupos dispunham de repertório e conhecimento crítico atualizado para distinguir a produção arquitetônica e decorativa que representasse correntes inovadoras em curso nas cidades de Turim, Milão e Florença. Igualmente, Jussara Derenji retoma este ponto a partir de sua pesquisa acerca da presença italiana no norte do Brasil. A autora identifica, a partir da chegada de profissionais em Manaus e Belém, grupos distintos. O primeiro, representado por profissionais de Roma (ainda no século XIX). Em um segundo momento, mestres e engenheiros toscanos, além de genoveses e outros que tiveram formação em Florença ou Turim. Santoro e Januzzi, os dois arquitetos que lograram sucesso e lugares de destaque entre as elites políticas locais eram do sul, com pouca representatividade até aquele momento (Filinto Santoro chegou a Manaus em 1899). Derenji (1998, p. 149) define elite italiana tendo como referência os autores Devoto e Rossoli (1985) que estudaram a imigração italiana na Argentina. Para os autores, essa elite seria constituída por "conjunto de indivíduos que alcançou uma posição dominante dentro de sua própria comunidade e, ao mesmo tempo, compatibilizou seus interesses com os da classe dominante do país receptor".

Derenji propõe a adoção desta abordagem também para o caso brasileiro, guardada as devidas diferenças com o caso argentino. Neste caso, acrescentaria ainda que certamente o capital cultural representado pela formação escolar desempenhava papel fundamental para a aproximação entre essa "elite italiana" e as elites locais. Bourdieu destaca a formação escolar e familiar como determinante na estruturação de redes que garantem a reprodução social. A valorização da formação ilustrada e erudita pelas elites atua como meio para aproximar ou distanciar indivíduos. Assim, é de se supor que arquitetos e decoradores formados em escolas superiores de Belas Artes ou de Artes Decorativas, do norte da Itália, como é o caso de Michelli, Catani, Pucci e Sercelli, gozassem de maiores chances de penetrar os círculos das elites, sobretudo as elites estrangeiras que irão se estabelecer em São Paulo a partir do início do século XX.[19]

Para entender o modo de inserção do imigrante italiano é ainda preciso considerar o papel das associações de ajuda. Devoto (1985) propõe distinguir essas associações entre sociedades de ofício e sociedades de base étnica. Na Argentina, as primeiras lograram ações efetivas nas reivindicações e movimentos de trabalhadores; as de base

---

19 Maria Naclério Homem (1996, p. 61), em sua pesquisa sobre o palacete paulistano, recupera a classificação de Alfredo Mesquita para a sociedade paulistana na primeira república. O plural para elite se justifica, pois estas podiam ser vistas como composta por grupos representando a antiga sociedade colonial paulista e os imigrantes que aqui chegaram com algum capital e rapidamente alcançaram estabilidade financeira similar àquela dos grupos locais.

étnica não tiveram o mesmo sucesso. Além dessas, é preciso levar em conta o papel da igreja como uma contratante qualificada a agir em prol desta inserção, capaz de colocar esses artífices e profissionais em contato com as elites locais. As contratações de Sercelli para a decoração da Igreja de Santa Luzia e posteriormente a provável decoração do Liceu Coração de Jesus[20] podem ser vistas nesta chave. E por fim, o importante papel da maçonaria, que se viu ter alcançado resultados no caso das encomendas a Sercelli nas capitais do nordeste e que também é apontada por Derenji como rede capaz de articular interesses das elites locais e dos imigrantes italianos mais qualificados.

Derenji mobilizou fontes da imprensa, jornais circulados em língua italiana aqui e também na Itália com o intuito de melhor precisar os mecanismos de articulação entre essa elite italiana e as elites locais. Os jornais trazem críticas, notícias e propagandas e dão a medida do lugar social desses profissionais. A pesquisa em jornais em língua italiana circulados em São Paulo ainda encontra-se em andamento. Contudo, além da propaganda de Sercelli, localizou-se uma chamada para constituição de uma associação de ofícios, nos moldes descritos por Devoto, no jornal *Avanti* de maio de 1902, n. 163:

> Decoradores, envernizadores, pintores e afins convidam todos aqueles que exercitam esta arte a participar da reunião preparatória que terá lugar primeiro de agosto as 8 horas, na Rua Florêncio de Abreu 76-A, para tratar de próprios interesses e procurando os meios mais legais para a realização de uma liga de resistência.
>
> A Comissão provisória.

Não encontramos, nos anos subsequentes, nenhuma outra informação sobre esta iniciativa. Com base no endereço indicado, talvez seja possível recuperar mais informações.

De qualquer modo, os exemplos acima extraídos de jornais italianos demonstram potencial que pode ser ainda mais explorado.

Escalas e repertórios

Retornando aos sistemas ornamentais e às relações cliente/artista-decorador, merece atenção os conteúdos dos projetos decorativos a fim de caracterizar com mais propriedade esta atualização estética trazida "pelo italiano". A categoria genérica *italiano* deve ser deixada de lado para, no seu lugar, entender as contribuições regionais

20 Segundo o histórico da edificação, o responsável pela decoração interna teria solicitado que seu nome não fosse revelado, por ter se tratado de serviço doado.

oriundas da península italiana para a cultura arquitetônica no Brasil. Ao reunir projetos originais e biblioteca de cunho profissional a coleção de Oreste Sercelli permite investigar como se deu a introdução dos estilos e práticas ornamentais da região da Toscana: o estilo *Floreale* ou *Liberty*, ou ainda o estilo neogótico.[21]

A Biblioteca Sercelli apresenta um perfil de publicações um pouco distinto daquele encontrado nas bibliotecas das principais instituições de ensino de engenharia e arquitetura em São Paulo na primeira metade do século XX – A Escola Politécnica e o Instituto Mackenzie. Nela, predominam os periódicos voltados para a produção contemporânea, com destaque para publicações italianas. Das 36 obras que a integram, 25 referem-se aos fascículos do *Modelli D'Arte Decorativa*, editado em Milão por Bestetti & Tuminelli, *Per l'Arte*, editado em Turim, por Crudo & Cia, *L'Edilizia Moderna*, também editado em Milão, por G. Mondiano, *Dekorative Vorbilder*, editado em Stuttgart, por Julio Hofmann. Três publicações, guardando as mesmas características das demais, reproduções em pranchas avulsas, são dedicadas aos artistas gravadores, pintores e decoradores – o tcheco Alphonse Marie Mucha (1860-1939), o francês Jean Alfred Marioton (1864-1903) e o espanhol Miguel Segui (1858-1923). A biblioteca conta ainda com clássicos como os manuais de arquitetura de César Daly e Carlo Amati e o dicionário de ornamentos de Owen Jones, além de número encadernado da revista *Art et Decoration* (1902).

Sercelli trouxe consigo e continuou a adquirir publicações em fascículos que reportavam a produção contemporânea europeia, reunindo artistas decoradores, mantendo-se em constante atualização, inclusive com o principal veículo de difusão do estilo *Art Nouveau* em Paris (*Art et Decoration*).

O interesse maior para esta pesquisa é o conteúdo dos fascículos italianos. Este tipo de publicação não figura entre os acervos de bibliotecas de instituições de ensino e públicas,[22] o que é indicativo de uma circulação restrita ao âmbito profissional da vasta classe de decoradores de diversos ramos, na sua maioria italiana. Em jornal especialmente dedicado "aos artistas", encontramos anúncio[23] que confirma a distribuição

21 A Igreja, como aqui brevemente mencionado, foi uma das clientes que facilitaram a introdução do neogótico, pelas mãos de alguns toscanos (Delpiano, Micheli, Pucci).

22 A Seção de Artes da Biblioteca Mário de Andrade (SP), a biblioteca do Instituto Mackenzie de Engenharia bem como a biblioteca Central da Escola Politécnica, que abrigam os principais periódicos estrangeiros de artes decorativas, não incluem este tipo de publicação.

23 "Aos artistas
Livraria de Edições artísticas de H. Catani e Filho

de repertórios dessa natureza. Tais publicações, segundo as netas de Oreste Sercelli, quando chegavam da Europa eram disputadíssimas entre os profissionais. De que maneira elas eram apropriadas e caracterizaram a produção artística local é uma das questões que este texto busca responder.

A produção de pinturas decorativas de Sercelli pode ser interpretada como tipicamente eclética na medida em que se observa, em seus projetos, a recorrência a soluções que reúnem elementos do repertório clássico recuperado e organizado no Renascimento italiano, do barroco e dos estilos contemporâneos, no caso o *Art Nouveau* e o *Floreale*. A atribuição do adjetivo eclético à sua produção precisa ser matizada. É corrente na crítica arquitetônica referente à produção italiana na virada do século XIX para o século XX considerar este ecletismo muitas vezes próximo a um pastiche. Em minha tese de doutorado retomada em artigo recente[24] levantei a hipótese de que o ecletismo deveria ser considerado antes uma categoria cuja operação encontrava-se em sintonia com um contexto de formação da sociedade burguesa e novas práticas de consumo propiciadas pelos resultados da revolução industrial. Neste contexto, os artistas do campo das artes decorativas e ornamentais ainda mantinham, muitas vezes, relações diretas com sua clientela, em uma etapa anterior, portanto, ao surgimento da figura do designer ou decorador, que passaria a intermediar a relação entre clientes (nas lojas e escritórios de arquitetura e decoração). O uso de repertórios constituía fonte importantíssima para atender as demandas de grupos sociais emergentes ávidos por constituir signos de distinção. E pela primeira vez, os repertórios circulavam amplamente formas e soluções ornamentais de muitas e distintas escolas e estilos.[25]

Lgo do Palácio, 7, S. Paulo.
L'Architectura Italiana, periodico mensal, ass. Annnual – 22$000
Modeli d'arte, decorativo – periodico mensal em cores – 20$000
L'Edilizia Moderna – periodico mensal de arquitetura– 22$000
Memorie di Architectura pratica – periodico mensal – 20$000
L'Artista moderno – periodico quinzenal de arte – 8$000
L'esposiozione di Torino – jornal oficial ilustrado das Exposições Internacionais das Indústrias – à 30 fascículos – 25$000
Roma – resenha illustrada da Exp. De Art – 12 fascículos 15$000
L'Ambiente Moderno – periodico mensal de ebanistério, ass. Annual – 24$000
Le case Popolari – periodico de construções economicas – 20$000
Obras, álbuns, publicações para qualquer ramo de arte." (*Jornal do Aprendiz*, jul. 1911)

24 Conferir, a propósito, meu artigo, em Lima, 2008.

25 Camillo Boito (1834-1914), arquiteto e crítico italiano voltado para a pesquisa e a problemática da restauração e recuperação da arquitetura medieval na Itália afirma, a propósito do ecletismo, ser

Este estado de coisas não era privilégio de centros distantes da Europa como a cidade de São Paulo, mas estava no cerne mesmo do desenvolvimento das artes decorativas na Europa, especialmente na França e na Itália. No caso italiano, segundo Adrian Lyttelton (1989), os anos de consolidação do *Stile Floreale* (de 1892 a 1902) coincide com o primeiro *boom* de crescimento da indústria italiana, concentrada no norte do país e a consequente formação e ampliação dos estratos médios urbanos. Na Itália, os movimentos para a inovação no campo das artes decorativas alinhavam-se com as mesmas prerrogativas do *Art Nouveau* e suas variações na Alemanha e na Áustria. Porém, esses movimentos tinham matizes próprios na Itália, relacionados ao seu específico contexto político pós-unificação nacional e a quase onipresente herança cultural do Renascimento.

Esses matizes podem ser flagrados na produção de muitos artistas decoradores que introduzem elementos característicos do estilo moderno – a inspiração na natureza local, a geometrização das formas naturais, as linhas sinuosas, a presença de figuras femininas – sem deixar de lado motivos e soluções oriundas do vocabulário renascentista. Rossana Bossaglia (1989, p. 32-33) afirma que a especificidade da produção italiana é dada por uma tradição eclética local baseada em um "floralismo neorrenascentista" e sugere pensar esta produção italiana não como automaticamente identificada com o chamado estilo *Liberty*. Essa referência ao estado da arte na Itália tem sua razão de ser para a análise da produção de Sercelli. Se sua produção é eclética, não se trata de caminho adotado aqui no Brasil, resultado de "misturas" promovidas por sua inventividade a partir dos manuais clássicos de arquitetura. Trata-se, antes, de uma filiação com as tendências da produção contemporânea à sua de artistas italianos, cujo conhecimento era possível justamente por meio das publicações em fascículos. É o que se pretende demonstrar a seguir.

Um levantamento geral dos motivos adotados nos 141 projetos decorativos analisados[26] permite mapear as preferências de Sercelli e caracterizar suas preferências. Predominam os motivos florais – flores e folhagens "estilizadas" que aparecem em mais da metade de seus projetos em variadas soluções: vasos, ramalhetes, associadas a outros motivos etc. A folha de acanto, típico motivo do vocabulário clássico também tem presença expressiva: um terço de seus projetos conta com este motivo. Nas associações dos

---

um privilégio a possibilidade vivenciada no século XIX de ter à disposição o elenco das soluções arquitetônicas e decorativas legadas pelo passado e por outras regiões do mundo que não a Europa.

26 A análise e descrição dos projetos integrou projeto da bolsista de Iniciação Científica (CNPq) Fabíola Matte Bergamin, que procedeu à uma análise comparativa da produção de Oreste Sercelli e de Aldo Ficarelli, cujo acervo encontra-se depositado no Instituto de Estudos Brasileiros – IEB/USP.

motivos florais ou isolados, os motivos objectuais de maior presença são o festão, a guirlanda e a voluta. Entre os motivos figurativos, predominam as representações de anjos ("*putti*"), conchas e figuras femininas. Anjos e figuras femininas estão presentes em mais da metade dos projetos em soluções em que aparecem no mesmo projeto ou não.

A consulta aos fascículos da publicação *Modelli d´Arte Decorativi* e *Per La Arte* elucida sobre quais foram os artistas italianos que influenciaram a produção de Sercelli. Algumas são óbvias e claras graças a documentos que demonstram cópias diretas, como é o caso das representações de "*putti*" de Angelo Comolli (1863-1943).[27] Todas as representações de "*putti*" nos projetos de Sercelli guardam filiações estilísticas com as de Angelo Comolli (figuras 1 e 2). As decorações de Angelo Comolli para a Casa de Repouso Guiseppe Verdi (Milão), projeto do arquiteto Camillo Boito, executadas entre 1896 e 1902 também serviram de inspiração para alguns projetos de Sercelli. Para o salão nobre da casa de repouso, Comolli projeta para o teto decoração que representa músicos de importância na trajetória de Verdi em medalhões dispostos circularmente. Solução semelhante é adotada por Sercelli para o Teatro Deodoro, (Maceió, 1910) e para o Palácio Beneducci (São Paulo, 1927).

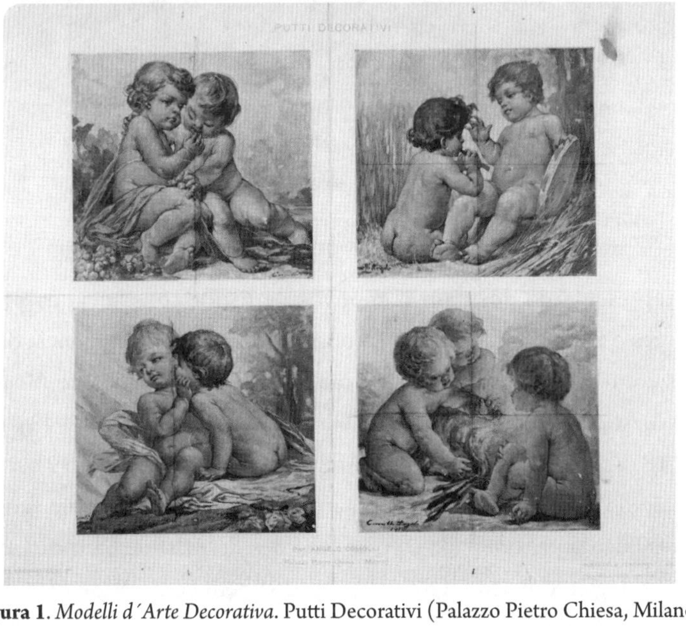

Figura 1. *Modelli d´Arte Decorativa*. Putti Decorativi (Palazzo Pietro Chiesa, Milano).

27 Angelo Comolli era pintor e pintor decorador milanês, formado pela Academia de Bella Arte di Brera, em Milão, onde ministrou aulas posteriormente. Comolli foi considerado um artista de inclinações românticas e ecléticas e também participante adepto do estilo *Floreale*. Trabalhou com Camillo Boito.

Figura 2. Projeto de Oreste Serecelli para Sala de Jantar, Bahia, 1908.

Para a representação dos demais motivos de maior constância na produção de Sercelli – flores e as figuras femininas – é possível identificar a influência de três artistas italianos contemporâneos cuja produção figura nos fascículos de *Modelli d´ Arti Decorativa*: Aristide Sartorio (1860-1932), Aleardo Terzi (1870-1943) e Marcello Dudovich (1878-1962), além do tcheco Alphonse Mucha (1860-1939).

A inserção de flores e de motivos do barroco (concha) em esquemas ornamentais renascentistas guarda proximidade com as soluções de Aristide Sartorio, ao recuperar o universo mitológico clássico (cf. Lyttelton, p. 25) bem como as de Aleardo Terzi. As flores e folhagens do exemplo *Fregio com Putti* de Aristide Sartorio (figuras 3) e *Pannelli Decorativi* de Aleardo Terzi (figura 4) são recorrentes em soluções adotadas por Sercelli para frisos (figuras 5 e 6).

Figura 3. Fregio com putti, Aristide Sartorio. *Modelli de Arte Decorativa*.

Figura 4. Aleardo Terzi. *Modelli d´Arte Decorativa*. Pannelli Decorativi.

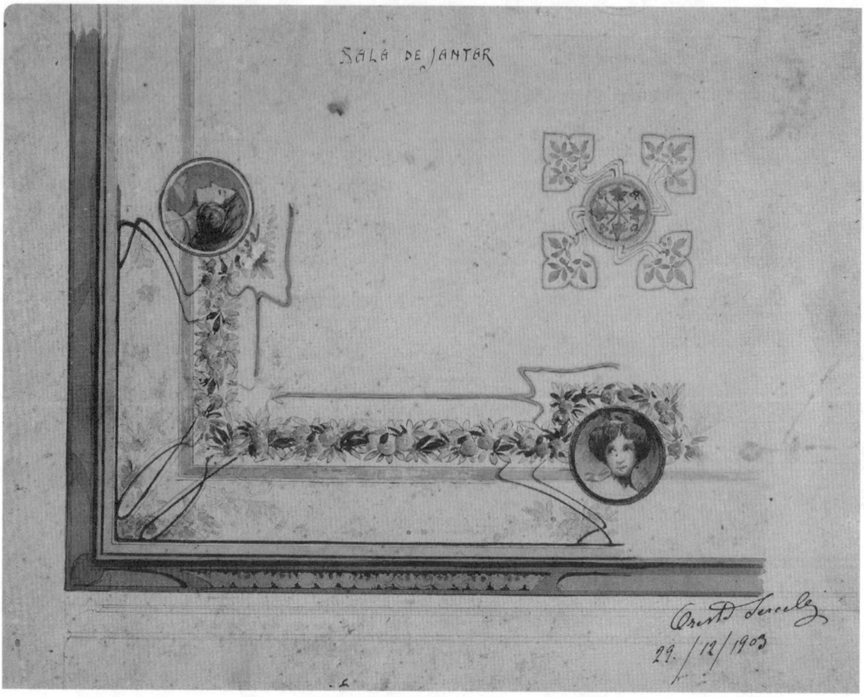

Figura 5. Projeto de Oreste Sercelli. Teto, 1903.

Figura 6. Projeto de Oreste Sercelli, painel decorativo, Bahia, 1916.

A figura feminina era um tema recorrente na produção filiada aos estilos *Art Nouveau* e *Floreale*. Marcello Dudovich é conhecido como artista gráfico e por sua produção voltada para *posters*, com a representação estilizada de mulheres em figurinos contemporâneos (ou seja, não caracterizadas como figuras mitológicas seminuas) muitas vezes em closes e diagonais característicos dos arranjos dinâmicos para este tipo de mídia. Na biblioteca de Sercelli encontram-se algumas das suas principais obras. A produção de Terzi guarda semelhança com a de Dudovich, e seu tríptico com três mulheres seminuas e adornadas por flores e tecidos que evocam movimentos (figura 7) publicado no fascículo *Modelli D´Arte Decorativa*, de 1909, parece ter sido a fonte de inspiração para o tríptico projetado por Sercelli para o Clube Internacional, em 1910 (figura 8). Neste projeto, é possível afirmar que há uma conjunção de modelos recuperados: o arranjo remontaria ao tríptico de Terzi, porém, também a esquemas semelhantes propostos por Mucha (as horas, as quatro estações) e particularmente as feições das figuras femininas de Sercelli aproximam-se dos desenhos de Mucha (cf. *Figures Décoratives. Quarante planches reproduisant en fac-simili des dessins de l'artiste*). Igualmente, há ressonâncias entre a decoração proposta para parede de residência em Salvador (1916), que apresenta figuras femininas em molduras verticais à semelhança daquelas idealizadas por Terzi (ver figura 9) e com as figuras femininas de Mucha, no caso do projeto para teto de 1903 (figura 5).

Figura 7. *Modelli d´Arte Decorativa*. Pannelli Decorativi.

Figura 8. Projeto de Oreste Sercelli. Painel decorativo, 1910.

Figura 9. *Modelli d´Arte Decorativa*. Vignette.

Estes são apenas alguns dos exemplos possíveis de serem identificados de como Sercelli procurava, em seus projetos, trazer soluções decorativas inspiradas na produção de uma vanguarda de artistas italianos e que estavam sendo propostas e adotadas no campo da ornamentação arquitetônica residencial e pública em Milão e Turim, sobretudo pelas elites e camadas médias urbanas.

Considerando-se a importância das cidades do norte da Itália como centros culturais e industriais, não será possível aventar a hipótese de que esta produção de origem toscana estaria sendo mobilizada aqui como forma de distinção social?

Tais questões, formuladas e propostas para o debate em 2009[28] continuam como eixo da pesquisa e encontra ressonâncias na produção de Jussara Derenji. A autora pontua as discussões em torno dos estilos e da nova produção arquitetônica e ornamental na Itália a partir do contexto de unificação e de busca de uma imagem nacional para o país. O ecletismo historicista e o retorno às formas clássicas caracterizaram boa parte da arquitetura de cunho oficial em Roma. No caso da produção arquitetônica de cunho privado, as mudanças derivam das demandas da classe burguesa por conforto e espaços de ostentação. A preocupação com um estilo que individuasse a Itália, com o lugar do ecletismo e das inovações manifestas como estilo floreal mobilizava críticos como Camillo Boito e Alfredo Melani e seus escritos tocavam não só a produção em curso como também a formação dos futuros profissionais (Derenji, 1998, p. 45-47).

A julgar pela presença de publicações de Boito e Melani nas bibliotecas da escola Politécnica e Escola Mackenzie no início do século XX é de se supor que os profissionais brasileiros estavam atualizados como este debate e com a cultura arquitetônica italiana (além da francesa, de maior expressão no ensino de arquitetura em São Paulo). A origem desses profissionais da engenharia e arquitetura eram os extratos mais favorecidos da sociedade paulistana, com possibilidades de constantes viagens de turismo ou estudo na Europa.

O olhar distanciado no tempo e generalista na matéria sobre esta produção tende a homogeneizá-la. A saturação de soluções ecléticas com nuances dos estilos *Art Nouveau* e *Floreale* disseminada pela arquitetura residencial dos bairros centrais paulistanos parece tornar óbvias essas influências, e facilmente qualificadas como cópias daquilo produzido nos centros europeus. Além disso, o discurso modernista, que baniu o ornamento da produção arquitetônica, contribuiu para tornar invisíveis os atores sociais envolvidos com as práticas ornamentais. Não se trata de ignorar a massificação

28 A primeira versão do presente texto foi apresentada no *I Workshop São Paulo: Os estrangeiros e a construção da cidade* (2009) evento promovido no âmbito do Projeto Temático de mesmo nome, sediado na FAU-USP e coordenado por Ana Lúcia Duarte Lanna.

de determinadas soluções decorativas, mas sim de evitar que julgamentos de valores prevaleçam sobre a análise do funcionamento da sociedade.

Assim, o que se pretendeu aqui, a partir de um exercício de análise da trajetória de um artista decorador da região da Toscana, foi frisar a necessidade de um olhar sobre a produção ornamental que leve em conta as vias específicas de inserção desses profissionais para, finalmente, entender os usos sociais, ou seja, como a ornamentação arquitetônica foi mobilizada para promover formas identificação e distinção no interior das camadas médias e altas da sociedade paulistana.

Bibliografia

AMORIM, Vânia (org.). *Luigi Lucarini, vida e obra*. Maceió: Grafmarques, 2010.

ANDRADE JUNIOR, Nivaldo Vieira de. "A Influência Italiana na Modernidade Baiana: O caráter público, urbano e monumental da arquitetura de Filinto Santoro". *19&20 – A revista eletrônica de DezenoveVinte*, vol. II, n. 4, out. 2007. Disponível em: <http://www.dezenovevinte.net/19e20/>.

ANTARCTICA Illustrada. Anno I. São Paulo, 16 de julho de 1904.

ANUÁRIO da Escola Politécnica de São Paulo para o anno de 1907. São Paulo: Typographia Brazyl de Carlos Gerke e Rothschild, 1907.

BOURDIEU, Pierre. *A economia das trocas simbólicas*. São Paulo: Perspectiva, 1974.

CAPELLI, Vittorio. "A propósito de imigração e urbanização: correntes imigratórias da Itália meridional às 'outras Américas' ". *Estudos Ibero-Americanos*, vol. XXXIII, n. 1, p. 7-37, jun. 2007.

COSTA, Helouise. *Um olho que pensa: estética moderna e fotojornalismo*. Tese de doutorado. São Paulo, FAU-USP, 1999.

DEBENEDETTI, Emma & SALMONI, Anita. *Arquitetura Italiana em São Paulo*. São Paulo: Perspectiva, 1981.

DERENJI, Jussara. *Arquitetura Nortista. A presença italiana no inicio do século XX*. Manaus: SEC, 1998.

DIB, Márcia Camasmie. *Produzindo o Ecletismo: Estudo de um caso da Avenida Paulista (1975-1985).* Trabalho de graduação interdisciplinar. São Paulo, FAU-USP, 1987.

FABRIS, A. (ed.). *Ecletismo na Arquitetura Brasileira.* São Paulo: Nobel, 1987.

FABRIS, A. "Arquitetura Eclética no Brasil: o cenário da modernização". *Anais do Museu Paulista.* São Paulo. Nova série. vol. 1, p. 131-146, jan./dez. 1993.

_______. "A crítica modernista à cultura do Ecletismo". *Revista Italianística,* vol. 3, n. 3, p. 73-84, jul. 1995.

HOMEM, M. C. N. *O palacete paulistano e outras formas de morar da elite cafeeira: 1867-1918.* São Paulo: Martins Fontes, 1996.

JORDAN, Katia Fraga. "Bernardo Martins Catharino, uma presença". In: *De Villa Catharino a Museu Rodin Bahia, um palacete bahiano e sua história.* Salvador: Solisluna Design e Editora, 2006, p. 21-58.

JORNAL do Aprendiz, jul. 1911.

LEPETIT, Bernard. "Proposições para uma prática restrita da interdisciplinaridade e Arquitetura, geografia, história: usos da escala". In: SALGUEIRO, Heliana A. (org). *Bernard Lepetit. Por uma nova história urbana.* Sâo Paulo: Edusp, 1996.

LIMA, Solange Ferraz de. "O Trânsito dos Ornatos. Modelos ornamentais da Europa para o Brasil. Seus usos (e abusos?)". *Anais do Museu Paulista.* São Paulo. Nova série, vol. 16, n. 1, p. 145-192, jan.-jun. 2008.

_______. *Ornamento e cidade: ferro, estuque e pintura mural em São Paulo, 1870-1930.* Tese de doutorado. São Paulo, FFLCH-USP (Departamento de História), 2001.

_______. "Oreste Sercelli e a decoração do Teatro Deodoro". In: GAMA, Sandro. *Theatro Deodoro 100 anos de arte.* Maceió: Grafmarques, 2010.

MACAMBIRA, Yvoty. *Os mestres da fachada.* São Paulo: Centro Cultural, 1981.

_______. "Os italianos e a arquitetura paulistana". *Revista Italianística,* vol. 3, n. 3, p. 57-72, jul. 1995.

SALGUEIRO, Heliana A. (org). *Bernard Lepetit. Por uma nova história urbana.* São Paulo: Edusp, 1996.

THE JOURNAL of Decorative and Propaganda Arts. Stile Floreale, Theme issue, summer 1989.

TILLY, Charles. "Migration in Modern European History". In: McNEILL, William H. & ADAMS, Ruth S. (orgs.). *Human migration, patterns and policies.* Indiana University Press, 1978, p. 48-72.

TRUZZI, Oswaldo. "Redes em processos migratórios". *Tempo Social,* revista de sociologia da USP, vol. 20, n. 1, 2008.

Biblioteca Oreste Sercelli

AMATI, Carlo. *Barozzi da Vignola Gli Ordini Architettura Civile.*

ARTET Decoration. Revue Mensuelle D'Art Moderne. Publieé sous la Diretion de MM. Puis de Chavannes, Vaudremer, Grasset, Jean-Paul Laurens, Cazin, L.º mergon, Fremit, Raty. Lucein Magne. Directeur: Thiébault – Sisson. Tomo I – jan-jun. 1897.

BARBACCI. *Dal Vero alla Decorazione.* Tavole 18. Milano/Genova/Roma/Napoli: Antonio Vallardi Editore, s/d. (faltam 4 pranchas).

DALY, M. César. *Bibliothéque de L'Architecture Contemporaine.* Série des études D'Architecture Contemporaine. 1° volume. Salons – salles a manger – cambres a coucher et leurs dépendances. Paris: Librairie Générale de L'Architecture et des Travaux Publics Ducher et Cie, editeurs de la Société Centrale des Architectes, 1877.

DEKORATIVE Vorbilder. Anno XIII. Stuttgart: Verlag von Jul. Hofmann, s/d. (total de pranchas com repetições: 6).

_______. Anno XV. Stuttgart: Verlag von Jul. Hofmann, s/d. (total de pranchas com repetições: 30).

_______. Anno XVI. Stuttgart: Verlag von Jul. Hofmann, s/d. (total de pranchas: 2).

_______. Anno XVII. Stuttgart: Verlag von Jul. Hofmann, s/d. (total de pranchas: 1).

JEDLITSCHKA, Hans. J. *Der Praktische Schildermaler*. Neue Farbige Entwürfe im modernen stil. Serie II. 32 tafeln original entwürfe. Leipzig: Friedr. Wolfrum & Co. Verlag, s/d.

JONES, Owen. *Grammaire de L 'Ornament par Owen Jones illustrée d'exemples Pris di Divers styles d'ornament*. Cent douze planches. Londres: Bernard Quaritch. Paris: Chez tout Libraires, 1865 (assinado por Oreste Sercelli, 1906).

JOURNAL de La Décoration. Recueil de dessins pour les arts industriels. 18 anné, 59 pranchas. Paris: Armand Guérinet éditeur, s/d. Imp: Jul. Hoffmann – Sttuggart.

L'EDILIZIA Moderna. Fototipia. G. Mondiano & C. Milano: G. Modiano & C.

LE THÉATRE. Editeurs: Manzi, Joyant e Cie, n. 229-24, jul.-dez. 1908; n. 304 – ago. 1911 (II quinzena).

MARIOTON, Jean Alfred. *Dessins, croquis, études de figures des Peintures Decoratives de J. A. Marioton*. Publié par les soins de son frérie Le sculpteur Claudius Marioton. 91 desenhos. Paris: Libraire D'Art Décoratif Armande Guérinet (comprado na Libreria Artistica ed. Industriale Scrova & Ferrero – Torino, s/d.

MODELLI de Arte Decorativa. Anno I. Fascículos 1-12. Milano: Preiss & Bestetti, s/d. Alfieri & Lacroix, impressores (total de pranchas com repetições: 58).

_______. Anno II. Fascículos 1, 3-10, 12. Milano: Preiss & Bestetti, s/d. Alfieri & Lacroix, impressores (total de pranchas com repetições: 80).

_______. Anno III. Fascículos 1-7, 10, 12. Milano: Preiss & Bestetti, s/d. Alfieri & Lacroix, impressores (total de pranchas com repetições: 42).

_______. Anno IV. Fascículos 1-3, 5, 7-9, 11, 12. Milano: Bestetti & Tumminelli, s/d. Alfieri & Lacroix, impressores (total de pranchas com repetições: 31).

_______. Anno V. Fascículos 1-5, 7-8, 10-12. Milano: Bestetti & Tumminelli, s/d. Alfieri & Lacroix, impressores (total de pranchas com repetições: 22).

_______. Anno VI. Fascículos 1-12. Milano: Bestetti & Tumminelli, s/d. Alfieri & Lacroix, impressores (total de pranchas com repetições: 68).

______. Anno VII. Fascículos 1-6, 11. Milano: Bestetti & Tumminelli, s/d. Alfieri & Lacroix, impressores (total de pranchas com repetições: 37).

______. Anno VIII. Fascículos 1-12. Milano: Bestetti & Tumminelli, s/d. Alfieri & Lacroix, impressores (total de pranchas com repetições: 52).

MODELLI Decorativi. Anno XVI. Fascículos 1-11. Stuttgart: Jul. Hofmann, s/d. (total de pranchas: 23).

______. Anno XIX. Fascículos 1-12. Torino: C. Crudo & Cia. Editori, s/d. (total de pranchas com repetições: 51).

______. Anno XX. Fascículos 3-6. Torino: C. Crudo & Cia. Editori, s/d. (total de pranchas com repetições: 8)

MUCHA, M. *Figures Décoratives*. Quarante planches reproduisant en fac-simili des dessins de l'artiste – Librarie Centrale des Beaux Arts. Paris: Emile Levy editeur – 13. Rue de Lafayette (selo da Libreria Artistisca Scrova & Ferrero. Torino – Vila Accademia Albertina, n. 26).

PER L'Arte. Torino: C. Crudo & Cia. Editori, s/d. (total de pranchas com repetições: 6).

______. Anno III. Torino: C. Crudo & Cia. Editori, s/d. (total de pranchas com repetições: 14).

______. Anno IV. Torino: C. Crudo & Cia. Editori, s/d. (total de pranchas com repetições: 19).

______. Anno V. Torino: C. Crudo & Cia. Editori, s/d. (total de pranchas com repetições: 27).

______. Anno VI. Torino: C. Crudo & Cia. Editori, s/d. (total de pranchas com repetições: 28).

______. Anno VII. Torino: C. Crudo & Cia. Editori, s/d. (total de pranchas com repetições: 34).

REVISTA Moderna. Publicação quinzenal Ilustrada. Director: M. Botelho. 1897-1899.

SEGUI, Miguel. *Pintura Decorativa Grande y Variada Coleccion de Modelos Y Patrones Para techos, Cenefas, Fondos, Marmoles, Madera, Abcedarios y Todo cuanto se relaciona com la decoration moderna*. Barcelona: Centro Editorial Artistico de Miguel Segui, s/d, s/capa. Contém apenas 5 lâminas.

TEKKO. Mostruário de papel de parede francês. S/d, sem casa publicadora. 30 modelos.

TOESCA, Pietro. *Affreschi Decorativi in Italia fino al secolo XIX*. Centonovantasei tavole com 230 illustrazioni. Milano: Ulrico Hoepli, 1917. Collezione Artistica Hoelpi.

TOMO II – Juil-Décember/1897. Émile Levy, Editeur. Paris: Libraire Centrale des Beaux-Arts.

De espelhos e imagens

Jussara Derenji

Este texto trabalha com duas fases distintas da construção de cidades, e de suas imagens, na Amazônia brasileira. Na fase da conquista trata-se de recriar uma imagem conhecida, as cidades construídas procuram reproduzir os modelos existentes nos países de origem e os desenhos e descrições adaptam o que é visto ao que é desejável. É uma relação estabelecida entre colonizadores e governantes no além mar. Na segunda fase, que se situa no fim do século XIX e início do XX, profissionais especializados chegam em busca de oportunidades de trabalho aproximando-se para isso, da elite local. Novamente são trazidos espelhos para neles nos mirarmos. Dentre os vários aspectos possíveis de abordagem para buscar o entendimento dos mecanismos de inserção que foram utilizados neste último período, foi selecionado o papel das propostas de arquitetura e textos que os acompanhavam ou comentavam.

Duplas imagens

As primeiras iniciativas de formar uma rede urbana no norte do Brasil ocorrem na província do Maranhão, depois Grão Pará e Maranhão, no início do século XVII. As cidades construídas reproduzem, simplificando-as, as existentes nos países de origem mais do que propor modelos ou desenhos inovadores.[1] A construção de cidades ocorre paralelamente à invenção e remessa de suas imagens, espelhos do conhecido/recriado enviados na forma de escritos e desenhos aos governantes europeus como forma de obter, ou manter, cargos, honrarias e privilégios reais.

Na metade do século XVIII chegam à região engenheiros militares, matemáticos, astrônomos e desenhadores, a maioria deles estrangeiros, contratados pela Coroa Portuguesa para compor as Comissões Demarcadoras de Limites com terrasde

1 O primeiro núcleo urbano da Amazônia Brasileira é Belém, fundada em 1616 quando as Coroas de Portugal e Espanha estão unidas, situação que perdura de 1580 a 1640.

Espanha.[2] Italianos, alemães, austríacos e croatas além dos trabalhos para os quais foram chamados à região, seriam responsáveis por projetos para fortes, vilas e cidades. Domenico Sambucetti, projetou o forte de Macapá e a cidade de Mazagão, no Amapá e o forte Príncipe da Beira, no Mato Grosso. Enrico Galluzzi, o forte de Macapá e plantas de Ourém e Bragança, Felipe Sturm, as vilas de Silves e Serpa. João Gaspar Gronfelt propôs uma série de planos para Belém e João Schwebell desenhou as vistas de cidades, vilas e fortalezas para que fossem enviadas a Portugal certificando o que estava sendo feito para consolidar a ocupação do território.

Belém, a Santa Maria de Belém do Grão Pará, foi fundada em 1616 permanecendo como o núcleo urbano mais importante nos primeiros séculos de colonização do norte. As vistas e os relatos escritos comprovam um tratamento diferenciado por parte dos governantes portugueses que, na metade do século XVIII, se traduzia numa forte estrutura urbana e numa arquitetura dotada de monumentalidade pouco comum mesmo na outra parte da colônia portuguesa, o Brasil. O grande responsável pelas construções mais destacadas, igrejas, palácios, hospitais e quartéis, além de residências da elite local, desenhadas em linhas precursoramente neoclássicas, seria o italiano Antonio Giuseppe Landi ativo na região de 1753 a 1791.[3]

O panorama que se apresenta neste período é bastante simples: a entrada de estrangeiros sendo proibida, os contratados para as demarcações atuam concomitantemente em arquitetura e planos urbanos. A Coroa portuguesa exige dos contratados formação específica e erudita o que acaba se refletindo na forma de construir e de pensar a cidade dando-lhe características que a distinguiam no mundo português da época. [4]

É, portanto, a uma cidade com quase trezentos anos de fundação e uma arquitetura que impressiona pela qualidade e beleza dos prédios públicos e privados, que chegam novos profissionais, principalmente italianos, em busca de trabalho nas áreas de arquitetura, construção civil, decoração de fachadas e de interiores, no fim do século XIX e início do XX.

---

2 Durante os primeiros séculos da ocupação do território a circulação de estrangeiros pela região norte era impedida pelo poder colonial, sendo uma das primeiras exceções a autorização dada ao sábio francês La Condamine, no ano de 1743, para navegar pelo rio Amazonas.

3 Ainda que fosse acadêmico de certo renome na Itália foi contratado como desenhador, o cargo menos bem pago das Comissões Demarcadoras no período.

4 As Ordens Religiosas constituíam uma exceção neste panorama pois podiam trazer padres estrangeiros, frequentemente dotados de conhecimentos de arte e arquitetura e que os aplicavam nos prédios de suas instituições.

A relação entre profissionais estrangeiros e a cidade que se estabelece nesta fase é bem mais complexa do que a anterior quando as regras das contratações eram ditadas apenas pelo governo colonial. Num primeiro momento, nos anos que antecedem imediatamente a República e coincidem com o apogeu da exploração da borracha, a atuação de engenheiros militares seria substituída pela de artistas decoradores, a maioria deles de um único grupo acadêmico conduzido pelos italianos Domenico de Angelis e Giovanni Capranesi.

Figura 1. Os pintores-decoradores Domenico De Angelis e Giovanni Capranesi, autorretratados na tela *Últimos Dias de Carlos Gomes*. In. Derenji, Jussara. *Teatros da Amazônia*.

Constituído por uma hierarquia rigidamente acadêmica, o grupo seria responsável pela vinda de um número significativo de auxiliares e aprendizes para obras em Belém e Manaus ainda que muitas vezes os trabalhos, pinturas ou esculturas, fossem enviados prontos à região. A contratação continuava a ser feita na Europa, ou através de contatos europeus, com ênfase nesta fase para indicações ligadas à Igreja Católica.

A demanda de profissionais para atuar nas capitais nortistas também se favoreceria da aprovação de uma lei pelo governo do Amazonas, em 1892, autorizando pagamento de passagens àqueles artistas, categoria que englobava os artesãos, mestres e decoradores, que se dispusessem a trabalhar no estado. Em território nacional a medida facilitou a circulação de indivíduos e grupos, muitos dentre eles italianos, que já atuavam em outras regiões. Para os que vinham da Europa proporcionava a ligação direta entre Genova e as capitais nortistas através da companhia de navegação *Ligure Brasiliana*, subsidiada pelos dois governos estaduais.[5]

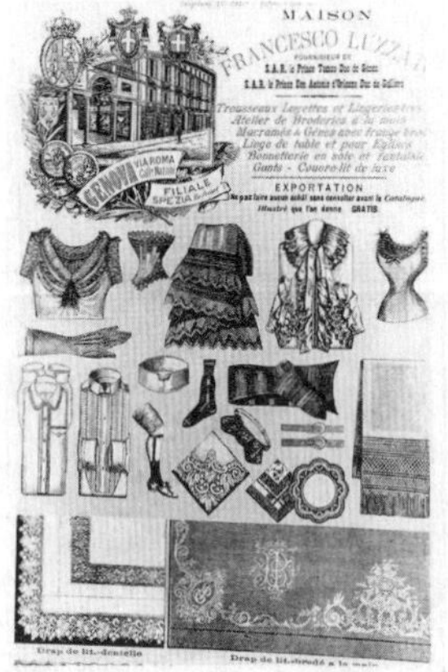

Figuras 2 e **3**. Jornais, como o *L'Eco Del Pará*, divulgam a Amazônia na Itália e os álbuns comerciais ou governamentais, trazem anúncios de empresas italianas. Fonte: cartões postais, coleção da autora.

Após a conclusão do Teatro de Manaus e da interrupção de dois grandes prédios, o palácio de governo na mesma cidade e o prédio da Bolsa em Belém, ficam esgotadas, ou quase, as possibilidades de uso destes artistas e operários em obras de maior porte restando na região um enorme contingente de pessoas especializadas em decoração e arquitetura que mesmo tendo chegado, em sua maioria, com motivos e contratos específicos, reluta em voltar ao país de origem.

A grande disponibilidade de mão de obra iria se conjugar, em Belém, com medidas tomadas por uma administração pública, estadual e municipal, desejosa de aproximar os padrões construtivos e urbanísticos da cidade com os vigentes na Europa. Os instrumentos para a mudança destes padrões seriam determinados, em especial, pela

5 A circulação de artistas, e ideias, entre as capitais nortistas seria uma constante no período e pode ser comprovada, dentre outros casos, na decoração da Catedral e depois do Teatro da Paz, em Belém, seguidas por contratações similares em Manaus, catedral e teatro, feitas ao mesmo grupo. Fazia parte dele o brasileiro Cripim do Amaral, pertencente à Academia de San Luca como De Angelis e Capranesi.

legislação municipal e por mecanismos utilizados nas contratações estaduais. Várias destas medidas favorecem a utilização de mão de obra estrangeira, inclusive numa modalidade de contratação de obras introduzida no período republicano, a dos concursos públicos internacionais. Assim se faz na contratação de estátuas como as da República ou o Monumento aos Intendentes, e também para serviços de reurbanização como ocorre na Avenida 15 de agosto. Neste caso, seriam abertas duas concorrências, nos Estados Unidos, Inglaterra, Alemanha, França e Bélgica, uma em 1897, para a abertura da via e a segunda, em 1911, visando elaborar um plano de construção e exploração da avenida, regulamentando alturas, pavimentações e "obras de arte".

Caberia ao município o papel mais efetivo na inserção de estrangeiros no mercado de trabalho no setor construtivo. Na virada do século o governante de Belém, Intendente Antonio Lemos está determinado a realizar uma grande mudança na cidade. A modernização, que ele prefere denominar de "plano de embelezamento" é baseada no Código de Polícia, ou de Construções, cujos parâmetros estão, segundo ele, nas reformas de Paris e de Buenos Aires. A abertura de novos bairros com avenidas largas e arborizadas e a demolição dos "casebres" no centro abrem espaço para novas construções. As que permanecerem devem se adaptar a restritivos padrões construtivos-decorativos. O Código de Polícia determina algumas das medidas mais efetivas para a modernização como a eliminação dos telhados que se projetam sobre as calçadas, criando-se platibandas, extensões da fachada que necessitam ser decoradas para se incorporar aos volumes existentes. Determina também, e neste caso ao que tudo indica com a contribuição teórica de um engenheiro recém-chegado o italiano Filinto Santoro, que não mais serão tolerados os mestres de obra sem formação específica, por serem eles a origem de todo o mau gosto e defeitos das construções coloniais. Para solucionar estes problemas Santoro "sugere" ao Intendente de Belém, em 1903, a criação uma Inspetoria de construções. Do titular da Inspetoria exigia-se diploma em engenharia, demonstrar seis anos de prática profissional, comprovar obras construídas "revelando uma certa aptidão para a arquitetura", o que parece ser uma descrição de suas próprias características, não sendo de estranhar que ao ser aberto o concurso só se ter apresentado Santoro para disputar o posto.

A partir destas medidas seria exigido dos mestres um atestado certificando conhecimento técnico e teórico, emitido pela própria Intendência, considerando-os aptos a construir. Isso deveria sanar os defeitos dos prédios, mesmo os recém construídos na cidade, que "obedecem as mesmas horripilantes regras de originalíssima intuição de nossos mestres de obras já celebrisados (sic) pelo instinto rotineiro, pela falta de graça nos lineamentos, por mil defeitos que de cada casa desta cidade fazem um detestável aleijão." dizia o Intendente no Relatório da Municipalidade em 1903 (Derenji, 1998, p. 102).

No período que assinala a chegada de Santoro à região, em 1899 a Manaus, em 1902-03 a Belém, o enfoque e o perfil dos profissionais especializados nas áreas correlatas a da construção civil começa a se direcionar para introduzir inovações tecnológicas e utilizar a mão de obra especializada nas suas particularidades mais do que enfatizar a excelência artística que caracterizava a fase anterior.[6] Em Belém, os engenheiros e construtores, em sua maioria estrangeiros, tem a opção de contratar mestres de obra qualificados pela Intendência além de utilizar a farta mão de obra italiana de decoradores e operários especializados.[7] Este conjunto de medidas faria surgir, em poucos anos, uma nova face para as cidades capitais nortistas mesmo se observando que o exacerbado ecletismo ficaria, na maioria das vezes, restrito às fachadas decoradas.

Figuras 4 e **5.** A exuberante decoração que caracterizava a arquitetura nortista no período da borracha era, frequentemente, trazida em moldes ou até mesmo em peças prontas apostas às fachadas. Fonte: fotos da autora.

A presença de italianos no setor construtivo neste período foi significativa apesar das referências constantes a ingleses e franceses serem apreciadas pelos cronistas da época. Há, certamente, influência francesa na arquitetura como acontecia nos hábitos e costumes, na moda e nas artes de maneira geral. A presença inglesa, belga e escocesa

6 Na verdade as duas correntes coexistiriam por um largo período: artistas acadêmicos e seus auxiliares iriam conviver com engenheiros e operários especializados criando as condições básicas para mudanças profundas na arquitetura das grandes cidades nortistas.

7 Os poucos profissionais locais que tem atuação registrada no período tiveram formação no exterior, caso de João Carlos Antony ou de José de Castro Figueiredo, ambos com estudos na Itália, Florença e Turim respectivamente, o que ocorre pela inexistência de cursos superiores desta e de outras áreas de conhecimento, na região.

é uma constante especialmente em setores ligados à infraestrutura. Contudo, as referências a operários especializados, mestres e profissionais como engenheiros e arquitetos, são, sem dúvida mais precisas e específicas quando se referem aos italianos que estruturaram uma rede de informações com livros, revistas e jornais editadas no Brasil e na Itália registrando com fartura de detalhes nomes e origens, obras e materiais.[8] Pelas matérias assim divulgadas, e pelas fontes locais, em geral descritivas e não críticas, se podem examinar os padrões que estrangeiros estabeleciam em busca de conformar um campo artístico que os contemplasse com privilégios e garantias.

As propostas e os textos

Considerando que o período de mudanças mais significativas no urbanismo e na arquitetura de Belém, depois das ocorridas na metade do século XVIII, situa-se entre os anos de 1890 e 1910, os do apogeu da economia da borracha, verifica-se que o poder público era, então, o grande contratante e os textos de seus representantes permanecem em mensagens de governo, leis, regulamentações e descrições oficiais. O público, mesmo a elite que encomendava incessantemente projetos residenciais e comerciais, foi o grande ausente das descrições da cidade, a opinião menos exposta. Os produtores de arquitetura e das mudanças na cidade se expressavam em memoriais descritivos das construções ou obras propostas, contratos, reportagens, cartas, biografias, documentos consulares ou religiosos, instrumentos úteis para o entendimento das reformas urbanas e arquitetônicas que ocorriam.

Existem alguns mecanismos identificáveis e recorrentes no conjunto de propostas e de textos de estrangeiros no período. O primeiro movimento parece ser o de detectar lacunas ou deficiências no meio urbano. Esta identificação de problemas adota uma posição depreciativa em relação à arquitetura existente, expressa por artigos em jornais locais ou estrangeiros. A fase seguinte é a de apresentar propostas para "sanar" os problemas, acompanhadas por textos como memoriais ou justificativas que enfatizam as escolhas estilísticas e as inovações tecnológicas que serão introduzidas. Se as propostas

8 Dentre vários exemplos de circulação local estão o *Jornal L'Ecco Del Pará* e a *Rivista l'Amazzonia*, ambas editadas em Gênova.

forem aceitas passa-se à etapa de construção e se utilizam os argumentos anteriores para impor materiais importados e mão de obra especializada.[9]

Na base de todas as argumentações está a arquitetura já existente citada de forma breve e sem referências específicas: "construções que recordam a época colonial", "vetustas construções", são exemplos desta simplificação redutora do interesse pelas obras do período de domínio português. Do estilo se diz, "não existe [no Brasil] outro estilo além do chamado 'português assaz pobre de recursos arquitetônicos' ", ou ainda "salvo raras exceções Portugal nada produziu que possa impor-se a sã crítica de arte e Portugal colonial, sob o ponto de vista estético é uma verdadeira miséria". (Derenji, 1998, p. 212).

Para transformar tudo que tinha sido feito na cidade em arquitetura portuguesa, e por esta razão considerá-la sem qualidade ou valor, os projetistas e articulistas italianos fixavam-se no aspecto formal, dos encomendantes ou governantes, ignorando ou ocultando a informação de que os autores dos projetos mais importantes do período colonial eram estrangeiros, a maioria deles, tão italiana quanto eles.

Os prédios existentes se fossem públicos e monumentais eram "sem estilo", ou pior, "do nefasto barroco, destruidor das artes". Nas construções particulares falava-se em falta de beleza e de linhas arquiteturais de higiene, salientando-se seus planos monótonos e outros "defeitos". Estabelecido isso se passava à etapa de oferecer soluções. Propostas de novas tipologias e prédios que substituíssem os existentes, além de sua complementação, paisagística ou com elementos externos, decoração de interiores ou fachadas, foram apresentadas por vários profissionais de arquitetura e engenharia aos governantes nortistas. A maioria foi arquivada e não mereceu sequer comentários nos relatos oficiais como as do francês Charles Peyrouton, autor de projetos para o Rio de Janeiro onde trabalhou com René Badras no Teatro Municipal e de propostas ignoradas pelos governantes como as arquivadas na biblioteca central de Manaus para um Palácio do Congresso e cadeias públicas no Amazonas.

O processo de conformar um campo artístico baseado na qualidade do trabalho foi, sem dúvida, mais bem sucedido nas tentativas de iniciativa italiana como ilustram obras e projetos de Luigi Olivieri, dos irmãos Januzzi, de Carlo e Francesco Rossi, ou do conhecido arquiteto florentino Gino Coppedè. Também se registram os nomes de mestres como

9 No caso dos italianos esta mão de obra podia ser a estabelecida no local, a de grupos que circulavam pelo país ou, ainda, trazendo operários especialmente contratados para obras específicas como aconteceu para um palácio de Manaus e no Mercado de Belém.

Antonio Vita, Grossi, Luigi Bisi, Sperindio Aliverti. Escultores como Luca Carimini, Enrico Quattrini, Michele Sansebastiano, Ottavio Grolla, Antonio Bozzano, apenas enviaram trabalhos para áreas públicas ou igrejas. Nenhum deles deixou de ser seguidamente citado em publicações, reportagens e artigos, divulgados na Itália e no Brasil.

Todos os exemplos num só indivíduo

Figura 6. Filinto Santoro na maturidade.
Foto de arquivo familiar.

O nome mais ilustrativo da atuação de estrangeiros no norte do Brasil, no início do século XX, é o do engenheiro italiano Filinto Santoro que por sua peculiar inserção profissional em várias regiões brasileiras, atuação empresarial, jornalística e consular, torna-se um exemplo quase completo das estratégias e mecanismos de ação de profissionais estrangeiros em nosso meio. Formado pela Real Academia de Nápoles, ele chega ao Brasil pelo Rio de Janeiro em 1889 e à Amazônia dez anos depois.[10] Santoro trabalharia no Rio de Janeiro, Vitória, Manaus, Belém e Salvador, construindo grandes obras onde só emprega mestres, artistas e operários italianos além de privilegiar materiais da mesma origem. Torna-se articulista de jornais, em Belém publica uma série de 30 artigos, manifestando-se sobre arquitetura, mas também tratando de assuntos

10 Sua chegada ao país e suas primeiras ações estão ligadas à família Januzzi oriunda, como ele, de Fuscaldo na Calábria. Santoro e os Januzzi faziam parte de uma sociedade de socorro mutuo, a Società Fuscaldese de inegável importância na obtenção e organização dos trabalhos de seus membros.

de interesse à colônia italiana. Demonstra especial preocupação com a educação e instrução dos italianos e de seus filhos, em seus escritos e nas ações como cônsul de seu país cargo que exerce em Belém. Faz campanhas no Brasil para ajudar italianos em dificuldades por catástrofes na Itália, enfim, se envolve em múltiplas ações que lhe valem elogios e condecorações, em seu pais, por seu "nacionalismo".

Santoro é o que se pode chamar legitimamente de um produtor erudito, que como os demais da mesma condição, procurava justificar as soluções arquitetônicas e/ou urbanísticas propostas, perante os governantes/contratantes locais, explorando as imagens de progresso, saneamento e beleza relacionando-as com tecnologias e materiais industrializados que necessitariam de mão de obra especializada no seu manejo.[11]

A iniciativa de Santoro de encomendar sua própria biografia nos fornece dados bastante completos de sua atuação no país até o ano de 1923.[12] Logo ao chegar em Manaus, em 1899, foi contratado para fazer a casa do governador, mesmo ano que se envolve nas obras da Igreja dos Remédios, contratado por um grupo de comerciantes influentes. Em 1900, deu parecer sobre o palácio de Governo, que considerou "construído sem critérios higiênicos", optando por indicar a sua demolição (Derenji, 1998, p. 113). Para justificar a nova solução: "Partiu do principio que a construção não devia ser uma das tantas ditas provisórias mas que desafiando o tempo, fortíssima, devesse atestar aos pósteros uma época civilizada de um povo novíssimo relegado a uma terra malsã e destituída de progresso e higiene", disse seu biógrafo Raffaelo Segrè (Segrè, 1911, p. 34).[13]

11 Dos textos de Santoro podemos destacar: o Memorial justificativo do prédio do palácio Municipal de Belém, repetido parcialmente em artigos e jornais brasileiros além de reproduzido, na íntegra, no relatório de governo municipal do ano de 1908; citam-se também duas biografias do engenheiro, de 1911 e 1923, e documentos consulares mantidos no Arquivo do Ministério de Relações Exteriores da Itália, escritos no período em que ele era cônsul da Itália no Pará; nos documentos destinados ao país de origem expõe, também, opiniões sobre o meio físico e social, não expressas naqueles que seriam divulgados no Brasil

12 A biografia foi escrita por Raffaello Segrè, em italiano, no ano de 1911 e reeditada com os acréscimos necessários em 1923. Santoro morreu na Itália em 1927.

13 Saliente-se que o prédio não chegou a ser concluído.

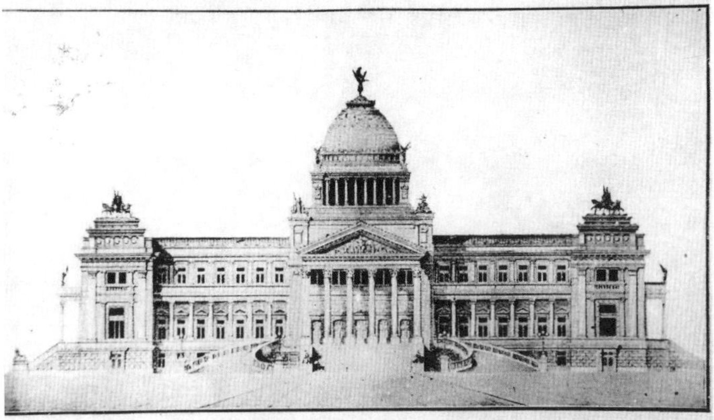

Figura 7. Um dos mais importantes projetos de Santoro, o Palácio de Governo do estado do Amazonas em Manaus, seria erguido até a altura do frontão. Simplificado e reduzido em sua ornamentação torna-se uma escola. Fonte: Arquivo familiar.

Seguindo seus textos, ou os do próprio Santoro, podemos verificar a continuidade de declarações de teor similar como as de que "a arquitetura local, que é exclusivamente uma importação portuguesa é sem gosto e harmonia e não satisfaz às regras elementares da construção", alusões à falta de critérios estéticos ou "higiênicos".

Depois de condenar o existente há que detectar as lacunas. Belém ainda que pudesse ser considerada a segunda cidade brasileira, não tinha, segundo Segrè, "nenhum edifício arquitetônico, grandioso que possa demonstrar seu grau avançado de cultura e civilização".

As vozes de Santoro e de seu biógrafo se confundem e mostram total harmonia como se observa nas justificativas do engenheiro em artigo sobre o Palácio da Aclamação, em Salvador. Nele dizia: "Até aquela época [1915] não existia na Capital [Salvador] nenhum edifício digno de relevo e o futuro palácio estadual devia ser como o inicio das novas construções" (Santoro, 1924).[14]

As ideias básicas dos seus projetos estão expressas, dentre outros textos, no memorial do Palácio Municipal para Belém.

14 O artigo fora transcrito da revista *Le Vie d' Itália e dell'America Latina* para a revista do *Touring Club italiano,* que, nos anos 1920, frequentemente divulgava a atuação de italianos no exterior.

Figura 8. Palácio Municipal para Belém, projeto que marca a efêmera associação de Santoro com o famosos arquiteto Gino Coppedé. Fonte: Relatório da Intendência de Belém, 1906.

Algumas delas são as recorrentes em seu tempo: a arquitetura externa deve corresponder à interna, o entendimento de clássico é o renascimento italiano, a arquitetura do século XV. Santoro esclarece, porém, que a amenização dos detalhes clássicos pode e deve ser feita com "modificações modernizadoras" e que o perigo, do qual diz se afastar, é o das "condenáveis exagerações do modernismo". Nesse sentido é notável a sua declaração sobre o *art-nouveau*: "a tal arte nova, por exemplo, se podemos aceitá-la, e com muito cuidado, no campo decorativo não constituirá jamais estilo arquitetônico. Para nós, essa neurastênica e histérica expressão do belo é o verdadeiro barroco, é a decadência da arte, é o exagero daquelas formas que no século XVI foram fatais a todas as artes." (Derenji, 1998, p. 179)

A escolha estilística era apresentada de forma erudita, afirmando, dentre outras coisas, que o renascimento era o período em que o Brasil "entrava na história"; daí a proposta de ligação com a "arte de Michelangelo" a que nos furtara a ocupação portuguesa.

Para implantar uma arquitetura nova, porém de raízes tão antigas e eruditas, não poderiam ser utilizados operários, mestres ou engenheiros sem qualificação. As medidas para controlar a qualidade das construções, como as da Inspetoria de Construções proposta para Belém por Santoro, justificavam-se pois "engenheiros e arquitetos não eram obrigados (antes das medidas) a nenhum regulamento de construção que impusesse condições a base de higiene, estética e estática" (Derenji, 1998, p. 113).

Comentários depreciativos feitos sobre a mão de obra local são novamente elucidativos quando Segrè lamenta como fora penoso "impor" a construção de prédios "dada a ignorância artística dos nativos" custando isso "lutas, fadigas, desconfianças e discussões". Os engenheiros locais, sempre segundo o biógrafo de Santoro, iam diariamente assistir aos trabalhos das obras construídas pelos italianos impressionados com as técnicas que ignoravam.

Nem sempre os projetos de Santoro eram oferecidos sem nenhuma prévia solicitação e é conhecida pelo menos a ocasião em que o governador do Pará lhe pede projetos de "uma escola popular moderna" e ele apresenta uma "escola monumental". Para um Museu em Belém propôs uma arquitetura "nova" recordando os palácios de Florença "com bossagens que ornam as paredes, com a cornija denteada e as janelas duplas e estreitas", o mesmo estilo proposto num novo Quartel General, ou seja, o do renascimento italiano que seria novidade apenas para o ambiente nortista onde dizia Segrè "a arte, salvo raras exceções é ainda menos nova".

Le Nuove scuole
Commissione di S. E. il Governatore dello Stato di Parà
Eccellentissimo Signor Dottor AUGUSTO MONTENEGRO

IL NUOVO MUSEO

Figuras 9, 10 e 11. Tipologias novas, como prédios para Museus, ou feições classicistas para prédios já conhecidos eram parte das propostas dos arquitetos e engenheiros estrangeiros aos governos regionais como se pode exemplificar com os projetos de Santoro para Belém. Fonte: Segre, Raffaello, Il Cav, Uff, Filinto Santoro, 1906.

Para o Teatro de Belém, de autoria de um engenheiro militar brasileiro, decorado por italianos, Santoro limitou-se a escrever nos jornais locais comentando as reformas em curso. Foram vários artigos em que ele se aprofundou no julgamento das proporções e número de colunas (que sabia não estarem corretos) elogiando a reforma ecletizante por ter dado "uma linha arquitetural ao teatro" e ter corrigido "os erros mais evidentes".

Dentre vários exemplos que podem ser citados o Mercado de São Braz em Belém é um dos casos em que o processo de trabalho de Santoro mostra mais claramente sua total complexidade. O engenheiro propõe o mercado, justifica-o nos documentos consulares, empresaria na Itália os financiamentos, importa materiais e operários, constrói e obtém concessão de 50 anos para explorar a construção. Nos documentos consulares, que não circulavam na cidade, diz que tinha há algum tempo "a ideia de construir nesta capital um mercado que fosse, seja como construção como produtos à venda, exclusivamente italiano". Todo o material foi adquirido por ele na Itália, de onde vieram os operários, o mestre era Luigi Bisi, há longo tempo estabelecido na região, e o financiamento foi da casa genovesa Frisoni. Neste prédio ele empregou inovações tecnológicas como telhas curvas de amianto, trazidas de Asti e câmeras de refrigeração de alimentos além de introduzir detalhes luxuosos com mármores e bronzes, o que o fazia afirmar "o edifício em construção é uma surpresa para esta população".

Figura 12. Mercado de São Bráz, 1911. O prédio marca o fim de uma série de grandes projetos de Santoro na região. Fonte: Arquivo familiar.

No Mercado, Santoro enfrentou a revolta da população por ter hasteado a bandeira da Itália no prédio durante levante popular contra o Intendente, por estas razões foi atacado pela imprensa e por ela se defendeu. O papel dos textos, como se vê, em suas várias formas e apresentações, permeia todo o processo de aproximação, aceitação e êxito das ações de italianos. Acompanha e complementa as propostas. Com os textos, habilmente conduzidos, colocam-se espelhos e ao mesmo tempo inserem-se as imagens criando-se o desejo e o objeto desejado.

Bibliografia

BALSAMO, Antonio. *L'opera dell'Ingegnere Filinto Santoro al brasile.* Napoli: Meridionale Anônima, 1923.

BELÉM. Intendência Municipal (Antonio José de Lemos). *O Município de Belém.* Belém, Archivo da Intendência. 1897- 1909.

DERENJI, Jussara. "As cidades da rede de defesa". In: *Universo urbanístico português, 1415-1822.* Coimbra: Comissão Nacional para as Comemorações dos descobrimentos portugueses, 2001.

_______. *Arquitetura Nortista. A presença italiana no inicio do século XX.* Manaus: SEC, 1998.

SANTORO, Filinto. *Palácio Muncipal. Memorial.* Belém, Arquivo da Intendência, 1909.

_______. "Palácio da Aclamação na Bahia". *Leitura para todos.* Rio de janeiro, ano 6, n. 62, 1924.

SEGRÉ, Raffaello. *Il Cavaliere Uff. Filinto Santoro.* Genova: Ferrando, 1911.

Parte 3
Trajetórias e olhares

Olhando de perto um mundo diferente[1]

Gwendolyn Wright

Os acadêmicos frequentemente dispensam o *olhar* para em vez disso se concentrarem em dados mais tangíveis, como textos, declarações políticas, estatísticas e mesmo em documentos físicos tais como desenhos e edifícios. Nós analisamos com precisão e perspicácia. Mas e o *olhar*? Como analisarmos algo tão inefável e subjetivo? Que nos conduz quase instantaneamente ao universo fugidio das percepções psicológicas e emoções pessoais, só ocasionalmente capaz de ser traduzido em uma linguagem acessível?

Seja como for, o processo mesmo de olhar pode constituir uma *língua franca* bastante significativa para o nosso tema. Afinal, quando estrangeiros visitam uma cidade eles olham tudo, e olham de perto. Os arredores e meios sociais desconhecidos são tão fascinantes quanto desafiadores, possivelmente até perigosos. É claro que estrangeiros podem ser míopes, já que lhes falta qualquer "visão periférica" – ou seja, a habilidade de ver o contexto ou as vastas regiões menos icônicas ao redor do lugar em que se encontram, seja no centro, seja em áreas mais afastadas. Aquilo que um visitante vê pode parecer óbvio aos residentes que, ou não lhe dão muita importância, ou o consideram uma banalidade de cartão postal. Mas um par de olhos frescos pode notar vistas e lugares menos proeminentes, que há muito os residentes apenas "olham por alto", ignoram ou evitam coletivamente.

Seja para residentes seja para estrangeiros, o que se olha e o que se procura com o olhar é afetado por *quem* olha, individualmente ou em grupo. Cada indivíduo, não importa quão singular ele seja, compartilha um ponto de vista comum com outras pessoas – mesmo quando ele pretende subverter tais convenções. Todo viajante é afetado pelos clichês da indústria do turismo e da cultura popular, assim como pelas lentes de sua própria cultura ou dos preconceitos de sua profissão a respeito do que se deve olhar. O grupo ajuda a definir o que é e o que não é significativo. Trabalhadores imigrantes adaptam-se ao fato de serem "olhados de cima" ou tornados simplesmente invisíveis aos locais. Refugiados procuram pessoas e lugares semelhantes à "pátria" que deixaram para trás, que em sua imaginação com frequência se torna um lugar idealizado. Ainda que suas respostas individuais variem consideravelmente, as mulheres se

1 Tradução de Julia Ruiz Di Giovanni. Revisão de José Lira.

relacionam com as cidades de modo mais ou menos semelhante, atentas à necessidade de nelas observarem riscos e possibilidades comuns.

Se estudamos as viagens dos arquitetos, o olhar é certamente um fator crítico. Eles normalmente não leem muito sobre a cidade a que se dirigem antes da viajarem ou durante sua estadia, e não tendem a analisar ou a escrever sobre o que veem. Confiam sobretudo em habilidades visuais que podem ter sido aprendidas ou são inatas, e até fisiológicas.[2] É esta predileção pelo olhar o que em parte os leva a buscar essa profissão. A maioria dos arquitetos tem uma habilidade notável para ver e sintetizar motivos visuais e culturais importantes, mesmo na escala de uma cidade ou de toda uma região. No entanto, é importante reconhecer tanto uma história como algumas limitações neste processo. Os desejos dos arquitetos, suas sensibilidades e mesmo as ferramentas mnemônicas que utilizam em suas viagens variam consideravelmente no tempo e no espaço. Na produção do esboço é necessário que eles parem e despendam algum tempo oscilando entre a observação de seu assunto e o desenho propriamente dito. É nessa operação que reconhecem detalhes que de outra forma teriam passado despercebidos. Eles também focalizam aspectos diversos de uma época para outra. Nos anos 1880, os desenhos de viagem dos arquitetos ocidentais costumavam focalizar os detalhes; nos anos 1930, as estruturas; nos anos 1960, os ambientes sociais ou naturais (Wright e Parks, 1990).

Os arquitetos começaram a tirar fotografias na virada do último século XIX ao XX, um processo que viria a acrescentar seleções previamente programadas aos pontos de vista individuais em suas jornadas. Pois fotografar envolve menos tempo e por conseguinte menos reflexão, com frequência apenas um momento fugaz. Como outros viajantes, os arquitetos focalizam um tema ou assunto em particular. Frequentemente eles desconsideram, sem maiores reflexões ou juízos, tudo o que está ao seu redor. Este aspecto amplamente inconsciente do enquadramento afeta o que os arquitetos imaginam, projetam e constroem, assim como o que eles desconhecem ou rejeitam como sendo feio, atrasado, fora de lugar, menor ou desimportante.

2 Recentemente, neurocientistas descobriram que artistas visuais processam o que veem e de modo muito literal produzindo imagens no lobo occipital do neocórtex, na parte posterior de seus cérebros, uma campo visual que é pré-verbal.

Figura 1. Turistas em Angkor Wat, na Indochina francesa, atualmente o Camboja. Fonte: *L'Illustration*, 1922

Assim como para outros recém-chegados, a experiência de uma cidade por parte dos arquitetos é na maior parte das vezes mediada pelas pessoas com quem eles circulam. Os antropólogos sabem que o guia é sempre um guardião, que determina um caminho selecionando o que é visto e percorrido, o tempo todo contando casos e histórias e evocando emoções e mitos particulares. Além disso, há quase um século, importantes visitantes-arquitetos frequentemente se juntavam a um guia para percorrer uma cidade desconhecida em uma excursão de carro, ou para sobrevoar a região em um avião. Estes eram os modos de observação preferidos quando um dos principais arquitetos europeus, como Le Corbusier, visitou o Brasil nos anos 1920. Tais circunstâncias certamente afetava o modo como eles olhavam e o que viam, já que detalhes e particularidades tendem a se dissolver a tais distância e velocidade. Os arquitetos de hoje da mesma forma compilam informações superficiais e altamente mediadas em suas "pesquisas" na internet.

Os arquitetos também depositam uma confiança surpreendente em um passeio casual, solitário e a pé, por um bairro ou outro. Esse ritual sustenta o mito modernista do *flâneur* que cruza as ruas da cidade, supostamente apreendendo cada um de seus aspectos culturais, altos ou baixos, novos em folha ou dilapidados. Longe de ser um observador universal, o *flâneur* foi na verdade um homem europeu que jamais se aventurou em áreas periféricas para além do centro da cidade. Seu campo visual restringia-se a fachadas, evitando acima de tudo a intimidade dos interiores domésticos. Ele não conversava com ninguém senão com artistas, seus pares. Essas são limitações significativas para qualquer arquiteto, especialmente quando visita uma cidade desconhecida.

Aparentemente ignorando os filtros que recobrem as suas visões muito gerais, a maioria dos arquitetos confia completamente em sua habilidade para destilar em um período muito curto de tempo – muitas vezes menos de uma dia – a verdadeira "essência" de uma cidade estrangeira ou de arredores desconhecidos. Ninguém os ensina a viajar e a olhar uma cidade, o que torna ainda mais improvável que reflitam sobre as determinações prévias de suas observações ou as condições altamente subjetivas de seus julgamentos. Também não buscam perspectivas alternativas capazes de desafiar suas próprias ideias acerca dos traços característicos, inspiradores, belos ou banais dos locais visitados. Como pesquisadores, temos que avaliar esse modo de olhar e de julgar. Ele tem consequências fundamentais pois reduz o vasto, complexo e conflituoso contexto urbano a um campo visual muito limitado – não apenas para o arquiteto mas, caso ele ou ela consiga realizar o seu projeto, também para muitos habitantes futuros daquela cidade.

* * *

Essa *hybris* é particularmente pronunciada quando arquitetos ocidentais visitam cidades não ocidentais. Um caso emblemático é o dos que trabalharam em colônias europeias, um tópico que requer algumas explicações. Por quarenta anos viajei, no sentido literal e figurado, entre um campo cultural norte-americano e a imensidão de um mundo não europeu. Dado o foco profundamente eurocêntrico da história da arquitetura, às vezes me refiro a esse campo como "todos os outros lugares". Minha primeira e longa pesquisa de campo envolveu colônias francesas, especificamente o Marrocos, Madagascar e o que os franceses chamavam de Indochina – um dos primeiros exemplos de imposição de uma área de estudos sobre uma região. Mais tarde fui pesquisar arquitetos ocidentais pós-coloniais que tinham projetado grandes obras no Oriente Médio, África e Sudeste Asiático. Esse era então um itinerário acadêmico pouco usual, que me traria também alguns *insights* acerca da disciplina de história da arquitetura – e certa esperança em seus desdobramentos mais recentes.

Alguns dos ensaios neste volume focalizam deslocamentos que foram em certa medida imperativos, determinados por necessidades econômicas ou riscos políticos. Mas é preciso ter em mente que para os arquitetos, aventurar-se em outros lugares que não o seu é frequentemente uma escolha, trate-se de uma excursão breve como visitante, uma prolongada estadia de trabalho ou mesmo uma imigração mais radical para um lugar que neles desperta uma atração poderosa, como o Brasil em Lina Bo Bardi. Em outras palavras, a vontade aqui cumpre um papel fundamental e suas viagens são em grande medida conduzidas por seus próprios desejos, fantasias e visões.

Certas condições e motivações são especialmente conspícuas em um contexto colonial – assim como nas situações ambíguas pós-independência, que Georges Balandier chamou apropriadamente de "situação colonial", e que se mantém potentes para os arquitetos contemporâneos que viajam ao exterior (Balandier, 1951). No passado e no presente, os itinerários espaciais de arquitetos ocidentais tem frequentemente se articulado em uma linha reta: um eixo centro-periferia que se irradia da Europa afora. No entanto, se observarmos mais de perto, as trajetórias de viagens e influências são muito mais dinâmicas e multivetoriais. Figuras importantes de países diferentes por vezes chegam juntos em um lugar de oportunidades promissoras – a África setentrional nos anos 1920, o Oriente Médio nos anos 1960, o Sudeste Asiático nos anos 1990 – ou em regiões pouco familiares onde compartilham suas ideias acerca do que estão vendo. Alguns partiam de um destino a outro, como foi o caso de Donat Alfred Agache, que trabalhou em Casablanca, Rio de Janeiro e Canberra. Outros deixaram-se marcar por experiências juvenis no exterior, como Rem Koolhaas por seus anos de formação em Jakarta, logo depois da independência da Indonésia em relação aos holandeses.

Se condições históricas específicas sempre influenciaram as decisões de arquitetos sobre para onde viajar (por exemplo o mapa do poder imperial europeu, os pontos de conexão da economia global, afiliações regionais construídas ao longo do tempo), três motivações foram fundamentais. O principal incentivo tem sido há muito tempo uma viagem de inspiração, rejuvenescimento e autodescoberta. Depois de dois séculos de realização do *grand tour* pelos grandes monumentos da Europa, os arquitetos europeus começaram a viajar a pontos mais distantes do globo nas décadas de 1910 e 1920, na esperança de se libertarem das restrições da cultura ocidental. Como os artistas daquele tempo, eles buscavam um retorno catártico a um estado "primitivo", ao lado de povos que lhes pareciam sensuais e de espírito livre, vivendo em um cenário natural luxuriante.

Escrevendo nos anos 1920, o antropólogo francês Lucien Lévi-Bruhl evocava este "ambiente natural" intocado ou pré-lapsariano – um tema hoje mais uma vez potente – ao insistir que todos os indígenas nativos viviam em uma harmonia associativa e poética com seu entorno. Como a maioria dos viajantes estrangeiros, Lévi-Bruhl nunca duvidou que pudesse deduzir as visões de mundo de outros povos, e que os nativos que estudava fossem desprovidos de autoconsciência de modo que jamais poderiam se compreender a si mesmos. Se muitos acadêmicos da época questionaram suas teorias sobre o "pensamento primitivo", os surrealistas e os arquitetos ficaram fascinados por elas.

Para além da retórica das explorações intrépidas, os arquitetos ocidentais também reivindicam algum grau de coerência reconfortante em suas viagens. Isso tornou atraentes as colônias europeias, especialmente no norte da África, no Sul e no Sudeste da Ásia. Essas áreas ofereciam uma síntese de duas fantasias: a sedução que Aziz al-Azmeh chama de uma celebração da inocência primeva e o "mundo-como-exposição", uma expressão de Timothy Mitchell que evoca uma experiência programada de um lugar exótico que assegura alguma previsibilidade àqueles que se lançam a tais aventuras (al-Azmeh, 2009; Mitchell, 1991).

Figura 2. Capa da brochura Tripoli publicada pela Associação Nacional das Industrias do Turismo e Ferrovia Estatal Italiana, 1919

Os Estados Unidos e a América Latina serviram a um propósito similar para a vanguarda modernista europeia. Assentamentos indígenas nas Américas eram fascinantes, notadamente os Pueblos do sudoeste dos EUA e a Amazônia no Brasil. Os arranha-céus de Chicago e Nova York também caíam como uma luva neste mundo de fantasia. Aqui também os estrangeiros descobriam inventores primitivos ou "nativos", que produziam uma arquitetura inspiradora.

Viajantes ocidentais frequentemente entendem mal as distintas modernidades dos povos que observam. Europeus do passado e do presente pressupõem que os americanos, tantos os do Norte como os do Sul, são simples e inconscientes do significado de suas inovações. Eles olham de modo muito literal as divisões espaciais nas colônias entre uma *ville nouvelle* ou cidade moderna para os europeus e a "cidade tradicional" para os residentes indígenas. Ocorre que a despeito da segregação racial havia um fluxo permanente de pessoas, atividades e intercâmbios entre uma e outra. Os grupos nativos residentes em Singapura, Xangai e Saigon aprenderam a ser "modernos" em suas cidades coloniais – não apenas imitando mas criando novas formas híbridas. Moviam-se pelas ruas animadas, providas de um comércio agitado, com seu mundo sensual e acelerado de cinemas, anúncios e as últimas modas. Abidin Kusno ressalta a importância das palavras "movendo" (*bergerak*) e "mudança" (*obah*) entre jovens urbanos na Indonésia, especialmente em cidades coloniais europeias como Bandung ou Batavia, inclusive entre aqueles que ajudaram a organizar a revolta comunista de 1926 (Kusno, 2010). Essas modernidades, em parte uma resposta a novos tipos de espaço, tiveram um impacto muito significativo no mundo.

O turismo é um segundo tipo de impulso, embora mais abertamente orquestrado e orientado para visitas a alguns poucos lugares bem conhecidos (a maioria dos turistas jamais se arrisca além do itinerário planejado). A emergência do turismo de massa na virada do século XIX ao XX estava diretamente relacionada ao imperialismo europeu. Enquanto as antigas colônias tinham atraído trapaceiros, criminosos e desajustados, além de empreendedores inescrupulosos e militares sádicos, muitos dos novos viajantes eram visivelmente mais educados e financeiramente estáveis – de fato, burgueses.

Os arquitetos sempre buscaram se distinguir dos turistas comuns por sua busca por aventuras especiais. Os arquitetos modernos, neste sentido, descrevem-se a partir de dois papéis espaciais. Um deles é o do "nômade", que vagueia supostamente sem vínculos ou responsabilidades para com quaisquer lugares. A outra figura é a do "exilado". Em *Questions of Travel,* Caren Kaplan se pergunta porque o modernismo euro-americano continua a celebrar o artista que nunca se sente "em casa" mas está sempre existencialmente sozinho e alienado, como se apenas este estranho forasteiro pudesse produzir uma cultura experimental (Kaplan, 2000). Entre os arquitetos modernistas europeus, Le Corbusier, que viajou extensamente, destaca-se por suas primeiras viagens à Turquia, à Argélia, aos Estados Unidos e à América Latina. Mas ele nunca examinou aquilo que via para além da superfície. Seus esquemas urbanos românticos certamente não são uma forma de entender o Brasil, embora nos digam algo acerca de suas próprias fantasias exóticas. As "estrelas" arquitetônicas do presente reforçam esse mito do espírito criativo autônomo cujos edifícios, de tão radicais, poderiam ser destinados a qualquer parte do planeta.

Se as cidades modernas proclamaram a "mission civilisatrice" colonial, o charme e a dignidade da arquitetura nativa, tão visivelmente estrangeira, vem sendo a peça central dos esforços coloniais e contemporâneos de promoção do turismo. As colônias europeias receberam algumas das primeiras instituições eruditas e oficiais de preservação histórica, tornando-se centros de acumulação de conhecimento e atração de turistas por meio de imagens de aventuras exóticas. O governo francês começou um extenso trabalho de preservação em Angkor Wat, no Camboja, em 1910, no mesmo ano em que o protetorado do Marrocos estabeleceu um departamento de conservação histórica e um escritório especial de turismo. O arquiteto amador e escritor popular Leandre Vaillat, supervisionou esse escritório turístico marroquino, que teve um profundo impacto nas cidades. Ávido por criar cenários atraentes, ele emitiu regulamentações precisas que proibiam quaisquer intrusões "modernas" nos "distritos nativos" das segregadas cidades francesas. Mais uma vez, os europeus reservavam-se a si mesmos o trabalho de classificação e eleição dos edifícios ou sítios históricos significativos ou autênticos nas colônias. Os turistas eram atraídos aos grandes monumentos, especialmente aos que se ligavam à permanência das estruturas em pedra, como Angkor Wat, a Mesquita Andaluza em Fez ou a Grande Stupa de Sanchi, na Índia, no caso dos britânicos.

Depois da Segunda Guerra Mundial os grandes monumentos da história da arquitetura não ocidental forneceriam um antídoto à desconfiança modernista contra o historicismo europeu. Jorge Otero-Pailos mostrou recentemente que os arquitetos eruditos arrogavam-se uma habilidade para "pensar visualmente", o que lhes permitia compreender intuitivamente o propósito e significado fundamental de todo monumento histórico, inclusive daqueles situados em locais e culturas radicalmente diferentes. Para tal, estudos históricos ou etnográficos não eram realmente necessários (Otero-Pailos, 2010). Ainda assim eles perceberam que fotografias ou cartões postais (ou websites hoje em dia) não conseguem transmitir a experiência de um lugar, de modo que as viagens ainda eram julgadas obrigatórias como fontes de inspiração.

Os anos que sucederam a Segunda Guerra Mundial também testemunharam uma outra forma de viagem ocidental com a emergência de um interesse pelos cenários "vernaculares". Originalmente referida menos a uma pessoa do que a um escravo preso a um determinado lugar, mais tarde aos dialetos locais da classe trabalhadora ou camponesa – em contraste com o universalismo do latim – a palavra agora ganhou um sentido arquitetônico. O conceito de lugar mudou radicalmente nesse processo. Não mais descrevendo um mundo cotidiano e próximo – que aos arquitetos modernos parecia prosaico, grosseiro e comercializado – o sítio vernacular desejável era quase sempre remoto, em geral em algum lugar que havia sido uma colônia. Os arquitetos ocidentais se viram subitamente hipnotizados pelas aldeias Dogon, os *ksours* marroquinos e as cidadelas italianas. A seu ver, todas as versões desse suposto "vernacular atemporal" pareciam evocar harmonia social, orgulho cultural e adaptação ao meio-ambiente local (Wright, 2003). Congelados no tempo e proibidos de expandir-se além da barreira de um *cordon sanitaire*, *medinas* árabes e *mellahs* judaicas se tornaram cada vez mais abarrotadas. Nelas, melhorias urbanas modernas foram proibidas ou mantidas em um nível mínimo, o que quase inevitavelmente fez com que estes enclaves artificiais congestionados colaborassem para acentuar o aparecimento das primeiras *bidonvilles* ou favelas nas periferias urbanas, à medida que imigrantes vindos das zonas rurais fluíam para as cidades, expulsos de suas terras por especuladores estrangeiros, cujos tribunais recusavam qualquer legitimidade a direitos de propriedade não ocidentais. Ainda que a arquitetura rústica de aldeias e vilas predominasse, o arquiteto britânico John F. C. Turner então ensinou aos americanos e europeus a ver as favelas brasileiras de um modo semelhante.

Bernard Rudofsky, que visitou e se instalou no Brasil no final dos anos 1930, teve um papel chave nessa surpreendente transformação dos itinerários. A exposição e o livro de Rudosfsky em 1964, "*Architecture without Architects*", tiveram um efeito profundo nos arquitetos ocidentais, especialmente nos Estados Unidos. Ele redefiniu o termo "vernacular", ignorando as inúmeras especificidades culturais, de espaço e tempo. Justapondo um extenso conjunto de fotografias de todo o mundo, inclusive de suas viagens ao Brasil, ele descreveu um vernacular universal baseado unicamente em similaridades visuais.[3] Desdenhosos dos construtores amadores em seu próprio meio, os arquitetos modernos puderam assim abraçar a ideia de que essas formas vernaculares remotas eram "autênticas" e produziam a coesão social por meio de variações sutis na tipologia formal. Rapidamente, qualquer fotografia poderia servir a tarefa em vista: fornecer um "precedente" ou uma "justificação" para a estandardização modernista.

Nos últimos 50 anos, bem depois do fim do colonialismo, arquitetos ocidentais também vem fazendo peregrinações – o que Joan Ockman e outros recentemente

3 Ele também evocaria as narrativas da harmonia cultural em sintonia com o ambiente natural de Lévi-Bruhl.

chamaram de "arquiturismo" – para experienciar os grandes edifícios dos mestres europeus em países do "terceiro mundo", particularmente em lugares como Chandigarh e Dacca (Ockman e Frausto, 2005; Urry, 1990). Estas "obras primas" reafirmam uma crença coletiva na própria capacidade do arquiteto em destilar a "essência" de uma localidade, criando, ao mesmo tempo, obras de dignidade universal. Até recentemente esses objetos de devoção eram os únicos exemplos não ocidentais do modernismo autorizados pelo cânone. Mas na medida em que os diversos cenários culturais se diluíam em um só vernáculo universal, os exemplos viriam a se tornar quase intercambiáveis e já não era mais preciso visitar o lugar.

O terceiro incentivo é aquele do emprego, seja na forma de uma encomenda individual ou de um posto de longa duração no setor público ou em uma agência de desenvolvimento não governamental. Antes como agora, as autoridades públicas concorrem umas com as outras, contratando arquitetos "turistas" para projetarem estruturas completamente novas.

Figura 3. Estádio Olímpico de Herzog & DeMeuron ("O Ninho de Pássaro"), Pequim, 2008.

As encomendas atuais evocam seus precedentes coloniais, quando governos locais exerciam relativamente pouco controle sobre os arquitetos e os empreendimentos multinacionais provenientes do exterior. Antes, como agora, cada passo é dado de acordo com uma economia e um meio cultural globais. Os arquitetos estrangeiros tratam os lugares não ocidentais como laboratórios para experimentos formais, sociológicos e tecnológicos. Aqui eles podem explorar novas variedades de modernismo por meio de tecnologias industriais de construção, projetos esclarecidos de habitação para trabalhadores e estéticas inovadoras. Todos esses governos exercem um controle mínimo concedendo uma liberdade que é impossível de se encontrar na Europa ou nos EUA.

Não se trata de acusar os arquitetos ocidentais a partir de um modelo excessivamente simplista de exploração, manipulação e preconceito. Quase sem exceção eles vislumbram um modernismo capaz de melhorar as condições nesses países. Mesmo sob governos coloniais a maioria dos projetos urbanos e edifícios cívicos produzidos pelo setor público – prefeituras, tribunais, escolas, hospitais etc. – foram esforços benignos de criação de uma sociedade civil nas cidade modernas. Por mais que os arquitetos coloniais e pós-coloniais tenham suas ambições, eles em geral procuraram adequar suas propostas inovadores ao ambiente local.

Figura 4. Josep Lluis Sert, Embaixada dos Estados Unidos, Bagdá, Iraque, 1955-61.

No entanto, como se sabe, as adaptações no mais das vezes tenderam a ser bastante superficiais. Apoiando-se sobretudo no olhar, mais do que no estudo ou no diálogo com os locais, as sínteses ocidentais se concentraram na construção de fachadas com materiais locais, ornamentos "indígenas" e técnicas de controle ambiental. De tal modo que os edifícios dão a impressão de uma coexistência harmoniosa, suprimindo as evidências de desigualdade e exploração. Os limites do projeto "contextual" tornam-se manifestos em tais circunstancias.

Além disso, a maioria dos arquitetos coloniais realmente apreciavam as tradições arquitetônicas e de planejamento dos países em que trabalhavam. Alguns passaram anos estudando sua história local, viajando pela colônia e regiões vizinhas com seus cadernos de esboços e câmeras na mão. Reconheceram sutilezas nos padrões viários – no norte da África, por exemplo, as portas de entrada nunca faziam frente uma para outra, e os pisos térreos das casas comunais no Vietnã reforçavam sua presença pública com grandes aberturas para as ruas ao seu redor – e às vezes incorporaram tais detalhes nos prédios públicos que projetaram. Ainda assim, mesmo os arquitetos solidários confiavam quase inteiramente em especialistas europeus – que ignoravam ou simplificavam as preferências e interpretações populares – para interpretar sentidos culturais e estabelecer modelos de evolução estilística (emergência, apogeu, e depois decadência).

A mentalidade de laboratório também gerou regulamentações, especialmente em termos de uso do solo e desenho urbano. Nos centros urbanos, mesmo os que trabalhavam para a incorporação privada tinham que se submeter a restrições bastante rigorosas, limites de altura e controles ambientais. Tais laboratórios também permitiram aos arquitetos ocidentais produzir novos híbridos. Ainda assim eles continuaram a condenar os arquitetos locais que experimentavam no campo das arquiteturas mestiças. Mesmo na atualidade, os arquitetos ocidentais continuam a recriminar esses trabalhos como sendo meras cópias de idiomas modernistas – que supostamente pertencem ao Ocidente – de impacto devastador sobre tradições que deveriam ser respeitadas. As acusações de contaminação possuem nítidas tonalidades racistas.

Em resumo, no passado e no presente, a miopia e o viés autorreferente ainda limitam a habilidade da maior parte dos arquitetos de olhar além de suas próprias presunções e projeções quando viajam a cidades não ocidentais a passeio ou a trabalho. Mesmo hoje os estrangeiros quase nunca questionam sua habilidade inata para captar imediatamente a essência de um lugar. Eles ainda supõem que a maioria dos observadores locais é paroquiana, incapaz de escapar à perspectiva limitada de suas próprias normas culturais, como se apenas os europeus e os norte-americanos pudessem ver a ampla geografia cultural que lhes permite equilibrar com sucesso formas e princípios universais, de um lado, e formas locais apropriadas, de outro. Mesmo quando arquitetos não ocidentais estudam estes princípios, como fazem nas escolas de arquitetura em todo o mundo, seus esforços são destituídos como cópias derivadas, no melhor dos casos mímicas ou "colas" de detalhes superficiais – modernos ou tradicionais, não faz diferença.

As referências recentes a "modernismos alternativos" fora do Ocidente reproduzem esta dualidade em vez de questionar a ideia de que o modernismo pertence à

Europa.[4] Mesmo no presente, poucos são os arquitetos e críticos capazes de imaginar seus colegas não ocidentais trabalhando fora de seu ambiente nacional ou regional de origem, muito menos projetando um edifício em uma cidade ocidental. Em princípio, apenas estrangeiros ocidentais podem viajar, e podem ir a qualquer parte. Ainda assim, como recentemente argumentou Dipesh Chakrabarty em *Provincialing Europe*, os europeus podem ser os verdadeiros provincianos, incapazes de compreender pessoas que pensam e fazem projetos de maneira diferente deles mesmos (Chakrabarty, 2000).

* * *

Em certa medida o assunto de minha exposição é meu próprio deslocamento e viagens: aquilo que aprendi como uma "estrangeira" que se aventurou fora do domínio eurocêntrico da história da arquitetura no final dos anos 1960 e a década de 1970. Por que escolhi este itinerário em vez do mais convencional *grand tour* do modernismo europeu? O que eu estava buscando, de forma consciente e inconsciente? O que terei eu descoberto?

Como sempre, não há uma única resposta. Eu estava frustrada com a perspectiva estreita e rígida da história da arquitetura quando comecei minhas jornadas. Cada vez que um acadêmico escrevia sobre um dos "mestres", ele reforçava a ideia de que nada mais tinha importância. Eu me perguntava por que os historiadores sempre protelavam as boas intenções dos arquitetos em avaliar os efeitos sociais de um projeto. Por que ninguém realmente se perguntava sobre o que acontecia depois que um edifício estava pronto? Como se apenas isso "comprometesse" a pureza de sua visão e de seu projeto. Parecia surpreendentemente paroquiano que a Europa ainda fosse o centro e ao mesmo tempo o limite da arquitetura moderna, passada e presente. Apesar das reivindicações de verdade universal e internacional, por que a história da arquitetura moderna terminava no Mediterrâneo e na fronteira entre os Estados Unidos e o México?

A viagem sempre revela novos *insights* sobre nós mesmos e nossas próprias culturas. Vemos as coisas de modo diferente quando voltamos "para casa". Desse modo, eu me tornei uma analista mais autoconsciente da arquitetura e das cidades, no passado e no presente, não apenas na Europa, mas também nos Estados Unidos. Subitamente percebi que os norte-americanos existiam em um quadro "colonial" em relação à

4 A expressão "modernismo alternativo" foi usado pela primeira vez por Valerie Fraser e Oriana Baddeley (1989). Depois foi desenvolvida por Cravan, e mais cuidadosamente Dilip Gaonkar (2001). Sobre "modernismo periferico" ver Beatriz Sarlo (2002).

Europa, assim como em grande medida ainda prevalece na América Latina. Como tantos sujeitos coloniais e pós-coloniais, os EUA tinham internalizado uma suposta hierarquia cultural. Ainda hoje, os currículos das escolas norte-americanas de arquitetura revelam esse preconceito, tanto nas aulas de história quanto na discussão de obras contemporâneas. Por exemplo, nos últimos anos elas passaram a exigir que os estudantes frequentassem pelo menos um curso de "arquitetura não ocidental". Por melhores que sejam as intenções, o fato é que tais disciplinas em geral tem como foco a arquitetura "tradicional" japonesa, islâmica ou subsaariana. Felizmente, um fascínio precoce pelo modernismo japonês e um crescente interesse no modernismo latino-americano pode ajudar mudar essa equação.

Olhar para o exterior revela aspectos da cultura arquitetônica ocidental que não vemos com facilidade. O livro recente de Duanfang Lu, *Third World Modernism*, sugere que "a despeito do florescente vocabulário da mobilidade e do hibridismo nas últimas duas décadas, os elos, fluxos, nós e redes globais ainda são tratados como categorias marginais" (Duanfang, 2011, p. 16). Se traçarmos as viagens de indivíduos e populações, culturas e capital, descobrimos múltiplas trajetórias, tanto espaciais quanto metafísicas. Por que, por exemplo, ninguém estudou a importância da arquitetura moderna brasileira como uma inspiração para arquitetos marroquinos, israelenses e nigerianos nos anos 1950? Ou o trabalho instigante de arquitetos chineses, indianos e do sudeste asiático que de modo algum se restringe àquelas culturas e geografias particulares?

* * *

Essas observações sobre arquitetos coloniais e pós-coloniais parecem pertinentes em uma nova era de realinhamentos intelectuais e geopolíticos ao redor do mundo. A arquitetura é reconhecidamente lenta em mudar suas intrincadas hierarquias e fantasias, que permanecem presas a uma fixação geográfica na Europa. Criar arquitetura e escrever história nos auxilia a viajar intelectualmente. Podemos aprender a habitar aquilo que o antropólogo James Clifford chama de "um lugar de interstício (*betweennes*), um híbrido composto de distintos espaços pós-coloniais historicamente conectados" (Clifford, 1989, p. 184; Clifford, 1997).

Chakrabarty apresenta um argumento semelhante, que desafia diretamente todo arquiteto ou historiador da arquitetura. Ver "o contemporâneo como plural e igual", ele escreve, "torna impossível falar sobre o que é 'de ponta', a vanguarda, o mais recente que representa o futuro" (Chakrabarty, 2000, p. 88). A história dos arquitetos europeus que viajaram às colônias levanta desafios semelhantes para historiadores e arquitetos. Podemos saber com certeza que ideias e edifícios tiveram maior impacto nas cidades, culturas, e mesmo na arquitetura, em sentido amplo ou restrito, ao redor do planeta? Com esta advertência em mente, somos capazes de encorajar definições novas, mais ambíguas e fluidas do modernismo – múltiplas em vez de singulares, cosmopolitas em vez de universais, *créoles* em vez de puras? Se somos, elas virão de lugares como o Brasil.

Bibliografia

AL-AZMEH, Aziz. *Islams and Modernities.* London: Verso, 2009.

BALANDIER, Georges. "La situation coloniale: Approche théorique". In: *Cahiers internationaux de sociologie,* 11, p. 44-79, 1951.

CAIRNS, Stephen (ed.). *Drifting: Architecture and Migrancy.* London/New York: Routledge, 2004.

CHAKRABARTY, Dipesh. *Provincializing Europe: Postcolonial Thought and Historical Difference.* Princeton: Princeton University Press, 2000.

CLIFFORD, James. "Notes on Travel and Theory". *Inscriptions 5: Traveling Theories, Traveling Theorists.* Center for Cultural Studies: University of California in Santa Cruz, 1989.

_______. *Routes: Travel and Translation in the Late Twentieth Century.* Cambridge: Harvard Universit Press, 1997.

CRAVEN, David. "The Latin American Origins of 'Alternative Modernism.'" *Third Text,* 36, p. 29-44, autumn 1996.

CRINSON, Mark. *Empire Building: Orientalism and Victorian Architecture.* Londres/Nova York: Routledge, 1996.

_______. *Modern Architecture and the End of Empire.* Londres/Nova York: Routledge, 2003.

CULOT, Maurice e THEIVEAUD, Jean-Marie (orgs.). *Architectures francaises outre-mer.* Liege: Mardaga, 1992.

FRASER, Valerie e BADDELEY, Oriana. *Drawing the Line: Art and Cultural Identity in Contemporary Latin America.* London: Verso, 1989.

GAONKAR, Dilip. *Alternative Modernities.* Durham: Duke University Press, 2001.

HOWE, Stephen (org.). *New Imperial Histories Reader.* Londres/Nova York: Routledge, 2010.

KAPLAN, Caren. *Questions of Travel: Postmodern Discourses of Displacement.* Durham: Duke University Press, 2000.

KUSNO, Abidin. *The Appearances of Memory: Mnemonic Practices of Architecture and Urban Form in Indonesia.* Durham: Duke University Press, 2010.

LU, Duanfang (org.). *Third World Modernism: Architecture, Development and Identity.* London/New York: Routledge, 2011.

MITCHELL, Timothy. *Colonising Egypt.* Berkeley: University of California Press, 1991.

_______ (org.). *Questions of Modernity.* Minneapolis: University of Minnesota Press, 2000.

NASR, Joe e VOLAIT, Mercedes (orgs.). *Urbanism Imported or Exported? Native Aspirations and Foreign Plans.* Chichester: Wiley Academy, 2003.

OCKMAN, Joan e FRAUSTO, Solomon (orgs.). *Architourism: Authentic, Escapist, Exotic, Spectacular.* Munich: Prestel Verlag, 2005.

OTERO-PAILOS, Jorge. *Architecture's Historical Turn: Phenomenology and the Rise of the Postmodern.* Minneapolis: University of Minnesota Press, 2010.

PRATT, Mary Louise. *Imperial Eyes: Travel Writing and Transculturation.* Londres/Nova York, Routledge, 1992.

SARLO, Beatriz. *Scenes from Postmodern Life.* Minneapolis: Univeristy of Minnesota Press, 2001.

TZONIS, Alexander; LEFAIVRE, Liane e STAGNO, Bruno (orgs.). *Tropical Architecture.* Chichester/New York: John Wiley, 2001.

URRY, John. *The Tourist Gaze: Leisure and Travel in Contemporary Societies.* Newbury Park: Sage Publications, 1990.

WRIGHT, Gwendolyn e PARKS, Janet (orgs.). *The History of History in American Schools of Architecture.* New York: Princeton Architectural Press, 1990.

WRIGHT, Gwendolyn. *The Politics of Design in French Colonial Urbanism.* Chicago: University of Chicago Press, 1991.

_______. "On Modern Vernaculars and J. B. Jackson". In: WILSON, Chris e GROTH, Paul (orgs). *Everyday America: Cultural Landscape Studies after J. B. Jackson.* Berkeley: University of California Press, 2003, p. 163-77.

_______. "Global Ambition and Local Knowledge". In: ISENSTADT, Sandy and RIZVI, Kishwar (orgs.). *Modernism and the Middle East: Architecture and Politics in the Twentieth Century.* Seattle: University of Washington Press, 2008, p. 221-254.

YEOH, Brenda. "Postcolonial Cities". *Progress in Human Geography*, p. 456-68, 2001.

Arquitetos estrangeiros, a arquitetura no estrangeiro e a história

José Tavares Correia de Lira

A história da arquitetura é indissociável da experiência do deslocamento. Ao menos depois do Renascimento. De empreendimentos de artistas, funcionários, missionários a serviço de projetos colonizadores, ao *Grand-Tour* clássico a partir do século XVII e às suas primeiras histórias universais depois do XVIII (Watkin, 1980; Chaney, 1988; Salgueiro, 2002; Seidler, 2003; Barrier, 2005), a viagem tornou-se uma condição fundamental da prática profissional e intelectual da arquitetura. Articulada diretamente ao mercantilismo ou ao imperialismo, assim como à hegemonia e dependência de padrões culturais europeus, essa condição afetou de múltiplas maneiras a historiografia geral da arquitetura. Duas atitudes básicas parecem ter se cristalizado enquanto se ampliavam as fronteiras geográficas da alta cultura arquitetônica europeia, persistindo até o presente em toda escrita de arquitetura, ilustrada ou romântica. De um lado, o pressuposto do dualismo e da hierarquia no trânsito entre a metrópole e a colônia, a metrópole e a província, o alto e o baixo, o centro e a periferia, o ocidental e o não ocidental, no que a predominância absoluta das narrativas descendentes reafirma a *epistème* evolucionista e eurocêntrica. De outro, a recorrência dos recortes nacionais na travessia de suas fronteiras, no que o material local emerge como glosa ou ilustração de processos supostamente universais e as diferenças regionais, culturais, étnicas, políticas ou econômicas são interpretadas como estando na origem das identidades e desvios em relação ao modelo civilizatório, no caso da arquitetura produzindo tanto deturpações negativas como singularizações positivas dos cânones centrais europeus, hegemônicos, autoproclamados originais, clássicos, eruditos ou de vanguarda.

Talvez porque a viagem do arquiteto demorou a ser estudada à luz da condição do estrangeiro, como viajante em potencial, que reaproxima deslocamento e fixação em sua própria experiência social e espacial – que "chega hoje a amanhã fica" e que "embora não tenha partido, ainda não superou completamente a liberdade de ir e vir" (Simmel, 1983) –, a historiografia da arquitetura ainda resiste em abandonar tais perspectivas analíticas. Inclusive no estudo século XX e do momento modernista, a despeito da intensidade, diversidade e complexidade das trocas internacionais no campo. Viagens como as de Le Corbusier à America do Sul,[1] de Mendelsohn à Palestina, de Gropius, Mies ou Breuer aos Estados Unidos, de Taut à Turquia, de Ernst May ao Quênia entre outras continuam a ser interpretadas como estando na base das transformações arquitetônicas nos países de destino, como irradiações, versões incompletas ou bastardas, na melhor das hipóteses como dicções inovadoras das lições importadas da matriz. Nem mesmo a ampliação recente da encomenda projetual global, com novas redes e mecanismos internacionais de intercâmbio, mobilidade, exercício e reconhecimento profissionais (McNeil, 2008), parece ter alterado essa tendência, as grandes narrativas ainda ressentindo-se do foco no *star-system* europeu e norte-americano, e seus itinerários cruzados ou novos polos imobiliários de atuação em países emergentes, sobretudo no Oriente Médio e Sudeste Asiático, compreendidos como processos unidirecionais nos quais os arquitetos e suas realizações são ora vistos como protagonistas isolados, ora como peças ativas de uma engrenagem maior de modernização de uma periferia genérica, dependente ou inoperante.

Este artigo supõe o lugar estratégico do objeto – o deslocamento internacional de arquitetos – no questionamento desse paradigma historiográfico. Para tal, o arquiteto estrangeiro e a arquitetura no estrangeiro não se definem por sua excentricidade ou excepcionalidade. São instâncias cruciais de constituição do cosmopolitismo disciplinar, seja ele visto como domínio de saber e de ação pretensamente universal, seja ele reconhecido na dispersão, pluralidade, instabilidade e conflito que caracteriza todo processo de interação e troca cultural na modernidade. Afinal as próprias ambições modernas de universalidade no campo arquitetônico não são imunes às relações que a disciplina entretém com aquilo que ela subordina ou pretende subordinar em seu processo de autonomização, incluindo ou excluindo o que não lhe é próprio como mera construção, não arquitetura, manifestações exóticas, autênticas, tradicionais, anônimas, vernaculares, alternativas, periféricas. Portanto, se a própria autonomia disciplinar tem uma história, e esta se insere na história de divisões e conflitos maiores no campo material e dos valores, as relações entre o que se propõe em cada momento como arquitetura, ou disciplina arquitetônica, cosmopolitismo ou modernidade arquitetônica é inseparável das disputas em torno do que ela é e do seu outro. Seja em suas condições peculiares de emergência e proveniência, seja nas redes intrincadas de mobilidade, disputa, inserção,

1 Sobre o Brasil, a historiografia é abundante e variada na exploração dessa hipótese, desde Philip Goodwin e Lúcio Costa.

resistência ou contaminação que elaboram historicamente e de múltiplas maneiras as noções de modernidade, cosmopolitismo, internacionalismo, universalidade, por vezes conduzindo a novos territórios (Wright, 2002).

Vendo-se as coisas desse modo, o arquiteto estrangeiro não pode ser reduzido às figuras do precursor, do pioneiro ou do mestre, como se a travessia ou extensão das fronteiras disciplinares e geográficas da arquitetura pudessem ser apanhadas por meio de gestos excepcionais ou individuais de deslocamento. Ele desvia também do lugar mítico que lhe é frequentemente atribuído no enfrentamento do que se pensa como obstáculo ou atraso no interior da disciplina e no espaço físico, cultural e social onde aporta enquanto estrangeiro. Mesmo ali onde se o supunha isolado pela posição privilegiada no interior do campo, pelo lugar ocupado na renovação ou normalização da disciplina, o estrangeiro se revela também pelo embate com o terreno movediço em que se desloca, as suas posições variando também em função do movimento coletivo de agentes, ideias e práticas. Nele o surpreenderemos desempenhando múltiplos papéis, nem sempre isentos ou revolucionários, nem sempre muito elevados ou duradouros, mais e menos discretos, mais e menos relevantes na delimitação, integração, segregação, diluição do outro e/ou de si mesmo, ora subsumindo-se no alheio, ora atravessando-o de ponta a ponta ou sendo por ele atravessado, ora nele se descobrindo e redescobrindo os seus próprios pontos de partida, ora jamais deixando-se enredar em suas fronteiras, e tragicamente reafirmando-se em sua alteridade.

Pensada como caminho de descoberta e identificação desse outro, de outras perspectivas do mundo, ou de culturas artísticas, intelectuais e profissionais específicas, fascinantes, acolhedoras, transformadoras ou excludentes, a experiência do estrangeiro coloca uma possibilidade de estudo dos modos de sensibilidade e inteligibilidade para com o que ela supõe ser algo dependente ou simplesmente local, isolado ou primitivo, assim como dos modos de reavaliação do próprio ser de origem no paradoxo da experiência cultural da modernidade (Clifford, 2000). Em outras palavras, como configuração moderna e urbana, a experiência do estrangeiro revela muito de suas autorrepresentações, de como eles se veem e de como são vistos, de como descrevem, recolhem, alteram ou rejeitam os "nativos", ou de como são acolhidos, contaminados ou rejeitados por eles (Peixoto, 1992).

Além de apontar uma abordagem específica da problemática, à luz das categorias criticas do deslocamento (Kaplan, 2000), esse texto tem como objetivo avançar alguns passos no mapeamento de um campo bibliográfico possível para a história da arquitetura, pontuando algumas tendências e dificuldades de abordagem do tema em perspectiva internacional. Trata-se aqui de pensar um quadro mais geral da pesquisa no interior do qual a experiência dos arquitetos estrangeiros em São Paulo e no Brasil poderia ser investigada em suas especificidades, diferenças, paralelos e correlações com outras formas contemporâneas da migração profissional, do exílio ou do autoexílio, da expatriação ou da viagem, para outros países e cidades, ligados a oportunidades diversas de trabalho ou afirmação, a missões e encargos oficiais, coloniais, diplomáticos, envolvidos em atividades de consultoria ou de negócios no exterior etc. Espera-se com isso contribuir para o recorte do objeto e em algumas chaves de enfrentamento da pluralidade de situações similares, suas circunstâncias e motivações, seus ciclos e roteiros, formas gerais e experiências concretas de inserção nos países estrangeiros.

A base é um conjunto bibliográfico inicial, que enquanto campo ainda parece um tanto quanto fragmentário ou pouco estruturado, de estudos mais e menos especializados ou convencionais, sobre grupos de arquitetos e trajetórias individuais de profissionais no estrangeiro, cuja diversidade aponta para a superação do registro historiográfico no qual se tende a especificar o tema no Brasil: ora na chave das epopeias culturais de encontro/confronto entre tradições culturais ou nacionais diversas, ora ligado aos processos de atualização descendente das vanguardas, de internacionalização e/ou regionalização do estilo internacional, no que a sedução ilustrada pela idiossincrasia ou frescor arquitetônico brasileiro se coloca como estando na origem de alguns desses deslocamentos.

Arquitetura e migração intelectual

Ainda que nos últimos anos os temas do turismo arquitetônico, da viagem do arquiteto, das trajetórias profissionais errantes ou nômades estejam em alta (Cairns, 2004; Ockman e Frausto, 2005; Architekturzentrum, 2007; Gras e Paquot, 2008; Tosolini, 2008; Perspecta n. 41, 2008; Jilly Traganou e Miodrag Mitrasinovic, 2009; Sodré, 2010), os estudos sobre arquitetos estrangeiros ou a experiência de arquitetos no estrangeiro ainda parecem bastante dispersos. A bibliografia é ainda irregular, os termos de indexação muito diversos, as chaves mais amplas e campos de investigação em que os temas específicos se inserem variando enormemente.

É possível que isso tenha a ver com o fato de, salvo raras exceções,[2] a historiografia especializada ter demorado a investir em pesquisas nessa direção, que na maior parte das vezes viriam à tona em meio a esforços mais amplos de compreensão da história das migrações e exílios intelectuais. Desenvolvida a partir da década de 1960, essa área de investigação floresceu sobretudo na Alemanha e nos Estados Unidos, onde o impacto cultural do grande êxodo de artistas e intelectuais, especialmente alemães, austríacos, húngaros, tchecos e italianos, entre a ascensão do nazismo e o fim da Segunda Guerra Mundial, tornou-se especialmente visível nos vários campos de atividade e conhecimento: da música à literatura, da história da arte à filosofia, das ciências humanas às ciências naturais, das artes visuais ao cinema (Gay, 1969). Considerado um transplante intelectual sem paralelos na história ocidental moderna, desde então a carreira norte-americana de arquitetos e artistas da Bauhaus, como Walter Gropius, Mies van der Rohe, Marcel Breuer, László Moholy-Nagy ou Josef Albers, viria a ser vasculhada como um de seus capítulos mais bem sucedidos.

Salvo engano, algumas das primeiras referências ao grupo no interior da problemática da migração ilustrada surgiram com os trabalhos de Laura Fermi (1968) e Donald Flemming e Bernard Bailyn (1969). Em seu livro, Fermi examinou um universo gigantesco: quase duas mil trajetórias de cientistas, intelectuais e artistas formados, muitos dos quais já consagrados quando deixaram a Europa, sobretudo a Alemanha, e aportaram nos Estados Unidos entre a grande interdição ali dos fluxos imigratórios de massa em 1929 e seu ingresso na segunda guerra mundial depois de Pearl Harbor. Entre eles, localizou alguns arquitetos: os alemães Gropius, Mies, Erich Mendelsohn e Martin Wagner, o húngaro Breuer, os austríacos Victor Gruen e Herbert Bayer, o russo Serge Chermayeff. Ao contrário do tratamento mais exaustivo da trajetória de psicanalistas, físicos atômicos e outros representantes das ciências naturais, humanas e sociais, o registro aqui é ainda superficial e privilegia a descrição de sua atividade nos países de origem em detrimento de suas realizações nos EUA. Em todo caso, a autora enfatiza, de um lado, o papel de pioneirismo desempenhado por muitos deles na renovação da cena profissional norte-americana, graças às posições de prestígio ocupadas no sistema de ensino superior. De outro, salienta a influência do meio técnico e das forças sócio-econômicas locais para a plena realização de suas ideias, influência que

2 No caso brasileiro, uma delas é o livro de Anita Salmoni e Emma Debenedetti, ambas historiadoras da arte italianas exiladas no Brasil, esta última irmã do arquiteto Danielle Calabi. Cf. E. Debenedetti e A. Salmoni, 1953.

encontraria nos arranha-céus de Mies e nos shopping centers de Gruen, não apenas a materialização de fatos espirituais constitutivos da mentalidade norte-americana do período, mas também a prova cabal da enorme potencialização naquele país de suas capacidades criativas (Fermi, 1968, p. 233-41).

Também centrada no entre-guerras, e no fluxo entre a Europa, sobretudo a Alemanha, e os Estados Unidos, é a coletânea editada por Flemming e Baylin. Diferentemente do livro de Laura de Fermi, o capítulo arquitetônico caberia agora a um especialista, William Jordy, professor na Universidade de Brown, que em um longo ensaio centrado nas figuras de Gropius, Mies e Breuer questiona ambas as hipóteses do pioneirismo dos mestres ou de sua conversão americana quando da chegada aos EUA. Com base em um exame cuidadoso da conjuntura europeia do movimento moderno nos anos 1920 e 30, seus canais de recepção nos EUA, bem como do entusiasmo e conhecimento precoce dos europeus da produção e da tecnologia de construção norte-americana, Jordy assinala a especificidade da migração: tardia em relação ao grande afluxo alemão ou de vanguarda, enquanto tal marcada por maior receptividade, donde sua inserção imediata como professores no *establishment* universitário em um momento de difusão, variação e questionamento da arquitetura moderna. Refazendo as trajetórias dos três arquitetos de modo bem mais cuidadoso, seja antes seja depois da fixação nos Estados Unidos, no âmbito acadêmico assim como no profissional; analisando comparativamente suas obras europeias e norte-americanas, a conclusão a que chega é que não se poderia falar genericamente de um deslizamento do internacional ao americano em suas carreiras, nem muito menos em um processo genericamente bem-sucedido de migração, aclimatação ou afirmação dos estrangeiros no meio de adoção. Contudo, se o papel que desempenharam teria variado conforme o caso (o arquiteto, o momento, o contexto ou o ramo de sua atividade), se as obras que realizaram nem sempre revelariam rupturas conceituais, amadurecimentos em termos de projeto, inovações tecnológicas ou ingredientes especificamente americanos, Jordy ao final reforça a ideia de que foi apenas nos EUA que eles encontrariam um ambiente favorável ao pleno estabelecimento de suas vocações (Jordy, 1969).

Também produto de um esforço coletivo, é a obra editada por Jarrell C. Jackman e Carla M. Borden a partir das duas conferências organizadas em 1980 pela Smithsonian Institution, *The muses flee Hitler: cultural transfer and adaptation*. Nela, o tema da fuga e adaptação de artistas, cientistas e intelectuais durante o nazismo também seria enfrentada na diversidade de campos a que pertenciam, a teoria social, a literatura, a música, a arquitetura, a física, a química, a matemática. E agora em uma geografia mais ampla, para além dos Estados Unidos, compreendendo entre outros destinos a Suíça, a Inglaterra, o Canadá, a China, a América do Sul e o Caribe. O que então se colocava era não só entender as razões e dimensões do processo, os mecanismos e resistências nele observados, lugares, nichos e instituições de inserção, como agora, e de modo mais específico, o impacto recíproco entre os ambientes culturais de acolhida e o trabalho dos imigrantes, com suas novas configurações e enquadramentos. A publicação seria organizada em três grandes partes. Na primeira, tratava-se de fornecer alguns elementos de compreensão do fenômeno no período, o cenário alemão de ascensão do nazismo, o movimento populacional, as instituições e legislações de apoio e controle da imigração e do asilo. Na segunda parte, o foco centrava-se nos Estados Unidos, priorizando ora os itinerários e destinos preferenciais dos imigrantes naquele país, ora seus campos de atividade intelectual, científica e artística. A terceira parte, por sua vez, propunha-se a pensar os processos de adaptação cultural em uma perspectiva mundial, e como tal estruturava-se a partir de capítulos nacionais ou regionais, e em geral menos especializados.

É nessa estrutura que se insere o artigo assinado por Christian F. Otto, professor de história da arquitetura em Cornell. Centrando-se na figura de Mies van der Rohe, o autor problematiza a questão da transferência ao mapear as transações entre a cultura modernista europeia e as inovações tecnológicas e projetuais na arquitetura do arranha-céu nos Estados Unidos, bem como suas transformações no campo da encomenda e do gosto médio. Para além da catalogação da influência individual de Mies ou do legado weimariano na arquitetura norte-americana, a experiência do arquiteto alemão é pensada à luz das confluências e coincidências, algumas das quais já mapeadas por Jordy, que modelaram o cenário favorável ao seu redor como um contexto congenial de sustentação de suas ideias arquitetônicas ao mesmo tempo que de fortalecimento da autoridade do modernismo europeu nos EUA (Otto, 1983).

Anos depois, colhendo os frutos dessa imensa pesquisa em torno da fuga e exílio de artistas da Europa nazista, o Los Angeles County Museum of Art promoveu a organização da exposição "*Exile + Emigrés: the flight of European artists from Hitler*". No catálogo, a cargo da curadora Stephanie Barron mais de duas dezenas de contribuições autorais seriam incluídas. Na perspectiva do LACMA, tratava-se de examinar o enorme afluxo de escritores, artistas, músicos, cineastas, atores, críticos e intelectuais para os Estados Unidos no período de ascensão do nazismo na Europa. Reunindo material documental e análises de trajetórias e obras individuais e coletivas, a exposição privilegiaria artistas, arquitetos e fotógrafos provenientes da Alemanha e da França, assim como o papel de Los Angeles como porto privilegiado de desembarque, na tentativa de examinar o impacto do exílio e da migração em seus trabalhos e sua recepção no ambiente cultural local. No total, cinco artigos, de autoria de Peter Hahn, Franz Schulze e Kathleen James, seriam dedicados aos arquitetos da Bauhaus, focalizando desde o momento imediatamente anterior à sua partida, sua acolhida nos Estados Unidos, os desenvolvimentos processados em suas obras projetuais tardias, bem como o seu engajamento no ensino de arquitetura (Barron, 1997).

Ainda que, portanto, tais contribuições, muitas das quais produzidas por especialistas na área, tenham avançado no enfrentamento da problemática do arquiteto estrangeiro, é interessante frisar o campo de onde brotaram e o público a que provavelmente se destinavam: não tanto o da história da arquitetura, mas o da história intelectual. Se, de um lado, isso parece ter lhes permitido abordar histórica e antropologicamente a problemática da diferença e do deslocamento cultural, da migração e do exílio, de outro, o fato evidencia a distância dos arquitetos e historiadores da arquitetura naquele momento a um processo não apenas muito extenso e socialmente expressivo, mas que colocava problemas importantes ao entendimento da produção arquitetônica ao longo do século XX para além do registro convencional das histórias gerais, evolutivas, nacionais ou regionais.

A pluralidade da experiência

Com efeito, a partir de finais do século XIX e inícios do XX, o arquiteto estrangeiro tornara-se figura decisiva para se entender as trocas internacionais em arquitetura. Tratava-se de um momento de revisão das competências técnico-profissionais do arquiteto na Europa e afirmação do campo disciplinar para além dos centros formadores tradicionais, na França, Itália, Alemanha, Rússia, Inglaterra, Bélgica, Holanda entre outros. O momento coincide também com a própria emergência de um tipo novo de viagem, itinerário e migração: mais profissionalizada, intelectualizada e urbana do que nunca, e cujas razões econômicas eram frequentemente acompanhadas, ativadas ou mesmo antecipadas por motivos culturais, étnicos, políticos, geopolíticos ou militares. Mais ou menos entrosada às múltiplas redes cosmopolitas (institucionais ou não, ideológicas ou comerciais, comunitárias ou profissionais, de informação, de subsídio, de interesse) que se estruturavam naquele momento, a movimentação contemporânea dos arquitetos coincide com a multiplicação das circunstâncias de deslocamento. Distinguindo-se dos antigos viajantes e exploradores do período mercantilista, assim como das massas proletarizadas de imigrantes que se dispersam pelo globo a partir de meados do século XIX, esses arquitetos estrangeiros na maioria das vezes provinha das camadas médias de sociedades, sacudidas pelas guerras, revoluções, perseguições, hostilidades e genocídios, que acompanharam a redefinição permanente das fronteiras, alianças e conflitos no continente europeu ao longo do século XX. Eles são menos numerosos, mas de modo algum desprezíveis demograficamente, desde a origem são melhor equipados cultural, social e economicamente, e onde chegam muitas vezes se destacam pela intensidade ou ascendência de sua atuação, seja no trabalho e no mercado imobiliário, seja nas instituições educacionais, profissionais, artísticas e culturais, ou nos planos e programas de obras públicas. De qualquer modo, o fenômeno é tão expressivo que mesmo quando os meios arquitetônicos de destino parecem melhor estruturados, sua presença, permanente ou esporádica, é recorrente. Inclusive ali – não apenas nas novas e velhas franjas coloniais, mas também na Europa, algo muito comum naqueles anos – onde as reivindicações de autonomia estilística, identidade local ou um vernáculo regional fazem-se sentir.

É impressionante verificar a indiferença dos arquitetos a um fenômeno talvez até mais representativo de seu novo estatuto profissional, ideológico e disciplinar, do que a constituição do movimento moderno como estratégia de internacionalização. Pois o fato é que antes, durante e depois dos grandes combates modernistas, a dispersão pelo globo de alguns milhares de arquitetos, sobretudo europeus (mas não apenas), em formação, recém-formados ou com relativa experiência e reconhecimento, tornou-se uma realidade inevitável. Eles estavam deixando seus países – principalmente a Alemanha, a Hungria, a Áustria, a Itália, a Rússia e a União Soviética, a Polônia, a Espanha, mas também a França, a Inglaterra, Portugal, a Grécia, os Estados Unidos, o Japão, a Argentina entre outros – na tentativa de escapar à violência política, religiosa, étnica, por efeito de processos oficiais ou não de expatriação e exílio, mas também em busca de oportunidades e condições de sobrevivência em países então considerados acessíveis ou atrativos, tanto na Europa como em franjas de urbanização acelerada fora dela, onde explosivos mercados profissionais e artísticos, menos competitivos que os de origem, acenavam com perspectivas de inserção mais promissoras.

Muitos seriam os que viriam a se estabelecer, temporária ou definitivamente, em países como os Estados Unidos, a Inglaterra, a China, o Brasil, a Turquia, a Índia, o México,

Cuba, a Argentina, a Palestina, a África do Sul, o Chile, a Nova Zelândia, a Austrália, o Egito, o Marrocos, a Nigéria, a Coreia etc., definindo sistemas de rotas, conexões e relações entre origens e destinos bem mais complicados do que a mera relação de exportação e importação entre matrizes e filiais. Suas dinâmicas, aceleradas graças à modernização das técnicas de comunicações e transportes no período, muitas vezes tenderam a inverter os itinerários habituais das viagens de formação, ampliando o horizonte cultural da arquitetura para além do universo repertorial europeu clássico (Gresleri, 1987; Tosolini, 2008). Muitos foram os que vieram a se engajar em missões oficiais, viagens profissionais e aventuras turísticas ou erráticas de exploração de destinos até então pouco convencionais nas Américas, África, Extremo Oriente, Oriente Médio, Ásia Meridional e Oceania. Às vezes os arquitetos pareciam seduzidos por elementos tidos como exóticos, naturais, pitorescos, espirituais, místicos, primitivos, alógicos (Nute, 1993; Scott, 2001; Rubino, 2002; Guarneri, 2003); outras vezes, operavam em prol da transposição civilizatória dos referenciais adventícios de modernidade, engajando-se em serviços técnicos, diplomáticos e culturais de exploração, construção, planejamento e gestão em antigos e novos territórios coloniais, protetorados, mandatos, *commonwealths*, ou em estados nacionais mais jovens em fase de afirmação e legitimação (Herbert e Sosnovsky, 1993; Prakash, 2003; Le Roux, 2004; Nolden, 2004).

Forçados, portanto, por circunstâncias adversas, estimulados pelas oportunidades em vista, ou em busca de outros mundos, mercados, sociedades e culturas, em suma, por uma variedade muito grande de razões, entre o final do século XIX e início do XX, levas de arquitetos atravessariam fronteiras para reconstruir seus estatutos civis, reinventarem-se a si mesmos como estrangeiros e profissionais, contribuindo de modo decisivo para a redefinição do saber e da prática da arquitetura como campo mais ou menos internacional, mais ou menos regional, e ao mesmo tempo mais e mais disperso e heterogêneo.

Itinerários individuais

A despeito, pois, de sua importância historiográfica, a experiência do estrangeiro raras vezes foi enfrentada em suas especificidades por parte dos historiadores da arquitetura. Nem mesmo quando eles se debruçaram sobre a universalização da nova construção ou à articulação internacional do movimento moderno. É sintomático que, até os anos 1980, tenham privilegiado aquela modalidade exclusiva da migração dos arquitetos, em meio à diáspora intelectual posterior aos anos 1930 com a ascensão do nazismo, entre outras variantes do totalitarismo e do antissemitismo na Europa, no que um ponte entre o ambiente vanguardista, particularmente a Alemanha – e no caso da arquitetura o círculo em torno da Bauhaus – e o Novo Mundo, particularmente os Estados Unidos. Negligenciando, pois, não somente outras formas da migração e do exílio comuns no século XX, o autoexílio ou o exílio interior, a viagem profissional, a missão colonial ou diplomática, o turismo, a errância ou a exploração de outros territórios e culturas; deixando de lado outras conjunturas e razões históricas que não simplesmente políticas ou relativas ao nazismo, outras pontes e itinerários, mas excluindo também de suas análises os milhares de artistas, intelectuais e profissionais, muitos dos quais igualmente expatriados por razões políticas ou étnicas, que não compunham a elite da alta cultura e dos grandes nomes da criação intelectual, científica e artística contemporânea, ora vinculados ao modernismo ora ao mandarinato cultural alemão e suas instituições.

No campo especializado, o enfoque mais próximo do tema provavelmente nasceu em meio às monografias e coletâneas que desde o final da década de 1970 e a de 1980 vem se dedicando a examinar a trajetória internacional de pioneiros e mestres da arquitetura moderna ou a influência e impacto de suas ideias e obras fora de seus países de origem graças à ação direta de lideranças ou discípulos menores. Na maioria dos casos, todavia, nem a premissa internacionalista como projeção específica de um determinado tipo de engajamento na profissão, nem a problemática específica do estrangeiro, parecem ter sido claramente pontuados. Talvez porque os paradigmas historiográficos evolucionista e modernista poucas vezes tenham sido postos em questão, o pressuposto de cosmopolitismo associado às grandes personalidades individuais parece ter deixado em aberto a constituição do espaço mundial em que elas se movimentavam.

É verdade que, nas últimas décadas, em meio ao refinamento da pesquisa acadêmica em história da arquitetura, e o debate teórico, historiográfico e documental que o acompanhou, de um modo ou de outro, começou-se a formular o tema da viagem ou da migração profissional como possibilidade de revisão das narrativas acerca da arquitetura moderna e o lugar de seus expoentes no processo de internacionalização do estilo. Mas não é de estranhar que os primeiros estudos nessa matriz tenham se concentrado na atuação daqueles mesmos expoentes da Bauhaus, sobretudo de Gropius na Inglaterra (Eliot, 1974; Cormier, 1986); assim como de Le Corbusier, da America do Sul (Harris, 1984; Pereira *et al*, 1987; Caicedo, 1987; Oyarzun, 1991) e à União Soviética (Cohen, 1987), ou de Richard Neutra nos Estados Unidos (McCoy, 1979; Hines, 1982). No mais das vezes, todavia, a condição de estrangeiro continuaria diluída na biografia individual como episódio mais ou menos relevante para o entendimento de sua obra ou a avaliação de sua ascendência no plano local ou internacional.

A partir dos anos 1990 uma safra de estudos sobre arquitetos estrangeiros ou sua produção em países específicos começou a se colocar a problemática do deslocamento também na perspectiva dos lugares de destino, os meios socioculturais, históricos, urbanos e profissionais em que se movimentavam, as circunstâncias de recrutamento, recepção, inserção ou resistência e sua ressonância no trabalho, ideias e posições dos forasteiros. Ao menos no âmbito dos estudos sobre a América Latina – e não é insignificante que tenha sido produzido fora da Europa e Estados Unidos – um trabalho que aponta para uma revisão das categorias idealistas de origem, gênio, pioneiro, estilo, influência, evolução etc., a partir da crítica das narrativas descendentes, é o de Adrián Gorelik e Jorge Liernur, que focalizou o contraponto entre o exílio mexicano de Hannes Meyer e o ambiente profissional e político local, valorizando as dissonâncias, tensões, resistências e adaptações de um lado a outro (Gorelik e Liernur, 1993). Ao tomarem o estágio de um modernista de primeira linha, ex-diretor da Bauhaus, na periferia do capitalismo, logo depois de sua experiência na União Soviética, os autores acentuaram os contrapontos entre seus deslocamentos no meio internacional de vanguarda, as mudanças de atitude política e ideológica do arquiteto e sua inscrição no meio radical da profissão e da gestão pública no México. E se o desafio era então situar as revisões do vanguardismo ali praticadas, e a adoção do regionalismo como posição política no contexto contemporâneo da sociedade e da arquitetura mexicanas, a abordagem permitia repensar tanto a dialética entre vanguarda e metrópole, como o lugar da arquitetura de Estado na construção do "capitalismo real" na América Latina.

Trabalhos como esse efetivamente começaram a problematizar a hierarquia convencional entre os arquitetos estrangeiros e suas frentes de atuação no exterior, ao mesmo tempo que a própria oposição entre centros propulsores e periferias passivas, meramente consumidoras que, comparativamente, vinham sendo até então mal examinadas, subestimadas ou cumprindo papel histórico-cultural secundário, como espaço de difusão ou popularização dos grandes cânones, ou na melhor das hipóteses de emergência de soluções híbridas, exóticas, de difícil classificação e reprodução. Animados pela sugestão tafuriana de uma história da arquitetura atravessada por episódios inconfessáveis, incidentes subterrâneos, personagens marginais, fracassos, contradições, e descortinada em sua pluralidade, complexidade e dialéticas íntimas (Tafuri, 1979), é possível que a contestação dessas hierarquias e dualidades central/periférico, moderno/tradicional, universal/regional, vanguarda/retaguarda, e dos conceitos e premissas que lhes conferem racionalidade, só tenham começado a frutificar quando ora os ideários de resistência promovidos pelo regionalismo crítico (Frampton, 1983; Canizaro, 2007), ora certa crítica cultural de matriz foucaultiana e pós-colonial começou a se enraizar também no campo da arquitetura (Nalbantoglu e Thai, 1997; Wright, 1998 e 2002; Liernur, 2003).

Ao enfrentar o projeto de Chandigarh, por exemplo, o problema de Prakash estava claramente engajado nesse projeto. A noção de modernidade importada, isto é, a dissociação completa das análises da obra do arquiteto moderno com relação à paisagem cultural indiana, terceiro-mundista ou não ocidental era posta em causa. Tratava-se de explorar o processo estético e as observações de Le Corbusier, mas também as de Fry, Drew e outros colaboradores europeus e indianos, assim como as coordenadas então colocadas por Nehru, pelos administradores provinciais entre outras figuras e agências envolvidas no projeto da nova capital do Punjab Oriental. E para tal era preciso observar o projeto menos à luz dos movimentos peculiares à obra do arquiteto, mas como uma prática cultural, cujas operações internas relacionavam-se e se remetiam a outras práticas culturais, entre as quais uma perspectiva indiana, de resto incompreensíveis à luz dos binômios eurocentristas tradicional/moderno, oriental/ocidental entre outros (Prakash, 2002).

É essa também, de certo modo, a questão colocada por Hannah Le Roux ao problematizar a epopeia da arquitetura moderna na África Ocidental nos anos 1940 e 1950 a partir da ação de arquitetos como Fry e Drew, Alan Vaughan Richards e Ulli Beier. É verdade que certa dívida para com o regionalismo crítico a levaria a enfatizar a inversão do roteiro descendente em nome do aporte tropicalista ou primitivista no trabalho intelectual e projetual dos arquitetos estrangeiros. Entretanto, ao rejeitar a narrativa habitual da difusão dos padrões modernos nas ditas periferias do modernismo, emerge aqui uma sensibilidade para com a pluralidade e a fragmentação das abordagens da relação entre o nativo e estrangeiro, entre as quais o questionamento por parte dos próprios arquitetos ingleses expatriados do viés ocidental ou da validade universal da arquitetura modernista com a reabilitação das arquiteturas indígenas e a contemporização com os tropos culturais africanistas e de negritude, relevantes para o entendimento de suas obras em seu tempo, assim como de suas condições de recrutamento e exercício profissional (Le Roux, 2003 e 2004).

Mesmo em um país resultante do desmoronamento – não de uma colônia, mas – de um império como a Turquia, a história da arquitetura parece vir sofrendo uma revisão fundamental a partir da emergência de um enfoque crítico segundo o qual a atuação ali, no primeiro período republicano, ainda com Ataturk, de arquitetos estrangeiros de certo vulto na historiografia internacional oferece uma ocasião privilegiada para a releitura das relações entre centros e periferias do modernismo como processos de translação, troca e tradução cultural. É o caso, por exemplo, do tratamento recente das figuras de Martin Wagner, que emigrou para Istambul em 1935, recrutado para atuar na reorganização da metrópole turca a partir de modelos centro-europeus, ou de Bruno Taut, que ali se fixou entre 1936 e 1938 como figura de proa da arquitetura turca contemporânea. Ainda que operando no recorte habitual da emigração e exílio de arquitetos judeus e socialistas durante o nazismo, trabalhos como os de Bernd Nicolai e Sibel Bozdogan manifestam certa desconfiança quanto à transferência imediata do modernismo europeu para aquele país, atentos à especificidade de suas trajetórias de exílio e à imbricação entre correntes diversas do modernismo e a nacionalização de tradições construtivas otomanas. (Nicolai, 2003; Bozdogan, 2003)

Nessa chave, ainda que de modo diferente, também se alinha o trabalho de Jorge Liernur e Pablo Pschepiurca sobre Le Corbusier e sua rede de discípulos na Argentina, ao questionar o conceito de influência tanto do ponto de vista unidirecional em que uma das componentes permanece intacta, como em dupla mão, como se fosse possível assinalar "um simples intercâmbio de atributos entre os dois polos da relação". Fugindo aos esquemas teóricos abstratos, e focalizando a relação do artista com o campo social e cultural onde é estrangeiro, os autores se colocam perante as múltiplas possibilidades de interação entre Le Corbusier e o meio arquitetônico argentino, seja quando estes não se deixaram contaminar ou reagiram um ao outro, seja quando aderiram dogmática, empática ou seletivamente às sugestões recíprocas, seja quando tais adesões deram lugar a processos criativos, por vezes autônomos que, no limite, inclusive, poderiam conduzí-los a rupturas evidentes com o outro, consigo mesmo, com seu passado, suas ideias, propostas ou contextos imediatos. E nesse processo, o desdobramento local, isto é, "o papel dos discípulos argentinos" em torno do grupo Austral não mais poderia ser pensado como derivativo. O modo como convocaram, receberam, traduziram e transformaram as ideias corbusierianas, sua intransigência e vanguardismo, por vezes mais radical que a indiferença ou esquematismo do arquiteto estrangeiro, sua heterogeneidade interna, suas relações com a sociedade, posições políticas, projetuais e urbanísticas, em suma um conjunto amplo de circunstâncias que, sem recair em regionalismo ou provincianismo, repropunha a cena local em sua atividade e singularidade (Liernur e Pschepiurca, 2008).

Le Corbusier na Índia ou na Argentina, Bruno Taut e Martin Wagner na Turquia, Maxwell Fry, Jane Drew e outros arquitetos britânicos na Nigéria e em Gana, ao se deterem na atuação de arquitetos europeus no chamado terceiro mundo, uma série de estudos monográficos vem assim contribuindo para o questionamento do ponto de vista etnocêntrico em arquitetura. Uma tendência analítica que, portanto, repropõe o papel dos arquitetos estrangeiros em meio às diferenças culturais e sociais, econômicas e políticas entre os lugares nela implicados, tomando-as ora como obstáculo, ora como oportunidade, em todo caso como fatores ativos na alteração de rumos e sentidos, nos conflitos e negociações envolvidos no processo de deslocamento, na abertura de novos e múltiplos caminhos da produção arquitetônica.

Êxodos e exílios coletivos

Mas se a bibliografia ampliou-se enormemente no que diz respeito ao exame de trajetórias individuais, um conjunto menor porém expressivo de trabalhos vem descortinando redes específicas e fluxos coletivos, que por vezes viriam aproximar grupos étnicos ou nacionais diversos, remetendo grandes e pequenas individualidades às suas coordenadas. Se boa parte dos estudos pós-coloniais, por razões óbvias, permaneceram no campo tradicional dos estudos de experiências, aventuras, expedições e explorações de grandes nomes da arquitetura mundial em províncias, colônias, nações ou territórios econômica e politicamente dependentes do mundo ocidental capitalista – talvez para se opor às leituras descendentes consolidadas anteriormente – aqui e ali alguns esforços manifestam uma tendência a ultrapassarem tanto as análises de trajetórias individuais, como as hierarquias políticas entre origens metropolitanas, cosmopolitas, desenvolvidas ou centrais e destinos coloniais, provincianos, subdesenvolvidos ou periféricos. Alguns exemplos: o enorme panorama traçado por Charlote Benton para a exposição patrocinada pelo *Royal Institute of British Architects* em 1995 sobre o êxodo coletivo de arquitetos alemães, a maioria dos quais judeus, para a Inglaterra, sobretudo depois de 1933, e depois de 1938 também austríacos (Benton, 1995); a tese de doutorado desenvolvida na Espanha pelo mexicano Juan Ruiz-Funes acerca do exílio em massa de arquitetos republicanos espanhóis para o México durante a guerra civil e a vitória de Franco entre 1937 e 1940 (Ruiz-Funes, 1996); o mapeamento elaborado pela professora da Universidade de Auckland, Sacha Nolden, de um itinerário habitual de emigração de arquitetos austríacos para a Nova Zelândia, não de britânicos ainda que em muitos casos através da Inglaterra (Nolden, 2004); os sucessivos fluxos migratórios de arquitetos judeus da Europa Central para a Palestina entre os anos 1920 e 30, seja envolvidos em projetos sionistas ou socialistas de colonização, seja levados a escaparem de seus países de origem por força das crises econômicas, das agressões violentas contra suas vidas, trabalhos e propriedades, seja da ascensão do antissemitismo e do nazismo como movimento social e política de Estado (Warhaftig, 1996).

Não que tais estudos escapem inteiramente às hierarquias entre origens e destinos, mas cada um a seu modo acrescenta novos sentidos e mediações a ambos. No caso de Ruiz-Funes, por exemplo, entre vínculos de língua – pensados em termos práticos e não exatamente culturais do ponto de vista das relações entre nacionais e ex-colonizadores – e novas solidariedades políticas entre o governo revolucionário mexicano e as instituições da resistência republicana espanhola. No caso de Benton, nexos entre migrantes procedentes de centros de vanguarda, ainda que nem todos diretamente associados a ela, e um ambiente arquitetônico de recepção predominantemente conservador do ponto de vista da experimentação modernista. No caso de Warhaftig, entre um conjunto heterogêneo de profissionais judeus formados em alguns dos principais centros formadores da Europa ocidental, inclusive a Bauhaus, e uma rede complexa de instituições sionistas, organizações profissionais, administrações municipais, organismos coloniais, empreendedores privados e camadas médias de consumidores em rápida expansão; entre referenciais arquitetônicos de modernidade, de um lado, e tradições construtivas vernaculares, árabes, ou de gueto, de outro. No caso de Nolden, além da hierarquia origens de vanguarda e destinos tradicionalistas, descortina-se um lugar estratégico na renovação do mercado imobiliário e das práticas construtivas, bem como das pedagogias de ensino de arquitetura e modernização das obras públicas e programas sociais de construção.

Em todo caso, tais estudos de fluxos coletivos – não mais individuais – apontam para a possibilidade de pensarmos o nivelamento e o desnivelamento entre os polos de transmissão e recepção, o ir e vir entre um polo e outro, assim como os diferentes deslocamentos no interior da Europa, os roteiros aparentemente imprevisíveis, ou entre países frequentemente situados na periferia do modernismo e da modernização. Seja como for, a motivação política ou étnico-política na base desses fluxos de profissionais é inquestionável. Nesse sentido, a condição coletiva do deslocamento é também eloquente acerca da ascensão de formas diversas de totalitarismo nos países de origem. Se há, por certo, múltiplos fatores, razões e motivações individuais que intervém na definição exata dos destinos, roteiros e momento de partida, nas redes acionadas, nas possibilidades e experiências de inserção ou não nos lugares de chegada, todos eles se movimentam em meio às tensões políticas, profissionais e policiais criadas com a ascensão do nazismo, do imperialismo, do fascismo e do antissemitismo. Russos, ucranianos, letões, de direita e de esquerda, revolucionários e acadêmicos, que emigram de seus países em meio às lutas entre brancos e vermelhos, revoluções e guerras civis (Powers, 2001; Lira, 2008); arquitetos liberais húngaros que se exilam na Alemanha com o estabelecimento do governo comunista de Bela Kun, ou de arquitetos comunistas que emigram para o mesmo país quando da chegada ao poder do almirante Horthy em Budapeste (Warburton, 2004); arquitetos alemães de esquerda ou de vanguarda, judeus alemães, austríacos, poloneses que emigram para a Inglaterra, os Estados Unidos, a Suíça, a França, a Itália, a Argentina, o Brasil, a Colômbia, a Palestina, a Nova Zelândia etc., com a chegada ao poder de Hitler e a ocupação da Áustria, da Polônia, da Holanda e, posteriormente, da França (Herbert e Sosnovsky, 1993; Warhaftig, 1996; Benton, 1996; Liernur, 2003; Guarneri, 2003; Falbel, 2003; Nolden, 2004; Göckede, 2005; Weill-Rochant, 2008); arquitetos judeus italianos que emigram para o Brasil com a entrada em vigor da legislação antissemita no Estado mussoliniano em 1938 (Zucconi, 1992; Anelli, 2001); nazistas e fascistas que encontrariam asilo em países da América Latina com o final da guerra (Liernur, 2003); arquitetos comunistas e republicanos espanhóis que se exilam na Catalunha no final da guerra civil, são transferidos para os campos de concentração de fronteira franceses junto com os milhares de combatentes derrotados e, finalmente, graças à articulação entre os comitês nacionais e internacionais de resistência republicana e o governo mexicano exilam-se no México, exílio provisório, involuntário, que se arrasta penosamente por décadas, ainda que, examinado em detalhe, revele pequenas e grandes histórias de sucesso, integração e protagonismo nos meios de acolhimento (Ruiz-Funes, 1996).

Uma tendência analítica que repropõe, portanto, tanto a multidão de profissionais mais ou menos anônimos, mais ou menos influentes, reconhecidos por tais ou quais papéis que assumiram, quanto a figura do arquiteto de vanguarda, com o prestígio intelectual e artístico que lhe confere projeção internacional. Este, doravante flagrado não mais como figura isolada de mestre, pioneiro, liderança, ressurge, seja ele Meyer, Gropius, Taut, Fry, Le Corbusier, Warchavchik ou Neutra, no interior de redes mais complexas de relações que nos permitem compreender melhor seus deslocamentos e posições, atividades e realizações, sucessos e fracassos.

Migrações profissionais

Mas se a partida muitas vezes foi motivada ou precipitada por razões políticas, étnicas, religiosas etc, a eleição do itinerário ou do destino em geral era acompanhada de uma avaliação acerca das condições de fuga (da perseguição, da pobreza e outras formas da violência) e estabelecimento com segurança no lugar de destino. Como tal, na criação desses itinerários, individuais e coletivos, também se impunha uma preocupação socioeconômica acerca do ambiente profissional que os esperava. Fosse ele, um destino meditado em função de circunstâncias pessoais, um convite (Harris, 1984; Caicedo, 1987; Oyarzun, 1991; Liernur, 2008), um contrato de trabalho (Rubbo, 1996; Wright, 2008; Lira, 2008), uma rede de relações prévia naquele país (Zucconi, 1992; Liernur, 2003), fosse ele articulado em função de condições coletivamente favoráveis, financeiras, institucionais, diplomáticas, entre outras (Herbert e Sosnovsky, 1993; Warhaftig, 1996; Fuchs e Herbert, 2000; Le Roux, 2003, 2004; Ackan, 2005).

Um caso bem examinado diz respeito à enorme migração de arquitetos italianos para os países do Prata, sobretudo para a Argentina. Em 2002, uma pesquisa apoiada pelo Instituto Ítalo-Latino Americano, coordenada pelo italiano Luciano Patetta e integrada por diversos pesquisadores argentinos, uruguaios e paraguaios, resultou na publicação de uma espécie de dicionário biográfico de quase uma centena de arquitetos, engenheiros e mestres italianos atuantes na região desde o século XVI. Na apresentação, Patetta observou a existência de um imenso fluxo de migrantes profissionais e artesanais no campo da arquitetura e da decoração, da Itália para a América Latina como um todo, desde o período colonial. Assumindo obras importantes – como Francesco Tamburini e muitos outros em Buenos Aires, Silvio Conti e Adamo Oreste Boari na cidade do México, Pietro Cantini em Bogotá, Victor Meano, Gaetano Moretti e Mario Palanti em Montevidéu –, ocupando posições de destaque nas universidades, revistas e no mercado de trabalho, o mapeamento apontou uma história bem diversa daquela mais conhecida da migração posterior à promulgação das leis raciais italianas em 1938. A maioria dos nomes levantados nasceram entre 1840 e 1870, muitos porém nas últimas décadas do século XIX, quase todos tendo chegado à America do Sul no início do século XX e já formados. Muitos desses personagens alcançariam grande reputação. Como Francesco Terenzio Gianotti, que viveu em Bruxelas entre 1899 e 1906 onde tomou contato com a obra de Horta e Van de Velde, e estudou em Turim, antes de se mudar em 1909 para Buenos Aires, onde se notabilizou pelos projetos de galerias comerciais. Como Mario Palanti, que estudou arquitetura em Brera em 1904, formou-se pelo Politécnico de Milão antes de se transferir a trabalho para a Argentina em 1909, encarregado ao lado de Gaetano Moretti do pavilhão italiano da Exposição do Centenário da Argentina em 1910, e onde viria a se destacar pela criação de um sistema de pré-fabricação de blocos de cimento, e quando de sua segunda estadia no país, em 1919, pelos projetos do Palazzo Barolo, à época considerado um dos edifícios de escritório mais altos do mundo, em Buenos Aires, e seu irmão gêmeo, o Palazzo Salvo, em 1924, em Montevidéu. Como Alula Baldassarini, formado em Roma em 1909, que emigrou para a Argentina no mesmo ano e lá foi responsável pela introdução do estilo normando e do pitoresco, sobretudo em meio ao *boom* imobiliário de residências de veraneio em Mar Del Plata. Como Virginio Colombo, que estudou na Academia de Brera, condiscípulo de Sant'Elia, que chegou a Buenos Aires em 1906 com contrato firmado com o Ministério de Obras Publicas argentino para realizar a decoração do novo Palácio da Justiça, e pouco depois, em 1913, para construção da sede social da União Operária Italiana, obras com que se destacou seja nas articulações entre princípios de simetria e assimetria, seja na introdução de um trabalho escultórico considerado revolucionário (Patetta, 2002).

Uma sucessão de migrações, de uma ou duas gerações de arquitetos, que aponta, portanto, ora para o prestígio dos profissionais formados na Itália entre o final do século XIX e início do XX naquela região, ora para o papel renovador que ali desempenhariam na introdução de novas técnicas construtivas, programas de usos e estilos decorativos. De fato, muitos parecem ter sido os casos de profissionais já contratados, por grandes firmas de construção, pequenas sociedades, algumas das quais de profissionais também italianos, a administração pública, as entidades associativas locais italianas, da colônia italiana ou do Estado italiano. Ao lado disso, a disponibilidade de encargos de grande destaque e a rápida ascensão desses arquitetos estrangeiros nos mercados de trabalho locais, sobretudo na Argentina e no Uruguai, países em rápido processo de modernização, reformas urbanas, programas de construção pública e vultosa encomenda privada, onde o campo profissional e disciplinar da arquitetura estruturava-se precocemente em moldes europeus, parecem ter estabilizado um fluxo que desde o final do século XIX vinha se definindo entre a Itália, a Argentina, o Uruguai e, em menor grau, o Paraguai.

Um caso emblemático da importância que alguns arquitetos italianos viriam a adquirir nesse processo é o de Francesco Tamburini. Formado em curso prático de engenheiros civis e arquitetos de Bolonha em 1872, cedo tornando-se professor na prestigiosa Escola de Aplicação de Roma, Tamburini embarcou para a Argentina já com certo prestígio, sob contrato com o governo Roca, intermediado pelo embaixador argentino na Itália, para coordenar a construção de importantes edifícios públicos na capital federal. Chegou no país no começo de 1884, com contrato firmado com o Departamento de Engenheiros Civis da Nação, no qual recebeu o posto de Inspetor de Obras Arquitetônicas. Entre esse ano e 1890, quando morreu, Tamburini responderia por dezenas de obras públicas em Buenos Aires, Córdoba, Santa Fé, Rosário, Mendoza, assim como no Uruguai, acumulando em poucos anos uma grande fortuna financeira que lhe permitiria investir pesadamente nas operações imobiliárias que lhe levariam à morte súbita, após a falência. (Gutierrez, 2004).

O processo provavelmente se inseria, assim como ocorreu com relação aos arquitetos judeus que se fixaram na Palestina ou os espanhóis no México, em um fluxo migratório maior. O caso também pode ser observado no sul do Brasil em meio à imigração alemã entre meados do século XIX e início do século XX. É o que sugere os trabalhos desenvolvidos por Gunther Weimer, desde o início dos anos 1980. Em seu mestrado, o historiador da arquitetura concentrou-se no mapeamento das diversas correntes migratórias teutônicas para o Rio Grande do Sul de modo a compreender a gênese étnica de uma parte significativa da produção vernacular local. Debruçando-se diretamente sobre exemplares característicos dos distintos territórios de colonização rural, de maioria vestfaliana, pomerana, franca etc, tratava-se de recuperar continuidades técnico-construtivas, formais e funcionais em sua arquitetura (Weimer, 1983).

Mas foi em sua tese de doutorado, que o autor passou a enfrentar diretamente a questão dos fluxos profissionais e não simplesmente a presença de artesãos ou arquitetos em movimentos maiores de imigração. Detendo-se no longo período entre o segundo quartel do século XIX e o pós-guerra, Weimer procurava demonstrar a importância ali do trabalho de arquitetos alemães desde o início da imigração, bem como o seu incremento a partir da Abolição e até pelo menos a década de 1920 (Weimer,

1990). Para tal, priorizaria agora as biografias de profissionais de origem "alemã", com formação militar ou civil, prática, técnica ou superior, e estabelecidos no Rio Grande do Sul, procurando relacionar suas trajetórias e obras às grandes conjunturas políticas, militares e econômicas em que se inscrevem.

Percorrendo um contingente bastante significativo de profissionais, descortina o papel estratégico que desempenharão seja na manutenção das fronteiras, consolidação dos núcleos coloniais, constituição de uma infraestrutura regional, nas grandes obras públicas, no mercado de construção, na organização da vida profissional, criação de escolas e associações de artistas, artesãos e arquitetos, empresas construtoras etc. Alguns deles, como Johann Pünder, ainda no Império, fundou uma escola profissional noturna em Porto Alegre; outros como Julius Weise, dos mais ativos no estado no início da República, teve a seu favor as fortes ligações com a maçonaria; Otto Hermann Menchen, natural de Landau, foi o primeiro arquiteto com formação superior quando emigrou para o Brasil em 1903, para ali difundir o *Art Nouveau*; enquanto na década de 1920, figuras como Gerhard Fischer, Theodor Widmer, Max Schlupmann, Franz Filsinger, Wilhelm Heuhaus, Willy Kude, Carlos Krause, Paul Krüger, Robert Wihan e Egon Weindörfer emigrariam, movidos pela crise posterior à derrota no conflito mundial, por ambições individuais ou estimulados uns pelos outros. O contexto de regulamentação profissional no Rio Grande do Sul produziu grandes dificuldades e tensões para os imigrantes, e mesmo xenofobia por parte dos arquitetos e engenheiros nacionais, o que levaria a processos de refluxo ou re-emigração de arquitetos alemães na região. Mas um fator interessante a se verificar é o surgimento de um deslocamento temporário, em sentido inverso, de uma primeira geração de arquitetos teuto-brasileiros em busca de formação em instituições prestigiadas na Alemanha, como Eugen Deutrich, Heinz Willy Wiederspahn e Siegfried Berthold Costa.

Uma biografia é particularmente reveladora da complexidade dos fluxos em questão, e de suas oscilações ao longo dos anos. Natural de Wiesbaden, Theodor Alexander Wiederspahn, que já trilhava na Alemanha uma carreira de destaque quando, por razões familiares, emigrou para o Brasil em 1908, foi responsável pela construção de mais de 500 obras assinadas no Rio Grande do Sul. Recém-chegado, assumiu o Departamento de Arquitetura da construtora Rudolf Ahrons, a mais importante do estado, até o seu fechamento em 1915, quando realizou obras públicas de vulto, como a sede dos Correios e Telégrafos, a Faculdade de Medicina, a Caixa Econômica Federal, a Delegacia Fiscal, além de obras privadas como fábricas, bancos, prédios comerciais e residenciais. Estabelecendo-se por conta própria a partir de 1916, desenvolveu uma sólida carreira como arquiteto e construtor, autor entre outras obras do Moinho Chaves, e liderando iniciativas como a Escola de Artes e Ofícios em Porto Alegre e uma Associação de Artífices Alemães. Se na década de 1930 quase sumiu do cenário arquitetônico local – seja em razão dos problemas econômicos resultantes da crise de 1929, seja em razão da lei federal, que regulamentou o exercício das profissões de engenharia e arquitetura e o rebaixou à categoria de "construtor licenciado" – na década de 1940 ressurgiu agora pelas mãos da Igreja Evangélica Luterana, assumindo com ela um grande número de encargos em todo o estado. (Weimer, 1990)

O caso dos austríacos na Nova Zelândia, nesse sentido, revela muito dessa pluralidade de circunstâncias que, mesmo quando injunções coletivas, políticas, econômicas e sociais estavam na base dos gestos de partida, nortearia a definição e a recorrência de determinadas trajetórias. É um fato que os primeiros profissionais a seguirem aquele roteiro o fizeram claramente impelidos pela perseguição política ou étnica. Foi o caso de Ernst Plischke, que se instalou em Wellington em 1939 depois de algumas semanas entre a Grã-Bretanha e o Ceilão, então colônia holandesa, assim como de Frederick Hugh Newman, que teve sua licença profissional caçada pelos nazistas em 1938 pouco antes de embarcar para Auckland, e de Henry Kulka, dos três o único judeu, que se exilou na Nova Zelândia em 1940.

Mas quando observamos a continuidade desse fluxo, mesmo depois da Segunda Guerra, com figuras como Gerhard Simanke, formado em Viena em 1956, que emigrou para a Austrália em 1957, reemigrando para a Nova Zelândia dois anos depois; Friederich Eisenhoffer, que também formado em Viena transferiu-se para aquele país em 1953; ou de Friedensreich Hundertwasser, que apesar de jamais ter fixado residência na Nova Zelândia passou ali, desde 1973, a maior parte de sua vida em terra firme, é preciso pensar em outra ordem de fatores. Ou antes da primeira guerra, veremos oportunidades de trabalho sendo abertas naquela região do império britânico para profissionais estrangeiros desde a segunda metade do século XIX (Bowman, 2005; Bartley, 2006). Assim como na Índia, na China, no Egito, na Palestina (Fuchs e Herbert, 2000). Contrastando-se as circunstâncias, dispositivos e razões desses deslocamentos, os papeis desempenhados por esses representantes político-profissionais do imperialismo (Wright, 1991), seus impactos e significados no território e na cultura locais, com as gerações e experiências posteriores de arquitetos estrangeiros na Nova

Zelândia, emerge um quadro bem mais diverso do que o foco exclusivo em tal ou qual momento ou circunstância, em tal ou qual grupo ou corrente migratória.

Não é absolutamente irrelevante que das seis biografias conhecidas de migrantes austríacos na Nova Zelândia, três tenham emigrado imediatamente depois da anexação da Áustria, um dos quais impedido de praticar em seu país, outro judeu, o terceiro por algum tempo conselheiro habitacional do governo soviético. Mas quando olhamos em detalhe as suas trajetórias, algo mais salta aos olhos. Em primeiro lugar um fator relacionado às permanências coloniais na nação que lentamente se formava a partir do *Dominium* inglês.[3] Em segundo lugar algo que extrapola o registro político e remete diretamente às transformações no campo da arquitetura: aqueles mesmos 'exilados' pertenciam a uma elite profissional na Áustria, assumindo na Nova Zelândia, conforme Nolden, o papel de embaixadores do modernismo vienense.[4] Por fim, o fato de que muitos deles, para além da circunstância involuntária do exílio, ao longo de sua vida tiveram na viagem ou na experiência no estrangeiro uma prática recorrente. Plischke trabalhou 8 meses em Nova York em 1929, em 1937 visitou a Exposição Internacional de Paris e em 1936, depois do casamento com Anna Lang, embarcou em um *walking tour* com a esposa pela Itália, entremeando as longas caminhadas na

---

3 Até 1960, mesmo depois da independência em 1947, para praticar na Nova Zelândia todo profissional, nativo ou estrangeiro, tinha que primeiro ingressar no RIBA conforme os mesmos exames necessários à aquisição de qualificações e cidadania profissional britânicas

4 Plischke formou-se arquiteto na *Akademie der bildenden Kunste*, em 1926, quando da direção de Peter Behrens; recém-formado foi convidado por ele para trabalhar em seu escritório, de onde passou para o escritório de Josef Frank, ligando-se depois à *Werkbund* austríaca e assinando projetos experimentais de habitação, ao se transferir para a Nova Zelândia foi contratado pelo *Ministry of Works*, onde se empenhou na introdução de novos conceitos construtivos, espaciais e programáticos no campo da habitação e do planejamento. Newman, formado em 1923 pela *Technische Universität* de Viena, residiu em Paris onde trabalhou no escritório de Camille Lefevre, ganhador do concurso da Liga das Nações em 1927; e em Moscou entre 1933 e 1937, projetando hospitais, prédios administrativos, edifícios habitacionais de alta densidade para o governo soviético; tudo isso antes de se fixar na Nova Zelândia onde além de responder por alguns dos primeiros projetos modernistas no arquipélago, também se vincularia à *Housing Division* do Ministério de Obras Públicas, assumindo depois da Segunda Guerra o projeto de uma série de hidrelétricas no país. Kulka, seguiu em paralelo os cursos da *Technische Universität* e de Adolf Loos, com quem viria a trabalhar a partir de 1920, em 1926 juntando-se a ele em Paris e detalhando muitos de seus projetos, como a casa para Josephine Baker, e acompanhando a construção de outros, como a casa Moller; em 1927, de volta a Viena, ambos viriam a instalar seus escritórios em um mesmo prédio, respondendo por quatro projetos habitacionais experimentais em conjunto para a Werkbundsiedlung; na Nova Zelândia desenvolveria uma prática sobretudo ligada à construção privada e à difusão de novos materiais na arquitetura, como o uso habitacional do compensado de madeira. Cf. Nolden, 2004.

Toscana com as viagens de trem e de ônibus entre as cidades maiores. Newman viveu e trabalhou por alguns anos em Paris e Moscou depois de formado, antes de emigrar para a Nova Zelândia, onde se naturalizou. Kulka trabalhou em Paris com Loos, emigrou para a Tchecoslováquia em 1938, e para a Inglaterra em 1939, antes de se fixar na Nova Zelândia. Simanke emigrou para a Austrália em 1957 para trabalhar numa imensa firma de Sydney e reemigrou para a Nova Zelândia; Hundertwasser foi o protótipo do arquiteto navegador a bordo de seu Regentag, que não ancorava por muito tempo em parte alguma, concebendo anarquicamente a habitação como expressão da liberdade de seu morador (Nolden, 2004).

Há algo no caso neozelandês que se refere diretamente às demandas de um país jovem em processo de emancipação do domínio inglês, constituindo as suas frentes de modernização, infraestrutura e obras públicas, equipagem social, tecnologias e indústria de construção civil. Pois o recrutamento de profissionais estrangeiros foi de fato muito recorrente em países novos, como a Índia, Gana, Nigéria, Israel, Líbano. Mas não se restringiu a eles, nem se estruturou exclusivamente a partir da encomenda estatal. Os casos de Lucjen Korngold, Gregori Warchavchik e Jacques Pilon, em São Paulo (Falbel, 2003; Lira, 2008; Silva, 2010) ou dos arquitetos alemães, tchecos e austríacos em Tel Aviv, revela outra sorte de engajamento, não tanto com o poder colonial ou a jovem municipalidade hebraica (Warhaftig, 1996), mas sobretudo com um explosivo mercado imobiliário, organismos da sociedade civil e uma encomenda familiar altamente disponível, que a eles abriria espaço para intervenções muito significativas.

Considerações finais

Trajetórias diferenciadas, inserções diferenciadas, relações diversas do estrangeiro com seu destino, a cidade e o meio local de arquitetura, em conjunturas que também variam enormemente em apenas algumas décadas, assim como varia o próprio estatuto de estrangeiro nas condições consideradas. Afinal quem é mais estrangeiro na situação Palestina durante o mandato britânico no entre-guerras? o arquiteto inglês ou o judeu alemão? E na municipalidade autônoma de Tel Aviv, quem é estrangeiro ali onde quase todos são judeus e estrangeiros? É ele o arquiteto colonial no Marrocos ou o construtor popular nativo, colonizado, tutelado, desqualificado em seu ofício e formas de transmissão de saberes milenares em favor de uma formação acadêmica de matriz francesa? O arquiteto espanhol que atua no México no interior das imensas redes de trabalho e oportunidades que se abrem com o estabelecimento de milhares de cidadãos exilados ou o arquiteto mexicano de vanguarda, marginal, exilado em seus próprios nichos de atualização cultural? É ele o arquiteto alemão de vanguarda nos Estados Unidos, rapidamente absorvido nas redes cosmopolitas da alta cultura (universidades, museus, editoras, revistas etc) e da encomenda pública e privada de maior prestígio, ou o arquiteto filho de alemães no Brasil que, na esperança de obter formação melhor qualificada, em Darmstadt, Frankfurt ou Munique, seria rebaixado e mesmo expurgado da corporação por força da regulamentação nacional das profissões de nível superior?

Mais do que uma unidade de condições ou uma posição em particular, o que se vê é uma miríade de possibilidades. Figuras que se fixam/enraizam no mundo novo ou, ao contrário, que por vocação ou levados pelas circunstâncias de sua própria inserção na realidade nova, praticam a viagem, o deslocamento, permanentemente. Não pretendi, aqui, apanhá-los no arco funcionalista da imigração, adaptação, assimilação, integração (Poutignat e Streiff-Fenart, 1998), mas observar os conflitos, paradoxos, socializações e dessocializações múltiplas e concretas (Barth, 1998). Para além de pensá-los no interior de guetos, colônias ou redes étnicas fechadas, o que se pretendeu aqui foi interpelá-los em suas histórias coletivas e biografias individuais. Quem são esses que vem de fora? Como é o lugar de onde vêm quando partem? Por quê vêm quando vêm? O que trazem consigo da diáspora, dos destinos e errâncias anteriores? Que pertences, legados e valores? Quais as razões da partida, as condições de chegada e as vias de inserção? Quais os projetos profissionais, culturais, econômicos ou artísticos que os atrai? Como e em que medida entram nas sociedades que os recebem? Como se instalam? O que fazem? Como se transformam no deslocamento? Quanto ficam? como se relacionam com o campo disciplinar, profissional e cultural da arquitetura que encontram? Que relações lhes permitem chegar, ficar, viver, reproduzir-se, enraizar-se ou se projetar? O que os leva a deixá-la? O que mandam buscar de seu passado, de sua proveniência? O que levam consigo quando partem?

Sem contar que acompanhar esses encontros e desencontros entre os estrangeiros e os lugares que os definem enquanto tal, entre os arquitetos estrangeiros e as terras estrangeiras, é talvez uma das ocasiões mais instigantes para a rediscussão da gênese, afirmação, difusão e erosão interna da arquitetura moderna na primeira metade do século XX. Senão para conferir efetividade histórica às cenas locais, ao menos para embaralhar as continuidades evolutivas com um olhar atento à dispersão de protagonistas, discípulos e figurantes pelo planeta, ou para complexificar suas propostas e disputas em torno do moderno e do modernismo a partir do exame de suas experiências, motivações e inscrições concretas.

Ao invés, pois, de olhar as relações entre a origem e o destino dos estrangeiros pelo prisma descendente, das grandes obras primas às suas versões de segunda mão, da criação original à vulgarização, dos centros ilustrados às periferias atrasadas, o que pretendi foi acompanhar essas trajetórias na multiplicidade de circunstâncias de reinvenção de si, contemporização com o outro, deslocamento, conformação, conflito ou irredutível dissonância com o local.

Bibliografia

AKCAN, Esra. *Modernity in Translation: Early Twentieth Century German-Turkish Exchanges in Land Settlement and Residential Culture.* Tese de doutorado. New York, Columbia University, 2005.

ANELLI, Renato. *Interlocuções com a Arquitetura Italiana na Constituição da Arquitetura Moderna em São Paulo.* Tese de Livre Docência. São Carlos, EESC-USP, 2001.

ARCHITECKTURZENTRUM. *Lessons from Bernard Rudofsky: Life as a Voyage.* Viena: Architeckturzentrum, 2007.

BACON, Mardges. *Le Corbusier in America: travels in the Land of the Timid.* Cambridge: The MIT Press, 2001.

BARRIER, Janine. *Les architectes européens à Rome: 1740-1765. La naissance du goût à la grecque.* Paris: Momum/Éditions du patrimoine, 2005.

BARRON, Stephanie (org.). *Exiles + Emigres: the flight of European artists from Hitler.* Los Angeles: LACMA, 1997.

BARTH, Fredrik. "Grupos Étnicos e suas Fronteiras". In: POUTIGNAT, Philippe e STREIFF-FENART, Jocelyne (orgs.). *Teorias da Etnicidade.* São Paulo: Editora Unesp, 1998, p. 185-227.

BARTLEY, M. W. *Colonial Architect: the career of Edward Bartley, 1839-1919.* Wellington: M. W. Bartley, 2006.

BENTON, C. A. *Different World; emigre architects in Britain, 1928-1958*. Londres: RIBA/Reinz Gallery, 1996.

BOWMAN, Ian. *Willian Beatson: a colonial architect*. Auckland: Balasoglou Books, 2005.

BOZDOGAN, Sibel. "Nationalizing the Modern House: Regionalism Debates and Emigré Architects in Early Republican Turkey". In: NICOLAI, Bernd (org.). *Architecktur und Exil: Kulturtransfer und architektonishe Emigration 1930 bis 1950*. Trier: Porta Alba Verlag, 2003, p. 185-186.

CAICEDO, Hernando Vargas (org.). *Le Corbusier en Colombia*. Bogotá: Cementos Boyacá, 1987.

CAIRNS, Stephen (org.). *Drifting: architecture and migrancy*. Londres/Nova York: Routledge, 2004.

CANIZARO, Vincent B. (org.). *Architectural Regionalism: collected writings on Place, Identity, Modernity, and Tradition*. Princeton: Princeton Architectural Press, 2007.

CHANEY, Edward. *The evolution of the grand tour: Anglo-Italian cultural relations since the Renaissance*. Londres: Frank Cass, 1998.

CLIFFORD, James. "Culturas Viajantes". In: ARANTES, Antonio Augusto (org.). *O Espaço da Diferença*. Campinas: Papirus, 2000, p. 50-79.

COHEN, Jean-Louis. *Le Corbusier et La Mystique de L'URSS: théories et projets pour Moscou 1928-1936*. Paris: Mardaga, 1987.

CORMIER, Leslie Hum. *Walter Gropius: emigre architect: works and refuge, England and America in the 30s*. Tese de doutorado. Providence, Brown University, 1986.

DEBENEDETTI, E. e SALMONI, A. *Architettura Italiana a San Paolo*. São Paulo: Instituto Cultural Ítalo-Brasileiro, 1953.

ELLIOT, David. "Gropius in England: a documentation, 1934-1937". In: BENTON, C. A. *Different World; emigre architects in Britain, 1928-1958*. Londres: RIBA/Reinz Gallery, 1996 [1974], p. 107-23.

FALBEL, Anat. *Lucjen Korngold: a trajetória de um arquiteto imigrante.* Tese de doutorado. São Paulo, FAU-USP, 2003.

FERMI, Laura. *Illustrious Immigrants: the intellectual migration from Europe, 1930/41.* Chicago: The University of Chicago Press, 1971.

FLEMING, Donald e BAILYN, Bernard (orgs.). *The Intellectual Migration: Europe and America, 1930-1960.* Cambridge: Harvard University Press, 1969.

FONDATION LE CORBUSIER. *Le Corbusier et La Belgique.* Bruxelas: CFC Editions/FLC, 1997.

FRAMPTON, Kenneth. "Towards a critical regionalism: six points for an architecture of resistance". In: FOSTER, Hal (org.). *The Anti-Aesthetic: essays on post-modern culture.* São Francisco: Bay Press, 1983.

FUCHS, Ron e HERBERT, Gilbert. "Representing Mandatory Palestine: Auste St. Barbe Harrison and the Representational building of the British Mandate in Palestine, 1922-37". *Architectural History*, vol. 43, p. 281-333, 2000.

GAY, Peter. "Weimar Culture: the outsider as insider". In: FLEMING, D. e BAILYN, B. (orgs.). *The Intellectual Migration: Europe and America, 1930-1960.* Cambridge: Harvard University Press, 1969, p. 11-93.

GOCKEDE, Regina. *Adolf Rading (1888-1957): Exodus des Neuen Bauens und Überschreitungen des Exils.* Berlim: Gebr. Mann Verlag, 2005.

GORELIK, Adrián e LIERNUR, Jorge. *La Sombra de la Vanguaruardia: hannes Meyer en Mexico, 1938-1947. Buenos Aires,* FADU-UBA/SCA, 1993.

GRAS, Pierre e PAQUOT, Tierry (orgs.). *Le Corbusier Voyageur.* Paris: L'Harmattan, 2008.

GRESLERI, Giuliano. *Le Corbusier: Il viaggio in Toscana.* Firenze: Cataloghi Marsilio, 1987.

GUARNERI, Andrea Bocco. *Bernard Rudofsky, a humane designer.* New York: Springer Wien, 2003.

GUTIERREZ, Ramon. "Los italianos en La arquitectura argentina: aproximaciones históricas". In: VIÑUALES, Graciela Maria (org.). *Italianos en La Arquitectura Argentina.* Buenos Aires: CEDODAL, 2004.

HARRIS, Elizabeth Davis. *Le Corbusier and the headquarters of the Brazilian Ministry of Education and Health, 1936-1945.* Tese de doutorado. Chicago, The University of Chicago, 1984.

_______. Le *Corbusier: riscos brasileiros.* São Paulo: Nobel, 1987.

HERBERT, Gilbert e SOSNOVSKY, Silvina. *Bauhaus on the Carmel and the crossroads of the empire: architecture and planning in Haifa during the British Mandate.* Jerusalém: Izhak Ben-Zvi, 1993.

HINES, Thomas. *Richard Neutra and the Search for Modern Architecture.* Oxford/New York: Oxford University Press, 1982.

HOROWITZ, Joseph. *Artists in Exile: how refugees from Twentieth-century war and revolution transformed the american performing arts.* New York: HarperCollins, 2007.

IRIGOYEN, Adriana. *Wright e Artigas: duas viagens.* São Paulo: Fapesp/Ateliê Editorial, 2002.

JACKMAN, Jarrell C. e BORDEN, Carla (orgs.). *The Muses Flee Hitler: cultural transfer and adaptation 1930-1945.* Washington DC: The Smithsonian Institution Press, 1983.

JORDY, William H. "The aftermath of the Bauhaus in America: Gropius, Mies, and Breuer". In: FLEMING, Donald e BAILYN, Bernard (eds.). *The Intellectual Migration: Europe and America, 1930-1960.* Cambridge: Harvard University Press, 1969.

KALIA, Kavi. "Modernism, modernization and post-colonial Índia: a reflective essay". *Planning Perspectives* 21, p. 133-56, abr. 2001.

KAPLAN, Caren. *Questions of Travel: postmodern discourses of displacement.* Durham: Duke University Press, 2000.

KENTGENS-CRAIG, Margret. *The Bauhaus and America: first contacts 1919-1936.* Cambridge: The MIT Press, 1999.

KORTAN, Enis. *Turkish Architecture and Urbanism through the Eyes of Le Corbusier.* Istambul: Boyut, 2010.

LAHUERTA, Juan Jose (org.). *Le Corbusier y España.* Barcelona: Centre de Cultura Contemporania de Barcelona, 1997.

LE ROUX, Hannah. "The networks of tropical architecture". *The Journal of Architecture*, vol. 8, Johannesburg, p. 337-54, 2003.

_______. "Modern architecture in post-colonial Ghana and Nigéria". *Architectural History*, vol. 47, Londres, p. 361-92, 2004.

LIERNUR, Jorge F. "The (Latin) American Friend: architecture and European exile south of the Rio Bravo (1936-1948)". In: NICOLAI, Bernd (org.). *Architecktur und Exil: Kulturtransfer und architektonishe Emigration 1930 bis 1950.* Trier: Porta Alba Verlag, 2003, p. 157-67.

_______ e PSCHEPIURCA, Pablo. *La Red Austral: obras y proyectos de Le Corbusier y sus discípulos en la Argentina (1924-1965).* Buenos Aires: Universidad Nacional de Quilmes/Prometeo, 2008.

LIRA, José T. C. de. *Fraturas da Vanguarda em Gregori Warchavchik.* Tese de Livre Docência. São Paulo, FAU-USP, 2008.

McCOY, Esther. *Viena to Los Angeles. Two journeys. Letters between R. M. Schindler and Richard Neutra.* Santa Monica: Arts + Archictecture Press, 1979.

McNEIL, Donald. *The global architects: firms, fame and the urban form.* New York: Routledge, 2008.

MONNIER, Gérard (org.). *Le Corbusier et Le Japon.* Paris: Picard, 2007.

MURRAY, Irena e OSLEY, Julian (orgs.). *Le Corbusier and Britain: an anthology.* Londres: Routledge, 2009.

NALBANTOGLU, Gulsum B. e THAI, Wong C. (orgs.). *Postcolonial space(s).* New York: Princeton Architectural Press, 1997.

NICOLAI, Bernd. "'World-dynamite' – Martin Wagner's (lost) years on (e)migration. Intellectual challenge and Professional frustration in architectural modernism and town planning, between Berlin, Istanbul and Harvard". In NICOLAI, Bernd (org.). *Architecktur und Exil: Kulturtransfer und architektonishe Emigration 1930 bis 1950.* Trier: Porta Alba Verlag, 2003, p. 145-55.

NOLDEN, Sacha. *Austrian architects in New Zealand.* Auckland: The University of Auckland, 2004.

NUTE, Kevin. *Frank Lloyd Wright and Japan: the role of traditional Japanese art and architecture in the work of Frank Lloyd Wright.* Londres: Chapman & Hall, 1993.

OCKMAN, Joan e FRAUSTO, Salomon (orgs.). *Architourism: authentic, escapist, exotic, spectacular.* New York/Munique: Buell Center/Prestel, 2005.

OTTO, Christian F. "American skysrapers and Weimar modern: transactions between fact and idea". In: JACKMAN, J. C. e BORDEN, C. (eds.). *The Muses Flee Hitler: cultural transfer and adaptation, 1930-1945.* Washington DC: Smithsonian Institution Press, 1983, p. 151-165.

OYARZUN, Fernando Perez (org.). *Le Corbusier y Sudamerica: viajes y projectos.* Santiago: PUC-Chile, 1991.

PATETTA, Luciano (org.). *Architetti e ingegneri italiani in Argentina, Uruguay e Paraguay.* Roma: Antonio Pellicani, 2002.

PEIXOTO, Fernanda A. "O nativo e o narrativo: a África de Michel Leiris e os trópicos de Levi-Strauss". *Novos Estudos CEBRAP,* n. 33, 1992.

PEREIRA, Margareth da S. *et al. Le Corbusier e o Brasil,* São Paulo: Projeto, 1987.

PERSPECTA. "Grand Tour". *Perspecta: The Yale Architectural Journal,* n. 41. Cambridge: The MIT Press, 2008.

POUTIGNAT, Philippe e STREIFF-FENART, Jocelyne. "Dos 'imigrantes' aos 'étnicos'". In: *Teorias da Etnicidade.* São Paulo: Editora Unesp, 1998, p. 65-79;

POWERS, Alan. *Serge Chermayeff: designer, architect, teacher.* London: RIBA Publications, 2001.

PRAKASH, Vikramaditya. *Chandigarh's Le Corbusier; the struggle for modernity in postcolonial Índia.* Seattle/London: University of Washington Press, 2002.

RUBBO, Anna. "Marion Mahony and Walter Burley Griffin: a creative partnership". In: *Architectural Theory Review*. Sydney, Department of Architecture/The University of Sydney, vol. 1, n. 1, 1996.

RUBINO, Silvana B. *Rotas da Modernidade: trajetória, campo e historia na atuação de Lina Bo Bardi, 1947-1968*. Tese de doutorado. Campinas, IFCH-Unicamp, 2002.

RUIZ-FUNES, Juan I. Del Cueto. *Arquitectos espanoles exiliados en México: su labor en La Espana republicana (1931-1939) y su integracion en México*. Tese de doutorado. Barcelona, Escola Técnica Superior d'Arquitectura de Barcelona, UPC, 1996.

SALGUEIRO, Valéria. "Grand Tour: uma contribuição à história do viajar por prazer e por amor à cultura". *Revista Brasileira de História*. São Paulo, vol. 22, n. 44, p. 289-310, 2002.

SCOTT, Felicity. *Functionalism's discontent: Bernard Rudofsky's other architecture*. Tese de doutorado. Princeton, Princeton University, 2001.

SEIDLER, Harry. *The grand tour: travelling the world with an architect's eye*. London: Taschen, 2003.

SILVA, Joana Mello de C. *O Arquiteto e a Produção da Cidade: a experiência de Jacques Pilon em Perspectiva (1930-1960)*. Tese de doutorado. São Paulo, FAU-USP, 2010.

SODRÉ, João Clark de. *Arquitetura e Viagens de Formação pelo Brasil, 1938-1962*. Dissertação de mestrado. São Paulo, FAU-USP, 2010.

TAFURI, Manfredo. "The historical project". *Oppositions*, n. 17, p. 55-75, 1979.

TOSOLINI, Paola. "Other itineraries: modern architects on countryside roads". *Journal of Architecture*, vol. 13, n. 4, p. 427-51, ago. 2008.

TRAGANOU, Jilly e MITRASINOVIC, Miodrag (orgs.). *Travel, Space, Architecture*. New York: Ashgate, 2009.

WARBURTON, Nigel. *Erno Goldfinger: the life of an architect*. Londres/New York: Routledge, 2004.

WARHAFTIG, Myra. *They Laid the Foundation: lives and works of german-speaking jewish architects in Palestine 1918-1948*. Berlim: Ernst Wasmuth Verlag Tubingen, 1996.

WATKIN, David. *The rise of architectural history*. Londres: The Architectural Press, 1980.

WEILL-ROCHANT, Catherine. *L'Architecture 'Bauhaus' à Tel-Aviv*. Tel-Aviv: Rita H. Gans, 2008.

WEIMER, Gunther. *Arquitetura da Imigração Alemã: um estudo sobre a adaptação da arquitetura centro-europeia ao meio rural do Rio Grande do Sul*. Porto Alegre/São Paulo: Editora da UFGRS/Nobel, 1983.

_______. *Arquitetura Erudita de Imigração Alemã no Rio Grande do Sul*. Tese de doutorado. São Paulo, FAU-USP, 1990.

WRIGHT, Gwendolyn. *The politics of design in French colonial urbanism*. Chicago: University of Chicago Press, 1991.

_______. *Michel Foucault: negotiating colonial spaces*. Copenhagen: Center for Urbanity and Aesthetics, 1998 (Working paper 29).

_______. "Building global modernisms". *Grey Room*, n. 7, 2002.

_______. "Global ambition and local knowledge". In: ISENSTADT, Sandy and RIZVI, Kishwar (orgs.). *Modernism and the Middle East*. Seattle: University of Washington Press, 2008.

ZEVI, Bruno. "As três culturas da diáspora e a perspectiva de uma quarta". In: *Arquitetura e Judaísmo: Mendelsohn*. São Paulo: Perspectiva, 2002, p. 57-62.

ZUCCONI, Guido. *Daniele Calabi: architetture e progetti, 1932-1964*. Veneza: Marsilio, 1992.

A produção escrita e projetual de Bernard Rudofsky em São Paulo (1938-1941)

Luisa Amoroso Guardado

Bernard Rudofsky nasceu no império Austro-Húngaro em 1905, estudou arquitetura em Viena, viveu muitos anos na Itália, imigrou para o Brasil e para os Estados Unidos. Foi, sobretudo, um viajante. A experiência dos deslocamentos marca toda a sua trajetória e formação, traçando um perfil bastante singular.

Foi com essa perspectiva das características específicas de Rudofsky que a pesquisa de iniciação científica Arquiteto Bernard Rudofsky em São Paulo: viagens modernistas ao popular (2008-2009) buscou situar a personagem no período de pouco mais de dois anos que residiu na capital paulista, de dezembro de 1938 a abril de 1941, procurando as possibilidades de inserção desse caso particular em um momento onde a presença de imigrantes na cidade era abundante.[1]

Andrea Bocco Guarneri (2003) coloca Rudofsky como simultaneamente um observador "de dentro e de fora": falaria de dentro com seu vocabulário específico, com sua busca pela racionalidade e simplificação, com o radicalismo, com o interesse por arquitetura espontânea como fonte primordial, com a crença na singularidade humana. Falaria de fora quando desacredita no progresso, quando recusa o materialismo e a síntese ao mínimo funcional, quando dá especial importância à arquitetura vernacular (um dos temas mais importantes da sua pesquisa pessoal), aspectos que lhe dão argumentos contra a modernidade. Rudofsky conseguiria lidar com bastante liberdade com sua formação acadêmica moderna, aproximando-se da figura do especialista, e se afastando ao revalorizar a posição de um cidadão não especialista. Essa mistura simultaneamente coerente e contraditória, diz o autor, faz de Rudofsky uma figura merecedora de particular atenção.

Ainda segundo Guarneri, esse desprendimento apresentado com relação às restrições acadêmicas provavelmente ajudou a gerar leituras tão particulares de Rudofsky.

---

1 A pesquisa transcorreu no âmbito do Projeto Temático subsidiado pela Fapesp *São Paulo: os estrangeiros e a construção da cidade,* dentro do eixo: *A transformação dos campos profissionais: práticas, redes, atores e circulação de saberes,* e teve como orientador o Prof. Dr. José Tavares Correia de Lira.

Negava as fórmulas prontas que os movimentos, inclusive o moderno, impunham, e compunha sua proposta singular. Ela incluía a ligação de áreas que a academia originalmente separa, juntando pontos que para Rudofsky seriam espaços diferentes de manifestações do mesmo problema: moradia, vestimenta, ambiente urbano, comida e modo de vida.

O autor levanta ainda como, apesar de não ser um personagem plenamente conhecido hoje, Rudofsky teve seu trabalho comentado. De fato, seus projetos realizados no Brasil o foram, inclusive na primeira publicação de conjunto da moderna arquitetura brasileira, o livro *Brazil Builds* (Goodwin, 1943). O trabalho realizado por Philip Goodwin foi uma iniciativa do Museu de Arte Moderna de Nova York e do Instituto Norte Americano de Arquitetos para compreender melhor as soluções aplicadas na arquitetura brasileira, em especial com relação ao conforto ambiental em um país tropical. Nele, o autor fez um levantamento do panorama da arquitetura em algumas cidades que visitou, em 1942, destacando as influências modernistas assim como a presença estrangeira em algumas de suas realizações. Para sua elaboração, foi auxiliado por Rudofsky, entre outros, de quem incluiu no levantamento duas casas construídas em São Paulo: a residência Arnstein e a residência Frontini. Já em sua introdução, ao comentar a qualidade dos trabalhos de alguns arquitetos, como Oscar Niemeyer e Roberto Burle-Marx, Goodwin reserva lugar também para as duas casas de Rudofsky, colocadas como extremamente interessantes e geradoras de grande repercussão na época.

Difícil afirmar que a presença de Rudofsky nessa publicação seja resultado de um suposto reconhecimento do arquiteto no meio brasileiro, já que o comentário à sua obra na historiografia da época, como ademais na de hoje, ainda que existente, é discreto e menor que a de outras figuras destacadas no livro. A colaboração de Rudofsky na pesquisa de Goodwin provavelmente representou um aspecto importante, e é possível que a partir dela o americano tenha tomado conhecimento das obras. Vale notar a exceção que esse conjunto constitui, pois Rudofsky não tem suas obras comentadas em outras importantes publicações de arquitetura brasileira. No conjunto de obras reunidas por Goodwin, Rudofsky representa também uma exceção, já que a maioria dos projetos apresentados é do Rio de Janeiro, incluindo poucos em São Paulo.

O trabalho de Rudofsky no Brasil foi objeto de comentário mais recentemente por Renato Anelli (Anelli, 1997). O autor o situa a partir da relação que estabelecera com arquitetura mediterrânea, dada a sua formação, e a julgar pela tipologia de suas obras, especialmente o uso dos pátios. Segundo Anelli, sua atuação foi pautada pelo "resgate dos valores do modo de vida cotidiana originário do período clássico [...] e difundido ao longo da região costeira do Mediterrâneo graças às condições climáticas e ambientais" (Anelli, 1997, p. 20). O valor dado a este modo de vida era uma alternativa à monumentalidade estimulada pelo fascismo, explica: "O programa e a obra de Rudofsky retiraram a conotação nacionalista apresentada na origem do tema da mediterraneidade durante o período fascista. Torna-se mais uma disposição frente à natureza e à cultura do que um atributo ideológico" (Anelli, 1997, p. 21).

O autor diz ainda como o interesse pela cultura mediterrânea atraiu muitos arquitetos do norte e do centro da Europa, gerando diversas versões de casas modernas com pátios. A própria transferência de Rudofsky para a Itália poderia, segundo Anelli, ser relacionada a esse interesse, manifesto nos projetos e também nos artigos da revista *Domus* por ele assinados. Assim como Guarneri, Anelli aponta a abordagem ampla de Rudofsky, que propunha soluções para além da arquitetura: "a forma de Rudofsky é apenas um meio para a realização de mudanças mais profundas nos hábitos das pessoas. Um desprendimento que se manifestaria na variedade do seu campo de atuação, abrangendo propostas de mobiliário e vestuário. Essa, resumidamente, é a mediterraneidade que move os projetos e a ação editorial de Rudofsky na Itália" (Anelli, 1997, p. 20). Em Rudofsky, o foco das principais transformações da vida moderna estaria não nas mudanças construtivas, mas "diluído em atitudes que constituem a vida cotidiana". Essa busca teria elevado a cultura mediterrânea como uma de suas principais referências, região onde pesquisou "modos de vida ainda não contaminados pela sociedade contemporânea, passíveis de se tornarem alternativas aos condicionamentos desenvolvidos ao longo de séculos de disciplina" (Anelli, 1997, p. 20). O procedimento de pesquisa seria análogo ao utilizado pelas vanguardas das artes plásticas europeias, que tinham a cultura não europeia como referência inovadora.

O período em que Rudofsky trabalhou na Itália teria sido, ainda, marcado pela construção de uma alternativa à cultura mediterrânea "oficial", ao trazer "para a cena italiana temas como o combate à repressão de prazeres corporais e sexuais e a validade de programas arquitetônicos baseados na sua fruição, completamente estranhos ao ambiente fascista" (Anelli, 1997, p. 20). Novamente concordando com Guarneri, Anelli realça aqui o desprendimento de Rudofsky com relação aos temas acadêmicos ou prontos, mostrando-se sempre disposto a repensar soluções já utilizadas, usando referências múltiplas e inusuais.

Em São Paulo o tcheco seria, ainda segundo Anelli, responsável pelas primeiras residências modernas construídas com pátios. Segundo Guarneri (2007) o pátio de Rudofsky seria uma verdadeira sala de estar ao ar livre, o que se depreende do discurso do próprio arquiteto, para quem os pátios nos seus projetos "são essencialmente quartos sem tetos" (Rudofsky, 1943b, p. 46). Esse elemento mediterrâneo viria a ser implantado aqui já com as alterações que o processo desenvolvido por Rudofsky na Itália traria. Os pátios articulam o programa das residências e desempenham papel central no partido dos projetos, segundo Anelli "muito distante das preocupações estéticas das casas de Warchavchik" (Anelli, 1997, p. 21). A centralidade do pátio traz ainda o trabalho sobre o jardim, com ele Rudofsky coloca uma nova possibilidade espacial para o ambiente aberto.

Segundo este mesmo o autor mais outras comparações entre Rudofsky e outros personagens seriam possíveis. O princípio desenvolvido pelo tcheco dialogaria não apenas com a corrente italiana mas com as concepções de outros arquitetos como Lucio Costa e Le Corbusier, e suas experiências com jardins poderiam ser somadas às de Mina Klabin e Gregori Warchavchik, além das que viriam a ser exploradas por Rino Levi.

Antecedentes

Guarneri contribui com seu trabalho também por reconstituir de modo mais detalhado a biografia de Rudofsky. A análise sua presença em São Paulo pede a compreensão desse percurso até a cidade.

A revisão de seus deslocamentos é extensa. Pode ser colocado rapidamente que nasceu em 19 de abril de 1905 em Zauchtl (hoje parte da República Tcheca) e passou a residir em Viena a partir do ano seguinte. Formou-se no ensino médio em 1922 e iniciou seus estudos de arquitetura na *Technische Hochschule* (Universidade Tecnológica de Viena), sem envolvimento especial neste momento. Já nesta fase, no entanto, o interesse por viagens aparecia fortemente: foram marcantes a ida à Alemanha, realizada em 1923, a viagem pelo rio Danúbio até Istambul e a visita à Ásia Menor, ambas realizadas em 1925. Em 1926 conheceu a França e, no ano seguinte, a Itália. Já observava vestígios arqueológicos da arquitetura tradicional mediterrânea.

Sendo residente em Viena durante a maior parte da década de 1920 esteve no palco de importantes discussões no campo da arquitetura. Nenhum indício encontrado nesta pesquisa aproxima Rudofsky de tais discussões ou de seus agentes, no entanto, a julgar pela biografia do personagem, Rudofsky sempre foi um pensador atento ao seu tempo e às manifestações à sua volta, ainda que nem sempre seja encontrado no papel de protagonista.

Desde o fim do século XIX Viena tornara-se um dos mais importantes centros culturais europeus, com uma movimentada vida intelectual e artística. No campo da arquitetura, o debate sobre o significado do ornamento oporia Adolf Loos aos secessionistas. No urbanismo, o *Ringstrasse*, um anel de circulação construído na segunda metade do século XIX ao redor do núcleo medieval da cidade, vinha redefinindo as discussões sobre a vida e a forma urbanas, no interior das quais figuras como Camillo Sitte e Otto Wagner viriam a moldar suas próprias discussões. As ideias e atuação desses personagens, não apenas no ambiente acadêmico e profissional da arquitetura, mas no ambiente cultural vienense como um todo, viriam a influenciar as gerações seguintes.

No final da graduação em Viena, Rudofsky trabalhou como designer no set de um filme de G. W. Pabst. Formou-se em 1928 e logo em seguida viajou para Suíça. Em setembro se mudou para Berlim para trabalhar com Otto Rudolf Salvisberg. No ano seguinte viajou para Grécia, passando algum tempo na ilha de Santorini, onde recolheu boa parte do material para a publicação *Architecture Without Architects* (Rudofsky, 1964). Em janeiro de 1930 voltou para Viena, para trabalhar no escritório de *TheiB e Jaksch*.

Desenvolveu o layout para Seção Austríaca de *Deutsche Bauausstellung Berlin*, onde exibiu fotografias suas de arquitetura "espontânea", a maioria de Santorini. Escreveu também sua tese de doutorado *Elme Primitive Betonbauweise*, defendida com sucesso em 1931, no *Technischen Hochschule*, que consistia em uma análise lógica e técnica das construções tradicionais em cimento nas ilhas gregas comparadas com as estruturas de concreto modernas. Tornou-se então *Doktor der Technischen Wissenschaften* (Doutor de Ciências Técnicas).

Em 1932 mudou-se para a Itália, residiu em Capri, Milão e Nápoles. Nesse momento o país fazia importantes discussões acerca dos rumos da arquitetura, às quais Rudofsky esteve próximo. A chegada na Itália se deu no momento em que os arquitetos modernistas estavam aproximando estética e eticamente a arquitetura vernacular de seus programas (Guarneri, 2007).

Na Itália, segundo Vittorio Gregotti (Gregotti, 1968, p. 9) as novas propostas para arquitetura eram trazidas por três meios básicos: em exposições como a *Exhibition of the revolution*, em Roma, em 1932, e as *Triennale exhibition* de Milão; nas polêmicas publicadas por revistas especializadas e não especializadas, principalmente a revista *Casabella*, e por jornais; em concursos, como para a estação de trem de Florença e para o Palazzo Del Littorio, que se tornou local para celebrações fascistas.[2]

Rudofsky esteve no país em um momento importante de renovação para arquitetura, portanto, e chegou a participar diretamente dos veículos de manifestação dessas novas correntes, entre as quais de concursos de arquitetura e publicações em revistas especializadas. Trabalhou com Luigi Cosenza no concurso para o Palazzo de Littorio, em Roma, entre outros projetos durante sua estadia na Itália, e estabeleceu vínculos com o meio editorial, especialmente o italiano, tendo publicado seu primeiro artigo de arquitetura em revista especializada em 1934.[3]

Contribuiu com frequência para revista *Domus*[4] e teve um artigo de sua autoria publicado em *Casabella* em abril de 1938 (Rudofsky, 1939a, p. 12-17). Teve também contato com importantes figuras do movimento moderno italiano, como Giuseppe Pagano, Edoardo Pérsico e Pietro Maria Bardi. Sabe-se também que os concursos realizados foram amplamente comentados nas revistas que esses arquitetos dirigiam. São esses alguns indícios de ligação de Rudofsky com as vanguardas arquitetônicas da Itália.

A mudança para a América parece ter sido impulsionada pelo contexto da Segunda Guerra Mundial: foi primeiramente para Buenos Aires, em 1938, ano em que perdeu seu único filho e que as leis antissemitas na Itália ficaram mais rígidas, proibindo judeus de exercer profissões de nível superior. Passou pelo Rio de Janeiro e em dezembro de 1938 se mudou para São Paulo.

Entre 1939 e 1940 projetou para imigrantes na metrópole paulista: a residência Hollstein, em Itapecerica, para Henrique Hollenstein (francês); a residência Frontini, na R. Monte Alegre, 957 – Perdizes, para Virgilio Frontini (italiano); a residência Arnstein, na R. Canadá, 714 – Jardim América, para João Arnstein (judeu de Trieste); a residência Marsicano, para Thomas Farkas (húngaro), que não chegou a ser construída; uma loja *Fotóptica*, seus móveis e logotipo; a loja de relógios Jean-Richard; uma

2 Nas décadas de 1920 e 1930, apesar da tendência de ligação existente entre fascismo e arquitetura moderna, os principais projetos do governo são dados a arquitetos acadêmicos. Aos arquitetos com novos ideais restavam os concursos de arquitetura promovidos pelo Estado.

3 *Capresisches, Anacapresisches*. Monatsheftefür Baukunst und Städtebau, XVII, jan. de 1934.

4 A tradução e análise dos 14 artigos de autoria de Rudofsky publicados em 1938 na revista *Domus* foi parte da pesquisa de Iniciação Científica. Aqui a análise dessa produção escrita é apresentada adiante.

série de residências e vilas que não chegaram a ser construídas; participou do último Salão da *Família Artística Paulista* e do *Salão de Maio*.

Deixou São Paulo em 1941, quando foi para Nova York novamente, como um dos vencedores do concurso pan-americano *Organic Design* do Museu de Arte Moderna, viagem que lhe permitiu obter o passaporte para entrar nos EUA, documento de difícil acesso nesse período. Continuou buscando contato com diferentes culturas, continuando suas viagens e pesquisas até sua morte, em 1988 (Guarneri, 2003).

Escritos

Parte do esforço do presente trabalho foi de aproximação às ideias de Rudofsky através da leitura de seus escritos, imediatamente anteriores e contemporâneos à sua chegada em São Paulo. A revista *Domus* teve a contribuição do arquiteto em muitos artigos, nas edições 122, 123 e 124 (de março a maio de 1938), alguns dos quais redigidos muito provavelmente às vésperas de sua vinda para o Brasil (possivelmente quando já residia na América Latina), o que aumenta o interesse em relacionar essas obras textuais às arquitetônicas. O artigo publicado no número 136 da revista Casabella (abril de 1939), quando o arquiteto já residia em São Paulo, segue ainda a mesma linha de pensamento, coerente com os trabalhos da *Domus*, tendo como tema a arquitetura moderna produzida no Rio de Janeiro. Esse artigo inclui fotografias das obras cariocas feitas por Rudofsky, logo devem datar do período que residiu naquela cidade (de junho a novembro de 1938 aproximadamente).[5]

Como colocado, a *Domus* era um dos meios editoriais ligados à propagação dos princípios racionalistas que vinham sendo desenvolvidos no campo da arquitetura no país. A participação de Rudofsky parece alinhada a essa premissa da revista, ainda que mantendo seu tom particular.

Os textos de Rudofsky seguem basicamente duas formas: descrições de situações, espaços e lugares que funcionam como exemplos daquilo que propõe para a sociedade; textos mais livres que explicam mais diretamente suas proposições. Não se vê uma distinção rígida entre uns e outros, Rudofsky se vale de descrições e referências

5 Foram realizadas traduções para trabalho a partir dos originais em italiano, os 14 artigos veiculados pela Domus e o publicado na Casabella, a partir das quais alguns comentários podem ser feitos, assim como relações com o restante da obra de Rudofsky. Os editoriais das revistas não são assinados por Rudofsky, mas foram incluídos na pesquisa pelo papel de introdução que têm, pela noção global da publicação e do debate que transmitem e por comentarem algumas vezes os artigos de Rudofsky diretamente.

quando discorre sobre seus princípios, e elas são incorporadas à forma como as descrições, sem nenhuma pretensão de neutralidade, são colocadas.

A maior parte das ilustrações e imagens que os acompanham parecem ser também de autoria de Rudofsky e reforçam comentários e ideias, além de apresentar os espaços descritos ou propostos. Elas são mais outro campo de trabalho do arquiteto e fonte para a análise.

Um exemplo claro do primeiro caso, de textos que se valem da descrição para explicitar um princípio, é o artigo *Uma Vila,* do exemplar da *Domus* 122 (Rudofsky, 1938e, p. 18-19). Nele Rudofsky descreve um desenho livre de Walter Loos, uma perspectiva que mostra uma sala, intuindo como se articula o espaço da casa toda. A ideia fundamental, que permite a análise sem a planta da residência completa, é que o princípio funcional que rege a construção faz daquele ambiente lógico o suficiente para permitir tal intuição. Nesse artigo Rudofsky se mostra bastante próximo às ideias racionalistas, situando o princípio de funcionalidade do espaço no próprio método de descrição intuitiva adotado. O curto texto não só depõe a favor do princípio como também apresenta um caso, e nesse momento a divulgação de exemplos da nova arquitetura proposta se fazia tão importante quanto sua defesa ideológica.

O editorial dessa mesma edição da *Domus* apresenta o conteúdo da revista como todo comprometido com a defesa dos princípios de funcionalidade: "as reportagens são reveladoras da unanimidade de gosto que sempre se alcançar quando o trabalho se resolve com franqueza direta, sem intervenções de um sátira unificada. Na Europa ou no Japão, se a casa se compromete a responder à autêntica exigência ao invés de responder a uma vaidade na sala de jantar, espontaneamente se resolve o problema com uma unidade de informação." (*Domus,* n. 122, 1938e)

Para exemplificar o segundo tipo de estrutura dos artigos colocado, de apresentação de ideias sem que sejam vinculadas a exemplos concretos na argumentação, citamos o artigo *Panorama Negativo,* da *Domus* 124 (Rudofsky, 1938i, p. 2-3). Nele Rudofsky discorre acerca dos valores que considera errados e que regem o gosto de sua época. Coloca como são ligados a uma educação incompleta, não apenas dos arquitetos mas de toda a sociedade, da cultura materialista e da função de exibição de status que se coloca na arquitetura: "A dificuldade insuportável deriva do ambiente social. Consiste no fato, que mede a maior parte das pessoas, de que acumulam tudo aquilo que faz parte da casa – móveis, quadros, tapetes, vasos, etc. – não pelo próprio uso, mas para satisfazer um instinto de exibição" (Rudofsky, 1938i, p. 8-9). O texto é margeado por ilustrações de construções e utensílios de lavoura e tipologias de construções aparentemente europeias e de diversas épocas, que parecem ser um comentário sobre o texto mais do que uma imagem repetindo aquilo que ele diz.

Esses dois tipos de texto são recursos de proposição de Rudofsky, imbuídos de sarcasmo provocativo, o que parece tentar suscitar no leitor a percepção do absurdo daquilo que é criticado. Esse tom já havia sido comentado por Guarneri como presente em sua obra em um sentido mais geral (Guarneri, 2003).

O biógrafo especifica a crítica de Rudofsky ao *Amercan Way of Life* e acrescenta que teria escolhido ser o "sal crítico da vida moderna" (Guarneri, 2003, p. 11). Esse ataque à cultura americana pode ser identificado com clareza em uma das descrições feitas no artigo *Panorama Negativo*: "Também certos grandes industriais, próprios da América do Norte, os 'barões' de hoje, desenvolvendo seus argumentos em ambientes feudais; discutem seus negócios sob tetos góticos, em frente a um afresco barroco e, sentados à mesa que quatro homens incapazes de se mover assinam os documentos com pena de ouro. E qualquer bom cidadão se apressa em imita-los e superá-los". (Rudofsky, 1938i, p. 8-9)

Nesse texto estão presentes pontos importantes, como o discurso remetido à toda a sociedade e não apenas aos arquitetos, ainda que sejam expostas com dureza as ditas responsabilidades dessa classe. Rudofsky coloca que se espera do arquiteto a "grande obra", e que sua tarefa deveria ser ainda "suscitar o interesse dos clientes e educá-los. Hoje não existem problemas técnicos em construir uma casa, existem apenas discordâncias culturais".

Há também a questão da modernidade como problema universal. Não se colocaria apenas para os arquitetos nem apenas na arquitetura, mas para todos os profissionais e todas as atividades da vida, das roupas aos hábitos. Esse ponto forte nas ideias de Rudofsky pode ser apreendido nesse conjunto de artigos pela variação de temas que apresenta, mantendo-se sempre as mesmas colocações, coerentes umas com as outras.

No artigo *Moda: Costume desumano* (Rudofsky, 1938k, p. 10-13) discorre sobre a relação entre arquitetura e vestimenta: "O homem moderno não deve pensar somente na sua casa, que nada mais é que nossa segunda roupa. [...] É totalmente inútil que inventemos novos organismos construtivos e novas estruturas de casas para que a vida possa se dissolver em uma nova naturalidade se continuamos a manter o corpo prisioneiro dentro dos caprichos de uma moda irracional." A mesma questão está presente sob variados temas: quando apresenta a ilha Procida, quando faz comparações entre jardins ou entre residências – é articulada através de diferentes objetos centrais nos textos, reforçando o princípio maior de universalidade.

A ilha Procida é objeto nos artigos *Descoberta de uma ilha* e *Não é necessário um novo modo de construir – É necessário um novo modo de viver* (Rudofsky, 1938g-h, p. 2-5). No primeiro a ilha é apresentada, sob a ótica particular de Rudofsky: ele faz uma descrição mais técnica, que intitula "enciclopédia", uma pequena revisão da posição daquela ilha na história conhecida, que coloca com o subtítulo "turismo" e uma conclusão, "moral", onde faz um elogio emotivo da experiência que Procida proporciona: "os artistas encontrarão ali nova sensações, os arquitetos, revelações, os apaixonados, um esconderijo, quem é um pouco de tudo isso encontrará em Procida o seu lugar". O artigo é acompanhado por uma fotografia da ilha, de autoria de Rudofsky, e pequenas ilustrações sob o texto, provavelmente do arquiteto também. Compõe uma cena simpática, especialmente pelos desenhos, que remetem a ilustrações infantis e fantasiosas, cujos temas são animais marítimos e navios.

No segundo artigo apresenta um projeto seu para a ilha, com propostas de móveis e utensílios, descritos verbalmente, e comentários acerca das vestimentas e costumes das casas em geral, acompanhadas de exemplos que poderiam ser adequados em Procida. Apresenta ilustrações à mão livre do projeto, sem desenhos técnicos, a não ser por dois pequenos cortes esboçados. Sobre este projeto, Renato Anelli coloca que "expressa [...] uma proposta de uso de todos os ambientes, um uso que deveria retomar o prazer nos mínimos atos do dia a dia" (Anelli, 1997, p. 20). Comenta ainda a presença do pátio na proposta, realçando a importância do elemento na arquitetura de Rudofsky, especialmente nos projetos executados em São Paulo.

Entre este artigo e o anterior há um desenho livre que seria a implantação do projeto na ilha. Como em um mapa antigo, a ilha é cercada por seres mitológicos, animais e embarcações, em uma representação novamente livre e repleta de comentários. No caso, compondo, como no artigo anterior, uma cena simpática e convidativa.

Tanto os exemplos que o texto traz quanto as ilustrações têm referências em outras culturas e outros tempos. Rudofsky extrai desse conhecimento clássico soluções que considera condizentes com o ideal que está defendendo. Fica claro como a elaboração de sua concepção ideológica não se prende àquilo que é novo ou que pertence a determinadas culturas. A composição é de fato derivada de um apanhado, que utiliza conhecimento histórico, formação moderna, informações coletadas de suas viagens e propostas novas.

Em todos esses e em grande parte dos artigos aqui colocados a importância das viagens de Rudofsky é evidente. Guarneri coloca como é interessante que o arquiteto se volte mais para os costumes do que para os monumentos dos locais que conhece. De fato, a pesquisa que Rudofsky desenvolve ao longo de toda a vida está presente em seu olhar. Procida é tema de dois artigos na revista *Domus* 123; Santorini é também fonte de exemplos de boas soluções de arquitetura no artigo *Origens da Habitação* (Rudofsky, 1938m, p. 16-19); outros artigos abordam exemplos em outros locais, provavelmente visitados, como Viena, Grécia e Paris.

As viagens são ainda ocasião para levantamentos de campo de soluções de arquitetura vernacular, reportadas como tema muitas vezes nos artigos. Como foi colocado, Rudofsky tem as manifestações de arquitetura popular e anônima das cidades que visita como exemplos de bons recursos que não se opõe aos princípios funcionalistas do racionalismo. Assim, são apresentadas como exemplos interessantes, tanto a residência feita pelo arquiteto Serge Chermayeff, no artigo *Ideia do Arquiteto* (Rudofsky, 1938c, p. 6-9), quanto uma construção anônima no artigo *Relato* (Rudofsky, 1938b, p. 1-8), ou ainda soluções antigas da ilha Santorini no artigo *Origens da Habitação* (Rudofsky, 1938m, p. 16-19). Não é colocada hierarquização entre as ideias apresentadas, todas são possibilidades dignas de elogio pelas qualidades identificadas pelo autor.

Vale notar também que Rudofsky tem na *Domus* um espaço de publicação bastante autoral, sendo os temas abordados nos artigos absolutamente inseridos no conjunto de assuntos que pesquisou pessoalmente e da linha propositiva que elaborou. O que parece é que esse espaço indica a compatibilidade entre as propostas de Rudofsky e o ideal da revista *Domus,* considerando inclusive os editoriais, que apresentam a revista como um todo, mesclando os artigos e princípios de Rudofsky ao conjunto (os três números aqui explorados contêm artigos de outros autores que não Rudofsky). Essa aproximação é interessante também se considerarmos o papel desempenhado pela revista *Domus* na divulgação e fortalecimento do racionalismo italiano.

Hoje é atribuída tanta responsabilidade à revista Domus quanto à revista Casabella no papel de introdutora da arquitetura racional na Itália naqueles anos. A participação de Rudofsky nesta na fase próxima à passagem por São Paulo é menor, porém o tema é de especial interesse. O artigo *Canteiro do Rio de Janeiro,* publicado no número 136 de *Casabella,* apresenta a arquitetura moderna brasileira na Itália, talvez pela primeira vez,[6] um atestado do olhar atento de Rudofsky.

Como colocado, o tcheco passa seis meses no Rio de Janeiro e não apresenta projetos nem trabalhos em instituições nesse período. Ainda que a decisão de conhecer a América provavelmente tenha se dado devido à guerra mais do que à curiosidade que sempre levou Rudofsky a conhecer novos países, no Brasil ele se volta para importantes manifestações de arquitetura local com o mesmo olhar de pesquisador que lança em outros momentos.

Introduz seu texto alertando para o desconhecimento da arquitetura brasileira pela Europa: "A verdade é que as revistas europeias jamais publicam algo sobre arquitetura brasileira e as revistas brasileiras de arquitetura são quase todas completamente desconhecidas por nós. Pode-se dizer que o único contato concreto com o exterior tenha sido o Congresso Panamericano de Arquitetura realizado no Rio de Janeiro em 1930". Esse comentário reforça que, ainda que não tenha sido pioneiro, deve ter sido um dos primeiros a trazer a arquitetura moderna brasileira como tema. Preocupa-se ainda em explicar, através de dados da construção civil, a situação do Brasil nesse setor, como quando diz que "sem dúvida o índice mais seguro da prosperidade de um país é a atividade no campo da construção civil privada".

Comenta o preconceito que a Europa teria sobre o gosto da América Latina e tenta reverter essa ideia, elogiando as duas soluções vistas no Rio de Janeiro, sempre tendo as referências da Europa como parâmetro comparativo.

Fala da tendência europeia, derivada das experiências de Walter Gropius, de abrir as construções, e que no Brasil, devido à insolação, aconteceria o contrário: "A estrutura dos edifícios tende a se esconder por trás de uma persiana de cimento e as construções assumem o aspecto externo de muralhas maciças. Solução interessante e prática que assume um significado mais alto se se pensa que experimentalmente foi usada em dois edifícios governamentais: o Ministério da Educação e o Edifício da Associação Brasileira de Imprensa".[7] Neles, elogia não somente a solução de brises mas a iniciativa

6 Andrea Bocco Guarneri (2003) comenta que Rudofsky teria sido provavelmente o primeiro a publicar sobre arquitetura moderna brasileira em revistas estrangeiras. A primeira incidência do tema no levantamento feito pelo próprio biógrafo é o artigo *Canteiro do Rio de Janeiro*.

7 Rudofsky não consegue entrevistar os autores das obras citadas e não publica seus nomes. Sabe-se, no entanto, que o primeiro é o Ministério de Educação e Saúde, executado pelo grupo Affonso Eduardo Reidy, Carlos Leão, Ernani Vasconcelos, Jorge Machado Moreira, Lúcio Costa, Oscar Niemeyer (na época estagiário), e o segundo é assinado por M. M. M. Roberto.

de incorporar o estilo moderno em edifícios públicos, enquanto o mesmo não seria visto na Europa.

O texto inclui passagens bastante elogiosas, ainda dentro do tom comparativo entre Europa e Brasil, como: "os dois exemplos brasileiros são mais do que uma curiosidade e representam no mínimo uma mensagem reconfortante para os arquitetos modernos, que suas batalhas não foram totalmente em vão, pelo menos do outro lado do oceano."

Figura 1. Artigo "Uma Vila", de Bernard Rudofsky. Revista *Domus,* n. 122, mar. 1938, p. 18.

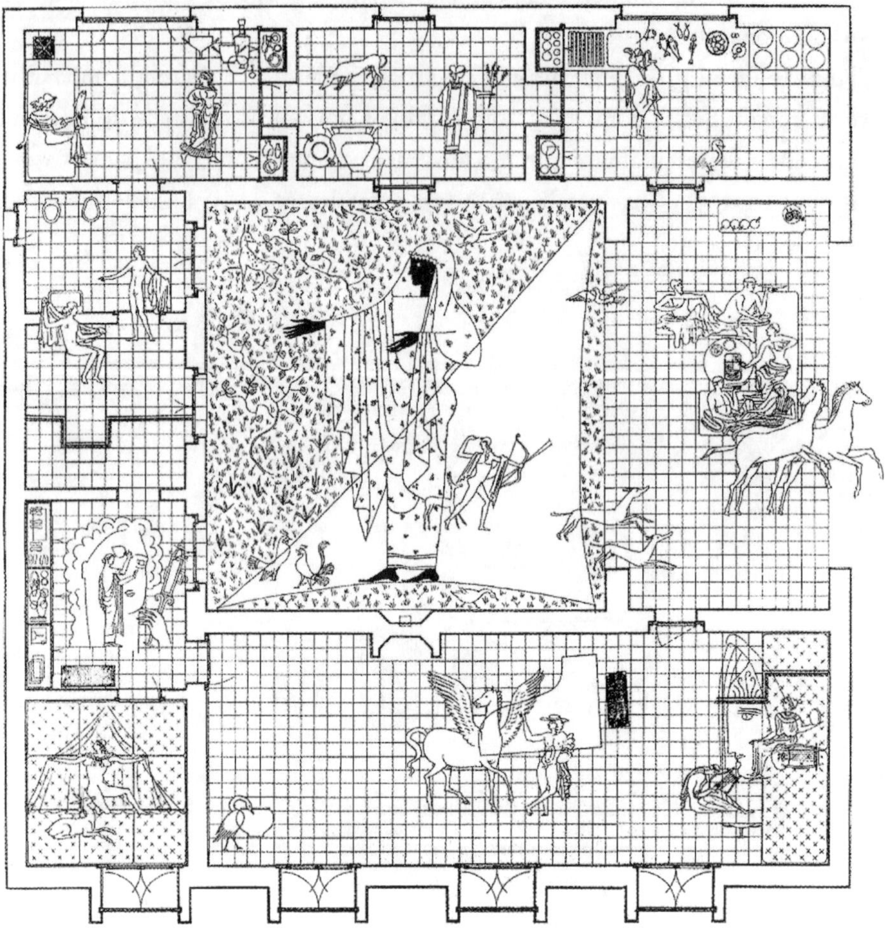

Figura 2. Artigo "Não é necessário um novo modo de construir – É necessário um novo modo de viver", de Bernard Rudofsky. Revista *Domus,* n. 123, abr. 1938, p. 10-11 (recorte).

FRONTE DEL MINISTERO DELL' EDUCAZIONE DI RIO

Figura 3. Artigo "Canteiro do Rio de Janeiro", de Bernard Rudofsky. Revista *Casabella*, n. 136 abr. de 1939 (recorte).

Projetos

Nos artigos analisados das revistas italianas, Rudofsky não fala diretamente da sua própria arquitetura. Ela é comentada por ele alguns anos depois, em um artigo para a revista americana *New Pencil Points* publicado em 1943, intitulado *Notes on Patios*, no qual o foco é justamente o conjunto de projetos seus em São Paulo.

A experiência de Rudofsky em São Paulo, analisada nessa pesquisa, se mostrou um bom exemplo da arquitetura do tcheco para compreensão de seus princípios. É ainda um exemplo importante da capacidade de adaptação e de criação de redes de contatos que o arquiteto articulava a sua volta, não só no Brasil. Eram vínculos que iam além das afinidades por religião ou nacionalidade, incluindo, no caso de São Paulo, clientes de diferentes países e de diferentes grupos.

Considerando a produtividade que consegue manter nesses anos, o contato com os possíveis clientes deve ter sido importante, e Rudofsky de fato parece ter trabalhado na manutenção desses laços, profissionais e afetivos. Na revista *Mirante das Artes* número 3, do casal Pietro e Lina Bo Bardi, editada no Brasil na década de 60, foi publicado um pequeno agradecimento de Rudofsky a Pietro, enviado de Nova York, onde o tcheco residia. Nele Rudofsky agradece pelo exemplar que Bardi lhe enviara e diz ainda que ficou feliz em rever "muitos amigos nas páginas" da revista (Rudofsky, 1967, p. 52).[8]

Ainda que a produção de Rudofsky em São Paulo possa ser localizada na sua trajetória mais ampla, ela tem também particularidades que devem ser notadas. A alta produtividade em arquitetura no período paulista do tcheco é um ponto fora da reta: Rudofsky não apresentara tantos projetos construídos em nenhuma outra passagem da sua carreira, e mesmo Guarneri coloca que sua produção até a realizada em São Paulo seria já suficiente para que se tornasse um nome importante da segunda geração modernista. O autor realça ainda que no período que residiu nos EUA, logo depois que deixa São Paulo, Rudofsky não desenvolveu projetos de arquitetura.

O conjunto de projetos em São Paulo não foi associado a nenhuma empresa ou instituição, e são obras que trazem o traço pessoal do arquiteto, sendo assim provavelmente fruto de encomendas de clientes interessados diretamente em seu trabalho, ainda que possam ter sido feitas por pessoas próximas a ele. São indícios das possibilidades de inserção de um arquiteto que certamente encontrava grandes dificuldades para exercer sua profissão nesse período de antissemitismo e corporativismo profissional.

O contexto de "guerra global" e de perseguição, como se sabe, trouxera muitos imigrantes para São Paulo, e esse pode ser um traço acolhedor na cidade. A hipótese é reforçada pelo fato de seus empregadores serem, em sua maioria, imigrantes. A passagem por São Paulo é mais longa do que nas outras duas cidades latino-americanas que residiu (Buenos Aires e Rio de Janeiro) e do que na maioria das cidades onde morou ao longo da vida, mesmo depois do fim da guerra.

Trabalha nos quatro projetos feitos em São Paulo (três deles construídos), a tipologia das casas com pátios. O elemento tem origem na arquitetura do Mediterrâneo, recebendo várias versões em casas modernas. Como comentado anteriormente, a região do Mediterrâneo recebera bastante atenção do tcheco até então, em suas pesquisas e artigos. Em 1938, ainda trabalhando na Itália, Rudofsky desenvolveu o projeto do Hotel *San Michele* com Gio Ponti, onde os apartamentos eram espalhados e todos possuíam um pátio próprio. Uma vez em São Paulo continua a trabalhar esse elemento, uma exploração arquitetônica iniciada na Europa. Renato Anelli coloca que Rudofsky teria sido o primeiro a implementar pátios nas residências de São Paulo, sendo então responsável por introduzir esse campo, mais explorado no Mediterrâneo, na cultura paulista.

8 Ver a contribuição da pesquisadora Adriana Maiolini nesta coletânea.

Trabalhar no Brasil talvez fosse uma boa oportunidade para um arquiteto que vinha experimentando soluções com áreas abertas, dado o clima mais ameno que o europeu. Assim como Goodwin (1943), coloca que a arquitetura moderna brasileira teria nas adaptações ao clima seu diferencial nacional, esse fator pode ter sido importante para as proposições de Rudofsky.

As residências foram realizadas entre 1939 e 1941. Nelas o pátio tem função central no programa, é incluído como uma extensão dos ambientes internos, articula espaços e sendo estruturado de maneira a convidar à permanência.

A obra da residência Hollenstein foi uma ampliação sobre a casa já existente, a julgar pelas fotos um sítio, em Itapecerica. Há poucos registros sobre esse trabalho e a intervenção não parece ter sido radical em relação ao partido da construção existente, assim não foi possível identificar ao certo qual seria a parte original da construção e qual a alteração proposta por Rudofsky.

Os cômodos são dispostos na planta de cerca de $500m^2$ em uma tipologia parecida com um H, articulados por pátios com áreas generosas e terraços. Os terraços comunicam as áreas fechadas com os pátios, fazendo da transição para o espaço aberto uma mudança gradativa. Existem poucos espaços de convivência que sejam fechados: uma sala de estar é indicada na planta, ligada aos outros cômodos por um *hall* e um terraço, mas cercada por outra área avarandada, tão grande quanto o espaço interno e equipada com uma lareira externa. Esse terraço é uma sala tanto quanto o cômodo fechado que lhe dá acesso.

A entrada principal se dá também por um terraço, voltado para o pátio principal. Todos os cômodos podem ser acessados pelas áreas cobertas, mas há uma centralidade indiscutível do pátio, mesmo para ligar ambientes. As varandas em volta dele tem também função de articulação, uma delas indicada como "terraço de jantar" é também a circulação que liga os cômodos fechados. A outra funciona como ligação entre os setores de serviços da casa, cozinha, garagem e dependência de empregados, com os outros espaços internos.

Mesmo utilizando-se de materiais e técnicas comuns a casa apresenta na disposição dos cômodos articulações bastante inusuais e a relação absolutamente particular entre espaços internos e externos, que se relaciona fortemente com os outros projetos de Rudofsky aqui analisados.

A relação entre interior-exterior é marcante também na residência Frontini. O projeto executado tem cerca de $800m^2$, implantado em um terreno de $1600m^2$, sem recuo no fundo do lote. Há uma clara divisão entre área construída e o amplo jardim da frente, diferente do projeto da residência Hollenstein, onde espaços internos e externos se misturam de maneira geral. Mesmo com essa grande área livre a casa ainda tem pátios, aqui mais uma vez ficando claro que esse elemento na arquitetura de Rudofsky tem funções específicas que o diferenciariam do jardim usual.

O programa se distribui em dois pisos, em uma distinção bastante convencional: as áreas de convivência se localizam no piso térreo, enquanto dormitórios ficam no segundo andar. A centralidade da casa é o pátio interno, envolta do qual se localizam as salas e também os quartos, no segundo piso.

Outras áreas abertas, criadas pelos recuos laterais, se relacionam com a casa. Há também aqui o terraço destinado às refeições: novamente uma varanda alongada que liga cozinha e áreas de serviço aos dormitórios. Por ele também se alcança a piscina, discretamente ligada aos fundos da casa e integrada ao jardim pelo desenho de piso e elementos de paisagismo, como um pergolado que a antecede.

A casa apresenta áreas de permanência internas, mais do que no projeto de Itapecerica. Ao lado do terraço de jantar há uma segunda sala de jantar, fechada, e uma sala de estar fica entre o pátio central e o jardim de entrada, dispensando a gradação dos terraços da residência Hollenstein. No entanto a sala de estar é bastante transparente, com portas de correr de vidro, o que faz com que se ligue ao espaço externo da frente, deixando o ambiente iluminado e aberto preponderar. Uma lareira se localiza na parede que separa a sala interna do pátio central, mas é voltada para o pátio, reforçando o convite à permanência na área descoberta.

Outras salas menores, com programas específicos, ocupam o primeiro piso. Apesar de fechadas, estabelecem conexões práticas, como o quarto que funciona como ante-sala do espaço destinado para música e é acessível tanto da sala de estar quanto do terraço, e o acesso da área de serviços ao segundo andar, que facilita a circulação de serviço da casa.

A área destinada a empregados fica no fundo do lote, com espaços também integrados às áreas abertas. Há um jardim destinado aos funcionários, para o qual se voltam os seus dormitórios uma das salas.

O segundo andar tem ainda outros pátios, que circundam os quartos. São espaços com destinações como banho de sol, que aproveitam a laje como área de permanência. Dois pátios são nomeados "pátios do telhado", e um dos terraços superiores é nomeado terraço do empregados, e não apresenta separação física dos outros.

Ainda seguindo os princípios dos projetos comentados, Rudofsky faz a residência para João Arnstein, um industrial judeu de Trieste que acabara de chegar no Brasil. A casa é térrea, dispondo novamente os itens do programa em volta de espaços abertos. Diferente da casa Frontini, onde o terreno é dividido entre área construída e não construída praticamente na metade, na casa Arnstein as áreas fechadas e espaços abertos se misturam mais. Áreas de permanência interna, como sala de jantar e sala de estar, se abrem para um pátio bastante central, intitulado na planta como "sala de jantar externa". Do outro lado, atravessando um terraço que aqui executa a mesma função de gradação entre dentro e fora vista na residência Hollenstein, chega-se ao pátio intitulado "sala de estar". Os dois pátios nomeados com funções geralmente internas, e aqui repetidas, são muito maiores do que seus correspondentes internos e parecem muito mais convidativos, com o cuidado de escolha da vegetação e desenho de piso, como um layout.

As áreas abertas são claramente designadas na planta como espaços com programas, como mostra a parede que separa a sala de jantar externa da circulação lateral que liga a área de serviços ao fundo da casa. A parede é um elemento vazado, permitindo transparência e interligação das plantas do jardim, mas tem papel de separação entre duas áreas externas que desempenham funções diferentes, assim como se divide um dormitório de uma sala. A divisão sutil é extremamente funcional e importante para reforçar o uso, improvável em construções mais convencionais, que Rudofsky propõe.

Não parece haver, tão pouco, a preocupação com a transparência que aparece na residência Arnstein quando os pátios são cercados por paredes, não vidraças. Há ainda terraços, onde, ai sim, dá-se a interligação visual entre elementos através de portas de vidro e janelas. O tratamento desses pátios é diferente do usual para jardins, como vistas da sala, constitui mais um diferencial que contribui para a compreensão de que Rudofsky está propondo um outro uso.

As plantas das residências incluem mais de um pátio, com funções específicas por vezes, ligadas ao programa da habitação, como é o caso da residência Arnstein, onde os espaços abertos são nomeados na planta de acordo com programas comumente resolvidos em ambientes fechados. No caso deste exemplo claro e também na sugestão espacial presente nas outras residências, os pátios são espaços de permanência. Essa função é evidenciada tanto por elementos, como a lareira no pátio da residência Frontini, quanto pelo conjunto de espaços e a forma pela qual são articulados. No caso da residência Hollenstein os terraços que interligam dormitórios e espaços menores ficam ao redor de um pátio central, localizado como uma sala de estar, sugerindo assim esse uso.

A análise dos projetos traz os pátios como os elementos mais fortes das propostas, constituindo uma característica marcante acima das outras soluções empregadas por

Rudofsky nessas habitações. Mesmo a escolha de materiais e métodos construtivos é bastante simples, utilizando técnicas, materiais e mão de obra locais. Assim é provável que sejam os pátios os elementos diferenciadores da arquitetura de Rudofsky em São Paulo, que levem Guarneri a comentar que seu trabalho na cidade, somado ao realizado na Itália, seria suficiente para que Rudofsky fosse um arquiteto famoso no modernismo da América do Norte, na década de 1940 (Guarneri, 2003).

A grande quantidade de área aberta que os pátios de Rudofsky trazem possibilita ainda experimentações com jardins, espaço da habitação que era colocado em debate desde as soluções de paisagismo de Mina Klabin nas construções de Gregori Wachavchik, e é retomado em diversos momentos. Rudofsky coloca o jardim mais próximo das funções internas da casa, junto com o pátio, alterando o papel do espaço aberto no programa da residência, como colocado. Essa mudança fica clara no exemplo citado da residência Arnstein: os pátios são nomeados com funções e há também as indicações de vegetações de cada ambiente. A combinação traz possíveis experimentações com os jardins, por exemplo quando se pensa que um deles será especificamente o ambiente de brincadeiras dos filhos dos moradores.

No artigo *Notes on Pátios,* Rudofsky apresenta ao público norte-americano essas três casas, em um texto composto por introdução e descrições das residências, ilustradas por desenhos e fotografias. A introdução do texto traz aspectos mais gerais da crítica de Rudofsky, por exemplo o comentário sobre os costumes da época:

> As coisas com as quais o homem se cerca são, contrariamente à aparência, cada vez menos determinadas por considerações práticas, mas vêm se tornando símbolos do esforço dos homens em busca de prestígio social mais alto. O prevalecer da tendência de vendas tecnológicas reflete esse conflito pela perfeição. Arquitetos podem encontrar uma indicação de como seus sonhos de um pós-guerra próspero podem desintegrar no fato de que o planejamento – ou devemos dizer o projeto? – de casas, tanto feitas para cliente quanto produzidas em massa, está escorregando mais e mais das suas mãos para as mãos do design industrial, que vai obter mais sucesso não apenas por ser treinado em métodos propagandísticos mas mais ainda porque ele é completamente poupado do fardo de qualquer conhecimento arquitetônico (Rudofsky, 1943b).

Aqui a defesa de Rudofsky, falando em nome da modernidade ao seu modo e em prol da sua aplicabilidade em todas as áreas da produção e da vida, segue a mesma linha percebida nos artigos das revistas *Domus* e *Casabella* analisados.

Os pátios são colocados em evidência no artigo, confirmando a importância que tem nos projetos. Rudofsky faz a defesa desse elemento, colocando ainda que "o pátio é um dos artifícios mais antigos da arquitetura. Ele pode ser encontrado em todas as grandes civilizações. Hoje ele está em evidência na América Latina, África do Norte, Europa e no leste próximo e distante". Aqui seus conhecimentos de viagens parecem estar presentes, assim sua teoria e sua experimentação prática se unem.

Em São Paulo, Rudofsky teria ainda projetado uma quarta residência que não foi construída, a residência Marsicano, que teria apresentado no Salão de Maio.[9] Há poucos registros sobre o projeto, mas parece seguir os mesmos princípios dos três anteriores. Ainda no Salão de Maio, Rudofsky apresentou dois trabalhos: um desenho intitulado "Estudo para vitrine", e uma maquete de residência intitulada "casa rústica". São ambos identificados como feitos na Áustria, o que afasta a hipótese de que fossem a vitrine da loja de relógios Jean-Richard e a residência Marsicano.

A vitrine da loja de Relógios Jean-Richard foi projetada por Rudofsky em associação com a Studio Casa e Jardim, para o suiço Mr. Kocher. A obra foi publicada na edição número 89 da revista paulista *Acrópole*, de julho de 1939. A matéria apresenta vitrines internas e externas e é composta por imagens e referências de autores, sem textos, exceto a loja Olivetti. É possível que outras obras vinculadas ao Studio Casa e Jardim fossem publicadas pela *Acrópole*, e daí a aproximação de Rudofsky com a revista. De qualquer maneira vale notar que seu trabalho é divulgado rapidamente por essa publicação, que destaca seu nome.

Nesta obra a referência mediterrânea que se vê nos programas das residências não aparece com a mesma clareza. Há, no entanto, uma continuidade na discussão acerca da relação entre áreas internas e externas que Rudofsky propõe nas casas: a presença dos diferentes tipos de vidro na fachada cria desenhos e transparências, de dentro só é possível então ver o lado de fora pelo recorte de vidro liso. Os tijolos de vidro que emolduram essa faixa permitem a entrada da luz de dia, mas não a visibilidade da área externa. À noite, ao contrário, a luz da loja ilumina a rua por toda a área da fachada.

Em São Paulo, o tcheco fez ainda outros trabalhos, como uma pequena loja e o logotipo da rede Fotoptica. Não foram encontrados registros do projeto arquitetônico, apenas o logotipo que segundo Hugo Segawa, em depoimento à Guarneri (Guarneri,

9 No catálogo da última edição do Salão de Maio, onde segundo Guarnieri o projeto da residência teria sido apresentado, não constam tais materiais;

2007, p. 281), foi usado até a década de 1970.[10] Desenhou ainda três diferentes tipos da sandália de plataforma, executados por Dino Busso, todas presas ao pé por tiras entre o dedo polegar e médio, e uma delas contando ainda com tiras laterais. Hoje os três pares estão no *Fashion Institute of Technology* de Nova York.

Ainda vinculado ao Studio Casa e Jardim, Rudofsky apresentou alguns móveis, peças que foram publicadas na mesma edição da revista *Acrópole*, de junho de 1939. Um deles, o "divan portátil para jardim", remete aos móveis descritos por Rudofsky no artigo da revista *Domus* "Não é necessário um novo modo de construir – é necessário um novo modo de viver", os "*cline*".

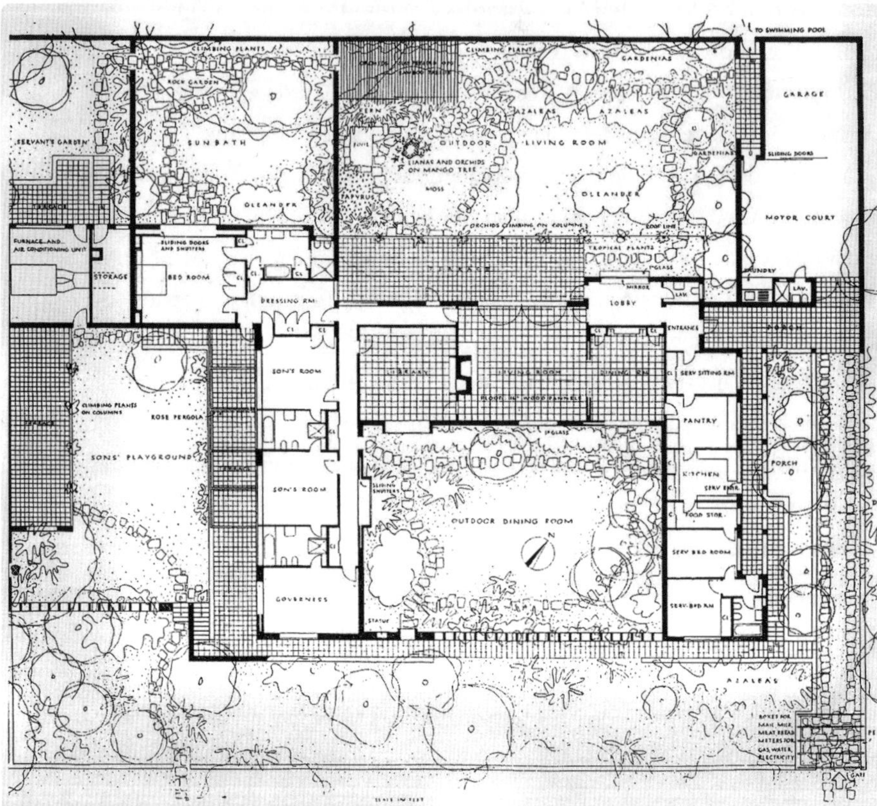

Figura 4. Residência Arnstein (planta). Artigo "Notes on Patios", de Bernard Rudofsky. Revista *New Pencil Points*, XXIV, jun. 1943, p. 50 (recorte).

10 Em seguida foi substituído por um projeto bastante elogiado do designer Alexandre Wollner, que manteve o princípio da proposta gráfica de Rudofsky e a partir dela compôs a sua.

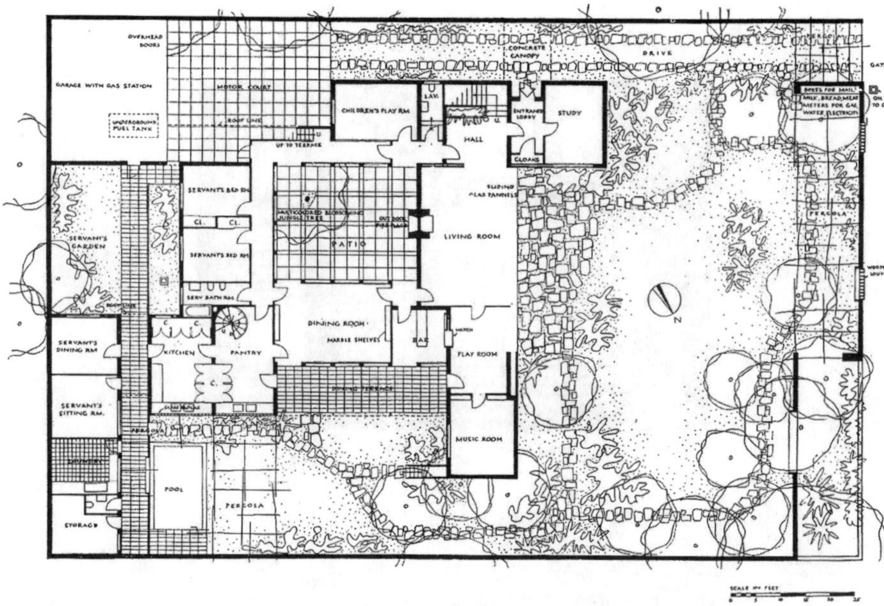

Figura 5. Residência Frontini (planta). Artigo "Notes on Patios", de Bernard Rudofsky. Revista *New Pencil Points*, XXIV, jun. 1943, p. 54 (recorte).

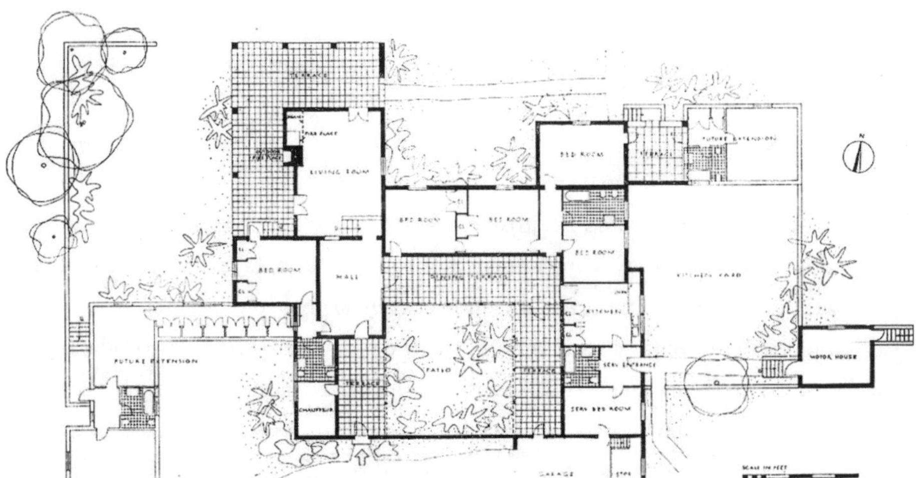

Figura 6. Residência Hollenstein (planta). Artigo "Notes on Patios", de Bernard Rudofsky. Revista *New Pencil Points*, XXIV, jun. 1943, p. 65 (recorte).

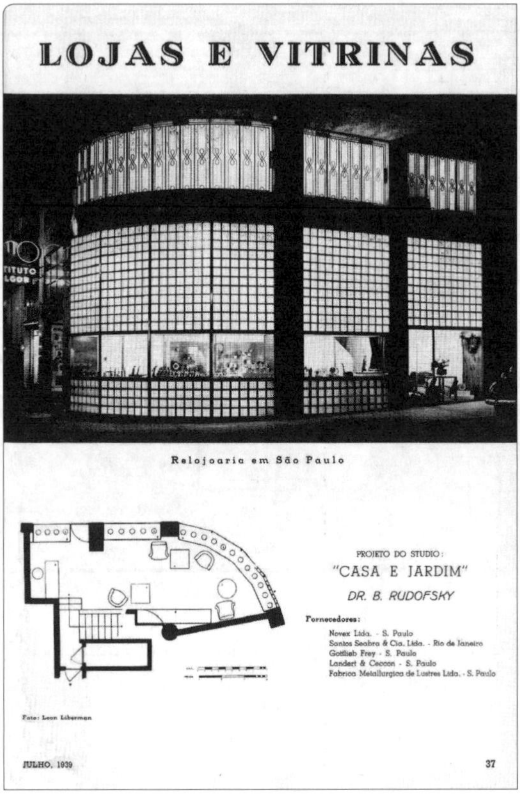
LOJAS E VITRINAS

Relojoaria em São Paulo

PROJETO DO STUDIO:
"CASA E JARDIM"
DR. B. RUDOFSKY

Fornecedores:
Novex Ltda. - S. Paulo
Santos Seabra & Cia. Ltda. - Rio de Janeiro
Gottlieb Frey - S. Paulo
Landert & Ceccon - S. Paulo
Fabrica Metallurgica de Lustres Ltda. - S. Paulo

Foto: Leon Liberman

JULHO, 1939 37

Figura 7. Artigo "Lojas e Vitrinas. Relojoarias em São Paulo". Revista *Acrópole*, jul. 1939, p. 37.

Conclusão

A análise aproximada dos escritos de meados de 1938 e dos projetos de Rudofsky realizados em São Paulo nos anos imediatamente posteriores leva a crer, não apenas por essa suposta peça "cline", que há grande coerência entre o pensamento escrito e as experimentações práticas do arquiteto. A partir de uma teoria particularizada, ligada à sua formação moderna, suas experiências pessoais (especialmente as viagens) e seu interesse pela arquitetura vernacular, Rudofsky compõe proposições que são defendidas nos textos e experimentadas em suas obras: os pátios idealizados em ilhas gregas nos artigos italianos tem desenhos à mão livre muito próximos aos projetos arquitetônicos construídos; a racionalidade do projeto de Loos que permite a intuição do todo a partir da parte é buscada na articulação de seus projetos.

Apesar de pouco estudados, esses projetos realizados configuram uma produção consideravelmente grande de obras, tanto pensando nas possibilidades e no tempo de execução de três casas em São Paulo no final da década de 1930, quanto considerando a média de produção arquitetônica de Rudofsky como um todo. O advento dessas encomendas no contexto histórico hostil em que se deram, de guerra e perseguição, depõe a favor do reconhecimento profissional de Rudofsky e capacidade de articulação na nova cidade. As redes de contatos que estabeleceu, para além dos vínculos nacionais ou étnicos, é também um aspecto interessante percebido e que mereceria estudos mais aprofundados.

A possível inovação que a arquitetura dos pátios pudesse ser na década de 1940 na capital paulista é interessante na medida em que mostra que a cidade recebeu as obras inovadoras desse arquiteto viajante, que de fato permaneceu em São Paulo por um tempo grande, considerando seus hábitos nômades. Essas obras foram ainda consideravelmente comentadas, na época inclusive, e selecionadas pelo próprio Rudofsky, anos depois, para serem apresentada ao público americano através do artigo na revista *New Pencil Points*.

A suposta desenvoltura de Rudofsky tem seus méritos próprios, mas sua produção abundante parece ser também relacionada às particularidades de São Paulo no período. Assim, através da revisão desse personagem viajante e versátil, pouco explorado pela historiografia, é possível contribuir com a composição de um cenário maior de possibilidades, aproximações e estranhamentos na atuação de imigrantes no campo profissional no final da década de 1930 em São Paulo.

Bibliografia

ANELLI, Renato Luiz Sobral. "Mediterráneo en los trópicos". *Block*, n. 4, 1999.

_______. "Interlocuções com a arquitetura italiana". *Boletim Oculum*, vol. 2, n. 6, p. 3, 1997.

BRUAND, Yves. *Arquitetura contemporânea no Brasil*. São Paulo: Perspectiva, 1981.

CALABI, Donatella. "Un arquitecto italiano en San Pablo". *Block*. n. 4, dez. 1999, p. 104-109.

CARDOSO, Sérgio. "Olhar viajante (do etnólogo)". In: NOVAES, A. (org.). *O Olhar*. São Paulo: Companhia das Letras, 1989.

CURTIS, William J. R. *Modern architecture sinse 1900*. Londres: Phaidon, 1982.

DEBENEDETTI, Emma e SALMONI, Anita. *Arquitetura Italiana em São Paulo*. São Paulo: Perspectiva, 1981.

DOORDAN, Dennis P. *Building modern Italy – italian architecture 1914-1936*. Princeton: Princeton Architectural Press, 1988.

FERRAZ, Geraldo. *Warchavchik e a introdução da nova arquitetura no Brasil: 1925 a 1940*. São Paulo: Museu de Arte de São Paulo, 1965.

GOODWIN, Philip L. *Brazil Builds – Architecture new and old 1652 – 1942*. New York: Museu de Arte Moderna, 1943.

GREGOTTI, Vittorio. *New directions in italian architecture*. Londres: Studio Vista, 1968.

GUARNERI, Andréa Bocco. *Bernard Rudofsky – A Humane designer*. New York: Springer Wien, 2003.

______. "The art of dwelling". In: ARCHITEKTURZENTRUM Wien. *Lessons from Bernard Rudofsky: life as a voyage*. Basel: Birkhäuser, 2007.

LIRA, José Tavares Correa de. *Mocambo e Cidade. Regionalismo na Arquitetura e Ordenação do Espaço Habitado*. Tese de doutorado. São Paulo, FAU-USP, 1997.

______. "Ruptura e Construção – Gregori Warchavchik 1917 – 1927". *Novos Estudos*, 78, p. 145-67, 2007.

______. *Fraturas da Vanguarda em Gregori Warchavchik*. Tese de livre docência. São Paulo, FAU-USP, 2008.

MOHOLY-NAGY, Sibyl. *Native genius in anonymous architecture*. New York: Horizon Press, 1957.

MONNIER, Gérard. "O olhar do estrangeiro/Le regard de l'étranger". *Óculum*, n. 4, 1993.

PINHEIRO, Maria Lucia Bressan. *Modernizada ou moderna? Arquitetura em São Paulo, 1938-1945*. Tese de doutorado. São Paulo, FAU-USP, 1997.

PORTA, Paula (org.). *História da cidade de São Paulo*. São Paulo: Paz e Terra, 2005.

RUDOFSKY, Bernard. "L'architettura_comincia com um pavimento". *Domus,* n. 122, 1938a.

_______. "Rapporti". *Domus,* n. 122, p. 1-8, 1938b.

_______. "Idee d'architetto". *Domus,* n. 122, 1938c.

_______. "Quattro esempi di diardini". *Domus,* n. 122, 1938d.

_______. "Uma villa". *Domus,* n. 122, 1938e.

_______. "Problema". *Domus,* n. 123, 1938f.

_______. "Scoperta di um'isola". *Domus,* n. 123, 1938g.

_______. "Non ci vuole um nuovo modo di costruire ci vuole um novo modo di vivere". *Domus,* n. 123, 1938h.

_______. "Panorama negativo". *Domus,* n. 124, 1938i.

_______. "Tre donne e la casa". *Domus,* n. 124, 1938j.

_______. "La moda: abito disumano". *Domus,* n. 124, 1938k.

_______. "Varazione". *Domus,* n. 124, 1938l.

_______. "Origine dell'abitazione". *Domus,* n. 124, 1938m.

_______. "Fine della città". *Domus,* n. 124, 1938n.

_______. "Cantieri di Rio de Janeiro". *Casabella,* n. 136, 1939a.

_______. "Studio Casa e Jardim". *Acrópole,* 1939b.

_______. "Lojas e Vitrinas. Relojoarias em São Paulo". *Acrópole,* 1939c.

_______. "Edifício comercial em San Pablo". *Nuestra Arquitectura,* n. 9, Buenos Aires, 1939d.

_______. *Exposição Ernesto De Fiori.* São Paulo: Galeria Casa e Jardim, 1941.

_______. "Give us our dining room". *Interiors,* 1942.

_______. "On architecture and architcts. An adress delivered at the invitation of the Fogg Museum, at the Boston Museum of Art, in the course of the exhibition of Brazilian Architecture Brazil Builds". *New Pencil Points,* 1943a.

_______. "Notes on Pátios". *New Pencil Points,* 1943b.

_______."Three patio houses". *New Pencil Points,* 1943c.

_______. "House at São Paulo". *The Architectura Review,* 1944.

_______. "How they sell watches in Brazil". *Interiors,* 1945.

_______. "The art of display". *Interiors,* 1946.

_______. *Architecture without architects – a short introduction to non-pedigreed architecture.* New York: Doubleday, 1964.

_______. "Nota". *Mirante das Artes,* n. 3, 1967.

RUBINO, Silvana. *Rotas da modernidade: trajetória, campo e história na atuação de Lina Bo Bardi.* Tese de doutorado. Campinas, IFCH-Unicamp, 2002.

SEGAWA, Hugo. "Modernidade Pragmática – uma arquitetura dos anos 1920/40 fora os manuais". *Projeto,* São Paulo, n. 191, 1995.

STUCHI, Fabiana Terenzi. *Revista Habitat: um olhar moderno sobre os anos 50 em São Paulo.* Dissertação de mestrado. São Paulo, FAU-USP, 2007.

SCHORSKE, Carle. *Viena fin-de-siècle – política e cultura.* São Paulo: Companhia das Letras, 1988.

WIT. Wim de. "Rudofsky's Disconfort: a passion for travel". In: ARCHITEKTURZENTRUM Wien. *Lessons from Bernard Rudofsky: life as a voyage.* Basel: Birkhäuser, 2007.

Fotógrafos estrangeiros na cidade: Werner Haberkorn, Hildegard Rosenthal e Alice Brill

Mariana Guardani

Este artigo é parte de pesquisa de mestrado, realizada junto à Faculdade de Arquitetura e Urbanismo e finalizada em 2011 sob o título "Fotógrafos estrangeiros na cidade: campo profissional e imagem fotográfica em São Paulo, 1930-60", para a qual abordou-se a formação da imagem fotográfica da cidade de São Paulo através de aproximações feitas por três fotógrafos estrangeiros refugiados da Alemanha quando da ascensão do partido nazista ao poder nos anos iniciais da década de 1930. Deslocando-se por interesses econômicos, profissionais ou laços familiares, a chegada de Werner Haberkorn, Hildegard Rosenthal e Alice Brill coincide com um período particular da história local, em que a atmosfera urbana, econômica, social e cultural atingiram elevado grau de transformação, mobilizando grandes investimentos na cidade. Mais do que uma catalogação inscrita em trajetórias isoladas, a pesquisa tratou de verificar de que maneira a preferência por determinados aspectos de composição gráfica e formal, articulara-se às operações circunstanciadas aos espaços discursivos, ou de produção próprias a cada núcleo da prática da fotografia em que estes personagens se inseriram, consolidando-os como significativos contributos ao desempenharem importante papel na construção da fotografia enquanto campo profissional em perspectiva.

A pesquisa se estrutura seguindo uma linha específica de conceitos que envolvem temas a respeito da cidade de São Paulo, o estrangeiro, a questão da imigração, os meios da arte e do intercâmbio cultural à luz das práticas e construção de um campo profissional da fotografia na cidade. Os estudos iniciais orientaram-se para a hipótese e o desejo de encontrar possíveis particularidades de um olhar estrangeiro nas fotografias produzidas por Werner Haberkorn (1907-1997), Hildegard Rosenthal (1913-1990) e Alice Brill (1920-), certos de que seu trabalho poderia nos revelar determinada imagem da alteridade: elementos distintos das abordagens feitas por fotógrafos nacionais, manifestando diferentes possibilidades de contato, conhecimento e apropriação do lugar a partir de novos ângulos de visão e horizontes de perspectivas da cidade. Se o contato mais intenso com os acervos revelou a complexidade e a pluralidade do olhar destes fotógrafos, e sua irredutibilidade à condição estrangeira, algo de sua experiência profissional os aproxima enquanto grupo.

Os meados do século XX na cidade de São Paulo observaram o alargamento da demanda por técnicos especializados na produção de imagens. As atenções voltadas à importância da fotografia para os veículos de informação e comunicação transbordaram para as páginas dos jornais, revistas, registros de arquitetura, a indústria e a propaganda. O pesquisador e historiador da fotografia, Boris Kossoy, alerta para o envolvimento de muitos imigrantes nesses novos circuitos de produção fotográfica, os quais, por conhecerem as técnicas, estabeleceram-se com relativa facilidade no campo profissional, formando importantes estúdios fotográficos. Alice Brill, Curt Schulze, Fredi Kleeman, Hans Günther Flieg, Hildegard Rosenthal, Marcel Gautherot, Peter Scheier e Werner Haberkorn[1] são alguns dos principais nomes que, além de terem documentado "de forma marcante o estágio por que passava o país em suas estruturas socioeconômicas naquele período pós-guerra" (Kossoy, 1983, p. 886), contribuíram significativamente para a renovação estética e profissional da fotografia em perspectiva e em território nacional.

Segundo Helouise Costa e Renato Rodrigues da Silva, além da ampliação do mercado de trabalho, tais profissionais tiveram papel decisivo no processo de valorização do uso das imagens nos meios de cultura e comunicação, não mais as limitando à mera ilustração ou documentação, mas conjugando-as como responsável na construção de narrativas visuais. Nesse processo, a experimentação artística vivenciada pioneiramente na Europa, e na Alemanha em particular, com o recurso de novas formas de enquadramento, articulação geométrica do espaço, adoção de *closes* acentuados, ângulos inusitados, contraluzes e contrastes intensos, auxiliam nesse processo de redimensionamento cultural da imagem fotográfica. Novos recursos técnico-estéticos e novos usos da fotografia que redefiniriam o lugar profissional ocupado pelo fotógrafo, cada vez mais distante da subcategoria até então a ele atribuída: homem inculto, de baixa remuneração e socialmente marginalizado (Costa & Silva, 2004, p. 99).

A importância cumprida pela fotografia nas páginas impressas de jornais e revistas pode ser observada desde os anos iniciais do século XX no período correspondente à República de Weimar, na Alemanha, entre os anos 1918 e 1933. Se de um lado a República de Weimar mergulhava em problemas econômicos, urbanos, políticos e sociais

1 Muitos deles alemães de origem judaica, ou ligados indiretamente ao grupo, que, de todo modo, formou-se culturalmente na Alemanha de Weimar.

– resquícios de um país derrotado –, de outro, carregava em si as marcas de um novo ânimo, que repercutiram positivamente na intensificação de sua produção cultural. O período, mesmo breve, observou a construção de uma produção cultural sofisticada, digna de agrupar-se em torno do suposto misticismo que caracterizou e envolveu alguns grupos de artistas formados em Weimar (Gay, 1978, p. 184). Motivados inclusive pelas contradições da época, jovens artistas e intelectuais reuniam-se em torno de um espírito contestador, opondo-se ao academicismo formalista, e tornando fértil o debate das vanguardas artísticas que vinham construindo um campo desde a Alemanha de Guilherme II (1888-1918): "o espírito liberal que se estabelece na Alemanha durante esse breve período, permite um florescimento extraordinário das artes e das letras" (Freund, 1986, p. 101).

Efervescência cultural e extrema consciência política da sociedade eram características generalizadas por toda a Alemanha. Foi intensa a produção artística e cultural naquele período. De certo modo, todo este campo propício às experimentações artísticas já vinha se constituindo antes mesmo de 1918, mas é neste momento que foi possível encontrar êxito, o que acabou por estabelecer fundamentos de um ideal moderno aos mais variados campos.[2] A fotografia não ficaria imune. Numa reação contrária às atitudes, de certa maneira, caprichosas, dos fotógrafos pictorialistas (os quais buscavam a perfeição da imagem registrada, intervindo sobre os negativos, manipulando as fotos e tratando-as como pintura), os fotógrafos alemães formados na República de Weimar manifestaram-se a partir de uma nova postura ante a prática e abordagem da imagem fotográfica. Encabeçados por Lásló Moholy-Nagy, August Sander (destacado pelos retratos de temática sobre o realismo social), Albert Renger-Pazsch e Hans Günther (os quais abordavam imagens a respeito do movimento operário), esse grupo formou-se sob a bandeira da Nova Visão, Nova Fotografia ou Foto Modernista, termos estes significantes de uma nova abordagem estética: *Neue Sachlichkeit*, ou Nova Objetividade[3] (Richard, 1988, p. 261). A ascensão de Hitler ao poder em 1933 pôs fim a toda aquela

---

2 "O surgimento das vanguardas alemãs é muito anterior aos acontecimentos revolucionários de 1918-1919, ainda que estes últimos tenham exercido efeito de aceleração por vezes relevante" – expressionismo alemão teve início em 1905 a partir de práticas artísticas dos movimentos *Die Brücke* (1905) seguido de *Der Blauer Reiter* (1911), ambos anteriores à República Weimar. In: Dupeux, 1992, p. 69-70.

3 Motivados por novas formas de enquadramentos, pureza formal, *closes* acentuados, adoção de ângulos inusitados, contra-luzes, contrastes intensificados, todos permeados pela ênfase na temática industrial, a Nova Objetividade atacou os ideais estéticos da elite, rompeu com o período imperial alemão. Ver também: Marien, 2002.

atmosfera favorável que vinha sendo experimentada na Alemanha. Não restou outra escolha aos fotógrafos senão partirem para outros lugares. Paris, Nova York[4] e também São Paulo foram os principais lugares de destino destes profissionais formados naquele espaço de profunda investigação cultural, marca da República de Weimar.

Segundo Boris Kossoy, atribui-se à década de 1850 a inauguração das atividades fotográficas na cidade de São Paulo a partir das práticas de daguerreotipistas.[5] Mas somente em 1862 a cidade fora registrada em um primeiro ensaio fotográfico promovido pelo estúdio Carneiro & Smith, que, ao abrir filial em São Paulo, contratou Militão Augusto de Azevedo (1832-1905) com a finalidade de produzir uma série de vistas urbanas, produção esta pautada com intenções comerciais. Mais tarde, em 1875, Militão abriria seu próprio estúdio fotográfico (*Photographia Americana*) inserindo-se num movimento inaugurado a partir da década de 1860, no qual observou-se a nítida proliferação de estúdios ao redor dos principais centros urbanos do Brasil.[6] As vistas das cidades foram conduzidas ao papel de protagonista dos registros imagéticos de alguns destes fotógrafos, especialmente nos anos iniciais do século XX. Incentivados pela encomenda do setor público, muito desejoso em divulgar o desenvolvimento dos principais núcleos urbanos do país, estes profissionais eternizaram suas imagens seja em cartões-postais ou mesmo em álbuns sobre as cidades, fundamentados em acento elogioso e propagandista. Ainda assim, empresas estrangeiras instaladas no Brasil e responsáveis pela execução de obras de infraestrutura local, ao solicitarem o registro de suas obras para controle técnico e acompanhamento à distância, a exemplo de *The São Paulo Tramway and Power Company* e da *São Paulo Railway*, contribuíram para o desenvolvimento do exercício da fotografia e de muitos dos fotógrafos aqui estabelecidos.[7]

---

4 Em Paris, a revista *Vu*, fundada em 1928, rompeu com os usos tradicionais da fotografia e impulsionou para cumprir papel principal nas folhas impressas. Em todo caso foi nos Estados Unidos que a fotografia de imprensa encontrou seu êxito triunfante. As imagens ocuparam os espaços impressos das suas principais revistas: *Time*, de 1929 e *Life*, de 1936, as quais absorveram as estéticas modernas da fotografia, seguindo a linha das propostas alemãs.

5 Segundo o autor, faziam parte deste grupo Manuel José de Bastos, Inácio Mariano da Cunha Toledo, Henrique Deslandes e Jesus Christo Müller. Kossoy, 2004, p. 394.

6 A partir deste momento, destaca-se uma série de profissionais fotógrafos, muitos dos quais estabeleceram seus próprios estúdios fotográficos: Carlos Hoenen, Pedro Hoenen, Theodor Preising, Alberto Henschel, Jean Georges Renouleau e Valério Vieira

7 Guilherme Gaensly insere-se neste contexto, juntamente com outros profissionais. "Frederic Manoel foi contratado para registrar a construção do Viaduto Santa Ifigênia. Hensler & Kowalsky, Lindemann, Otto Rudolph Quaas e P. Doumet foram outros fotógrafos que registraram obras de infraestrutura" (Gouveia, 2008, p. 219).

As décadas iniciais do século XX se destacam, portanto, por ter lançado as bases do que seria a formação de um mercado fotográfico no país, especialmente no que diz respeito à constituição de um campo profissional na cidade de São Paulo alguns anos mais tarde (Palma, 2003, p. 44). Em todo caso, os usos da fotografia não se limitaram a estes circuitos comerciais. Já nos anos iniciais do século XX, a importância da fotografia transbordou progressivamente para as páginas impressas de revistas e jornais. Helouise Costa e Renato Silva valorizam a importância que tiveram, nestes termos, a *Illustração Brasileira*, de 1901 e a revista *Kosmos*, fundada em 1904[8] a qual, pautada pelo luxo na qualidade da impressão feita em papel couchê, propunha a união entre questões de atualidades e ênfase literária. No entanto, nesse período, a profissão do fotógrafo ainda se ressentia da afamada falta de prestígio social e marginalização.

De todo modo, a difícil tarefa de valorização do campo profissional do fotógrafo em termos nacionais, sobretudo nos veículos da imprensa, coube, principalmente, ao empenho da revista *O Cruzeiro*. Fundada em 6 de dezembro de 1928 e apoiada pelo jornalista e empresário Assis Chateaubriand em associação de ânimos com Getúlio Vargas, o qual presumia possibilidades práticas de obter vantagens para o seu futuro político, a revista estabeleceu-se a partir de uma série de enérgicos esforços.[9] Diversidade das fontes era o que compunha o conteúdo imagético de *O Cruzeiro*. Desde aquelas fotografias realizadas pelo fotógrafo contratado pela revista, Edgard Medina, passando por fotografias pictorialistas praticadas pelo grupo carioca do *Photo Club Brasileiro*, ou mesmo outras adquiridas de agências fotográficas estrangeiras ou cedidas por estúdios os mais diversos (Costa, 1998, p. 114). Empenhado em desenvolver qualitativamente a revista *O Cruzeiro*, Jean Manzon[10] (1915-1990) promoveu em 1940 as bases do que seria necessário para a tão desejada transformação em termos de

8 Além destas, detacam-se ainda a revista *Fon-Fon*, de 1907 e *A Cigarra*, fundada em 1914.

9 "A alta qualidade gráfica idealizada por Assis Chateaubriand para *O Cruzeiro* levou à escolha do sistema de rotogravura em quatro cores para a impressão das sessões mais nobres da revista sobre papel *couché*. Porém, como se tratava de uma tecnologia ainda não disponível no Brasil, optou-se pela impressão da *Cruzeiro* em Buenos Ayres" (Costa, 1998, p. 113).

10 "O pivô desta reformulação foi o fotógrafo francês Jean Manzon, que se integrou à publicação em 1943. Ex-fotógrafo da revista francesa *Paris Match*, chegou ao Brasil em 1942. A partir de 1943, junto com o jornalista David Nasser, criou uma nova linguagem visual, promovendo uma mudança radical nos padrões da revista. Nasser-Manzon foi uma das duplas mais importantes na produção das grandes reportagens" (Gouveia, 2008, p. 91)

conteúdo e, principalmente, estética na revista. Neste sentido, foi nítida a influência da revista norte-americana *Life*.

Se até a década de 1920, a quantidade de estúdios fotográficos e mesmo de profissionais fotógrafos presentes em São Paulo estruturava-se em torno de um campo profissional e técnico ainda em formação, a partir da década de 1940 o cenário mostra-se bastante diverso.

> Os anos 1940 marcaram uma mudança profunda no campo da fotografia brasileira. A implementação de estruturas mais complexas no campo da produção cultural exigiu novas posturas dos fotógrafos e propostas mais antenadas ao que já se produzia no exterior. Sem dúvida, influiu neste quadro a chegada de profissionais estrangeiros, principalmente europeus, refugiados do nazismo e/ou da Guerra (Palma, 2003, p. 48).

Segundo Daniela Palma, o cenário ainda se apresentava, de maneira geral, bastante acanhado, se comparado ao contexto europeu ou estadunidense no mesmo período, mas, ainda assim, existia ali um forte desejo de modernização tanto do campo profissional do fotógrafo como também da linguagem estética da fotografia. Os meados do século XX ultrapassaram o pequeno mercado ou clientela característicos de momentos anteriores na cidade e puderam observar o alargamento na demanda por técnicos especializados na produção de imagens para os diversos fins. As atenções voltadas à fotografia transbordaram para as páginas dos jornais, revistas, registro de arquitetura, indústria e veículos de propaganda. E, neste sentido, é inegável o papel que tiveram para o desenvolvimento da fotografia local os muitos estrangeiros que para aqui emigraram.

É interessante observar a aglutinação dos estrangeiros que conjugaram importante papel para o desenvolvimento da fotografia local em dois núcleos migratórios distintos. Jean Manzon, Henri Ballot, Marcel Gautherot e Pierre Verger compunham o grupo dos franceses, para os quais a migração foi impulsionada seja pela Guerra ou mesmo por outro tipo de interesse, haja vista o caso de Marcel Gautherot e Pierre Verger.[11] No grupo dos alemães destacam-se Alice Brill, Curt Schulze, Fredi Kleeman, Hans Günther Flieg, Heinrich Joseph, Hildegard Rosenthal, Leon Libermann, Peter Sheier e Werner Haberkorn, cuja imigração fora impulsionada por perseguições do partido nazista. Encabeçados pelo grupo de imigrantes, uma série de laboratórios e estúdios fotográficos

11 Marcel Gautherot desembarcou em 1940 na cidade de Belém "interessado pelo país após a leitura do romance Jubiabá, de Jorge Amado. Pierre Verger chegou em 1946, depois de quatorze anos consecutivos de viagens ao redor do mundo, sobrevivendo exclusivamente da fotografia" (Gouveia, 2008, p. 65).

foram estabelecidos na cidade: *Foto Paramount*, da húngara Irene Lenthe, *Companhia Litográfica Ypiranga*, *Indústria Gráfica Niccolini*, *Kosmo Foto*, o estúdio fotográfico de Hans Günther Flieg, a *Fotoptica*, da família Farkas, que ainda importava equipamentos fotográficos em geral a partir de outra empresa de sua propriedade, a *Brasport* (Gouveia, 2008).[12] Mesmo sem formação profissional, muitos estrangeiros puderam incorporar-se ao campo fotográfico que localmente se expandia, se diversificava, carecia de atualizações e exigia modernização. "É fato importante de observar que os fotógrafos europeus que chegaram ao Brasil no período não tiveram, de forma geral, grandes dificuldades em conseguir empregos na área e, em poucos anos, boa parte deles já estava estabelecida com estúdios e empresas próprias" (Palma, 2003, p. 48). No novo contexto que tinham diante de si, a fotografia apareceu como rico e diversificado lugar para novas possibilidades e perspectivas aos estrangeiros com ou sem prática ou formação profissional em seus países de origem. Os estudos de Boris Kossoy indicam esta análise. O autor alerta para o envolvimento de muitos imigrantes no país, os quais, por já conhecerem as técnicas, estabeleceram-se com relativa facilidade no campo profissional, formando importantes estúdios fotográficos especialmente concentrados na cidade de São Paulo. Além de terem documentado "de forma marcante o estágio por que passava o país em suas estruturas socioeconômicas naquele período pós-guerra", estes personagens contribuíram significativamente para a construção do campo profissional da fotografia em território nacional, fundado especialmente sob perspectiva de intenções modernas (Kossoy, 1983, p. 886).

As trajetórias de Werner Haberkorn, Hildegard Rosenthal e Alice Brill inserem-se nessa tendência.

Werner Haberkorn

Buscar a formação da imagem de uma cidade a partir de um discurso inserido unilateralmente em séries fotográficas pode parecer, à primeira vista, simplificação da pesquisa no que diz respeito aos termos ou fontes. Mas o fato é que, intencionalmente

12 É importante sublinhar a importância que tiveram, ainda, outros muitos profissionais estrangeiros deslocados para São Paulo a partir da década de 1930, cujos esforços contribuíram para o desenvolvimento da fotografia local: o holandês Sjoerd De Boer, ao realizar trabalhos para as empresas *Shell* e *Henkel*, Leon Liberman ao contribuir para a fotografia de arquitetura, Erns Mandowsky e a fotografia de indústria, Ernst Schauder e Frederico Kikóler na fotografia de publicidade, entre muitos outros cujo mapeamento de suas importâncias para a história local ainda permanecem carentes de pesquisa mais aprofundadas In: Palma, 2003.

ou não, para este profissional recém-imigrado de uma Alemanha cujas cidades estavam desgastadas pelos anos de conflito, as cidades brasileiras em geral, e São Paulo em particular, acabaram por se configurar como promessa de um futuro possível. Mais do que isto, uma promessa profissional.

Werner Haberkorn é tão desconhecido quanto ausente na história da fotografia nacional. Somente esta falta justificaria uma tentativa de aproximação ao personagem. Sobre ele há uma pequena série de artigos publicados no *Diário Oficial* a respeito de sua documentação sobre a cidade de São Paulo,[13] um artigo publicado na Gazeta Mercantil de São Paulo sobre seus cartões-postais (Pavam, 1999), outro artigo publicado no *Boletim Páginas Negras* que trata também de seus postais (Mendes, 1997), um trabalho de final de curso desenvolvido junto ao Departamento de Jornalismo da Faculdade de Comunicação e Artes da USP (Luiz, 2004), laudo técnico de avaliação de sua produção fotográfica e documentos pessoais por parte da Secretaria Municipal da Cultura (Mendes, 1998) e uma entrevista realizada pelo pesquisador Ricardo Mendes (1993). Apesar de conjugarem aproximações fragmentárias, dispersas, quase que exclusivamente biográficas, essas fontes são basilares para o trabalho aqui proposto. Apesar de conjugarem aproximações fragmentárias, dispersas, quase que exclusivamente biográficas, essas fontes são basilares para o trabalho aqui proposto. Isso porque não cabe aqui reivindicar sua posição esquecida pela história, nem heroicizá-lo através de uma produção autônoma, mas, sim, examinar de que maneira suas fotografias contribuíram para a formação de uma imagem da cidade de São Paulo nos meados do século XX e, principalmente, inserí-lo no contexto da formação do campo profissional da fotografia local e suas possíveis contribuições para o setor que localmente se expandia e diversificava.

Werner Haberkorn nasceu em 12 de março de 1907 em Mislowitz, uma pequena cidade localizada na região alemã da Alta Silézia, posteriormente integrada ao território polonês. O contato com a fotografia se fez em sua infância por influência, gosto e a prática amadora de seu pai.[14] Mas Haberkorn não tinha na fotografia a sua profissão.

---

13 Tratam-se de cinco artigos publicados em *Suplemento Especial* do *Diário Oficial* do *Estado de São Paulo*, 24 de janeiro de 2002, p. 1-4: Vânia Carneiro de Carvalho. *A cidade de São Paulo Segundo o fotógrafo Werner Haberkorn*; Solange Ferraz de Lima. *Imagens de São Paulo no acervo do Museu Paulista*; Ricardo Mendes. *Werner Haberkorn e a Fotolabor: editor de postais e fotógrafo comercial*; Yara Lígia Petrella e Sônia Maria Spigolon. *Conservação e restauração da coleção Werner Haberkorn* e Raquel Glezer. *São Paulo em fotos.*

14 O pai de Werner Haberkorn trabalhava com explosivos utilizados na extração de minérios, já que a região de Myslowitz era rica em minas de carvão (Mendes, 1993).

Formou-se engenheiro de máquinas na Alemanha em um momento histórico político e cultural peculiar pelo qual passava o país – a República de Weimar.

Interessado em divulgar São Paulo e Rio de Janeiro à comunidade judaica com destino ao Brasil, o engenheiro de máquinas Werner Haberkorn visitou o país em 1936, trazendo na bagagem fotografia, filme de 16 milímetros, e o interesse pela atividade fotográfica na forma de *hobby*. O resultado desta aproximação constituiu um importante veículo de informação e ilustração de palestras por ele proferidas posteriormente na Alemanha. Acima de tudo, nesta ocasião acabou por realizar rico trabalho fotográfico e documental, material este que, infelizmente, permaneceu em território alemão. Várias podem ter sido as razões pelas quais Haberkorn decidiu emigrar definitivamente ao Brasil em 1937. Em sua entrevista cedida ao Museu Paulista é possível inferir ter sido o impulso atribuído à questão profissional na condição de representante de máquinas para a cidade de São Paulo de uma indústria alemã juntamente a uma fábrica de ferro belga.

É impossível falar sobre Werner Haberkorn, fotógrafo, se não trouxermos à baila uma importante, senão basilar, contribuição. Geraldo Haberkorn, irmão de Werner, tinha na fotografia sua profissão. O diploma adquirido em 1938 pelo Instituto Bermpohl da Alemanha e o então aprendizado do *Sistema Bermpohl* de fotografia lhe renderia terreno fértil para a prática profissional em São Paulo um ano mais tarde. É possível verificar em seu deslocamento para terras paulistanas o desejo de praticar a fotografia no sentido profissional. Geraldo desembarca em 1939 com um exemplar da máquina *Bermpohl* em conjunto com uma fotocopiadora. Iniciou seu trabalho como funcionário da empresa de fotografias Fotóptica.

Na conjuntura dos acontecimentos daqueles anos, o terreno para estabelecer vínculos ou relações entre os países envolvidos com a Guerra não era favorável, especialmente quando se tratava da Alemanha. A dificuldade em importar o maquinário requisitado às vendas nacionais fez Werner Haberkorn retirar-se da incumbência de porta-voz do fabricante alemão ao mesmo tempo em que arriscou-se na prática de outra atividade. Ao esforço de um em dar início a outro exercício profissional somou-se o desejo do outro em montar um laboratório fotográfico próprio. A associação de ânimos dos irmãos Haberkorn, sintomática daqueles anos difíceis de guerra, resultou na criação da empresa Fotolabor, em 1940. Foi assim, então, que os rumos profissionais de Werner Haberkorn o conduziram, através de experimentos autodidatas, à atividade profissional da fotografia e o colocaram entre um dos mais importantes produtores da imagem da cidade nos meados do século XX.

Ao que parece, a Fotolabor funcionava como uma empresa fotográfica, cujas atividades e qualidades inscrevem-na no circuito dos estúdios fotográficos estabelecidos em desde a década de 1940 em São Paulo. A empresa, fundada em 1940 pelos irmãos Haberkorn, desempenhava ampla abrangência de serviços quando o assunto era a fotografia: fotocópias coloridas, fotografias em porcelana, imagens para propaganda, fotografias e desenvolvimento de catálogos para empresas industriais e comerciais, revelações, ampliações, retoques para clichês, reportagens fotográficas, reprodução de documentos, de plantas, de desenhos, e a reprodução de obras de artistas.[15]

Werner Haberkorn deixou uma produção imagética, de temática, produção e veiculação variadas. O Museu Paulista da Universidade de São Paulo reúne mais de 640 itens do autor, diversificados entre produtos iconográficos, material publicitário e papelaria vinculada à Fotolabor, adquiridos de sua filha Vera Flieg. O foco é a cidade entre os anos 1940 e 1960. Segundo a pesquisadora da fotografia Vânia Carneiro de Carvalho, esta "coleção vem preencher uma lacuna nos acervos públicos que apresentam falhas gravíssimas de documentação sobre os diversos campos da produção fotográfica entre os anos 1940 e 1960 [...] as imagens de Haberkorn vêm integrar definitivamente o repertório institucional de representações da cidade de São Paulo" (Carvalho, 2002, p. 1).

Dentre a rica e diversificada produção comercial da empresa, o que se tornou mais notável, além da produção de artigos e fotografias publicitárias, foi a extensa produção de cartões-postais sobre a cidade de São Paulo. O funcionamento da produção destes postais deveu-se, em grande parte, ao empenho do próprio Werner que, consciente dos processos produtivos específicos, por sua formação inicial em engenharia de máquinas na Alemanha, construiu maquinário próprio ao desenvolvimento desta atividade para a empresa de seu domínio. O estúdio movimentava-se como uma pequena fábrica de cartões-postais desde 1940. Isso porque, além do resultado obtido em elevado número de exemplares por tiragem, a empresa operava segundo divisão do trabalho entre cerca de quarenta funcionários distribuídos em cada etapa da produção: revelação, ampliação, tratamentos das fotografias, montagens de catálogos, postais, entre outros (Mendes, 1993).

---

15 "Trabalhei também muito para o Flávio de Carvalho, desenhista e pintor. Eu era o seu fotógrafo. Fotografei também suas peças teatrais e espetáculos, fazendo fotos PB ou coloridas à mão" – dizia Haberkorn em sua entrevista a Ricardo Mendes.

Tributária de uma preocupação comprometida com o êxito comercial, a produção dos postais da Fotolabor, encabeçadas por Werner Haberkorn, traziam temas, formas de composição, tratamento estético, entre outras preocupações coerentes com o interesse turístico e publicitário, e como tal com a rentabilidade do negócio. Neste sentido e por este esforço, a temática da cidade, especialmente São Paulo, parece ter se configurado como um tema promissor para aquele momento. Por esta conjuntura é possível atribuir, então, aos registros aéreos da cidade realizados por Werner uma clara perspectiva comercial. O contato com um amigo, junto ao Ministério da Aviação, permitiu seu sobrevoo na cidade paulistana já na década de 1940 e, com ele, o pioneirismo na produção de cartões-postais com vistas aéreas da cidade.

Figura 1. *Werner Haberkorn*. Viaduto Santa Ifigênia. São Paulo, década de 1950. Acervo do Museu Paulista da USP.

Figura 2. *Werner Haberkorn*. Panorama do centro. São Paulo, década de 1950
Acervo do Museu Paulista da USP

Figura 3. *Werner Haberkorn*. Praça da Bandeira a noite. São Paulo, década de 1950
Acervo do Museu Paulista da USP

Hildegard Rosenthal

A cidade de São Paulo também chamou a atenção de Hildegard Rosenthal (Zürich 1913 – São Paulo, 1990), mas de maneira bastante diferente. Ao menos é essa a impressão que temos quando observamos sua vastíssima obra fotográfica, que compreende cerca de três mil e quatrocentos negativos produzidos ao longo de um curto período de dez anos (1930-1940).

Hildegard Baum nasceu no dia 25 de março de 1913 na cidade de Zürich, durante uma viagem de seus pais à Suíça. Filha mais velha dos alemães Ernst e Anni Baum, foi registrada posteriormente na cidade de Frankfurt, Alemanha, onde cresceu imersa no ambiente cultural movimentado que marcava a República de Weimar (1918-33). Período este que, mesmo após interrupção imposta pela ascensão de Hitler ao governo alemão (1933), não cessou de estender alcance e influência aos muitos artistas das mais diversas atividades que ali se formaram. Este governo, sob a bandeira da democracia, repercutiu positivamente na história daquele país sobretudo pelo intenso incentivo à produção cultural nacional; contexto este descisivo para a formação cultural e profissional de Hildegard Rosenthal.

Aos dezoito anos de idade ingressou no afamado curso de Paul Wolff ainda na Alemanha. Paul Wolff (1887-1951), além de suas atividades profissionais em fotografia, foi, acima de tudo, entusiasta da mais recente inovação em termos fotográficos – a *Leica*, primeira câmera de 35mm portátil.[16] Grande contribuição ao trabalho dos fotógrafos profissionais (e amadores), não resta dúvida. Segundo a revista *Iris*, especializada em assuntos sobre fotografia, Paul Wolff foi o primeiro a usar e a divulgar o uso das máquinas *Leica* (Persichetti, 1982).

Em 1933, Hildegard seguiu para Paris[17] para dar continuidade aos estudos e foi neste momento que conheceu seu futuro marido, Walter Rosenthal, do qual herdou o sobrenome, a cultura judaica e a consequente necessidade de esquivar-se do território euro-

16 Desenvolvida por Oscar Barnack e Max Berek, a Leica começou a ser produzida em 1923, mas somente comercializada a partir de 1925. Além do pequeno formato, o aparelho era capaz de reunir 36 poses em um só filme e ainda sem a necessidade de recarga – uma verdadeira revolução. (Freund, 1974, p. 118).

17 As razões de seu deslocamento se dividem entre as fontes biográficas referentes. De um lado, em depoimento concedido ao Museu da Imagem e do Som, a fotógrafa afirma dever-se ao seu interesse em cursar francês. De outro, em entrevista realizada por Paula Scarpin Gonçalves, Dorothéa Rosenthal (filha de Hildegard), revela a conquista de sua mãe em obter incentivos financeiros para completar o curso de pedagogia na cidade de Paris (Gonçalves, 2007, p. 28).

peu, encontrando refúgio em 1937 na metrópole tropical, São Paulo. Foi também em Paris que conheceu o pintor e gravurista Jankel Adler (Tuszyn, Polônia, 1895 – Whitley Cottage, Inglaterra, 1949), que cumpriu papel fundamental em sua trajetória profissional ao colocá-la em contato com o pintor lituano Lasar Segall (Vilnius, Lituânia, 1891 – São Paulo, 1957)[18] através de uma carta de recomendação, quando soube de seu interesse em emigrar ao Brasil. Esta carta, endossada pelo filósofo francês Jacques Maritain (1882-1973), foi decisiva para a inserção de Hildegard Rosenthal nas redes sociais de artistas, escritores, intelectuais e outros profissionais em São Paulo, especialmente pelo contato travado com Lasar Segall.

A formação prévia que teve em fotografia é lembrada com significativa importância por aqueles que constroem a sua biografia. A própria Hildegard sustenta, em seu depoimento, o benefício obtido pelos anos de investimento nos diferentes cursos. Foi o que permitiu, juntamente à carta de recomendação a Segall, seu ingresso no campo profissional da fotografia em São Paulo. Logo de início, trabalhou como orientadora de um laboratório formado por vinte e três homens – *Kosmo Foto*, estúdio de fotografia instalado na Rua São Bento (Kossoy, 2005, p. 22). Não durariam dois meses, e Hildegard sairia de lá para integrar uma agência – a *Press Information* – onde, segundo declara em seu depoimento, teria liberdade na escolha temática em suas fotografias,[19] o que contribuiu para ter se consagrado como importante personagem do fotojornalismo no Brasil.

Em depoimento concedido à equipe do Museu da Imagem e do Som, Hildegard sugere ter o funcionamento da Press Information estruturado-se em três elementos basilares: Kurt Schendel, Geraldo Vicente Martins e a própria Hildegard Rosenthal. Kurt Schendel (1896-1947), judeu natural da Tchecoslováquia, que fora libertado do campo de concentração em Dachau, Alemanha, chegou ao Brasil em 1937.[20] A falta de informações precisas a respeito deste personagem não nos possibilitam a confirmação

18 Não é possível privilegiar a importância cumprida por suas origens judaicas na aproximação entre Jankel Adler e Lasar Segall, De qualquer modo, é bastante provável que tenham se conhecido na Alemanha, pouco antes de Segall partir para o Brasil.

19 A pesquisadora Paula Scarpin Gonçalves endossa este fato também a partir do depoimento de Hildegard Rosenthal ao Museu da Imagem e do Som: "Sua atuação como diretora, fotógrafa e redatora de uma das primeiras agências de notícias brasileiras, a Press Information, possibilitou-lhe uma maior liberdade na escolha dos temas" (Gonçalves, 2007, p. 5).

20 "Kurt Schendel era filho de Max Schendel. Era judeu alemão e teria chegado ao Brasil por volta de 1937. Faleceu a 9 de maio de 1947 aos 51 anos de idade (teria se suicidado por encontrar-se em precária situação financeira, informação esta não confirmada)" (Kossoy, 2005, p. 79).

exata de sua trajetória e formação profissional. Boris Kossoy lamenta o desconhecimento e a falta de fontes ou registros documentais a este respeito, as quais limitam-se às memórias de Hildegard ao longo de seu importante depoimento, já citado. Em todo caso, teria fundado a esta "pequena e obscura agência de notícias" (Kossoy, 2005, p. 30). É difícil inferir das redes sociais às quais Hildegard se inseriu no momento de sua chegada, às quais diziam respeito, muitas vezes, aos contatos estabelecidos a partir de Lasar Segall, os motivos que aproximaram-na de Kurt Schendel poucos meses depois de sua saída do laboratório *Kosmo Foto*. Em todo caso, Hildegard não somente ingressou no projeto do jornalista, mas fez parte da estrutura organizativa da *Press Informarion* – um cargo de diretora, que, por seu caráter e por sua influência, permitiu-lhe realizar uma série de fotografias, textos e reportagens, cujas escolhas temáticas parecem ter sido desenvolvidas com liberdade. Além de Hildegard e Schendel, contribuía ainda para a revista o carioca Geraldo Vicente Martins, cujas fontes documentais infelizmente também rendem-no ao desconhecimento. É Hildegard que afirma a participação de Geraldo ter sido envolvida por questões financeiras, provendo a pequena Press Information de recursos de locação em seus primeiros meses de vida.

Ao que parece, a fotógrafa teria sido a única profissional desta área que compunha a agência. Diferente da infraestrutura de laboratório com a qual o fotógrafo de imprensa se deleita nos dias de hoje, a estrutura de Hildegard era ela mesma. Além do registro das fotografias, do planejamento dos temas a serem fotografados, ainda fazia todo o trabalho de laboratório – desde revelações, cópias e o posterior tratamento das imagens.

No princípio, as reportagens produzidas pela *Press Information* importavam-se essencialmente com eventos e personalidades do núcleo artístico da cidade de São Paulo. "Depois eu pensei: 'Meu Deus, a gente manda essas coisas para lá [para o exterior], com reportagens culturais... mas e aqui?' Então eu comecei a explorar aqui assunto para reportagens, por exemplo, sobre a cidade de São Paulo". Foi nesta conjuntura que Hildegard, ao debruçar-se sobre São Paulo, realizou um dos mais interessantes registros da cidade, de sua cultura, seus personagens e os jeitos paulistanos. O resultado deste esforço foi aproveitado pela agência para preencher as reportagens a respeito desta metrópole.

"Eu trabalho muito com campo. Quer dizer... eu não tenho dúvida em deixar a frente ou atrás sem nitidez... eu acho que isso dá vida para as coisas... se a gente tem tudo nítido de frente para trás, não vive!", elucidara Hildegard Rosenthal em seu depoimento. De fato, ao analisarmos grande parte de suas imagens das quais emerge a temática da cidade de São Paulo, é possível identificar momentos de nitidez e desfoque marcados ao longo de todo o campo visual. A propósito de sua declaração citada acima, aparentemente este recurso parece dizer respeito menos às questões de estrutura da composição formal do que, propriamente, ao resultado expressivo e comunicativo, possivelmente desejado pela fotógrafa. Mais do que isso, o equipamento utilizado por Hildegard – a *Leica* – que se reconhece também na proporção retangular do negativo, ao permitir agilidade no processo de registro da cena, permite a realização de tomadas rápidas – flagrantes fotográficos. É bastante provável, portanto, que, em seu gesto, a fotógrafa não tenha se valido um longo tempo de exposição, o que não quer dizer que não tenha "pensado" em tema, forma, composição e sentido no momento de cada registro.

Figura 4. *Hildegard Rosenthal*. Praça da Sé, com catedral em obras, ainda sem torres, ca. 1940. São Paulo-SP. Acervo do Instituro Moreira Salles.

Figura 5. *Hildegard Rosenthal.* Avenida São João, ca. 1940. São Paulo-SP. Acervo do Instituto Moreira Salles.

Figura 6. *Hildegard Rosenthal.* Rua Direita, ca. 1940. São Paulo-SP. Acervo do Instituto Moreira Salles.

Alice Brill

Na linha das produções artísticas que se aproximam da cidade, que têm no objeto o cenário urbano, Alice Brill vem integrar o grupo de artistas atuantes na cidade de São Paulo de meados do século XX. Além de pintora, gravadora e teórica das artes visuais, Alice Brill completa cerca de dez anos de intensa dedicação à fotografia, entre 1948 e finais da década de 1950, cujo resultado, em aproximados quatorze mil negativos, encontra-se sob os cuidados do Instituto Moreira Salles, desde o ano 2000. Estudar a trajetória pessoal e profissional de Alice Brill é parte fundamental desta pesquisa, especialmente no que diz respeito à inserção de sua obra no ambiente artístico brasileiro. Mais do que isso, trata-se de verificar de que maneira a inclusão da personagem estrangeira nas redes sociais paulistanas, com especial atenção ao grupo dos artistas modernos do período, contribuiu para o estabelecimento da fotografia moderna como prática profissional.

Alice Brill nasceu em 13 de dezembro de 1920 na cidade de Colônia, dois anos depois de intensos bombardeios sofridos ali e em uma Alemanha imersa nas recentes consequências dos anos de guerra. O país estava derrotado, em ruínas. Além de todas as punições impostas pelo Tratado de Versalhes em 1919, a inflação atingia índices vertiginosos, o que contribuiu para as muitas instabilidades locais de muitas e diversas ordens. À exemplo de Hildegard Rosenthal e Werner Haberkorn, Alice Brill nasceu no contexto da República de Weimar na Alemanha. Mais do que ter contribuído significativamente à sua formação cultural, este contexto histórico-cultural pelo qual passava o país construiu tanto impressões quanto posicionamentos políticos e profissionais de seus pais, Erich e Marte Brill, já que estavam inseridos nos meios intelectuais e artísticos daquele momento na Alemanha. Apesar do curto casamento entre os pais, que duraria somente o ano de gravidez da mãe, é possível que tais envolvimentos com o meio cultural alemão tenham encontrado eco nas obras artísticas da filha Alice anos depois. A própria Alice aponta tais influências, ao qualificar sua produção artística da maturidade à luz uma tentativa de aproximar pintura e literatura.

A atmosfera que envolvia a Alemanha a partir da ascenção do Nacional-Socialismo, encabeçado por Adolf Hitler, em 1933, desfavorecia principalmente o grupo de judeus que ali residiam. Apesar da formação liberal que tiveram no judaismo, de rejeitarem práticas religiosas conservadoras e mesmo não frequentando com assiduidade a comunidade judaica de sua região, a família de Alice sofreu as consequências daqueles anos de intensa perseguição ao grupo. Acompanhada de seu pai, Alice Brill chega ao Brasil em agosto de 1934, no navio Alcântara, com a finalidade de encontrar com a mãe, que havia desembarcado em território brasileiro já no início de 1934.

Seu primeiro emprego (que duraria cerca de três anos) foi na recém-inaugurada livraria Guatapará,[21] cujo acervo destinava-se à literatura, política, arte, história e filosofia. Mais do que subtrair as lacunas educacionais resultantes do abandono prematuro da escola, o emprego significava uma oportunidade de formação cultural. Alice e sua mãe frequentavam as discussões sobre os mais diversos temas promovidos pelos muitos intelectuais que ali se reuniam. "Foi ali que teve ensejo de entrar em contato com pessoas fora do restrito círculo da colônia judaico-alemã".[22] O ambiente era favorável aos contatos os mais diversos. Foi então que aproximou-se de Paulo Rossi Osir, sendo convidada a frequentar o ateliê do artista, aproximando-se também de outros dois também importantes professores seus que influenciariam sobremaneira sua obra artística: a imigrante húngara, pintora, desenhista e professora Yolanda Mohalyi (Hungria, 1909 – São Paulo, 1978) e Aldo Bonadei (São Paulo, 1906-1974), filho de imigrantes italianos e pintor engajado no movimento modernista dos anos 1930-1940.

Ao término da Segunda Guerra Mundial Alice Brill pode retomar seus estudos, ao receber, através do contato de uma tia sionista residente em Nova York, uma bolsa da Fundação Hillel para Refugiados (uma instituição judaica) para cursar arte nos Estados Unidos. Interessada em arte indígena, viaja em 1946 para a Universidade de Albuquerque, no Novo México. Foi ali que iniciou sua carreira em fotografia, que, mesmo não sendo o seu principal interesse profissional, renderia importantes contatos e trabalhos em seu retorno ao Brasil: "como a arte na época não era um meio de vida viável, era difícil, digamos, impossível, eu tentei a fotografia, que, para mim é a segunda opção". Retornou ao Brasil em 1948 trazendo o equipamento necessário ao início de sua trajetória profissional na fotografia. A partir deste momento, Alice Brill fotografou as atividades do Museu de Arte Moderna e do Museu de Arte de São Paulo,[23] o qual renderia, além das fotografias publicadas na revista Habitat, uma série de fotografias sobre a cidade de São Paulo solicitadas por Pietro Maria Bardi.

---

21 Localizava-se entre as ruas Barão de Itapetininga e 24 de Maio.

22 Depoimento de Eva Lieblich Fernandes In: Brill, 2005, p. 17.

23 No MAM, Alice Brill registrou os espaços de exposições e também as obras expostas. No MASP, registrou as obras pertencentes ao acervo e também aquelas referentes às exposições temporárias. As finalidades das fotografias gravitavam entre pedidos de outras instituições, armazenamento no acervo do próprio MASP, ou ainda para publicação em revistas nacionais, como a *Habitat* e estrangeiras (Alarcon, 2007, p. 197)

Na *Habitat*, revista ligada ao MASP e criada por Pietro e Lina Bardi, suas atividades fotográficas eram essencialmente as de reprodução de obras de arte. O grupo de colaboradores da revista alinhava-se à proposta de construção de um discurso moderno fomentado pelo casal Bardi (Stuchi, 2007, p. 56). Vale sublinhar o fato de muitos fotógrafos que publicaram imagens em *Habitat* serem os mesmos que contribuíram para a modernização da linguagem fotográfica em sentido nacional: Alice Brill, Hans Günther Flieg, Peter Sheier, Fredi Kleeman, Marcel Gautherot e ainda aqueles recém-saídos do movimento fotoclubista: Eduardo Salvatore, German Lorca e Geraldo de Barros, cujos esforços em divulgar a fotografia moderna para além dos viciados e fechados círculos profissionais dos fotoclubes paulistanos daquele momento somou-se a incumbência de montar o laboratório fotográfico no MASP em 1949, em associação de ânimos com Thomas Farkas e German Lorca (Costa & Silva, 2004).

A inserção profissional de Alice Brill circunstanciava-se, então, em um núcleo dinâmico das artes na cidade de São Paulo: um circuito erudito de produção, promoção, reconhecimento e consumo (Bourdieu, 2007), arraigado em um ideário de liberdade criadora e em preocupações estéticas encabeçadas por uma vontade modernizadora. No caso da fotografia, diversas delas praticadas no âmbito dos fotoclubes, dos quais foram núcleos contemporâneos.

Foi neste momento que estabeleceu contato com Pietro Bardi que, entusiasmado com o trabalho da fotógrafa, propôs a realização de um conjunto de fotografias sobre São Paulo na década de 1950, cujo resultado seria publicado em formato de álbum celebrativo do IV Centenário da cidade, em 1954. Entre os registros, a II Bienal de Artes de São Paulo, as comemorações e ainda o evento de abertura realizado no recém-inaugurado edifício da Bienal do Ibirapuera. Infelizmente Bardi não conseguiu recursos para a edição e publicação do álbum. Embora algumas dessas fotografias tenham sido exibidas de maneira esparsa em exposições, publicadas em livros e periódicos, especialmente na revista de arquitetura e artes Habitat, a publicação das imagens em formato de conjunto permanece inédito. Ainda assim, algumas delas foram aproveitadas no álbum *Isto é São Paulo!* [24]

Alice Brill deixou de fotografar profissionalmente a partir da década de 1940 no momento em que estabilizou suas condições financeiras, quando Juljan formou-se médico. Finalmente, a artista estava livre para dedicar-se exclusivamente às artes plásticas o que, mais tarde repercutiria nas temáticas por ela abordadas em suas produções

---

24 *Isto é São Paulo!*, 1956.

acadêmicas. "Ela não se considerava fotógrafa, ela se considerava pintora", esclarece Juljan, que ainda admite "com pintura não se podia viver, com fotografia se podia. A fotografia foi um meio de vida" (Alarcon, 2007, p. 231).

Figura 7. *Alice Brill*. Filas de ônibus no Vale do Anhangabaú, década de 1950. São Paulo- SP. Acervo do Instituto Moreira Salles.

Figura 8. *Alice Brill*. Vale do Anhangabaú, década de 1950. São Paulo-SP. Acervo do Instituto Moreira Salles.

Figura 9. *Alice Brill*. Catedral da Sé, década de 1950. São Paulo-SP. Acervo do Instituto Moreira Salles.

Aproximações comparativas

Partindo da produção profissional de Werner Haberkorn, Hildegard Rosenthal e Alice Brill, da qual a cidade emerge como tema, foi possível reconhecer características que os distingue, muitas vezes relacionadas às particularidades de cada trajetória, mas, principalmente, circunstanciadas à dinâmica relação entre o profissional ou empresa, o cliente e o veículo divulgador. Ao mesmo tempo em que suas atividades, baseadas nesta construção em dupla mão, revelam diferentes perspectivas da produção de fotografias, eles também são capazes de elucidar o lugar destes personagens na consolidação do campo profissional do fotógrafo na cidade de São Paulo, entre 1930 e 1960.

Ao que parece, muitos dos recursos formais utilizados por Alice Brill em sua produção fotográfica mostram-se afinados com as características concernentes à fotografia de arte, em geral e à fotografia moderna, em particular. Segundo as pesquisadoras Solange Ferraz de Lima e Vânia Carneiro de Carvalho, o repertório da linguagem moderna da fotografia abrange, principalmente, questões relativas à visualidade. Em linhas gerais, enfatiza a plasticidade nos registros de edificações, a preferência por tomadas fragmentárias dos assuntos em cena, a justaposição, enfim, "a consciência das possibilidades oferecidas pela composição visual para a reorganização do espaço urbano representado para a produção de sentido, e, finalmente, a tendência ao abstracionismo [são] largamente utilizados" (Carvalho & Lima, 1997, p. 101).

Em contrapartida, a fotografia de Hildegard Rosenthal, parece circunscrever-se à diferente tipologia de registro. Resultado da leveza e flexibilidade de sua *Leica*, o formato retangular apresenta uma série de elementos que as distingue. Na linha das análises propostas a respeito das fotografias de Hildegard Rosenthal, também esta é sintomática de sua atenção aos usos dos espaços públicos e do cotidiano na cidade de São Paulo. Em linhas gerais, a produção dos cartões-postais de Werner Haberkorn para a Fotolabor revela certa apropriação da linguagem da fotografia moderna a ser adaptada aos postais e sua inscrição no âmbito comercial. Portanto, registros fotográficos de grandes panorâmicas aéreas, sutis simetrias entre porções da imagem, entre as edificações, a sobreposição de elementos, desde vegetações cuidadosamente inseridas, ou mesmo parte de viadutos, pareciam vantajosos neste sentido e para esta perspectiva. O conjunto de cartões postais de Werner Haberkorn foram registrados a partir de um equipamento de médio porte, 13x18cm e 9x12cm, de cujo resultado nota-se o formato retangular dos negativos e a necessidade de apoio devido ao peso da máquina. Talvez não seja exagerado afirmar que a comparação entre os tipos de maquinário utilizados por Haberkorn, Rosenthal e Brill podem simbolizar domínios distintos de percepção da imagem, mas também inscritos na circunstância de trabalho ao qual cada um se refere. Brill e o seu equipamento de 120 milímetros, Rosenthal e a *Leica* são diferenças evidenciadas na comparação abaixo. Para entrar na rua, Hildegard Rosenthal partiu de uma perspectiva fotojornalística, sempre atenta aos tipos humanos, aos elementos e às particularidades da cidade.

Ao estabelecerem aproximações distintas ao objeto, por tratarem de tipologias e informações diversas, os conjuntos de fotografias aqui apresentadas acaba por estabelecer expectativas diferentes por parte do observador. Mais do que um conjunto de características formais e estilísticas, as produções de cada personagem informam operações visuais que se revelam, em seu temperamento e em sua biografia, articuladas ao contexto histórico da cidade, dos núcleos ou empresas em que se desenvolveram: ora circunstanciadas à esfera na qual o fotógrafo deve movimentar-se com agilidade, ora de acordo com o universo artístico ou mesmo através de aplicações de uma arte submetida a fins práticos em perspectiva comercial. Se o personagem é o personagem em sua circunstância, a produção fotográfica de Werner Haberkorn, Hildegard Rosenthal e Alice Brill, ao inscreverem-se em espaços discursivos distintos, não somente veiculam conteúdos variados servidos com relativa eficácia, mas consolidam-se como produtores sintomáticos de um campo profissional que já manifestava sinais de expansão e diversificação a partir da década de 1930 em São Paulo.

Referências bibliográficas

ALARCON, Daniela. *Diário íntimo: a fotografia de Alice Brill*. Trabalho de conclusão de curso (graduação). São Paulo, ECA-USP (Departamento de Jornalismo e Editoração), 2008.

BOURDIEU, Pierre. *A economia das trocas simbólicas*. São Paulo: Editora Perspectiva, 2007.

BRILL, Alice. Catálogo da exposição: *O mundo de Alice Brill*. Instituto Moreira Salles, 2005.

_______. *Da arte e da Linguagem*. São Paulo: Editora Perspectiva, 1988.

______. "Memories from 1933-45". In: MORRIS, Katherine (org.). *Odyssey of exile: Jewish women flee the nazis for Brazil*. Detroit: Wayne University Press, 1996.

CARVALHO, Vânia Carneiro de. "Representações urbanas: Militão Augusto de Azevedo e a memória visual da cidade de São Paulo". *Revista do Patrimônio Histórico e Artístico Nacional*, São Paulo, n. 27, p. 110-123, 1998.

______. "Imagens da cidade, imagens para o mundo". *Revista da Biblioteca Mário de Andrade*, São Paulo, vol. 55, 1998.

______ & LIMA, Solange Ferraz de. *Fotografia e cidade: da razão urbana à lógica do consumo: álbuns da cidade de São Paulo*. Campinas: Mercado das Letras, 1997.

COSTA, Helouise. *Um olho que pensa: estética moderna e fotojornalismo*. Tese de doutorado. São Paulo, ECA-USP, 1998.

______ & RODRIGUES, Renato. *A fotografia moderna no Brasil*. São Paulo: Cosac Naify, 2004.

DUPEUX, Louis. *História Cultural da Alemanha (1919-1960)*. Rio de Janeiro: Civilização Brasileira, 1992.

FREUND, Gisèle. *La Fotografía como Documento Social*. Barcelona: Gustavo Gili, 1986.

GAY, Peter. *Cultura de Weimar*. Rio de Janeiro: Paz e Terra, 1978.

GLEZER, Raquel. *São Paulo em fotos*. Suplemento Especial do Diário Oficial do Estado de São Paulo, 24 de janeiro de 2002, p. 4.

GONÇALVES, Paula Chrystina Scarpin. *Vale das rosas; Hildegard Rosenthal, pioneira do fotojornalismo no Brasil*. Trabalho de conclusão de curso (graduação). São Paulo, ECA-USP (Departamento de Jornalismo e Editoração), 2007.

GOUVEIA, Sônia Maria Milani. *O homem, o edifício e a cidade por Peter Scheier*. Dissertação de mestrado. São Paulo, FAU-USP, 2009.

Isto é São Paulo! 99 flagrantes da capital bandeirante. 5ª ed. São Paulo: Edições Melhoramentos, 1956.

KOSSOY, Boris. "Fotografia" In: ZANINI, Walter (org.). *História geral da arte no Brasil.* São Paulo: Instituto Moreira Salles e Fundação Djalma Guimarães, 1983.

_______. "Luzes e sombras da metrópole; um século de fotografia em São Paulo 1850-1950". In: PORTA, Paula (org.). *História da Cidade de São Paulo.* São Paulo: Paz e Terra, 2004, vol. 2.

_______. "Apontamentos para uma biografia". In: ROSENTHAL, Hildegard. *Catálogo da exposição: Cenas Urbanas.* Instituto Moreira Salles, 2005

LIMA, Solange Ferraz de. *Imagens de São Paulo no Acervo do Museu Paulista.* Diário Oficial, Estado de São Paulo, 24 de janeiro de 2002. Suplemento, p. 4.

LUIZ, Ana Carla. *São Paulo: da vila ao caos. O olhar do fotógrafo Werner Haberkorn sobre a maior metrópole do país.* Trabalho de avaliação final da disciplina História e Estética da Fotografia. São Paulo, ECA-USP, 2004.

MARIEN, Mary Warner. "A New Vision (1918-1945)". In: *Photography: a cultural history.* London: Laurende King Publishing, 2002.

MENDES, Ricardo. *Entrevista gravada e realizada pelo pesquisador Ricardo Mendes, com o Sr. Werner Haberkorn em 28 de julho de 1993, em sua residência em São Paulo.* São Paulo, Secretaria Municipal da Cultura, 28 de julho de 1993.

_______. *Werner Haberkorn e a Fotolabor: editor de postais e fotógrafo comercial.* Diário Oficial, Estado de São Paulo, 24 de janeiro de 2002. Suplemento, p. 5.

_______. "Werner Haberkorn: postais de São Paulo e a Fotolabor". Site *Fotoplus,* ed. n. 5, de 23 de agosto de 1997. Disponível em: <http://www.fotoplus.com/fpb/fpb005/b005c.htm>.

_______. *Laudo Técnico de Avaliação sobre o lote de imagens do acervo da empresa Fotolabor.* São Paulo: Secretaria Municipal de Cultura, 14 de outubro de 1998.

PALMA, Daniela. *Arte e sobrevivência; a trajetória de Hans Günther Fieg.* Dissertação de mestrado. São Paulo, ECA-USP, 2003.

PAVAM, Rosane. "Verdades em cartão-postal". *Gazeta Mercantil,* São Paulo, 17-19 de dezembro de 1999, p. 2.

PERSICHETTI, Simoneta. "Recordações de uma senhora fotógrafa". *Revista Íris*, São Paulo, n. 345, jan.-mar. 1982.

PETRELLA, Yara Lígia e SPIGOLON, Sônia Maria. *Conservação e restauração da coleção Werner Haberkorn*. Suplemento Especial do Diário Oficial do Estado de São Paulo, 24 de janeiro de 2002, p. 4.

RICHARD, Lionel. *A República de Weimar*. São Paulo: Companhia das Letras, 1988.

ROSENTHAL, Hildegard. *Catálogo da exposição: Cenas Urbanas*. Instituto Moreira Salles, 2005.

STUCHI, Fabiana. *Revista Habitat: Um olhar moderno sobre os anos 50 em São Paulo*. Dissertação de mestrado. São Paulo, FAU-USP, 2007.

Aventura, missão e diáspora: os vários motivos de viagens e a necessidade de relatar

Karen Macknow Lisboa

> Todos os métodos tradicionais de representar países estrangeiros – livros de viagem, guias, fotografias, artigos de jornal – têm suas vantagens. Mas todos também levam a desvantagem por enxergarem o estranho com olhos pátrios. O viajante saiu de sua terra, mas não de sua pele. [...] Existiria uma maneira de amenizar essa desvantagem e de representar o estrangeiro em sua própria essência: traduzindo-o. Eu disse amenizar, não abolir. Pois mesmo em traduções infiltram-se elementos pátrios: na escolha dos temas e autores, nas abreviações. [...] Traduções completamente objetivas, posto que seriam possíveis, nos soariam tão estranhas quanto nos é o fetiche africano ou a música chinesa. Devendo a tradução ilustrar o estrangeiro, não pode ela prescindir do compromisso com o país de origem. Portanto, a intenção de se servir de cabeças e olhos estrangeiros só pode ser realizada parcialmente (Katz, 1945, p. 79).[1]

O Brasil, a partir do século XIX, estava sendo "redescoberto", revisto e perscrutado por muitos forasteiros – de várias nacionalidades, de vários grupos sociais, motivados por diferentes razões – e que deixaram importantes registros sobre o país para a posteridade. Certamente, havia a atração pelo "exótico" que a distante terra abaixo do equador exercia. Mas, muito além dessa sedução aventurosa, encetar uma viagem além-mar no início do século XIX era empresa sofisticada e requeria preparação prévia. Vale lembrar que para boa parte da população europeia não era comum sequer sair do vilarejo onde se nascera, a não ser por recrutamento militar ou perseguição religiosa. E até cerca de 1820, poucos europeus emigravam, salvo em virtude de guerras ou fome[2] (Hobsbawm, 1982, p. 26 e 156). Ao longo do século

1 Tradução nossa. Doravante as citações dos autores viajantes são de minha tradução, salvo quando há indicação de tradução para o português já existente.

2 Este fenômeno evidentemente não vale para a população africana. O tráfico negreiro transatlântico ao longo de quatro séculos de escravidão resultou numa diáspora forçada de milhões de africanos para as

XIX e no século XX as dificuldades se amenizam, graças aos avanços tecnológicos, que diminuem o tempo dos deslocamentos (estradas de ferro, navegação a vapor, automóveis, e por fim os dirigíveis e aviões) e facilitam a comunicação (telégrafo, telefone).[3] Nesse contexto, nas sociedades industrializadas, surge a viagem como forma de lazer. Paralelamente a esse desenvolvimento, a partir de meados do século XIX, o contingente migratório aumenta.[4]

Na presente discussão, meu foco volta-se às narrativas errantes do início do século XX até os anos 30/40 escritas por viajantes da Alemanha ou de regiões de língua alemã que visitaram o Brasil, portanto já na fase da "decadência" do gênero. Minha preocupação é, no exemplo de quatro autores viajantes, apresentar ao leitor diferentes perfis de viajantes, aos quais subjazem motivações variadas para a sua viagem ao Brasil. Abordarei nestes escritos de viagem algumas especificidades que nos ajudam a compreender esses perfis, no caso, o de um escritor exotista, dois expressionistas e um membro do Partido Nacional Socialista alemão (NSDAP). O objetivo dessa breve discussão é contribuir para os estudos sobre a literatura de viagem da primeira metade do século XX, um campo ainda pouco explorado, sobretudo em relação aos viajantes de cultura germânica e que não eram antropólogos.[5]

Nesse período, o Brasil é considerado um dos países mais importantes para imigração alemã, sendo superado numericamente só pelos EUA. No caso alemão, muitos viajantes levaram em conta que em termos populacionais as colônias nas Américas eram muito mais representativas do que as possessões alemãs no continente africano e no Pacífico Sul e destarte ocupavam relevante papel nas relações políticas, econômicas e culturais entre os países envolvidos.[6]

Américas. Somente para o Brasil, somando os números de escravos desembarcados de 1551 a 1850, quando da proibição do tráfico negreiro com a aprovação e aplicação da Lei Eusébio de Queiróz, computa-se em torno de quatro milhões de africanos. Sendo que as maiores cifras correspondem aos anos entre 1781 a 1850, atingindo cerca de dois milhões de escravizados desembarcados em nossos portos. (Alencastro, 2000, p. 42).

3 Basta lembrarmos de alguns exemplos que emprestam a sensação de que as distâncias diminuíram e que havia novos meios de transporte para realizar viagens. Bierbaum publica em 1902 o seu relato de uma viagem de automóvel de Berlim a Praga, Viena e Itália. (*Eine empfindsame Reise im Automobil* – Um viagem sentimental no automóvel). Em 1919, o céu do Atlântico norte é atravessado por um dirigível. Em 1927, Charles Lindbergh realiza a primeira travessia *non-stop* do Atlântico norte de avião.

4 Os movimentos migratórios ao longo do século XIX contaram com um contingente de aproximadamente 5 milhões de pessoas, cuja maioria deslocou-se da Europa para a América (Magalhães, 1993, p. 51).

5 Para aprofundar o tema, ver Lisboa (2011).

6 De fato, o colonialismo de povoamento por meio da imigração alemã para os territórios africanos e asiáticos não obteve grande sucesso. As razões climáticas e a necessidade do imigrante ter um capital

Essas narrativas devem ser entendidas no contexto do breve reino colonial alemão, da crise do imperialismo e da ascensão do nazismo. É igualmente esse o período do surgimento de uma literatura exotista de viagem. Na Alemanha, tem ela seu início em torno de 1900 e se mantém até a década de 1930, sendo silenciada com a tomada de poder dos nazistas.[7] A grande novidade é que muitas destas obras emanam de viagens financiadas por editoras ou editores como Georg Müller, Paul Cassirer e Samuel Fischer, que enviam escritores renomados a regiões consideradas exóticas.[8] Numa primeira fase, ainda anterior a Primeira Guerra Mundial, a Ásia é o espaço predileto para as projeções exotizantes e escapistas de autores de língua alemã. Esse foi o caso dos escritores Hermann Hesse, Max Dauthendey, Hermann Graf Keyserling, Rudolf Kassner, Alfons Paquet e Elisabeth von Heyking (Lutzler, 1997, p. 14). Na década de 1920, quando há uma melhora da situação econômica, outros lugares são, por assim dizer, redescobertos, como a África e a América Latina (Reif, 1989, p. 458).

O exotismo do início do século XX revela a fascinação estética e a simpatia pelo estrangeiro enquanto desnuda ao mesmo tempo um processo de desilusão desencadeado pela consciência de se estar vivendo num mundo "descoberto" e europeizado,

---

inicial afugentaram possíveis candidatos à emigração. Mesmo na fase de maior emigração alemã (1880-1893) durante a existência do Império colonial alemão, a maioria (95%) foi para os EUA (quase 1,8 milhões de alemães). Em 1913, apura-se nas colônias e protetorados alemães o seguinte número de brancos: a maior colônia alemã, o Sudoeste Africano Alemão com 14.830, África Oriental Alemã com 5.336, Camarões com 1871, Togo com 368 (ou seja, na África, um total de 22.405). Nas colônias no Pacífico Sul, um total de 1984 e em Kiautschou, 4.470 (Grunder, 2004, p. 40). Em termos numéricos, a imigração "alemã" para o Brasil (dependendo do critério empregado, inclui-se nesse grupo imigrantes oriundos de regiões de cultura alemã como, por exemplo, Áustria, Suíça, minorias alemãs na Rússia, Polônia, etc.) é menor que a italiana e portuguesa. Devido à ausência de um controle sistemático da entrada e saída de estrangeiros do país, os números oscilam. Há fontes que indicam que de 1824 a 1940 entraram 235.000 a 280.000 "alemães" (Lisboa, 2003). Segundo Kellenbenz e Schneider, de 1846 a 1931, foram cerca de 170.000 (Messele-Wieser & Wieser, 1993, p. 9). Alencastro & Renaux (1999, p. 317) referem-se a 350 mil de 1824 a 1889.

7 Conforme observa Wolfgang Reif, na Alemanha, como resposta ao desenvolvimento tardio da unificação política bem como da industrialização e do imperialismo, o exotismo sofre, em relação às outras nações europeias imperialistas, um "atraso" de 20 a 30 anos (Reif, 1989, p. 437).

8 Samuel Fischer incentivaria muitos dos 'seus' autores a viajarem por regiões extraeuropeias com o intuito de buscar experiências e material inspirador. Para tanto oferecia ajuda financeira para realizarem suas viagens. Na revista *Neue Rundschau*, editada pela editora Fischer, procurava-se publicar relatos de viagem que oferecessem uma boa qualidade literária e certa característica autoral. A maioria dos autores que para ela contribuíam não tinham contrato com a editora. Fischer justamente queria que seus escritores, poetas e literatos escrevessem para a revista. Para mais detalhes ver Mendelsohn (1970, p. 574 e ss).

lembrando o dilema sobre o qual Claude Lévi-Strauss reflete ao referir-se ao fim das "*verdadeiras*" viagens. Nessa reflexão, escrita vinte anos após a sua estadia no Brasil e portanto no contexto da descolonização do imperialismo francês na África e na Ásia, Lévi-Strauss lamenta que ao viajante moderno somente resta correr "atrás dos vestígios de uma realidade desaparecida". Ao mesmo tempo, porém, ele sabe que para o viajante de outrora não existia a noção da diversidade cultural, o que obliterava o conhecimento do "outro". (Lévi-Strauss, 1979: 32 e 37) Compreender a cultura a partir da diversidade e ver o mundo com um olhar crítico sobre os resultados da expansão europeia e do imperialismo eram fruto do pensamento do século XX. Em nem todos viajantes modernos esse dilema – tão bem sintetizado por Lévi-Strauss – é expressado verbalmente. Mas isso não significa que essa ambiguidade não se faça notar nas entrelinhas de seus textos sobretudo quando se confrontam com a impossibilidade de descobrir o diferente, o que os conduz a uma incessante procura do que acreditam ser o "original", o "primordial", o primitivo da humanidade.

Na literatura exotista moderna, conforme a análise de Wolfgang Reif (1989),[9] o mundo estranho é construído como um oposto à civilização europeia, como uma forma de "contramundo" (*Gegenwelt*). Nesta contraposição notam-se momentos de fuga (escapismo da civilização) bem como de crítica (crítica ao imperialismo e à europeização do mundo extraeuropeu) ao lado de uma certa dose de edenização do estrangeiro. Há portanto indícios evidentes de que o exotismo pode ser visto como movimento que se opõe à pressão civilizadora do imperialismo e da industrialização; por outro lado, há também uma "afinidade oculta" entre o impulso imperialista de se afirmar mundialmente e a crescente vontade de viajar motivada pelo exotismo. Mas o autor chama a atenção de que estes escritores não se viam como propagandistas do imperialismo alemão e da expansão colonialista, ainda que alguns deles de vez em quando se traiam, abrindo brechas para visões de dominação imperial. Urge diferenciar, ainda conforme Reif, que a propaganda colonialista fica a cargo dos relatos de viagem mais populares ou até científicos de autores (economistas, geógrafos, etnólogos) nacionalistas, e dos romances populares de

9 Segundo Reif (1989), o exotismo está mais presente na literatura ficcional (Mas Dauthendeys, Willy Seidel, Norbert Jacques, Alfred Döblin, Kasimir Edschmid, Robert Müller) do que nos relatos de viagem. No artigo acima citado, o autor analisa os livros de viagem de Bernhard Kellermann, *Ein Spaziergang in Japan* (1912), Waldemar Bonsels, *Indienfahrt* (1916) e Arthur Holitscher, *Das unruhige Asien* (1926).

temas coloniais (Gustav Frenssen, Hans Grimm[10]), que não estavam preocupados com os movimentos literários do período. (Reif, 1989, p. 437-438)

No perfil dos exotistas, há por exemplo o caso do escritor e jornalista Norbert Jacques que esteve a primeira vez no Brasil por volta de 1907.[11] Nesta viagem, realizada segundo ele, sem dinheiro e destino, recolhe experiências para a redação do opúsculo intitulado *Heisses Land, eine Reise nach Brasilien* (*Terra tórrida, uma viagem ao Brasil*). Jacques, segundo Scholdt, é um "exotista", cujas viagens a regiões além-mar são substrato para sua produção literária. E nesse aspecto, a primeira viagem ao Brasil valeu como iniciação para a sua obra literária, que em parte foi primeiramente trazida a lume em artigos na revista *Neue Rundschau* e tornaram-se um sucesso no gênero da literatura exotista de viagem. Viajar torna-se objetivo de vida, um novo estilo de viver. Em 1912 e 1913, ele realiza uma expedição pelo mundo ao longo de 480 dias em grande parte financiada pela editora Fischer e os diários *Kölner Zeitung* e *Frankfurter Zeitung*.

---

10 Grimm foi o autor do *best-seller Volk ohne Raum* (Povo sem espaço) de 1926. O livro de praticamente 1300 páginas narra a saga de um colono alemão, cuja vida entre a África e a Alemanha procura mostrar a necessidade dos alemães de terem mais espaço físico para poder sobreviver e se desenvolver. O livro narra a história de um jovem trabalhador que desolado com as dificuldades econômicas emigra no início do século XX para a África do Sul. Após lutar ao lado dos bôeres na guerra e ter sido preso pelos ingleses, muda-se para o Sudoeste Africano Alemão; consegue o seu pedaço de terra, o que tanto almejava. Acaba sendo novamente preso, consegue porém fugir via Angola retornando para a Alemanha. As três partes que dividem o romance fazem alusão ao espaço físico. A primeira parte, intitula-se *Heimat und Enge* (Pátria e Aperto) – que versa sobre o período em que o protagonista vive na Alemanha. A segunda parte, *Fremder Raum und Irregang* (*Espaços estrangeiros e descaminhos*) é a fase em que está na África do Sul, na guerra, na prisão e primordialmente em território britânico. O seu descaminho se encerra na terceira parte, *Deutscher Raum* (*Espaço alemão*) que aborda o seu tempo de fazendeiro na África alemã. A última parte do livro retoma o título da obra *Volk ohne Raum*. Aqui é narrado como o protagonista perde sua terra no Sudoeste Africano Alemão e volta para a Alemanha, pós-Primeira Guerra Mundial, humilhada e diminuída de seu território em virtude dos acordos de Versalhes. O romance data de um período em que a Alemanha já não tinha mais colônias, como já mencionado. Ele representa assim o revisionismo do colonialismo, que os nazistas vão levar a diante. Não é à toa que o livro teve várias edições depois de 1933. Kreutzer, 2010.

11 Norbert Jacques (1880, Luxemburgo – 1954, Koblenz) escreveu vários romances de aventura e entretenimento, sendo que o *Dr. Mabuse, der Spieler*, de 1921, foi o de maior sucesso. Tanto este romance quanto a sua continuação serviram de inspiração para alguns filmes, entre eles *Das Testament des Dr. Mabuse*, com direção de Fritz Lang. *Kindlers neues Literatur Lexikon*. München, Kindler Verlag, 1990. Um estudo pormenorizado sobre a vida e obra deste autor "esquecido" encontramos na pesquisa de Scholdt (1976).

Na República de Weimar, ele se torna um dos autores mais significativos e criativos no campo dos relatos poéticos de viagem[12] (Scholdt, 1996).

Uma segunda expedição às nossas paragens ele realiza por volta de 1924, junto com um grupo de cineastas e cientistas que pretendiam realizar um documentário sobre o Brasil.[13] No entanto, ele ficaria independente da comitiva e somente os acompanharia na viagem. A ele caberia escrever reportagens sobre o Brasil pós-guerra. O relato segue mais ou menos a ordem de seu deslocamento físico, misturando episódios aventurosos e pitorescos, descrições dos lugares e das pessoas, intercaladas com reflexões sobre o estranho país. Tal como a maioria dos relatos, o dele também inicia no Rio de Janeiro, cidade onde aporta depois da travessia atlântica num navio, episódio aliás não tratado no livro. Após a capital e os arredores, segue para São Paulo. Depois vai para o sul, com o objetivo de chegar no Rio Uruguai, onde deseja visitar as antigas missões jesuíticas e ir à caça de um suposto tesouro, mas não para explorá-lo e sim somente admirá-lo. É nesse episódio que procura realizar a gana de achar algo típico, original, uma retomada da experiência das "verdadeiras viagens". *Neue Brasilienreise (Nova viagem pelo Brasil)*, publicada em 1925, é uma mistura de diário, capítulos temáticos e capítulos de lugares, no qual apresenta uma maior preocupação descritiva e analítica do país, diferentemente do primeiro opúsculo, acrescido de cenas adequadas ao gosto pelo exotismo. Nesse aspecto, Jacques em muitos momentos consegue construir as imagens dos brasileiros num "contramundo" dos europeus, dos quais querem se libertar econômica e culturalmente.

O viajante verifica a necessidade do brasileiro de se diferenciar do europeu, de se "proteger" de sua arrogante intromissão em sua vida econômica, cultural e social, embora não se distancie de uma abordagem eurocêntrica. "Os brasileiros são europeus, como nós o somos. No entanto há uma diferença temporal, que nos separa e que tem duas faces." O país é jovem e não possui uma "cultura" sedimentada da qual sua "alma" poderia se nutrir. Isso tudo precisa ser importado da Europa. "O Brasil toma da Europa os instrumentos para o espírito e a alma e, em contrapartida, abasteça-a com sua economia." A sua inserção no mundo atual se dá pela economia, ou seja, baseado em produtos materiais. Falta-lhe porém uma "atitude materialista", aquela que domina os europeus há mais de 70 anos. Os brasileiros resguardaram um *Europäertum*

12 Entre 1921 e 1928, Jacques publica seis títulos sobre as viagens para China, Pacífico Sul, Brasil, Sumatra. Sobre os países andinos, edita uma série de artigos. Na década de 1930, é publicado o diário de sua viagem pela África.

13 A produtora do filme era a Deulig (Deutsche Lichtbild-Gesellschaft) (Jacques, 2004, p. 315).

(Europeidade) anterior à morte de Goethe. É o *Europäertum* de antes da industrialização, advoga o autor (Jacques, 1925, p. 14).

O autor elenca exemplos para mostrar esta "atitude antimaterialista". Satisfeito com o desempenho de um empregado, o patrão aumenta-lhe o salário, tendo como consequência, que o empregado falta dois dias no trabalho, o que antes nunca fizera. O patrão pede-lhe uma explicação: agora não precisaria labutar mais tanto. Com essa historinha, o autor, distanciado de uma avaliação moral acerca do caráter supostamente indolente e preguiçoso do brasileiro, quer provar a falta de uma mentalidade capitalista na sociedade. "Assim, se explica o fato de que o Brasil fornece a sua rica economia aos EUA e Europa, para manter para si somente o campo da política e de sua vida particular". Daí a origem dos conflitos entre os europeus e brasileiros. Os brasileiros não estariam preparados para suportar o poder dos comerciantes europeus, que estão se impondo há quase um século. Em suma, o autor enxerga nisso tudo uma atitude louvável no contexto das lutas pela dominação de mercados: "O brasileiro resguardou algo mais nobre do que o nosso espírito e a nossa visão de mundo", elogia o autor (Jacques, 1925, p. 64).

Semelhante situação Jacques teria percebido na China, onde atestou uma relação tensa entre os chineses e os europeus. "Será a desconfiança que têm dos europeus, que os faz se fechar diante deles", pergunta-se. "Pois aparecemos forçosamente como hipócritas devido à nossa moralidade religiosa e de Estado bem como às manifestações de nosso ser. Jamais em viagem pelo Brasil observei que os europeus fossem de fato aceitos em famílias brasileiras." Nas observações de Jacques há nítidas dimensões de uma crítica ao imperialismo bem como às atitudes arrogantes dos europeus. No entanto, prevalece a ambivalência que ora se revela em puras observações eurocêntricas e em repetições de preconceitos já tão introjetados: o lado "antimaterialista" do brasileiro vinha acompanhado pela indolência, característica herdada dos negros e índios. E nesse sentido, provoca os brios patrióticos: em vez de "ordem e progresso", o lema da bandeira nacional deveria ser "amanhã e paciência" (Jacques, 1925, p. 60-66).

Dentre os literatos, há ainda autores representantes das vanguardas artísticas, em particular, do expressionismo, importante movimento cultural que nasceu na década de 1900 na Alemanha, ou seja, coetâneo à literatura exotista. Nas artes plásticas, o expressionismo foi liderado pelos grupos de vanguarda como o "*Brücke*", fundado 1905 em Dresden, e o "*Blauer Reiter*", uma dissidência de um grupo de Munique, e que em pouco tempo se internacionalizou. Na literatura, o epicentro do movimento encontrava-se

Berlim e se alastrou durante a Primeira Guerra Mundial (Anz, 2002, p. 2-5). Foi nesse período que Kasimir Edschmid, um dos viajantes que passa pelo Brasil no final dos anos 1920, lançou o único manifesto em alemão sobre o expressionismo (Edschmid, 1918). Em sua concepção, o movimento não deveria ser "alemão nem francês", mas sim "supranacional [...], uma Coisa da humanidade" (Teles, 1976, p. 106). Em confronto com as premissas do naturalismo e do positivismo, Edschmid expõe em 1918 um dos alicerces do expressionismo: a realidade como construção ativa (Anz, 2002, p. 7).

> A terra é uma paisagem imensa que Deus nos deu. Temos que olhar para ela de tal modo que ela chegue a nós sem deformação. Ninguém duvida de que a essência das coisas seja a sua realidade exterior. A realidade tem que ser criada por nós. A significação do assunto deve ser revolvida.[14] Os fatos acreditados, imaginados, anotados não são o suficiente; ao contrário, a imagem do mundo tem que ser espalhada puramente e não falsificada. Mas isso está apenas dentro de nós mesmos.
> Assim o universo total do artista expressionista torna-se visão. Ele não vê, percebe. Ele não descreve, acumula vivências. Ele não reproduz, ele estrutura [*gestaltet*]. Ele não colhe, ele procura (Edschmid *apud* Teles, 1976, p. 106).

A preocupação do escritor ou artista não era mais encadear os fatos, tais como "fábricas, casas, doenças, prostitutas, gritaria e fome" por meio de uma lógica de causalidades. O que existia com o expressionismo era a "visão" disso tudo. "Os fatos têm significado somente até o ponto em que a mão do artista o atravessa para agarrar o que se encontra além deles."

Edschmid, após a sua fundamental contribuição para o movimento com o manifesto e os seus contos, na década de 1930, tornara-se um escritor de viagem de bastante sucesso, espalhando o "gosto pela aventura", em que se nota uma trivialidade em suas

14 Cito aqui a frase no original cuja tradução suscita problemas: "Der Sinn des Gegenstands muss erwühlt sein." Na edição brasileira de Teles, na qual me apoio, lê-se "A significação do assunto deve ser sentida." Ou seja, termo "erwühlt" foi traduzido para "sentida", o que seria no alemão "erfühlt" ou "gefühlt", indicando um erro de tradução. Erfühlen nada tem que ver com erwühlen. O verbo erwühlen, que com o pré-fixo er caiu em desuso e não consta mais no Duden, pode ser entendido a partir de "wühlen", ou seja, vasculhar, revolver, agitar (Duden, 1988 e 2004). No dicionário de Jacob e Wilhelm Grimm de meados do século XIX, consta "erwühlen" nas seguintes acepções, no latim e no alemão: 1) effodere, eruere, aufwühlen; 2) refl. effodere, scindere sese, sich aufreizen (se agitar).
http://germazope.uni-trier.de/Projects/WBB/woerterbuecher/dwb/wbgui?mode=hierarchy&textsize=600&lemid=GE09117. Acesso EM 10 fev. 2010. No caso, sugiro que se traduza o termo "erwühlt" por "revolvida" ou "remexida", o que indica mudança, questionamento.

descrições, distanciando-se da radicalidade do movimento do qual participou outrora (Vietta & Kemper, 1997, p. 215; Glaser, Lehmann & Lubos, 1975, p. 360).

O livro sobre a viagem pela América do Sul, datada do final da década de 1920, chama a atenção pelo seu título por conter uma antonímia recorrente nas obras de estrangeiros sobre a América ibérica, no caso inspirada em Balzac: *Esplendor e miséria na América do Sul, romance de uma parte da terra*, publicado em 1932. Trata-se da narrativa da viagem de um personagem ficcional, autobiográfico, chamado Göhrs, alterego de Edschmid. Na apresentação é revelado ao leitor que Göhrs não estaria viajando para "descobrir" alguma coisa. Ele seria um escritor que odiava os termos "expedição" ou "*globetrotter*". O primeiro lhe parecia pretensioso e o segundo estúpido. Também não estaria viajando como um britânico, que, receoso, investiga todos os aspectos, pensando na manutenção do Império Britânico. Tampouco faria como um francês, que viaja com Paris em seu coração, enxergando o mundo como uma grande incógnita. Em contrapartida interessava-se por coisas que, em geral, não atraíam os alemães. A sua pergunta girava em torno do papel que as diferentes raças exerceriam no palco mundial e por que havia tantas animosidades. Preocupava-se com as diferenças sociais entre a Europa e a América do Sul e com os conceitos que definiam o que se entenderia por progresso. Na epígrafe já anuncia a sua opinião de que o continente estava condenado a regimes ditatoriais. Essa seria uma de suas convicções depois de ter visitado o Caribe, Panamá, Venezuela, Colômbia, Equador, Peru, Bolívia, Chile, Argentina e, por fim, o Brasil das cidades portuárias (Rio, Santos, Bahia, Pernambuco).

Apesar deste *avant-propos* sugerir uma autocrítica do viajante europeu "eurocêntrico" e apresentar duas questões fundamentais para fazer a crítica ao "imperialismo", o seu relato de viagem apresenta as questões de forma bastante simplificada e trivializada. O livro, que para autor, deveria ser lido como um romance, parece servir mais de entretenimento associado a certa dose didática. A questão mais polêmica, quando trata do Brasil, é o enaltecimento da nossa paz racial, apontando para uma apropriação do discurso de uma certa elite brasileira. Edschmid atribui ao Brasil e à sua solução racial um lugar de destaque no contexto mundial, contrastando-o com o que ele teria visto antes na África. Para a ditadura de Hitler, o romance de viagem de Edschmid foi avaliado como provocador e proibido por conter ideias simpáticas à miscigenação racial e por Edschmid ser um entusiasta da etnia negra (Lisboa, 2011).

Para provar a nossa paz racial, o autor descreve situações que atravessam vários segmentos sociais. Uma recepção da alta *society* num hotel de luxo; uma "excursão de proletários" no bonde; um passeio por um bairro pobre; uma visita ao Teatro Recreio. A partir de uma estrutura dialógica em que quase sempre transcrevia a opinião de um 'mediador', deu voz aos personagens locais, subvertendo uma possível arrogância do viajante europeu. O quanto há de ficcional em sua narrativa fica em aberto pois o que prevalece é a verossimilhança dos quadros de vida apresentados ao leitor.

Vejamos a cena de uma recepção no "Hotel Copacabana", deve ser o Copacabana Palace, na época o hotel mais luxuoso do Rio. Entre a "nobre sociedade" que lá se encontrava – ministros, diplomatas, industriais, deputados, magnatas do café – a grande parte das mulheres, todas elas muito atraentes, tinha sangue indígena e sobretudo africano. Neste meio chamava atenção um negro, de estatura alta, maior que os demais. Ao descrevê-lo, Edschmid revela seu espanto, deixando entrever resquícios de seus preconceitos raciais: "Ele tinha um corpo virtuoso e olhos inteligentes, *como jamais vira num negro*" (grifo nosso). Todos os convidados cumprimentavam-no. O viajante afirma que nunca teria presenciado algo semelhante. Na África do Sul, testemunhou como reis negros e até um nobre como Ghandi teriam sido expulsos do trem e do hotel, por não serem brancos. Num navio em que viajou, viu como ao representante dos trabalhadores africanos no *Völkerbund* (Liga dos Povos), foi proibido frequentar o salão e como passageiros norte-americanos queriam abandonar uma embarcação, depois que um professor negro teria entrado no *fumoir*. Igualmente conheceu cidades africanas, onde os negros não podiam andar na calçada. Devido a estas experiências, o protagonista ficou ainda mais surpreendido ao notar que as pessoas reunidas no evento pertenciam à alta *society* do Rio. Conclui que em nenhum lugar do mundo a questão racial foi "descartada" de forma tão soberana, certeira e com humor, tornando-a uma questão de segunda importância para a vida[15] (Edschmid, 1950, p. 418-421).

A paz racial agia como uma "vantagem colossal". Pelo mundo afora, sobretudo na África e Ásia, vislumbram-se guerras raciais, menos no Brasil. Por outro lado, o autor não deixou de notar que havia segregação, por razões econômicas: transmitindo a opinião de um brasileiro, ensinou: "Aqui de fato é o único país do mundo, onde a cor do pescoço é insignificante; o que importa é se em torno dele há um colarinho" (Edschmid, 1950, p. 428-429). Para Edschmid a forma como a questão racial era

15 Edschmid de fato viajou pelo sudoeste, sul e sudeste da África antes de conhecer o Brasil. Deixou registrado suas experiências no livro *Afrika nackt und angezogen* de 1934. Na nota introdutória, externou o propósito de sua viagem e da escrita do livro que visava contribuir para a questão acerca de qual das etnias, a branca ou a negra, dominarão na África. Em algum momento, o destino iria decidir esta disputa (Edschmid, 1934).

praticada emprestava ao Brasil um papel único e especial no contexto mundial. As comparações serviam de prova para essa particularidade.

Outro aspecto marcante em suas descrições era o seu fascínio pelas negras de "sangue" puro. Aqui retoma-se a tensão entre o exotismo e o olhar imperialista europeu. Para o autor, eram as mulheres de classe baixa que tinham de fato "raça" e não as morenas claras ou escuras da alta sociedade, por mais belas que fossem. Essa predileção confessa ao atravessar um bairro pobre nas imediações do Jóquei Clube no Rio. As exclamações não cessam:

> Que bairro incrível! Que mestiços! Que moradias! Que caras! Que gentalha mais arrogante. Entre as moças, havia belas e atrativas criaturas, que dependendo da porcentagem de sangue branco, tinham corpos completamente diferentes, articulações completamente diferentes, olhos e ancas diferentes. Não somente a cor era diferente, o que é secundário, mas as cabeças e os corpos eram diferentes. [...] Muitas dessas moças mestiças ainda guardavam o encanto do movimento das puras africanas – não há ninguém que caminhe de maneira mais bela que uma negra no interior da África – e tinham corpos perfeitamente belos e adequados ao gosto europeu. [...] As mulheres de cor da sociedade não tinham tanta "raça". (Edschmid, 1950, p. 450-451)

Edschmid mostra o seu encanto pelas negras, forjando uma imagem exotizada, em que insiste em realçar o "diferente", como a citação acima revela. O belo e o vital encontram-se nas classes mais inferiores, as quais Edschmid considera mais "genuínas", menos europeizadas e para ele (e leitores) menos acessíveis. Retoma-se aqui o desejo da viagem ao "original", como uma das características da literatura do exotismo misturadas com algumas dimensões do expressionismo. O gosto pelos "pobres", pelo não convencional, pelo que não representava os valores burgueses criados na Europa ocidental resguardariam ainda um tom de recusa ao convencional. Por outro lado, Edschmid estetiza a "raça negra" seguindo os ditames do gosto europeu, conforme ressalva em suas palavras.

Se Edschmid, ao passar pelo Brasil, já teria superado a sua fase expressionista, Paul Zech, outro importante escritor representante do movimenta, leva em seu relato de viagem o movimento adiante. Nele é possível perscrutar a forte crítica à civilização e o mal-estar com o mundo da tecnologia e do capitalismo resvalando na crise do sujeito. Seu relato, em parte ficcional, apresenta a estética do grotesco, dos sentimentos extrapolados, do medo e da angústia, tudo isso narrado em uma linguagem direta, em parte telegráfica quando não bruta (Zech, 1935/1942).

Paul Zech emigra em agosto de 1933 da Alemanha nazista. Naquela época, ele já era um autor esquecido. Seus trabalhos em prosa e poesia de cunho pacifista e de crítica social,[16] suas traduções do francês e sua atuação como crítico literário e dramaturgo bem como editor da revista *Das neue Pathos* faziam parte do passado. Pois na década de 1920, o autor protagonizou escândalos de plágios e provavelmente até roubo de obras raras no tempo em que trabalhou na *Stadtbibliothek* (biblioteca da cidade) de Berlim. Problemas com a justiça desacreditaram a idoneidade do autor, o que contribuiu para a sua decadência no meio literário, pondo em questão a sua validade como escritor e publicista (Kasties, 2001, p. 20-28).[17]

Na década de 1930, poucos se lembravam de suas polêmicas marcadas pela forte crítica ao capitalismo selvagem, ou se referia à sua prosa pacifista, e também já estava esquecida a sua atuação como chefe do departamento de propaganda dos socialistas no contexto da Revolução de 1918. Quando em 1933 os nazistas impõem a *Gleichschaltung*[18] ideológica e política que atinge o meio cultural, desembocando na lista dos autores e obras proscritos, o nome de Zech nela não se encontra. A fuga repentina de Zech em agosto de 1933 dificilmente se explica por razões de perseguição ideológica ou racial. Zech não era judeu, não tinha antepassados semitas, e a sua simpatia pela socialdemocracia não parece ter sido suficiente para colocá-lo no banco dos condenados à morte ou ao exílio. A breve detenção de Zech pela polícia de Berlim em março de 1933 não deve ter sido por motivos ideológicos mas provavelmente devido o seu envolvimento com o roubo de obras raras. E o fato de as autoridades nazistas não terem demonstrado algum interesse em perseguir ou proibir a sua obra, levanta dúvidas de que Zech tenha deixado a Alemanha por razões políticas, versão que o pró-

---

16 No contexto da Primeira Guerra Mundial, passou de entusiasta para crítico do conflito, depois de ter participando como oficial lutando no fronte. Em 1919 Zech publica o seu libelo pacifista e antibeligerante *Das Grab der Welt*. A essa altura, o autor já havia alcançando reconhecimento e boa aceitação nos meios literários com a publicação da antologia de contos *Der schwarze Baal*, uma crítica social às péssimas condições de trabalho nas minas de carvão, onde o próprio autor chegara a trabalhar em sua juventude.

17 Agradeço a Bert Kasties de ter me cedido os direitos para publicar passagens da obra inédita de Paul Zech.

18 A cassação de partidos, órgãos, sociedades etc. pelos nazistas deu-se logo após a ascensão de Hitler ao poder. Em março de 1933, com a criação da *Reichskulturkammer* (Ministério da Cultura), sob a chefia de Goebbels, a *Gleichschaltung* atingiu os meios culturais.

prio autor propagava. Igualmente até agora não há nada que prove a sua *Ausbürgerung* (expatriamento), à qual Zech continuamente se referia (Kasties, 2001).

No "exílio", Zech soube explorar as vicissitudes históricas a seu favor, construindo a autoimagem do autor perseguido e forçado pelo regime nazista a deixar o país[19] – o que não corresponde exatamente aos fatos e que precisa ser visto com cuidado, sem no entanto menosprezar o perigo que muito provavelmente teria corrido se tivesse continuado na Alemanha. Em suma, o seu processo de exílio apresenta peculiaridades tornando o seu caso extremamente ambivalente.

Supõe-se que antes de chegar ao seu destino, na Argentina, onde viveu até sua morte, em 1946, tenha passado por Praga, Paris, Gênova e Nápoles. O relato de viagem inicia com a saída da Europa e a travessia do Atlântico, antecipado por um capítulo introdutório no qual reflete sobre sua condição de "exílio" (Zech, 1935/1942, vol. 1).[20] No continente americano, Recife foi a sua primeira estação em 1935.[21] Seguiu depois com o navio para Salvador, Rio de Janeiro, Santos, Montevidéu e Buenos Aires. Os capítulos do relato revelam mais outros lugares que teria visitado: Paraguai, Bolívia, Peru, Chile e Equador, dentre os quais "Uma pequena viagem à Amazônia" e "Uma segunda viagem à floresta virgem no Brasil". No entanto, também aqui não há provas de que tenha realizado estas expedições. Estes capítulos devem ser ficcionais e muito provavelmente se baseiam em relatos de outros viajantes (Spitta, 1978),[22] embora Zech tenha afirmado, por exemplo, em uma carta a Zweig, que teria vivido por três meses em fazendas e estâncias no Uruguai e no Brasil, onde teria experimentado o "ermo absoluto".[23] O relato também apresenta subcapítulos que narram episódios fechados, como pequenos contos.

19 O processo do exílio de Zech é amplamente tratado na pesquisa de Spitta (1978) e outros autores, como Alfredo Schwarcz (1999), mas sempre baseado na premissa de Zech ter sido perseguido ativamente pelo regime nazista e de ter sido uma vítima do estado ditatorial, assumindo portanto a versão do próprio autor. Schwarcz refere-se a uma emigração forçada, não desejada, produto de um ambiente hostil que o expulsa.

20 Para mais detalhes, ver Lisboa (2007).

21 Há dúvidas quanto à data. Spitta afirma que Zech chegou em dezembro de 1933. Portanto a passagem pelas cidades portuárias brasileiras mencionadas no relato em 1935 teriam ocorrido em 1933 (Spitta, 1978, p. 64).

22 Vale mencionar que na pesquisa de Spitta, que versa sobre a "obra de exílio" de Zech, o relato de viagem é tratado marginalmente.

23 Carta de Paul Zech a Stefan Zweig, Buenos Aires, 29 de dezembro de 1936 (Daviau, 1986, p. 104).

Zech não conseguiu publicar o relato de viagem, deveras longo. Chegou a editar alguns capítulos isolados em periódicos. A sua situação em Buenos Aires era complicada. Faltava-lhe dinheiro, e enfrentava grandes dificuldades em encontrar editores para suas obras (Spitta, 1978).

O Brasil real e imaginário de Zech emana de um olhar crítico sobre as condições sociais que nas breves estadas conseguiu captar. A esse aspecto de crítica social somam-se abordagens exotizantes e erotizadas da sociedade e da natureza, que têm como pano de fundo as convicções vitalistas às quais o autor se filiava.[24] *Grosso modo* sua percepção de Brasil, que se estenderá para as demais regiões da América Latina, deixa transluzir uma constante em suas descrições: o que caracteriza a sociedade brasileira são os extremos contrastes entre pobres e ricos, entre dominadores e dominados. Zech divide a sociedade entre a classe dos ex-colonizadores europeus miscigenados detentora do poder – e esta associada à Igreja –, por um lado, e por outro, a massa dos explorados formada por descendentes afro-indígenas e imigrantes mais recentes de classe baixa.

A partir dessa característica básica da sociedade brasileira, é possível perscrutar três temas recorrentes em sua obra: a decadência moral e em parte física da classe dominante, cujos indivíduos são cínicos, egoístas, superficiais, materialistas e insensíveis à dura realidade social do país. Formam eles um pequeno segmento da sociedade que concentra os bens e as rendas da economia. Nas palavras de Zech, suas preocupações giram em torno da cotação do café (principal eixo de sustentação da economia brasileira na década de 1930), suas férias em Paris, Londres e em todos lugares onde se vive bem. Apesar da crise mundial, essa classe continua rica e incapaz de renunciar a qualquer coisa imprescindível para que um "grande proprietário de terra brasileiro se apresente como um homem culto: o *Derby*, a ópera, o cassino, o *marchand* e as mulheres da Europa central, brancas e mais frias" (Zech, 1935/1942, I, p. 75-76).

Em contraste com essa elite, que vive num exagerado esplendor, ao leitor é apresentado o segundo grande tema: a miséria social. Já na sua primeira estação no Brasil,

---

24 O vitalismo ou "culto à vida" foi uma tendência filosófica em voga no final do século XIX e início do XX, cujos representantes mais relevantes foram F. Nietzsche, Henri Bergson e Georg Simmel. Nele evidencia-se a glorificação da vida, desprendida da ideia de sentido ou de conteúdo imanente. O culto à vida vai além do indivíduo, procurando abarcar a vida em geral, em sua totalidade, como instância supraindividual, como uma corrente eterna que transpassa cada indivíduo. O vitalismo se compreende como um pensamente antirracionalista, que foi incorporado pelo expressionismo. Na literatura ficcional alemã, foram vários autores expressionistas que reproduziram as ideias vitalistas, entre eles Else Lasker-Schüler e Richard Dehmel, autores que exerceram forte influência sobre a obra de Zech. Sobretudo Lasker-Schüler (Spitta, 1978, p. 78-80).

no Recife, depara-se com as favelas que ao seu ver em nada contribuem para o quadro pitoresco da urbe, tal qual autores como Zweig[25] lograram fazer em seus panegíricos sobre a terra alheia. Em Zech, a favela é suja e paupérrima:

> [...] onde as famílias negras moram em latas de alumínio [...], onde a mais anciã estende a roupa do corpo na cerca viva, em frente ao seu "cômodo", onde não se avista nem porta nem janela. Tão rápido como o sol escaldante seca a roupa, urubus tomam conta do lixo, o qual simplesmente é despejado ou jogado à rua. Falar em rua é exagero, [...] são picadas [...]. No campo, atrás dos barracos [...], borboletas dançam. A única menção a flores nesse cinza e abominável monte de lixo aplanado (Zech 1935/42, I, p. 60).[26]

Em Salvador sugere ao visitante recém-chegado que deva começar a visita pela cidade-baixa, para não ter uma imagem equivocada do lugar. Pois é lá que moram os pobres e os negros ainda bem retintos, ensina Zech, em barracos miseráveis de caixas de madeira e bambu, com suas famílias de 10 a 15 filhos, "todos com barrigas inchadas e perninhas finas e tortas, cabeças grandes e olhos arregalados" (Zech, 1935/42, I, p. 73). A pobreza que Zech teria visto na cidade-baixa e no cais era de uma tal "palpabilidade" ("ist so handgreiflich"), que ao transeunte, que "ainda sente a assombração da Europa em seus ossos e cabeça e que certamente já viu em sua vida algumas formas de assustadora pobreza, o peito lhe sufoca e o coração bate em descompasso" (Zech, 1935/42, I, p. 73) Aqui Zech toca uma outra questão recorrente em sua obra de exílio: o europeu ainda não aculturado, não acostumado com a realidade social latino-americana apresenta uma sensibilidade humanista, uma empatia pelos outros, que com o tempo perderá, igualando-se moral e socialmente à decaída elite local.[27]

---

25 Aqui me refiro ao *best-seller* de Stefan Zweig, *Brasilien, Land der Zukunft* (*Brasil, país do futuro*), publicado em 1941. Sobre a visão idealizada da favela na obra de Zweig, ver Lisboa (2011).

26 "[...] wo die schwarzen Familien in Blechbüchsen hausen und die allerälteste Frau [...], ihre nasse Leibwäsche gleich vor dem Wohnraum, wo man weder Tür noch Fenster feststellen kann, auf die Dornhecke zum Trocknen legt. Und man kann gleich darauf warten, so schnell bedient hier die Sonne. Und ebenso schnell ist auch das Raubvogelzeug über den Unrat her, den man einfach auf die Strasse wirft oder ausschüttet. Strasse ist natürlich viel zu viel gesagt, denn es sind nur Gehspuren da [...] Auf dem Feld hinter den Negerhütten [...] tanzen die Falter, die einzige Ahnung von Blumen in diesem abscheulich grauen, eingeebneten Müllhaufen".

27 A esse respeito ver também a análise de Spitta (1978, p. 112-115) sobre o "Verhiesigte" na obra de exílio de Zech.

O terceiro tema recorrente no relato de viagem tange a questão racial. Zech, tal qual muitos outros viajantes, espantam-se nos primeiros momentos no solo brasileiro com o "colorido" da nossa sociedade: assim que aporta no Recife se diz perplexo com os negros ("verblüffendste Eindruck sind die Neger"). Confessa-se ignorante em relação à América do Sul, por não saber que lá viviam tantos negros e descendentes de negros (Zech, 1935/42, I, p. 56-57). Mas ao contrário de muitos estrangeiros, reconhece seus preconceitos e a necessidade de rever tudo aquilo que o havia formado na Europa. "Aqui urgia um reaprendizado minucioso, sobretudo para nós europeus, que, apesar de tudo, queríamos continuar a imaginar um mundo europeu" (Zech, 1935/42, I, p. 98). Também diferente de outros europeus (e brasileiros), Zech não está preocupado em provar alguma teoria racial ou inferioridade nata de alguma "raça".[28] Por um lado registra estranheza em relação aos afrodescendentes e por outro mostra-se consternado com sua pobreza e procura compreendê-la historicamente, associando-a ao fardo da escravidão e da ininterrupta exploração por parte da elite local e dos europeus. No Recife, andando de bonde, Zech, no meio de uma maioria de passageiros não brancos, explica:

> eles tiveram que se curvar por muito tempo; hoje já são senhores, com salários miseráveis, mas livres. Pelos menos livres em seus movimentos, na escolha de seus patrões e das opiniões de seus jornais, de seus líderes políticos. Mesmo assim, é gente estranha, quando querem dar uma de supereuropeu, com suas quinquilharias japonesas que compram nos bazares. Quando as rubras meias de seda mostram furos do tamanho de um punho (Zech, 1935/42, I, p. 65-66).

As menções de Zech quanto às liberdades desfrutadas pelos descendentes africanos podem ser compreendidas na particularidade do ano de 1933 quando o "governo provisório" estava em marcha de se constitucionalizar pautado numa carta magna – inspirada na constituição da República de Weimar – em que a democracia e os direitos dos cidadãos estariam garantidos,[29] o que infelizmente será desmentido em 1937, com o golpe de

---

28 Nunca é demais lembrar que na década de 1930 o racismo cientificista permanece moeda corrente entre numerosos autores, além de servir como argumento para políticas imperialistas e, na pior de suas versões, genocidas. No caso da literatura de viagem de língua alemã sobre o Brasil desse período há vários exemplos de autores abertamente "racistas": H. Ullmann, A. Funke, H. Cossel, E. Krieger. Para mais detalhes ver Lisboa (2011).

29 Justamente no ano de 1933, o "governo provisório" de Vargas decidiu constitucionalizar o país, realizando em maio eleições para a Assembleia Constituinte, que fora aprovada em 1934. Portanto, quando Zech esteve no Brasil, já na segunda metade do ano, ocorriam os debates na Assembleia.

estado conduzido pelo próprio Vargas com apoio de certos grupos políticos e do exército. Mas se Zech talvez até esteja exagerando nas tais liberdades dos pobres, sobretudo quanto à escolha dos políticos, ele ao menos não idealiza as nossas relações raciais. Não como Edschmid o faz, indicando a apropriação da ideia da "democracia racial" – o termo é posterior à ideia[30] – assunto tão caro não somente aos europeus que nos visitam no período mas também à elite pensante brasileira que estava em vias de construir uma identidade positiva a respeito de sua particularidade em termos de formação étnica. Em sua breve passagem pelo Brasil, Zech verifica um racismo dos negros em relação aos brancos, que se explica por razões históricas. E são estas razões que justamente emprestam à camada negra e pobre um forte potencial revolucionário.

Finalmente, Zech não hesita em vislumbrar no Brasil uma "revolução que virá de baixo", portanto dos excluídos, formados em sua maioria por descendentes africanos. Essa revolução não tem como base uma organização política ou alguma ideologia partidária de esquerda. Por trás dela estão os negros que foram traídos pela abolição e desde então adquiriram um outro conceito de liberdade, diferente da do grande proprietário de terra, que a interpreta somente para os interesses próprios. E os brancos empobrecidos poderão se unir a estes negros e mestiços, profetiza o autor (Zech, 1935/42, II, p. 444-45).

Por fim, um exemplo de um viajante "colonialista" bastante *sui generis*. No mesmo ano em que Paul Zech foge da Alemanha, o alemão H. Cossel, nazista, que vivia em São Paulo, viaja para a sua terra natal. Sua incumbência é obter instruções políticas visando a organização do partido nazista alemão no Brasil. Em 1934 ele desembarcaria novamente em Santos.[31] Sua atividade no Brasil, em particular em São Paulo, onde

---

Um dos aspectos relevantes da Constituição foi a legislação trabalhista, mais favorável aos direitos do trabalhador de ambos os sexos. Além disso, estabeleceu-se o ensino primário gratuito e a frequência obrigatória das crianças nas escolas.

30 Entre os sociólogos e intelectuais brasileiros, o termo "democracia racial" aparece a partir de 1940. Segundo A. Guimarães (2002, p. 137-168) o termo foi cunhado por Roger Bastide para uma livre interpretação das ideias de Gilberto Freyre acerca da democracia brasileira. Freyre reporta-se inicialmente a uma democracia étnica e social. Somente em 1962, Freyre faz uso do termo "democracia racial", que já foi empregado na década de 1950 por Abdias do Nascimento e por Charles Wagley, na introdução ao primeiro volume dos célebres estudos sobre as relações raciais no Brasil, patrocinados pela UNESCO.

31 Sua atividade no Brasil, em particular em São Paulo, onde se encontrava a sede do partido, cobriu o período de 1931 a 1942. Cossel também foi adido cultural no Consulado da Alemanha em São Paulo. Ao que tudo indica, voltou em início de 1943 para a Alemanha, junto com outros representantes diplomáticos e membros do Partido Nazista (Dietrich, 2007, p. 158-163).

se encontrava a sede do partido, cobriu o período de 1931 a 1942.[32] Nesse ínterim, Cossel, chefe do partido regional, realizou viagens para o sul do país. Seu motivo maior era conhecer as colônias teuto-brasileiras, avaliar o quanto preservavam a *germanidade* (Deutschtum) e, de quebra, angariar novos membros. Em seu breve artigo intitulado "Eine Reise durch das Deutschtum in Brasilien", publicado em 1935 pelo *Verband Deutscher Vereine im Ausland* (Liga de Associações alemãs no exterior), narra as passagens por Rio de Janeiro, São Paulo, Santos, Paraná, Santa Catarina e Rio Grande do Sul, com o olhar focado nas colônias alemãs tanto na área rural como nos centros urbanos. Em suas descrições, o nazista procura mostrar as peculiaridades da vida dos alemães no Brasil, a sua cultura, as suas instituições e edificações bem com as atividades econômicas, as dificuldades como imigrante e a sua relação com a sociedade receptora. Em vários lugares, afirma que a cultura, a língua e a identidade com a pátria original se mantiveram (na cidade de São Paulo, por exemplo, podia-se tranquilamente viver sem falar o português), o que, no entanto, não era garantia de que o *Deutschtum* não estivesse ameaçado de extinção (Cossel, 1935, p. 51-52). Preocupado com o "híbrido" teuto-brasileiro, lança mão do racismo biológico para demonstrar que o sangue do povo germânico pode e deve ser preservado nos rincões extraeuropeus, vislumbrando um forte elo de conexão entre os alemães no III Reich e os "alemães no estrangeiro".

Blumenau representaria o centro do *Deutschtum* no Brasil. Tanto na cidade como na região rural mal se ouvia uma palavra em português. Mesmo os poucos negros falavam alemão e se sentiam "teutônicos". Os habitantes apresentavam com "orgulho" os seus filhos já na quinta geração, cuja "pureza racial *(rassisch)* e de ascendência (*völkisch*) preservou-se." A sua pátria (*Heimat*), não obstante, era o Brasil. Esta geração já não conhecia mais a Alemanha e para ela as palmeiras não eram mais um fator de estranhamento como foram para os seus ascendentes, explica o autor. Ainda assim, persistiria um elo entre as novas gerações e a velha pátria: "Um laço formado pelo mesmo sangue e a mesma tradição, a mesma cultura e a mesma mentalidade (*Geisteshaltung*). E uma vez reconhecido este laço, será fácil retomar o caminho para os nossos irmãos no longínquo Brasil" (Cossel, 1935, p. 56). Baseado nessa conexão sanguínea e atávica, o autor quer resgatar os habitantes de origem alemã que se afastaram da cultura

32 O primeiro grupo regional do NSDAP no Brasil foi fundado em 1928, em Timbó, perto de Blumenau. Em 1931, ele foi reconhecido oficialmente na Alemanha, como foi o caso em outros países da América Latina. Ulteriores grupos surgiram no Rio de Janeiro, São Paulo, Porto Alegre, Blumenau, Joinville, Ijuí. Apesar do número relativamente baixo de filiados, comparando com a população de cidadãos alemães e descendentes no Brasil, eles eram bastante ativos e dinâmicos (Rinke, p. 409).

germânica. Este era o caso de Curitiba e São Leopoldo – berço da colonização alemã no sul –, para citar alguns exemplos que afligiam o observador nazista. Segundo sua percepção, o "problema" era o "alemão com hífen", isto é, o teuto-brasileiro, aquele que já não possuía mais a cidadania do reino alemão (Cossel, 1935, p. 54).[33] E este teria que ser reabsorvido pela "comunidade sanguínea", afirmando o anseio da "regermanização" dos nazistas. Mas Cossel não articula um projeto mais específico, pelo menos não nesse artigo. Faz somente sugestões mais gerais. Para que o *Deutschtum* seja preservado seria necessário criar um elo entre os alemães e fortalecer os aspectos econômicos e culturais. E neste sentido, os veículos mais importantes para a realização dessa tarefa era o fortalecimento da escola e da igreja (Cossel, 1935, p. 61).

Cossel queria garantir por esses meios que o imigrante alemão preservasse a identidade germânica, sem correr o risco de assimilar a cultura receptora. Essas projeções regermanizadoras porém não se realizaram diante do avanço nacionalista imposto por Getúlio Vargas. Na campanha de nacionalização do Estado Novo, a partir de 1937, o ponto de partida era "*abrasileirar*" os estrangeiros e seus descendentes em nome da formação de uma unidade nacional, de um espírito nacional. A propaganda nazista e o ideário de "regermanização", tal qual Cossel o veiculou, teriam sido os principais argumentos para justificar a intervenção nas colônias alemãs e forjar a "assimilação compulsória dos descendentes de imigrantes" para erradicar os "quistos étnicos", também por meio da força (Seyferth, 1999, p. 308-309) Por fim, a entrada do Brasil na Segunda Guerra Mundial ao lado dos Aliados, provocaria uma enorme fissura na germanidade e na identidade teuto-brasileira. Mas a essa altura, Cossel já estava retornando para a sua pátria.

Considerações finais

Os quatro autores aqui brevemente tratados são uma pequena amostra da variedade de tipos de viajantes e de viagens realizadas nessas primeiras décadas do século XX. Norbert Jacques representa o caso do escritor-viajante *globetrotter* profissional, cujas obras têm uma enorme aceitação no mercado editorial. O sucesso do escritor nasce com viagens aventureiras e seus textos leves, sem maior compromisso crítico. Edschmid, que não quer ser comparado ao *globetrotter*, enquadra-se porém em semelhante perfil, embora tenha tido uma atuação anterior como literato. A sua prosa de

33 Segundo Cossel (1935, p. 54), em Curitiba viviam cerca de 25000 "alemães" que formavam 25% da população total. Somente 10% destes alemães eram "alemães do reino".

viagem se configura num segundo momento de sua carreira, já não mais tão esplêndida, como uma forma de sobreviver e possivelmente se divertir com as viagens. E Zech, que forja uma viagem forçada, volta a escrever no contexto da errância. Nesses três casos, a experiência da viagem é fonte de inspiração para a realização do seu ofício como escritor em que são produzidos textos ensaísticos com dimensões ficcionais. Pode-se aceitar a hipótese de que esses escritores estejam de fato mais afastados dos interesses neocolonialistas, deixando transparecer certa crítica ao imperialismo e à europeização do mundo. Por outro lado, como aduzido acima, a própria viagem exotista é cria do imperialismo europeu. Nesse aspecto, Zech parece ser o autor que mais reflete criticamente sobre o papel dos europeus no resto do mundo, provavelmente pela sua filiação política de outrora – a social-democracia – e o ativismo como pacifista, e talvez por estar na "diáspora", por mais que ela seja inventada pelo próprio protagonista. No outro extremo, vimos o caso de Cossel, exemplo do viajante impulsionado por uma missão política. Nesse caso, a narrativa se volta toda para um objetivo resultante de um olhar focando numa questão central, a germanidade no Brasil. Todos eles, em sua necessidade de narrar, quer pelo gosto de viajar (capitalizado por interesses editoriais e financeiros), quer pela angústia de ser um fugitivo (por crime ou perseguição), quer pela missão política a ser cumprida, todos falam de um Brasil visto por "olhos pátrios", conforme lemos na epígrafe deste trabalho. Aqui temos a imagem do Brasil "contramundo", antimaterialista e mais humano e consciente de seu papel no palco mundial, o Brasil-paraíso-racial e repleto de belas mulheres negras, o Brasil da miséria e injustiça social, o Brasil germânico que a todo preço precisa ser resgatado pelos laços de sangue. Certamente essas imagens são construídas em virtude das próprias inquietações dos viajantes e os motivos de sua viagem, que nos casos aqui apresentados caminham entre a produção literária e o pragmatismo de interesses neocolonialistas.

Mas esses fatores somente são uma parte do todo. Diante dessa diversidade de abordagens, de imagens de Brasil, seria interessante saber de que forma as características pessoais dos autores determinam as escolhas dos itinerários, dos encontros com pessoas e instituições locais, do emprego dos meios de comunicação e de transporte, e de que forma se apropriam das informações e do conhecimento por meio de jornais, revistas, livros etc. E nesse sentido procurar entender a relação que esses estrangeiros constroem com o lugar visitado e perscrutar o próprio aprendizado da viagem. E considerando que a princípio esses textos estavam dialogando com leitores de língua alemã na Europa, mas também na África, no EUA, na América Latina, qual é impacto que tiveram nessas paragens? Essas ainda são questões a serem exploradas.

Alte und neue Zeit auf einer brasilianischen Straße

Fähre an dem alten Weg von Santo-Angelo nach São Luiz

Figura 1.

"Alte und neue Zeit auf einer brasilianische Straße".
(Tempos antigos e tempos modernos em uma estrada brasileira). (Jacques, 1925)

"Fähre an dem alten Weg von Santo Ângelo nach São Luiz"
(Balsa no antigo caminho de Santo-Angelo a São Luiz) (Sul do Brasil). (Jacques, 1925).

O livro de Jacques apresenta uma série de 40 fotos tiradas com a câmera Goerz adequada à luminosidade dos trópicos. Por ora inexiste uma análise iconográfica deste conjunto de fotos ambientadas ao longo da expedição pelo interior do sudeste e do sul do Brasil. Numa primeira abordagem, pode-se dividi-las *grosso modo* segundo os seguintes temas: cenas com o automóvel utilizado na viagem, temas antropológicos, paisagens, vistas e cenas urbanas, cenas dos viajantes como exploradores da natureza.

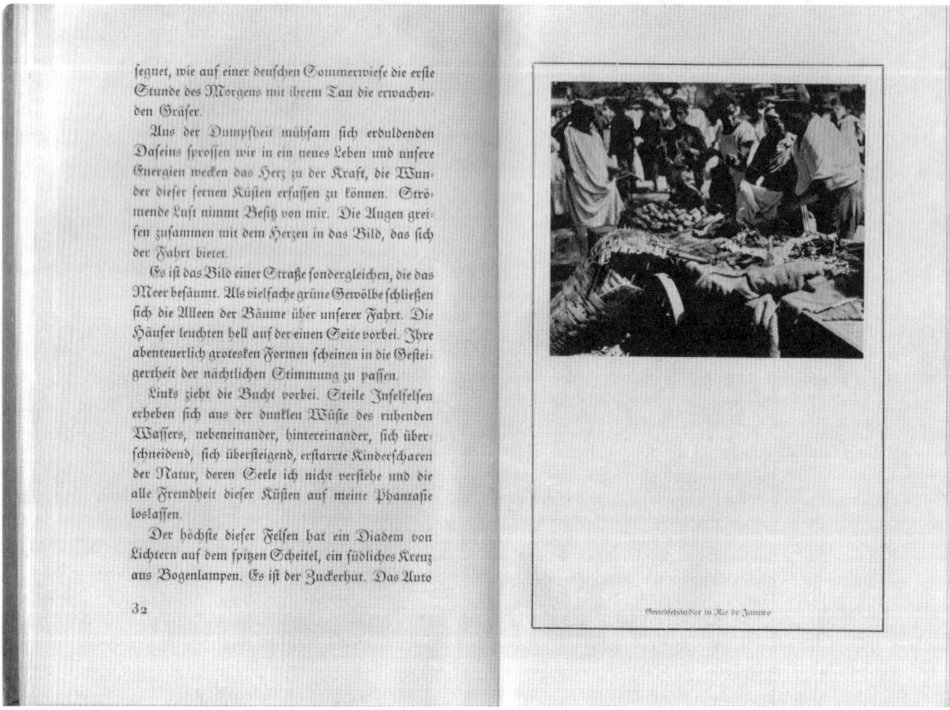

segnet, wie auf einer deuschen Sommerwiese die erste Stunde des Morgens mit ihrem Tau die erwachenden Gräser.

Aus der Dumpfheit mühsam sich erduldenden Daseins sprossen wir in ein neues Leben und unsere Energien wecken das Herz zu der Kraft, die Wunder dieser fernen Küsten erfassen zu können. Strömende Luft nimmt Besitz von mir. Die Augen greifen zusammen mit dem Herzen in das Bild, das sich der Fahrt bietet.

Es ist das Bild einer Straße sondergleichen, die das Meer besäumt. Als vielfache grüne Gewölbe schließen sich die Alleen der Bäume über unserer Fahrt. Die Häuser leuchten hell auf der einen Seite vorbei. Ihre abenteuerlich grotesken Formen scheinen in die Gesteigertheit der nächtlichen Stimmung zu passen.

Links zieht die Bucht vorbei. Steile Inselfelsen erheben sich aus der dunklen Wüste des ruhenden Wassers, nebeneinander, hintereinander, sich überschneidend, sich übersteigend, erstarrte Kinderscharen der Natur, deren Seele ich nicht verstehe und die alle Fremdheit dieser Küsten auf meine Phantasie loslassen.

Der höchste dieser Felsen hat ein Diadem von Lichtern auf dem spitzen Scheitel, ein südliches Kreuz aus Bogenlampen. Es ist der Zuckerhut. Das Auto

32

Figura 2. "Gemüsehändler in Rio de Janeiro" (Verdureiro no Rio de Janeiro). (Jacques, 1925).

Scherls Bilderdienst

Kolonisten beim Bauholzschneiden im Urwald/Brasilien

Privataufnahme

Grundsteinlegung zur neuen deutschen Schule in Neu-Württemberg (Rio Grande do Sul/Brasilien) im November 1934

Figura 3.

"Kolonisten beim Bauholzschneiden im Urwald/Brasilien".
(Colonos ao cortar madeira de construção na mata-virgem/Brasil).

"Grundsteinlegung zur neuen deutschen Schule in Neu-Württemberg (Rio Grande do Sul/Brasilien) in November 1934".
(Lançamento da pedra fundamental da nova escola alemã em Nova-Württemberg (RS) em Novembro de 1934) (Wir Deutsche in der Welt, 1935).

Figura 4.
"Deutsche Mädel in Santos führen zum Tag der Nationalen Arbeit alte deutsche Volkstänze auf".
(Em Santos, moças alemãs em apresentação de danças folclóricas antigas no Dia Nacional do Trabalho).
(Wir Deutsche in der Welt, 1935).

"Eine Reise durch das Deutschtum in Brasilien" (Uma viagem pela germanidade no Brasil). Cossel publicou na coletânea *Wir Deutsche in der Welt* (Nós alemães no mundo), editado pelo *Verband Deutscher Vereine im Ausland* (Liga das Associações Alemãs no Exterior) em 1935. O livro contém uma série de artigos de vários autores nazistas sobre as comunidades alemãs espalhadas pelos cinco continentes. Apresenta 27 fotografias de vários lugares, além dos retratos de Hitler, Rudolf Hess e E. W. Bohle, chefe da organização estrangeira do NSDAP. O conjunto das imagens dos diversos lugares identificados formam 25 fotos, sendo que 10 são do Brasil e as demais são da Irlanda, Escandinávia, Colômbia, Canadá, Chile, Colômbia, China, Japão, Java, África oriental e do sudoeste (ex-colônias alemãs na África). Ou seja, as cenas no Brasil representam mais de uma terço em relação às demais, indicando a sua importância no contexto da "germanidade" no mundo na visão destes alemães a serviço dos interesses da própria Liga. Também nesse caso uma análise da iconografia ainda não foi realizada.

Bibliografia

ALENCASTRO, Luis Felipe de. *O Trato dos Viventes*. São Paulo: Companhia das Letras, 2000.

ALENCASTRO, Luiz Felipe e RENAUX, Maria Luiza. "Caras e modos dos migrantes e imigrantes". In: ALENCASTRO, Luiz Felipe de (org.). *História da Vida Privada no Brasil. Império, a corte e a modernidade nacional*. Vol. 2. São Paulo: Companhia das Letras, 1999, p. 291-335.

ANZ, Thomas. *Literatur des Expressionismus*. Stuttgart, Weimar: Metzler, 2002.

DAVIAU, Donald G. (org.). *Stefan Zweig und Paul Zech, Briefe 1910-1942*. Frankfurt a/M: Fischer Verlag, 1986.

DIETRICH, Ana Maria. *Caça às suásticas*. São Paulo: Humanitas/Imprensa Oficial do Estado de São Paulo/Fapesp, 2007.

DUDEN. *Das Stilwörterbuch*. Dudenverlag, 1988.

_______. *Die deutsche Rechtschreibung*. Dudenverlag, 2004.

GLASER, H.; LEHMANN, J.; LUBOS, A. *Wege der deutschen Literatur, eine geschichtliche Darstellung*. Frankfurt/M: Ullstein, 1975.

GRÜNDER, Horst. "Imperialismus und deutscher Kolonialismus in Afrika". In: FÖRSTER, Larissa *et al. Namibia-Deutschland – eine geteilte Geschichte*. Wolfratshausen: Edition Minerva, 2004, p. 26-43.

GUIMARÃES, Antonio Sérgio Alfredo. *Classes, raças e democracia*. São Paulo: Editora 34, 2002.

HOBSBAWM, Eric. *A era das revoluções. 1789-1848*. Trad. Maria Tereza Lopes Teixeira e Marcos Penchel. Rio de Janeiro: Paz e Terra, 1982.

KASTIES, Bert. "Leben bei einem Ende und vor einem Anfang'. Paul Zech – Annäherungen an einen Verwandlungskünstler". In: ZECH, Paul. *Ausgewählte Werke*. Bert Kasties & Dieter Breuer (orgs.). Aachen: Shaker Verlag (vol. 1- Gedichte), 2001, p. 11-42.

KREUTZER, Leo. "Deutsche Heimat und afrikanische Wahlheimat in Hans Grimms Roman". *Volk ohne Raum. Zur Dekolonisierung eines "Kolonialismus ohne Kolonien"*. Disponível em: <www.leokreutzer.de/htm/02_07.htm#016>. Acesso em 16 jan. 2010.

LÉVI-STRAUSS, Claude. *Tristes Trópicos*. Trad. Jorge Constante Pereira. Lisboa: Edições 70, 1979.

LISBOA, Karen Macknow. *Brasilien ist nicht weit von hier*. Texto da exposição. Berlin: Icbra, 2003.

______. "De passagem pelo Brasil: Paul Zech a caminho de seu exílio." In: THORAU, Henry (org.). *Heimat in der Fremde*. Berlin: Edition tranvía, Verlag Walter Frey, 2007, p. 393-396.

______. *Mundo novo, mesmo mundo. Viajantes de língua alemã no Brasil (1893-1942)*. São Paulo: Hucitec/Fapesp, 2011.

LÜTZLER, Paul Michael. "Einleitung. Der postkoloniale Blick". In: ______ (org.). *Der postkoloniale Blick*. Frankfurt: Suhrkamp, 1997.

MAGALHÃES, Marionilde Dias Brepohl de. "Os imigrantes alemães e a questão da cidadania". *Textos de História*, Universidade de Brasília, p. 50-72, 1993.

MENDELSOHN, Peter. *S. Fischer und sein Verlag*. Frankfurt a/M: S. Fischer Verlag, 1970.

MESSELE-WIESER, S. & WIESER, L. *Neues Heimatland Brasilien. Begleitband zur Ausstellung*. Göttingen: Niedersächsische Staats – und Universitätsbibliothek, 1993.

REIF, Wolfgang. "Exotismus im Reisebericht des frühen XX. Jahrhunderts". In: BRENNER, Peter (org.). *Der Reisebericht*. Frankfurt a/M: Suhrkamp, 1989.

SCHOLDT, Günther. *Der Fall Norbert Jacques. Über Rang und Niedergang eines Erzählers*. Stuttgart: Akademischer Verlag Hans – Dienter Heinz, 1976.

SCHWARCZ, Alfredo. "Consideraciones psicológicas en torno a la migración. El caso Paul Zech". In: ROHLAND DE LANGBEHN, Regula. *Paul Zech y las condiciones del exilio en la Argentina 1933-1946*. Buenos Aires: Fac. De Fil y Letras, UBA, 1999, p. 65-68.

SEYFERTH, Giralda. "A colonização alemã no Brasil". In: FAUSTO, Boris (org.). *Fazer a América – a imigração em massa para a América Latina*. São Paulo: Edusp, 1999, p. 273-313.

SPITTA, Arnold. *Paul Zech im südamerikanischem Exil, 1933-1946*. Berlin: Colloquium Verlag, 1978.

TELES, Gilberto Mendonça. "Expressionismo". In: ______. *Vanguarda europeia e modernismo brasileiro*. Petrópolis/Brasília: Vozes/INL, 1976.

VIETTA, Silvio & KEMPER, Hans-Georg. *Expressionismus*. München: Wilhelm Fink Verlag, 1997.

Fontes

COSSEL, H. H. von. "Eine Reise durch das Deutschtum in Brasilien". In: *Wir Deutsche in der Welt*, editado pelo Verband Deutscher Vereine im Ausland, Berlin, Otto Stollberg, 1935, p. 49-62.

EDSCHMID, Kasimir. "Über den dichterischen Expressionismus". *Die neue Rundschau*, vol. 1, 29 jg. 1918.

______. *Glanz und Elend Süd-Amerikas, Roman eines Erdteils*. Hamburg: Paul Zsolnay Verlag, 1950 (reedição de 1932 com fotos de Erna Pinner).

______. *Afrika nackt und angezogen. Land der ursprünglichen vitalen Rasse.* Frankfurt a/M.: Societäts Verlag, 1934.

KATZ, Richard. *Begegnungen in Rio*. Zürich: Eugen Rentsch Verlag, 1945.

JACQUES, Norbert. *Heisses Land, eine Reise nach Brasilien*. München: Eichhorn Verlag, 1911(?).

______. *Neue Brasilienreise*. München: Drei Masken Verlag, 1925 (mit 40 Lichtbildern, die mit der Tropenkamera Goerz aufgenommen wurde).

______. *Mit Lust gelebt*. Edição crítica. St. Ingebert: Röhring Universitäts Verlag, 2004.

ZECH, Paul. *Südamerika: Alles und Nichts. Eine nicht ganz einfache Reise ins Blaue hinein*. 2 vols. mimeo, SAdK, Berlin, Arquivo Paul Zech, 1935/1942.

O caminho para a cidade: viagem e a condição estrangeira em relação ao transcurso espacial[1]

Graciela Silvestri

Este texto trata das formas pelas quais o termo estrangeiro ilumina a nossa condição contemporânea, ou seja, das maneiras pelas quais a palavra é redefinida. A partir de uma experiência fluvial pela região que pertence a todos nós, o aquífero Guarani, e que, ao mesmo tempo, nos é estranha, pensei que a condição de estrangeiro é a própria condição em que todos vivemos nesta região. Orgulhosa desta condição, me proponho a justificá-la. Ninguém precisa ter o dever de viver em conformidade com as próprias raízes, nem muito menos no esquecimento continuado. Um amigo me disse: *eu não sou dos meus*. Mas ele podia dizê-lo, uma vez que o era.

O olhar distante

A definição canônica de *estrangeiro* recorre à variável espacial no sentido físico mais geral: "aquele que vem de outro país". A distância que teve de ser percorrida informa diretamente a distancia social que ele manterá com os "filhos da terra" cuja experiência temporal coincide, supostamente, com o lugar.

Tal definição é, obviamente, convencional. Os trabalhos de Simmel jogam outra luz sobre a condição de estrangeiro ao apresentá-lo como o nômade em migração, desvinculado dos lugares que habita provisoriamente – "o que vem hoje e amanhã se vai"-, mas como "aquele que vem hoje e permanece amanhã", delineando uma forma de existência que cruza o perto e o longe. Embora Simmel(2006) tenha inserido o famoso texto como um apêndice do capítulo sobre o espaço de sua *Sociologia*, e recorrido a palavras que sugerem fenômenos e qualidades da extensão, vai se delineando um espaço que não é físico, porém eminentemente social.

---

1 O presente artigo é uma transcrição da palestra originalmente apresentado no Seminário "Os Estrangeiros e as Cidades", realizado na Faculdade de Arquitetura e Urbanismo da USP, em Agosto de 2010. Tradução de Marília Chaves, revisão de José Lira.

A versão simmeliana do estrangeiro (literalmente, o *estranho*), é uma peça chave na análise da experiência metropolitana no século XX. Vinculada à noção de *estranhamento*, de notável impacto nas ciências humanas contemporâneas, ela se estendeu para caracterizar todo habitante da cidade grande, proveniente ou não "de outro país". Nesta versão que chega aos nossos dias, dilui-se ainda mais a importância que o espaço concreto uma vez teve na descrição do estrangeiro.

Se considerarmos que a metrópole à qual Simmel dirige suas questões se ampliou de forma planetária (perdendo valor as oposições cidade/campo, cidade/metrópole, com a dissipação das distâncias através dos meios velozes e das comunicações instantâneas, e o esquecimento das particularidades consuetudinárias em uma única experiência global), não é surpresa que a variável espacial se mantenha apenas como metáfora. Em alguns casos extremos, a palavra estrangeiro é utilizada para indicar uma distância estritamente simbólica ou econômica (estrangeiro na tecnologia, estrangeiro na distribuição de bens etc.) Mas se todos somos de alguma maneira estrangeiros, em virtude do nomadismo perpétuo e da ausência de particularidades culturais, já não existe mais *estrangeiro*; da mesma forma que se tudo é cidade, já não existe mais a *cidade*.

O filósofo Massimo Cacciari(2000) indicou uma conexão íntima entre o movimento desterritorializante, antiespacial, da vida urbana atual – que afeta diretamente a noção do estrangeiro – e tendências de longa duração no pensamento ocidental: a vontade de superar o vínculo espacial constitui uma ideia reguladora que persegue a possibilidade de uma forma de comunicação imediata, sem mediação, "angelical". Isto torna o espaço algo indiferente, homogêneo, sem nenhuma densidade particular nem significativa; e promove indiretamente a abolição do tempo em sua pretensão de instantaneidade. Seria possível falar de fixação, de identidade, de tradições, de pátria – de tudo aquilo que "o estrangeiro" supostamente perde, tudo aquilo que o mantém separado – nesta situação indiferenciada em que vivem as "cidades genéricas" "estritamente multirraciais", cujo centro identitário, físico e histórico "faz séculos que está vazio"? (Koolhaas,1997).

Mencionei as direções mestras do pensamento contemporâneo que colocam em relação a ideia do estrangeiro com a ideia de cidade, indissoluvelmente enredadas. Mas é possível perguntar se estas ideias que damos por certas correspondem à experiência real. Muitas investigações destacaram, por meio de estudos de caso, as formas pelas quais se reconstituem tramas de vizinhança e proximidade mesmo naquelas cidades que, com toda certeza, podem ser chamadas de globais. O espaço não se converteu em virtual e indiferente nem o tempo foi abolido. Os modernos migrantes sabem muito bem que viajam em *containers* e balsas improvisados; assim como aqueles que viajam de avião, nas grandes esperas no aeroporto; também o sabe qualquer habitante de uma grande cidade em sua vida cotidiana: precisamente nas distâncias pequenas é que o espaço se vinga brutalmente da pretensão de enclausurá-lo. O proclamado nomadismo contemporâneo não se dá conta de que, segundo estatísticas das Nações Unidas, apenas 3% da população mundial vive fora de seus lugares de origem. Mesmo assim possuímos um corpo: *não vivemos, não amamos, não morremos em uma folha de papel*, nem em uma tela de computador.

O modelo de cidade que se toma para decretar a morte da mesma, na suposição otimista de que nem espaço nem tempo importam mais, é o modelo europeu, que supõe duas instâncias temporais contrastantes: a que se refere a cidades comprimidas por histórias reconhecidas na longa duração; e a que se refere a cidades que se estenderam livremente pelo território desde que as tecnologias de comunicação endossaram esta dinâmica, transformando o espaço continental europeu em uma rede urbana.

Esta versão tão abstrata, ainda que convincente, daquilo que é ou deixa de ser a cidade, do que é ou não o estrangeiro na cidade, do que é o espaço ou do que é o tempo, não parece adequada à América do Sul extra-andina. Ela não funciona porque, enquanto o passado com que se recorta a experiência da cidade europeia é o das raízes, na América do Sul não há raízes: sua "identidade" é a da viagem perpétua. Esta afirmação vale tanto para os povos tupi-guarani, para quem as categorias ocidentais de sedentário/nômade parecem extemporâneas, em seu eterno deslocamento para "a terra sem mal", como para aqueles imigrantes que chegaram à costa do Rio da Prata nas sucessivas ondas imigratórias, deixando para trás um passado sem terra nem pão. Ela não funciona na medida em que mesmo a História (a história escrita, que cimenta a identidade de uma nação ao oferecer um relato) encontra suas fontes nas crônicas de outros viajantes, conquistadores, missionários ou comerciantes – literalmente de estrangeiros.

Escutei muitas vezes que o espaço é apenas uma cena permutável onde se desenvolvem, na linha temporal, os assuntos humanos. Mas se fosse assim, as cidades sul-americanas teriam sido apenas a exata ilustração do pensamento europeu, já que pouco existe de mais perfeito e fechado que o plano quadriculado da fundação colonial, e pouca coisa é mais contrastante do que o devir destas utopias perfeitas. A água barrenta, e não a terra firme, é o nosso meio e a nossa experiência; trata-se de um espaço que convida à viagem, não à fixação; neste espaço de mistura aleatória – mais barro do que água –, de aparência informe, construímos nosso destino.

O olhar próximo

Para escapar das determinações abstratas que nos fazem crer em algo que não existe; mas evitando também a lógica bairrista que preside as propostas nostálgicas de retorno a uma pátria que nunca existiu, proponho revisar as relações entre estrangeiros e cidades à luz de uma experiência recente: uma viagem fluvial de Buenos Aires até Assunção.

Em novembro de 2008, o poeta Martín Prieto, diretor do Centro Cultural da Espanha em Rosario, me convocou como editora de uma expedição pelos rios Paraná e Paraguai, que percorreria o mesmo itinerário que Ulrico Schmidl – o mercenário alemão que, acompanhando a expedição de Pedro de Mendoza, participou do primeiro assentamento de Buenos Aires e da fundação de Assunção. Mas além da viagem pitoresca, nos propusemos a dar visibilidade a uma região que aparecia apenas nos mapas escolares, ou, mais recentemente, como espinha do projeto da Hidrovías S.A. –projeto que, por seu próprio caráter de engenharia, tende a eliminar toda diferença espacial, toda particularidade que não se integra ao futuro vislumbrado.

A área articulada pelo Paraná se apresentava em troca como região cultural, e não somente física, nos textos de viajantes que pesquisamos para preparar a expedição. Eles cobriam um arco histórico desde as primeiras menções ao Prata e ao Paraná, no século XVII, até a década de 1970, quando ferrovias, rotas e pontes acabaram movimentando o transporte fluvial cotidiano. Queríamos assim destacar estas características culturais, verificar em que medida alguns traços permaneciam, enquanto outros eram apenas recordados. Muitas imagens da região foram desdobrando-se à medida que avançávamos no projeto, incorporando à tripulação original antropólogos e astrônomos, artistas e escritores, músicos e cozinheiros – esperando quebrar, num diálogo fluido, as fronteiras que separam os saberes, cujas alfândegas são mais exigentes do que aquelas que guardam os limites nacionais.

Não esperávamos, contudo, outro produto final do que realizar a experiência – se ainda era possível, no século XXI, falar de *experiência*. Nos nutrimos de tão numerosos documentos, obtidos nas bibliotecas públicas ou privadas dos tripulantes ou na Internet, textuais e iconográficos, de conversas ocasionais ou conferências formais, que não estávamos seguros de que a experiência iluminaria algo novo. Na verdade, a maior parte dos participantes, começando pelos organizadores, havia nascido ou viajado de um modo ou de outro por algumas cidades ou vilas que planejávamos visitar. Contudo, a viagem nos abriu um mundo diferente, uma nova forma de ver que articulava de maneira insólita o que se sabia e o que não se sabia, o escrito e o visto, a imagem fixa e a paisagem estendida no tempo. Fragmentos de palavras e de coisas se colocam juntos sem seguir nenhuma ordem lógica, porque era assim que emergiam na experiência, que não contempla divisões, mas mediações, entre tempo e espaço, aparência e substância, sentimento e razão.

Dos diversos temas que incitaram debates no barco, a condição do *estrangeiro* foi, indubitavelmente, a mais comentada. Desde o início, porque a expedição, financiada pela Agência de Cooperação espanhola na América (AECID), era formada por paraguaios, argentinos e espanhóis. Ainda que falássemos o mesmo idioma, e o entusiasmo de participar em tão insólita aventura tenha redundado em um clima de companheirismo, as diferenças idiossincráticas não deixaram de pesar: o passado denso que parecia borrar a afamada e amnésica globalização emergia de maneira inesperada. Poderia se tratar da Conquista; da guerra da Tríplice Aliança; do avô espanhol ou judeu; do extermínio indígena na formação das repúblicas modernas. Ali estavam as histórias que, ainda que reinterpretadas, rechaçadas ou esquecidas, formavam nossa biografia de nações. E surgiam com maior força, devo afirmar, cada vez que algum conflito, daqueles que misturam sentimentos e paixões e que não podem ser registrados em nenhum *paper*, obscurecia o horizonte de nossa pequena casa flutuante.

Dentre as variadas facetas em que *o estrangeiro* se apresentou, gostaria de falar de três que problematizam as formas habituais de considerar o tema. Nas três se faz uso, como se fez durante a viagem, de materiais formais abundantes; mas eles aparecem dispostos e iluminados através de uma experiência em que espaço e tempo se cruzaram de maneiras inesperadas. A primeira aponta ao que é radicalmente estranho ao projeto humano: a "natureza", e a as maneiras em que, utilizando-a como reserva a explorar, o homem deixa a outros – humanos e não-humanos – em posição de orfandade. A segunda constitui uma reflexão sobre nossas cidades mestiças: cidades nas margens instáveis de um rio, que se comportam sem limites, sem hierarquias, sem ordem. E entretanto, enquanto estas cidades proclamam orgulhosas sua condição de *melting pot*, colocam fronteiras menos visíveis, que fazem com que alguns sejam "próprios" da cidade e outros sejam, ainda que com seus documentos regulares, estrangeiros. A terceira, mais breve, mas não menos importante, coloca o foco sobre as formas materiais de viagem: a viagem que constituiu o ponto de partida para a inclusão ou a exclusão, o caminho até a cidade.

Terra e Água

A imagem controvertida da terra para caracterizar o nativo em oposição ao estrangeiro possui larga história, embora as maneiras que são utilizadas hoje derivem da época de formação dos estados nacionais. Um famoso artigo de Carl Schmitt cita Hegel para propor, através da oposição terra/mar, uma versão da história ocidental: "Assim como a terra, em solo firme, é a condição para o princípio familiar, o mar é a condição para a indústria, o elemento vivificante que a impulsiona até o exterior."(Schmitt, 1952) Bastaria apenas que decaísse a confiança do século XIX no progresso para que o mesmo tópico fosse reproposto, mas com valores invertidos.

Na América do Sul extra-andina não existe fixação, no sentido de raízes sólidas, narradas por séculos, mas tampouco se trata do mar indiferenciado da conquista comercial. Trata-se de rios de fluxos tão pouco usuais como o Amazonas e o Paraná, rios que se tivessem apenas um trecho canalizado se uniriam para cumprir o sonho de comunicação universal de Sarmiento y Alberdi. E, ao mesmo tempo, rios cujo ímpeto parece vencer todo esforço humano. Rafael Barret, cronista espanhol que visitou o Paraguai e a Argentina na aurora do século XX, quando o Paraguai exibia os vestígios da guerra da qual, precisamente, a confluência dos rios Paraná e Paraguai foi o teatro, escrevia: "ninguém é capaz de ameaçar a fertilidade formidável da terra; o ferro e o fogo a fecundam; não há para ela gestos assassinos" (Barret, 2010, p. 24).

No médio Paraná, as transformações de um século quase não são visíveis. Construções pensadas para a eternidade (como o cemitério que vimos destruído, com os caixões boiando), fábricas levantadas com orgulho como motor de transformação (como a de Santa Ana, em Corrientes, abandonada há apenas vinte anos e que hoje é uma ruína onde nascem árvores), e mesmo cidades inteiras (como o famoso empreendimento turístico da Cidade de Inverno, que Pedro Luro imaginou nas épocas em que escrevia Barret), foram devoradas pela vegetação das margens, que não são uma selva poderosa nem pampas desolados.

Temos a ilusão de que se trata de uma paisagem "virgem", não porque ninguém nunca a viu, mas porque nesta região, relativamente esquecida pelo progresso, a natureza não deixa nunca de fazer seu trabalho. Uma frase de quem com maior sensibilidade observou as paisagens da América do Sul fluvial, Lévi-Strauss, é eloquente ao apresentar o contraste que é oferecido ao modelo autorizado:

> O viajante europeu se desconcerta frente a essa paisagem que não cabe em nenhuma de suas categorias tradicionais [...] mesmo as paisagens mais selvagens da Europa apresentam uma ordem, [...] uma harmonia (que) longe de ser uma expressão da natureza, provém de acordos largamente buscados no curso de uma colaboração entre o lugar e o homem [...] na América [...] terrenos baldios grandes como províncias... relevo machucado de vestígios intratáveis [...] campos de batalha (Lévi-Strauss, 1997, p. 96).

Observávamos o médio Paraná como se nada houvesse acontecido em centenas de anos, revendo as impressões dos livros de viajantes. O notável era que parecia não haver precisamente sucedido nada porque o rio mudava todos os dias, formando ilhas nunca cartografadas, inundando as margens, demolindo a obra humana.

O Prata e o Paraná inferior, em vez disso, são regiões sistematicamente transformadas no sentido industrial desde ao menos um século e meio: esta é a sua vocação. Não é rio, é hidrovia, o meio caminho entre canal artificial e natureza. Na desembocadura do Prata, o Paraná se divide em um sistema deltaico, muito alterado em sua vegetação original desde o século XIX, quando foram importadas diversas espécies, muitas com função produtiva, como o vime ou mudas frutíferas. Marcos Sastre o chamou de *Tempe argentino*, e a área foi para Sarmiento uma ocasião para refundar suas utopias. A cidade se estende hoje frente ao delta, na barrenta margem argentina, em forma de bairros fechados e "cidades novas", cujo impacto no frágil sistema ecológico, e na vida de seus moradores, é amplamente reconhecido em artigos acadêmicos e periódicos. Pouco se recorda, em contrapartida, que este sistema não foi defendido pela cultura ambientalista portenha, preocupada com as áreas que, se dizia, se desenvolviam sem a intervenção humana – consideradas como espaço não antrópico, por mais paradoxal que seja a "reserva ecológica" em frente à Buenos Aires!

Na margem esquerda do Paraná, uma vez atravessado o Delta, altas barrancas com formações estranhas seguem constituindo um tema atrativo para geólogos, paleontólogos e naturalistas, como foi no século XIX. Frente a elas, a margem é baixa e inundável: a cidade de Santa Fé, que já conheceu cedo uma mudança, não pode evitar o ciclo do rio, e todos os anos se comenta no verão sobre a inutilidade das defesas frente o avanço das águas. Os que habitam as margens, vivem na permanente ansiedade da inundação, um tema tão frequente que se converteu em tópico nas artes visuais e no cinema da região. Junto à pobre casa que se abandona a cada temporada, vê-se habitualmente a canoa que, como segunda casa, acompanha o vizinho das margens.

As mudanças que, especialmente a partir da década de 1960, permitiram a articulação das províncias na frente do rio, com pontes, túneis subfluviais e estradas, retificações e canalizações, em função da rica produção agropecuária e a fluência da passagem, deslocaram o trânsito habitual por água, impactaram a pesca, mas se mostraram inúteis para eliminar os desastres das inundações. Em troca, muitos ofícios tradicionais do rio foram praticamente extintos.

A vida das margens resultou como um tema central nos debates: não a mudança de paisagem no sentido estético – ainda que tendo testemunhado a estranha beleza do médio Paraná já estamos lamentando o avanço da hidrovia – mas o lento desaparecimento de formas de vida que já estavam ameaçadas na década de sessenta, com o consequente êxodo de grupos completos, sua conversão em estranhos ao seu próprio ambiente, sua passagem certa como emigrantes até a cidade. Algo similar acontece com as mudanças agrárias: o avanço da soja no sul, ou nas fronteiras entre Brasil e Paraguai, cancela tipos variados de cultivo e com isso, camponeses e povos, se não imemoriais, fixados há varias gerações. Desaparecem culturas completas: como ilustrava o músico Jorge Fandermole, ali onde as letras do Chamamé Correntino aludiam à viagem cotidiana entre ambas as margens – "de Corrientes eu venho, Barranqueras já se vê"–, o tópico é agora tão estilizado como o do camponês das Geórgicas. Em todo caso, parecia que todas aquelas atividades humanas que são mais próximas ao "natural" são colocadas em situação de extinção pelo avanço tecnológico.

Em grande medida, isto é produto do desprezo secular pelo mundo da necessidade, que revela nosso ser animal. Em um texto recentemente traduzido, Jacques Derrida debate as pretensões da Razão, que divide "animal" e "homem político", justificando o domínio pleno do segundo e a recorrência da figura da besta para representar a crueldade, a ausência de valores simbólicos, nos grupos que são deslocados; e mesmo o animal se converte em motivo amolecido, como no caso do paralelismo entre a mulher e o destino animal para a cria.(Derrida,2010) Em muitos sentidos, o animal é reconhecido como o radicalmente estranho, na medida em que é e não é parte da condição humana; mas, como disse Agamben, o especificamente humano encontra-se nesta divisão, o homem carregando em si mesmo a diferença entre animal e espiritual. "Se não existissem animais, a natureza do homem seria ainda mais incompreensível".[2]

Esta oposição entre progresso artificial e vida conforme a natureza tem, contudo, muitas extremidades. É possível se situar na perspectiva do progresso e, no entanto, criticar o avanço dos portos privados ou da monocultura. Mas me interessa mais a lógica de certo ambientalismo contemporâneo que, sem sabê-lo, oscila entre a mistificação e a domesticação. No Paraná, entre rios, ocorreu uma situação que pode perfeitamente ilustrar o drama destes grupos deslocados – neste caso, pescadores na miséria, que tentavam reciclar seu trabalho e seu barquinho propondo um passeio turístico a uma ilha daquelas que surgem todos os dias, formando e também desfazendo o rio Paraná. Como a reserva ecológica de Buenos Aires, ela era na realidade produto de um conjunto de ações: as ações do próprio rio, as do homem que, ao intervir nele, criou os obstáculos a partir dos quais se formou a agora tão apreciada ilha. O porta voz do grupo havia esquecido completamente seus saberes sobre o rio, ao ponto que supunha que alguns peixes o subiam com suas barrigas cheias de soja, enquanto não suspeitava, por alguma leitura acadêmica, que tais peixes não podiam nadar contra a corrente; em vez disso havia adotado o discurso beligerante dos *verdes* locais. "Cosita" Rodríguez –assim se chama nosso personagem – havia adotado a voz urbana, mas esta voz revelava imediatamente que ele não era da Cidade, tanto quanto que não era mais do Rio: era, pois, estrangeiro para uns e para outros.

Cidades mestiças

Houve um tempo em que o ideal era o de plena integração, o que significava civilização e, por tanto, urbanização. Fosse através da criação de povos na extensão campestre, fosse através dos mecanismos escolares ou dos meios de comunicação, em permanente desenvolvimento tecnológico, a cultura da cidade se estendeu a todos os rincões do território. Em países como a Argentina, a alfabetização universal garantida pela escola pública e gratuita, com programas uniformes em todas as províncias, cumpriu com eficiência o trabalho de "argentinização" das multidões imigrantes. Ainda hoje, apesar da queda da assistência social, as cifras do censo de 2001 estimam 97,4% de habitantes alfabetizados. Se considerarmos a baixa densidade demográfica, e a concentração da população nas cidades, é possível afirmar o êxito da estratégia urbanizadora.

2 A citação de Buffon inicia o livro de Agamben, , 2007.

Ignoramos o rompimento que esta façanha social pode haver causado nos recém-chegados. Contudo, sabemos que os filhos dos imigrantes europeus já estavam perfeitamente adaptados à sua condição de argentinos, e ninguém se considerou desde então membro de alguma minoria. Um exemplo já comentado no início do século XX pelas revistas ilustradas constituía o das colônias de Santa Fé e Entre Rios – as colônias de "Gaúchos judeus", que o novelista Alberto Gerchunoff popularizou em seu livro de 1910. Como sempre imprecisos, os cronistas populares muitas vezes os chamavam de *russos*, como testemunha uma fotografia de *Caras y Caretas* onde o filho do país corteja a bela campesina estrangeira. Sabemos, ademais, por experiência própria (já que nas cidades-porto do litoral é onde a imigração foi mais extensa), que mesmo em comunidades como a judaica, onde tradição e religião se sobrepunham, não era estranho o casamento "misto" entre filhos e netos que já haviam partido para a cidade, em busca de novos horizontes.

O impacto da imigração nas cidades do litoral (em Rosario os estrangeiros chegaram a alcançar 70% da população) levou, uma vez apagadas as resistências da elite *criolla*, a imaginar o idílio de uma integração completa e de êxito dos migrantes europeus, que fez *pendant* com a duvidosa ideia de um país "branco". Certamente, segundo estudos recentes, as populações urbanas contém até 80% de componente europeu nos estratos sociais mais altos, mais ainda havia 70% de contribuição indígena nos níveis socioeconômicos menos acomodados. Os contatos interétnicos são em todos os casos importantes, ao ponto que muitas comunidades que se autodefinem como indígenas por seus costumes terem a mesma quantidade de mistura americana-europeia e africana que as populações urbanas que figuram como não indígenas nos censos(Marignac,2003).Em um país em que o indígena foi expulso de seus domínios para que fosse construída uma nação, é o indígena que foi construído como estrangeiro. Enquanto o passado indígena nos habitantes das cidades foi apagado ou ocultado, o migrante do "interior", ou o migrante dos países vizinhos, identifica-se na cidade-porto como *o outro* do passado europeu que supostamente a constitui.

Convém deter-se em algumas cifras dos últimos anos para não descansar comodamente no idílio da imigração argentina. Em contraste com a primeira metade do século XX, a Argentina deixou de ser um país de imigração: apenas 4,2% do total (um milhão e meio de pessoas) está constituído por pessoas nascidas no exterior. Deste número, 67,9% provém de outros países da América Latina, a maior parte de países limítrofes (88%), enquanto 60% dos imigrantes de outros continentes (italianos e espanhóis) já superou os 65 anos. A imigração alterou sua manifestação: a expectativa de ancoragem dos migrantes é menor; as viagens de ida e volta à sua terra, habituais. Nas cifras, em contraste com a composição imigrante de um século atrás é notável a esmagadora quantidade de mulheres jovens.

As cifras são pouco eloquentes, contudo, quando queremos tratar do *estrangeiro*. Tão estrangeiro ou pouco estrangeiro torna-se em Buenos Aires um migrante de país vizinho como aquele proveniente de alguma província expulsora, catalogado nos censos como "argentino". Ademais, um aspecto que é difícil de abordar por meio de censos e estatísticas é a reformulação do relato identitário na Argentina das últimas décadas: mais precisamente, sua reformulação nas cidades-porto que são as primeiras a recriar os valores simbólicos. O contraste entre um genérico e benvindo esforço de atenção às diferenças, em resposta às provas de aniquilamento indígena e à sensibilidade social sobretudo a partir da renovação do mito instalado do *melting pot*, coloca paradoxos insolúveis, zonas obscuras apenas entrevistas, e novas divisões.

O primeiro contraste, na minha experiência da viagem se deu através das palavras. A primeira minoria migrante em Buenos Aires é paraguaia, o que significa que sua língua materna é o guarani. Esta língua é falada por cerca de cinco milhões de pessoas, e ainda assim não é língua oficial do Mercosul. Apenas recentemente, nas províncias argentinas de ascendência guaranítica (especialmente Corrientes, Misiones e Formosa), introduziu-se o ensino primário bilingue, que ainda oferece complicações: a maioria dos professores não pode lecionar com suficiência as duas línguas. É preciso recordar-se que o guarani é a única língua indígena, em toda América, que superou a prova do tempo sem que as instituições tenham se esforçado para conservá-la: não é uma relíquia do passado nem é falada apenas pelas comunidades originais; é língua de casas pobres, médias e ricas no Paraguai. O espanhol adotou muitos de seus vocábulos ("*che*" é o mais conhecido), e seu acento gutural é o acento do castelhano falado por toda a velha república jesuíta. Em todo caso, aqueles que em Buenos Aires, a cidade que ainda possui a maior taxa de imigração (10, 3%), compartilhamos nossos dias com migrantes paraguaios, apenas reconhecem o modo como a música deste idioma tão plástico molda nosso espaço cotidiano.

Tal como aconteceu com a imigração europeia no início do século, o "nativo" não vê diferenças nos estrangeiros: o imigrante paraguaio é, por assim dizer, paraguaio em bloco, assim como o argentino é argentino em bloco, sem distinguir sequer se vem do campo ou da cidade. Mas no Paraguai onde, assim como na Argentina e no Uruguai, a população é majoritariamente urbana, os contrastes são mais abruptos. O conglomerado de Assunção, com mais de 2 milhões de habitantes, concentra – como Buenos Aires – os habitantes do país (o Chaco ou região ocidental, com 60% do território paraguaio, tem menos de 2% da população nacional), e é provavelmente a primeira escala da imigração interior. Mas enquanto em Assunção a maioria é bilingue, as quase 500 comunidades indígenas, divididas em treze povos, não necessariamente falam espanhol. Como Buenos Aires, Assunção se considera "multicultural": de nobre ascendência de conquistadores espanhóis misturados com mulheres indígenas e aberta a diversos povos europeus no período da imigração de ultramarina, a historia local repete com orgulho seu papel de Mãe das cidades (se de algum barco provém os primeiros habitantes de Buenos Aires, é dos barcos que os conquistadores construíram em Assunção para descer o Paraná). O contraste com este idílio emerge claramente quando escutamos os camponeses do interior no urbano dizer "vou ao Paraguai" quando chegam à Assunção: a cidade é, e não no sentido metonímico, a Nação, para aqueles a quem a historia passou na frente dos olhos. O espaço, e não o tempo, define suas vidas. Sem dúvida, a passagem dos sombrios departamentos do Chaco para a cidade de Assunção constitui um abismo maior que a passagem entre Assunção e Buenos Aires. O urbano e o não-urbano definem, de maneira mais potente, o ser e o não ser *estrangeiro*.

O misturado mundo guarani, que se espelha em sua também misturada e vital língua, é um caso atípico na América: nenhum paraguaio de ascendência guarani se definiria como pertencente a uma comunidade original. Isto se dá, há poucas décadas, no caso de outras etnias que co-habitavam, em épocas da conquista, a mesma região. No caso dos tobas é paradigmático. A língua toba já era falada por alguns anciãos quando, com o ímpeto de reafirmação da origem, os grupos tobas começaram a recuperá-lo, e em muitos sentidos a reescrever suas próprias tradições.

Em Formosa, capital da província argentina de mesmo nome, e em Barranqueras (seu porto), assistimos a duas exibições musicais tobas. Em ambos os casos, os integrantes do coro vestiam roupas típicas; em ambos os casos, o coro interpretava um repertorio tradicional, ampliado por algumas canções que, escritas em Buenos Aires ou em Rosario, formam parte de um repertório moderno e estilizado, inspirado em figuras e acentos indígenas (a mais conhecida delas: *Antiguo dueño de las flechas*, de Ariel Ramírez y Félix Luma, que na década de setenta foi interpretada por Mercedes Sosa). Também no Centro Cultural Obrador, em Rosario, se cantava e dançava, mesmo com a recuperação das raízes, a diferença dos episódios comentados é a tentativa menos estilizada e mais forçada. O Centro Obrador se encontra em um dos bairros marginais de Rosario, o chamado, "bairro toba". Já viveram ali três gerações de tobas desde que começaram sua viagem da província de Formosa, na década de quarenta.

Deveríamos, me perguntei, chamá-los de tobas? Não seriam, rosarinos, argentinos, da mesma maneira que os habitantes de Assunção são *asunceños* ou paraguaios? A defesa da identidade tem duas caras: a que, ao afirmar *eu sou o que outros quiseram apagar*, redunda em orgulho e afirmação, e a que, ao permiti-lo, condena o deslocado não a apresentar-se como pessoa, mas como parte de uma comunidade cultural. O contraste não fazia mais do que atingir-me, a mim que, precisamente, levava três gerações de italianos na Argentina sem me considerar italiana mais do que o suficiente para conseguir passaporte europeu. Ele opera de maneira ainda mais poderosa quando está irremediavelmente atrelado à miséria.

No Centro Obrador, como nos centros que visitamos em Formosa e no Museu do Barro ou no Museu Boggiani, em Assunção, nos dedicamos a comprar artesanatos. O impulso ao artesanato local constitui uma das linhas mais visíveis de apoio às comunidades indígenas. Junto com a língua, resulta em um pilar para a recuperação de suas tradições. Em alguns casos de avanço, como no Museu do Barro, as peças são exibidas com o nome do autor – na maioria *autoras* –, junto a peças de "arte contemporânea" ou testemunhos de "arte colonial", sem estabelecer distinções hierárquicas. Contudo, os debates acerca do tema foram mais duros do que no caso dos cultivos de soja ou da construção de centrais hidrelétricas; mais refinados na apreciação das formas que o artesanato deveria proteger, promover ou difundir; e mais complexos quando se tratava das formas de intervenção na prática artesã. Deveriam os artesãos ser educados na área da Arte? Deveria o curador do museu, o ativista cultural, ou o comerciante de arte, intervir na mesma produção com conselhos e orientações? Ou deveria ser incentivada a repetição de motivos e técnicas, evitando toda contaminação?

Parecia ser claro que, se comprávamos artesanato e não cartões postais, era porque atribuíamos aos autores e às suas peças a *ingenuidade* que Marx e Schiller outorgavam às produções estéticas da "infância" da humanidade, ingenuidade encantadora e impossível de alcançar na produção serial ou "culta", e onde qualquer passagem para a inovação, incluindo a liberdade autoral, era vista com suspeita.

O certo é que, em algum momento da viagem, vinculado ao tema artesão, mas também com os repetidos divertimentos que, especialmente nas cidades pequenas, nos esperaravam – divertimentos que mostravam as particularidades de cada lugar

– nos demos conta, a pequena *troupe* de acadêmicos e artistas, que éramos os estrangeiros: no bairro toba de Rosario, no porto de La Paz, na Praça de Pilar.

Este estrangeirismo resultava, indubitavelmente, cômodo e atrativo. Recordei a maneira como os imigrantes ingleses – o único grupo na Argentina que decidiu não se misturar com ninguém que não fosse de seu próprio sangue – haviam permanecido súditos britânicos para evitar envolverem-se nas lutas civis, sem por isso sofrer as desvantagens do estrangeiro. Mas a comparação com aqueles viajantes ainda se turvava ao notar que nossa condição protegida não se diferenciava muito da do turista, que sabe que tem um lugar para voltar – a palavra turista vem de *tour*, "viagem circular"–, mas era ainda mais prestigiosa, porque a tripulação se apresentava e representava a si mesma como um grupo letrado, ciente das regras de investigação ou da arte. Não queríamos ser turistas, certamente. A mesma palavra nos repugnava, e toda atividade que nos colocara em situação parecida à de uma excursão prazerosa era rechaçada.

Me perguntei o que seria dessas comunidades que, para além de sua "originalidade", tentam sair de maneira criativa do destino da miséria, se a atividade turística não existisse. Pensei que este estado elementar que é o do turista, estrangeiro mesmo quando anda por seu próprio país, também é necessário para devolver um olhar de admiração sobre aquilo que é cotidiano, habitual, e por isso talvez esquecido. O olhar estrangeiro é o da distância, mas esta distância, às vezes, nos revela coisas nas quais nem sequer pensávamos. E eu, estrangeira nestas cidades, também era estranha aos nossos companheiros espanhóis e paraguaios, que na convivência e na confiança assim criada me devolveram uma visão distinta do "ser argentino". Claro que existem turistas e turistas: os que querem verificar sua própria superioridade, os que querem encontrar a si mesmos no outro, mas também aqueles que querem sair da conformidade com seu lugar. O artesanato na biblioteca ou na mesa de café nem sempre é motivo de prestígio para dizer "viajei", ou de regozijo exotista para dar um toque decorativo na sala da casa. Às vezes, é uma razão carinhosa para se lembrar, admirar ou compreender, e também para dizer: *eu também sou estrangeiro*.

O barco como pátria

O mais notável desta viagem não ocorreu terra adentro, mas no rio, nas margens urbanas, e sobretudo, a bordo. Nosso barco, o Crucero Paraguay, era um gracioso catamarã que já havia sido uma embarcação de guerra norteamericana, e que além de ter sido adaptado para excursões pelo Pantanal, também foi elegantemente decorado por carpinteiros paraguaios (tinhamos na frente dos olhos todo o mostruário de madeiras do país). O conjunto imitava os navios antigos, estes, por sua vez, construídos no modelo dos barcos do Mississippi – até simulava ter rodas. Não demoramos a perceber o entusiasmo do público em assistir a nossa chegada, especialmente porque desde meados de 1970 já não existiam no Paraná barcos de passageiros que fizessem o trajeto Buenos Aires/Assunção. Nas docas nos aguardavam crianças de escola com suas professoras, bandas militares, torcidas organizadas pelo conselho municipal. Casais de idosos nos paravam para contar que haviam se conhecido em um barco similar, no trajeto a Buenos Aires, em busca de trabalho; ou que em outro barco do tipo haviam passado sua lua de mel.

"Os aviões não mantém esta aura", pensei, em parte porque não há viagem para recordar quando nos apresentamos para chegar de A a B, em parte porque a viagem de avião não oferece nada para lembrar fora do espaço fechado, ascético e sempre igual da cabine. Como já sabíamos, era impossível calcular horários de partida e chegada viajando de barco, estávamos sempre à mercê da densidade da água, dos obstáculos do rio, das correntes, dos ventos, das tormentas. Não se mede o espaço pelo relógio, mas pelas mudanças da luz ou do clima que anunciam o dia e a noite; pelas mínimas variações das margens ou pela qualidade da àgua que anunciam a proximidade de uma cidade; pela cor do horizonte que rapidamente pode ser apagada pelo nevoeiro ou nas nuvens de tormenta. Na viagem de barco se aprecia a verdadera distância das coisas.

As formas de viajar mudaram radicalmente desde a década de sessenta: da ferrovia e do barco passamos ao caminhão, ao ônibus ou ao carro (Diga-me como chega à cidade, e direi que tipo de estrangeiro você é). Considerando que demoramos um mês, rio acima, para chegar à Assunção, a viagem fluvial não parece muito estimulante para aqueles que não buscam vivenciar o rio, mas apenas visitar seus entes queridos nos poucos dias de folga. Mas a experiência da lenta viagem de barco despertou nossa sensibilidade para pensar sobre as formas que o migrante usa para viajar, e assim, as formas em que experimenta a transição de seu lugar para outros lugares.

O tema das fronteiras, abstratas nos mapas, foi um dos que nos cobrou um vigor que não haviamos previsto. Na verdade, o barco paraguaio que nos buscou em Buenos Aires, foi detido poucas vezes pela prefeitura argentina. Como navegava habitualmente em águas paraguaias, era regido pela regulamentação paraguaia e brasileira: ninguém duvidava de que com o Mercosul, não teriamos problemas na Argentina. Mas descobrimos logo que a livre navegação dos rios podia ser real para o navio de carga norueguês, mas não para o catamarã paraguaio – a ilusão de Sarmiento y Alberdi se obscurecia no século XXI. Não parecia mais fácil, conforme nos contaram nossos companheiros paraguaios, cruzar as fronteiras de carro – horas e horas de espera em Encarnación –; nas cidades limítrofes como Villa Alberdi –Ñeembucú, em frente à capital Formosa –, onde muitas vezes as crianças cruzam o rio para ir à escola na outra margem, ou, no verão, milhares de habitantes de Formosa cruzam para fazer compras, as fronteiras artificiais terminam, contudo, impondo-se nos documentos. Nos últimos anos, para todos os tipos de viagem, as condições migratórias se endureceram.

As fronteiras também pesam de outras formas. Eu supunha, armada com a crítica aos estados nacionais, que nestas bordas aquosas pertencer à uma região era mais determinante do que pertencer a uma nação abstrata criada, por assim dizer, anteontem. E em alguns sentidos isso era verdade, mas a nação contava também de forma determinante, como se no coração das pessoas se sobrepusessem, em camadas caprichosamente conectadas, identidades diversas e móveis. O cineasta Mariano Llinás, um de nossos companheiros, conta uma anedota. Todos os dias, bem cedo, se levantava no mastro do barco as duas bandeiras: a argentina e a paraguaia. Nessa manhã, ao passar da Confluencia, onde o Paraná se divide em dois, o marinheiro deixou apenas uma bandeira, a paraguaia, e em silencio repetiu o ritual, enquanto a buzina do barco soava três vezes. Luis, o marinhero, disse algo ao cineasta em voz baixa, com toda a melancolía desse mundo: *Benvindo à minha terra, Mariano.*(Llinas, 2010)

Essa relação com a nação como pátria vem de uma história comum que é ensinada, estilizada e reinventada nas aulas escolares. Não por carecer de densidade simbólica para quem, já adulto, se sente parte desse ideal: um passado que já não existe e que talvez nunca existiu, mas que opera firmemente nas consciência dos vivos; um passado que, escrito (em poesías, histórias, imagens) permite pensar um futuro comum.

Logo, a viagem de barco também nos fez refletir sobre o passado e nossa distância dele. O projeto da expedição se iniciou com uma viagem figurada no passado: a partir do texto fundacional de Ulrico Schmidl, revisamos as crônicas históricas dos viajantes pelo Paraná, dos quais a maior parte, sendo estrangeiros, recolhiam personagens e anedotas que eram consideradas supérfluas demais para serem contadas pelos locais. Foi através de leituras – não apenas as que possuiam o Paraná como objeto – nas quais o rio a que iríamos remontar adquire a dimensão simbólica que aparece clara no tópico clássico –"o rio como a vida"–, que se sugeria uma viagem ao passado, uma viagem através do tempo, até o coração obscuro da América (para parafrasear o famoso texto de Conrad que todos tínhamos na cabeça). No caminho para esse coração nas trevas, a estranheza do que víamos se acentuava. Não seria, por acaso, o passado, como disse Hartley, o país estrangeiro por excelência? Um comentador da conhecida frase vai mais além nesta ideia: "*Lembra-me que é o meu presente que é estrangeiro, e que o passado é um lar, ainda que um lar perdido em uma cidade perdida em meio ao tempo perdido*".[3]

Entretanto, o espaço do rio não reproduziu a sucessão temporal que a metáfora sugere. Foi o médio Paraná, em território argentino, e não o rio Paraguai, de margens transformadas, cultivadas e habitadas durante séculos, o que nos deu a impressão de nos encontrar em um tempo diferente. Pela ausência de cidades próximas, carecíamos de sinal de celular e de internet; e o constante fazer-se e refazer-se do rio lançava quase na inutilidade os mapas convencionais e o GPS. Voltamos à pena e à aquarela. A distância daqueles que havíamos deixado, cuja ausência passava despercebida na comunicação diária, tornou-se mais intensa, e a paisagem adquiriu o peso do real, além da sua contemplação, porque os elementos que a constituiam nos impediam de avançar ou nos comunicar. O que víamos nos colocava em uma dimensão do presente diversa da que simultaneamente viviam nossos conhecidos e amigos em um outro lugar, que agora nos parecia remoto. Olhando as imagens dos viajantes de outros séculos, que nos acompanhavam na biblioteca do barco, notamos a semelhança do rio consigo mesmo através do longo curso temporal – como se o passado, e não a História, estivesse condensado na natureza. Ali parecia estar presente o passado perdido.

Esta situação inesperada, que ao nos privar da tecnologia devolveu muitos de nós – aos de certa idade – ao mundo da infância, e aos mais jovens trouxe um mundo tão estranho que poderia ser Marte, acentuou uma característica que nos acompanhava desde o início da viagem fluvial: o barco se converteu, segundo nossa cronista María Moreno, em uma *pátria flutuante*. Os velhos cronistas do Paraná descreveram frequentemente essa situação de vida fechada num espaço autônomo, perfeito em sua engenharia, mas ao mesmo tempo à mercê do ambiente físico; um espaço onde os que viajam estão implicados em um propósito comum, criando uma amizade que, em ocasiões luminosas, replicava a perfeição das utopias.

Mas o espaço do barco não é utopia, não é *parte alguma*, mas um espaço concreto, existente; sem raízes e no eterno devir, ainda que experimentado como lugar; grosseiramente material, mas, como o río pelo qual corre, indiscernivel de seu poder

3 Se trata da frase que abre o livro de L. P Hartley, *The go-between* (1954). O comentário é de Salman Rushdie, "Imaginary homelands", London Review of books, vol. 4, n. 18, 1982, p 18/19.

evocativo. Outros meios de transporte já dispararam a imaginação, como os aviões e os trens. As vanguardas históricas tomaram frequentemente os novos meios de transporte como modelo – incluindo o moderno transatlântico; mas a novidade absoluta dos outros meios contrasta com a antiguidade do navio, presente em todas as culturas – até na mesma forma, o barco moderno guarda suas formas primitivas.

Entre o arcaico e o atual, entre os sonhos de infância e o intercâmbio comercial, o barco pode ser pensado, em Foucault, como un espaço/outro: uma *heterotopia*. Em uma conferência radiofônica de 1966, Michel Foucault assinalava o barco, ao lado dos rincões do jardim, da tenda de índios, ou da casa fechada, como possíveis objetos da ciência da *heterotopologia*, "os espaços diferentes que são a contestação dos espaços em que vivemos".(Foucault, 2009) Posteriormente, o filósofo se dedicou a trabalhar esta intuição em outros registros (ligava estes espaços com nossas linguagens lógicas, impossibilitadas de pensar ordens diferentes, e assim de refletir sobre sua própria arbitrariedade, ou o que articulava alguns espaços *heterotópicos*, como as prisões, os cemitérios, os hospitais, com as regularidades do poder). Contudo, nesta conferência inicial, ele revela claramente como nossa grande obsessão por sujeitar o espaço à temporalidade discursiva oculta também as formas em que os sonhos humanos de felicidade aparecem inevitavelmente encarnados na extensão.

> O barco foi para nossa civilização – e isto desde pelo menos o século XVI – ao mesmo tempo o maior instrumento econômico e nossa maior reserva de imaginação. As civilizações sem barcos são como as crianças cujos pais não têm um grande leito sobre o qual possam se jogar; seus sonhos desse modo se exaurem, a espionagem substitui a aventura e o terror da policia, a beleza ensolarada dos corsários (Foucault, 2009).

A experiência no barco me serviu para pensar novamente a produtividade do espaço concreto toda vez que mencionamos o estrangeiro, na medida que, em todos os usos desta tipologia, ela aparece relacionada com uma vaga ideia de pátria, e perde sentido sem ela – pátria que na aparência, segundo as definições atuais de Cidade, já não seria possível sequer pensar. Contra todas as nossas previsões de habitantes urbanos, nascidos em cidades cujo caráter reside na ausência de raízes, na mistura, na distância crítica de toda mitologia folclórica, no orgulho de haver escolhido ser cidadão do mundo, algo tão pequeno e acidental em nossas vidas como uma viagem de barco permitiu reconhecer como este se transformava em casa, em lugar, em pátria, durante um breve tempo, efêmero, mas intenso (a ilusão da pátria não depende do tempo acumulado).

Em um belo texto intitulado, precisamente, *O estrangeiro*, Richard Sennett (1995) analisa as intuições de Alexander Herzen, exilado em Paris à espera de que na sua pátria, a Rússia, fossem alcançadas as condições políticas que tornariam possível o seu retorno. Entretanto, Herzen nunca regressou, mesmo quando pôde. E não evitou o retorno, como nos diz Sennett, porque já não lhe interessava o destino de seu país, mas porque Herzen já não pertencia a parte alguma. Não queria ser membro de uma comunidade fechada, e ser definido pelos traços que outros atribuíam à sua cultura; tampouco fazia parte da sociedade em que havia escolhido viver. De vez em quando sonhava em "retornar" a algum lugar que não era nem seu lugar nativo nem o lugar em que vivia, por exemplo Roma. Pode-se pensar, frente a isso, que o lugar é algo que se encontra – ou não se encontra nunca – em qualquer lugar (não necessariamente no lugar de nascimento). Mas Sennett evita dizer que qualquer lugar é também *um lugar*. Recorda-se e se imagina espacialmente, tanto como se vive espacialmente.

Mas um lugar não é necessariamente "a terra", com suas sugestões de fixidez e suas analogias de cultivo secular e túmulo de ancestrais. Um lugar pode ser tão móvel como o barco, tão fluido como o rio; o que frequentemente descobrimos quando fazemos uma viagem. As versões clássicas que compreendem o próprio e o estrangeiro relacionadas ou não com a fixidez do lugar e das raízes, ainda que reformuladas na época de construção das nações modernas, territoriais, são derivadas das diferentes versões ocidentais de Cidade. Cacciari encontra na contradição clássica entre as versões de cidade como *polis* (o lugar que dá base à *gens*), ou *civitas* (formada por pessoas que obedecem às mesmas leis, para além da determinação étnica ou religiosa), uma das chaves da longa duração que permitem pensar o tema hoje. Da versão romana, a *civitas*, enfatiza seu caráter "artificial", sua mobilidade e projeção futura, seu programa de crescimento, sua potencial "globalização". Em seu contraponto com a ideia grega de *polis*, emerge a contradição da cidade compreendida como lugar de intercâmbio cultural, de ócio intelectual, *Ágora*, e morada; e a cidade como sede dos negócios eficazes, com sua tendência de ampliação e sua necessidade de eliminar todo obstáculo ao movimento. Entre uma paisagem de tribos antagônicas ou indiferentes entre si, e uma paisagem homogênea em eterno movimento para o futuro – que nesta versão não é mais do que um presente eterno, já que não guarda nenhum segredo para nós – parece se mover o mundo atual. Em ambos os casos, o caminho se fecha: já porque se desfazem as pontes que nos relacionam com os outros, ou porque nos apresenta um mundo indiferente, homogêneo, em que o deslocamento pode ser evitado com um bater de tecla.

Poderiam existir outras formas de vida urbana ou, mais precisamente, outras formas de habitar? A perspectiva do estrangeiro, que, como provou Simmel, ilumina a condição das cidades, continua articulada com a experiência espacial do movimento. Esta experiência espacial tem um início: a viagem, o caminho à cidade, aquilo sobre o qual raramente refletimos, que se representa como metáfora ou em esquemas estadísticos estilizados e homogêneos, e que só tem valor em situações de denúncia. Se, em troca, teimamos em permanecer no caminho, é possivel apelar a outra figura tópica, que transcende as culturas ocidentais: a da viagem eterna dos seres humanos. Ela se aplica melhor ao nosso mundo cruzado por rios, às nossas cidades aluviais em que todos, potencialmente, podem ser pensados como "estrangeiros", às paisagens sem arquitetura visível. O caminho para a cidade, como uma e outra vez trataram os poetas, não tem como objetivo uma cidade, mas uma ilusão; é o caminho em si que tem relevância, tanto no sentido metafórico como no concreto, porque também na cidade existem caminhos, alguns dos quais podem ser maiores e imprevisíveis que nossa viagem de barco. Nestes caminhos é que, com nossos *shifbrüder* (no ídiche dos imigrantes: *irmãos de barco*), se constrói uma pátria que não tem terra, comunidade ou estatuto legal como ponto de partida.

> Cuando emprendas tu viaje hacia Ítaca
> debes rogar que el viaje sea largo,
> que sean muchos los días de verano;
> que te vean arribar con gozo, alegremente,
> a puertos que tú antes ignorabas.
> (...)
> No has de esperar que Ítaca te enriquezca:
> Ítaca te ha concedido ya un hermoso viaje.
> Sin ella, jamás habrías partido;
> mas no tiene otra cosa que ofrecerte.
> Y si la encuentras pobre, Ítaca no te ha engañado.
> Y siendo ya tan viejo, con tanta experiencia,
> sin duda sabrás ya qué significan las Ítacas (Kavafis, 1983).

Se falamos de proximidades e distâncias, ficou claro desde o principio que portenhos e rosarinos sabiam mais de Paris do que de Assunção, enquanto que nossos companheiros de Assunção conheciam perfeitamente Buenos Aires. Os tripulantes espanhóis, por sua vez, não podiam imaginar outra paisagem que um indiferenciado pampa. A maioria afinal assumiu mesmo dentro das fronteiras de seu próprio país o papel do viajante estrangeiro que alguma vez, com propósitos distintos mas sempre com ânimo de ver, recolher e registrar, havia escrito as crônicas que encontramos no início das literaturas nacionais: como fontes históricas, como modelo de descrição geográfica, e ainda, como prova Adolfo Prieto, como inspiração e alimento dos textos canônicos. Esta condição de estrangeiros era buscada, como havia sido a dos viajantes que líamos; efêmera e segura, porque indubitavelmente voltaríamos para casa. Mas ao mesmo tempo, a distância autoimposta nos permitiu ser testemunhas de uma multidão de condições de estrangeirismo que, longe de constituir um tema derivado de nossa viagem, converteu-se no centro dos debates.

Me perguntei muitas vezes, uma vez finalizada a expedição, se no lugar de viajar de barco pelo rio, utilizando o barco como nossa casa, tivéssemos optado por carros, ônibus ou aviões. O espaço que atravessamos, a velocidade em que transitamos nele, o meio de transporte que usamos, abria algumas questões enquanto obstruía outras. A viagem por terra ou por ar nos teria cercado de outras realidades, nos colocado em outras perspectivas. Não era, pois, secundária a forma em que se fizera a viagem para chegar a uma ou outra conclusão, por mais precária que fosse. Claro que não se tratava apenas de um suporte físico ou meio propiciador, já que esse meio em particular, o rio, abria evocações que podiam reconduzir-nos às aventuras lidas na juventude ou à crônica que, recém-descoberta, repousava na biblioteca do barco. O valor metafórico do rio na cultura ocidental – o rio pelo tempo, pela vida – se enfeitava com os nomes guaranis – rios claros: *e satĩ;* brancos: *e morotĩ*; negros: *e hũ;* castanhos: *e pytã;* ou como uma corrente de água coroada de penas: *paraguay; e o mar.* A cor de todas as cores: *para* (Melia). Estranha ocasião esta, a de uma comunidade que, falando os diversos idiomas das ciências e das artes, compartilhava seus dias com um propósito comum, em um projeto efêmero de pátria que ora o incorporava e ora expulsava.

Nos artigos acadêmicos sobre diversos aspectos da região, que havíamos reunido durante um ano, nos preparando para o melhor aproveitamento da viagem, o que definitivamente estava ausente era a dimensão da experiência, o que reúne de maneira inesperada, às vezes até aleatória, os aspectos temporais e espaciais que definem uma condição. Sem estas contribuições acadêmicas, divididas cuidadosamente em abordagens disciplinares que impunham formatos predeterminados, pouco fazíamos ao extrair o produto bruto da experiência que realizávamos. Cifras e estatísticas, informações comprovadas e citações de autoridade, conclusões lógicas, todavia, não davam conta daquilo que construíam como seu objeto – ao que por definição deveria ser recortado em coordenadas espaciais ou temporais, colocado de frente, à distância, de modo a permitir a análise e a reflexão – nem do observador, das condições que determinavam seu olhar, de sua sensibilidade corporal, mas de seu espírito lógico e universal.

Dentre todos os temas que a experiência da expedição convoca, o do estrangeiro é provavelmente o que rechaça com maior ênfase as definições e conclusões universais. Ser *estrangeiro* não implica apenas em uma condição legal, objetiva, já que provavelmente o estrangeirismo dos irmãos Robertson, famosos cronistas das repúblicas do Prata no século XIX, lhes permitia levar uma vida mais agradável que a dos filhos da terra, convocados a todas as guerras internas e desprezados pela elite criolla; assim como o estrangeirismo da cor da pele, do traje mal cortado não se neutraliza mediante os papéis de nacionalidade. É ainda mais interessante comprovar como a condição de estrangeiro não pode ser separada da sensibilidade de cada sujeito, de cada grupo social, em cada momento histórico: de maneira que os trabalhos de maior interesse necessitam apelar a alguma experiência situada, com nome e sobrenome, para compreender de que forma essa sociedade e não outra, em um tempo e espaço determinados, permite ou não colocar a si mesma ou ao outro como o estrangeiro. Embarcada, para continuar com a metáfora fluvial, em uma modesta aventura cujo fim era um produto, a mesma experiência, no entanto, de modo algum eliminou as sedutoras palavras que em textos muito diversos me diziam que viagem e experiência possuíam uma raiz comum (*Gefahrt*). E assim me propus contrastar, abordando o tema do estrangeiro, as diversas tramas que palavras e experiências podem tecer. Não me refiro apenas à experiência do barco, tardia na minha vida, mas à própria experiência de abordar estes temas tendo nascido mulher em uma cidade aluvial como Buenos Aires. Ainda que, a experiência do barco tenha implicado em um antes e um depois, aproximando-se dessa outra classe de experiência que os românticos, tão ávidos como muitos filósofos atuais para encontrar um momento de ruptura, qualificaram como *Erlebnis*.

Bibliografia

AGAMBEN, Giorgio *Lo abierto. El hombre y el animal.* Buenos Aires: Adriana Hidalgo ed., 2007.

BARRET, Rafael. *El dolor paraguayo y lo que son los vervales.* Buenos Aires: Capital Intelectual, 2010, p. 24.

CACCIARI, Massimo. *La città.* Milan: Pazzini Editore, 2000.

DERRIDA, Jacques. *Seminario La bestia y el soberano.* Buenos Aires: Manatial, 2010.

FOUCAULT, Michel. "Les Heterotopies". In: *Le corps utopique, les heterotopies.* Paris: Nouvelles Editions Ligne, 2009.

KAVAFIS, Konstantinos. "Itaca". In: *Poesia completa.* Madrid: Alianza, 1983.

KOOLHAAS, Rem. *La cidade genérica.* Barcelona: GGminima, 2007.

LÉVI-STRAUSS, Claude. *Tristes trópicos.* Barcelona: Paidós básica, 1997.

LLINAS, Mariano. "Un experimento con el río". *Revista Transatlántico,* periodico de arte, cultura y desarrollo del CCPE/AECID, n. 10, 2010.

MARIGNAC, Veronica Martinez *et al.* "Identificacion de amerindios por medio del analisis de adn. Su aplicación en los litigios por poseión de tierras y otros temas legales y éticos". *Interciencia,* Caracas, vol. 28, n. 1, 2003.

RUSHDIE, Salman. "Imaginary homelands". *London Rewiew of Books,* Londres, vol. 14, n. 18, p. 18/19, 1982.

SCHMITT, Carl. *Tierra y mar. Consideraciones sobre la historia universal.* Madrid, 1952.

SENNET, Richard. "El extranjero". *Punto de Vista,* n. 51, p. 38, 1995.

SIMMEL, Georg. "El extranjero". In: *Sobre la individualidad y las formas sociales. Escritos escogidos.* Buenos Aires: Universidad Nacional de Quilmes, 2006.

Parte 4
Intelectuais, artistas e a cidade

Deslocamentos Milão-São Paulo: estrangeiros na cidade

Fernanda Fernandes

Na década de 1950, o Museu de Arte de São Paulo constituído em 1947 pelo empresário Assis Chauteabriand se configura como espaço de atuação de vários profissionais estrangeiros que participam de suas atividades como professores e na organização de exposições, reunindo-se junto ao crítico italiano Pietro Maria Bardi, então diretor do museu. Esses profissionais também se inserem em outras propostas que extrapolam a esfera do museu e incidem na fatura e transformações da paisagem paulistana, que no âmbito cultural vive um momento de abertura ao diálogo com o campo internacional. Neste estudo, analisamos o deslocamento de profissionais entre Milão e São Paulo tomando como agentes centrais o jornalista e crítico de arte Pietro Maria Bardi, os arquitetos Lina Bo Bardi e Giancarlo Palanti e o artista Bramante Buffoni, que compartilham dos debates sobre a arquitetura racionalista em Milão antes de se transferirem para São Paulo após a Segunda Guerra.

Assim, procuramos estabelecer relações entre os campos culturais de Milão e São Paulo no momento em que ocorre o deslocamento desses artistas e arquitetos indagando sobre a circulação de saberes daí decorrentes e sua incidência nas práticas exercidas por esses profissionais. Analisamos principalmente os primeiros anos de sua inserção no panorama cultural paulista, momento em que é vivenciada com mais intensidade a situação de estrangeiros frente a uma nova cultura, quando as formações de origem se manifestam fortemente nos trabalhos realizados por esses profissionais, que buscam o difícil equilíbrio no movimento de adaptação às possibilidades oferecidas pelo campo profissional paulistano. Assim, consideramos a análise de suas obras, no que elas revelam das escolhas, críticas e propostas frente à nova cidade, como caminho possível para identificar as aproximações e divergências entre essas duas culturas.

Para tanto, procuramos precisar as temáticas presentes no ambiente cultural milanês, ponto de partida para proceder a análise das continuidades e rupturas decorrentes da mudança desses profissionais para São Paulo e a posterior ação desses profissionais na cidade.

A cultura arquitetônica em Milão (1928-1946): racionalismo e tradição

A pauta de discussões italiana do período em que P. M. Bardi, Lina Bo e Giancarlo Palanti atuam em Milão se organiza em função de uma visada abrangente que abarca do mobiliário à cidade, passando pelo design do objeto e pelas artes gráficas. Esse enfoque tem seus desdobramentos nas temáticas que contemplam as dualidades – artesanato e indústria/arquitetura e artes decorativas (Ciucci, 1989; Gregotti, 1994). É assunto pertinente numa Itália de unificação recente que assiste à entrada da industrialização em Milão, seu centro mais avançado. Nesse contexto as Trienais de Milão funcionam como momentos especiais de divulgação da produção italiana em relação à habitação, mobiliário, vidros, tapeçarias, enfim tudo que congrega o ambiente da "Casa Italiana", título de um artigo inaugural de Gio Ponti, publicado no primeiro número da revista Domus, da qual é diretor (Ponti, 1928; Irace, 1988).

A produção da arquitetura moderna na Itália se faz tardiamente em relação aos outros centros europeus e se concretiza no diálogo com propostas modernas já consolidadas, como as diretrizes da Bauhaus de Gropius, centro para onde convergem as discussões sobre arte e indústria processadas na Europa nas primeiras décadas do século XX, e as propostas de Le Corbusier, principalmente suas leituras em relação à tradição clássica e a proposta de união dos países latinos a partir do tema da mediterraneidade.

De fato, o racionalismo italiano apresenta como peculiaridade o diálogo com a tradição nas formulações modernas. A questão da tradição será outro tema presente no ambiente milanês funcionando como especificidade italiana em relação a outras matrizes europeias da arquitetura moderna e instância de definição daquilo que é considerado próprio da produção local. O debate se desenvolve a partir de duas frentes: por um lado a discussão sobre a "mediterraneidade" de nítida matriz corbusiana (Danesi, 1994; Gambardella, 1989) e por outro a discussão sobre o vernáculo veiculada pelo arquiteto Giuseppe Pagano (Pagano e Daniel, 1936).

A construção da tradição a partir do tema da mediterraneidade também se desdobra em duas concepções distintas embora muitas vezes apareçam unificadas pela semelhança de posturas presentes entre seus formuladores. O grupo de arquitetos liderado por Giuseppe Terragni e ligado à revista *Quadrante*, desenvolve o tema a partir da relação com o purismo arquitetônico de Le Corbusier e da retomada do que contém da matriz classicista baseada na proporcionalidade e no uso da seção áurea na proposição arquitetônica. A Casa do Fascio de Como, projeto de Terragni será consagrada, nas páginas da revista, como resposta precisa e articulada a esse posicionamento, utilizando-se de relações proporcionais na concepção do volume elementar organizado entorno a um pátio central, tipologia que se mantém por longos períodos na arquitetura italiana (Mantero, 1983). Por outro lado para Carlo Emilio Rava a "mediterraneidade" consiste em considerar a arquitetura menor e espontânea da costa do Mediterrâneo, como referência e fonte de modelos tipológicos para as concepções do racionalismo italiano (Danesi, 1994, p. 21).

Giuseppe Pagano sempre mostrou reservas ao uso indiscriminado do termo "arquitetura mediterrânea" como referência ao racionalismo italiano por nele identificar um forte acento formalista. Em contraposição a essa tendência organiza a exposição intitulada "Arquitetura rural italiana", para a VI Trienal de Milão de 1936, que consiste numa documentação fotográfica da construção popular e anônima, valorizada por suas soluções construtivas, simplicidade e funcionalidade e considerada verdadeira tradição autóctone italiana(De Seta, 1990). Pagano desenvolve um trabalho ligado à arquitetura espontânea e às artes populares, representadas pelos antigos objetos de uso doméstico e pelos produtos artesanais da civilização rural, nos quais identificava os signos de uma funcionalidade contemporânea (Pagano; Daniel, 1936).

A proposta de Pagano constitui uma guinada em relação aos estudos usuais sobre arquitetura realizados na Itália até o momento, focados em grades obras como templos e palácios e em chave que evidencia seus valores estéticos. Ao deslocar seu foco para a cultura popular e o vernáculo define um alargamento de fronteiras para a investigação arquitetônica. O vernáculo é aqui considerado um imenso dicionário de lógica construtiva artesanal e imediatamente aderente à função. A partir dessa leitura, Giuseppe Pagano estabelece a relação entre a construção tradicional e os princípios da arquitetura moderna, em suas características de essencialidade e racionalismo estrutural.[1]

Giuseppe Pagano e Edoardo Pérsico, respectivamente diretor e redator da revista Casabella a partir de 1933, serão figuras centrais nos debates arquitetônicos do período estendendo a discussão para o âmbito urbano. Dirigem seus esforços de reflexão para uma sociedade moderna baseada no trabalho e na busca de uma vida urbana qualificada em todos os seus aspectos, na intenção de construir uma cidade que corresponda

1 Esta associação entre o vernáculo e o moderno apresenta um raciocínio semelhante ao utilizado no Brasil por Lúcio Costa, no seu texto *Documentação necessária*, em que estabelece a continuidade entre cultura arquitetônica tradicional e o moderno.

à modernidade e, ao mesmo tempo, contribua para a formação do "gosto" da nova época, agora pautada pela cultura de massa (Ciucci, 1989, p. 39). Os intelectuais acreditam que, através da educação do gosto de uma sociedade, é possível encontrar caminhos de transformação social.

A ideia de uma arte e uma arquitetura que extrapolam suas dimensões específicas, funcionando como motores que impulsionam processos de mudança, são familiares às vanguardas artísticas europeias do início do século XX. Contudo, o que é próprio da cultura italiana é a eleição do "gosto", como objeto de uma ação educativa que promoveria mudanças no âmbito social. Essas reflexões são decorrentes da concepção do "gosto dos primitivos", formulada em 1926 pelo teórico italiano Lionello Venturi, que admite a presença de um gosto anônimo e difuso enquanto expressão de uma presença social ampliada (Venturi, 1972), reflexão que teve grande penetração no racionalismo italiano. No caso específico dos estudos de Pagano, a dimensão do gosto se vincula a ampliação do campo de interesse na esfera cultural, aqui cabendo o artesanato e a cultura popular, e significa pensar também um gosto afinado com a cultura de massa.

Assim, Milão se define como principal centro de debates da arquitetura racionalista italiana a partir da obra de arquitetos formados pelo Politécnico de Milão[2] e pelas polêmicas e temáticas reportadas nas revistas do período como Domus, Casabella e Quadrante (Gregotti, 1994). Esta postura racionalista, com foco em Milão irá se confrontar para a sua consolidação com o moderno classicismo representativo do regime fascista proposto por Marcelo Piacentini, arquiteto de forte expressão em Roma tanto na universidade como nas grandes obras propostas pelo estado fascista (Lupano, 1991). Nessa ação, Pietro Maria Bardi terá papel de destaque ao buscar a aproximação da arquitetura racionalista de matriz mediterrânea e purista com o estado, na tentativa de torná-la uma alternativa viável à "romanidade" elaborada a partir de arcos e colunas da arquitetura de Piacentini, que posteriormente será considerado como arquiteto oficial do regime.[3]

2 Carlo Enrico Rava, Piero Bottoni, Luigi Figini e Giuseppe Terragni se formam em 1926 pelo Politécnico de Milão, Gino Pollini em 1927, Mario Cereghini e Ignazio Gardella em 1928, Franco Albini, Renato Camus, Adolfo dell' Acqua e Giancarlo Palanti em 1929.

3 Pietro Maria Bardi dirige em Roma a II Exposição de Arquitetura Racional organizada pelo Movimento Italiano para a Arquitetura Racional (MIAR) e apresenta sua obra "Tavolo degli orrori", onde tece acirradas críticas aos trabalhos de Piacentini. Por ocasião da exposição é lançado o livro "Rapporto sull'architettura" (per Mussolini) também de Bardi, publicado pela edição de "Critica fascista" onde se estendem os ataques a Piacentini. Bardi se empenha junto a Mussolini pela eleição da arquitetura racionalista como representante do regime fascista e embora seus esforços nesse sentido tenham sido

Bardi tinha alcançado um grande prestígio nos meios artísticos de Roma e Milão principalmente pela sua atuação no jornal milanês Belvedere e na revista *Quadrante*,[4] em que atuava como crítico de arte e de arquitetura. A revista firmou-se como principal veículo de divulgação da arquitetura racionalista italiana permitindo a aproximação de Bardi com arquitetos ligados às vanguardas italianas do período como Giuseppe Terragni, Ernesto Nathan Rogers, Alberto Sartoris, Pier Luigi Nervi e Adalberto Libera. Também eram divulgados pela revista textos de Le Corbusier, Siegfried Giedion e Walter Gropius. Bardi participou juntamente com o grupo CIAM Italiano, do IV Congresso CIAM realizado em 1933, quando conheceu pessoalmente Le Corbusier, com quem manteve contato durante muitos anos. A opção por Atenas como meta final do navio que conduziu os congressistas não é meramente casual, mas sim representativa da retomada da liderança de Le Corbusier na "entende latina", purista e mediterrânea, contra a nova objetividade alemã que se destacara nos congressos anteriores, momento crucial da polêmica entre Nova Objetividade e *l'Esprit Nouveau.*

Giancarlo Palanti também participa ativamente das propostas do racionalismo italiano no ambiente cultural de Milão. Na década de 1930, publica seus primeiros trabalhos nas páginas da revista *Domus,* que dedicava espaço considerável aos estudos sobre a casa e seu mobiliário, considerados propulsores de um novo modo de vida. A maior parte deles diz respeito ao desenho de móveis, com propostas de cadeiras, estantes, mesas e armários, além de projetos de arquitetura de interiores, alguns deles realizados em parceria com Franco Albini. Nos projetos de ambientes o arquiteto mostra soluções diversificadas, algumas vezes utilizando móveis já disponíveis no mercado. Em outras, parte da concepção do próprio mobiliário como ponto central para a definição da organização espacial.[5] Palanti também elabora projetos de lojas e vitrines, onde a marcenaria define os equipamentos necessários para a exposição dos produtos,

infrutíferos Mussolini chega a financiar diretamente a Galeria da Via Veneto em Roma, de Bardi, que hospeda a exposição. O tema é tratado em Mantero, 1983; Ciucci, 1989; De Seta, 1990.

4 Quadrante, revista de arquitetura e cultura editada em Milão, entre maio de 1933 e outubro de 1936, dirigida por Massimo Bontempelli e Pietro Maria Bardi.

5 As informações se referem aos artigos publicados por Giancarlo Palanti na revista *Domus,* onde divulga seus trabalhos: "Uma Camera da Letto – Uno Studio". *Domus* 57, set. 1932, p. 542-543; "Mobili per uno Studio Moderno". *Domus* 65, maio 1933, p. 269; "Alcuni ambienti in casa M. a Milano". *Domus* 91, jul. 1935, p. 34-37; "Proposte di Arredamenti" (Allogio per quattro persone – Albini, Camus, Palanti)". *Domus* 108, dez. 1936, p. 27-29; "Bella Casa per la casa della bellezza". *Domus* 120, 1937, p. 54-55.

voltados para a adequada apresentação aos clientes e propostos como elementos atuantes na vida urbana. Organiza também, em 1933, o livro *Mobili Tipici Moderni*, que apresenta uma seleção particularizada de móveis propostos por diversos autores e referentes a vários países.

O conhecimento sobre a produção de mobiliário moderno europeu encontrava um espaço de divulgação eficiente nas Trienais, que tinham uma seção especialmente dedicada ao tema, apresentando as realizações de países como Inglaterra, Holanda e Finlândia, nesse caso destacando-se as propostas de Alvar Aalto, que utilizavam madeira compensada curvada.[6] Nos anos seguintes, Palanti desenvolverá trabalhos de caráter urbano, como "Milano Verde" e "Quartieri E. Ponti", ambos propostos para Milão[7] e também realizados em equipe, postura recorrente no ambiente milanês marcado pela atuação de equipes como o Grupo 7 e BBPR, e com obras pautadas pelas diretrizes do racionalismo italiano.

Bramante Buffoni irá se dedicar a várias atividades vinculadas às artes decorativas elaborando desenhos para a execução de tapeçarias e painéis inovadores para a arquitetura de interiores, além de estudos sobre a cor na arquitetura seguindo a tendência veiculada por Le Corbusier na Itália naquele período.[8] O artista também irá se dedicar às artes gráficas campo de atuação bastante prestigiado no ambiente italiano produzindo cartazes para a Olivetti, conhecida fábrica de máquinas de escrever que tinha como princípio trabalhar com arquitetos e artistas tanto na divulgação de seus produtos quanto na arquitetura de suas lojas e fábricas (De Giorgi, Morteo, 2008).

---

6 Sobre as Trienais de Milão é interessante a leitura dos fascículos especiais dedicados às exposições publicados na revista *Domus* n. 65, maio 1933; n. 66, jun. 1933 e n. 68, ago. 1933, com documentação fotográfica dos trabalhos apresentados e a organização por seções temáticas. Sobre a história das Trienais e sua passagem de Monza para Milão em 1933, além do exame das discussões sobre artes decorativas, artesanato e indústria, processadas em seu interior, é fundamental o artigo de Guido Canella e Virgilio Vercelloni Cronache di Dieci Triennali, inicialmente publicado em *Comunitá*, n. 38, 1956 e agora republicado. In: M. Fabbri, A. Greco, L. Menozzi, E. Valeriani (orgs.). *Architettura e Urbanistica in Italia nel dopoguerra. L'Immagine della Comunità*. Roma: Gangemi, 1986.

7 F. Albini, I. Gardella, G. Minoletti, G. Pagano, G. Palanti, G. Pedreval, G. Romano. "Milano Verde", plano para a zona Sempione em Milão, 1938/F. Albini, R. Camus, G. Palanti. "Quartieri E. Ponti" em Milão, 1940-41.

8 Informações a partir dos seguintes artigos que se referem aos trabalhos de Buffoni em Milão: "I Tessutti italiane alla Triennale (arazzo a partir de desenho de Bramante Buffoni)". *Domus* 65, maio 1933, p. 244; "I problemi tecnici della casa. La carta da parato". *Domus* 147, mar. 1940, p. 80; "Dobbiamo dipingere le case?". *Domus* 167, nov. 1941, p. 13-15; "Carte da pareti fotografiche". *Domus* 170, fev. 1942, p. 83-86; "Manifestti di Bramante Buffoni". *Domus* 174, jun. 1942, p. IX-XI.

É em 1943 que Lina Bo assume o posto de diretora assistente na Revista *Domus*, juntamente com Carlo Pagani e sob a liderança do então diretor Melchiorre Bega. As matérias publicadas pela revista no período são mais escassas, revelando a difícil situação italiana no findar da Segunda Guerra.[9] Nesse momento, Lina publica o artigo *Sistemazione degli interni*, oportunidade para refletir sobre a industrialização e a utilização de novos materiais no mobiliário e na arquitetura moderna. No texto, Lina propõe a utilização de um mobiliário flexível como postura adequada aos espaços da arquitetura moderna, além de se valer de meios mínimos para oferecer o máximo conforto, deixando de lado as soluções meramente decorativas. Observa também que o mobiliário pode participar ativamente da concepção espacial, funcionando como divisória na disposição dos ambientes, ou permitir economia de espaço, a partir do uso de armários embutidos. Acrescenta ainda que, para a solução dos espaços interiores, podem ser usados os móveis já disponíveis no mercado, aqueles projetados especialmente para determinado ambiente, ou ainda os padronizados e reproduzidos industrialmente. A arquiteta esclarece que mesmo neste último caso, pode-se trabalhar com a variedade, como comprova o exemplo dos japoneses, que a partir de uma simples esteira conseguem modular a forma dos cômodos e atender a diferentes necessidades com ambientes flexíveis. A argumentação desenvolvida por Lina revela sua familiaridade com as polêmicas sobre a aproximação entre arquitetura e indústria, apontando a última como espaço a ser explorado pelos arquitetos em suas formulações.

Em seu período milanês, além das atividades na revista *Domus*, Lina estenderá seu trabalho de editoração a outras revistas como Lo Stile e Belezza, participando como ilustradora e redatora. Finda a guerra, Lina e Pagani fundam a revista *A* (Attualitá, Abitazione, Arte), que contava com a colaboração de Bruno Zevi e Raffaele Carrieri.[10] Publicada pelo Editoriale Domus de Milão, a revista era voltada ao grande público e divulgava estudos de habitação, moda e mobiliário com a intenção de propor aos italianos um novo modo de morar, inserindo-se nos esforços da reconstrução do país.

Entre os profissionais mencionados, além da atuação proeminente e diversificada de Bardi, quem participa mais ativamente de todo o percurso do racionalismo

9 Em 1945 a publicação é suspensa sendo substituída por *Quaderni di Domus* em que Lina continua atuando. A revista *Casabella*, dirigida por Persico e Pagano, principais mentores do racionalismo italiano, é fechada em 1943. Segundo Gregotti, neste momento os principais protagonistas do racionalismo italiano passam para a luta clandestina.

10 Sobre a trajetória italiana de Lina Bo Bardi, ver o trabalho de Silvana Rubino (2002) e também Renato Anelli (2001) em seu trabalho de livre docência.

arquitetônico italiano é Giancarlo Palanti, que se transfere para o Brasil em 1946, quando já tinha uma consistente atividade profissional além de ter vivenciado todas as mazelas decorrentes da Segunda Guerra, na qual a Itália sai derrotada. As perspectivas e os ideais que haviam mobilizado e envolvido grande parte dos profissionais italianos, além de impulsionar suas realizações, aparecem agora desprovidos de sentido, é também o momento de perda de colegas de profissão engajados nas formulações e nas atividades do entreguerras, particularmente Giuseppe Pagano, de origem judia e um dos líderes do movimento milanês, que morre em um campo de concentração nazista.

Ao findar a guerra Palanti participa juntamente com Franco Albini e Anna Castelli, da organização de um volume em memória de Giuseppe Pagano que reúne suas obras e escritos (Albini; Palanti; Castelli, 1947). Palanti será o responsável pelo texto que traça o percurso de Pagano como figura central da história que narra as escolhas e realizações do racionalismo italiano. No mesmo volume são publicadas cartas de Pagano escritas pouco antes de sua morte, dirigidas à família e aos amigos, como forma de testamento sucinto. Uma delas se destina a Palanti, solicitando que ele reúna "aqueles que restaram" e propondo uma continuidade ou recomeço a partir das propostas acalentadas nos últimos anos. Mas talvez para Palanti a situação italiana se apresentasse desfavorável tanto como campo de trabalho como de novas perspectivas e ele se transfere para São Paulo, cidade onde viviam alguns familiares de sua noiva, no momento em que se iniciavam os anos de reconstrução na Itália.

Segundo Tentori, biógrafo de P. M. Bardi, não são claras as motivações da vinda do casal Bardi para o Brasil e nem é certo que tenha sido esse o destino inicialmente escolhido. Ao contrário, poderia tratar-se apenas de uma parada no caminho para Buenos Aires, visto que Bardi já conhecia a cidade argentina.[11] Acrescenta como outro possível fator para a escolha do Brasil a visibilidade alcançada pela arquitetura brasileira no campo internacional, que apresentava o país como local de oportunidades no campo da construção, ao contrário da situação na Itália, que saía destruída da guerra. Essa narrativa, algumas vezes valorizada por Lina Bo em seus textos, parece mais uma explicação construída posteriormente do que um efetivo motor para essa escolha. Os desmazelos causados pela Segunda Guerra na cultura e sociedade italiana são mais convincentes como explicação para a saída desses profissionais da Itália do que as hipóteses aventadas para a escolha do destino. Contudo esse movimento de diáspora já

11 Segundo Tentori, Bardi realiza sua primeira viagem à América Latina no final de 1933, por ocasião da mostra realizada em Buenos Aires sobre arquitetura italiana e se detém por um dia em São Paulo.

tinha se iniciado durante a guerra e a América aparece como o local de novas possibilidades para artistas, arquitetos e intelectuais europeus. No campo artístico o centro irradiador de produção não cabe mais a Paris, mas sim a Nova York.

Portanto, também para Bardi, que sempre tinha deixado claro seu posicionamento e proximidade com o regime fascista, a inserção na nova configuração política italiana parecia extremamente difícil, fator que impulsionou sua saída da Itália, juntamente com Lina. Bardi traz na bagagem o patrimônio representado por obras de arte e seu conhecimento nesse campo de atuação, além do discernimento sobre o mercado de arte. Acrescentem-se ainda seus relacionamentos com artistas e arquitetos que serão importantes nas atividades que desempenhará nessa retomada. Quanto a Lina Bo, durante sua estadia em Milão, tinha se apropriado dos principais temas que informavam as discussões do período, como os debates sobre artesanato e indústria e a questão da tradição, calcada no estudo do vernáculo e da cultura popular, questões decorrentes do processo de modernização italiano, que procurava o equilíbrio entre permanência e inovação.

Estrangeiros em São Paulo (1947-1956): artesanato, indústria e cultura popular

Em São Paulo, Bardi se torna o diretor do recém criado Museu de Arte de São Paulo, que irá se configurar como local de atuação de vários profissionais estrangeiros. Paralelamente as atividades realizadas para viabilizar a proposta do museu Pietro Maria Bardi, Lina Bo Bardi e Giancarlo Palanti fundam em 1948 o Studio de Arte Palma, proposta revisitada do homônimo italiano conduzido por Bardi em Roma. Esta iniciativa sinaliza a vontade de Bardi de dar continuidade a sua atuação no mercado de arte, já indicada pela coleção de obras de arte que traz na bagagem na sua chegada na cidade.

O Studio d'Arte Palma em Roma funciona de 1944 a 1949 e se dedica a exposições de arte antiga e moderna, perícia e restauro de obras de arte. Na sua fundação Bardi ocupa o cargo de diretor presidente valendo-se de seu prestígio como jornalista e crítico de arte de forte atuação tanto no campo da arte como da arquitetura moderna (Tentori, 2000), contudo em São Paulo, o empreendimento ganha novo perfil pela adesão de Lina e Palanti, com a proposta de se dedicar ao desenho industrial e, principalmente, à produção de móveis, em especial cadeiras e poltronas que se adaptassem às condições locais e se baseassem em desenho moderno. Possivelmente os arquitetos vislumbravam nesse setor um campo de atuação promissor.

No primeiro número da revista *Habitat*, de dezembro de 1950, Lina e Palanti publicam o artigo *Móveis Novos*, em que apresentam suas realizações junto ao Palma e também se posicionam sobre a situação do país em relação a produção de mobiliário, observando que neste aspecto a produção brasileira não atingiu a mesma qualidade e desenvolvimento obtido com a arquitetura moderna. E ainda enfatizam que cabe ao arquiteto o estudo e concepção de uma cadeira, pois não se trata de um trabalho para amadores.

De fato, provenientes de um ambiente cultural em que a atenção para as artes decorativas era uma constante e já bastante afeitos à proposta da Bauhaus de considerar no âmbito do projeto desde os objetos de uso cotidiano, mobiliário incluso, estendendo-se até a arquitetura, Lina e Palanti reivindicam toda essa gama de atividades como atribuição do arquiteto e irão dedicar-se a esse espaço profissional em sua atuação em São Paulo.[12]

As propostas de Lina e Palanti se inserem na tradição racionalista partindo de um estudo cuidadoso sobre as madeiras brasileiras e suas propriedades, observando a beleza dos veios, a coloração da madeira, seu grau de resistência, e adotando soluções baseadas na simplicidade estrutural. A cadeira idealizada por Lina para o auditório do MASP é o primeiro exemplar das várias outras posteriormente construídas pelo Studio Palma, que se constituem em variações de um mesmo princípio, legitimando as intenções de Lina de atingir a diversidade a partir de elementos essenciais. A busca por soluções que atendessem às condições locais estava presente no uso de madeiras brasileiras, no despojamento dos estofados e na característica dos revestimentos, com preferência pelo couro, por tecidos simples ou ainda pela tradicional taboa.

A inspiração na cultura popular é explicitada por Lina no projeto de poltronas constituídas por uma simples estrutura de três pernas de madeira, tendo como assento uma lona solta, presa apenas aos elementos de sustentação. A solução toma como referência as redes brasileiras, consideradas pela arquiteta como um dos mais perfeitos instrumentos de repouso, por serem ao mesmo tempo leito e sofá, além de permitirem perfeita aderência ao corpo. Portanto, versatilidade e organicidade são as características valorizadas nas redes e princípios que serem considerados na concepção das poltronas.

O fator de inovação para a realização dos móveis do Studio Palma foi a utilização de madeira compensada. Recortada em folhas paralelas é apresentada como solução

12 Nesse momento em São Paulo as recém-criadas escolas de arquitetura, a Faculdade de Arquitetura Mackenzie em 1947 e a Faculdade de Arquitetura e Urbanismo da USP em 1948, ambas provenientes de escolas de engenharia, não contavam em seu currículo com disciplinas voltadas para o desenho industrial. A sequência de Desenho Industrial será incorporada ao currículo da FAUUSP a partir da reforma de 1962.

alternativa ao uso de madeira maciça, até então preferida para a construção do mobiliário no Brasil. Com essa mudança, buscava-se a aproximação com o raciocínio de padronização de elementos, passível de ser reproduzido em série e de acordo com o processo industrial – de uma prancha de compensado era possível retirar um perfil e, a partir dele, elaborar vários móveis, como suportes de sofás, cadeiras e estantes. No caso específico do Studio Palma, a produção de móveis foi feita artesanalmente na Fábrica de Móveis Pau Brasil, também de iniciativa dos arquitetos. Contudo, na concepção do mobiliário fica registrada a intenção de um desenho voltado para a produção em série.[13]

O procedimento foi retomado por Lina anos mais tarde, em proposta de concurso apresentada em Cantú, Itália, em 1957, onde os móveis são resolvidos a partir de um módulo padrão, que compõe o mobiliário dos diversos ambientes da habitação. Segundo Lina, a peça-padrão, feita em madeira compensada, tem um desenho próximo ao da pintura abstrata. A autora resume as características que levaram à escolha da madeira compensada: "economia, resistência, a variedade de formas que se podem obter e sistema construtivo simples e claro".[14] Assinala também a intenção de "renovar" a produção artesanal com o procedimento, no intuito de orientá-la para a pequena indústria, mais adequada aos tempos modernos, que enfrentam o problema de atender a um número cada vez maior de pessoas. Observa, ainda, que esse sistema unificado permite um grande número de variantes, evitando a suposta monotonia da produção em série. Com seus comentários, a arquiteta recupera diretrizes consolidadas pela arquitetura moderna, como a forma abstrata adequada à indústria e posiciona-se decisivamente a favor da tipificação.

Lina e Palanti fizeram propostas de organização total de ambientes internos, em que a distribuição dos mobiliários dialoga com espacialidades modernas e onde subjaz a proposta de um modo de vida adequado à praticidade e à funcionalidade próprias à época moderna.

---

13 Sobre a Fábrica de Móveis Pau Brasil ver o artigo de Sanches, 2003, p. 22-43, e também Pinto, 2001, onde a autora informa que para a fabricação do mobiliário foram trazidos para o Brasil marceneiros e oficiais de móveis provenientes da cidade de Lissoni, Itália, familiarizados com métodos modernos de fatura de móveis, pelo fato de não terem sido encontrados em São Paulo profissionais aptos para essa atividade. Também de interesse para o estudo do mobiliário de Lina Bo Bardi é o doutorado de Ortega, 2008.

14 Concurso para Mobiliário. Cantú, Itália, 1957. In: Ferraz, 1996, p. 96.

O Studio de Arte Palma teve a duração de dois anos, com ação paralela à do Museu de Arte de São Paulo e compartilhou algumas de suas propostas. Seu encerramento coincidiu com a iniciativa do museu de criar uma escola de desenho industrial, voltada para formação de profissionais que atuassem junto à indústria, encampando em seu bojo algumas das temáticas avançadas anteriormente por Lina e Palanti junto ao Palma. Com essa iniciativa, a intenção de Bardi era promover a aproximação com a indústria paulista, naquele momento em acentuado crescimento, propiciando a formação de profissionais nas áreas de artes gráficas, comunicação visual e desenho industrial, formação ainda não contemplada nos cursos de arquitetura e indicativas de áreas de atuação potencialmente viáveis frente às mudanças decorrentes do crescimento urbano como a ampliação do campo editorial com a publicação de jornais e revistas.

O modelo proposto para o curso do museu tomava como parâmetro a Bauhaus, encampando a proposta de formar um profissional de perfil múltiplo, segundo a concepção de "artista total", capaz de atuar na diferentes escalas do projeto, nele incorporando do mobiliário à cidade.[15] Não parece ser mera casualidade que ainda em 1950, o MASP tenha promovido uma grande exposição sobre a obra de Max Bill, formado pela Bauhaus e continuador de suas propostas na escola de Ulm, atuante como arquiteto e artista plástico filiado ao concretismo, sendo apresentado na exposição paulista como "artista total".

Durante os dois anos de funcionamento do curso Bardi irá se cercar de alguns artistas estrangeiros que participam dos cursos e também de outras atividades propostas pelo museu, o que se deve muitas vezes à formação que os profissionais traziam de sua experiência europeia. É o caso de Roberto Sambonet (Vercelli, 1924; Milão, 1995), jovem pintor procedente de Milão, que se transfere para São Paulo em 1948 e aqui permanece até 1953 com algumas interrupções quando retorna a sua cidade para

15 Bardi também busca atualização nesse setor estabelecendo vários contatos com as universidades americanas, que se apresentavam como novos polos de discussão sobre esses temas, além do fato de terem absorvido os principais profissionais europeus que se deslocaram para território americano com o fechamento da Bauhaus pelo nazismo em 1933. Neste sentido o Institute of Design de Chicago, dirigido pelo arquiteto Serge Chermayett e fundado em 1937 por Walter Gropius e Moholy-Nagy, como continuação do trabalho realizado em território europeu, será eleito como atualização do modelo a ser seguido na escola do museu. Além disso, Bardi também manterá contato com outras instituições americanas como Black Mountain College, Rhode Insland Scholl of Design, Akron Art Institute, Cranbrool Academy of Art e o Illinois Institute of Tecnology, ou seja os principais centros americanos voltados para a reflexão arquitetônica e o desenho industrial (Informações a partir de correspondência de Bardi com essas instituições – documentos do acervo do MASP).

exposições de seus trabalhos. Também irão se inserir nos cursos do museu os artistas italianos Bramante Buffoni e Gastone Noveli e o polonês Leopold Haar.

Nos primeiros tempos de sua estadia brasileira Sambonet passa longos períodos em Massaguassú, vila de pescadores do litoral paulista situada próxima à fazenda Cocanha, propriedade da família de sua mulher. Aí, passa a se interessar pela paisagem e costumes locais que inspiram uma série de desenhos e pinturas. O resultado de seu trabalho será apresentado numa exposição no MASP realizada em 1949, acompanhada por um catálogo, com apresentação de Pietro Maria Bardi (Massaguassú, 1949).[16] Junto aos desenhos e pinturas, são divulgadas fotografias de Bardi feitas em Massaguassú, que registram as construções em pau a pique da população local, seus costumes e sua produção artesanal, motivos recorrentes no trabalho de Sambonet. No catálogo, Bardi adverte que, no caso do pintor, não se trata de uma imitação de Gauguin em busca do primitivo, mas de uma história mais simples e a estadia em Massaguassú se deve a sua mulher Luiza. Acrescenta que apenas mais tarde o artista começou a valorizar as possibilidades que o acaso lhe oferecia e a se interessar por esse "excepcional sabor nativo".

Em 1951 Sambonet é convidado por Bardi para participar como professor de desenho e pintura no IAC. No mesmo ano elabora o cartaz de divulgação do museu e no ano seguinte, por iniciativa de Bardi, Sambonet e sua mulher Luiza empenham-se na organização da primeira "Exposição de Moda Brasileira". Com esta iniciativa era intenção de Bardi promover o convênio que tinha estabelecido com a indústria têxtil para a produção de tecidos, entre elas a S.A. Ribeiro, Industil S.A. e Luftalla.

Não são claras as dificuldades enfrentadas para a viabilização da proposta, mas o fato é que a almejada relação com a indústria limitou-se a esse vínculo temporário com o setor têxtil. Contudo, a experiência viabilizou a produção de tecidos a partir de desenho elaborado por artistas vinculados ao museu, que trabalharam com motivos de uma desejada brasilidade ou cor local, abrindo espaço para uma nova frente de atuação, de acordo com o profissional de perfil múltiplo veiculado pelo curso de desenho industrial do museu.

Mas além da intenção evidente de criar padrões de tecidos para a indústria têxtil, a proposta era mais abrangente visando a concepção de uma "moda brasileira", simples,

16 O catálogo elaborado a quatro mãos por Bardi e Sambonet é considerado pelo crítico como o início do interesse pelo artista pelas artes gráficas e pela sua posterior inserção no campo do design. Portanto, em relação aos outros estrangeiros que atuam junto ao museu valendo-se da bagagem italiana, para Sambonet a estadia paulista se configura como início de um processo que o conduzirá a várias realizações nesse campo.

adequada ao clima, à vida moderna e aos hábitos sociais. A discussão se estendia portanto para a esfera dos costumes, apostando na possibilidade de que essas roupas pudessem ser produzidas em série, já que o mercado da "roupa feita" ganhava cada vez mais espaço na cidade e era disponibilizada nas lojas Garbo e Ducal, que marcavam a paisagem urbana do centro novo de São Paulo.

Para a exposição Sambonet desenvolve padronagens de tecidos a partir de temas brasileiros, que serão produzidos pela S.A. Ribeiro. Também propõe o desenho de trajes completos que se compunham de roupas e assessórios como sapatos e chapéus, que eram sugeridos para serem usados em determinadas situações do cotidiano, como passeio, compras, trabalho, na busca de direcionar hábitos urbanos. Outros artistas ligados ao museu também colaboram com a exposição como Klara Hartoch, responsável pelo setor de tecelagem do museu, que desenvolveu vários tecidos a mão. Lilli Correa de Araújo participou com seus linhos com estampas de inspiração marajoara e Roberto Burle Marx propôs desenhos de tecidos, que no conjunto permitiam visualizar as várias possibilidades desta ação junto à indústria.[17]

Outro parceiro importante no empreendimento foram as lojas Mappin, então situadas no prédio fronteiro ao Teatro Municipal e que se colocavam como ponto de encontro da classe média paulistana e local adequado para a divulgação e comercialização dos produtos concebidos pelo museu em parceria com a indústria, fechando assim o circuito entre produção e consumo.

Por ocasião do lançamento da Moda Brasileira, Roberto Sambonet elabora uma vitrina para o Mappin onde apresenta o vestuário num ambiente composto por uma tela de Debret, vinda diretamente do acervo do museu e pela cadeira desenhada por Lina Bo para a sede da Rua Sete de Abril. Em outra proposta de vitrina as roupas aparecem inseridas numa composição com elementos brasileiros: a fotografia de uma jangada e uma rede de pesca. Essa ação pontual indica a intenção do museu de inserção na cidade e de ampliar a atuação do arquiteto para as diversas esferas do ambiente urbano. O erudito, o popular, os objetos modernos e a moda fazendo parte da vida urbana, arte para um público mais abrangente, a sociedade de massa.

As vitrines da cidade já tinham sido alvo de críticas por parte de Lina na revista *Habitat* quando a arquiteta apresenta uma documentação fotográfica de várias lojas e observa a inadequada apresentação dos produtos cuja única motivação seria a venda, sua finalidade primeira. A esta situação contrapõe sua posição de conceber a vitrina

---

17 Luiza Sambonet. "Uma moda brasileira". *Revista Habitat*, n. 9, p. 66.

como elemento que contribui para a formação do gosto e para a fisionomia urbana, já que a cidade é uma "sala pública, uma grande sala de exposições, um museu".[18] Apesar do tom ingênuo do comentário a ele subjaz a proposta de uma atividade artística que se estende para a vida da cidade, funcionando como elemento de formação do gosto.

O tema é retomado anos mais tarde nas páginas da mesma revista em artigo que coloca a vitrina como antecâmara das lojas e ponto de contato com a rua, o transeunte e a cidade. Portanto localiza a vitrina como parte do processo que vai da produção do objeto até o momento do contato com o público e sua inserção no circuito do consumo. Além disso, sugere um arquiteto responsável pelos problemas da rua: da limpeza aos anúncios, da vitrina aos cartazes, da pintura das casas àquela dos sinais. Isto é, um profissional presente e atuante em vários aspectos da vida metropolitana e com perfil próximo daquele pretendido pela escola do museu.

Leopoldo Haar que atua junto ao MASP como professor de composição no Instituto de Arte Contemporânea,[19] publica na revista *Habitat* o artigo "Plásticas Novas", em que reflete sobre abstracionismo, construtivismo e funcionalidade, detendo-se na concepção das vitrines e observando sua proximidade com a arquitetura e sua ligação com a esfera urbana, enquanto exposição do produto ao público. Haar também trabalha no ateliê de propaganda da fábrica Olivetti, para a qual desenvolve desenho gráfico e projetos de vitrines.

---

18 Lina Bo Bardi. "Vitrinas". *Habitat,* n. 5, out.-dez. 1951, p. 61; sobre o assunto ver também Armando Cunha. "Problemas da vitrina". *Habitat,* n. 10, jan.-mar. 1953, p. 76-77.

19 Leopold Haar (Tarnov 1910 - São Paulo 1954), de origem polonesa, estudou na Academia de Belas Artes de Cracóvia, especializando-se em artes aplicadas. Durante a Segunda Guerra Mundial vive na Itália, e em 1946 vem para o Brasil, fixando-se inicialmente em Porto Alegre e trabalhando como paginador do jornal *O Globo*. Em 1950, transfere-se para São Paulo. As suas reflexões sobre arte abstrata e construtivismo estão registrados no artigo de sua autoria, "Plásticas Novas", *Habitat* n. 5, out.-dez. 1951, p. 57. Seu irmão Zigmunth Haar torna-se fotógrafo dos *Diários Associados* e trabalha também como fotógrafo colaborador da revista *Habitat*. Em 1951, o MASP realiza uma exposição do trabalho dos dois irmãos, composta pelos projetos de vitrine de Leopoldo Haar e pelas fotografias de Sigmunth. Leopold Haar também participa da Exposição de Agricultura Paulista com o projeto do Pavilhão do Café. Esta exposição é resultado de um convênio entre a Secretaria da Agricultura e o Museu de Arte de São Paulo, e dela participam artistas e arquitetos ligados ao museu. A experiência está registrada no artigo "Uma Exposição", *Habitat,* n. 2, jan.-mar. 1951, p. 42-43. No texto de apresentação é destacado que "[...] este gênero de trabalho deve ser entregue no futuro, somente aos arquitetos [...] que poderão se valer da colaboração de artistas especializados nas artes gráficas". A observação esclarece sobre a reflexão aqui desenvolvida, sobre a proposta veiculada pelo museu de inserção do arquiteto em atividades naquele momento ainda pouco afeitas à sua área de atuação, na esfera profissional paulistana.

Neste setor de atuação Haar será secundado pelo artista gráfico e pintor Bramante Buffoni que chega a São Paulo em 1953 e também se insere na proposta do Masp como professor. Paralelamente participa da área de artes gráficas da Olivetti, dando continuidade à atividade de elaboração de cartazes que desenvolvia na empresa em Milão. Em São Paulo, Buffoni irá estabelecer uma frutífera parceria com o arquiteto Giancarlo Palanti nas propostas de interiores das lojas Olivetti que se instalam por toda a cidade. O principal projeto realizado pela dupla é o da sede da empresa localizada no Edifício Conde Prates no centro da cidade.

Buffoni formou-se pelo Istituto Statale per le Industrie Artistiche di Monza e participou da VIII e da XIX Trienal de Milão com projetos expositivos e de stands, que funcionaram no ambiente milanês como um laboratório para os projetos modernos articulando arquitetura, cenografia e gráfica. O pintor Gastone Novelli, que também irá se inserir no programa do Masp como professor de composição, terá uma atuação significativa neste âmbito elaborando diversos stands para a exposição do IV Centenário de São Paulo realizada no Parque Ibirapuera em agosto de 1954. Na ocasião projetou os stands do Ministério da Agricultura, da Viação Férrea do Rio Grande do Sul e da Vulcan, em que é exposta uma versão em plástico vermelho da Bardi's Bowl, poltrona desenhada por Lina Bardi em 1951.

Embora nascido em Viena, Novelli cedo se transfere para Roma, onde desenvolve seu trabalho de pintor e artista gráfico, com referências nas teorias concretistas de Max Bill que conhece em Zurique em 1947, ano em que participa da Primeira Mostra de Arte Abstrata e Concreta no Palácio Real de Milão, com curadoria de Max Bill, Huber e Bombelli. Pela formação de Novelli, a temática bauhasiana desenvolvida pela escola do Masp representa, no momento, um ambiente favorável a sua inserção no museu. Embora continue seu trabalho como pintor, passa a dedicar-se ao desenho de móveis, além de realizar o projeto de interiores da Loja Kirch no centro de São Paulo, seguindo o caminho iniciado por Lina e Palanti com o projeto da Loja Olivetti – Tecnogeral em 1948, no âmbito do Studio Palma, e posteriormente desenvolvida por Palanti para as demais lojas da Olivetti.

A presença de Novelli no Brasil já é acusada desde 1948 quando realiza viagens pelo interior do Brasil e entra em contato com uma tribo de índios Xavantes, nascendo daí a proposta de um dicionário da língua guarani e inspirando sua produção como ceramista. Contudo, essas experiências, não reverberam em sua produção plástica, pois, durante sua estadia paulista, o artista mantém seu trabalho de matriz concreta, que será apresentado numa exposição no museu em 1953 e no mesmo ano na II Bienal de São Paulo.[20] Embora sua pintura tenha grandes afinidades com o concretismo paulista, Novelli não se filia ao movimento, tarefa que caberá a Leopold Haar.

Em 1952, o Museu de Arte Moderna de São Paulo apresenta a exposição do Grupo Ruptura, considerada como marco inicial do concretismo paulista. O grupo liderado por Waldemar Cordeiro e constituído pelos artistas Anatol Wladyslaw, Lothar Charoux, Féjer, Geraldo de Barros e Luiz Sacilotto e Leopoldo Haar, divulga junto à exposição um manifesto, redigido por Cordeiro e diagramado por Leopoldo Haar, onde expõe as diretrizes da arte concreta.

Waldemar Cordeiro, recém-retornado da Itália, introduz no campo artístico paulista as discussões sobre a Bauhaus e a teoria da pura visibilidade de Fiedler, visando a arte abstrata e enfatizando como meta a relação entre arte, arquitetura e vida. Cordeiro propunha a renovação dos valores essenciais da arte visual e via na arte concreta a possibilidade de integrar o artista ao projeto social como, desenhista industrial, artista e gráfico, assim reforçando as propostas artísticas e arquitetônicas já encampadas pelo MASP.[21] A presença de Walter Gropius, em 1953, por ocasião da II Bienal, quando é feita uma vasta exposição sobre sua obra, e quando participa como conferencista no IV Congresso Brasileiro de Arquitetos, reforça os debates sobre a Bauhaus e as tendências construtivas em geral. Max Bill, que também está em São Paulo fazendo parte do júri da mesma Bienal, acentua os debates sobre o concretismo, manifestando-se por meio de palestras e entrevistas com temas pertinentes ao momento vivido pela cidade em seu processo de metropolização.

O grupo de estrangeiros vinculados ao MASP, já tinha iniciado este processo através do curso de desenho industrial do museu e pela inserção profissional na cidade de São Paulo atuando em atividades diversas como mobiliário, vitrines, stands, cartazes, letreiros e assim participando da constituição do ambiente urbano em esferas menos privilegiadas e ainda não incorporadas ao campo de atuação do arquiteto.

---

20 Gastone Novelli (Viena 1925 - Milão 1968), pintor atuante em Roma, durante os anos da guerra envolve-se com a "resistenza" italiana, o que resulta em sua prisão em 1944. Informações sobre sua imigração para o Brasil e a análise de sua obra são publicadas no artigo "Novelli, pintor e ceramista", *Habitat*, n. 9, out.-dez. 1952, p. 32. Gastone Novelli publica o artigo "A Nova Plástica" na revista *Habitat* n. 13, out.-dez. de 1953, p. 85, onde tece considerações sobre a abstração, concretismo e arte moderna. Sobre a atuação do artista no Brasil ver Rinaldi, 1999.

21 As tendências construtivas em São Paulo são analisadas por vários autores; entre eles destacamos os seguintes trabalhos: Beluzzo, 1986; Brito, 1985; Amaral, 1977.

Nesses primeiros anos na direção do Masp, P. M. Bardi tinha como proposta a criação de um museu vivo, voltado para todas as artes. A ideia era de um museu dinâmico que não se restringisse aos aspectos de conservação e divulgação de seu acervo como no museu tradicional, mas que participasse ativamente da vida cultural da cidade.[22] O interesse pela cultura popular brasileira, embora não explicitado enquanto proposta, aparece nas obras dos profissionais estrangeiros que atuaram junto ao museu com a intenção de a elas conferir um caráter de brasilidade, elemento presente tanto na concepção de mobiliário de Lina e Palanti como nos desenhos de tecidos de Roberto Sambonet.

O fato pode causar certo estranhamento já que se tratava de uma iniciativa de arquitetos e artistas estrangeiros, que encontraram no museu um espaço de atuação no ambiente cultural paulistano. Mas pode-se argumentar que esses profissionais vinham da Itália, onde o estudo do vernáculo e da cultura popular era parte decisiva do debate sobre a questão da tradição, vinculada ao racionalismo moderno. Deve-se lembrar ainda que o interesse pelo artesanato era a contrapartida das mudanças ocasionadas pelo processo de modernização e produção industrial, temática veiculada pelo MASP no ambiente paulista. Pode-se acrescentar que o olhar sobre o primitivo foi uma das facetas das vanguardas modernas que, no caso dos nossos protagonistas, aliou-se ao desejo de inserção no novo país e de conhecimento de sua cultura.

A opção fica evidente no projeto editorial da revista *Habitat*, que começa a ser publicada em 1950, como veículo de divulgação das atividades do museu e é dirigida por Lina até 1954. Nas páginas da revista conviveram tanto a reflexão sobre a arquitetura moderna quanto diversos aspectos da cultura popular brasileira, sinalizando a dupla frente de interesse desses profissionais. Assim, convivem nas páginas da revista as casas de Artigas, divulgando as propostas atuais da arquitetura paulista, as realizações do convênio escolar como espaço de experimentação no campo arquitetônico, as obras de Niemeyer e Sergio Bernardes, as arquiteturas de Warchavchik e Rino Levi secundadas por ex-votos do nordeste, as construções do Amazonas feitas pelo povo, a pintura popular da Bahia, as cerâmicas de Carajá e estudos sobre a jangada brasileira e as carrancas do Rio São Francisco.[23]

22 A proposta museológica do Museu de Arte de São Paulo é analisada por Adriano Tomitão Canas (2010) no seu doutorado. As exposições realizadas pelo museu são objeto de cuidadoso estudo de Renata Motta (2006).

23 A revista *Habitat* é estudada por Fabiana Terenzi Stuchi (2007). Com visada mais específica sobre a cultura popular, Juliano Pereira organiza os artigos da revista por regiões brasileiras no capítulo "A revista *Habitat* e a pesquisa das forças populares brasileiras". Pereira, 2008.

Em 1956, P. M. Bardi publica em inglês o livro *The Arts in Brazil. A New Museum at São Paulo*, com a intenção de divulgar as atividades do MASP para o público internacional. Neste momento o museu paulistano já contava com um acervo de obras significativas de diferentes períodos históricos e um campo de atividades representados por cursos e exposições que se referiam ao desenho industrial, propaganda, fotografia, dança na busca de apresentar ao público as diferentes esferas artísticas. É sintomático que, na referida publicação, as realizações do museu sejam inseridas não apenas no contexto da cidade de São Paulo, mas também no campo mais amplo da cultura brasileira, especialmente aquela primitiva, representativa de índios, caiçaras e sertanejos, e identificada como "The land around us: Brazil".

Bibliografia

ALBINI, Franco; PALANTI, Giancarlo; CASTELLI, Anna. *Giuseppe Pagano Pogatschnig: Architettura e Scritti*. Milão: Editoriale Domus, 1947.

AMARAL, Aracy (org.). *Projeto Construtivo Brasileiro na Arte*. Rio de Janeiro/São Paulo: MAM-RJ/Pinacoteca do Estado, 1977.

ANELLI, Renato. *Interlocuções com a arquitetura italiana na constituição da arquitetura moderna em São Paulo*. Tese de livre docência. São Carlos, EESC-USP, 2001.

ARGAN, Giulio Carlo. *Storia dell' arte come storia della città*. Roma: Editori Riuniti, 1983.

BARDI, P. M. *The Arts in Brasil – A new museum at São Paulo*. Milano: Del Milione, 1956.

BELUZZO, Ana Maria (org.). *Waldemar Cordeiro, uma aventura da razão*. São Paulo: Museu de Arte Contemporânea da USP, 1986.

BRITO, Ronaldo. *Neoconcretismo. Vértice e Ruptura do projeto Construtivo Brasileiro*. Rio de Janeiro: Funarte, 1985.

CANAS, Adriano T. *MASP: Museu Laboratório, Projeto de museu para a cidade 1947-1957*. Tese de doutorado. São Paulo, FAU-USP, 2010.

CANELLA, Guido; VERCELLONI, Virgilio. "Cronache di Dieci Triennali". In: FABRI, M.; GRECO, A.; MENOZZI, L.; VALERIANI, E. (orgs.). *Architettura e Urbanistica in Italia nel dopoguerra. L'Immagine della Comunità*. Roma: Gangemi, 1956/1986.

CIUCCI, Giorgio; DAL CO, Francesco. *Architettura Italiana del'900*. Milão: Electa, 1995.

CIUCCI, Giorgio. *Gli architetti e Il fascismo*. Milano: Einaudi, 1989.

DANESI, Silvia. "Aporie dell' architettura italiana in período fascista – mediterraneità e purismo". In: DANESI, Silvia e PATETTA, Luciano (orgs.). *Il Razionalismo e l' architettura in Italia durante Il Fascismo*. Milano: Electa, 1994.

DE FUSCO, Renato. *L'Idea di Architettura. Storia della critica da Viollet-le-Duc a Persico*. Milão: Etas Libri, 1977.

DE GIORGI, Manolo; MORTEO, Enrico. *Olivetti: uma bella società*. Torino: Umberto Allemandi & C., 2008.

DE SETA, Cesare. *Pagano. Architettura e città durante Il fascismo*. Roma/Bari: Laterza, 1990.

_______. *Architetti italiani del novecento*. Napoli: Electa Napoli, 2006.

_______. *La cultura architettonica in Italia tra le due guerre*. Bari: Laterza, 1972.

ETLIN, Richard A. *Modernism in Italian Architecture 1890-1940*. Cambridge: The MIT Press, 1991.

FERRAZ, Marcelo (org.). *Lina Bo Bardi*. São Paulo: Instituto Lina Bo e Pietro Maria Bardi, 1996.

GREGOTTI, Vittorio. "Milano e La cultura architettonica tra le due guerre". In: DANESI, Silvia e PATETTA, Luciano (orgs.). *Il Razionalismo e l' architettura in Italia durante Il Fascismo*. Milano: Electa, 1994.

_______. *Nuevos Caminos de la Arquitectura Italiana*. Barcelona: Blume, 1969.

IRACE, Fulvio. *Gio Ponti. La casa all italiana*. Milano: Electa, 1988.

LUPANO, Mario. *Marcello Piacentini*. Roma/Bari: Laterza, 1991.

MANTERO, Enrico. *Giuseppe Terragni e la città del razionalismo italiano*. Bari: Edizioni Dedalo, 1983.

MASSAGUASSÚ. Figuras e paisagens pintadas no Brasil por Roberto Sambonet. São Paulo: Editora do MASP, 1949 (catálogo).

MORTEO, Enrico. *Roberto Sambonet. Designer, gráfico, artista (1924-1995)*. Torino/Milano: Fondazione Torino Musei/Officina Libraria, 2008.

MOTTA, Renata. *O MASP em Exposição: Mostras Periódicas na Sete de Abril*. Dissertação de mestrado. São Paulo, FAU-USP, 2006.

ORTEGA, Cristina Garcia. *Lina Bo Bardi. Móveis e Interiores (1947-1968). Interlocuções entre moderno e local*. São Paulo, FAU-USP, 2008.

PEREIRA, Juliano. *Lina Bo Bardi. Bahia 1958-1964*. Uberlândia: UDUFU, 2008.

PINTO, Dariane Bertoni. *Interlocução entre arquitetura e design na obra de Lina Bo Bardi*. Dissertação de mestrado. São Carlos, EESC-USP, 2001.

RINALDI, Marco. "Arte per l'architettura: Novelli in Brasile (1949-1954)". In: VIVARELLI, Pia (org.). *Gastone Novelli (1925-1968)*. Milano: Skira, 1999.

RUBINO, Silvana. *Rotas da modernidade: trajetória, campo e história na atuação de Lina Bo Bardi, 1947-1968*. Tese de doutorado. Campinas, IFCH-Unicamp, 2002.

SANCHES Aline. C. *A obra e a trajetória do arquiteto Giancarlo Palanti. Itália e Brasil*. Dissertação de mestrado. São Paulo, EESC-USP, 2004.

SCHUMACHER, Thomas L. *Surface & Symbol. Giuseppe Terragni and the Architecture of Italian Rationalism*. New York: Princeton Architectural Press, 1991.

STUCHI, Fabiana Terenzi *Revista Habitat: um olhar moderno sobre os anos 50 em São Paulo*. Dissertação de mestrado. São Paulo, FAU-USP, 2007.

TAFURI, Manfredo. *Storia dell' Architettura Italiana 1944-1985*. Torino: Einaudi, 1986.

TENTORI, F. *P. M. Bardi: com as crônicas artísticas do L'Ambrosiano 1930-33*. São Paulo: Instituto Lina Bo e P. M. Bardi/Imesp, 2000.

VENTURI, Lionello. *Il gusto dei primitivi*. Torino: Einaudi, 1972.

ZEVI, Bruno. "La vicenda italiana". In: *Storia dell' architettura moderna*. Torino: Einaudi, 1975.

Periódicos

"Architetti e critici d'arte italiani in Brasile". *Metron Architettura Urbanistica* 30, 1948.

BARDI, P. M. "Musée hors dês limites". *Habitat*, n. 4, set. 1951.

_______. "Tra Quadrante e Casabella". *Casabella* 1928-1978, Milão, out.-nov. 1978, p. 440-44.

BARDI, Lina Bo. "Vitrinas". *Habitat*, n. 5, out.-dez. 1951, p. 61.

_______. "Sistemazione degli interni". *Domus* 198, jun. 1944, p. 199-209.

_______. *Obra construída.* Olívia Oliveira (org.). Barcelona: G. Gili 23/24, 2002, p. 210-214.

BORDIER, Roger. "Musèe d'art à São Paulo – Lina Bo Bardi e G. Palanti architectes". In: *Aujourd'hui- art et architecture 2*. Paris, 1955, p. 62-63.

BUFFONI, Bramante. "I problemi tecnici della casa. La carta da parato". *Domus* 147, mar. 1940, p. 80.

_______. "Dobbiamo dipingere le case?". *Domus* 167, nov. 1941, p. 13-15.

_______. "Carte da pareti fotografiche". *Domus* 170, fev. 1942, p. 83-86.

"Cartazes de Bramante Buffoni para a Olivetti". *Domus* 173, maio 1942; *Domus* 175, jul. 1942; *Domus* 190, out. 1943.

CUNHA, Armando. "Problemas da Vitrina". *Habitat*, n. 10, jan.-mar. 1953, p. 76-77.

"Entrevista de P. M. Bardi a Manolo de Giorgi. L' opinione degli altri P. M. Bardi. Uma polêmica di cinquant' anni fa". *Casabella* 495, out. 1983, p. 48.

FAROLDI, E.; VETTORI, M. P. "Itália-Brasile: dialoghi di Architettura". *Abitare* 347, jun. 1998, p. 54-7.

"Furniture: chairs from Brazil". *The Architectural Review* 658, out. 1951.

GREGOTTI, Vittorio. "Il filo rosso del razionalismo italiano". *Casabella* cinquentanni 1928-1978, n. 440-441, out.-nov. 1978.

HAAR, Leopold. "Plásticas Novas". *Habitat*, n. 5, out.-dez. 1951, p. 57.

"I tessutti italiane alla Triennale (arazzo a partir de desenho de Bramante Buffoni)". *Domus* 65, maio 1933, p. 244.

"L' arredamento alla Triennale (Albini e Palanti)". *Domus* 68, ago. 1933, p. 424-425.

"Novelli, pintor e ceramista". *Habitat*, n. 9, out.-dez. 1952, p. 32.

NOVELLI, Gastone. "A Nova Plástica". *Habitat*, n. 13, out.- dez. 1953, p. 85.

PALANTI, Giancarlo. "Uma Camera da Letto – Uno Studio". *Domus* 57, set. 1932, p. 542-543.

_______. "La Villa dello scultore al margine del...". *Domus* 57, set. 1932, p. 553.

_______. "Mobili per uno Studio moderno". *Domus* 65, maio 1933, p. 269.

_______. "Mobili Tipici Moderni (divulgação)". *Domus* 66, jun. 1933, p. 341.

_______. "Alcuni ambienti in casa M. a Milano". *Domus* 91, jul. 1935, p. 34-37.

_______. "Note in margine a duna casa rinnovata". *Domus* 95, nov. 1935, p. 4-7.

_______. "Bella Casa per la casa della bellezza". *Domus*120, dez. 1937, p. 54-55.

_______. "La galleria dell' Annunciata". *Domus* 209, maio 1946, p. 30-31.

_______. "Edificio ad appartamenti a San Paolo". *Domus* 280, mar. 1953, p. 4-7.

"Problemi dell'abitazzione: I libri (estantes – Palanti e outros)". *Domus* 175, jul. 1942, p. 289-297.

"Proposte de Arredamenti (Allogio per quattro persone – Albibi, Camus, Palanti, etc)". *Domus* 108, dez. 1936, p. 27-29.

"Quindici anni di architettura italiana". *Casabella* – continuità n. 251, maio 1961 (número especial).

ROGERS, Ernesto N. "Testimonianza sugli architetti del ventennio". *Casabella* – continuità n. 269, out. 1962.

SAMBONET, Luiza. "Uma moda brasileira". *Habitat*, n. 9, p. 66.

SANCHES, Aline Coelho. "O Studio de Arte Palma e a fábrica de móveis Pau Brasil: povo, clima, materiais nacionais e o desenho de mobiliário moderno no Brasil". *Revista Risco*, n. 1, fev. de 2003, p. 22-43.

"Uma Exposição". *Habitat*, n. 2, jan.-mar. 1951, p. 42-43.

"Una rivoluzione nell' imbottitura (Albini e Palanti)". *Domus* 75, mar. 1934, p. 67.

SARTORIS, Alberto. "Albini e Il suo tempo". *Domus* 603, fev. 1980, p. 26-31.

A presença estrangeira em *Habitat* (1950-54) e *Mirante das Artes, Etc.* (1967-68) [1]

Adriana Maiolini Mesquita

Os periódicos culturais paulistanos *Habitat: revista das artes no Brasil* e *Mirante das Artes, Etc,* embora fundados em contextos distintos e produzidos independentes um do outro, apresentam entre si grandes semelhanças formais e programáticas. Tanto a primeira fase da produção de *Habitat,* realizada entre 1950 e 1954,[2] quanto todas as edições de *Mirante das Artes, Etc,* concebidas entre 1967 e 1968, tiveram sua estrutura e seu trabalho editorial marcados pela presença dos imigrantes italianos Lina Bo Bardi e Pietro Maria Bardi. A atuação desses estrangeiros na direção de cada uma das revistas foi determinante no que diz respeito à seleção dos temas, das discussões, dos colaboradores, bem como ao marcante posicionamento em artigos e editoriais.

A produção de *Habitat* no início dos anos 50, não só conviveu, como esteve muito associada aos outros projetos desenvolvidos pelos Bardi em São Paulo no mesmo momento. O Museu de Arte de São Paulo, o Instituto de Arte Contemporânea e a Escola de Propaganda do MASP, assim como o Studio de Arte Palma tiveram suas atividades e seus princípios norteadores ali divulgados, de modo a reforçar os próprios valores promovidos pela revista. Mesmo que apenas Lina tenha figurado oficialmente como

1 Entre 2008 e 2009, com uma bolsa de Iniciação Científica da Fapesp, e sob a orientação do Prof. Dr. José Lira, produzimos a pesquisa de iniciação científica homônima, que procurou compreender a maneira com que artistas, arquitetos e intelectuais estrangeiros estiveram presentes nas revistas paulistas *Habitat* e *Mirante das Artes, Etc.* Foram contempladas as quinze primeiras edições de *Habitat,* que datam de outubro de 1950 a março de 1954, e a produção integral de *Mirante das Artes, Etc,* composta por doze números, editados entre janeiro de 1967 e novembro de 1968. Analisamos as revistas tanto no que diz respeito ao seu conteúdo, atentando para aqueles profissionais estrangeiros cuja obra ou pensamento teria contribuído nos debates promovidos por elas, quanto à sua elaboração, mapeando a participação direta dos estrangeiros em seu corpo editorial – os diretores, autores, fotógrafos e outros colaboradores, a começar pelos idealizadores Lina Bo e Pietro Maria Bardi.

2 As pesquisas que tratam de *Habitat* classificam as fases editoriais de sua produção de maneiras divergentes. Contudo, é consensual entre os pesquisadores que a primeira fase da revista se constituiu pelas primeiras quinze edições do periódico, publicadas entre outubro de 1950 e março de 1954, em que Lina Bo e Pietro Maria Bardi atuaram como figuras centrais (Stuchi, 2007; Miranda, 1998 e Dedecca, 2006).

diretora-geral na maior parte dos expedientes da revista, enquanto o nome de Bardi só apareceu junto ao dela nas duas últimas edições, a articulação entre os trabalhos do casal nos primeiros anos em que estiveram no país era tão estreita, que vemos *Habitat* como fruto de sua produção conjunta.

Essa revista fazia parte de um projeto para o desenvolvimento da cultura moderna com o qual tanto Lina quanto Pietro Bardi já se empenhavam na Itália (Stuchi, 2007, p. 45), mas que assumiu aqui características próprias. O Brasil era compreendido por esses estrangeiros saídos do cenário de pós-guerra europeu como um país novo, de grande potencial criador, que deveria "fundar a própria cultura não sobre remastigações e sim sobre as suas próprias forças legítimas".[3] Para tanto, creditava-se aos museus, às escolas e à imprensa, instituições através das quais pretendiam atuar, uma função formadora. No artigo "A função social dos museus", Lina apresenta o programa museológico do MASP, que havia sido inaugurado há três anos, e defende que o sentido social que este cumpriria aqui deveria ser muito diferente do que poderiam exercer as mesmas instituições nos países europeus:

> Nos países de velha cultura onde a obra de arte se incorporou à vida, o Museu pode conservar ainda, principalmente quando as coleções sejam mantidas em edifícios antigos, o caráter de seleção, proporcionando aos visitantes o prazer da descoberta – mas nos países de cultura em inicio, desprovidas de um passado, o publico, aspirando a instruir-se, preferirá a classificação elementar e didática.[4]

Mirante das Artes, Etc, cujo título acrescentava apenas a abreviação "etc" ao nome da galeria que Bardi dirigia em São Paulo naquele momento, guardou semelhanças com *Habitat* na maneira como era produzida, na articulação de múltiplos temas culturais, e em sua proximidade com o MASP.[5] Há, inclusive, quem a compreenda como uma espécie de continuação da revista *Habitat*.[6] No entanto, criada em 1967, quase 13

3 Bardi, Lina Bo. "Uma exposição para o grande público: A 2ª Bienal". *Habitat*, São Paulo, n. 14, jan.-fev. 1954.

4 Bardi, Lina Bo. "A função social dos museus". *Habitat*, São Paulo, n. 1. out.-dez. 1950.

5 Pietro Maria Bardi foi o diretor dessa instituição desde 1947 até 1990.

6 Stuchi afirma que o lugar ocupado por *Habitat* na divulgação das ideias e atividades do MASP teria permanecido vago após a saída do casal Bardi em 1954, sendo somente retomado com o aparecimento de *Mirante das Artes, Etc.* (Stuchi, 2007, p. 36) Silvana Rubino descreve este periódico como "*pop* e provocador, até certo ponto uma versão *sixties* da *Habitat*". (Rubino, 2002, p. 98)

anos após a saída dos Bardi do corpo editorial de *Habitat*, é possível supor que sua produção tenha-se articulado principalmente em torno de Pietro Maria Bardi, que consta como diretor nos expedientes de todos os exemplares da revista. Tratava-se de um momento, após o estabelecimento de Lina em Salvador, entre 1959 e 1964, em que suas trajetórias haviam tomado rumos independentes (Rubino, 2002), embora a parceria nunca tenha se dissolvido.[7] A colaboração da arquiteta, que agora assinava apenas Lina Bo, se concretizou em significativos artigos publicados no primeiro ano de produção do periódico,[8] em que tratou, inclusive, de sua experiência na Bahia.

Ação cultural de Lina Bo e Pietro Maria Bardi na Itália

Para compreender as revistas *Habitat* e *Mirante das Artes* a partir da participação de estrangeiros, parece decisivo evocar alguns elementos do trabalho desenvolvido por seus idealizadores na Itália, cujas trajetórias profissionais foram marcadas por uma pluralidade de ações que ultrapassaram os limites disciplinares da arquitetura ou do jornalismo cultural. Essas ações, como comentamos, apontavam para o objetivo comum de construção de uma cultura moderna que transformasse a sociedade (Anelli, 2001, p. 39).

Como se sabe, enquanto residiu na Itália, Pietro Maria Bardi (1900-1999) foi responsável por extensa produção jornalística, crítica e de historiografia da arte, além de ter tido grande importância na promoção da arquitetura moderna na Itália (Tentori, 2000). Sua atividade pautava-se por temas relativos a arquitetura, urbanismo, poesia, cinema e teatro – todos campos nos quais ele mesmo produzia alguma coisa.[9] Bardi colaborou em jornais desde a década de 1910, em regiões diversas da Itália onde morou e também foi correspondente de periódicos italianos e de outros países. Em 1926, iniciou seu trabalho como *marchand* em galerias de Milão; dois anos depois, inaugurou a

7 Consta em entrevistas realizadas por Silvana Rubino que durante o período em que Lina morou na Bahia (1958-1964) ela ainda mantinha relações profissionais com Bardi, até por conta do projeto da nova sede do MASP, que estava em andamento; mas frequentemente retornava das viagens a São Paulo antes do prazo previsto em função de seus desentendimentos (Rubino, 2002, p. 95).

8 A exemplo de "Na América do Sul: após Le Corbusier, o que está acontecendo?"; "Ao 'limite' da casa *popular*"; "O novo Trianon 1957|1967" e "5 anos entre os Brancos". Os textos encontram-se, respectivamente na 1ª, 2ª, 5ª e 6ª edição do periódico.

9 Na área de arquitetura, por exemplo, projetou ao lado de Guido Fiorini uma galeria de arte aberta a todos os tipos de exposição, não apenas realizações artísticas, mas também técnicas e científicas. Publicado em *Quadrante*, 1935, n. 30, Roma (Tentori, 2000, p. 123).

Galleria Bardi, para a qual passou a editar um boletim que se contrapunha ao modelo de catálogos existentes – sob seu ponto de vista, favoreceriam apenas os artistas já reconhecidos. A crítica a temas relacionados à museologia era também exercitada por Bardi em revistas de arte, como *Belvedere*, criada por ele em 1929.[10]

A experiência de Pietro Bardi como galerista se estendeu à esfera pública quando foi encarregado oficialmente de organizar a *Galleria di Roma*, implantada por iniciativa de Mussolini. Embora tenha se inserido oficialmente na política cultural fascista – tema que deveria ser explorado oportunamente, já que não faz parte do escopo dessa pesquisa – Bardi polarizava debates dentro mesmo da esfera institucional, como fez defendendo a arquitetura racionalista como representante do regime, em contraposição ao neoclassicismo de Marcelo Piacentini (Bardi, 1931; Fernandes, 2010).

A defesa da arquitetura moderna por Bardi se fez marcante no início dos anos 1930, através de inflamados artigos publicados pelo jornal milanês *L'Ambrosiano*,[11] e em sua polêmica participação na exposição do II Movimento Italiano de Arquitetura Racionalista.[12] Baseado no conceito de "síntese das artes", Bardi alimentava a expectativa de uma renovação social através de ampla transformação cultural (Sugaya, 2008), processo em que a arquitetura racionalista apresentava papel crucial.[13] Ora uma elite arraigada às tradições pictóricas, ora o viés modernizante corporativo da política fascista era enfrentado pelo profissional autodidata que propunha uma produção e uma crítica sem impedimentos. Em um meio político conflituoso, é significativo que sua maneira direta e pouco diplomática de se posicionar tenha resultado em inimizades

10 *Belvedere*, segundo Francesco Tentori teria representado na Itália um fenômeno de renovação cultural mais marcante do que revistas de vanguarda que se tornaram posteriormente mais conhecidas (Tentori, 2000, p. 14).

11 Embora não tenhamos acesso ao material original, encontramos no livro de Francesco Tentori um resumo de todos os textos publicados por Bardi em *L'Ambrosiano* (1930-33).

12 Nesta exposição, organizada por ele em 1930, na própria Galeria di Roma, expôs um painel composto por uma montagem de recortes tipográficos, fotos de arquitetura acadêmica, moda e costumes claramente anacrônicos que, denominado por um jornal romano de *Tavolo degli Orrori*, teria sido retirado da exposição por conta de protestos do Sindicato, e recolocado por ordens do Duce (Tentori, 2000, p. 51).

13 A ida de Bardi à URSS em 1931, através da revista *L'Architecture d'Aujourd'hui*, da qual participava como correspondente italiano, e sua participação no IV CIAM foram decisivas na formação de suas perspectivas a respeito das potencialidades da arquitetura moderna. Caberia comentar que, mesmo frente à oposição dos líderes fascistas, Bardi chegou a convidar Le Corbusier em 1934 para uma série de conferências em Roma e Milão (Tentori, 2000, p. 119).

e oposições às suas atividades profissionais, o que, segundo seu biógrafo, foi motivo decisivo para Pietro Bardi deixar a Itália (Tentori, 2000, p. 13).

A trajetória de Lina Bo e sua experiência com periódicos italianos também foram pautadas por discussões nos campos da arquitetura, do urbanismo e da cultura. Formada arquiteta, e já com escritório montado em Milão, Lina enfrentou dificuldades para exercer a profissão durante a guerra, e uma de suas primeiras experiências profissionais foi a colaboração nos periódicos dirigidos por Gio Ponti, como *Domus*, *Lo Stile* e *Bellezza*. Nestes, atuava tanto na diagramação e nas ilustrações, quanto publicando artigos e projetos (Anelli, 2001, p. 43).[14]

Alguns temas, como *o morar* e *a casa moderna*, já presentes em artigos de *Lo Stile* e *Domus*, foram recorrentes nos escritos de Lina, e parecem tê-la acompanhado durante toda a carreira (Rubino, 2009), mesmo nas revistas não especializadas em arquitetura, como os semanários *Tempo*, *Vetrina* e *Grazia*. Nesta última, que veiculava variedades femininas, criou junto a seu sócio, Carlo Pagani, a coluna intitulada "La Casa": pautando a necessidade de adaptação às crescentes dificuldades colocadas pela guerra, oferecia didaticamente sugestões de decoração que valorizavam a simplificação frente ao rebuscamento, o aproveitamento econômico de espaços internos e a reciclagem de mobiliário antigo (Anelli, 2001, p. 44). Na coleção *Quaderni di Domus*, fundada e dirigida também ao lado de Pagani, eram divulgados mobiliários e equipamentos domésticos, dos quais se ressaltavam as características funcionais e reprodutíveis (Stuchi, 2007, p. 43).

Posteriormente, em *Habitat*, esses temas reaparecem, não apenas nos artigos como também em notas da redação, além de pautarem o próprio nome da revista. A matéria que inaugura a publicação, por exemplo, propõe uma discussão sobre os valores criados pela arquitetura no modo de morar, a partir de casas projetadas por Vilanova Artigas.[15] Em *Mirante das Artes, Etc*, Lina já coloca em discussão os limites e as potencialidades da produção arquitetônica no país, frente à enorme demanda por habitação popular,

---

14 Observa-se que as afinidades com as ideias de Ponti, se chegaram a existir, logo se desarticulariam, o que vemos no decorrer dos trabalhos de Lina e até na maneira como reavalia sua experiência no escritório do arquiteto milanês (Bardi, 1993).

15 Bardi, Lina Bo. "Casas de Vilanova Artigas". *Habitat*, São Paulo, n. 1, out.-dez. 1950.

a partir da experiência de projeto e construção do núcleo habitacional Cajueiro Seco, em Recife.[16]

A pesquisa no campo do desenho industrial e do artesanato que, segundo Lina, teria se iniciado com os *Quaderni di Domus* (Bardi, 1993, p. 10), foi outro foco que a arquiteta perseguiu ao longo de sua trajetória na Itália e no Brasil. Observa-se a manifestação dessa preocupação na revista *Habitat*, tanto nos artigos que divulgam a produção de móveis desenvolvida por Lina e Giancarlo Palanti no *Studio de Arte Palma*,[17] quanto nos que selecionam objetos artesanais, cuja simplicidade e utilidade os aproximam do mobiliário moderno; e ainda nos diversos textos que noticiavam e discutiam as atividades ligadas ao desenho industrial realizadas no MASP e no IAC. Esses assuntos foram debatidos por Lina também na sua coluna "Olho na Bahia", publicada na página dominical do caderno de cultura do *Diário de Notícias* de Salvador nas tiragens de setembro e outubro de 1958 (Pereira, 2001).[18]

A mais experimental das produções editoriais realizadas por Lina Bo na Itália foi a revista *A: Attualità, Architettura, Abitazione, Arte*, fundada em 1946, junto com Carlo Pagani, Raffaelo Carrieri, Bruno Zevi e que teve a colaboração de Pietro Bardi. Impressa em papel jornal e marcada pelo tom provocativo, pretendia difundir os problemas ligados à habitação e à cidade no período de reconstrução do pós-guerra (Rubino, 2009, p. 58; Stuchi, 2007, p. 45). Embora não tenhamos tido acesso ao periódico *A*, cujo subtítulo fora modificado para *Cultura della Vita*, suas descrições nos remetem tanto a *Habitat* quanto a *Mirante das Artes, Etc*, na medida em que apresentava, acima de qualquer apelo comercial, um programa crítico e uma linha editorial forte, destinados não apenas ao meio profissional, mas ao público em geral.

O engajamento de Lina em causas arquitetônicas também se manifestou, de acordo com seus relatos, na participação de uma organização de arquitetos milaneses que se reunia clandestinamente para estudar uma nova organização sindical e profissional, transformado posteriormente no *Movimento Studi Architettura* (Bardi, 1993, p. 11),[19]

16 Ver: Bardi, Lina Bo. "Ao 'limite' da casa popular" e Borsói, Acácio Gil. "Cajueiro Sêco". *Mirante das Artes, Etc*, São Paulo, n. 2, mar.-abr. 1967.

17 Cf. Bardi, Lina Bo; Palanti, Giancarlo. "Móveis Novos". *Habitat 1*. São Paulo, out.-dez. 1950. Palanti, Giancarlo. "Estantes para livros". *Habitat*, São Paulo, n. 1, out.-dez. 1950.

18 Foi no ano de 1958 que Lina Bo mudou-se pela primeira vez a Salvador, convidada para ministrar um breve curso na Faculdade de Arquitetura da UFBA (Pereira, 2001).

19 A reconstituição da história de Lina Bo na Itália é rodeada por contradições entre os documentos e depoimentos que a descrevem. De acordo com Renato Anelli, a versão da arquiteta – em que acentua

que propunha a retomada da produção da arquitetura racionalista interrompida pela guerra. Contudo, segundo a arquiteta, suas esperanças frente à luta política por habitação popular e pela libertação nacional não sobreviveram ao retorno da democracia cristã ao poder, em 1946, o que a teria fortemente motivado a abandonar a Itália (Rubino e Grinover, 2009, p. 168).

Revistas Habitat e Mirante das Artes, Etc

A viagem de Lina Bo Bardi e Pietro Maria Bardi ao Brasil fez parte de um movimento imigratório significativo durante e após a Segunda Guerra Mundial, em que muitos intelectuais e artistas europeus vieram para a América na condição de fugitivos, exilados e viajantes em busca de melhores condições de vida, intensificando o diálogo entre os ambientes culturais europeus e americanos (Segawa, 2002, p. 134). O meio intelectual italiano em que Lina Bo e Pietro Maria Bardi circulavam já apresentava afinidades com as experiências americanas. O crítico de arquitetura Bruno Zevi, por exemplo, que se exilou nos EUA durante um período da guerra, retornou à Itália empenhado em difundir a arquitetura orgânica de Frank Lloyd Wright (Zevi, 1945). Também a arquitetura moderna brasileira havia gerado grande ressonância na Europa desde o início da década de 1940, o que teria influenciado a escolha deste país como destino de muitos imigrantes, como os próprios Bardi (Anelli, 2001, p. 49).

Embora a chegada de estrangeiros em São Paulo nesse momento fosse numericamente inferior ao maciço fluxo imigratório que marcou a cidade entre o final do século XIX e as primeiras décadas do XX, parte substancial do denso repertório de linguagens culturais aqui desenvolvido na década de 1950 se deveu ao perfil cosmopolita da população paulistana (Arruda, 2001, p. 57).[20] Tratava-se de um momento em que o desenvolvimento cultural de São Paulo abria-se para o exterior não apenas no

---

a oposição aos colegas conservadores dentro da faculdade de arquitetura romana e a participação na Resistência contra o governo fascista – além de omitir alguns aspectos de sua produção, evidencia seu esforço em construir um passado "heroico" para sustentar sua ação no contexto provinciano de São Paulo nos anos 40 e 50. Documentos reunidos por seu ex-sócio milanês, Carlo Pagani, questionariam informações publicadas no "Curriculum Literário", que aqui se menciona, como a própria participação de Lina no movimento de resistência. Pagani, Carlo. Considerazioni sul "Curriculum Letterario" del volume "Lina Bo Bardi". *Apud* Anelli, 2001.

20 A autora esclarece no texto que considera como imigrantes não apenas aqueles que vieram de outros países para o Brasil, mas também a primeira geração de descendentes.

que diz respeito ao acompanhamento mais sistemático da produção internacional das vanguardas europeias e norte-americanas, mas também pela presença significativa do estrangeiro em nosso tecido social, com crescente participação nos meios culturais e de comunicação. Dessa forma, a atuação de Pietro Maria Bardi e de Lina Bo Bardi no MASP, fundado em 1947, pode ser vista como parte de um movimento mais amplo da gestação de importantes empreendimentos culturais de São Paulo, para a qual a participação dos estrangeiros e seus descendentes foi decisiva (Arruda, 2001). Poderíamos citar também a fundação do IAC (1951), do MAM-SP (1948), das Bienais (1951), da Faculdade de Arquitetura do Mackenzie (1947), da Faculdade de Arquitetura da USP (1948), da Escola de Artes Dramáticas (1948), do Teatro Brasileiro de Comédia (1948), do Teatro Maria Della Costa (1954) e da Companhia Cinematográfica Vera Cruz (1949), entre outros (Magaldi, 2000; Arruda, 2001). Há inclusive muitos colaboradores estrangeiros das revistas *Habitat* e *Mirante das Artes, Etc.* que se vinculavam a essas instituições. Os diretores de teatro italianos Ruggero Jacobbi,[21] Gianni Ratto,[22] e Alberto de D`Aversa,[23] por exemplo, vieram a São Paulo, convidados a integrar respectivamente o TBC, a Companhia Maria Della Costa e a EAD.

Mas, se a motivação da vinda de muitos estrangeiros ao Brasil é atribuída ao contraste existente entre o contexto nacional promissor e o cenário de destruição que caracterizava o pós-guerra europeu,[24] por outro lado, o próprio olhar estrangeiro contribuiu para

21 Nascido em Veneza, Ruggero Jacobbi (1920-1981), radicou-se no Rio de Janeiro em 1946, onde passou a trabalhar com crítica e produção de teatro, veio a São Paulo em 1949 a convite do Teatro Brasileiro de Comédia. Jacobbi, que na década de 30 já havia publicado na *Itália Litteraria*, dirigida por Bardi, escreve alguns artigos em *Habitat* e sua trajetória é apresentada na revista em longa nota. Cf. "Ruggero Jacobbi". (Autoria não identificada). *Habitat*, São Paulo, n. 8, jul.-set. 1952.

22 Gianni Ratto (1916-2005), um dos fundadores do Piccolo Teatro de Milão, veio para o Brasil em 1954, convidado por Sandro Polloni e Maria Della Costa a inaugurar o Teatro Maria Della Costa com *O Canto da Cotovia*. Publica artigo sobre cenografia na 14ª edição de *Habitat*. Magaldi, 2000.

23 Alberto de D`Aversa (1920-1969). Emigrou para a Argentina no segundo pós-guerra e, perseguido pelo peronismo, veio a São Paulo em 1957, convidado por Alfredo Mesquita, para lecionar na EAD. Dirige, no mesmo ano, seu primeiro espetáculo no Teatro Brasileiro de Comédia, onde continua atuando, distinguindo-se também na atividade didática em diversas escolas de teatro. A partir de 1965, com uma coluna diária no jornal *Diário de S. Paulo*, iniciou sua contribuição como crítico. Escreve na primeira edição de *Mirante das Artes, Etc.* (Mercado Neto, 1980).

24 Em uma passagem do "Currículum Literário" Lina explicita suas expectativas em relação ao Brasil e sua recente experiência na guerra: "Primeira mensagem de paz após o dilúvio da Segunda Guerra Mundial. Me senti num país inimaginável, onde tudo era possível. Me senti feliz, e no Rio de Janeiro não tinha ruínas" (Bardi, 1993, p. 12).

formatar e valorizar a autoimagem da nação. A exposição e o livro *Brazil Builds* haviam sido lançados nos EUA em 1943, ecoando rapidamente em diversos países da Europa. Segundo Mário de Andrade, que resenhou a publicação, o livro teria possibilitado aos brasileiros o reconhecimento de uma produção arquitetônica nacional de qualidade igualável à dos países mais avançados do mundo (Andrade, 1944).[25]

O processo de autonomização da arquitetura entre fins de 1940 e início dos anos 1950 em São Paulo se evidenciava não apenas no campo do ensino, com a fundação de escolas que se desvinculavam da estrutura dos cursos de engenharia e de belas-artes, como também no da produção editorial. No período em que *Habitat* foi produzida, entre 1950 e 1965, circularam diversas outras revistas que se dedicavam a esse assunto, inauguradas no mesmo momento ou que nele tiveram a sua fase mais significativa.[26]

O destaque concedido por *Habitat* à arquitetura, no entanto, não se limitava apenas à abordagem desse tema. Pelo contrário, encontramos nas edições de sua primeira fase diversas matérias ligadas ao desenho industrial, às artes plásticas, ao cinema, à fotografia e ao teatro, o que reflete um intuito programático de promover um debate cultural amplo. Como vemos no editorial do primeiro número do periódico, ele se propunha a abrir um espaço à diversidade das manifestações que constituíam o campo das artes no Brasil, das institucionalizadas às cotidianas, e difundi-las ao público em geral de forma didática.[27] A criação da revista se justificava pela necessidade de preencher uma lacuna tanto na documentação das realizações culturais que o país produzira ao longo de sua história, quanto na informação acerca do estatuto das artes na atualidade. A própria escolha do nome do periódico propunha um olhar aberto sobre o universo da arquitetura:

"Habitat" significa ambiente, dignidade, conveniência, moralidade de vida, e portanto espiritualidade e cultura: é porisso (*sic*) que escolhemos para título desta nossa revista uma palavra intimamente ligada à arquitetura".[28]

Mirante das Artes, Etc. também abrangia manifestações artísticas sem restrição de período ou local de produção, e mais do que *Habitat*, abria espaço para a cultura pop:

---

25 Ver Capello, 2005.

26 São exemplos a *AD: Arquitetura e decoração* (1953-1958) e a *Acrópole* (1941-1971) que, embora de *vida mais longa, teria vivido sua melhor fase entre os anos 50 e 60* (Segawa, 2002).

27 Encarar o problema da arte como fato educativo era uma preocupação muito presente em *Habitat*, perseguida pelas matérias da revista conjuntamente com as exposições e os cursos montados no MASP.

28 "Prefácio" (Sem identificação de autoria). In: *Habitat*, São Paulo, n. 1, out.-dez. 1950.

> seja yé-yé-yé, cinema, Molière, Picasso, Guimarães Rosa, a boa linha de um carro, a cor de um terno, a mini-saia, o penteado, Brasília, a parede de um quarto com fotos recortadas de revistas nos agita, nos convida a discutir, a favor ou contra, a outorgar diplomas de gênios ou vaias; este negócio – arte – que é?[29]

No entanto, há uma nítida destituição da centralidade da arquitetura e um maior predomínio das artes plásticas em *Mirante das Artes*, se comparado a revistas culturais criadas nos anos 1950, como *Habitat* e *Módulo*. Isso se deve, em parte, à mudança de estatuto da arquitetura, concebida como *síntese das artes* no primeiro momento. A periodização da arte moderna no Brasil, realizada por Mário Pedrosa, é iluminadora nesse sentido: segundo o crítico, no momento situado entre 1930 e 1951 o moderno teria conquistado a condição de arte levada ao cidadão urbano, recuperando sua conotação social e tendo, por isso, o arquiteto como seu verdadeiro protagonista.[30] Já após a I Bienal, Pedrosa enxerga uma eclosão individualista que abriria espaço para o predomínio da pintura (Pedrosa, 2007). Acrescentaríamos ainda que as artes plásticas ocuparam posição mais central em *Mirante das Artes, Etc.* também por conta das atividades de Pietro Bardi, que naquele momento dirigia a galeria homônima e o Museu de Arte de São Paulo. Mesmo assim, a arquitetura nunca deixou de fazer parte das preocupações de Bardi, que nesse momento, se desencantava com o que se produzia no país:

> A arquitetura brasileira pouco existe. Seu conceito não dá para compor um estilo nacional. Quem vê pela primeira vez São Paulo fica abismado pelo contraste da arquitetura dos novos grandes edifícios que basculam entre o obsoleto culturalismo e a imitação do vidrado norte-americano, tudo rigidamente encapsulado no gozo da especulação das áreas.[31]

Na relação estabelecida com o MASP, pontuamos outra distinção entre as primeiras edições da revista *Habitat* e *Mirante das Artes, Etc.* Enquanto *Habitat* funcionava quase como o veículo oficial de divulgação das atividades e dos conceitos que funda-

29 Editorial (sem título), sem identificação de autoria. *Mirante das Artes, Etc*, n. 1, São Paulo, jan.-fev. 1967.

30 Na expressão cunhada pela própria redação de *Habitat*, a arquitetura apresentaria uma "função artisticamente social" Ver "Prefácio".

31 "Impasse". *Mirante das Artes, Etc*, n. 9, São Paulo, maio-jun. 1968.

mentavam a organização do museu, ainda relativamente novo na cidade, o MASP era objeto de matérias mais densas em *Mirante das Artes, Etc.*[32]

A propósito das diferenças entre os dois periódicos, é preciso realçar os distintos contextos em que foram produzidos. Se *Habitat* foi concebido no começo dos anos 1950, quando o crescimento econômico e a fermentação cultural apontavam para perspectivas otimistas de modernização nacional; *Mirante das Artes, Etc.* teve suas edições publicadas entre o início de 1967 e finais de 1968, quando o país vivia uma ditadura militar, em que os direitos constitucionais estavam suspensos e os meios de comunicação submetidos a pressões políticas. Foi significativo que logo após o golpe tenha se estancado a produção de algumas revistas culturais, como as próprias *Habitat* e *Módulo* que, concebidas na década anterior, vinham acompanhando um movimento de eleição da arquitetura como tema de interesse de um público não especializado que chegava a seu ápice em 1960, estimulado pela construção da nova capital (Segawa, 2002, p. 130). No entanto, como alerta um dos jovens colaboradores do periódico, se em abril de 1964 inaugurava-se uma fase de quebra com uma produção cultural vinculada a apostas numa modernização fundada sobre o modelo nacional-desenvolvimentista democrático, o momento que se seguia até finais de 1968 foi marcado por uma fértil produção nos campos da literatura, do teatro, do cinema e da música no país (Schwarz, 2005). De acordo com Roberto Schwarz, a atuação de uma burguesia intelectual e artística de esquerda concentrada na esfera da produção ideológica, enquanto se voltava apenas para consumo próprio, foi tolerada pela política militar.

A condição dos Bardi no Brasil ao final da década de 1960 também já era outra, se comparada à de sua chegada: tanto Lina quanto Pietro já haviam acumulado experiência profissional e estabelecido sólidos vínculos no país,[33] e o MASP também havia se consolidado na cidade. O olhar promovido por Bardi diante da complexidade dos problemas nacionais encontra-se mais amadurecido em *Mirante das Artes* e seu empenho,

---

32 Ver, por exemplo, os textos "O novo Trianon 1957-67", em que Lina Bo apresenta o projeto concebido para a nova sede do MASP e narra o processo da criação até a construção do edifício, e "20 anos do Museu de Arte de São Paulo", em que Pietro Maria Bardi faz um balanço de duas décadas do MASP e comenta as inúmeras adversidades enfrentadas para a introdução da instituição no ambiente paulistano. Bardi, Lina Bo. "O novo Trianon 1957-67" e Bardi, Pietro Maria. "20 anos do Museu de Arte de São Paulo". *Mirante das Artes, Etc*, São Paulo, n. 5, set.-out. 1967.

33 No caso de Lina, seus contatos profissionais nesse momento se determinaram muito através de sua experiência na Bahia (Rubino, 2002).

menos otimista. No editorial da sexta edição desta revista, quando da conclusão de seu primeiro ano, faz-se um balanço da existência da revista, que coloca em questão a viabilidade da continuação da revista, dadas as condições de entravamento da produção artística no Brasil: a academização da arte; a minguada discussão, a pouca ética entre os promotores da cultura, a falta de parâmetros críticos do público; enfim, o domínio de um provincianismo na esfera de produção cultural do país. O balanço se amplia ainda para outras iniciativas de resistência, todas vistas com enorme desencantamento:

> Verdade que a Semana de Arte Moderna, bem ou mal, foi organizada. Esforço de ciclopes, se bem raciocinarmos, foi a primeira tentativa de desprovincializar (sic). Quais as suas reais repercussões, porém? O provincianismo quando decide defender sua posição, é um Spartacus: vira herói.
> Pensava-se por outro lado: crescendo as nossas metrópoles (a exemplo de Paris ou de Chicago) pouco a pouco ou de um dia para o outro, o Brasil entrará nos eixos e alcançará um estágio civilizatório de reflexos diretos nas suas organizações e instituições artísticas.
> E alguma coisa foi feita nesse sentido. Fez-se, mas logo a bagunça tomou conta de tudo.
> Resultado: algumas organizações que tentaram sobreviver conheceram as penas da agonia.

Apesar de uma perspectiva mais desencantada apresentada por *Mirante das Artes*, ainda encontramos, ao longo de suas edições, grande empenho em promover um debate crítico que servisse, não apenas para apontar os problemas, como também para estimular a produção, a crítica e o mercado da arte no país. De modo similar a textos escritos pela redação de *Habitat* – como "Por uma enciclopédia brasileira", que abre a nona edição desse periódico, afirmando a necessidade da formação de um sistema cultural nacional a partir de referenciais locais – no primeiro editorial de *Mirante das Artes, Etc*, discute-se a importância da organização de um sistema de divulgação, criação e alimentação da cultura do país que investisse na conscientização das gerações seguintes, cuja produção se pautaria sobre fundamentos mais sólidos: "é tempo, agora de sermos todos mais amplos, tentar focalizar o Brasil-cultura em termos de nação".[34]

34 Editorial (sem título), sem identificação de autoria. *Mirante das artes, Etc.* 1, São Paulo, jan.-fev. 1967.

Dessa forma, seja nos editoriais, seja nas notas da redação das duas revistas, ou ainda em ensaios de autores identificados com o pensamento dos editores de *Habitat* e *Mirante das Artes*,[35] um projeto ao mesmo tempo de renovação e consolidação da cultura brasileira permeia as duas produções. Poderíamos dizer que, enquanto em *Habitat* ele se relaciona a um movimento de inserção e de buscas iniciais de Lina e Bardi em São Paulo, *Mirante das Artes, Etc.* nos revela um segundo tempo do olhar analítico e da atuação desses personagens.

Colaboradores estrangeiros nas Revistas Habitat e Mirante das Artes, Etc

Uma chave de compreensão a que se chegou nesse trabalho foi o papel catalisador desempenhado por Lina e por Bardi em *Habitat* e *Mirante das Artes*, nas posições tomadas pelas revistas, na formação dos seus corpos editoriais, na reunião dos colaboradores, na seleção das pautas e nas referências veiculadas. Para analisar mais precisamente quem foram esses colaboradores e os estrangeiros presentes nos conteúdos dos artigos, desenvolvemos um levantamento dos textos e imagens dos periódicos.[36] Além de mapear as figuras estrangeiras nas revistas e a diversidade de situações pelas quais se inseriram ali, a sistematização iluminou a própria trajetória dos Bardi, na medida em que nos possibilitou compreender as redes sociais a que se vinculavam, suas afinidades críticas e ideológicas e a bagagem cultural por eles mobilizada.

Classificamos todos os autores das duas revistas em três categorias amplas: *estrangeiros*, *brasileiros*, e *outros*. Esta última abarca tanto os escritores cuja nacionalidade não identificamos, quanto os textos assinados por pseudônimos ou aqueles não assinados, que atribuímos à redação das revistas. Dentro da categoria *estrangeiros*, a que mais nos interessava na pesquisa, distinguimos ainda quatro grupos, tomando como critério a relação que esses autores estabeleciam com as revistas e com a cidade de São Paulo.

35 Nota-se que a palavra *polêmica* provém da grega *pólemos*, que significa luta, combate (Campos, 2002). Nesse sentido, percebe-se uma atitude claramente polemista em Lina e em Bardi, que traduz sua luta contra valores arcaicos que paralisariam o desenvolvimento da arte.

36 Os dados foram compilados em tabelas, que constituíram um índice completo dos artigos, reportagens e notas dos periódicos, em que se destacam e classificam os estrangeiros ali presentes (Mesquita, 2009).

Portanto, desdobramos os *autores estrangeiros* em *residentes, visitantes, articulistas* (de outros periódicos), e *de referência.*[37]

A partir do levantamento, notamos que, entre os *autores estrangeiros,* são os *residentes* no país os que mais textos e imagens publicaram tanto em *Habitat* quanto em *Mirante das Artes.* Já os autores *estrangeiros visitantes* na cidade de São Paulo são bem mais representativos em *Habitat,* seja pela maior quantidade de artigos assinados, seja pelo próprio peso crítico que apresentam naquela revista. Os autores *estrangeiros articulistas,* por sua vez, compõem nas duas revistas o segundo grupo com mais textos publicados nos periódicos. Estes, em sua maioria, intelectuais contemporâneos do campo da história e crítica de arte, vinculam-se geralmente à produção editorial norte-americana ou europeia. Quanto aos autores estrangeiros *de referência,* configuram um perfil mais heterogêneo: são artistas, arquitetos e intelectuais cujos textos, na maioria das vezes, haviam sido produzidos em contextos distintos ao da publicação dos periódicos. Percebe-se que os artigos, ensaios e poemas dos autores que denominamos *articulistas,* bem como os *de referência,* dificilmente são inéditos ou enviados especialmente às revistas. Trata-se, em geral, de republicações transcritas na língua original ou traduzidas para o português, provenientes de outros periódicos, livros ou catálogos.

Entre os colaboradores *estrangeiros residentes* e *visitantes,* reconhecemos, principalmente em *Habitat,* a articulação de contatos dos Bardi anteriores à sua chegada ao país. O poeta italiano Emilio Villa, por exemplo, que havia trabalhado no Studio dell'Arte Palma[38] com Pietro Maria Bardi (Politano, 2009), tem contribuição marcante na revista. Além de comentar atividades realizadas no MASP, como fez sobre mostra dedicada a Burle Marx, escreve um editorial de *Habitat,* respondendo a críticas destinadas à sua suposta má redação. O ensaio de Villa, que se mudou para o Brasil em 1951, convidado por Bardi a trabalhar no museu, parte justamente do fato de o país ter sido destino de grande número de imigrantes, e reivindica que seu modo de expressão fosse reconhecido e incorporado como parte da língua local e manifestação de uma cultura em for-

---

37 Também no que se refere ao conteúdo dos textos, estabelecemos algumas classes que diferenciavam os estrangeiros de que as matérias tratavam.

38 O Studio *dell'Arte Palma* foi uma galeria romana associada a um laboratório de restauro de obras, criado por Bardi em 1944.

mação.[39] Outro exemplo é o engenheiro italiano Pier Luigi Nervi,[40] cujo artigo sobre as possibilidades estruturais do concreto armado,[41] foi publicado quando, convidado por Bardi, esteve em São Paulo para dar um curso no MASP.[42]

Como dissemos, embora nem *Habitat* nem *Mirante das Artes, Etc.* tenham representado veículo oficial do Museu de Arte de São Paulo,[43] este constituiu um polo através do qual diversos estrangeiros articularam-se nos dois periódicos, principalmente na primeira fase de *Habitat*. É o caso do historiador de arte Wolfgang Pfeiffer (1912-2003), alemão residente no Brasil, que trabalhou no museu entre 1949 e 1959, e foi um dos poucos colaboradores de mais de uma edição de *Habitat*. Pfeiffer publicou diversos textos explicativos acerca de artistas de quem o MASP adquiria obras. Também o pintor e ceramista austríaco Gastone Novelli (1925-1968), o artista gráfico polonês Leopold Haar (1910-1954), e o arquiteto suíço Jacob Ruchti (1920-1981), que escreveram em *Habitat*, trabalhavam no museu como professores do IAC. O trabalho de Leopold Haar e de Jacob Ruchti – fundador da escola de desenho industrial junto de Lina e Pietro Bardi – destacaram-se pelo empenho na renovação e divulgação das correntes geométricas e abstratas, colaborando para superar as constantes referências à Escola de Paris no meio artístico brasileiro (Lourenço, 1995). Em artigo publicado na revista, Haar assinala a importância da estética funcionalista para a expressão artística contemporânea, em que inclui a montagem de exposições e de vitrines.[44]

Houve também os estrangeiros que não chegaram a escrever em *Habitat*, mas cuja vinda a São Paulo como conferencistas do museu foi ali noticiada.[45] São exemplos o

---

39 Villa, Emilio. "Os puristas são enfadonhos e inúteis". *Habitat*, São Paulo, n. 7, abr.-jun. 1952.

40 Pietro Maria Bardi estabelecera laços de amizade com Pier L. Nervi após descobrir e divulgar sua obra no periódico italiano *L'Ambrosiano*. Cf. Bardi, Pietro Maria. "Nervi e o concreto". *Habitat*, São Paulo, n. 3. abr.-jun. 1951.

41 Nervi, Pier Luigi. "Resistência da forma". *Habitat*, São Paulo, n. 3, abr.-jun., 1951.

42 Dois projetos estruturais concebidos por Nervi, um em parceria com Lina Bo, outro com o arquiteto norte-americano Charles Bosworth (1914-1999) foram também publicados pela revista. Ver 13ª e 14ª edições de *Habitat*.

43 Os jornais da rede *Diários Associados*, de Assis Chateaubriand, também veiculavam matérias sobre o museu, desde sua fundação, mas que apenas a partir da década de 1990 o MASP imprime um boletim oficial, chamado *Mensageiro de Arte*.

44 Haar, Leopold. "Plásticas Novas". *Habitat*, São Paulo, n. 5, out.-dez. 1951.

45 Há diversas notas de Alencastro noticiando aqueles que chegavam ou que preparavam uma visita a São Paulo, porém nem todas apresentam uma precisão sobre a data dessas visitas.

historiador da arte e crítico argentino Romero Brest (1905-1989), o cineasta francês George Clouzot (1907–1977) e o arquiteto e crítico italiano Bruno Zevi. Mencionemos também os diversos artistas plásticos que foram objeto de textos de *Habitat* por conta de exposições montadas no MASP: o romeno Saul Steinberg (1914-1999),[46] os húngaros Marky Poll[47] e Fredric Karoly (1893-1988),[48] e o construtivista suíço Max Bill (1908-1994), autor presente na revista mesmo antes de suas visitas ao país.[49]

Mirante das Artes, Etc, com menor frequência, também registrava algumas passagens de artistas e intelectuais estrangeiros pela cidade. Assim como *Habitat*, o periódico geralmente explicitava as relações profissionais e pessoais estabelecidas entre seus editores e esses visitantes. Há, por exemplo, o relato de uma conversa realizada entre um grupo de jovens escritores e artistas brasileiros e Roberto Rosselini (1906-1977), em junho de 1968 na Casa de Vidro, onde moravam Lina Bo e Pietro Maria Bardi. Essa característica nos parece relevante, pois evidencia a proposta editorial da revista em promover determinadas discussões culturais e políticas que não se separavam da vida particular de seus promotores. A conversa propriamente dita girava em torno das impressões de Rosselini sobre um debate entre cineastas latino-americanos, do qual era observador através da Unesco, motivo pelo qual estava em São Paulo. O diretor italiano mostrou-se decepcionado com o discurso dos jovens cineastas – entre os quais estavam presentes Glauber Rocha e Roberto Santos – porque, segundo ele, lhes faltaria orientação política clara:

> Os jovens dos países subdesenvolvidos, por girarem em torno do centro "pão-e-guerra" ameaçam desvirtuar e distorcer o rumo e o impacto da transformação que a outra juventude está imprimindo no mundo. E fazem tudo sem projeto e sem programa definido.[50]

---

46 Motta, Flavio. "Saul Steinberg no Brasil". *Habitat*, n. 9. out.-dez. 1952.

47 Não encontramos mais informações sobre a artista. "Novas cerâmicas". (Autoria não identificada). *Habitat*, São Paulo, n. 10. jan.-mar. 1953.

48 Karoly, Fredric. "Automatism". *Habitat*, São Paulo, n. 4, jul.-set. 1951.

49 A afinidade de *Habitat* com o trabalho de Max Bill é patente. Mesmo antes de o designer e arquiteto ser premiado pela I Bienal de São Paulo, em 1953, a revista traduz e publica a aula proferida por ele na Basileia em 1948, "Beleza provinda da função e beleza como função", em que também se divulga a mostra dedicada ao artista no MASP. Outros dois números da revista abririam espaço para textos de Bill – sendo um deles a republicação da entrevista concedida a Flávio Aquino divulgada pela *Manchete*, e o outro uma conferência realizada na FAU-USP – representativos das duas passagens do arquiteto pelo Brasil no ano de 1953.

50 "Encontro com Rossellini". *Mirante das Artes, Etc*, n. 10, jul.-ago. 1968.

Em *Mirante das Artes, Etc*, a participação de estrangeiros *residentes* na autoria e no conteúdo dos textos foi mais pontual do que em *Habitat*. Exceto Lina Bo e o próprio Bardi, é apenas o austríaco Francisco Stockinger (1919-2009) quem assina mais de um artigo ao longo de toda a produção do periódico. Mesmo assim, é significativo que Stockinger tenha chegado ao país com apenas dois anos, e que, no momento da produção do periódico, já residia no país há mais de cinco décadas. Somos levados a aproximá-lo mais à condição de filho de imigrantes, do que propriamente a alguém cuja ótica fosse marcada por uma formação externa. O mesmo se pode dizer do crítico literário Roberto Schwarz (1938), também austríaco, que aqui chegou no final da década de 1930; e do urbanista italiano Jorge Wilheim (1928), que imigrou ao país em 1938 – ambos colaboradores da revista.

Encontramos alguns colaboradores comuns aos dois periódicos, como o arquiteto ucraniano Gregori Warchavchik (1896-1972), o urbanista italiano Jorge Wilheim, e o compositor, instrumentista e maestro alemão Hans-Joachim Koellreuter (1915-2005). A inserção de Koellreuter nas duas revistas nos parece significativa na medida em que sua atuação muito se assemelhava à de Lina e de Bardi: o empenho com o ensino e a difusão da cultura, mesmo que sempre dentro do universo musical, marcou toda a trajetória do maestro. Koellreuter, que veio ao país em 1937, foi um dos fundadores da Orquestra Sinfônica Brasileira na década de 1940, da Escola Livre de Música de São Paulo, em 1952, da Escola de Música da Universidade Federal da Bahia, em 1954, e do movimento "Música Viva" no MASP. O contato com Lina Bo não apenas foi travado através do museu, em São Paulo, como também na Bahia nos anos 1960 (Risério, 1995).

A maior parte dos colaboradores comuns às duas revistas, entretanto, é composta pelos fotógrafos estrangeiros, que também tiveram presença muito significativa em *Habitat* e *Mirante das Artes, Etc*. Os alemães Alice Brill (1920) e Peter Scheier (1908-1979), os franceses Marcel Gautherot (1910-1996) e Pierre Verger (1902-1996), o italiano Sascha Harnisch e o próprio Pietro Maria Bardi; todos tiveram imagens publicadas pelos dois periódicos. Nota-se ainda que, dentre os fotógrafos das revistas, alguns também escreveram ou foram objeto de alguma matéria, como Sascha Harnisch e Alice Brill. Peter Scheier, que se destaca pela participação em catorze dos quinze números da primeira fase da revista *Habitat*, já atuava como fotógrafo oficial do MASP desde a sua fundação (Gouveia, 2008).

Além da participação direta de autores estrangeiros, as referências internacionais estiveram presentes também indiretamente nas páginas de *Habitat* e *Mirante das Artes*.

Antenadas à produção cultural, editorial e crítica internacional, as duas revistas se utilizavam das estratégias de republicar imagens e textos de diversas épocas e procedências. Articulados aos interesses temáticos das edições, estes geralmente apareciam reafirmando as posições da redação. Há um episódio em que isso fica patente: diante das dificuldades de aceitação do MASP no meio cultural paulistano, que culminaram nos boatos sobre a autenticidade das obras do museu, os Bardi articularam uma exposição itinerante[51] do acervo pela Europa durante o ano de 1953.[52] Nas edições de *Habitat* elaboradas durante a viagem e após o retorno do casal, são inúmeras as referências a artigos publicados na mídia estrangeira que elogiam o programa e o acervo do Museu de Arte e que comentam a sua boa recepção pelo público e pelos museus europeus.[53]

Mirante das Artes, que também tinha dificuldades de ser reconhecida pelo público, frequentemente comparava sua produção à de revistas internacionais. Em diversas passagens enfatizam-se as intenções de contribuir para o conhecimento de questões comumente ignoradas pela mídia e pelos círculos culturais brasileiros. Há uma nota da redação que precede um ensaio publicado em um periódico cubano, por exemplo, em que se explica que *Mirante das Artes* enviava suas revistas ao historiador e crítico Roberto Segre em troca de publicações de Cuba, cuja produção arquitetônica deveria

51 Flávio Motta foi quem ocupou o papel de diretor geral nas edições 10, 11, 12 e 13, durante o período em que Lina Bo e Pietro Maria Bardi levavam o acervo do MASP por cidades europeias.

52 Se a rápida articulação ao projeto de construção do Museu de Arte de Assis Chateaubriand propiciou um espaço e uma estrutura privilegiados e de grande visibilidade para o ativo casal italiano desenvolver sua produção, justamente o fato de a composição dos quadros institucionais do museu não representar o meio artístico-cultural estabelecido na cidade de São Paulo teria introduzido esses imigrantes a um palco de embates locais. Enquanto internacionalmente Chateaubriand e Bardi enfrentavam a concorrência com os Estados Unidos para a aquisição de obras no mercado de arte europeu do pós-guerra, localmente a disputa se dava com industrial ítalo-brasileiro Ciccillo Matarazzo, criador do MAM-SP e das Bienais, responsável pelas comemorações do IV Centenário e cofundador da Companhia Cinematográfica Vera Cruz e do TBC. A constituição do Museu de Arte de São Paulo, embora contasse com grande aparato em infraestrutura da rede de comunicações dos *Diários Associados*, não dispunha da participação e do apoio de intelectuais egressos da Universidade de São Paulo e mesmo do jornal *O Estado de São Paulo*, que estiveram muito próximos da criação dos empreendimentos de Matarazzo (Motta, 2003; Rubino, 2002).

53 Ver, por exemplo: "Uma opinião de Lionello Venturi sobre o Museu de Arte de São Paulo", que se dedica ao MASP e à sua recepção na França, e "Introdução ao Museu de Arte", que transcreve matéria da revista *Domus* dedicada também ao MASP. *Habitat 14*. São Paulo, jan.-fev. 1954.

ser difundida. "Não devemos ignorá-la, repetindo franco que o DOPS pode acreditar que o nosso interesse é apenas 'cultural'."[54]

Também em relação aos assuntos que dizem respeito ao país, *Mirante das Artes* dialogava com periódicos estrangeiros, que, muitas vezes, considerava debater mais amplamente do que as publicações locais. É o caso dos fatos que levaram à extinção do órgão de Serviço de Proteção aos Índios, sobre o qual se evoca artigo publicado na revista francesa *Planète*: "Mas o que aqui no Brasil foi acobertado com um silêncio dos mais extranhos (sic) e a configuração do deixa como está para ver como fica, tal não se deu no estrangeiro onde o escândalo causou certa repercussão."[55]

Outra crítica recorrente em *Mirante das Artes* diz respeito ao maior reconhecimento obtido pelos artistas brasileiros no exterior do que em casa. Alguns ensaios de críticos europeus sobre artistas plásticos brasileiros são republicados na revista, reforçando a questão.[56] Nota-se ainda, em *Mirante das Artes*, textos relacionados às preocupações de Bardi, inseridos sem mediações: a exemplo do provocativo poema "General, teu carro-armado é uma máquina potente", de Bertold Brecht, no segundo número da revista.

A seleção e a montagem de textos e imagens tanto em *Habitat* quanto em *Mirante das Artes* manifestam uma postura de seus realizadores incomum diante dos objetivos tradicionalmente perseguidos pela imprensa, de noticiar fatos novos e publicar artigos inéditos.[57] Observa-se que, nem por isso, as revistas deixam de ser contemporâneas. Pelo contrário, abordam a produção artística antiga e recente através de um olhar sempre atento ao presente.

Apesar de *Habitat* e de *Mirante das Artes, Etc.* terem estancado suas produções há mais de quarenta anos, esse material permanece ainda cheio de interesse: suas edições

54 "Esclarecimento" (sem autoria). *Mirante das Artes, Etc*, São Paulo, n. 4. jul.-ago. 1967.

55 "Rondon traído" (sem autoria). *Mirante das Artes, Etc*, São Paulo, n. 11. set.-out. 1968.

56 Ver: "Portinari na Itália", de Giuseppe Luraghi; e dos textos de Claude Aveline e Jean Cassou sobre o recifense Vicente do Rêgo Monteiro.

57 A colagem é uma marca das duas revistas e já aparecia nas produções de Bardi na Itália, como no *Tavolo degli Orrori* e na revista *Quadrante*. As notas da revista *Quadrante* – revista dirigida por Bardi entre 1933 e 1936 – na função de completar o espaço ocupado por um texto na página, concentravam, em suas pequenas dimensões, grande força provocativa e enfatizavam aspectos já enunciados nos artigos (TENTORI, 2000). Esta solução marcou também as revistas *Habitat* e *Mirante das Artes, Etc*. Além das notas da redação, que permeavam o corpo dos dois periódicos, estes contavam com seções dedicadas a uma sequência de textos curtos, bastante irônicos, que comentavam notícias e assuntos diversos relativos ao campo das artes no Brasil e reafirmava posições dos diretores das revistas: No caso de *Mirante das Artes, Etc*, trata-se da seção *Etc*, que inicia suas edições e em *Habitat* da seção final *Crônicas*, assinada por Alencastro, pseudônimo de Lina e de Bardi.

foram produto de equipes distintas, mas sucessivamente formadas por profissionais e artistas preocupados com as questões culturais do momento. Aquilo que aproxima os dois periódicos nos parece o que de mais valioso encontramos em cada um deles, e raro em publicações atuais: seu empenho com uma comunicação clara e um programa forte, cujas ambições formadoras abrangiam uma produção cultural muito vinculada à vida.

Bibliografia

ANDRADE. Mário de. "Brazil Builds". *Folha da Manhã*, São Paulo, 23 mar. 1944. In: XAVIER, Alberto. *Depoimento de uma geração: arquitetura moderna brasileira.* São Paulo: Cosac Naify, 2003.

ANELLI, Renato Luiz Sobral. *Interlocuções com a Arquitetura Italiana na Constituição da Arquitetura Moderna em São Paulo.* Tese de livre docência. São Carlos, EESC-USP, 2001.

ARRUDA, Maria Arminda do Nascimento. *Metrópole e Cultura: São Paulo no meio do século XX.* Bauru: Edusc, 2001.

BARDI, Pietro Maria. "Rapporto sull`architettura". *L`Ambrosiano*, Roma, fev. 1931.

BARDI, Lina Bo. "Curriculum Literário". In: FERRAZ, Marcelo de Carvalho (coord.). *Lina Bo Bardi.* São Paulo: Instituto Lina Bo e Pietro Maria Bardi, 1993.

CAPELLO, Beatriz. *Arquitetura em revista: arquitetura moderna no Brasil e sua recepção nas revistas francesas, inglesas e italianas (1945-1960).* Tese de doutorado. São Paulo, FAU-USP, 2005.

CAMPELLO, Maria de Fátima de Mello Barreto. *Lina Bo Bardi: as moradas da alma.* Dissertação de Mestrado. São Carlos, EESC-USP, 1997.

CAMPOS, Haroldo. "Da razão antropofágica". In: CAMPOS, Haroldo. *Metalinguagem e outras metas.* São Paulo: Perspectiva, 2002.

CANDIDO, Antonio. "Literatura e cultura: de 1900 a 1945". In: CANDIDO, Antonio. *Literatura e Sociedade: estudos de teoria e história literária.* São Paulo: Duas Cidades, 2002.

COELHO, Maria Beatriz. "A fotografia na imprensa e nos museus" *Varia Hist.*, Belo Horizonte, vol. 22, n. 35, jan.-jun. 2003.

DEDECCA, Paula G. *Crítica paulista de arquitetura carioca: recepção e diferenciação da produção brasileira moderna nas revistas especializadas de São Paulo (1945-1960)*. Relatório final Pibic. São Paulo, FAU-USP/CNPq, 2006.

FERNANDES, Fernanda. "Milão-São Paulo, deslocamentos: estrangeiros na cidade". Artigo de processo de pesquisa, 2010.

GOUVEIA, Sonia Maria Milani. *São Paulo e a documentação fotográfica de Peter Scheier*. Dissertação de mestrado. São Paulo, FAU-USP, 2008.

LOURENÇO, Maria Cecília França. *Operários da modernidade*. São Paulo: Hucitec/ Edusp, 1995.

MAGALDI, Sábato. *Cem anos de teatro em São Paulo*. São Paulo: Senac, 2000.

MERCADO NETO, Antônio. *Crítica teatral de Alberto D'Aversa no Diário de São Paulo*. Dissertação de mestrado. São Paulo, ECA-USP, 1980.

MEYER, Regina. *Metrópole e Urbanismo: São Paulo anos 50*. Tese de doutorado. São Paulo, FAU-USP, 1991.

MIRANDA, Clara Luiza. *A crítica nas revistas de arquitetura nos anos 50: a expressão plástica e a síntese das artes*. Dissertação de mestrado. São Carlos, EESC-USP, 1998.

MOTTA, Renata Vieira da. *O MASP em exposição: mostras periódicas na Sete de Abril*. Dissertação de mestrado. São Paulo, FAU-USP, 2003.

NAPOLITANO, Marcos. *Cultura brasileira: utopia e massificação (1950-1980)*. São Paulo: Contexto, 2001.

PEDROSA, Mario. "Entre a semana e as Bienais". In: *Mundo, homem, arte em crise*. São Paulo: Perspectiva, 1975.

PEREIRA, Juliano Aparecido. *A ação cultural de Lina Bo Bardi na Bahia e no Nordeste (1958-1964)*. Dissertação de mestrado. São Carlos, EESC-USP, 2001.

PINHEIRO, Maria Lúcia Bressan. *Modernizada ou moderna? A arquitetura em São Paulo, 1938-45*. Tese de doutorado. São Paulo, FAU-USP, 1997.

POLITANO, Stela. "MASP em revisão: Museu transparente". V *Encontro de História da Arte*. Campinas, IFCH-Unicamp, 2009.

PORTA, Paula (org.). *História da cidade de São Paulo*, vol. 3. São Paulo: Paz e Terra, 2005.

RISÉRIO, Antonio. *Avant-garde na Bahia*. São Paulo: Instituto Lina Bo e P. M. Bardi, 1995.

RUBINO, Silvana. *Rotas da modernidade: trajetória, campo e história na atuação de Lina Bo Bardi*. Tese de doutorado. Campinas, IFCH-Unicamp, 2002.

______. "A escrita de uma arquiteta". In: GRINOVER, Marina e RUBINO, Silvana (orgs.). *Lina por escrito: textos escolhidos de Lina Bo Bardi*. São Paulo: Cosac Naify, 2009.

SANCHES, Aline Coelho. *A obra e trajetória do arquiteto Giancarlo Palanti – Itália e Brasil*. Dissertação de mestrado. São Carlos, EESC-USP, 2004.

SCHWARZ, Roberto. *Cultura e Política*. São Paulo: Paz e Terra, 2005.

SEGAWA, Hugo. *Arquiteturas no Brasil 1900-1990*. São Paulo: Edusp, 2002.

SOUZA, Diego Beja Inglez de. *Reconstruindo Cajueiro Seco: Arquitetura, política social e cultura popular em Pernambuco (1960-1964)*. São Paulo: Annablume, 2010.

STUCHI, Fabiana Terenzi. *Revista Habitat: um olhar moderno sobre os anos 50 em São Paulo*. Dissertação de Mestrado. São Paulo, FAU-USP, 2007.

SUGAYA, Régis Yassuda. *MASP- Museu de arte para a metrópole*. Trabalho final de graduação. São Paulo, FAU-USP, 2008.

TENTORI, Francesco. *P. M. Bardi: com as crônicas artísticas do "L'Ambrosiano" 1930-1933*. São Paulo: Instituto Lina Bo e P. M. Bardi/Imprensa Oficial do Estado, 2000.

XAVIER, Alberto. *Depoimento de uma geração: arquitetura moderna brasileira*. São Paulo: Cosac Naify, 2003.

ZEVI, Bruno. "Arquitetura Orgânica". In: ZEVI, Bruno. 1945. *Vers un`architettura organica*. Torino: Einaudi, 1945.

Roger Bastide e as cidades: dois ângulos e uma perspectiva

Fernanda Arêas Peixoto

Uma primeira aproximação aos escritos de Roger Bastide parece indicar que as cidades em geral, e São Paulo em particular, não constituíram o principal objeto de interesse como analista. Na qualidade de intérprete do Brasil, o sociólogo coloca o seu foco de atenção no país mágico, religioso e "africano", perseguido nas artes, no folclore e, sobretudo, nas chamadas religiões afro-brasileiras, e que se esboça em obras como *Imagens do nordeste místico em branco e preto* (1945), *O candomblé da Bahia* (1958) *Sociologia do folclore brasileiro* (1959) e *As religiões africanas no Brasil* (1960).

Se a primeira imagem de Brasil que emerge da obra de Bastide não coincide, portanto, com aquela do país moderno e urbano – afinal, ele tende a destacar dimensões que escapam e resistem aos processos modernizadores –, é possível rever o retrato do Brasil por ele projetado, perseguindo seus traços menos evidentes. Ao fazê-lo, percebe-se como sua obra sobre o país, embora voltada preferencialmente para as faces não ocidentais da vida brasileira, compreende uma reflexão e um diagnóstico sobre o Brasil moderno e sobre a cena urbana. Não parece difícil esboçar uma sociologia urbana de seus escritos: isto é, hipóteses e interpretações sobre o espaço físico, sobre a arquitetura, sobre os processos de urbanização, e também sobre as dinâmicas modernizadoras, que têm nas cidades o seu solo principal. E, nesse caso, a São Paulo que seus olhos veem crescer e modificar-se aparece como uma realidade incontornável.

O exercício reflexivo aqui proposto está orientado por algumas questões. Em primeiro lugar, a opção por uma trilha analítica de certo modo lateral, tanto do ponto de vista das temáticas preferenciais do autor quanto em razão do *corpus* escolhido – escritos jornalísticos, relatos de viagem, textos de divulgação e anotações de arquivo pessoal – lançam novas luzes sobre o pensamento de Bastide, sublinhando a heterogeneidade de sua produção (na forma e no conteúdo), a polissemia de conceitos com os quais trabalha e as finas imbricações entre arte e ciência no desenho de sua mirada crítica. A arte joga papel decisivo na forma interpretativa do autor, funcionando como um modo de conhecimento do mundo.

Em relação aos materiais que amparam a interpretação, vale sublinhar que boa parte dos textos aqui considerados é composta de artigos de ocasião, veiculados na imprensa brasileira da década de 1940. Quer dizer, trata-se de reflexões realizadas no calor da hora, que dialogam com ideias e noções em circulação no momento, sem que nomes ou referências se mostrem de modo explícito. Se algumas dessas menções podem hoje parecer obscuras – obrigando a que arrisquemos conjecturas a partir de indícios – elas eram seguramente bem compreendidas pelos leitores da época.

Em segundo lugar, a consideração dos escritos de Bastide sobre a cidade e sobre a arquitetura permite uma compreensão mais nítida do universo dos estudos sobre o tema no interior da universidade em São Paulo nas décadas de 1940 e 1950: os sociólogos reivindicando a importância de suas contribuições sobre o espaço urbano, que começa a interessá-los como objeto de pesquisas.[1] Além disso, o exame das intromissões do sociólogo francês em seara de arquitetos e urbanistas – mas também muito visitada por outros profissionais, entre eles escritores e artistas – pode contribuir para detalharmos o mapa das imagens em circulação na época sobre São Paulo e para introduzirmos Bastide em um novo campo de interlocuções e debates, dos quais ele frequentemente encontra-se ausente.

Para descrever a São Paulo que tem diante dos olhos nos anos 1940 e 1950, Bastide reabilita um repertório de cepa modernista, esboçando dois ângulos de observação – a "cidade vertical" e a "cidade tentacular" – a partir de uma mesma perspectiva. Tal procedimento chama a atenção, de saída, para a cristalização de imagens e representações sobre a capital paulistana, a despeito das modificações concretas que alteram a sua fisionomia. Resta saber, o que a atualização desse vocabulário efetivamente denota da cidade (e de seus intérpretes) em situações históricas e sociais distintas. Não menos importante é indagar o que dizem expressões semelhantes quando transpostas de uma modalidade de discurso a outra: das artes à crônica jornalística e à sociologia acadêmica.[2]

---

1 Na Faculdade de Filosofia, Ciências e Letras da USP são os geógrafos que tomam o espaço urbano como tema preferencial de investigações, entre 1930 e 1950: Pierre Deffontaines e Pierre Monbeig, seus alunos e seguidores. Na Escola Livre de Sociologia e Política, por sua vez, os estudos urbanos têm nos sociólogos os seus principais artífices, entre eles Donald Pierson e Samuel Lowrie. Fora da universidade, mas contando com a colaboração de vários de seus membros, sobretudo dos professores estrangeiros, são realizadas pesquisas sobre a cidade de São Paulo no interior do Departamento de Cultura, dirigido por Mário de Andrade, entre 1935 e 1938.

2 A advertência é de Raymond Williams (2000) ao analisar a persistência de um imaginário inglês sobre o campo diante de transformações urbanas aceleradas: é preciso escapar das armadilhas colocadas pela

Finalmente, as cidades brasileiras, em geral, e São Paulo em particular vêm à baila no interior de uma discussão ampliada empreendida por Bastide sobre os processos modernizadores, fornecendo ao intérprete um patamar privilegiado de observação. E nas reflexões do autor sobre o tema, as metrópoles, menos do que auxiliar a esboçar "dois Brasis" – o moderno e o tradicional, o "africano" e o "ocidental", o mágico e o secular – revelam a interpenetração dinâmica dessas dimensões, que a vida urbana produz e reproduz, incessantemente.

Se acompanharmos a variada produção de Bastide sobre o Brasil, veremos como as cidades são objeto de atenção do intérprete desde a sua chegada ao país. Em "Méditations brésiliennes sur un marché à São Paulo", publicado no ano em que se estabelece em São Paulo (1938), o recém-chegado se detém sobre um espaço e sobre uma atividade social específicas.[3] Editado em *Dom Casmurro*, importante veículo literário em circulação entre 1937 e 1944, o texto contém anotações sintéticas sobre a paisagem física e humana que o observador encontra diante de si. A fórmula da "meditação" escolhida para traduzir as impressões lançadas a partir do movimento errático do passeante pelo mercado traduz o empenho do intérprete em lançar uma reflexão esboçada ao ritmo da introspecção e da exploração íntima, na qual a descrição da realidade observada e as memórias de experiências correlatas caminham lado a lado. Assim, ao olhar o mercado em São Paulo como o espaço de diversidade humana e de encontro de raças variadas (o mercado como modelo reduzido da cidade), Bastide "sonha com outros mercados, mercados longínquos, mercados de minha terra", observando que também a França é país de mistura de raças e culturas, mostram os seus mercados. Só que, ao contrário do Brasil, o "gênio" do povo francês modelou-se a partir da tentativa de suavização e de harmonização desses contrários (Bastide [1938] 1994, p. 114).

A comparação entre momentos tão afastados no tempo e no espaço leva-o a colocar um problema que se tornaria central a partir de sua estada brasileira – o do encon-

---

manutenção de imagens e representações, perguntando-se sobre os significados que elas assumem em épocas históricas diferentes, e também sobre o modo como variam de um discurso a outro.

3 Lembremos que os mercados reaparecem como matéria de análise do intérprete em 1958, quando de sua visita às cidades africanas em companhia de Pierre Verger. Sobre o tema, eles escrevem juntos "Contribuição ao estudo sociológico dos mercados nagôs do Baixo Daomé", publicado originalmente em 1959, no n. 95 do *Cahiers de l'Institut de Science Économique Apliquée* (1959), e republicado em Lünhing (2002).

tro de culturas – mostrando que longe de ser um "drama" como querem alguns,[4] a mistura racial, a heterogeneidade cultural, as paisagens físicas e humanas contrastantes, assim como o convívio entre tradições passadas e presentes, fornecem a riqueza maior da "alma brasileira".

O tópico do Brasil como "terra de contrastes", precocemente insinuado neste artigo de 1938, reaparece em diversos momentos da produção do autor, assim como a leitura da cidade moderna como espaço de produção da diferença e da diversidade, tanto do ponto de vista das relações sociais quanto das formas materiais. Alguns anos mais tarde, diante da cena urbana renovada, ele retoma com maior clareza de detalhes a imagem da paisagem paulistana como espaço da convivência de contrários. Na cidade de São Paulo, não são apenas diferentes povos e atividades que se misturam como no mercado, dirá ele em 1957,

> [...] mas também os tipos de arquitetura, os gêneros de vida, os sotaques, as línguas [...]. Vilas normandas, pátios mexicanos, arranha-céus de cimento armado, velhas habitações coloniais arruinadas, invadida por negros e imigrantes, palácios florentinos construídos por italianos enriquecidos, alhambras fantásticas em que se inscrevem os sonhos dos sírios, jardinzinhos em cujo gramado os alemães dispõem uma profusão de gnomos, de anõezinhos, e de cogumelos germânicos, alinham-se em São Paulo, ao longo da mesma rua, percorrida por automóveis, bondes, ônibus, sacudida pela barulheira das buzinas e pelos rangidos das brecadas ([1957] 1979, p. 12).

Com essas palavras, Bastide reedita, quase literalmente, as descrições disponíveis nas primeiras décadas do século XX (de Mário de Andrade, Alcântara Machado, Monteiro Lobato, Ricardo Severo, Menotti del Picchia, entre outros) sobre a cidade de São Paulo como "miscelânea" ou "barafunda" de estilos, explicável em função da presença estrangeira e da importação de modelos heterogêneos (Castro, 2008, p. 216-218). Observemos, porém, que no retrato do país projetado na década de 1950 – e não por acaso intitulado *Brasil, terra de contrastes* – ele apenas descreve a paisagem eclética, sem nenhuma pretensão em harmonizá-la pela defesa de um estilo específico, preocupação presente em alguns de seus outros textos, como veremos, e obsessão de parte dos intelectuais nacionais dos anos 1910 e 1920.

---

4 Ele está discutindo especificamente com as considerações feitas pelo poeta, romancista e ensaísta francês Abel Bonnard (1883-1968) em artigo editado em número anterior de *Dom Casmurro*.

Retrocedendo no tempo e retomando um segundo artigo que escreveu sobre a cidade em seu período brasileiro, "A França noturna" (*Diário de S. Paulo*, 26/06/1943), vemos como Bastide reedita o tom impressionista ensaiado no texto de 1938 sobre o mercado, bem como a imagem de São Paulo como espaço de pluralidade cultural e como terra de estrangeiros, na qual ele – francês – se encontra. Trata-se, uma vez mais, de reflexão projetada a partir do mergulho na experiência pessoal: as considerações sobre os imigrantes em São Paulo confundem-se com a (auto) análise, com a vivência de um estrangeiro que se diz "conquistado" pelo Brasil. Mas o que chama atenção nesse momento é como o tema da integração do estrangeiro não elimina a dupla pertença (ao Brasil e à terra de origem) e que encontra tradução mais acabada na dualidade noite/dia esboçada no texto. "De dia eu vivo do Brasil e para o Brasil", diz ele. "Quando chega a noite, porém, vêm para mim das trevas do sono, incansavelmente, paisagens de outrora" (Bastide 1943, s/p).

Vale lembrar que a imagem da cidade noturna, nesse caso, não possui qualquer conotação negativa, referindo-se fundamentalmente a fragmentos da memória e da biografia (individual e coletiva), processados na atividade dos sonhos.[5] O passeio empreendido no artigo pelos diversos quarteirões de imigrantes leva-o a projetar um mapa onírico da cidade, a partir das especulações sobre os sonhos dos estrangeiros de diversos países que se levantariam na noite paulistana: à cidade diurna se superporia outra paisagem, eminentemente onírica, alimentada por uma plêiade de "fantasias, pesadelos e desejos recalcados", que encontram sua matriz na condição de estrangeiro – dele e de tantos outros – jamais completamente ultrapassada. Os sonhos noturnos da metrópole talvez possam ser analisados sociologicamente, indaga Bastide, dando com isso continuidade a reflexões esboçadas, antes e depois, sobre as possibilidades de uma sociologia das fabulações oníricas.[6]

Com o tempo, novas cidades vão se incorporando à carta geográfica de Bastide e, com elas, novas questões e parâmetros comparativos; impressões de paisagens urbanas inéditas são sistematicamente registradas em colaborações jornalísticas regulares. A

5 Para uma análise das imagens da cidade noturna como "inferno", lugar da desordem e da experiência dilacerada, cf. Rago (1986).

6 Cf. Bastide, *Le rêve, la transe et la folie* (1972), que reúne ensaios de diferentes períodos. Vale lembrar que o tema da imigração foi por ele trabalhado em 1931, no artigo "Les arméniens de Valence", resultado de sua primeira incursão na pesquisa empírica. Aí ele se dedica a pensar a migração armênia na França a partir de alguns aspectos: demografia; vida religiosa; educação; costumes; memórias e também os sonhos.

primeira viagem feita ao nordeste do país em 1944, por exemplo, será objeto de sua atenção em alguns escritos – "Os dois pratos da balança (carta da Baía)" e "Igrejas barrocas e cavalinhos de pau" – antes de conhecer maior detalhamento no livro *Imagens do nordeste místico em branco e preto* (1945).

O primeiro texto, publicado no *Diário de S. Paulo*, em 28 de janeiro de 1944, possui foco eminentemente comparado: a São Paulo "cosmopolita" e a Baía, "atravessada por tradições", fornecem os dois pratos da balança, um que se insinua para o sul do país e outro que se dirige do nordeste ao norte e à Amazônia. A imagem da balança sugere equilíbrio no interior da dualidade entre a paisagem comercial, industrial e moderna – que São Paulo emblematicamente figura – e o universo colonial e tradicional que emerge das cidades do norte e nordeste. Equilíbrio e "cooperação amistosa" que conhecem na cidade do Rio de Janeiro, o "eixo da balança". O sincretismo urbano observado no Rio sugere a possibilidade de convivência entre tradição (que as igrejas coloniais representam) e paisagem industrial-moderna, caminho no qual Bastide efetivamente aposta.

O segundo artigo, editado em *O Estado de S. Paulo*, no dia 25 de maio do mesmo ano, tem como objeto um tema central da reflexão do autor desde a chegada ao país: o barroco brasileiro. "Durante uma recente viagem que fiz ao nordeste", diz ele, "foi-me dada a oportunidade de continuar as pesquisas que começara sobre o barroco brasileiro". Pesquisas e reflexões, vale lembrar, que se iniciaram ao sabor de leituras diversas, dos contatos com Mário de Andrade e sua obra, e que foram aprofundadas no curso por ele oferecido na Universidade de São Paulo em 1940 sobre a sociologia do barroco.

Bastide chega ao Brasil em momento no qual a arte barroca está na ordem do dia, não apenas do ponto de vista da política cultural – em função da atuação e diretrizes do Serviço do Patrimônio Histórico e Artístico Nacional, criado em 1937 e que, sob direção de Rodrigo Melo Franco de Andrade, faz da região das Minas Gerais e do acervo arquitetônico e artístico do século XVIII representantes máximos da tradição cultural brasileira (Rubino, 1991) – mas também no que diz respeito à renovação dos estudos sobre o tema (Gomes Jr., 1998). O exame do barroco oferece ao estrangeiro interessado na descoberta do país um leque de possibilidades: permite-lhe conhecer a "genuína tradição cultural" com o auxílio de grandes intelectuais nacionais, bem como enfrentar o tema dos contatos culturais, a partir de exame de material literário e artístico, domínio no qual o intérprete se movimenta com desenvoltura desde os anos 1920. O tema do barroco traz consigo ainda a problemática do sincretismo, imprescindível para a compreensão do Brasil, que se oferece plasticamente à análise em fachadas, igrejas e elementos decorativos.[7]

"Igrejas barrocas e cavalinhos de pau" (1944) revela o interesse sistemático de Bastide pelos detalhes da decoração e da ornamentação, que pode ser observado em textos posteriores que escreveu sobre o barroco ("Variações sobre a porta barroca", 1951) e sobre arquitetura ("O leão do Brasil atravessa o Atlântico", 1972). À consideração das feições particulares das igrejas da Bahia ou de Pernambuco – em comparação com as congêneres francesas – soma-se uma reflexão sobre as projeções do barroco em outros domínios, por exemplo, nos cavalinhos de pau confeccionados por artistas anônimos para compor os carrosséis infantis, e que podem ser lidos nos termos do autor como "as últimas relíquias da arte barroca ou rococó".[8]

Bastide expõe ao leitor o encantamento que cerca o barroco, facilmente perceptível nas igrejas – que fazem "o profano entrar numa espécie de paraíso simbólico de ouro, de luzes de céus que se abrem no teto aparentemente entreaberto, de vertiginosas ascensões de paredes" (Bastide, 1944, s/p) – e que reaparece nas diversas recriações do estilo que ele localiza, seja no universo popular ou na arte moderna. Anuncia-se aí a predileção de Bastide pelo barroco – ou, nos termos de Gilda de Mello e Souza, "pelo cataclismo irracional do barroco" (1980, p. 33) – que informa a sua visão das artes, das religiões e também das cidades.

O gosto indisfarçável do autor pelas formas curvas e retorcidas do barroco, que apelam ao sonho e ao imaginário, revela-se em suas diversas considerações sobre arte e arquitetura moderna; nessa direção, o artigo de 1947, "A volta do barroco ou a lição do Brasil", publicado no *Diário de Notícias*, é exemplar: ele observa a paisagem urbana contemporânea, desde São Paulo – paisagem "das construções de cimento armado, dos grandes blocos de apartamentos" –, lendo-a e avaliando-a, do ponto de vista da "exuberância barroca".

À "simplicidade clássica", diz ele, a nova arquitetura agrega a funcionalidade, adaptando

7 Desenvolvi o tema em trabalho anterior (Peixoto, 2000), sobretudo no capítulo 1, "Roger Bastide e o modernismo: diálogo interessantíssimo".

8 Bastide declara aí explicitamente a lei do "desnivelamento estético" – isto é, o modo como a arte popular conserva e recria elementos da produção culta – matéria de polêmica posterior travada com Mário de Andrade e Câmara Cascudo. Sobre o ponto, cf. Peixoto, 2000.

> a construção ao fim a que se destina como o ensino, a venda de produtos, a metalurgia, a chegada de aviões. Diferenciam-se, desse modo, a escola, a biblioteca, a fábrica, o mercado, a casa operária e a casa burguesa. O importante não é, pois, a beleza, mas a perfeita adaptação ao fim almejado. Mais precisamente ainda: a beleza nasce dessa adaptação (Bastide, 1947, s/p).

Bastide não esconde o seu desgosto diante dessa "arte utilitária", que deixa "um vazio na imaginação, uma espécie de lacuna na sensibilidade": "Alguma coisa falta-nos e, com um pouco de sofrimento, sentimos-lhe a falta. É a nostalgia de uma beleza que não sairá da obra, mas que se acrescentará a ela como um feliz acréscimo, que nos lançará no sonho e que cria o barroco" (*Idem*).

As incompatibilidades entre beleza e função – presentes, entre outras, na crítica arquitetônica de Mário de Andrade (Souza, 2002) – encontram em Bastide novas soluções. A saída para uma arte subsumida à finalidade prática, ele localiza nas projeções modernas do barroco, como o surrealismo, que poderiam abrir novas vias à criação artística e arquitetônica brasileiras.[9] Mas a "volta ao barroco" já se inicia – acrescenta ele em tom otimista – podendo ser percebida no interior mesmo da arquitetura de cimento armado que se curva (literalmente) ao legado barroco: "Ora, inúmeras fachadas modernas já se curvam, tornam-se sinuosas, no alinhamento das ruas formam como vagas imóveis, como ondas quebrando-se num rio asfaltado, sobre as calçadas escuras" (*Idem*).

Ao movimento e irregularidade da linha, a perturbar a assepsia da reta, a arte abstrata agregaria um completo antifuncionalismo, mais um indício da preconizada "volta ao barroco" e de sua reabilitação pela produção artística moderna. Em suas palavras, "Nesta arte [a abstrata], a ruptura com a realidade é completa; não se trata de extrair a beleza de um acordo com um fim utilitário qualquer, mas de construir formas belas em si mesmas" (*Idem*).

Bastide localiza assim nos elementos abstratos mobilizados pela arte, redescobertas de "antigas soluções de ornamentação barroca", que alcançaria a figuração com o auxílio dos jogos de linhas, de formas abstratas e da metamorfose de temas e motivos.

O apelo lançado nesse texto de 1947 a um "barroco moderno" tem como destinatários explícitos os artistas e arquitetos modernos que deveriam, segundo ele, voltar-se aos ensinamentos do passado colonial para projetar e decorar as cidades

9 Cf. os dois artigos publicados em *O Estado de S. Paulo* em 17 e 22 de janeiro de 1944, respectivamente: "Post-Scriptum aos artigos de Lourival Gomes Machado. O surrealismo ultrapassado" e "Post-Scriptum aos artigos de Lourival Gomes Machado II. Surrealismo e barroquismo".

brasileiras, de modo a harmonizar estilos e formas que convivem contraditoriamente no espaço da cidade.

> O cubo de cimento esmaga com sua sombra retangular a igreja barroca, impede o sol de desenhar nelas seus jogos de luz em função dos quais a fachada toda foi construída. Uma antiga rua colonial, com seus muxarabis, seus balcões arredondados, termina com imóveis padronizados, em arranha-céus estranhamente lisos. Não se trata de iniciar uma guerra contra esses imóveis modernos, eles correspondem a necessidades, às novas necessidades criadas entre os homens pela civilização moderna e ao nascimento de uma multidão de novas ocupações que não existiam na época dos sobrados e mucambos. Mas, as transformações a que me referi acima, que vão do modernismo clássico ao modernismo barroco permitiriam às cidades do Brasil tomar um aspecto mais harmonioso. Não mais arranha-céus espremidos entre os quais se percebem ilhas do passado, mas conjuntos orgânicos em clima estético unificado (*Idem*).

Nesse artigo, como em outros, Bastide lança-se na defesa de um urbanismo e de uma arquitetura modernos de timbre nacional e regionalista, o que parece acercá-lo de formulações de Rodrigo Melo Franco de Andrade, Gilberto Freyre e Lúcio Costa. Afinal, a volta ao barroco é no caso brasileiro, um recuo ao passado colonial e às suas soluções, programa no qual parte dos intelectuais e arquitetos encontra-se envolvida, e que se evidencia na defesa que empreendem, intelectual e politicamente, do patrimônio histórico e artístico nacional. Se, do ponto de vista das ideias, as afinidades de Bastide com as teorizações de Lúcio Costa parecem claras, do ângulo das realizações arquitetônicas, sua predileção pelas fachadas modernas "curvas" e "sinuosas", bem como a preferência sistematicamente anunciada por formas que apelam aos sonhos e à fantasia, parecem aproximá-lo dos projetos de Oscar Niemeyer que, se praticamente não são mencionados, são seguramente bem conhecidos.[10]

---

10 Além de uma referência ao edifício do Ministério da Educação e Saúde em *Brasil, terra de contrastes,* em seus cadernos pessoais constam menções breves e esparsas a Brasília, por exemplo "Notes sur Brasília" (*Fonds Roger Bastide*/IMEC BST2. N1-02.04). A adesão de Niemeyer à beleza, à fantasia e à surpresa arquitetural, assim como a sua postura crítica em relação ao funcionalismo arquitetural – pela defesa da liberdade criadora, da poesia e da sensualidade da forma – podem ser observadas em diversos de seus textos. Não parece exagerado afirmar que algumas das formulações do arquiteto bem poderiam ter sido assinadas por Bastide. (cf., entre outros, "A forma na arquitetura". In: Xavier, 2003). Devo a sugestão a Ana C. Castro e a Joana Mello.

Ainda que no artigo em questão a discussão sobre o barroco se faça a partir do debate travado com certa tradição nacional sobre a arquitetura moderna brasileira, não parece difícil perceber que para Bastide o barroco não é somente um estilo arquitetônico, capaz de oferecer soluções formais e/ou ornamentais. O barroco é estilo de vida e sensibilidade que mobiliza os domínios do inconsciente, atiçando a imaginação onírica e os percursos dionisíacos da liberdade criadora. Nesse sentido, ele acaba por se afastar das discussões formais e estilísticas, inauguradas por Wöfflin (1888), reencontrando as diversas linhagens que se valem da noção em sentido alargado (e também vago e impreciso) para exprimirem certa concepção do homem e do mundo (Hansen, 2008).[11]

Não se trata aqui de empreender aqui uma história da noção de barroco – de seu percurso, usos e abusos – mas de sugerir que Bastide opera com ela simultaneamente como objeto de análise (matéria do olhar) e como instrumento de reflexão (conceito operatório que permite ver). E é dessa perspectiva – barroca – que ele olha a cidade moderna brasileira, a "cidade vertical" e a "cidade tentacular".

A cidade vertical

As referências a Gilberto Freyre, ao modo como ele interpreta as cidades e as continuidades entre o mundo rural e urbano no Brasil, são frequentes nos escritos de Bastide sobre a cidade dos anos 1940 e 1950, o que não soa estranho. Para além de outras afinidades que ele certamente possui com o sociólogo pernambucano, Freyre é uma grande referência para os debates arquitetônicos no período, o "sociólogo dos arquitetos", nos termos de Henrique Mindlin (1962).

Menções a escritos e ideias de Gilberto Freyre se fazem presentes, entre outros, em *Imagens do nordeste místico em branco e preto* – no qual os trechos sobre Recife e Olinda possuem clara inspiração nos guias que Freyre elaborou sobre essas cidades, em 1934 e 1939, respectivamente[12] – como também em artigos que escreveu sobre São Paulo, especialmente em "Estética de São Paulo I – Estrada do Mar... Estrada dos cartazes"

---

11 Tal ponto de vista contraria o andamento de outros de seus textos (por exemplo, "Sociologia do barroco brasileiro") e cursos (aquele oferecido em 1940 na Universidade de São Paulo sobre o assunto).

12 Não é possível esquecer a resenha entusiasmada que Bastide escreve sobre o guia de Olinda escrito por Gilberto Freyre ("Evocações de Olinda", *Diário de S. Paulo,* 12 jan. 1945), em que sublinha a propriedade das interpretações e a força expressiva do escritor pernambucano.

(24 de junho de 1951) e "Estética de São Paulo II. A cidade vertical" (de 27 de junho de 1951), ambos publicados em *O Estado de S. Paulo*.

Os textos dão prosseguimento às reflexões críticas sobre a cidade e suas transformações, afinando-se ao tom geral dos escritos anteriormente considerados. O primeiro indaga sobre as reverberações da cidade na natureza ao redor: certa estética urbana toma os arredores, invadindo campos e estradas. Bastide faz referência especificamente aos cartazes publicitários, não sem função no panorama citadino na medida em que servem "de repouso à vista fatigada de grandes fachadas uniformes"; mais uma vez, nota-se o seu desagrado diante da padronização das novas construções e a procura de saídas que logrem perturbá-la.

De modo a fazer render a vocação estética dos anúncios (sobretudo daqueles que seguem as estradas em torno de São Paulo), ele sugere aos desenhistas industriais e designers, que busquem soluções, melhores e mais apropriadas para a publicidade, na arte abstrata ou no cubismo, responsáveis por "sínteses abstratas", únicas capazes de serem apreendidas pelo olhar forjado pelo ritmo veloz.[13] Acrescenta ainda a necessidade dos urbanistas ampliarem o seu foco de atenção, reivindicando o entorno urbano e também as estradas como seus domínios legítimos: "A modificação dos arredores e do campo deve seguir a orientação estética das mudanças empreendidas nos centros urbanos", diz ele.

Em "Estética de São Paulo. II. A cidade vertical", Bastide estende a sua estética da paisagem ao cenário urbano, descrito como "vertical". A imagem, ao mesmo tempo, sintética e eloquente, não é criação sua, tendo sido utilizada por muitos outros antes dele, dentro e fora do país. A metáfora é central no repertório futurista, habitando também a produção modernista nacional, na poesia e na crônica, como sabido. Bastide vai se apropriar dessa imagem-clichê, conferindo a ela foros descritivos que ela não possui nas artes. Se nos quadros futuristas de Boccioni ou Carrà é possível reconhecer índices das transformações urbanas e arquitetônicas, nada mais distante de qualquer representação literal da "cidade vertical" do que a tela *The city rises* (1910), de Boccioni. Do mesmo modo, as fórmulas poéticas da *Pauliceia Desvairada* (1922) de Mário de Andrade, longe de falarem de uma cidade vertical observada

13 Seria possível pensar em certas consonâncias de pontos de vista entre esse texto e o de Lévi-Strauss, "O cubismo e a vida cotidiana" (1935) que, de modo distinto, também sugere afinidades entre a estética cubista e a vida moderna, nas suas mais diversas manifestações. Lembremos ainda que ambos são escritos tendo São Paulo como patamar de observação.

– na década de 1920 o crescimento de São Paulo é sobretudo horizontal – ou projetada como utopia, como quer Fabris (2000, p. 62), expressam a relação íntima, e tensa, entre a subjetividade do poeta e a objetividade das formas urbanas, indica a análise certeira de João Lafetá:

> Diante da paisagem citadina o poeta não registra simplesmente a face externa que seus olhos enxergam, mas procura em suas sensações, nas impressões que a cidade deixa dentro dele, as marcas que revelem a imagem única e dúplice de ambos (2004, p. 361).[14]

A imagem sugerida, invertida e velada com a qual as artes operam – e sobre a qual recaem sentimentos ambíguos, de exaltação e de escárnio[15] – vai adquirir foros de literalidade no discurso sociológico: Bastide fala de uma São Paulo que efetivamente se verticaliza na década de 1950, tomando como parâmetro comparativo para descrever a capital paulistana em rápida transformação, as cidades norte-americanas, emblemas da cidade vertical.[16]

Enquanto cidades como a de Salvador lembram as europeias, em função dos sinais da tradição impressos em sua fisionomia, São Paulo é como Chicago, dirá mais tarde em *Brasil, terra de contrastes* (1957), agregando aí outras representações para tentar traduzir em palavras a "cidade-canteiro de obras" em processo de verticalização:

> A cidade transforma-se numa cidade-catedral, seu centro eriça-se em edifícios-torres, edifícios-flechas, edifícios-campanários, e quando o Sol se deita em toda a

14 Sobre o assunto, cf. os livros de Annateresa Fabris (1994) e (2000) que se debruçam, respectivamente sobre o futurismo paulista e sobre as representações da cidade moderna. A despeito da importância inegável dos livros, duas observações merecem ser feitas. Em primeiro lugar, a analista tende a enfatizar o otimismo modernista diante da "audácia vertical", quando as atitudes de nossos modernistas em relação à cidade moderna são, sobretudo, ambivalentes. Além disso, a análise das representações da cidade moderna (fundamentalmente no segundo livro) parece desconsiderar as especificidades dos discursos, no interior dos quais uma mesma imagem vai adquirir sentidos diversos.

15 Lembremos, com o auxílio de Roberto Schwarz (1989), do olhar crítico e debochado de Oswald de Andrade sobre São Paulo moderna, simultaneamente adiantada (com bondes, advogados e motorneiros) e atrasada, repleta de cavalos, carroças e carroceiros.

16 Dentre as cidades norte-americanas, Nova Iorque o exemplo mais acabado da cidade "que sobe". Em 1932, por exemplo, o olhar de Céline (e de seu personagem) surpreende – encantado e assustado – a cidade de Nova Iorque: "reta", "de pé". Em suas palavras: "Figurez-vous qu'elle était debout cette ville, absolument droite. New York c'est une ville debout". (1952, p. 237). Devo esta indicação a Michel Riaudel.

sua glória, milhares de terraços, de vidraças, de janelas formam como que um só vitral de ouro, rosa e azul" ([1957] 1979, p. 145).

O movimento ascendente dos arranha-céus é comparado nesse momento ao da linha ascensional das igrejas, com suas flechas dirigidas para cima. Aproximando os altos edifícios e as igrejas, Bastide encontra uma solução metafórica capaz de harmonizar as torres antigas e modernas que ele vê, apreensivo, disputarem o espaço da cidade. Quer dizer, tenta resolver no plano da linguagem um problema que permanece insolúvel no plano material. E com a imagem-amálgama reduz a heterogeneidade e o burburinho da paisagem urbana à unidade silenciosa da catedral. A "cidade- mercado" de 1938 transforma-se em "cidade vertical", metamorfoseando-se, alguns anos depois, em "cidade-catedral".

O recurso à expressão poética liga-se à necessidade de forjar um vocabulário mais elástico capaz de traduzir a nova realidade, que resiste aos repertórios disponíveis, como ele confessa na introdução do livro: trata-se de descobrir "noções de certo modo líquidas", capazes de descrever fenômenos de fusão, ebulição e transformação permanente (*Idem*, p. 15). Mas liga-se fundamentalmente à defesa da poesia como uma forma de conhecimento do mundo e da expressão poética como "um esforço de fidelidade em relação à própria verdade das coisas" (Bastide, [1946] 1980, p. 85).[17]

Em "Estética de São Paulo II" (1951), a imagem da cidade vertical é explorada em outra direção: se as construções verticalizadas da cidade moderna definem novos padrões estéticos, transformam também as relações familiares, o que contraria, à primeira vista, a antiga mentalidade horizontal da casa-grande e senzala, analisada por Gilberto Freyre. Mas a despeito das alterações perceptíveis nos espaços da casa e da rua, indica Bastide, certos padrões tradicionais são repostos, e o novo arranha-céu acaba por traduzir em linguagem moderna a antiga estrutura patriarcal. Os tempos são outros, mas a máxima freyriana de que a modernização (leia-se urbanização) brasileira implanta-se pela manutenção da tradição senhorial, é reeditada pelo sociólogo francês diante da cidade industrial.

Ao contrário do que se passa na Europa, onde a "casa de apartamentos corresponde a uma sociedade estratificada em classes superpostas" (no primeiro e segundo andares, a burguesia rica; nos demais, as classes médias e nos sótãos, os empregados domésticos), o arranha-céu paulistano não contraria o formato, mais próximo e

17 A sugestão é de Julia Ruiz di Giovanni, a quem agradeço.

horizontalizado, de relações entre patrões e empregados, que convivem em um mesmo patamar. Em suas palavras:

> No apartamento, juntos, no mesmo andar horizontalmente, há as peças destinadas aos patrões, e ao pé da cozinha, o quarto e o banheiro da empregada. Em resumo, a empregada é sempre considerada um membro da família. As forças da aliança (cujo símbolo foi a miscigenação colonial) e o paternalismo predominam sempre. Assim, até agora, o arranha-céu respeita as leis da estrutura social do Brasil e as inscreve nas suas linhas verticais (1951, s/p).[18]

A essa discussão, ele acrescenta uma reflexão crítica sobre a habitação moderna, com ênfase nas alterações que a arquitetura contemporânea produziria no seio das relações familiares. Se a casa funcionava antes como abrigo e proteção – a casa-grande e o sobrado defendidos do exterior por espaços e paredes generosas, abrindo-se para terraços e pátios internos –, os apartamentos superpostos em torres de cimento armado são simultaneamente mais compactos e mais abertos ao exterior, verdadeiras "casas de vidros", que devassam e comprometem a intimidade familiar. A casa torna-se "máquina de morar", cujos princípios de organização definem-se pelo despojamento decorativo, pela geometrização de linhas e pela simplicidade, que os arquitetos pretendem humanizar com "seixos rolados pelo mar, raízes barrocas e conchas para que a imaginação do homem possa prender-se a esses objetos e sonhar com suas formas esquisitas" (*Idem*).

Le Corbusier e os preceitos do novo urbanismo defendidos pelos Congressos Internacionais de Arquitetura Moderna, a partir de 1928, são as referências de Bastide para falar do modernismo arquitetônico, neste e em outros textos. Nota-se a sua dificuldade em aceitar os pontos da nova arquitetura e do urbanismo corbusianos, sobretudo suas formulações sobre a cidade funcional e a habitação social, pontos fundamentais das quatro primeiras edições dos CIAM.[19] Um de seus incômodos maiores com essa

---

18 Ainda que Bastide sugira uma comparação entre a "horizontalidade" do apartamento moderno brasileiro e o apartamento europeu contemporâneo, na verdade toma como parâmetro de sua formulação os edifícios parisienses de finais do século XIX e inícios do XX. Efetivamente o apartamento moderno está tomando forma horizontal em toda a parte, e também na Europa contemporânea às observações de Bastide, não se tratando de uma especificidade brasileira, como ele parece indicar. O reparo é de Adrián Gorelik, a quem agradeço.

19 Bastide desconsidera a chamada "opção latina" de Le Corbusier que se define a partir das viagens feitas pelo arquiteto franco-suíço pela América do Sul em 1929, quando começa a dosar os discursos

pauta parece ser a formulação de princípios abstratos concebidos para um "homem genérico". E é por essa razão que se dirigindo a arquitetos, o sociólogo pretende chamar a atenção para o homem como "ser biográfico" particular, enraizado numa dada tradição e cultura.

Tais formulações críticas de Bastide, amparadas em enfoque histórico e subjetivista, longe de dissonantes, acomodam-se com perfeição ao clima do pós-guerra e ao mal-estar reinante, nos mais diversos domínios da cultura, em relação ao funcionalismo e ao racionalismo arquitetônico. No seu caso especificamente, é a sociologia que parece funcionar como antídoto aos efeitos perversos do planejamento moderno:

> Basta que o arquiteto se compenetre em seu papel social e que introduza os fatores sociológicos (como já fez na miniatura da Casa-Grande e Senzala) nos seus planos. A casa não é feita para um homem abstrato, reduzido a necessidades e funções – mas para um homem de tal ou qual comunidade (*Idem*).[20]

Bastide refere-se, neste momento, aos profissionais – arquitetos, urbanistas, desenhistas etc. – fazendo críticas, sugerindo caminhos e lançando perspectivas, e o faz sem os constrangimentos e reservas comuns aos neófitos. De saída, é possível ler tal atitude a partir de sua afinidade com a postura exercitada pelos intelectuais modernistas que, na militância jornalística sistemática, discutem matérias diversas, arquitetura incluída, textos que Bastide seguramente lê e acompanha. Mas a crítica de arte e a crônica jornalística do mestre francês, embora afinadas com o feitio modernista, possuem inflexão um pouco distinta. Parte de seus comentários – sobretudo aqueles que visam a cidade – está amparada na defesa de um ponto de vista sociológico, e é como especialista na matéria (que a condição de professor da universidade reafirma) que ele se faz presente na cena cultural, tingida por novos contornos e acentos, em função da presença dos especialistas, muitos deles estrangeiros, engajados nas instituições da época.

Nesse sentido, é possível ler especialmente os comentários de Bastide sobre a arquitetura a partir de sua crença na importância decisiva da sociologia para o trabalho dos profissionais do ramo; afinal, de seu ângulo, a arquitetura é uma ciência do homem

---

"internacionalistas" pela atenção aos materiais e tradições locais; opção latina, ou "guinada regionalista", facilmente perceptível nos escritos de *Précisions* (1930).

20 Mais uma vez agradeço a Adrián Gorelik a observação sobre a extensão da crítica ao funcionalismo arquitetônico nesse momento. Ana Barone (2002), por sua vez, ensina que tais interpelações têm lugar no interior dos próprios CIAM, contribuindo, de algum modo, para o seu fim.

e, portanto, impensável sem os aportes da sociologia. Lembremos o lugar destacado da sociologia na Universidade de São Paulo, disciplina central no desenho institucional da Faculdade de Ciências e Letras (única a possuir duas cadeiras), o que se articula de perto à concepção durkheimiana em voga, para a qual a sociologia seria ciência-mãe em torno da qual se aglutinariam as demais. Não esqueçamos que o texto de 1951, especificamente, tem como destinatário a "nova e brilhante escola de arquitetos de São Paulo", no interior da qual se estuda fundar uma cadeira de "Sociologia aplicada ao urbanismo", ideia que Bastide defende ardorosamente.[21]

Mas os problemas sociológicos implicados nas projeções arquitetônicas – que levam a que as soluções técnicas tenham amparo na cultura em questão – possuem contrapartida estética, que não se deve perder de vista, pondera o autor:

> Resta encontrar a estética da casa que seja, ao mesmo tempo, máquina de morar e foco familiar – onde os elementos daquela sejam colocados e onde possa reviver a intimidade, mas agora em torno de objetos belos [...] (*Idem*).

Ao falar de arquitetura e da cidade vertical, tanto no segundo artigo de 1951 quanto em *Brasil, terra de contrastes* (1957), Bastide tem como alvo privilegiado de sua reflexão a casa, construção que deve estar adaptada, segundo ele, a um novo meio e a uma nova cultura. Se a velha casa patriarcal "soube defender-se do calor tropical", a casa moderna deve resolver esse mesmo problema a partir de materiais e necessidades diversas (1957, p. 185). E ao enfrentarem os problemas colocados pelos trópicos luminosos, continua, os arquitetos brasileiros não por acaso reencontram o barroco, seja nos jogos de luz e sombra, como também em detalhes decorativos, por exemplo, no emprego do azulejo, estabelecendo o elo entre o moderno e as tradições luso-árabes. Nesse momento apenas é que Bastide vai nomear a nova escola arquitetônica nacional, encabeçada por Lúcio Costa que soube "adaptar as lições de Le Corbusier a outra natureza e a outra história diferente da história europeia" (*Idem*).[22] Mais uma vez, faz eco às formulações de Freyre que admirava em Lúcio Costa o que escapava do modernismo internacional, isto é, o modo com teria logrado "abrasileirar" a arquitetura de matriz corbusiana (Rubino, 2003).

---

21 A criação da Faculdade de Arquitetura e Urbanismo da USP data de 1948.

22 Bastide refere-se, mais uma vez, a Le Corbusier a partir de algumas de suas formulações, silenciando agora a chamada conversão do arquiteto às formas côncavas e convexas, o que leva alguns intérpretes a falarem nas "formas neobarrocas" dos projetos corbusianos a partir dos anos 1950. Cf. Cohen (2005).

Referências de Bastide a Corbusier e ao *international style* dos CIAM – reparos às reflexões gráficas corbusianas sobre as cidades vistas de cima, assim como às soluções habitacionais modernas – já se insinuam antes, por exemplo, em um longo artigo de 1945, cuja origem é uma conferência realizada na exposição do pintor Oswald de Andrade Filho ("Sobre a estética da paisagem", *O Estado de S. Paulo*, 18 de abril). Discutindo o paisagismo como gênero nesse momento, Bastide afasta-se do plano pictórico, lançando-se em uma reflexão sobre o jardim e sobre a casa operária, e professando, mais uma vez, sua visão humanista cujo centro são, de novo, os indivíduos particulares e não o "homem genérico":

> O problema da moradia operária não é por no centro da paisagem um parque para crianças, pois se trata ainda de uma paisagem comum, coletiva, banal; é preciso que a floresta invada a cozinha para que os esponsais do homem com as plantas sejam pessoais, sejam amores concretos e empudorados [...]. O urbanismo não é feito unicamente para permitir fotografias aéreas, pois o homem não é obrigatoriamente um animal que voa. Nosso domínio habitual não é a nuvem, nem a pedra. Uma socialização do jardim significa forçosamente a sua humanização: o jardim não é feito apenas para aparecer num conjunto total, num plano sobre o papel branco, não é um simples elemento de decoração urbana, uma forma de arte pela arte; não é também um capítulo da higiene ou da medicina o que apesar de tudo já seria melhor. Não corresponde a tantos espaços vazios, a tantas árvores por quilômetros quadrados ou de acordo com uma certa densidade de população e de volume de oxigênio necessário ao homem multiplicado por dois – seus dois pulmões [...]. O jardim será social na medida em que permitir aos indivíduos mais miseráveis essa comunhão com a natureza, essas trocas inéditas e 'não públicas' com o mistério das germinações e florações... (1945, s/p).

A crítica à arquitetura e ao urbanismo moderno que esses escritos esboçam é exemplar do período, permitindo captar o espírito reinante à época, como dito. Mas, além disso, evidencia o ponto de vista barroco do autor. Ponto de vista que recusa a funcionalidade, a geometrização das linhas e a transparência do vidro – frequentes na paisagem da cidade vertical – pela valorização dos interiores, das formas retorcidas, dos ornamentos e da profusão imagética. O elogio à beleza (como oposta à função) e a ênfase no indivíduo particular – que só o olhar aproximado consegue perceber – são outros elementos a afinar a lente barroca através do qual Bastide não apenas as cidades, mas também a religião.[23]

Não se trata de tomar a sua visada crítica como recusa extemporânea da cidade vertical ou como tentativa de preservar nela "ilhas do passado". Trata-se, isso sim, de tentar temperar (no sentido literal de moderação e equilíbrio) a racionalidade moderna com a desrazão barroca, a partir de sugestões estéticas que interfiram não apenas na paisagem material, mas que toquem em cheio o homem e as relações sociais.

A cidade (sociedade) tentacular

A imagem, trabalhada por Mário de Andrade a partir de inspiração retirada do poeta belga de expressão francesa Émile Verhaeren (e de seu livro *Les villes tentaculaires*, 1895), é incorporada por Bastide e utilizada pela primeira vez em artigo de 1952: "São Paulo, la cité tentaculaire". Mário não utiliza literalmente a expressão, indica Lafetá (2004): "ville" é substituída por "Pauliceia", o que delimita e aproxima o objeto, que ganha nome próprio; o adjetivo tentacular, por sua vez, transforma-se em "desvairada", atenuando o sentimento de repulsa associado à imagem primeira, além de aproximar, mais uma vez, a cidade de quem dela fala: o desvario é simultaneamente da cidade e do poeta.

Bastide reedita o léxico de Verhaeren através de Mário, poeta que ele leu e comentou em diversas ocasiões, interessado também no modo como a cidade se incorpora à sua poesia (Bastide, [1946] 1997). A literatura, mais uma vez, fornece material e inspiração à análise sociológica de Bastide, auxiliando a dar corpo e alma à interpretação.

Se a representação de São Paulo como "cidade vertical" designa fundamentalmente a forma das novas edificações – torres e arranha-céus que redesenham a paisagem urbana – a imagem dos tentáculos introduz novos elementos à representação: a cidade com distintas ramificações (ou braços); dotada de movimento (os tentáculos são plurais e sempre ativos) e de um sentido de expansão e englobamento: afinal os tentáculos ao mesmo tempo em que se expandem, abraçam, trazendo para si (e, portanto, para dentro) o que conseguem alcançar. Assim o 'skyline' que a primeira imagem projeta (verticalmente) é substituído aqui por uma sequência (horizontal) de extensões e contrações, produzida por essa cidade tentacular, ser vivo em permanente movimento.

23 Ele vê (e avalia) a maior simplicidade e pobreza ritual do catimbó, dos xangôs e da macumba tendo como parâmetro a exuberância (barroca) do candomblé baiano. O ponto é desenvolvido em outro artigo, F. Peixoto, "O candomblé barroco de Roger Bastide".

"Pauliceia – a grande boca de mil dentes", afirma Mário no poema "Os cortejos", enfatizando o caráter voraz da cidade, que engole o que está fora. Em outros momentos de sua *Pauliceia desvairada* (1922) sublinha o movimento inverso para fora: "rápidas as ruas se desenrolando" ("Paisagem n. 4") (Andrade, 1980).[24]

Mas no título do artigo de 1952 mencionado acima, Bastide, não por acaso, substitui "ville" da imagem poética primeira por "cité", que indica não apenas o espaço físico, mas a "pólis" e seus cidadãos. De fato, nesse texto ele olha para o crescimento de São Paulo em função de seus personagens, pensando as possibilidades e dificuldades de sua integração à sociedade urbana, industrial e moderna. Não é a forma construída nem o espaço físico que o interessam agora, mas o ritmo da cidade tentacular, que inclui (e exclui) alguns de seus habitantes, sobretudo o "homem de cor".

Forças de união e de segregação atuam conjuntamente na cidade moderna, reafirmando o movimento da cidade tentacular. De um lado, aí se apresentam: maiores possibilidades de ascensão social do negro (facilitada pelo anonimato urbano); formação de uma classe média negra e revisão obrigatória de estereótipos e preconceitos tradicionalmente associados aos segmentos negros na antiga ordem patriarcal e rural. De outro lado, em grandes cidades como São Paulo nota-se "enquistamentos", "segregação mais ou menos voluntária", ao contrário do que se passa em outras zonas do país (1952, p. 21). Mas o fenômeno da mestiçagem continua a operar na cidade, evitando a formação de "castas" separadas, afirma Bastide em sintonia com os ensinamentos de Gilberto Freyre. No espaço da cidade, negros e brancos (sobrados e mucambos, dirá o sociólogo baiano) tendem a se separar, o que permite, entre outros, a ascensão social e reafricanização cultural. Mas esses segmentos não se opõem completamente em função da mestiçagem, força a aproximar os opostos, embora não logre eliminar completamente o preconceito. Na cidade moderna, o preconceito se mantém, transformando-se: antes preconceito de cor, dirigido ao negro para justificar a escravidão; agora também preconceito de classe "para justificar a manutenção pelos brancos dos postos de comando ou de controle da sociedade" (*Idem*, p. 22).

A "cidade tentacular" que Bastide descreve nesse artigo é sinônima de sociedade em transição que redefine as posições sociais de negros e brancos em seu interior, em função de uma série de ajustes e reajustes. O novo cenário móvel vai merecer exame detalhado

24 Os analistas tendem a sublinhar o movimento de expansão contido na imagem: a "cidade tentacular derramada" (Fabris, 2000), deixando de lado o sentido de interiorização nela presente, e que os versos de Mário de Andrade também sublinham.

na pesquisa sobre relações raciais no Brasil, patrocinada pela Unesco, e cuja face paulista Bastide coordena com seu ex-aluno e amigo Florestan Fernandes, na mesma época (1951 e 1952). No contexto da pesquisa, ele empreende uma leitura da "evolução da cidade", imprescindível para a compreensão das relações sociais em geral e do preconceito racial, em particular, relançando hipóteses já esboçadas em seus escritos anteriores sobre o folclore, que tematizavam as possibilidades de manutenção da cultura tradicional no Brasil moderno. A industrialização e a urbanização não significam rompimento com o passado; na cidade moderna subsistem de modo quase subterrâneo, partes inteiras da antiga sociedade tradicional. Bastide chama atenção com isso para a fisionomia de nossa sociedade moderna, que tem nas cidades o seu lócus privilegiado de enraízamento: ela se caracteriza pelo choque de valores, pelo embate irresolúvel entre os velhos e os novos tempos (Bastide e Fernandes, [1958] 1971, p. 165).

Mais uma vez, observam-se as lições retiradas de Gilberto Freyre: as relações íntimas entre o rural e o urbano no país; as sobrevivências de elementos da antiga ordem patriarcal na sociedade (cidade) moderna, que ele já havia discutido, a partir de outro foco, em "A cidade vertical" (1951). Mas aos ensinamentos de Freyre somam-se outros. Difícil não ouvir aí ecos de certo ideário de Chicago: as discussões sobre o papel preservador dos grupos primários no interior da cidade e a ideia, correlata, de que a sociedade moderna menos do que se opor à sociedade tradicional, vale-se permanentemente dela.[25]

A cidade como cenário do confronto (quase físico) entre a cultura de "folk" e a "civilizada" é objeto de análise de Bastide e Florestan, nos textos que escreveram sobre folclore na década de 1940. Florestan sublinhando o papel reduzido (embora não inexistente) da cultura tradicional na cidade moderna ([1961] 1979); Bastide atento à persistência dos valores tradicionais na cidade em expansão (1959). O problema da mudança social e da integração de elementos da vida tradicional na ordem moderna – centrais para ambos e caros à escola de Chicago – reaparecem, ligeiramente modificados, nas pesquisas que empreendem juntos sobre as relações raciais na cidade de São Paulo. E, mais uma vez, os parceiros parecem discordar do que veem: Florestan Fernandes, convencido, nessa primeira produção, das possibilidades de integração do negro à nova sociedade industrial

---

25 O ponto é minuciosamente discutido por Gorelik (2008), que vai recuperar as ressonâncias desse debate antropológico em diversas vertentes do pensamento urbano, entre 1940 e 1970, localizando as diferentes posições em jogo: as de R. Redfield, de Oscar Lewis e Robert Park. Cf. nova versão do texto neste volume.

(e apostando em uma ordem social moderna entre nós, construída a partir de um corte com o passado), Bastide, por sua vez, insistindo na convivência permanente entre valores tradicionais e modernos no cenário urbano. Convivência que se traduz em movimento alternado: de destruição de partes da cultura tradicional nas cidades – que ele se esforça em descrever antes que desapareçam – e de recriação desses mesmos elementos da tradição em novas bases, como indicam, por exemplo, o crescimento da magia urbana e o fortalecimento do candomblé nas metrópoles.[26]

Embora Florestan e Bastide refiram-se aos termos de um debate colocado pelos antropólogos de Chicago, o sociólogo francês, em sua busca pelos nichos de resistência cultural na cena moderna, parece mais próximo dessa linhagem teórica e, sobretudo, de Robert Park quando este defende o lugar decisivo (e preservador) dos grupos tradicionais na cidade. Mas cabe lembrar que, ao contrário do caráter "moralizador" das reflexões de Park (Gorelik, 2008), o interesse de Bastide pelos elementos e valores da cultura tradicional no cenário moderno leva-o, progressivamente, na direção de uma crítica da modernidade pela projeção de modelos "alternativos" ou de "modernidades diferenciais", que lancem mão dos elementos locais e tradicionais da cultura. Em artigo de maturidade, essa posição se evidencia:

> Os países do Terceiro Mundo estão em vias de se perguntar atualmente como é possível se modernizar sem perder a cultura nacional [...]. E é por isso que chegando ao Brasil, a São Paulo, para estudar processos de mudança e de modernização do país em curso nos últimos anos, me detive a pensar menos nos fenômenos de câmbio, mas sobretudo os fenômenos de continuidade no Brasil (Bastide, 1978, p. 17-18).

Bastide acompanha e discute as teses defendidas por Chicago, em diversos momentos. Em "Ethnologie des capitales latino-américaines" (1964), por exemplo, lançando uma reflexão de cunho mais metodológico sobre os rendimentos (e limites) das análises etnológicas das cidades, define a sua visada sobre os estudos urbanos, e sublinha a importância da colaboração entre antropólogos e sociólogos em função das microculturas e de diferentes áreas culturais que convivem nas metrópoles. Isso posto, recusa as oposições sociedade/comunidade; campo/cidade; "cultura de folk"/"cultura

26 Discuti com mais atenção os diferentes pontos de vista de Florestan e Bastide em relação ao par tradicional/moderno, em função de suas pesquisas sobre folclore e relações raciais, no capítulo 3 do meu livro, já citado (Peixoto, 2000).

civilizada", caras a uma face da produção de Chicago. As cidades processariam os elementos de todas essas ordens, gerando novas configurações. Elementos da "cultura de folk" – como a linhagem e o compadrio – encontram-se no interior da metrópole, não como sobrevivências de um passado a serem recuperadas à moda arqueológica, mas como elementos da tradição, traduzidos em novos termos e que podem, no limite, auxiliar a esboçar os contornos da sociedade moderna futura. Se isso é verdade, Bastide debruça-se diversas vezes sobre os nichos resistentes à modernização – as manifestações folclóricas e o candomblé, entre outros – descrevendo-os e analisando-os, de modo a recuperá-los antes que conheçam abalos e transformações profundas.

Além de recusar antinomias frequentes no léxico de Chicago, Bastide coloca-se contra a associação estabelecida por Park entre urbanização, secularização e individualização. A cidade, mostra ele em diversos momentos, encontra-se impregnada de valores e práticas mágicas, recriando-as a partir de sincretismos entre formas tradicionais e modernas. Do mesmo modo, ela incentiva e produz associações e coletividades de diversos tipos.[27]

A imagem da "cidade tentacular" reaparece, dessa vez ao lado daquela de "cidade vertical", no já tantas vezes mencionado *Brasil, terra de contrastes*, livro que condensa, em linguagem direta para público estrangeiro, parte das teses anteriores.[28] Nessa narrativa sobre o país, as metrópoles, às quais essas imagens fazem referência, são examinadas ao lado de núcleos urbanos menores como as históricas Sabará, Vila Rica, Mariana e São João del Rey, aí descritas como "cidades mortas", segundo a célebre imagem simbolista: cidades destituídas de vida econômica, política e cultural, apenas memórias do passado.[29]

---

27 Outro problema frequentemente evocado por Bastide diz respeito à aplicação dos modelos de Chicago às situações brasileiras. Em "État actuel et problèmes fondamentaux des recherches sur les populations urbaines au Brésil" (1954), por exemplo, ao realizar um mapa dos estudos urbanos no Brasil – estudos históricos, geográficos e sociológicos, onde inclui as recentes pesquisas dos alunos da USP e àquelas desenvolvidas no interior do Departamento de Cultura –, conclui alertando para os riscos da importação de métodos ou conceitos ao estudo das cidades brasileiras, em geral, e da aplicação do "modelo ecológico de Chicago", em particular (1954, p. 382). Claro está que o alvo aqui é Donald Pierson e seus seguidores na Escola Livre de Sociologia e Política, embora ele não os nomeie.

28 O livro é editado pela Hachette, como parte da coleção "Nations du XXème siècle"

29 A referência primeira para a figura da "cidade morta" é Georges Rodenbach (1855-1898) e o seu clássico *Bruges-la-morte* (1892), a que Bastide faz referência. No Brasil, a imagem aparece nas *Cidades mortas* (1919) de Monteiro Lobato e, de forma assemelhada, na "cidade relíquia" ou "talismã" de G. Freyre ao falar de Olinda (1939).

Retrato do Brasil de forte inspiração freyriana – das teses sobre o "equilíbrio de antagonismos" que dá ritmo à vida social brasileira à adesão final ao luso-tropicalismo[30] –, o livro se detém, em diversos momentos, sobre as cidades brasileiras e sobre São Paulo, em particular. A convivência das imagens (antes empregadas separadamente) da "cidade vertical" e da "cidade tentacular" nessa obra, não parece casual, revelando a intenção do autor em examinar, ao mesmo tempo, as relações sociais e as formas urbanas.

Se, à primeira vista, o livro quase nada parece acrescentar às ideias anteriormente apresentadas, ele auxilia a melhor localizarmos o ponto de vista ambíguo de Bastide em relação aos processos de modernização, tal como se verificam entre nós, que se insinuam nas considerações anteriores sobre a arquitetura moderna: ora o desenvolvimento das cidades é considerado como um dos fatores responsáveis pela destruição da cultura popular, do folclore e da sociabilidade familiar tradicional – nas análises que realiza do folclore, da macumba paulista ("degenerada" em relação ao candomblé) e da casa moderna – ora figuram como espaços de redefinição das relações sociais e de padrões culturais, "reinventados" e fortalecidos pelas mesclas e bricolagens observadas entre o "tradicional" e "moderno".

Nesse retrato de linhas mais sintéticas – e menos nuançadas – Bastide tende a enfatizar os cortes (posteriormente recusados) entre comunidade/sociedade e entre tradicional/moderno quando comenta os efeitos da urbanização nas cidades do Rio e de São Paulo. Nesse momento também suas análises sobre o país e sobre os processos modernizadores adquirem tom de prognóstico para o futuro, que a retomada final das palavras otimistas de Freyre em *Aventura e Rotina* (1953) endossa: o que o Brasil teria a ensinar ao mundo, pergunta-se ele.[31] Diversas lições, que têm a ver, certamente, com a convivência harmônica entre as raças (que as teses luso-tropicais de Freyre sublinham) e também com as possibilidades de projeção de outro modelo de sociedade moderna, que as cidades brasileiras deixam entrever: moderno combinando-se à tradição; cidade à magia; arquitetura moderna ao barroco.

Não se trata de pensar a manutenção de "comunidades" no interior da sociedade mais ampla – embora ele também as tenha buscado obsessivamente, destacando-as em

30 Lembremos que Bastide acaba de traduzir para o francês *Casa-grande e senzala*, editado em 1954 com o título *Maîtres et esclaves* e que, em 1956, é o organizador de um grande colóquio em Cerisy-la-Salle, "Un maître de la sociologie brésilienne: Gilberto Freyre", do qual participam Georges Gurvitch, Alfred Bonzon, Jean Duvignaud, Cícero Dias, Clara Malraux, entre outros.

31 De algum modo está aí também presente uma referência à ideia de "Brasil, país do futuro", que dá título a outro retrato do Brasil, anterior ao seu, *Brasil, país do futuro* (1941), de Sephan Zweig.

certas análises – mas de, pelo inventário de ritmos e vozes dissonantes, perceber que o processo modernizador não é unívoco, ao contrário possui brechas, avanços e recuos. As imagens da cidade "vertical" e da "cidade (sociedade) "tentacular" traduzem, assim, os descompassos e dissonâncias do moderno em sua forma (arte e arquitetura) e conteúdo (relações sociais).

Anotações pessoais deixadas pelo autor, e reunidas em seus arquivos pessoais, fornecem um acesso adicional ao seu interesse permanente pelo ritmo e pela forma das cidades brasileiras, que ele continuou a acompanhar mesmo após o seu retorno definitivo à França, em 1954. Em cadernos e folhas soltas, ele registra, por exemplo, dados sobre Brasília: descreve fisicamente a cidade, sua implantação e crescimento; levanta informações sobre sua população.[32] Descreve também, em notas telegráficas, a modernização de Salvador, do Rio e de Belém, sublinhando o crescimento das desigualdades sociais, o desenvolvimento do turismo e também o crescimento do candomblé. No Rio de Janeiro, especificamente, as anotações mostram que ele está mais uma vez interessado nas novas formas de relação familiares que o apartamento cria, alterando e mantendo a tradição: "poderíamos dizer a tradição dirigindo-se à família nuclear".[33]

É importante lembrar ainda que as cidades brasileiras reaparecem quando da primeira viagem do autor ao Daomé e à Nigéria, em 1958, em companhia de Pierre Verger.[34] Diante das cidades africanas que ele visita, dá-se um reencontro com o Brasil, suas festas, religiões e cidades. No artigo "Abidjan, São Paulo da África Ocidental Francesa" (1958), por exemplo, a comparação entre os dois centros urbanos fornece a tônica da análise: o crescimento acelerado e os problemas urbanos daí decorrente; a "arquitetura moderna ousada" nos dois centros; semelhanças observadas em certos detalhes, como "na entrada da cidade, diante de uma ponte, uma estátua lembra um pouco a arte de Mário Cravo. Mas a compreensão desse encontro com São Paulo (e com o Brasil) na África impõe outras derivas interpretativas, desenvolvidas em outro lugar (Peixoto, 2010).

* * *

Não parece difícil afirmar a importância das cidades em geral, e de São Paulo em particular, nas análises que Roger Bastide empreendeu da sociedade brasileira e da

32 Cf. nota 14. Lembremos que Bastide volta ao Brasil em 1962 e em 1973.

33 Anotações do acervo pessoal, não datadas. Fonds Roger Bastide/IMEC. BST2. N5-02.04.

34 Sobre esta viagem e os textos publicados a partir dela, cf. Ângela Lünhing (2002).

cena moderna. Tanto em sua dimensão material – que a imagem da "cidade vertical" expressa – como pelo acesso à compreensão da estrutura social e do processo de modernização brasileira, que a fórmula da "cidade tentacular" revela.

Os materiais examinados permitem algumas considerações finais, parte delas já indicadas no correr do texto. Chamam a atenção, de saída, para a longa persistência de um imaginário sobre a cidade de São Paulo, traduzido em imagens que migram de um período a outro, de uma forma discursiva a outra. A constatação dessa permanência não deve nublar os sentidos distintos que essas representações assumem; aliás, elas só se mantêm porque se modificam. Bastide incorporou ao seu modo um vocabulário disponível sobre as cidades e sobre São Paulo. Além disso, adotou uma atitude cara aos intelectuais de extração modernista que na crítica quotidiana comentaram as manifestações culturais, em suas múltiplas dimensões, não se atendo a um aspecto exclusivo delas. As cidades e a arquitetura – alvos da crônica de um Menotti Del Picchia ou da crítica de um Mário de Andrade – também mobilizaram a pena do Bastide cronista que as considerava partes integrantes da cultura.

A despeito da heterogeneidade dos textos tratados, eles permitem entrever uma perspectiva – barroca – exercitada por Bastide a partir de dois ângulos: a "cidade vertical" e a "cidade tentacular". Perspectiva barroca que se evidencia no acento colocado sobre as individualidades (seja nas discussões sobre a arquitetura ou nas análises das relações raciais, onde o foco incide sobre os comportamentos individuais); no gosto pela estética das antíteses e pelas dimensões noturnas da experiência, que se apresentam nas discussões da paisagem física e humana da cidade; nas análises sobre a convivência entre o tradicional e o moderno; e no desenho mesmo do país como terra de contrastes.

Perspectiva barroca que se mostra ainda nos permanentes deslocamentos de pontos de vista operados pelo autor, que recusa – como a arquitetura barroca ao inventar o "plano oval" – um único centro, preferindo a pluralidade de visões.[35] Tal perspectiva descentrada, no sentido literal do termo, é expressamente apresentada pelo autor em "A propósito da poesia como método sociológico" ([1946]1980), quando defende o uso de diferentes "fachos de luz" de modo a apreender o "corpo da bailarina" em suas diver-

35 Diz Rousset sobre as consequências da invenção barroca dos planos ovalados: "Le Baroque distend le cercle, l'arrache à son centre unique, brise l'egalité de ses rayons; au lieu du plan circulaire où le regard en un instant unique, et dans l'immobilité, peut assurer sa souveraineté sur l'espace tout entier, le Baroque invente l'ovale, où il n'y a plus de centre, où il y en a plusieurs, où le point de vue se déplace". (1954, p. 170)

sas faces e movimento. Bastide está definindo um andamento interpretativo que evita a soberania de uma visada central, preferindo as perspectivas múltiplas e enviesadas.

Fontes e Bibliografia

ROGER BASTIDE

Acervos consultados

FONDS Roger Bastide. Institut Mémoires de l'édition contemporaine (IMEC). Abbaye d'Ardenne, St. Germain/La Blanche/Herbe, França.

ARQUIVO Roger Bastide. Instituto de Estudos Brasileiros/IEB – USP.

Artigos e livros

BASTIDE, Roger. "Les arméniens de Valence". *Revue Internationale de Sociologie,* 39 (1-2), p. 17-42, 1931. (Republicado em QUEIRÓZ, Maria I. P. de (org.). *Roger Bastide: ensaios e pesquisas.* CERU, Texto n. 5, p. 69-94, 1994).

_______. "Méditations brésiliennes sur un marché de São Paulo". Rio de Janeiro: Dom Casmurro, 1938. Republicado em *Bastidiana* 6, abr.-jun. 1994, p. 6-7.

_______. "A França noturna". *Diário de S. Paulo,* 26 jun. 1943. Republicado em *Bastidiana,* n. 10-11, abr./set. 1995, p. 9-11.

_______. "Post-scriptum aos artigos de Lourival Gomes Machado. O surrealismo ultrapassado". *O Estado de S. Paulo,* 17 jan. 1944.

_______. "Post-scriptum aos artigos de Lourival Gomes Machado II. Surrealismo e barroquismo". *O Estado de S. Paulo,* 22 jan. 1944.

_______. "Os dois pratos da balança" (carta da Baía). *Diário de S. Paulo,* 28 jan. 1944.

_______. "Igrejas barrocas e cavalinhos de pau". *O Estado de S. Paulo,* 25 maio 1944.

_______. "Evocações de Olinda". *Diário de S. Paulo,* 12 de jan. 1945.

______. "Sobre a estética da paisagem" (Conferência realizada na exposição do pintor Oswald de Andrade Filho, no dia 18 de abril de 1945). *O Estado de S. Paulo,* 18, 19 e 20 abr. 1945.

______. *Imagens do nordeste místico em branco e preto.* Rio de Janeiro: Empresa Gráfica O Cruzeiro, 1945.

______. "A propósito da poesia como método sociológico". In: QUEIROZ, M. I. P. (org). *Roger Bastide.* São Paulo: Ática [Coleção Grandes Cientistas Sociais], [1946] 1980.

______. *Poetas do Brasil.* 2ª ed. Prefácio de Antonio Candido. Organização e notas de Augusto Massi. São Paulo: Edusp/Duas Cidades, [1946] 1997.

______. "A volta do barroco ou a lição do Brasil". *Diário de Notícias,* 21 set. 1947.

______. "Estética de S. Paulo. I. Estrada do mar..., estrada dos cartazes". *O Estado de S. Paulo,* 24 jun. 1951.

______. "Estética de São Paulo. II. A cidade vertical". *O Estado de S. Paulo,* 27 jun. 1951.

______. "Variações sobre a porta barroca". *Habitat,* fotografias de Pierre Verger, 1951 (Republicado em *Novos Estudos Cebrap,* tradução Samuel Titan, 75, jul. 2006, p. 129- 137).

______. "São Paulo, la cité tentaculaire". *Le Courrier de l'Unesco,* Paris, vol. 5, n. 8-9, 1952 (Republicado em BASTIDE, R. "Le Brésil". Textes choisis e préfacés par Claude Ravelet. Traduction Christine Ritui. *Bastidiana* hors-série n. 3, 1997, p. 19-24).

______. "État actuel et problèmes fondamentaux des recherches sur les populations urbaines du Brésil". *São Paulo em quatro séculos,* 2º vol., IV Centenário da Fundação da Cidade de São Paulo, 1954, p. 377-382.

______. *Brésil, terre des contrastes.* Paris: Hachette, 1957 (Tradução brasileira de Maria I. P. de Queiróz. 9ª ed. São Paulo: Difel, 1979).

______. *Sociologia do folclore brasileiro.* São Paulo: Anhembi, 1959.

______. *Le rêve, le transe, la folie.* Paris: Flammarion, 1972.

______. "O Leão brasileiro atravessa o Atlântico". In: *Estudos afro-brasileiros*. São Paulo: Perspectiva, 1973.

______. "Modernité et contre-modernité". *Revista do IEB*, São Paulo/USP, n. 20, 1978, p. 13-26.

BASTIDE, R. e FERNANDES, F. *Brancos e negros em São Paulo*. 3ª ed. São Paulo: Companhia Editora Nacional, [1958] 1971.

OUTRAS REFERÊNCIAS BIBLIOGRÁFICAS

ANDRADE. M. *Poesias completas*. 6ª ed. São Paulo/Belo Horizonte: Editora Martins/Itatiaia, 1980.

BARONE, Ana C. *Team 10. Arquitetura como crítica*. São Paulo: Annablume, 2002.

CASTRO, Ana C. V. *A São Paulo de Menotti del Picchia. Arquitetura, arte e cidade nas crônicas de um modernista*. São Paulo: Alameda/Fapesp, 2008.

CÉLINE, L-F. *Voyage au bout de la nuit*. Paris: Gallimard [Folio], [1932] 1952.

COHEN, J-L. *Le Corbusier. La planète comme chantier*. Paris: Textuel, 2005.

FABRIS, A. *O futurismo paulista. Hipóteses para o estudo da chegada da vanguarda no Brasil*. São Paulo: Perspectiva/Edusp, 1994.

______. *Fragmentos urbanos. Representações culturais*. São Paulo: Studio Nobel, 2000.

FERNANDES, F. *Folclore e mudança social na cidade de São Paulo*. 2ª ed. Petrópolis: Vozes, [1961] 1979.

FREYRE, G. *Guia prático, histórico e sentimental do Recife*. Recife: The propagandist, 1934.

______. *Olinda. Segundo guia prático, histórico e sentimental de cidade brasileira*. Recife: Editora do A., 1939.

______. *Aventura e rotina*. Rio de Janeiro: José Olympio Editora, 1953.

GOMES JR., Guiherme S. *Palavra peregrina. O barroco e o pensamento sobre letras e artes no Brasil*. São Paulo: Edusp/Fapesp/Educ, 1998.

GORELIK, A. "La aldea en la ciudad. Ecos urbanos de un debate antropológico". *Revista de Antropologia*, n. 1, Museu de Antropologia, FFyH- UNC, Córdoba, 2008.

HANSEN, João A. "Barroco, neobarroco e outras ruínas". *Destiempos*, n. 14, ano 3, México, 2008, p. 169-215.

LAFETÁ, João L. "A representação do sujeito lírico na Pauliceia Desvairada" In: PRADO, Antonio A. (org.). *A dimensão da noite e outros ensaios*. São Paulo: Duas Cidades/Editora 34 [Espírito Crítico], 2004.

LE CORBUSIER. *Precisões. Sobre um estado presente da arquitetura e do urbanismo*. Tradução Carlos Eugênio M. de Moura. Posfácio Carlos A. F. Martins. São Paulo: Cosac Naify, [1930] 2004.

LÉVI-STRAUSS, L. "O cubismo e a vida cotidiana". *Revista do Arquivo Municipal*, São Paulo, XVIII, 1935.

LIRA, José C. T. *Mocambo e cidade. O regionalismo na arquitetura e ordenação do espaço habitado*. Tese de doutorado. São Paulo, FAU-USP, 1996.

LÜHNING, A. (org). *Verger- Bastide. Dimensões de uma amizade*. Tradução Rejane Janovitzer. Rio de Janeiro: Bertrand Brasil, 2002.

MELLO E SOUZA, G. "A Estética rica e a Estética pobre dos professores franceses". In: *Exercícios de leitura*. São Paulo: Duas Cidades, 1980.

MINDLIN, H. "Gilberto Freyre e os arquitetos". *Guanabara*, Rio de Janeiro, n. 4, IAB, 1962.

MOSER, W. & GOYER, N. (éds). *Résurgences baroques*. Bruxelles: Éditions de la lettre volée, 2001.

NIEMEYER, O. "A forma na arquitetura" In: XAVIER, A. (org). *Depoimento de uma geração. Arquitetura moderna brasileira*. São Paulo: Cosac Naify, [1978] 2003 (edição revista e ampliada).

PEIXOTO, Fernanda A. *Diálogos brasileiros: uma análise da obra de Roger Bastide*. São Paulo: Edusp/Fapesp, 2000.

______. "Bastide e Verger entre 'áfricas' e 'brasis': rotas entrelaçadas, imagens superpostas". *Revista IEB*, São Paulo, IEB/USP, n. 51, 2010, p. 41-66.

______. "O candomblé (barroco) de Roger Bastide". *Revista de Antropologia*, 54(1), São Paulo, 2011.

RAGO, M. "Prazer e perdição: a representação da cidade nos anos vinte". *Revista Brasileira de História*, São Paulo, 7 (13), set./fev. 1986-1987, p. 80-87.

ROUSSET, J. *La littérature de l'âge baroque em France*. Paris: José Corti, 1954.

RUBINO, S. *As fachadas da história: os antecedentes, a criação e os trabalhos do Serviço do Patrimônio Histórico e Artístico Nacional, 1937-1968*. Dissertação de mestrado. Campinas, IFCH-Unicamp (Programa de Pós-Graduação em Antropologia), 1991, mimeo.

______. "Entre o CIAM e o SPHAN: diálogos entre Lúcio Costa e Gilberto Freyre" In: KOMINSKY, E.; LÉPINE, C.; PEIXOTO, F. (orgs.). *Gilberto Freyre em quatro tempos*. São Paulo: Fapesp/Edusc/Editora Unesp, 2003.

SCHWARZ, R. "A carroça, o bonde e o poeta modernista" In: *Que horas são?*. São Paulo: Companhia das Letras, 1989.

SOUZA, R. C. "Mário, crítico da atualidade arquitetônica". *Revista do Patrimônio Histórico e Artístico Nacional*, n. 30, 2002, p. 25- 47.

WILLIAMS, R. *O campo e a cidade, na história e na literatura*. 2ª reimpressão. Tradução Paulo H. Britto. São Paulo: Companhia das Letras, 2000.

WÖLFFLIN, H. *Renaissance et baroque*. Tradução Guy Ballangé. Paris: Le livre de poche, [1988] 1961.

Um laboratório antropológico em movimento: as pesquisas da Sociedade de Etnografia e Folclore na cidade de São Paulo e nos seus "arredores"[1]

Luísa Valentini

> Mas na realidade já me acostumei a reconhecer que justamente os arredores da Capital são verdadeiros mananciais de surpresas folclóricas. [...] a nossa lustrosa capital é toda orlada assim dum caipirismo tenaz, que em vinte minutos de automóvel nos transporta da autêntica atualidade universal do marco zero a um passado antiquíssimo em que ainda revivem as danças indígenas e a conversão delas ao catolicismo pela mão adestrada dos Jesuítas.
>
> Mário de Andrade, *Revista do Arquivo Municipal*, n. XXXIV

O presente artigo apresenta parte dos resultados de uma investigação que trata das formas da pesquisa antropológica em debate no encontro entre Mário de Andrade, Dina Dreyfus Lévi-Strauss e Claude Lévi-Strauss no contexto da criação do Departamento de Cultura e Recreação da Prefeitura de São Paulo (DC), da fundação da Universidade de São Paulo e da Escola Livre de Sociologia e Política (ELSP). Como se sabe, os jovens filósofos Claude Lévi-Strauss e Dina Dreyfus Lévi-Strauss chegaram a São Paulo no início de 1935, destacados do ensino público francês para participarem da chamada "missão francesa" na recém-fundada Faculdade de Filosofia, Ciências e Letras da USP[2] junto a outros jovens professores como Paul Arbousse-Bastide, Pierre Monbeig,

1 Este capítulo é um desenvolvimento de artigo publicado em janeiro de 2010 no número 5 da *PontoUrbe – Revista do Núcleo de Antropologia Urbana da Universidade de São Paulo*, intitulado: "Nos 'arredores' e na 'capital': as pesquisas da Sociedade de Etnografia e Folclore (1937-1939)". Corresponde ainda, com alterações, a um capítulo da minha dissertação de mestrado *Um laboratório de antropologia: o encontro entre Mário de Andrade, Dina Dreyfus e Claude Lévi-Strauss (1935-1938)*, PPGAS/USP, 2010.

2 A FFCL-USP foi fundada em janeiro de 1934, tendo iniciado suas atividades em julho desse mesmo ano.

Fernand Braudel e Jean Maugüé. Na São Paulo de 1935, Lévi-Strauss e Dreyfus[3] transitam em um grupo que, através de diferentes iniciativas, busca estabelecer instituições voltadas à prática científica das ciências sociais e à sua aplicação à política pública.

No final de 1935, o então "casal Lévi-Strauss" recebe apoio financeiro para a realização de sua primeira expedição, que visitou os índios Kadiwéu e Bororo, e Dreyfus é convidada a ministrar um "Curso Livre de Etnografia". Esse curso, realizado entre abril e outubro de 1936, embora estivesse aberto a um público mais amplo, reuniu principalmente funcionários do Departamento de Cultura e estudantes da USP e da ELSP, interessados em aprender os procedimentos necessários à formação, em campo, de um repertório de informações aproveitável para a constituição de acervos etnográficos.

O Curso de Etnografia se desdobra na fundação de uma Sociedade de Etnografia e Folclore (SEF) vinculada ao DC, que visa instituir nesse órgão público o que se concebia como pesquisa em moldes científicos segundo padrões internacionais, e ainda estabelecer conexões com instituições francesas como o *Musée de l'Homme* e o *Musée des Arts et des Traditions Populaires,* fundados naquele mesmo momento. Ali, foi colocado em movimento um laboratório imaginado[4] a partir da colaboração entre Mário de Andrade, Lévi-Strauss e Dina Dreyfus. Tal laboratório se delineia como um grande mecanismo institucional centrado na produção de um fichário antropológico que articularia pesquisa em campo e em arquivo, pesquisadores leigos e profissionais, coleções, registros e monografias, com vistas à sistematização dos conhecimentos sobre o povo brasileiro em mapas e obras de referência como dicionários, vocabulários e bibliografias.

É este laboratório em movimento que procuro acompanhar aqui, através do exame detalhado da produção mais significativa da Sociedade de Etnografia e Folclore – aquela

3 A opção de chamar Dina pelo seu nome de solteira tem uma dupla justificativa. A primeira razão é que prefiro chamá-la pelo nome que ela mesma adotou após o divórcio – como se pode ver, por exemplo, na *Revue de l'Enseignement Philosophique,* onde manteve uma coluna fixa durante a década de 1970, e no seu necrológio, publicado em 1989 na revista *Les temps modernes* (Saint-Sernin, 1989). Além disso, a utilização de nomes diferentes para os dois membros do "casal Lévi-Strauss" contribui para desmontar operacionalmente essa figura construída nos materiais da época, visando compreender os diferentes papéis e projetos dos dois professores na sua estada no Brasil. Esse desmonte operacional não implica, evidentemente, um desprezo pelo forte sentido de colaboração que se revela nos documentos relativos a esse período.

4 A expressão "laboratório imaginado" foi construída durante meu mestrado visando dar conta da efemeridade dos projetos gestados no encontro entre Mário de Andrade, Dina Dreyfus e Lévi-Strauss, que se inserem num quadro mais amplo e diversificado de iniciativas do DC e, como muitas delas, foram interrompidos ou enfraquecidos a partir do Estado Novo, em 1937, e da entrada de Prestes Maia na Prefeitura de São Paulo em 1938.

referente a regiões próximas da cidade de São Paulo. Neste levantamento, considerei especialmente os documentos depositados no Fundo Sociedade de Etnografia e Folclore do Centro Cultural São Paulo e a coleção da *Revista do Arquivo Municipal*, onde a Sociedade de Etnografia e Folclore manteve uma seção denominada "Arquivo Etnográfico".[5]

No exame desse *corpus* de pesquisa, fez-se necessário levar em consideração também os trabalhos realizados pela Divisão de Documentação Histórica e Social (DDHS) do Departamento de Cultura – de cujos quadros saíram diversos sócios da própria SEF, como Samuel Lowrie, Bruno Rudolfer e Sérgio Milliet. Isso ocorre porque os trabalhos desses dois grupos de pesquisa se pautavam por questões correlatas que, organizadas através de uma concepção geográfica da mudança cultural, recortavam a paisagem da cidade de São Paulo e de seus entornos segundo as diferentes disciplinas da ciência social praticadas nesse momento. Entre essas questões se destacam aquelas relativas às formas de se produzir uma cartografia social e cultural e aquelas relativas aos movimentos de dissolução, degradação e assimilação cultural que se impunham à percepção dos pesquisadores numa cidade em intensa transformação.

Sabe-se que as iniciativas de institucionalização do folclore, no Brasil e alhures, articularam o objeto dos estudos de folclore em torno de uma oposição entre rural e urbano, onde o primeiro seria o depositário de uma nacionalidade que se esperava homogênea, e o último, concebido como polo de desenvolvimento econômico, de imigração e de irradiação de conteúdos culturais estrangeiros através dos novos meios de comunicação, uma fonte de destruição cultural iminente.[6] No caso do Departamento de Cultura, esta oposição se constrói através de uma divisão de tarefas entre DDHS e SEF.

Atentando especialmente aos repertórios da disciplina antropológica da época, temos como um segundo efeito dessa observação uma visão detalhada de uma forma da pesquisa de campo (e de seu aprendizado) mencionada de forma relativamente curta por Lévi-Strauss em *Tristes Trópicos* e nas duas *Saudades...*: as "etnografias de domingo" ou excursões. Os relatos de pesquisas feitas em localidades próximas da cidade de São

---

5 Os documentos depositados no Fundo Sociedade de Etnografia e Folclore virão referidos segundo o modelo (SEF, doc. 00). Os *Boletins da Sociedade de Etnografia e Folclore*, embora também depositados nesse fundo, serão referidos segundo o modelo (*Boletim*, n. 0). Artigos de jornal republicados na *Revista do Arquivo Municipal* ou do seu próprio noticiário virão referidos pela sigla *RAM*, seguida do número da edição em algarismos romanos. Quando se saiba a fonte da republicação, ela será explicitada no corpo do texto. Os artigos de autores específicos publicados na *Revista do Arquivo* serão referidos através de citação bibliográfica.

6 A respeito dessa questão, ver principalmente Wisnik e Squeff (1983), Ortiz (1985) e Contier (1988).

Paulo dão conta dos impasses e das táticas em jogo na construção desta distinção entre rural e urbano que permite delimitar a etnografia e o folclore como disciplinas. Lévi-Strauss, embora de forma concisa, testemunha em *Tristes Trópicos* a intimidade entre essa prática de pesquisa e a concepção geográfica da diferença cultural que acompanhamos aqui quando põe em jogo duas alteridades possíveis para a investigação antropológica: a volumosa imigração e o folclore "rural" brasileiro, através da demarcação de "arrabaldes" e "arredores" como diferentes territórios para as excursões.[7]

Se para o Lévi-Strauss de *Tristes Trópicos*, contudo, as transformações da cidade de São Paulo e das formas urbanas do Brasil de modo geral constituem um fenômeno *sui generis*,[8] estimulando exercícios taxonômicos e arqueológicos,[9] no ambiente em que ele circula no Brasil tais transformações são percebidas sobretudo através da cartografia cultural e cercadas de apreensão quanto ao desaparecimento das formas culturais consideradas tradicionais ou nativas do país.

Mapeando costumes e etnias: a Sociedade de Etnografia e Folclore e a Subdivisão de Documentação Social

O primeiro esforço de pesquisa da SEF consistiu na produção de dez "cartas folclóricas" como forma de participação do Departamento de Cultura de São Paulo no Congresso Internacional do Folclore que se realizaria junto à Exposição Universal de

---

7 "Em São Paulo, podíamos nos dedicar à etnografia de domingo. Não com os índios dos arrabaldes que me haviam falsamente prometido, pois os arrabaldes eram sírios ou italianos, e a curiosidade etnográfica mais próxima, a uns quinze quilômetros, consistia numa aldeia primitiva cuja população maltrapilha traía por seus cabelos louros e seus olhos azuis uma origem germânica recente". (Lévi-Strauss, 1955, p. 104).

8 A cidade de São Paulo é um dos territórios de exploração do jovem etnógrafo, e um importante tema de reflexão em *Tristes Trópicos* (ver Magnani, 1999). Fernanda Peixoto (2005) apontou que essa exploração constitui "um laboratório de experiências sociológicas" tanto para ele como para seus alunos, fosse em campo, fosse em arquivo (ver Prado, 1996). Egon Schaden chega a afirmar ao *Libération* em 1988 que "Seu curso de sociologia urbana é sem dúvida o primeiro a ter sido dado na América Latina" ("Mission Tristes Tropiques...", 1988, consultada no Acervo Castro Faria do Museu de Astronomia e Ciências Afins, CFDL 02.025).

9 "[...] podíamos escrutar as cidades como um botânico as plantas, reconhecendo pelo nome, pelo aspecto e pela estrutura de cada uma sua filiação a esta ou àquela grande família de um reino acrescentado pelo homem à natureza: o reino urbano" (*Idem*, p. 105).

Paris em 1937.[10] Esse projeto, embora suscitado um tanto fortuitamente pelo convite recebido através de Dreyfus e Lévi-Strauss no momento da sua primeira exposição etnográfica, era inspirado em trabalhos cujas leituras foram compartilhadas por eles e por Mário de Andrade, que tinham na construção de mapas um momento fundamental da sistematização do conhecimento antropológico.[11] A cartografia aplicada ao folclore seria, por outro lado, um dos temas metodológicos em debate na subseção sobre metodologia no Congresso, dirigida por André Varagnac.

No desenho da metodologia a ser adotada na produção dos mapas de folclore contribuíram três pesquisadores estrangeiros em atividade em São Paulo: o especialista em estatística da Subdivisão de Documentação Social do Departamento de Cultura, o estatístico tcheco Bruno Rudolfer, o catedrático de Geografia Humana da USP, Pierre Monbeig, e Dina Dreyfus (SEF, doc. 68).

Os mapas folclóricos foram produzidos a partir de um inquérito por correspondência, que convocou informantes mobilizados no estado de São Paulo com a ajuda do governo estadual.[12]

No convite enviado aos funcionários da Educação, o tema do pioneirismo paulista – vigoroso apenas cinco anos depois da Revolução Constitucionalista e recorrente na *Revista do Arquivo* (Rubino, 1995) – articula o sentido experimental da aplicação do método e o projeto de expansão geográfica da pesquisa para além das fronteiras do município: "Tratando-se de um empreendimento novo entre nós, bem como na América, a área abrangida por esta primeira tentativa de aplicação de um método científico de estudo dos fatos folclóricos é apenas a do Estado" (*RAM*, n. XXXIV, p. 201).[13]

---

10 A Sociedade de Sociologia também manda uma comunicação sobre "A sociologia contemporânea no Brasil", em francês, para o Congresso de Ciências Sociais. Para um comentário sobre essa comunicação, ver Rubino, 1995, p. 513-515.

11 Entre estas referências, podemos indicar principalmente os trabalhos de Erland Nordenskiöld (Suécia), Alfred Kroeber, Robert Lowie (EUA), Alfred Métraux (Suécia/França) e George Montandon (França).

12 No Fundo SEF encontra-se uma versão trabalhada por Mário de Andrade do projeto para o questionário que daria origem aos mapas (SEF, doc. 347). A conferência publicada nos *Travaux du 1er Congrès International de Folklore* (1938) informa que quatro mil cópias desse questionário foram distribuídas pelo estado, tendo sido enviadas a grupos escolares (600 questionários), inspetores de ensino (100 questionários), médicos e farmacêuticos (2000 questionários), juízes de paz (600 questionários), a jornais locais (500 questionários) e a funcionários das ferrovias, da polícia e das administrações locais (200 questionários).

13 Essa flexibilização de fronteiras, da capital para o estado e do estado para o país, estava na própria origem do Departamento de Cultura, pensado como um laboratório para um futuro governo estadual

Entre os "aspectos folclóricos" mapeados – tabus alimentares, danças populares e o uso de um anel para curar o terçol – os dois últimos parecem se reportar diretamente às pesquisas de Mário de Andrade que geraram os trabalhos *Danças Dramáticas do Brasil* (1934-1944) e *Namoros com a Medicina* (1937). Na apresentação realizada por Nicanor Miranda (responsável pelos Parques Infantis da Prefeitura) ao Congresso do Folclore, explica-se o recorte temático e o desenho do questionário, que tem que lidar com a precisão das respostas para a delimitação de áreas geográficas e com a possibilidade de realizar novos achados.[14] O desenho da pesquisa também teve de enfrentar um prazo muito curto, uma vez que o Congresso se realizaria no final de junho do mesmo ano de 1937.

A apresentação dos mapas no Congresso se faz num grupo de trabalho sobre metodologia onde se discutem as articulações entre trabalho bibliográfico e cartográfico, técnicas de registro fonográfico e de estudo da música popular, além de formas museográficas como os museus ao ar livre, que eram modelos para Dina Dreyfus, Mário de Andrade e Oneyda Alvarenga. Pesquisadores participantes como André Varagnac, Venant Roukens, Constantin Brailoiu, Georges-Henri Rivière, Alfonso Caso, além de membros da Sociedade de Eusko-Folclore, manterão contato com a SEF através de correspondência, ou constarão das referências metodológicas de Mário de Andrade a partir de então.[15] Os mapas de folclore apresentados tinham os seguintes títulos:

de Armando Salles de Oliveira, e teve seu momento máximo com o envio da Missão de Pesquisas Folclóricas em 1938 ao Norte e Nordeste do Brasil.

14 "Na escolha dos temas a servirem de matéria às cartas folclóricas, fomos guiados por preocupações de ordem tanto prática como teórica. Prática, pois, por um lado, possuíamos já sobre esses problemas uma certa documentação (enquetes de grandes jornais, monografias e obras gerais, cf. bibliografia). Por outro lado, seu caráter concreto parecia destinado a suscitar o interesse dos informantes. Enfim, sua simplicidade relativa assegurava um máximo de respostas utilizáveis. Do ponto de vista teórico, os fatos escolhidos aparecem como representativos de alguns dos grandes aspectos da vida popular: as proibições alimentares entram na rubrica da alimentação cotidiana, e, mais particularmente, das crenças e superstições relativas aos alimentos. As danças, elemento essencial das festas [...] Visando remediar a insuficiência da documentação bibliográfica, procedemos a um inquérito coletivo. Nossos questionários obedeciam aos seguintes princípios: assegurar o máximo de resultados, colocando questões que não comportassem senão uma resposta positiva ou negativa; deixar no entanto ao pesquisador uma iniciativa suficiente para acomodar o elemento novo e imprevisível do fato" (*Travaux du Congrès...*, 1938, p. 280, traduzido por mim).

15 As referências de instruções transmitidas por Mário aos membros da Missão de Pesquisas Folclóricas são: um trecho do artigo de José Miguel de Barandián, da Sociedade de Eusko-Folclore (País Basco, Espanha), intitulado "Breves instrucciones práticas para el investigador folklorista", datado de 1921; um artigo sobre o "popular e o popularesco" – que aponta para a preocupação de Mário em distinguir o fato folclórico, da autoria de F. Balilla Pratella, publicado na *Rivista Musicale Italiana* em 1937, e uma

"Medicina Popular – Cura do terçol com anel"; "Proibições alimentares relativas à manga"; "Danças populares – Samba ou Batuque"; "Danças populares – Cateretê ou Catira"; "Danças populares – Caiapó e suas variantes fonéticas"; "Danças populares – Congada e suas variantes fonéticas"; "Danças populares – Cururu ou Caruru"; "Mapa das unidades territoriais"; "Proibições alimentares – Leite com Frutas"; "Zona estudada" (SEF, doc. 207).[16]

O último dos mapas revela uma extensão surpreendente de levantamentos, se pensarmos no tempo disponível para o inquérito: são poucas as áreas em branco. Na apresentação em Paris, é relatado que "pesquisadores especializados foram enviados a algumas das localidades cujas respostas pareciam insuficientes" (*ibidem*, p. 280), mas não foram poupados esforços retóricos de Mário e Dreyfus na divulgação do projeto em diferentes jornais e em cartas enviadas aos principais pesquisadores *ad hoc* recrutados.[17]

A convocatória parece ter sido eficaz. Em artigo publicado no *O Estado de S. Paulo* publicado em 18 de maio, já em meio aos trabalhos com as respostas aos questionários, Dreyfus relata as dúvidas que a Sociedade manifestou quanto à viabilidade do inquérito e comemora seu sucesso: "Hoje, mais de 700 respostas estão em elaboração"[18] (SEF, doc. 296). Ali a etnógrafa fala do questionário como "instrumento de trabalho coletivo": a ampla convocatória contribuiu para o rápido recrutamento de informantes em diferentes regiões do estado de São Paulo, que são, num plano de trabalho escrito por Dreyfus, o ponto de partida para a constituição de uma "rede de pesquisadores" (SEF, doc. 242). Os questionários e os mapas folclóricos articulam, assim, as diferentes fren-

---

nota sobre "Que é arte popular?" de Albert Marinus, extraído de artigo em francês denominado "Les arts populaires et les loisirs des travailleurs" (Carlini, 1994).

16 Em *Tristes Trópicos* (1955), Lévi-Strauss mencionou esses levantamentos muito *en passant*, mas já esboçando uma interpretação: "Havia também as crendices e superstições cujo mapa era interessante fazer: cura do terçol pela fricção de um anel de ouro; repartição de todos os alimentos em dois grupos incompatíveis: 'comida quente, comida fria'. E outras associações maléficas: peixe e carne, manga com bebida alcoólica ou banana com leite" (Lévi-Strauss, 1955 2004, p. 105). Os mapas também foram apresentados como contribuição da Sociedade de Etnografia e Folclore ao I Congresso da Língua Nacional Cantada organizado pelo Departamento de Cultura (SEF, doc. 117, 325).

17 A carta aos inspetores de ensino convocados em grupos escolares de todo o Estado, por exemplo, era concluída da seguinte forma: "Nem cabe ao Departamento de Cultura enaltecer a colaboração de V. S., porque V. S. participa com a mesma intensidade e vigor do possante organismo do nosso Estado, a principal entidade que se beneficiará deste empreendimento" (*RAM*, n. XXXIV, p. 202).

18 Encontramos hoje, nos arquivos da Sociedade, 850 questionários recebidos, dois quais 842 foram tabulados, e somente 8 recusados.

tes do que para Dina Dreyfus seriam as atividades de pesquisa da SEF: a produção de questionários, o envio de pesquisadores a campo, e o trabalho bibliográfico.

Na abertura do primeiro *Boletim* da Sociedade de Etnografia e Folclore, enviado aos informantes recrutados – os "delegados" da SEF –, era reforçado o sentido de esforço coletivo para a mobilização de "pessoas que queiram bem à etnografia e por essa ciência se disponham a trabalhar", como disse Mário no almoço de fundação da SEF,[19] à padronização e profissionalização da pesquisa, agora enfatizando o folclore e o direcionamento à problemática da nação.

> O nosso *Boletim* a essas pessoas se dirige especialmente, e a quantos interessados da realidade nacional, amantes de nossa gente e suas tradições, queiram se unir conosco para um trabalho realmente científico de folclore, cuja natureza ainda não foi aplicada no Brasil. Nossos trabalhos são de natureza coletiva. Nenhum de nós pessoalmente se exalta com pesquisas e estudos que a Sociedade faz e publica em seu nome. O mérito é de todos e o benefício é nacional (*Boletim*, n. 1).

Os mapas, concebidos como uma forma objetiva para a consolidação de informações fundamentais ao desenvolvimento científico, atestavam a seriedade da nova associação em seus propósitos. O estatístico da DDHS, Bruno Rudolfer, apontou em entrevista que, do ponto de vista do avanço da ciência, a cartografia experimentada pelo Departamento de Cultura contribuiria por permitir a separação entre o fenômeno folclórico e as fronteiras político-administrativas:

> Tais mapas transparentes apresentam vantagens incontestáveis, permitem, de uma só vez, a apresentação destacada do fenômeno independente das divisões e acidentes geográficos que, como dissemos, se veem no mapa-base e o estabelecimento da correlação de certos fenômenos pela superposição das cartas respectivas que, no caso em apreço, possibilitaram pôr-se em evidência as relações de identidade folclórica em certas zonas (*RAM*, n. XXIX, p. 286).

Na apresentação ao Congresso de Folclore, a conversão dos questionários em mapas foi explicada em maior detalhe: a intenção era garantir poder utilizar as informações para classificar os fatos folclóricos – danças, costumes, festas – conservando

19 Realizado na Casa Mappin, em homenagem a Dina Dreyfus, no início de novembro de 1936, conforme notícia recolhida no Fundo SEF (SEF, doc. 22).

"sua maleabilidade pela multiplicidade das modalidades pelas quais pode ser afetado" (*Travaux...*, p. 280).

A separação dos fenômenos sociais das demarcações político-administrativas era um problema metodológico que ocupava a Subdivisão de Documentação Social do Departamento de Cultura na realização de estudos sobre a população paulistana. Seu diretor, Sérgio Milliet, discutiu tal problema no Congresso da População realizado no mesmo contexto da Exposição Universal de 1937, em um trabalho intitulado "A representação dos fenômenos demográficos". No texto da conferência, publicado pela *Revista do Arquivo*, explica-se que o procedimento adotado pela Documentação Social foi organizar os dados do recenseamento estadual de 1935 referentes à cidade de São Paulo por "quarteirões e faces de quarteirão, unidades menores, naturais, quase imutáveis e de grande homogeneidade" em substituição ao recorte nos distritos de paz, "unidades políticas mal-definidas e heterogêneas" (Milliet, 1938, p. 214).[20]

Os mapas produzidos pela DS para a apresentação no Congresso da População em Paris, que visavam a "ilustração do método, tão somente", eram transparentes como os mapas folclóricos e representavam a "Densidade das crianças em idade escolar no quarteirão", a "Distribuição por quarteirão de brasileiros filhos de brasileiros", a "Distribuição por quarteirão de brasileiros" e a "Porcentagem de sírios na população geral, por quarteirão" nas regiões da Sé e de Santa Efigênia (*RAM*, n. XLI, p. 308).

As dificuldades envolvidas no projeto de assimilação cultural dos imigrantes são ressaltadas na apresentação de Milliet através de uma evocação da paisagem da rua 25 de março:

> [...] verificamos que a concentração de orientais-próximos nas ruas 25 de março e adjacentes é enorme. Pois o fato de se compor a população de um bairro da cidade de 3/5 a 3/4 de indivíduos pertencentes a determinado grupo cultural estrangeiro indica claramente que o ambiente não pode favorecer a rápida assimilação dos imigrantes. Para comprovar a afirmação bastará caminharmos por aquela rua, ouvirmos a língua falada e a música das lojas, observarmos a comida servida nos restaurantes. A zona quase inteira é essencialmente próximo-oriental (Milliet, 1938, p. 217).

20 A atenção ao quarteirão como unidade de análise pode ser um índice da leitura de trabalhos da escola sociológica de Chicago, mas essa intuição não chega a ganhar força no *corpus* mobilizado aqui.

Articulando, a partir do dispositivo cartográfico, os levantamentos feitos pela DDHS e pela SEF, a imagem que se obtém é a da repartição de disciplinas, populações de interesse e locais de trabalho. Enquanto a cidade de São Paulo constitui um vazio nos mapas folclóricos da SEF, não havendo no arquivo nenhum questionário relacionado ao município ou aos seus bairros, encontramos, entre os trabalhos realizados junto à Documentação Social (e publicados na *Revista do Arquivo Municipal* durante o período de atividade da SEF), diversos levantamentos estatísticos sobre a população da cidade de São Paulo, que visavam diagnósticos e previsões quanto ao seu "nível de vida", à distribuição das diferentes "etnias" e às possibilidades de integração racial e cultural entre esses grupos.

Dois dos três trabalhos relativos à cidade de São Paulo apresentados em reuniões da Sociedade de Etnografia e Folclore também constituem mapeamentos de ascendência. Em primeiro lugar, a "Pesquisa sobre a mancha pigmentária congênita na cidade de São Paulo", uma continuação dos levantamentos realizados por Dina Dreyfus em 1935, na Clínica Obstetrícia da Faculdade de Medicina de São Paulo. Entre agosto de 1936 e março de 1937, Castro e Silva e Guimarães dedicaram-se a examinar um total de 600 recém-nascidos e a entrevistar suas mães. O levantamento foi, ainda no quadro do Curso de Etnografia, financiado pela Divisão de Expansão Cultural do Departamento de Cultura (sob a responsabilidade direta de Mário), que imprimiu as fichas timbradas (Castro e Silva; Guimarães, 1937, p. 48-49).

Esses levantamentos, objeto de uma das aulas de antropologia física do curso, buscavam testar um marcador racial associado à "raça mongólica" e faziam parte de um conjunto de pesquisas em torno das discussões do etnólogo francês Paul Rivet, fundador do *Musée de l'Homme*, sobre a problemática do povoamento do continente americano, que ele imaginava ter contado com migrações da Oceania. O artigo publicado na *Revista do Arquivo* era a monografia de conclusão do Curso de Etnografia por duas alunas de Ciências Sociais na Faculdade de Filosofia da USP, Cecília Castro e Silva e Maria Stella Guimarães. Vale observar que essa foi a única adesão ao programa de antropologia física entre os alunos do Curso de Etnografia, o restante dos alunos tendo se dedicado a questões de folclore e de cultura material.

Outra pesquisa que visou mapear a ascendência de paulistanos foi feita pelo médico Rafael Paula Souza, do Instituto de Higiene da Faculdade de Medicina e também membro do Conselho Técnico que referendaria as pesquisas da Sociedade de Etnografia e Folclore. A pesquisa, que envolveu "512 estudantes, dos quais somente

11 eram estrangeiros", é definida como "estudo biotipológico do universitário paulista", mas o texto de Paula Souza, sugestivamente intitulado "Contribuição à etnologia paulista", se concentra na ascendência dos universitários estudados, de modo a aferir o "índice de fusibilidade" de cada "etnia" existente na amostra, usando metodologia e conceitos desenvolvidos pela socióloga americana Bessie Bloom Wessel. Com esse levantamento, Paula Souza procurava averiguar o quanto cada etnia contribuía com o "*melting pot*" da elite paulista.

Embora trate mais da ascendência dos estudantes do que de medidas, traços fisionômicos e outros marcadores raciais, vê-se que esse estudo estava em consonância com sugestões feitas por Lévi-Strauss e Dreyfus em 1935 e 1936 relativamente às possibilidades de estudos envolvendo os imigrantes em São Paulo. A inspiração mencionada pelos dois franceses é a do relatório do antropólogo Franz Boas, de 1911, sobre as modificações nos corpos dos imigrantes nos Estados Unidos, para sugerir que as políticas de imigração levem em consideração novas perspectivas sobre raça e cultura na seleção de seus influxos migratórios (Dreyfus, 1936b; Lévi-Strauss, 1935a). Embora note que os sírios que preocupavam Sérgio Milliet não pareciam muito predispostos à fusão pelo casamento, Paula Souza faz um prognóstico positivo quanto à assimilação dos imigrantes no estado de São Paulo, comemorando que 81% dos estudantes examinados tinham ao menos um pai de origem "paulista" (os estados de origem dos brasileiros sendo classificados, também eles, como etnias).

Ambas as pesquisas ganharam novos rendimentos em trabalho realizado pelo sociólogo Samuel Lowrie, professor da Escola Livre de Sociologia e Política, no quadro da DDHS, que deu origem a um artigo intitulado "Origem da população da cidade de São Paulo e diferenciação das classes sociais" (Lowrie, 1938). Lowrie já havia publicado dois artigos sobre levantamentos da imigração através de estudos da ascendência das crianças frequentadoras dos Parques Infantis da Prefeitura, que constituíam um laboratório de investigação e de intervenção do DC (Lowrie, 1937a e 1937b). Com a agregação de seus trabalhos aos de Castro e Silva, Guimarães e Paula Souza, ele articula a questão étnica e racial aos levantamentos do "nível de vida" e de outros "problemas sociais", em nova vertente das investigações em curso no Departamento.[21]

---

21 Trabalhos como: "Padrão de vida dos operários da limpeza pública de São Paulo", de Lowrie, "Padrão de vida em Minas Gerais", de Júlio Paternostro; "Inquérito sobre alimentação popular em um bairro de São Paulo", G. H. de Paula Souza, A. de Ulhôa Cintra e Pedro Egydio de Carvalho; "Um aspecto da mortalidade infantil em São Paulo"; "Ensaio de um método de estudo de investigação do nível social de S. Paulo pela distribuição da profissão dos pais dos alunos das escolas primárias públicas" e

Fazendo a colheita: remessa de informações e excursões a campo

Se os levantamentos realizados na cidade de São Paulo procuravam informar as políticas públicas relativas à diversidade social, racial e cultural da capital, os levantamentos folclóricos visavam formar um repertório da cultura popular brasileira que constituiria em si mesmo uma política pública de salvamento do patrimônio, ainda que somente na forma de registro.[22] Esse repertório buscava também alimentar iniciativas de estímulo à cultura popular, como o ensino de danças folclóricas nos parques infantis, e a criação de referências para artistas eruditos interessados em fazer uma arte nacional. O primeiro impasse a ser enfrentado na formação desse grande arquivo era a padronização da pesquisa, meta anunciada pelo primeiro projeto da Sociedade de Etnografia e Folclore na forma de um "vocabulário etnográfico nacional", segundo proposta feita por Dreyfus ainda em 1936.[23]

A realização dos mapas folclóricos contribuiu também para o estímulo à formação desse arquivo de cultura popular e à constituição da etnografia e do folclore como disciplinas científicas. Tal estímulo foi porém interrompido em uma etapa preliminar: a constituição de uma rede de pesquisadores leigos distribuídos pelo estado de São Paulo. Esses pesquisadores, que receberam o título de delegados da Sociedade de Etnografia e Folclore, foram selecionados pelo Conselho Técnico da SEF segundo a qualidade das respostas aos questionários que deram origem aos mapas folclóricos.

Após a produção e apresentação dos mapas, e seguindo um plano delineado por Dreyfus no final de 1937, a SEF dedica-se a recolher as informações dispersas na literatura já existente sobre o folclore brasileiro, começando, em dezembro de 1937, por uma cronologia das festas populares brasileiras, "enumerando-se, em especial, as danças". Os delegados foram também convocados a enviar informações: "Poderá assim a Sociedade enriquecer o fichário de festas populares, em realização, e que de tão grande utilidade será para todos os estudiosos do folclore, pois os porá ao par de ocasiões ótimas para suas pesquisas" (*Boletim*, n. 4).

"Assistência filantrópica na cidade de S. Paulo", também de Lowrie. A pesquisa sobre "Padrões de vida dos operários" estava prevista no ato de fundação do DC e foi realizada pela ELSP junto ao Instituto de Higiene da USP sob a direção de Samuel Lowrie (Rubino, 1995, p. 497).

22 Para a concepção do patrimônio na forma de inventário por Mário de Andrade, ver Nogueira (2005).

23 Conforme carta de Dina Dreyfus a Jean Marx, responsável pelo *Service des Oeuvres* do Ministério das Relações Estrangeiras na França, transcrita em Sandroni (2002, p. 242).

A mobilização em torno dos mapas e a subsequente constituição dos delegados da SEF resultou de fato no recebimento de informações de diferentes pontos do estado de São Paulo.[24] Encontramos no arquivo da SEF materiais diversos enviados pelos delegados no ano e meio em que a Sociedade esteve ativa: fotografias, descrições que seguiam os parâmetros estabelecidos através das "Instruções Folclóricas", e artigos já acabados. As informações sobre "a cura do terçol com anel" de conteúdo mais escatológico remetidas para a Sociedade de Etnografia e Folclore foram aproveitadas ainda em 1937 por Mário de Andrade em *Namoros com a medicina*:

> No inquérito feito pelo Departamento de Cultura, sobre os processos populares de curar terçol em São Paulo, verificou-se que no município da Capital é conhecido esfregarem o traseiro duma mosca no terçol, o que sei ser usado também no município de Araraquara, pelo menos. O escritor A. de Faria trouxe ao inquérito prática assimilável, mas com o mais difícil gato, colhida na fazenda São Domingos, do município de Ituverava [...] Outro informante de Tremembé, reportou a cura do 'treiçol' com aplicações de urina de criança, de preferência menino; o que se parece com a receita do Tietê, colhida pelo Dr. Lafayette Camargo Madeira, onde o terçol é curado com a urina do próprio doente (Andrade, 1937c, p. 86-87).

As excursões ou "etnografias de domingo"

Motivados pelos Estatutos da Sociedade e pela organização da cronologia das festas populares, divulgada nos *Boletins*, muitos delegados enviavam convites para visitas a lugares como São João da Boa Vista, para os festejos do centenário da cidade (SEF, doc. 256); Aparecida do Sul, para ver a congada (SEF, doc. 134); ou São Luís do Paraitinga, onde se realizaria uma festa de São João – na fazenda do Sr. Vitalino Campos Coelho –, boa ocasião para "tirar uma fita cinematográfica" com "todas as danças antigas, tais como Jongada de pretos, Batuque de viola, cateretê, Moçambique, Cavalhadas e demais danças antigas" (SEF, doc. 264); essas viagens, entretanto, não

24 Tal obrigação era, de resto, regulamentada em estatuto, onde a contribuição do delegado era qualificada tanto do ponto de vista científico como da colaboração com a política pública: "Art. 32 – A Sociedade poderá designar entre seus membros residentes ou correspondentes, por indicação do conselho técnico, delegados aos quais se atribuirá a seguinte missão, relativa ao bairro, cidade ou região de que se incumbir: 1) – Trazer a Sociedade ao corrente de qualquer acontecimento de interesse etnográfico ou folclórico; 2) – Tomar a iniciativa de pesquisas etnográficas e folclóricas; 3) – Colaborar com os poderes públicos para assegurar a proteção, conservação e preservação de todos os documentos ou manifestações de caráter etnográfico e folclórico" (SEF, doc. 60).

chegaram a ser realizadas. Suscitando esse tipo de convite, no seu segundo *Boletim*, a Sociedade noticiou a decisão de "organizar passeios-conferências cujas possibilidades de realização prática ela se propõe examinar".

Como se sabe, a viagem e a excursão de estudos eram uma prática comum já na década de 1920, quando o grupo reunido em torno da Semana de 22 realiza a célebre "viagem de descoberta do Brasil" às cidades históricas de Minas, na Semana Santa, e Mário de Andrade as duas "viagens etnográficas" ao Norte e ao Nordeste. Pierre Monbeig também incluiria as excursões como prática corrente da cadeira de Geografia Humana, a começar por uma viagem em 1936 a Sete Quedas (da qual Lévi-Strauss participa), quando ele observa o fenômeno da "zona pioneira" ao longo da linha ferroviária.[25]

A proximidade da capital e a consequente facilidade de conciliação da etnografia com outras tarefas cotidianas eram, como recordou Lévi-Strauss (1955, p. 103), condicionantes dessa prática que ele chamou "etnografias de domingo". As excursões se distinguiam assim das dispendiosas, penosas e longas expedições. Dina Dreyfus, na aula inaugural do Curso de Etnografia, salientara que, em um país onde praticamente tudo se encontrava à espera de descrição, não era preciso ir muito longe para encontrar assuntos de pesquisa:

> Evidentemente, no Brasil precisa-se, antes de tudo, de um trabalho perseverante de estudos etnográficos propriamente ditos. Tanto nas regiões longínquas do interior, como nos bairros das cidades, ou nas menores aldeias, toda uma série de pesquisas etnográficas pode e deve ser empreendida: estudo da cerâmica, da tecelagem local, do estilo das casas e das características de cada um de seus elementos: teto, janelas, etc.; estudo das profissões, dos ofícios... Seria impossível enumerar todos os assuntos de monografias que estão à espera de pesquisador. (Dreyfus, 1936b, p. 8)

> Nas nossas próprias "feiras" livres, que interessantes objetos de taquara e palha, como as peneiras, os chapéus! Estudar a técnica de sua fabricação será sem dúvida interessante (SEF, doc. 4).[26]

25 No volume organizado por Blay e Lang (2004), encontram-se reproduções de algumas fotografias dessas excursões, realizadas a uma fazenda e ao Pico do Jaraguá, pertencentes ao acervo de Olga Pantaleão (p. 81, 94, 118). Alice Piffer Canabrava (p. 93-94) e Maria da Conceição Vicente de Carvalho (p. 118-119) rememoram a inovação que essa prática significava no ensino de geografia.

26 Em *Tristes Trópicos*, Lévi-Strauss (1955, p. 104) desenvolveria as observações desses objetos nos mercados: "Os produtos à venda conservavam um estilo mais puro: 'peneiras' para farinha de mandioca

No quadro do Departamento de Cultura, excursões coletivas a festas populares já vinham sendo organizadas desde o Curso de Etnografia, visando em geral a produção de registros para o acervo da Discoteca Pública Municipal.[27] Uma dessas excursões foi bastante documentada: a viagem à festa do Divino Espírito Santo de 1936, em Mogi das Cruzes. Ali se fizeram os filmes "Festejos populares em Mogi das Cruzes – Cavalhada", "Moçambique – Festa do Divino em Mogi das Cruzes", "Festa do Divino Espírito Santo" e "Congada – Festa do Divino em Mogi das Cruzes", os dois últimos assinados por "Dina e Claude Lévi-Strauss".

No artigo "A entrada dos palmitos", Mário de Andrade relata sua ida à festa em Mogi, em 30 de maio de 1936, para a realização de pesquisa de campo. Um dos rituais da festa lhe sugeria uma interpretação baseada no *Ramo de Ouro* (1890) de James Frazer:

> Chegado a Mogi pelas doze horas do dia 30, para organizar as filmagens que o Departamento de Cultura realizaria no dia seguinte, cuidei de indagar o que era essa "Entrada dos Palmitos". Infelizmente perdera a cerimônia que é tradicionalmente às primeiras horas da manhã. Como julgo ver nessa festa uma curiosa e ainda viva reminiscência do culto do vegetal da primavera no Brasil, venho comunicá-la para que os conhecedores mais completos dos costumes nacionais liguem a festa mogiana a outras do país e a estudem como tradição importada (Andrade, 1937b, p. 51).

As breves evocações de Lévi-Strauss sobre as viagens aos "arredores" de São Paulo, que hoje sabemos terem sido realizadas com o grupo do Departamento, passam pelo interesse de Mário nas "reminiscências das festas de maio" frazerianas e nas batalhas entre mouros e cristãos nas cavalhadas filmadas:

---

de feitura tipicamente indígena, formadas por um trançado largo de fios de taquara e cercadas por ripas; 'abanicos', abanos para o fogo, também herdados da tradição indígena, e cujo estudo é divertido, pois cada tipo representa uma solução engenhosa para transformar, pelo trançado, a estrutura permeável e emaranhada de uma folha de palmeira numa superfície rígida e contínua, adequada para deslocar o ar ao ser agitada com violência. Como há diversos modos de resolver o problema e diversos tipos de folhas de palmeira, é possível combiná-los para determinar todas as formas concebíveis e em seguida colecionar os modelos que ilustram esses pequenos teoremas tecnológicos".

27 A inserção de uma rápida discussão sobre dança e drama e sobre festas que quebra ao meio a aula sobre instrumentos musicais sugere a preparação de uma viagem que corta o programa do Curso de Etnografia (SEF, doc. 11). É certo que Dina Dreyfus comentou em sua aula sobre "a dança e o drama" que "[...] A representação dramática é particularmente observável nas festas regionais. Nestas ocasiões – como por exemplo observou-se recentemente em Mogi das Cruzes – formam-se às vezes verdadeiras companhias temporárias de atores [...]" (SEF, doc. 12).

> Finalmente, nos arredores de São Paulo, podia-se observar e registrar um folclore rústico: festas de maio, quando as aldeias enfeitavam-se de palmas verdes, combates comemorativos fiéis à tradição portuguesa, entre "mouros" e "cristãos", procissão da "nau catarineta", navio de papelão armado com velas de papel, romaria a distantes paróquias protetoras dos leprosos onde, entre os eflúvios devassos da "pinga" – aguardente de cana-de-açúcar muito diferente do rum e que se toma pura ou em "batida", quer dizer, misturada com suco de limão – bardos mestiços, de botas, vestidos de ouropéis e fantasticamente embriagados, provocavam-se ao som do tambor para duelos de cantigas satíricas (Lévi-Strauss, 1955, p. 105).

Uma excursão realizada à festa do Bom Jesus de Pirapora, em 1937, é mais parecida com o que se poderia esperar de um "passeio-conferência". Nessa ocasião, Mário Wagner Vieira da Cunha – aluno da Escola Livre de Sociologia e Política que apresentara como monografia final ao Curso de Etnografia um texto intitulado "Descrição da festa do Bom Jesus de Pirapora" – retorna à festa acompanhado do secretário de Mário de Andrade, José Bento Faria Ferraz, e de Lévi-Strauss, que supomos acompanhado por Dina Dreyfus, primeira secretária da SEF. Mário de Andrade afirma ter apenas "[parado] uma noite" na cidade para ver o samba, em uma "viagem que não se destinara especialmente a isso", mas suas anotações, e as de seu secretário José Bento Faria Ferraz, constituíram a base do artigo "O Samba Rural Paulista" (Andrade, 1937d). Pode-se dizer com alguma certeza que Lévi-Strauss foi à festa do Bom Jesus de 1937 porque suas fotos de Pirapora (1994, p. 38-43) mostram o samba realizado na rua – fato inusual, uma vez que as danças costumavam antes disso acontecer em um barracão onde se alojava a população negra que frequentava a festa.[28]

O quinto *Boletim* noticia outro tipo de iniciativa ainda em torno das festas populares, apontando para a colaboração entre as diferentes frentes de trabalho. Em 26 de janeiro

---

28 Como explica Mário Wagner: "Havíamos, no primeiro ano, observado uma forte reação da festa religiosa contra o desenvolvimento crescente da festa profana. Os pregadores religiosos censuravam, aqueles que vinham a Pirapora e se entregavam a toda sorte de pecados, esquecidos de seus deveres para com o Santo. Os seminaristas não saíam mais nas procissões porque se deseja proteger suas almas da contemplação de cenas e gestos indecorosos, tão comuns, nesses dias, pelas ruas de Pirapora. Em 1937, esta reação foi maior e mais direta: proibiu-se o samba no Barracão. Dada a conhecer com muita antecedência e tendo sido muito divulgada, esta proibição teve o efeito de fazer com que muitas pessoas deixassem, este ano, de vir para as festas. A ocorrência era inferior à terça parte da do ano anterior. Por outro lado, essa proibição prejudicou extraordinariamente o samba. Foi preciso improvisar, de uma hora para outra, novo local para dançar. Sambaram no meio da rua. Uma poeira sufocante. Automóveis que, debaixo de um tinir enervante de buzina, se intrometiam no meio do grupo de dançadores. E muitas vezes o samba se dissolveu por causa da chuva" (Cunha, 1937, p. 30).

de 1938, são realizadas três conferências em sessão da SEF sobre as cavalhadas, arroladas por Mário de Andrade na ementa da seção "Arquivo Etnográfico" da *Revista do Arquivo Municipal*: Sara Ramos, estudante da Faculdade de Filosofia, instrutora de parque infantil e aluna do Curso de Etnografia, descreve as cavalhadas de Franca por ela observadas em 1936; Oneyda Alvarenga apresenta um levantamento de "notícias bibliográficas sobre cavalhadas" no Brasil e Mário de Andrade, um levantamento sobre a origem ibérica das cavalhadas. Consta que Antonio Rubbo Müller, estudante da ELSP, realizou em 1937 uma conferência sobre as cavalhadas em Atibaia e Mogi das Cruzes.

Com o afastamento progressivo de Mário de Andrade do Departamento desde o início da gestão Prestes Maia na Prefeitura em 1938, e a partida de Dreyfus e Lévi-Strauss em expedição para a Serra do Norte, quem parece ter se encarregado de organizar e realizar as excursões foram os estudantes, ou já bacharéis que haviam frequentado o Curso de Etnografia: Rubbo Müller, Mário Wagner Vieira da Cunha e Luís Saia. Concomitantemente à preparação de novas viagens de estudos a Pirapora e Bom Jesus dos Perdões, também na época da festa do Bom Jesus (SEF, doc. 96), Mário de Andrade pediu demissão do Departamento e se mudou definitivamente para o Rio, onde a essa altura já passava a maior parte do tempo (Alvarenga; Andrade, 1983, p. 143).

Apesar de seu afastamento, Mário tem um papel formal na organização da viagem a Perdões junto ao prefeito de Atibaia e delegado da SEF, João Batista Conti, que enviara em abril e em outubro de 1937 trabalhos sobre as congadas em Atibaia. Informa Marta Rossetti Batista (2004, p. 55) que Mário já atendera a um convite de Conti, feito aos membros da SEF, para ver as danças nos festejos de Natal daquele ano, e que uma apresentação das Congadas de Atibaia em São Paulo, prevista para 2 de maio de 1938 como parte das comemorações do cinquentenário da abolição da escravatura, havia sido cancelada– outro sinal da mudança dos ventos na Prefeitura.

Para garantir a ida à festa de Bom Jesus em Perdões, Mário escreve a Conti em 29 de julho de 1938 – um tanto em cima da hora – consultando-o sobre a possibilidade de colaboração com a excursão.

> Desejaria saber: 1) se haveria possibilidade de conseguir-se estadia em Atibaia mais acessível aos sócios da Sociedade de Etnografia; 2) as eventuais despesas com automóveis para ir-se a Perdões; 3) quais os dias de festas e quais seriam os fatos a serem observados, isto é, se haveria, por exemplo, congada, caiapó, moçambique, cavalhada e etc. (SEF, doc. 95).

A realização da viagem a Atibaia e Perdões não é confirmada por nenhum documento. O contato com Conti, no entanto, resulta em novo convite ainda no final de 1938, para assistir a congadas e cavalhadas realizadas nos festejos de Natal em Atibaia. Essa viagem é noticiada pelo jornal *O Estado de S. Paulo* na véspera de natal de 1938, que informa ter sido a comitiva formada pelos mesmos Rubbo Müller, Luís Saia e Mário Wagner Vieira da Cunha, "acompanhados de técnicos em gravação e cinematografia que procederão ao trabalho de colheita para o arquivo da referida associação" (SEF, doc. 273). Outro documento – uma prestação de contas feita em 1939 – sugere a realização de mais uma viagem, mas não menciona a ida de outros membros da SEF, nem gastos com a contratação de técnicos, somente com a compra e revelação de filmes (SEF, doc. 44). Nem os filmes, nem as fotos, contudo, foram encontrados.

As menções às excursões a localidades muito próximas, ou de fácil acesso, são abundantes no *corpus* aqui reunido, ainda que menos passíveis de acompanhamento minucioso. Além das viagens relatadas e fotografadas por Lévi-Strauss (1955, 1994, 1996), que incluíram excursões ao litoral, ao Paraná, ou ao norte do Estado, alcançando Goiás, somos informados, pela *Revista do Arquivo*, de várias delas. Por exemplo, de uma ida de Dreyfus e Lévi-Strauss a Pirassununga, onde fizeram sondagens arqueológicas que renderam algumas peças ao Museu de Etnografia organizado por Plínio Ayrosa e Ruy Tibiriçá na Faculdade de Filosofia (*RAM*, ns. XXVIII e XXIX);[29] do trabalho de Marciano dos Santos, aluno do curso de etnografia, que estudou a dança de São Gonçalo em Guarulhos, e "informou-se" sobre as mesuras da dança em "Mogi das Cruzes, Jacareí, M'Boi, Santo Amaro" (Santos, 1937, p. 116) e ainda do trabalho de conclusão do Curso de Etnografia de Oneyda Alvarenga, que estudou o cateretê realizado na sua cidade natal, Varginha (Alvarenga, 1937). Mário de Andrade, junto ao então deputado estadual e consultor jurídico municipal Paulo Duarte, por sua vez, fizeram, em junho de 1937, uma excursão para mapeamento de monumentos históricos por M'Boi, São Miguel e Carapicuíba (*RAM*, n. XXXVII) – lugar onde Mário afirma também ter observado a Festa de Santa Cruz (Andrade, 1937b, p. 55); Luís Saia, por seu turno, apresentou pesquisas feitas em Carapicuíba e em Bertioga (SEF, doc. 68, 116, 255, 331, 344); Rubbo Müller estudou "o corso das carroças de lenha em Jundiaí", sua cidade natal (*Boletim*, n. 7), talvez inspirado pelas carroças que Mário estudou no

29 Encontramos em *Saudades de São Paulo* fotos de Dina Dreyfus manipulando uma sonda arqueológica em uma plantação de café, e também de Mário de Andrade indagando sobre folclore em uma das viagens realizadas em grupo (Lévi-Strauss, 1996, p. 11 e 19).

texto sobre a "Entrada dos Palmitos"; além disso, o secretário de Mário, José Bento Faria Ferraz, foi a Nazaré Paulista, São José dos Campos e Jacareí em busca de festas e danças populares (SEF, doc. 284). Encontramos, além disso, registros de excursões a Itapecerica da Serra, Santo Amaro, Santa Isabel e Praia Grande.

Usando as novas técnicas para fixar o infixável

Sabemos que a pauta de estudos sobre a cultura popular seguida naquele momento por Mário de Andrade (especialmente sobre música e dança), mobiliza o recurso ao registro fonográfico, fotográfico e cinematográfico, cuja técnica foi ensinada por Dina Dreyfus no Curso de Etnografia. Os registros produzidos por equipamentos comprados pelo DC no fim de 1937[30] comporiam o acervo da Discoteca Pública Municipal, junto à qual funcionava a sede da própria Sociedade. Essas técnicas eram discutidas em algumas das monografias, seguindo as instruções de Dreyfus de complementar o registro com comentários detalhados sobre sua produção. Oneyda Alvarenga relata as desventuras e subterfúgios envolvidos na filmagem de um cateretê realizado especialmente para o registro:[31]

> Acompanha esta monografia um filme Pathé-Baby de 20 metros, sem pretensões a documento sério, simplesmente a título de curiosidade. Foi tirado durante o cateretê nela descrito, apresentando alguns momentos da dança, e exclusivamente pra agradar os dançadores, entusiasmados com o fato de se verem cinematografados. [...] Faltaram as damas, o que desvirtuou o cateretê; e o terreiro muito pequeno em que teve lugar, apertado a um barranco e a um depósito de lixo, não permitia a movimentação necessária para se pegar bem os dançadores. Focalizamos apenas alguns momentos, e mesmo assim mal. Acrescente-se a tudo isso que a luz não era favorável e o fotógrafo que nos auxiliou nunca mexera com uma Pathé-Baby, nem nunca se encontrara em semelhantes arranjos etnográficos... (Alvarenga, 1937, p. 68-69).

30 Conforme Carlini (1994), a Prefeitura adquiriu um gravador Presto Recorder de 16" com amplificador e pré-amplificador, uma Câmera Rolleiflex mod. 938 com lente, um cronógrafo de metal cromado marca Electra, Dispositivo Rolleickin e 2 microfones dinâmicos, além de diferentes filmes, lentes, filtros, motores, baterias, tripés, cabos, geradores, engrenagens e estojos. Ele também lista as gravações realizadas pela discoteca em localidades como Itaquaquecetuba e Lambari.

31 O filme "Cateretê", um master mudo de 9,5 milímetros, encontra-se ainda hoje no acervo da Discoteca Oneyda Alvarenga, no Centro Cultural São Paulo.

Mário de Andrade, em "O Samba Rural Paulista" (1937d), reflete por sua vez sobre a dificuldade de gravação do folclore musical brasileiro, quando o excesso de sensibilidade do microfone pode se transformar em uma insensibilidade do ponto de vista da investigação folclórica: o pesquisador deve mediar as relações entre homens e máquinas, impedindo que a câmera e o microfone inibam o cantor, ou que a voz humana desapareça sob o som dos tambores no registro mecânico.

> Há que recorrer à gravação por meios mecânicos, disco e filme. Convém todavia não esquecer as deficiências das insensíveis máquinas registradoras. Pelas experiências já feitas na Discoteca Pública, para casos mais ou menos idênticos, os cantadores, os solistas, as figuras vocalmente principais do samba, como da Congada ou do cateretê, perdem totalmente ou quase, a perfeição rítmica e a facilidade de entoar, quando parados e postos à parte da dança. Não é pois possível, ou será dificílimo, pô-los junto a um microfone, pra que cantem fora da dança ou sem ela. É o microfone que terá de ir a eles e não eles virem aos microfones. Mas, pressuposto um microfone móvel, que pelo ar fosse conduzido junto à boca dos cantadores principais, e se movesse com estes, como estes estão misturados na dança aos instrumentos de percussão e dominados pelo ruído, o insensível microfone registraria tudo, um estrondo ritmado em que não se poderia distinguir bem a melodia e muito menos o texto. A deficiência continuaria bem grande (Andrade, 1937d, p. 45).

Segue-se uma longa consideração técnica sobre as desvantagens de cada uma das soluções testadas, que não implicam uma recusa dos meios mecânicos, antes uma complementação entre os registros feitos por máquinas, e aqueles feitos por "observadores humanos", no caso, "pesquisadores especializados".

> O registro não será no caso o mais importante. Será um complemento das colheitas por meios manuais, destinado apenas a fixar o infixável por meios não mecânicos: timbre, sonoridade geral, possivelmente algumas variantes e (filme) o aspecto geral e particularidades individualistas da coreografia (*Ibidem*, p. 45).[32]

---

32 Carlini (1994) explica que essa forma de trabalho resulta de "Várias tentativas [...] efetuadas pela Discoteca Pública Municipal para minimizar o registro do estrondo ritmado causado pelos instrumentos de percussão. Ainda em 1937, em registros fonográficos experimentais, procurou-se diminuir a presença sonora dos instrumentos de percussão nas gravações em discos de acetato por três formas: '[...] colocando-a num terceiro plano afastado, diminuindo-lhe a intensidade pela exclusão de instrumentos redobrados, e finalmente pedindo aos tocadores executassem com menos força as batidas'. No entanto, as gravações experimentais demonstraram que, apesar da obtenção de registros sonoros tecnicamente melhorados, tais recursos terminavam por prejudicar a validade científica do

O próprio Lévi-Strauss rememorou em 2005 seu incômodo com o aparelho fotográfico em campo, em trecho que aponta para o caráter experimental e tentativo dos filmes realizados entre os Kadiwéu e Bororo.

> Quando de minha primeira expedição entre os Bororo, havia levado uma câmera portátil muito pequena. E ocorreu-me de tempos em tempos de apertar o botão e tirar algumas imagens, mas perdi o gosto muito rapidamente, porque quando se tem os olhos por trás de uma objetiva de câmera, compreende-se ainda menos (Lévi-Strauss, 2005, p. 21-22, tradução feita por mim).

Nos experimentos conjuntos da Discoteca Pública Municipal e da Sociedade de Etnografia e Folclore, os limites do registro mecânico para a produção de etnografia ou estudos folclóricos são pensados principalmente em termos (1) da necessidade de aprimoramento técnico, (2) da interferência que ele causa na relação com as populações pesquisadas e (3) da necessidade de cercá-los de informações complementares que idealmente acompanhariam filmes e gravações (segundo uma orientação sempre repetida por Dina Dreyfus no Curso de Etnografia).

Se Mário se refere ao *infixável* como um conjunto de processos, como o improviso no canto popular, muito difíceis de registrar manualmente (Andrade, 1942), em décadas recentes os registros resultantes desses experimentos de registro parecem responder ao propósito de fixar uma realidade *infixável* em termos da duração das formas da vida social e cultural. Frente a ambos propósitos, no entanto, a distância entre registro e experiência parece ser irreconciliável. No prólogo a *Saudades do Brasil* (1994, p. 9), Lévi-Strauss traz à luz o paradoxo de que suas fotos, para ele incapazes de reter a sua experiência no Brasil, sejam o único acesso de novas gerações a um passado agora de fato desaparecido:

> Examinadas de novo, essas fotografias me dão a impressão de um vazio, de uma falta daquilo que a objetiva é intrinsecamente incapaz de captar. Percebo o paradoxo que há, de minha parte, em publicá-las em maior número, mais bem reproduzidas e muitas vezes enquadradas de um modo que não o permitia o formato de *Tristes Trópicos*, como se, ao contrário do que acontece comigo, elas pudessem oferecer substância a um público, não apenas porque ele não esteve lá e deve con-

documento, pois sua utilização acarretava em perda na naturalidade dos informantes populares [...]". A gravação mais importante, no caso do samba, seria no momento de improvisação que o precede, sendo a naturalidade e a espontaneidade um aspecto fundamental da coleta.

> tentar-se com esse mudo comércio de imagens, mas sobretudo porque tudo isso, revisto no local, se mostraria irreconhecível e até mesmo, sob muitos aspectos, simplesmente não existe mais.

A dimensão do tempo recuperada retrospectivamente por Lévi-Strauss reverbera à distância outro motivo condutor dos trabalhos realizados e apresentados no quadro da Sociedade de Etnografia e Folclore: o da perda ou desaparição das formas culturais, especialmente por conta do contato com "o progresso e o internacionalismo", na definição de Mário, que emanavam da metrópole.

A cidade e o tempo: progresso, perda e decadência

A diferença cultural entre a cidade de São Paulo e seus arredores é entendida no *corpus* aqui recuperado como distinção geográfica e temporal, de forma que os temas de pesquisa de uma investigação sobre a cultura brasileira poderiam ser trabalhados, ou através de pesquisas de campo fora da cidade de São Paulo, ou em levantamentos sobre o passado anterior ao crescimento econômico e demográfico da capital: patrimônio arquitetônico, personagens, práticas e costumes, genealogias e reconstruções da paisagem do "nosso pobrezinho passado colonial", nas palavras de um vereador (*RAM*, n. XXXVII, p. 241-2), que aos poucos desaparecia na metrópole.

O mapeamento dos objetos de pesquisa em jogo segue, assim, uma lógica muito disseminada na produção antropológica na longa duração (Fabian, 1983), articulando os problemas de pesquisa da SEF aos da Sub-Divisão de Documentação Histórica e Social. "O problema recorrente da procura das origens ou raízes", identificado por Rubino (1995, p. 495), tem como seu espelho o do destino da cidade em expansão.

Essa lógica permite que etnografia, folclore e história se sobreponham constantemente. Vimos que a prática da pesquisa em etnografia envolvia já um extenso trabalho relativo à sistematização de informações disponíveis em fontes históricas e bibliográficas – o que Dreyfus e Lévi-Strauss chamaram de "*dépouillement*". A superposição do "outro" cultural ao "outro" histórico é manifesta também na quantidade de sócios da SEF que eram, muitas vezes, membros do Instituto Histórico Geográfico, como Plínio Ayrosa, Sebastião Almeida de Oliveira (tabelião em Tanabi) e Paulo Duarte.

A preservação do patrimônio histórico, artístico e arquitetônico, por sua vez, mobiliza a excursão como forma de acesso ao passado. Um evento muito significativo nessa direção é a "Campanha Contra o Vandalismo e o Extermínio" pela defesa dos "monumentos históricos" paulistas, levada adiante por Paulo Duarte e lastreada pelos trabalhos históricos publicados na *Revista do Arquivo* (realizados em geral por membros do Instituto Histórico e Geográfico de São Paulo como Afonso d'Escragnolle Taunay e Ayrosa).

Essa campanha foi amplamente noticiada na *Revista*, a começar pela republicação de um relato de Paulo Duarte no *O Estado de S. Paulo*, onde ele narra uma excursão junto a Mário de Andrade pelos arrabaldes de São Paulo, em meados de 1937, quando o Serviço do Patrimônio Histórico e Artístico Nacional funcionava em caráter experimental.[33] Aqui, a associação entre imigração e perda cultural na observação dos arredores de São Paulo se manifesta de forma explícita.

> Fomos a Mboy e a São Miguel e, nesses velhos lugares, não fizemos outra coisa senão engrossar nossa desilusão. Íamos mais ou menos magoados, desde Carapicuíba velha, onde, para chegar, nem jeito existe, tal o mau estado do caminho estreito que liga o antigo aldeamento à estrada de Cotia. O quadrado do casario, sempre o mesmo das antigas aldeias que necessitavam defender-se contra o índio, a maior parte em ruína ou devastado... Um telhado novo mostrava, pelas pobres relíquias da velha Piratininga, a indiferença do japonês, que aproveitou as paredes de pau a pique, rasgando nelas a porta larga de uma garagem adventícia coberta de telha francesa [...] (*RAM*, n. XXXVII, p. 235-236).[34]

No arquivo da Sociedade de Etnografia e Folclore, a questão dos monumentos históricos aparece aqui e ali: na aula de Dina Dreyfus sobre o estudo da habitação (na sua perspectiva, um trabalho de cultura material e portanto associado à etnografia); na conferência de Luis Saia sobre arquitetura popular referida anteriormente e em uma

33 Pouco depois, em 6 de outubro de 1937, Duarte apresenta na Assembleia Legislativa o Projeto de Lei que criou o Departamento do Patrimônio Histórico e Artístico do Estado de São Paulo.

34 À destruição, soma-se a pobreza percebida na arquitetura colonial do Estado de São Paulo, principalmente em contraste com o barroco de Minas Gerais, como mostra Mário no primeiro número da Revista do Serviço do Patrimônio Histórico e Artístico Nacional, em artigo sobre "A capela de Santo Antonio" em São Roque – prospectada com Paulo Duarte e Luís Saia: "Vagar assim, pelos mil caminhos de São Paulo, em busca de grandezas passadas, é trabalho de fome e de muita, muita amargura. Procura-se demais e encontra-se quase nada. Vai subindo no ser uma ambição de achar, uma esperança de descobrimentos admiráveis, quem sabe se em tal capela denunciada vai-se topar com alguma S. Francisco? Já não digo inédita como a de São João d'El Rei, mas pelo menos tão linda como a de João Pessoa... E encontramos ruínas, tosquidões. Vem a amargura. Uma desilusão zangada que, de novo, a gente precisa tomar cuidado para que não crie, como a fome criara, nova e oposta miragem" (Andrade, 1937a, p. 119).

pequena nota de Mário de Andrade intitulada "Roteiro de pesquisas a fazer" (SEF, doc. 357). A citação de Mário de Andrade que serve de epígrafe a este artigo associa também os monumentos jesuíticos que interessavam do ponto de vista do patrimônio e o folclore de "origem jesuítica" – associação que se desdobra até hoje na ideia de patrimônio imaterial.

Nada disso impede que, no caso de Pirapora, Mário de Andrade ironize a quebra de suas expectativas quanto à espacialidade da degradação cultural:

> O mais humorístico do caso é que o grupo de samba que estudei em Pirapora, tinha ido de São Paulo. É verdade que a minha viagem não se destinara especialmente a isso, mas não tem dúvida que parei uma noite em Pirapora, fatigadíssimo e poento, pra colher coisas paulistanas que se realizam às minhas próprias barbas desatentas. [...] E embora dançassem com muito barulho e entusiasmo, às 23 horas o samba estava praticamente acabado. Pinga, sexo, falta de emulação, decadência talvez. Pude partir sem remorso (Andrade, 1937d, p. 39).

A decadência, que Mário sutilmente põe em questão nesse trecho, articula o paradoxo da proximidade desses "arrabaldes": facilidade de pesquisa e desaparição iminente. Mário Wagner Vieira da Cunha, trabalhando nesses termos, creditava a decadência da festa de Pirapora, para ele certa, ao "desenvolvimento das comunicações". Agora, que se podia viajar

> [...] cômoda e economicamente de ônibus [...] decaiu extraordinariamente o espírito de grupo. Não há mais romarias. É fácil a cada um vir sozinho por sua conta e risco. [...] Perdeu o caráter de provação. Deixou de fazer parte da promessa (Cunha, 1937, p. 31-32).

A sua descrição desse processo procura dar conta do papel dos diversos atores na transformação da festa. A cor, a nacionalidade e a idade das personagens contribui decisivamente na caracterização dos respectivos papéis, vide o "negro velho" e as "meretrizes de nacionalidade estrangeira".[35] Marciano dos Santos abria seu trabalho sobre

35 "[...] cresceu o número de pessoas que aí vieram somente atraídas pela festa profana. Tais indivíduos influem de dois modos principais na festa. Primeiramente, contribuem para a decadência da festa. São elementos estranhos a se introduzirem no samba. Formam-se entre os moços e moças de cor negra grupos de sambadores que não se filiam a nenhum batalhão e que estão em todas as festas realizadas nas cidades próximas de São Paulo. Cantam e dançam mal o samba. Não guardam tradições. Também essa massa de indivíduos alheios ao culto do Santo, tende a exagerar os aspectos de licenciosidade da

a dança de São Gonçalo em Guarulhos dizendo que este era "um costume tradicional prestes a desaparecer tragado pela miscelânea dos hábitos novos que vêm das metrópoles" (Santos, 1937, p. 85).

Embora não parecesse fazer sentido realizar pesquisas de cunho etnográfico e folclórico na cidade "lustrosa" – centro irradiador do "progresso" e do "internacionalismo –, indícios de tentativas podem ser encontrados no *corpus*. As primeiras investigações sobre o "samba rural", Mário de Andrade as havia feito no carnaval em São Paulo: após anotações feitas em 1931 e 1933 "por desfastio de amador", ele diz ter procurado fazer anotações mais sérias no carnaval de 1934, mas o ambiente da cidade já teria iniciado o seu processo de corrosão cultural, com fatores parecidos aos registrados por Mário Wagner em Pirapora: brancos libertinos atrapalhando e interferindo na festa, o que resulta em um samba desanimado: "São Paulo era inóspito para a folia deles" (Andrade, 1937d, p. 38).

O sentido de dissolução cultural repercute também nas dificuldades de se falar em uma religião afro-brasileira na cidade de São Paulo nos termos discutidos então nos Congressos Afro-brasileiros e estimulados pela participação do médico e etnólogo Arthur Ramos no Curso de Etnografia e na SEF.[36] Essas dificuldades eram traduzidas na ênfase, quando dos preparativos para a comemoração dos cinquenta anos da abolição da escravatura, no folclore negro, entendido antes como "reminiscência" que como "religião". O professor da Faculdade de Direito, Dalmo Belfort de Mattos, explicita o prognóstico negativo sobre as "macumbas em São Paulo" na primeira conferência na SEF concernente às religiões afro-brasileiras: a presença negra na cidade é numericamente desprezada e a religião não é considerada legítima, seus praticantes sendo

---

festa. São os meneios imorais do samba o que mais aplaudem. É a oportunidade de gestos livres que procuram nesses dias. Um negro velho nos observava que não se dança mais um "samba limpo" em Pirapora. Queria referir-se ao fato de que se esfregam muito ao dançar. Finalmente, é à introdução desses indivíduos que se deve atribuir, conjuntamente com a quebra do espírito de grupo, o aparecimento de indivíduos "valentões", promotores de desordem. [...] esses elementos estranhos ao dever piedoso vão imprimindo à festa um cunho cosmopolita. São jogadores e vendedores a introduzir tipos de barraca, artigos e diversões que há por toda parte. São os bailes com músicas modernas. São as próprias meretrizes de nacionalidade estrangeira a passearem seus vestidos de seda e suas pernas desnudas muito brancas nas ruas da pequenina cidade. Vão-se apagando os traços peculiares da festa" (Cunha, 1937, p. 33).

36 Arthur Ramos realiza uma conferência no Curso de Etnografia publicada na *Revista do Arquivo* (Ramos, 1936) e participa como jurado num concurso organizado pela seção "Arquivo Etnográfico". Em 1941, ele fundará a Sociedade Brasileira de Arqueologia e Etnologia, a SBAE.

caracterizados como "embusteiros" descrentes da "eficácia do ritual que praticam", e incapazes de promover "um culto devidamente organizado (*Boletim*, n. 5).[37]

Não é de surpreender, portanto, que não conste nos questionários enviados para o Estado a localidade "São Paulo", nem os nomes de bairros da cidade. A correspondência da SEF revela que apenas um sócio, Henrique Beck Jr, remete informações sobre "usos e costumes" no bairro do Jaçanã (SEF, doc. 175). No quadro do Departamento de Cultura, a atenção ao folclore se revela principalmente em pesquisas e em atividades educativas com crianças, reverberando uma formulação trabalhada por Dina Dreyfus na abertura do Curso de Etnografia segundo a qual o mundo infantil é um dos universos de alteridade a serem explorados pelo etnógrafo e um repositório de formas culturais transformadas que se presta à investigação arqueológica.[38] Assim, na linha de estudo dos questionários, encontramos apenas uma referência de Nicanor Miranda, o responsável pelos Parques Infantis que se tornaria em 1938 presidente da SEF, a um inquérito de superstições realizado em junho de 1938 entre as crianças que os frequentavam. No que se refere à tradição almejada pelas disciplinas da etnografia e do folclore, a cidade era vista como local de passado saudoso e de futuro incerto e, principalmente, como centro contaminador dos "arredores" frequentados pelos folcloristas no tempo livre.

Rupturas, ramificações e desdobramentos: os tempos do laboratório

O *corpus* aqui recuperado, nas questões que organiza e na sua própria configuração, permite ao pesquisador refletir sobre os tempos e historicidades em jogo na institucionalização das ciências sociais em São Paulo.

Quanto às concepções sobre a história que orientam as atividades de pesquisa acompanhadas, é nítida a resistência a pesquisas etnográficas e folclóricas na cidade

37 Outra versão da conferência foi publicada na *Revista do Arquivo*, n. XLIX, sob o título "macumbas de São Paulo".

38 Dina Dreyfus, embora critique a generalização de um outro pensado como "a criança, o louco, o homem do passado e o primitivo" em oposição a um "nós" entendido como "branco, adulto e civilizado", estimula que se recorra aos brinquedos, jogos e desenhos infantis para procurar formas antigas da cultura estudada, além de parecer endereçar parte de seus métodos às instrutoras de Parques Infantis e a funcionários da Colônia do Juquery. O problema do mapeamento dessa cultura original, no entanto, não era ponto pacífico nem para ela, nem para Lévi-Strauss, nem para Mário de Andrade, que em diferentes textos apontam as limitações dos métodos disponíveis para construir hipóteses confiáveis nesse sentido.

de São Paulo. A capital aparece preferencialmente sob a leitura dos levantamentos estatísticos e dos parâmetros da antropologia física, que seriam os métodos adequados a uma situação compreendida como posterior a mudanças culturais corruptoras do Brasil mais "primitivo" ou "rural" visado pela etnografia e pelo folclore. Nos subterrâneos das divisões geográficas e disciplinares que organizavam os territórios da cidade de São Paulo e de seus "arredores" para as ciências sociais, contudo, os processos de imigração, miscigenação e de assimilação mapeados pelos levantamentos na cidade parecem espelhar, na transformação intensa da cidade, os turbulentos percursos históricos de reminiscências, sincretismos e traços de origens diversas exumados nas fontes escritas ou registrados nas festas, danças e ritos populares.

Um desdobramento dessa lógica de distinção cultural e disciplinar no espaço e no tempo pode ser encontrado na subsequente forma de pesquisa associada à experiência da Sociedade de Etnografia e Folclore, a das "missões" ou "expedições" – na Missão de Pesquisas Folclóricas do Departamento de Cultura e na Missão Lévi-Strauss-Vellard à Serra do Norte, ambas realizadas em 1938. Essa forma de trabalho pode ser lida à luz do que vimos aqui, como um novo passo da fuga da cidade, tanto no que se refere à etnografia, voltada a povos indígenas, como ao folclore, concentrado no mundo rural. Se a realização desses novos e mais ambiciosos empreendimentos sofrerá os constrangimentos causados pela mudança no cenário político, obrigando os expedicionários a recorrerem a diferentes subterfúgios para levar suas viagens a bom termo, isso não impede que as excursões aos entornos de São Paulo sejam, em relação a essas grandes viagens, ensaios preparatórios e exercício de práticas de trabalho de campo (Toni, 1985; Carlini, 1994; Grupioni, 1998).

Do ponto de vista do historiador da disciplina, uma certa obsessão metodológica (especialmente a cargo de Dina Dreyfus e de Samuel Lowrie)[39] e o consenso em torno da necessidade de se formar bases de dados confiáveis para construir elaborações teóricas suscitaram a produção de documentos notavelmente detalhados sobre as práticas de pesquisa. Esse grau de detalhe, associado à efemeridade da experiência, permite um recorte um tanto brusco a partir da gestão de Prestes Maia, quando decai significativamente a atividade do DC, permitindo ao investigador de hoje uma observação muito aproximada e minuciosa dos pequenos acontecimentos envolvidos no estabelecimento de um laboratório de pesquisa social. Se tal recorte poderá, aos mais afeitos à visão

39 A respeito das contribuições desses dois pesquisadores para a sistemática de pesquisa no Departamento de Cultura, ver também o trabalho de Cerqueira (2010).

panorâmica, parecer um tanto míope, ele tem a vantagem de dar a ver as controvérsias e hesitações de pesquisadores num cenário ainda muito maleável quanto aos temas e formas de pesquisa a serem levados adiante. O tateio manifesto no *corpus* quanto a formas de dividir problemas e tarefas, graus de profissionalização e territórios de investigação traz à tona, assim, uma série de virtualidades não aproveitadas na história das ciências sociais em São Paulo.

O que não quer dizer, evidentemente, que não se possam reconhecer linhas de pesquisa e formas de trabalho que perdurarão em disciplinas diversas através das conexões do Departamento de Cultura com os pesquisadores da época, que se justificam principalmente pela permanência de Sérgio Milliet no cargo de diretor até 1943, e pelas atividades de Luís Saia no SPHAN nas décadas seguintes. A cadeira de Geografia Humana da USP, sob a orientação do sócio da SEF, Pierre Monbeig, continuará ainda por muitos anos realizando suas excursões com alunos, prática que perdura até hoje. No âmbito da formação dos arquitetos, um trabalho recente de João Sodré (2010) mostra como, na esteira das excursões realizadas em torno do SPHAN, a prática das viagens de aprendizado – tanto para o contato com a arquitetura histórica como com a arquitetura moderna no Brasil – se enraizará nas décadas seguintes sob influência direta do também sócio Luís Saia.

No ambiente das ciências sociais, as formas de trabalho e linhas de pesquisa parecem se desdobrar seguindo caminhos mais sinuosos, especialmente à luz da escassez dos caminhos disponíveis aos formados nas primeiras turmas da USP e da ELSP e da substituição dos professores Lévi-Strauss e Lowrie em fins da década de 30. Os cientistas sociais recém-formados que participaram da Sociedade de Etnografia e Folclore desenvolvem suas carreiras, seja como monitores nas escolas, seja viajando para o exterior, e nem sempre chegam a dar continuidade às linhas de trabalho experimentadas no Brasil – casos, por exemplo, de Lavínia Costa Villela e de Mário Wagner Vieira da Cunha. Por outro lado, os dois professores que substituem Lévi-Strauss e Lowrie – Roger Bastide na USP e Donald Pierson na ELSP – dão, cada um a seu modo, continuidade ao laboratório aqui reconstruído.

Roger Bastide mantém diálogos sistemáticos com Mário de Andrade (Peixoto, 2000) e orienta discussões e pesquisas sobre folclore e religião na cidade de São Paulo, entre as quais destaca-se o famoso trabalho de Florestan Fernandes, "As trocinhas do Bom Retiro" (1944). O trabalho de Florestan Fernandes será, por sua vez, o primeiro passo de uma tensa discussão sobre a constituição do folclore como disciplina que marcará a inserção desse campo de estudos nas universidades brasileiras ao longo do século XX (Vilhena, 1997).

O trabalho de Isabela Oliveira publicado neste volume discute em maior detalhe as atividades e a perspectiva desenvolvidas por Donald Pierson na ELSP. Como indícios de uma continuidade em relação às atividades recuperadas aqui, podemos lembrar que Pierson rememorou, em depoimento concedido ao Projeto História da Antropologia no Brasil em 1982, a ênfase impressa na pesquisa empírica e a realização de viagens com os alunos – que se desdobrarão em trabalhos como *Cruz das Almas* (1947). Nesse trabalho específico, aliás, a proximidade da capital é definida como fator determinante na seleção da cidade a ser estudada.[40] Pierson chega a adotar a Divisão de Documentação Histórica e Social do Departamento de Cultura como espaço de trabalho, afirmando nesse depoimento que a prática de "preparar alunos como pesquisadores profissionais embrionários, não só nas aulas mas também no 'campo', fazendo pesquisas, eles mesmos, sob a supervisão de um pesquisador mais experiente (ao menos um pouco)" teria inspirado Julian Steward no desenho de um instituto de antropologia social na *Smithsonian Institution* (Pierson, *apud* Corrêa, 1987).

Embora estudos sobre diferentes aspectos da experiência de criação do Departamento de Cultura e da gestão de Mário de Andrade sejam cada vez mais frequentes nas últimas décadas, os relatos e uma parte significativa da bibliografia existente tendem a lamentar a sua brusca interrupção e a distância entre a amplitude dos projetos e os resultados efetivamente alcançados ou consolidados na política pública em São Paulo e no Brasil. A dinamicidade do laboratório social que recuperada neste levantamento, a sua importância na formação dos primeiros cientistas sociais profissionais da USP e da ELSP e os indícios de seus desdobramentos nas práticas e questões das ciências humanas em São Paulo apontam, no sentido contrário, para a necessidade de aferir com mais calma as continuidades e descontinuidades dessa experiência com os rumos tomados pelas ciências sociais em São Paulo e no Brasil.

40 "[...] para pesquisa mais extensiva e prolongada, em perspectiva, porém não muito distante da capital paulista, de modo que a ida e volta dos alunos e a minha ao campo de pesquisa ficariam mais fáceis. Foram visitados vários pequenos povoados [...]" (Pierson, *apud* Corrêa, 1987, p. 44).

Referências Bibliográficas

ACERVOS CONSULTADOS

Fundo Sociedade de Etnografia e Folclore – Centro Cultural São Paulo.

Filmes da Discoteca Pública Oneyda Alvarenga – Centro Cultural São Paulo.

Arquivo do Projeto História da Antropologia no Brasil – Acervo Edgard Leuenroth.

Correspondência Passiva de Mário de Andrade – Instituto de Estudos Brasileiros da USP.

Arquivo Castro Faria – Museu de Astronomia e Ciências Afins da UFRJ.

Fundo do Conselho de Fiscalização das Expedições Artísticas e Científicas no Brasil do Arquivo de História da Ciência do Museu de Astronomia e Ciências Afins da UFRJ.

FONTES DE PESQUISA

ALVARENGA, O.; ANDRADE, M. *Mário de Andrade-Oneyda Alvarenga: cartas*. São Paulo: Duas Cidades, 1983.

ALVARENGA, O. "Cateretês do Sul de Minas Gerais". *Revista do Arquivo Municipal*, ano 3, vol. XXX, dez. 1936, p. 31-70.

_______. (org.). *Arquivo folclórico da Discoteca Pública Municipal.* Primeiro volume: melodias registradas por meios não mecânicos. São Paulo: Prefeitura do Município de São Paulo/Departamento de Cultura, 1946.

_______. (org.). *Arquivo folclórico da Discoteca Pública Municipal.* Segundo volume: Catálogo ilustrado do Museu Folclórico. São Paulo: Prefeitura do Município de São Paulo/Departamento de Cultura, 1950.

_______. *Mário de Andrade, um pouco*. Rio de Janeiro: José Olympio, 1974.

ANAIS do primeiro Congresso da Língua Nacional Cantada. São Paulo: Departamento de Cultura, 1937.

ANDRADE, M. *Danças dramáticas do Brasil.* Estabelecimento do texto, introdução e notas de Oneyda Alvarenga. São Paulo: Livraria Martins, [1934-1944] 1982.

_______. "A capela de Santo Antonio". *Revista do Serviço do Patrimônio Histórico e Artístico Nacional*, n. 1, 1937a, p. 119-125.

_______. "A entrada dos palmitos". *Revista do Arquivo Municipal*, ano 4, vol. XXXII, 1937b, p. 51-64.

_______. *Namoros com a medicina*. São Paulo: Livraria Martins Editora, [1937c] 1956 (Obras Completas de Mário de Andrade, vol. IX).

_______. "O Samba Rural Paulista". *Revista do Arquivo Municipal*, ano 4, vol. XLI, 1937d, p. 37-142.

_______. "Folclore". In: BERRIEN, W.; MORAES, R. B. (orgs.). *Manual bibliográfico de estudos brasileiros*. Bibliografia organizada por Oneyda Alvarenga. Rio de Janeiro: Gráfica Editora Souza, [1942] 1949.

CATALOGO da Sociedade de Etnografia e Folclore. Coordenação, pesquisa e elaboração de Elizabete Shimabukuro, José Eduardo Azevedo, Zélia Maria Ramos Carneiro, Aparecida Sales Linares Botani. São Paulo: Centro Cultural São Paulo, 2004 (Série Catálogo Acervo Histórico).

CAMARGO, G. "Sintaxe caipira do Vale do Paraíba (excerto do Apêndice)". *Revista do Arquivo Municipal*, ano 4, vol. XXXVII, jul. 1937, p. 49-54.

CASTRO E SILVA, C.; GUIMARÃES, M. S. "Pesquisa sobre a mancha pigmentaria congênita na cidade de São Paulo". *Revista do Arquivo Municipal*, ano 3, vol. XXXVI, jun. 1937, p. 44-70.

CUNHA, M. W. V. "Descrição da festa de Bom Jesus de Pirapora". *Revista do Arquivo Municipal*, ano 4, vol. XLI, nov. 1937, p. 5-36.

_______. "Entrevista com Mário Wagner vieira da Cunha (Edição final de Fernando Antonio Pinheiro Filho e Sergio Miceli)". *Tempo Social*, revista de sociologia da USP, vol. 20, n. 2, 2008, p. 259-301.

[DREYFUS] LÉVI-STRAUSS, D. "Funcção theorica e pratica da ethnographia". *O Estado de São Paulo*. São Paulo, 29 mai. 1936a.

_______. *Instruções Práticas para Pesquisas de Antropologia Física e Cultural*. São Paulo: Direção do Departamento Municipal de Cultura, 1936b.

_______. "Société d'ethnographie et de folklore de São Paulo (Brésil)". *Journal de la Société des Américanistes*, année 1937, vol. 29, n. 2. p. 429-431.

"ESTATUTOS da Sociedade de Etnografia e Folclore". Separata da *Revista do Arquivo Municipal*, n. XXXIX, set. 1937. p. 103-112.

FERNANDES, F. *Folclore e mudança social na cidade de São Paulo*. São Paulo: Anhambi, 1961.

KANTOR, I.; MACIEL, D. A.; SIMÕES, J. *A Escola Livre de Sociologia e Política: anos de formação 1933-1953: depoimentos*. São Paulo: Escuta, 2001.

LÉVI-STRAUSS, C. "Em Prol de um Instituto de Antropologia Física e Cultural". *Revista do Arquivo Municipal*, ano 2, vol. XVIII, 1935b, p. 247-263.

_______. *Tristes Trópicos*. Tradução de Rosa Freire D'Aguiar. São Paulo: Companhia das Letras, [1955] 2004.

_______. *Saudades do Brasil*. São Paulo: Companhia das Letras, 1994.

_______. *Saudades de São Paulo*. São Paulo: Instituto Moreira Salles/Companhia das Letras, 1996.

_______. "Lettres à Mário de Andrade". *Les Temps Modernes*, n. 628, 59e année, aôut-sept.-oct. 2004, p. 255-263.

_______. *Loin du Brésil – entretien avec Véronique Mortaigne*. Paris: Chandeigne, 2005.

LOWRIE, S. "Ascendência das crianças registradas no Parque D. Pedro II". *Revista do Arquivo Municipal*, ano 4, vol. XXXIX, set. 1937, p. 261-274.

______. "Ascendência das crianças registradas nos Parques Infantis de São Paulo". *Revista do Arquivo Municipal*, ano 4, vol. XLI, nov. 1937b, p. 267-278.

______. "Origem da população de São Paulo e diferenciação das classes sociais". *Revista do Arquivo Municipal*, ano 4, vol. XLIII, jan. 1938, p. 195-212.

MILLIET, S. "A representação dos fenômenos demográficos". *Revista do Arquivo Municipal,* ano 4, vol. XLIII, jan. 1938, p. 213-218.

"MISSION Tristes Tropiques". *Libération,* Livres. Paris, 1 set. 1988.

PAULA SOUZA, R. "Contribuição à etnologia paulista". *Revista do Arquivo Municipal,* ano 3, vol. XXXI, jan. 1937, p. 95-105.

PRADO, D. A. "Saudades de Lévi-Strauss". *Folha de São Paulo,* 12 abr. 1996.

RAMOS, A. "As culturas negras do Brasil". *Revista do Arquivo Municipal,* ano 3, n. 25, jul. 1936, p. 113-128.

SAIA, L. "Um detalhe de arquitetura popular". *Revista do Arquivo Municipal,* ano 4, vol. XL, out. 1937, p. 15-22.

SANTOS, M. "A dansa de São Gonçalo". *Revista do Arquivo Municipal,* ano 3, vol. XXXIII, mar. 1937, p. 87-116.

SCHADEN, E. "Os primeiros tempos da Antropologia em São Paulo". *Anuário Antropológico 82,* 1982, p. 251-258.

TRAVAUX du 1er Congrès International de Folclore. Avant-propos de M. Georges Huisman. Tours: Arrault et Cie, 1938.

BIBLIOGRAFIA

ALCANTARA, A. A. *Paulo Duarte entre sítios e trincheiras em defesa da sua dama – a Pré-História.* Dissertação de mestrado (Arqueologia). São Paulo, Museu de Arqueologia e Etnologia-USP, 2008.

AMOROSO, M. "Sociedade de Etnografia e Folclore (1936-1939) – Modernismo e Antropologia". In: *Catálogo da Sociedade de Etnografia e Folclore.* São Paulo: Centro Cultural São Paulo, 2004.

BLAY, E. A.; LANG, B. S. G. *Mulheres na USP: Horizontes que se abrem.* São Paulo: Humanitas, 2004.

BRUNO, M. C. O. *O Museu do Instituto de Pré-História: um museu a serviço da pesquisa científica.* Dissertação de mestrado (História Social). São Paulo, FFLCH-USP, 1984.

CARLINI, A. *Cante lá que gravam cá: Mário de Andrade e Missão de Pesquisas Folclóricas de 1938*. Dissertação de mestrado. São Paulo, FFLCH-USP, 1994. Disponível em: <http://www.alvarocarlini.pop.com.br/>. Acesso em 2 jul. 2004.

CERQUEIRA, V. L. C. *Contribuições de Samuel Lowrie e Dina Lévi-Strauss ao Departamento de Cultura de São Paulo*. Dissertação de mestrado (Ciências Sociais com concentração em Antropologia). São Paulo, PUC-SP, 2010.

CONTIER, A. D. *Brasil novo, música, nação e modernidade*. Tese de livre docência. São Paulo, FFLCH-USP, 1988.

CORRÊA, M. (org.). *História da Antropologia no Brasil (1930-1960 – Testemunhos)*. Vol. I: Depoimentos de Donald Pierson e Emilio Willems. São Paulo: Editora da Unicamp/Edições Vértice, 1987.

_______. "Traficantes do excêntrico: os antropólogos no Brasil dos anos 30 aos anos 60". *Revista Brasileira de Ciências Sociais*, 1988, p. 79-98.

_______. *As ilusões da liberdade – A Escola Nina Rodrigues e a Antropologia no Brasil*. Bragança Paulista: Editora da USF/Estudos CDAPH, 2001.

_______. *Antropólogas e Antropologia*. Belo Horizonte: Editora UFMG, 2003.

FABIAN, J. *Time and the other – how anthropology makes its object*. New York: Columbia University Press, [1983] 2002.

GRUPIONI, L. D. B. *Coleções e expedições vigiadas: os etnólogos no conselho de fiscalização das expedições artísticas e científicas no Brasil*. São Paulo: Hucitec/Anpocs, 1998.

LIMONGI, F. "A Escola Livre de Sociologia e Política em São Paulo". In: MICELI, S. (org.). *História das Ciências Sociais no Brasil*, vol. 1. São Paulo: Vértice/Editora Revista dos Tribunais/Idesp, 1989a, p. 217-233.

LIRA, J. T. C. "Naufrágio e galanteio: viagem, cultura e cidades em Mário de Andrade e Gilberto Freyre". *Revista Brasileira de Ciências Sociais*, ano 20, vol. 57, 2005, p. 143-209.

LOPEZ, T. P. A. *Mário de Andrade: ramais e caminho*. São Paulo: Duas Cidades, 1972.

LOPEZ, T. A. "Este dicionário". In: ANDRADE, M. 1981. *Dicionário Musical Brasileiro*. Coordenação Oneyda Alvarenga, 1982-84; Flávia Camargo Toni, 1984-89. Belo

Horizonte: Itatiaia; Brasília: Ministério da Cultura; São Paulo: IEB/Edusp, 1981 (Coleção Reconquista do Brasil, 2ª série, vol. 162).

_______. *Mariodeandradiando*. São Paulo: Hucitec, 1995b.

MAGNANI, J. G. C. "As cidades de *Tristes Trópicos*". *Revista de Antropologia*, vol. 42, n. 1-2, 1999.

NOGUEIRA, A. G. R. *Por um inventário dos sentidos – Mário de Andrade e a concepção de patrimônio e inventário*. São Paulo: Hucitec, 2005.

ORTIZ, R. *Cultura brasileira e identidade nacional*. São Paulo: Brasiliense, 1985.

PEIXOTO, F. "Lévi-Strauss no Brasil: a formação do etnólogo". *Mana*, n. 4, vol. 1, 1998, p. 79-107.

_______. *Diálogos Brasileiros: uma análise da obra de Roger Bastide*. São Paulo: Edusp, 2000.

_______. "A Nação experimental". *Folha de S. Paulo*, 22 maio 2005.

_______. "El diálogo como forma: antropología e historia intelectual". *Prismas*, Revista de história intelectual, n. 12, 2008, p. 17-32.

PEIXOTO MASSI, F. "Franceses e Norte-Americanos nas Ciências Sociais Brasileiras (1930-1960)". In: MICELI, S. (org.). *História das Ciências Sociais no Brasil*, vol. 1. São Paulo: Vértice/Editora Revista dos Tribunais/Idesp, 1989, p. 410-459.

RAFFAINI, P. T. *Esculpindo a cultura na forma Brasil: o Departamento de Cultura de São Paulo (1935-1938)*. São Paulo: Humanitas, 2001.

ROSSETTI BATISTA, M. "O colecionador". In: _______ (org). Coleção Mário de Andrade – Religião e Magia – Música e Dança – Cotidiano. São Paulo: Edusp/IEB-USP/Imprensa Oficial, 2004.

RUBINO, S. "Clubes de pesquisadores – A Sociedade de Etnografia e a Sociedade de Sociologia". In: MICELI, Sérgio (org.) *História das Ciências Sociais no Brasil* (vol. 2). São Paulo: Sumaré, 1995.

SAINT SERNIN, B. "Dina Dreyfus ou la raison enseignante". *Les temps modernes*, n. 516, juillet 1989, p. 142-157.

SAMPIETRI, C. *A Discoteca Pública Municipal de São Paulo (1935-1945)*. Dissertação de mestrado (História Social). São Paulo, FFLCH-USP, 2009.

SANDRONI, C. *Mário contra Macunaíma*. São Paulo: Vértice; Rio de Janeiro: IUPERJ, 1988.

______. "Mário, Oneida, Dina e Claude". *Revista do Patrimônio Histórico e Artístico Nacional*, vol. 30, 2002, p. 234-246.

SCHWARCZ, L. K. M. "O nascimento dos museus no Brasil: 1870-1910". In: MICELI, S. (org.). *História das Ciências Sociais no Brasil*, vol. 1. São Paulo: Vértice/Editora Revista dos Tribunais/Idesp, 1989, p. 27.

______. *O espetáculo das raças – cientistas, instituições e a questão racial no Brasil 1870-1930*. São Paulo: Companhia das Letras, 1993.

SOARES, L. G. *Mário de Andrade e a Sociedade de Etnografia e Folclore, no Departamento de Cultura da Prefeitura Municipal de São Paulo*, 1936-1939. Rio de Janeiro/São Paulo: Funarte/Instituto Nacional do Folclore/Secretaria Municipal de Cultura, 1983.

SODRÉ, J. C. A. *Arquitetura e viagens de formação pelo Brasil 1938-1962*. Dissertação de Mestrado (História e Fundamentos da Arquitetura e do Urbanismo). São Paulo, FAU-USP, 2010.

SOUZA, G. M. *O tupi e o alaúde*. São Paulo: Duas Cidades/Editora 34, [1979] 2003.

TONI, F. C. "Introdução". In: ANDRADE, M. 1981. *Dicionário Musical Brasileiro*. Coordenação Oneyda Alvarenga, 1982-84; Flávia Camargo Toni, 1984-89. Belo Horizonte: Itatiaia; Brasília: Ministério da Cultura; São Paulo: IEB/Edusp, 1981 (Coleção Reconquista do Brasil, 2ª série, vol. 162).

______. *A Missão de Pesquisas Folclóricas do Departamento de Cultura*, vol. 1. São Paulo: Centro Cultural São Paulo, 1985.

TRAVASSOS, E. *Os mandarins milagrosos. Arte e etnografia em Mário de Andrade e Béla Bartók*. Rio de Janeiro: Funarte/Zahar, 1997.

_______. "Mário e o folclore". *Revista do Patrimônio Histórico e Artístico Nacional*, vol. 30, 2002, p. 90-109.

VILHENA, L. R. *Projeto e Missão: o movimento folclórico brasileiro 1947-1964*. Rio de Janeiro: Funarte/Fundação Getúlio Vargas, 1997.

VIAL, A. D. *O colecionismo no período entre guerras: a contribuição da Sociedade de Etnografia e Folclore para a formação de coleções etnográficas*. Dissertação de mestrado (História Social). São Paulo, FFLCH-USP, 2009.

WISNIK, J. M.; SQUEFF, Ê. *O nacional e o popular na cultura brasileira – música*. São Paulo: Brasiliense, 1982.

Donald Pierson em São Paulo: entre o Departamento de Cultura e a Escola Livre de Sociologia e Política[1]

Isabela Oliveira Pereira da Silva

Este artigo tem o intuito de recuperar parte da experiência do sociólogo americano Donald Pierson (1900-1995) no Brasil a partir de sua atuação em duas importantes instituições de ensino e pesquisa do período na capital paulista, a saber, o Departamento de Cultura (DC) e a Escola Livre de Sociologia e Política (ELSP).

Para tanto, o texto aborda três momentos da atuação profissional de Pierson: a sua primeira vinda a São Paulo, no ano de 1935, e seus respectivos desdobramentos; seu processo de inserção profissional no DC e ELSP, a partir do ano de 1939; e finalmente, a realização das pesquisas desenvolvidas no Departamento de Cultura e publicadas na *Revista do Arquivo Municipal*, entre 1939 e 1944.

Ao tomar como fio condutor a atuação de Donald Pierson neste período, o que se espera é fornecer alguns elementos e pistas para a compreensão das relações estabelecidas entre a ELSP e o DC; o processo de profissionalização do ensino e pesquisa em ciências sociais no momento da criação de seus primeiros cursos de ensino superior no país, a produção de um conhecimento sistemático sobre a cidade no interior destes órgãos e instituições de ensino e pesquisa; e, por fim, a presença estrangeira na formação especializada nesses campos do conhecimento na década de 1940, na cidade de São Paulo.

A primeira vinda a São Paulo

Para o nosso tema, o ano de 1935 é um marco duplamente relevante. É em 1935 que se iniciam as atividades do Departamento de Cultura, órgão do Município de São Paulo idealizado por artistas e intelectuais ligados à Semana de Arte Moderna de

1 Este artigo apresenta parte dos resultados preliminares da pesquisa em desenvolvimento no Programa de Pós-graduação em Antropologia Social da FFLCH-USP, desenvolvida no interior do Projeto Temático Fapesp "São Paulo: os estrangeiros e a construção da cidade". A pesquisa conta com apoio do CNPq e Programa de Doutorado no país com Estágio no Exterior da Capes.

1922.[2] Instituído durante a gestão do prefeito Fábio Prado, o órgão encabeçado por Paulo Duarte (1899-1984), Mário de Andrade (1893-1945) e Sérgio Milliet (1898-1966) faz parte do início de uma série de instituições paulistas voltadas para o ensino e a produção e difusão cultural, juntamente com a criação da Universidade de São Paulo (no ano de 1934), e a Escola Livre de Sociologia e Política (no ano de 1933).

É também em 1935 que Pierson chega ao Brasil em sua primeira visita ao país para iniciar a pesquisa que daria origem ao seu trabalho de doutorado sobre as relações raciais na Bahia. Sob a orientação de Louis Wirth (1897-1952), Robert Park (1864-1944) e Robert Redfield (1897-1958), três dos maiores representantes da chamada "Escola Sociológica de Chicago",[3] Pierson inicia seu trabalho de campo na cidade de Salvador, realizado entre 1935 e 1937, como parte de sua pesquisa que se tornaria mais tarde um marco dos estudos de relações raciais no Brasil.[4]

---

2 O projeto para a criação do órgão municipal começa a se delinear ainda na década de 1920 pelo grupo formado por Paulo Duarte, Mário de Andrade, Sérgio Milliet, Rubens Borba de Moraes, Randolfo Homem de Mello, Tácito de Almeida, Antônio Carlos Couto de Barros, entre outros. No momento de sua criação, pelo ato 861 de 30 de maio de 1935, assinado pelo prefeito Fábio Prado, o órgão recebeu o nome de Departamento de Cultura e Recreação da Prefeitura de São Paulo. No ano seguinte passou a se chamar apenas Departamento de Cultura. Sobre este momento de criação do Departamento de Cultura, conferir Duarte (1985). A despeito das mudanças de nome, nos referiremos ao órgão apenas como Departamento de Cultura (DC).

3 Donald Pierson teve sua formação na Universidade de Chicago no momento áureo dos departamentos de sociologia e antropologia, em que a instituição destacava-se como um dos mais importantes centros das ciências sociais nos Estados Unidos, durante os anos de 1920 e 1930. A chamada "Escola Sociológica de Chicago" é marcada pela colaboração estreita entre antropologia e sociologia e pelo grande número de "pesquisas empíricas" que buscavam a relação entre a organização do espaço urbano e o comportamento de seus habitantes, a partir de temas como as relações raciais, criminalidade, delinquência juvenil, opinião pública e imigração. Entre os trabalhos que tratam a tradição da "Escola de Chicago" a partir de uma perspectiva histórica, destacam-se: *The Chicago School of Sociology* de Martin Bulmer (1984); *Evaluating Chicago Sociology: a guide to the literature, with an annotated bibliography,* de Lesler Kurtz (1984); *Chicago Sociology: 1920-1932,* de Faris (1970); *Myths of the Chicago School of Sociology*, de Harvey (1987); *La tradition sociologique de Chicago: 1892-1961*, de Chapoulie (2001). Ver também os volumes organizados por Plumer (1997): *The chicago school: critical assessments.* Em língua portuguesa, *A Escola de Chicago* (Coulon, 1995); *A Escola de Chicago* (Becker, 1996); *Estrutura urbana e ecologia humana* (Eufrasio, 1999).

4 Pierson veio ao Brasil como parte do projeto intitulado "Seminário sobre Contato Racial e Cultural", do qual fazia parte um esforço de pesquisa realizado em várias regiões do mundo, a exemplo do Havaí, México, Japão, China e Estados Unidos, sob a coordenação de Wirth, Park e Redfield. Sobre este projeto, conferir a entrevista de Pierson concedida ao Departamento Estadual de Imprensa e Propaganda de São Paulo intitulada "Um mestre da Ciência Social", publicada na *Revista do Arquivo Municipal* em 1941. A pesquisa na Bahia resultaria em um dos trabalhos mais importantes da carreira de Pierson,

Nesta confluência de datas, o contexto político, cultural e acadêmico que Pierson se depara ao chegar a São Paulo é o das recém criadas universidades e ambas, USP e ELSP, com cursos regulares de graduação na área de ciências sociais em suas primeiras turmas. É neste período também que têm início as atividades do governo municipal em seus esforços em realizar pesquisas e levantamentos culturais e demográficos, construir parques infantis, entre outras atividades de ensino, produção e difusão cultural.

E assim, ainda que tendo como destino final a cidade de Salvador, o pesquisador norte-americano estabelece em São Paulo neste momento uma série de contatos profissionais e pessoais que seriam decisivos para a sua inserção profissional na ELSP e no Departamento de Cultura, em seu segundo período de permanência no Brasil, em 1939.

De acordo com o depoimento de Pierson cedido à Mariza Corrêa décadas mais tarde (Pierson, 1987),[5] ao desembarcar no Brasil, ele havia permanecido uma curta temporada nas cidades de Belo Horizonte, São Paulo e Rio de Janeiro. Na capital carioca foram vários seus contatos profissionais e pessoais: com intelectuais como Gilberto Freyre, Oliveira Vianna, Arthur Ramos; com escritores (José Lins do Rego e Jorge de Lima); com os educadores Anísio Teixeira, Antônio Carneiro Leão, Manuel Bergström Lourenço Filho (que mais tarde também seria o editor dos livros de Pierson na Editora Melhoramentos); com o diplomata Hélio Lobo (então ministro das Relações Exteriores); com o geógrafo Carlos Delgado de Carvalho (*idem:* p. 37 e 38). Neste mesmo ano, Pierson teria inclusive frequentado um curso de Gilberto Freyre; de acordo com nota em um artigo publicado na revista *Sociologia,* ele teria participado do curso de Antropologia ministrado por Freyre, na então Universidade do Distrito Federal (UDF).[6]

Enquanto a estada na capital carioca parece ter sido fecunda, sua primeira passagem por São Paulo em 1935 é mencionada em seu referido depoimento de forma mais sucinta. Pierson ressalta aí apenas o encontro com dois pesquisadores: o historiador

---

publicado em inglês como *Negroes in Brazil: a study of race contact at Bahia* (1942) e em língua portuguesa como *Brancos e Pretos na Bahia* (1945).

5 O depoimento faz parte do projeto "História da Antropologia no Brasil" coordenado por Mariza Corrêa, que foi responsável por intermediar o recebimento dos documentos para compor o Fundo Donald Pierson, doado ainda em vida pelo autor à Unicamp. O material disponível em microfilme com a reprodução de todos os documentos em papel está organizado em 77 pastas que somam aproximadamente 13 mil slides.

6 Em um de seus trabalhos publicados na revista *Sociologia,* Pierson apresenta o artigo "Um 'sistema de referência' para o estudo dos contatos raciais e culturais" (1941) com uma nota introdutória que afirma que o mesmo texto havia sido apresentado e debatido no referido curso. Além desta nota, não encontramos nenhuma outra informação sobre a participação de Pierson no curso de Freyre. Sobre os cursos ministrados por Gilberto Freyre na Universidade do Distrito Federal, ver a tese de Simone Meucci (2006).

Afonso Taunay,[7] na época diretor do Museu Paulista, professor da FFCL da USP e ligado ao Instituto Histórico Geográfico de São Paulo (assim como Carneiro Leão e Carlos Delgado Filho), e o também norte-americano Samuel Lowrie (1894-1975), que na época lecionava na ESLP. Com o primeiro, Pierson manteria contato constante tanto na fase baiana, quanto em seu segundo período em São Paulo. Mas é o contato com Samuel Lowrie que lhe renderia, posteriormente, o convite para lecionar na Escola Livre de Sociologia e Política.

As correspondências mantidas com Samuel Lowrie, entre 1939 e 1942, fornecem elementos importantes para a compreensão das conexões estabelecidas entre Pierson, a ELSP e o Departamento de Cultura.[8] Samuel Lowrie havia sido contratado pela ELSP desde o início das atividades da Escola, ainda no segundo semestre de 1933. Como lembra um dos diretores da ELSP (que participou da criação da instituição), Cyro Berlinck, o plano pedagógico da Escola foi concebido por um grupo de professores de outras instituições de ensino superior, profissionais liberais, políticos e empresários em São Paulo, entre eles, Roberto Simonsen que defendia a ideia da contratação de professores norte-americanos com o objetivo de construir na ELSP uma tradição de ensino com ênfase em uma "sociologia empírica" (Berlinck, 1964).[9]

Para concretizar esses planos, ainda de acordo com Berlinck, Simonsen teria solicitado ajuda ao cônsul brasileiro na cidade de Nova Iorque, Sebastião Sampaio. Este por sua vez, como Cônsul Geral nos Estados Unidos, teria contratado os dois primeiros professores americanos da ELSP, Samuel Lowrie e Horace Davis, ambos formados na Universidade de Columbia.

Sobre o projeto da ELSP é preciso lembrar que sua fundação, em 1933, antecede em um ano à criação da FFCL (Faculdade de Filosofia, Ciências e Letras) da Universidade de São Paulo. O surgimento dessas instituições em São Paulo, juntamente com outras duas no Rio de Janeiro, a Universidade do Distrito Federal (UDF), no ano de 1935, e a

7 Taunay é apontado por Pierson, na década de 1950, como um de seus principais interlocutores para a realização das pesquisas no interior do estado de São Paulo, que resultariam no estudo de Cruz das Almas, de 1951. Ver seu artigo de Pierson publicado na *Sociologia,* "O estudo de Cruz das Almas" (1950).

8 As correspondências no período citado encontram-se no FDP (Fundo Donald Pierson) sob guarda da Unicamp, pasta 74, rolo 006, documentos de 0723 a 0762.

9 O texto de Berlinck, "Liderança e liberdade", foi publicado na revista *Sociologia* no volume XXVI, n. 3, de 1964, época em que ele ocupava o cargo de diretor geral da Fundação Escola de Sociologia e Política.

Faculdade de Filosofia, Ciências e Letras da Universidade do Brasil,[10] em 1938, sinaliza o início do ensino sistemático das disciplinas de ciências sociais no país.

Nesse contexto, a ELSP toma a dianteira do ponto de vista da articulação pesquisa e ensino, que passam a ser realizados como parte de uma agenda institucional no interior de um curso de formação na área de Ciências Sociais. Seu projeto se distingue assim daquele proposto pela FFCL (Faculdade de Filosofia, Ciências e Letras) da USP em seus primeiros anos.

A Escola Livre de Sociologia e Política nasce como um estabelecimento privado de ensino que resulta da iniciativa de banqueiros, industriais, grandes comerciantes e profissionais liberais, e seu objetivo inicial é formar profissionais do setor público e privado para desempenhar funções de dirigentes e técnicos. Este propósito é explicitado no manifesto de criação da Escola, publicado no jornal *O Estado de S. Paulo,* em 27 de abril de 1933. No texto, a derrota de São Paulo na Revolução de 1932 é atribuída à inexistência de uma elite intelectual preparada e instruída que pudesse agir com conhecimento da realidade social. Daí a defesa da necessidade da formação de uma elite intelectual "numerosa e organizada, instruída sob métodos científicos, ao par das instituições e conquistas do mundo civilizado".[11]

Já a Faculdade de Filosofia, Ciências e Letras (FFCL) da USP, instituição pública, nasce com o propósito de formar professores para lecionar nos cursos de escolas secundárias e superiores em ciências humanas.[12] Com a criação da USP em 1934, a FFCL torna-se uma espécie de unidade aglutinadora da instituição, pois a Universidade de São Paulo passa a funcionar a partir da criação da FFCL e a junção de outras faculdades já existentes, como a Faculdade de Medicina, Escola Politécnica, Faculdade de Direito do Largo de São Francisco, Faculdade de Farmácia e Odontologia. Além de incorporar

10 Sobre as instituições universitárias no Rio de Janeiro, ver Almeida, 1989.

11 A versão fac-símile do manifesto seguido da assinatura de seus signatários se encontra disponível no *website* da instituição: <htp://www.fespsp.org.br/75anos/manisfesto.pdf>. Destaca-se ainda como leitura fundamental o trabalho de Fernando Limongi (1989a) sobre a instituição, *A Escola Livre de Sociologia e Política em São Paulo.* Sobre a Escola, é leitura obrigatória o conjunto de depoimentos publicados sobre os anos de formação (1933-1953), organizados por Íris Kantor, Débora Maciel e Júlio Simões (2001). Outro documento importante que explicita o projeto da Escola é depoimento de Roberto Simonsen publicado no livro *Rumo à Verdade* (Simonsen, 1933).

12 Para um maior detalhamento do projeto institucional da FFCL e o perfil de seus alunos, ver Miceli (1989).

ainda outras instituições existentes na época tais como museus, entidades de pesquisa e institutos isolados (Spirandelli, 2008).

Diferenças de projetos institucionais à parte, as duas instituições tiveram em comum, entre outras coisas, a marcante presença de professores estrangeiros em seus quadros profissionais nos primeiros anos de atividade. Entretanto, enquanto os professores estrangeiros da USP para as humanidades na FFCL são, em sua maioria, integrantes da chamada "missão francesa" (Peixoto [Massi], 1989), a ELSP não teve seus quadros de professores preenchidos por uma "missão universitária", mas sim, abrigou em seu corpo docente profissionais de diferentes países. Entre os professores estrangeiros que lecionaram na Escola até a década de 1950, estão: o italiano Antonio Piccarolo (1863-?), o inglês Radcliffe-Brown (1881-1955), os alemães Herbert Baldus (1889-1970) e Emilio Willems (1905-1992), além dos professores norte-americanos já citados.

Lowrie e Davis foram os primeiros professores estrangeiros da Escola, que na época de sua criação, contava com um curso de bacharelado de três anos em Ciências Políticas e Sociais. Eram eles os responsáveis pelas disciplinas fundamentais da graduação: no primeiro ano, enquanto Davis ensinava Economia Social, Lowrie lecionava Sociologia Geral, e mais tarde, seria o responsável pelo ensino de Sociologia Empírica e Ciências Políticas.[13]

Embora uma iniciativa privada, as relações da ELSP com o governo municipal e estadual se davam através de convênios com o Idort (Instituto de Organização Racional do Trabalho), órgão criado pela Associação Comercial de São Paulo, em 1931 com o objetivo de melhoria da eficiência no mundo do trabalho (Limongi, 1989b). Além disso, conforme trataremos adiante, a ELSP manteve em seus primeiros anos um intenso intercâmbio com duas divisões do Departamento de Cultura:[14] a Divisão de Estatística

13 Os outros professores do primeiro ano do curso e suas respectivas disciplinas foram: Raul Briquet (Psicologia Social); Antonio Piccarolo (Introdução à Economia); Bruno Rudolfer (Estatística); Almeida Júnior (Fisiologia do Trabalho); André Dreyfus (Biologia Social); Robert Mange (Psicotécnica). Sobre a estrutura curricular das primeiras turmas da ELSP, ver os anuários da Escola, em especial "Informações e Programas 1933-1934", sob a guarda do CEDOC (Centro de Documentação e Memória) da FESPSP (Fundação Escola de Sociologia e Política de São Paulo) e o texto de Berlinck (1964).

14 Se o projeto de criação da ELSP deve ser entendido no interior de um processo de resposta da elite paulista ao governo de Getúlio Vargas, é compreensível que a Escola tenha mantido em seus primeiros anos ligações estreitas com o governo municipal encontrando ali respaldo para suas realizações e que tenha encontrado resistência ao seu projeto por parte do governo federal. Sobre esta relação de cooperação entre a ELSP e o Departamento de Cultura, ver Limongi (1989a).

e Documentação Social, dirigida por Sérgio Milliet e a Divisão de Bibliotecas, dirigida por Rubens Borba de Moraes.[15]

De acordo com os documentos da instituição, neste momento, entre 1933 e 1954, a ELSP funcionava em salas cedidas pela Escola de Comércio Álvares Penteado, ao lado da faculdade de Direito do Largo de São Francisco, no centro de São Paulo. Sua característica de Escola Livre, que perdura até o ano de 1949, permitia certa flexibilidade de currículo de modo que os alunos poderiam optar por se matricularem nas disciplinas de sua escolha. E também os critérios de admissão na instituição não eram rígidos com relação à formação dos alunos já que aceitavam candidatos que não haviam completado o equivalente ao ensino secundário.[16]

No interior deste projeto de formação de quadros dirigentes e de melhoria das condições de trabalho, Lowrie e Daves realizam pesquisas pioneiras na cidade de São Paulo, por exemplo, as primeiras investigações sobre padrão de vida dos trabalhadores na capital paulista. Mas, ao contrário de Daves, que permanece na ELSP por apenas um ano até 1934, Lowrie leciona na instituição por um período relativamente longo de cinco anos, regressando aos Estados Unidos em 1938.

Durante este período, Lowrie atua também como técnico em pesquisas sociais da Divisão de Documentação Histórica e Social do Departamento de Cultura. Na Divisão realiza pesquisas com a finalidade de subsidiar o planejamento de políticas salariais no setor público municipal, caso da "Pesquisa de padrão de vida das famílias dos operários da limpeza pública da municipalidade de São Paulo",[17] ou ainda trabalhos sobre

15 Logo no início de seu funcionamento, o DC passou a contar com a seguinte estrutura em quatro divisões: Divisão de Bibliotecas (dirigida por Rubens Borba de Moraes); Divisão de Educação e Recreio (Nicanor Miranda); Divisão de Documentação Histórica e Social (Sérgio Milliet); Divisão de Expansão Cultural (Mario de Andrade).

16 Em 22 de dezembro de 1949, a instituição perde seu caráter de "Escola Livre", e tem seu nome alterado para Escola de Sociologia e Política, conforme registro do 1º Cartório de Registro de Títulos e Documentos, datado de 8 de março de 1950. Esta estrutura livre se refletia, por exemplo, no grande número de inscritos no curso em seu primeiro ano. De acordo com o anuário da ELSP de 1933, a primeira turma era composta por mais de 200 alunos e muitos deles eram os próprios signatários da instituição. Ver documentos sob a guarda do sob a guarda do CEDOC (Centro de Documentação e Memória). É importante destacar ainda que este caráter "livre" em relação ao currículo e ao ingresso da ELSP, como menciona Miceli (1989), é uma das características que a diferencia da FFCL.

17 As primeiras pesquisas de Davis e Lowrie podem ser conferidas no volume *As pesquisas sobre o padrão de vida dos trabalhadores da cidade de São Paulo*, organizado recentemente por Angelo Del Vecchio e Carla Diéguez (2009). Além da versão fac-símile dos relatórios das pesquisas publicadas entre 1934 e 1938, o livro traz ainda um artigo de análise crítica dos organizadores sobre os relatórios.

demografia e diferenciação social como "Origem da população da cidade de São Paulo e diferenciação das classes sociais" (Lowrie, 1938), entre outros.

Neste mesmo ínterim, entre o primeiro encontro de Pierson com Lowrie em 1935 e o regresso deste último aos Estados Unidos em 1938, Pierson realiza seu trabalho de campo na Bahia, regressa aos Estados Unidos em 1937 e passa a lecionar juntamente com seu orientador de tese de doutoramento, Robert Park, um curso sobre o Brasil na Universidade de Fisk, no estado do Tennessee com base nos resultados de suas primeiras investigações no Brasil.

É somente em 1939 que Pierson defende seu doutorado na Universidade de Chicago com a tese *Negroes in Brazil: A Study of Race Contact at Bahia.* Neste mesmo ano Pierson inicia uma correspondência com Lowrie enquanto ambos estão nos Estados Unidos: Pierson na Universidade de Fisk e Lowrie na Bowling Green State University, em Ohio.[18] A primeira carta a que temos acesso data de 8 de abril de 1939. Nela, Pierson afirma ter recebido uma carta anterior de Ernest Burgess, professor em Chicago, mencionando tê-lo recomendado a Lowrie, para uma vaga de professor na ELSP. Além de reforçar seu interesse em lecionar na ELSP, Pierson relembra o primeiro encontro que tivera com Lowrie em novembro de 1935 em São Paulo, em ocasião de sua visita a capital paulista antes de sua viagem à Bahia.

Algumas semanas depois, Lowrie, em resposta, descreve em detalhe as atribuições do cargo de professor na Escola Livre de Sociologia e Política: ministrar aulas de Ciência Política no curso de bacharelado e realizar pesquisas no Departamento de Cultura do Município de São Paulo. O salário, equivalente a três mil dólares por ano, seria pago inteiramente pelo órgão municipal em convênio mantido entre a ELSP e a Prefeitura de São Paulo.

A troca de correspondência entre os professores continua até que, em junho de 1939, Cyro Berlinck faz o convite formal a Pierson em nome da diretoria da ELSP para que ele atue profissionalmente em São Paulo. Na mesma carta, Berlinck reforça o que já havia sido dito por Lowrie: entre as atividades de Pierson estariam a de professor da ELSP e a de pesquisador do DC.

---

18 Lowrie, que já havia estado em outros países fora dos Estados Unidos (caso da China entre 1923 e 1927), fixa residência em seu país de origem depois de seu período brasileiro. Para mais informações sobre sua trajetória, ver seu obituário em *Footnotes* publicado pela American Sociological Association, nov. 1976, vol. 4 n. 8, p. 7.

A correspondência revela assim a colaboração estreita entre a Escola Livre de Sociologia e Política e a gestão municipal a partir do Departamento de Cultura de São Paulo. Revela também o lugar que se esperava que Pierson ocupasse na Escola como uma espécie de substituto de Lowrie, lecionando inclusive as mesmas disciplinas e desempenhando funções semelhantes às dele no Departamento de Cultura.[19]

Antes de prosseguir e tratar das aproximações e distanciamentos em relação aos projetos iniciados por Lowrie e continuados por Pierson nas instituições paulistas, convém mencionar ainda que na literatura sobre o Departamento de Cultura é comum a associação direta entre a existência do órgão municipal e a gestão de seu primeiro diretor, Mario de Andrade (entre 1935 e 1938). Entretanto, o Departamento de Cultura continua suas atividades depois da saída de Mário. É certo que com o golpe de Getúlio Vargas, em 1937, que marca o início do Estado Novo e a saída de Mário de Andrade, o órgão municipal muda drasticamente seu direcionamento,[20] mas permanece em atividade até que, em 1945, é anexado à Secretaria de Cultura e Higiene e, alguns anos mais tarde, à Secretaria de Educação e Cultura. E é exatamente neste período de 1939 a 1944, frequentemente silenciado pela bibliografia que trata do tema, que Pierson aí atua como pesquisador.

Entre o Departamento de Cultura e a Escola Livre de Sociologia e Política

No plano mais geral, além das instituições de ensino e pesquisa, que têm sua origem na esteira de processos culturais e políticos como o movimento modernista e a derrota paulista na revolução de 1932, Donald Pierson encontra, em 1939, uma São Paulo em rápido processo de transformação em um período já marcado pela ditadura de Vargas e o início da Segunda Guerra Mundial. Em meio a estas transformações sociais, a cidade de São Paulo, em seu processo de industrialização, passa a ser objeto de investigação de uma série de saberes especializados que se formam em torno de alguns

19 Ver carta a Lowrie datada de 24 de abril de 1939 (FDP, rolo 06, pasta 74, documentos 0729 e 0730).

20 Silvana Rubino (1995) comenta a vinculação de Departamento de Cultura ao seu "líder carismático", nas palavras da autora. Para um aprofundamento do que é apontado como o "fim" do Departamento de Cultura decorrente do golpe de Vargas que culminaria na exoneração de Fábio Prado da prefeitura de São Paulo e o início da nova gestão de Prestes Maia, ver o trabalho de Roberto Barbato Júnior (2004). Para os rumos burocráticos e institucionais do DC na década de 1940, ver o verbete "Departamento de Patrimônio Histórico" no livro *Patrimônio* de Paulo de Assunção (2003).

dos professores estrangeiros responsáveis pelos cursos de humanidades nas universidades paulistas.

De acordo com os resultados do grupo de investigação do Projeto Temático da Fapesp no qual esta pesquisa está inserida, neste momento que estão se formando em São Paulo pelo menos três das mais férteis linhas de investigação sobre a cidade e o urbano. Em primeiro lugar, o que pode ser definido como uma sociologia do urbano, inspirada pelos estudos realizados por pesquisadores norte-americanos, a exemplo de Samuel Lowrie, com foco nas diferenciações de padrões de vida na cidade e mobilidade social, raça e etnia. Em segundo lugar, uma geografia urbana e regional, ensinada por professores franceses como Pierre Deffontaine e Pierre Monbeig, pesquisadores atentos aos processos de crescimento e evolução urbana e suas transformações espaciais e humanas. Por fim, uma análise cultural da cidade, ora derivada da orientação etnográfica e sociológica de professores como Claude Lévi-Strauss, Roger Bastide ou Emilio Willems, ora de uma história urbana amparada na ideia de comunidade cultural ou literária como a do norte-americano Richard Morse.[21]

Frente a este cenário, Pierson chega a São Paulo no mês de outubro de 1939 para assumir suas funções na ELSP e no DC. Na Escola, de acordo com o calendário escolar, suas atividades só teriam início no ano de 1940, quando do início das aulas no mês de março.[22] Já as atividades no Departamento de Cultura se iniciam ainda no decorrer do segundo semestre de 1939. Pouco mais de um mês depois de sua chegada à capital paulista, Pierson publica seu primeiro trabalho como pesquisador do Departamento de Cultura.

Este primeiro trabalho é *Recenseamento por quarteirões*, publicado no número LXII de nov./dez. de 1939, que será tratado mais adiante.[23] Embora este seja um texto produzido originalmente para o jornal *O Estado de S. Paulo*, sua publicação inicia uma

---

21 Para um levantamento detalhado dos primeiros estudos realizados sobre a cidade de São Paulo na área de ciências sociais, ver o artigo de José Guilherme Magnani "O campo da antropologia", publicado pelo Museu Paulista no volume *Os campos do conhecimento e o conhecimento da cidade* (1992).

22 Pierson relata este planejamento do cronograma de suas atividades na ELSP e no Departamento de Cultura em carta a Robert Park datada de novembro de 1939, em FDP, rolo 02, pasta 23, n. 1229 a 1233. Em seu período brasileiro, Pierson mantém contato estreito com Park, até a morte deste em 1944. Em várias de suas cartas Pierson relata ao seu ex-orientador seus planos de trabalho e impressões sobre o país, sobre São Paulo e os resultados de suas pesquisas.

23 Uma característica que merece atenção é o fato de todos os textos de Pierson publicados em periódicos brasileiros serem publicados em língua portuguesa. Na época, não era incomum os autores publicarem textos em língua estrangeira em periódicos como a *Sociologia*. Por exemplo, Paul Arbusse-Bastide e Roger Bastide publicavam alguns textos em francês e Herbert Baldus, em alemão.

série de trabalhos de Pierson veiculados na *Revista do Arquivo Municipal*, entre os anos de 1939 e 1944.

A *Revista do Arquivo Municipal* (RAM) é criada em 1934 e tem circulação contínua até 1992.[24] Trata-se de uma das mais antigas e importantes revistas de artes e humanidades em circulação na primeira metade do século XX, em São Paulo. Nos anos de 1930 e 1940, a RAM se caracteriza como um espaço privilegiado de publicação de estudos de pesquisadores ligados às recém-criadas instituições de ensino e pesquisa como a ELSP e a USP e, principalmente dos pesquisadores ligados ao Departamento de Cultura.

É preciso mencionar que inicialmente a RAM funciona como uma publicação do Arquivo Municipal de São Paulo, subordinada a diferentes departamentos da organização municipal. Após a criação do Departamento de Cultura em 1935, o Arquivo Municipal é incorporado à sua Divisão de Documentação Histórica.[25] Neste período, passa a ser uma publicação oficial do Departamento de Cultura, órgão da Sociedade de Etnologia e Folclore e também da Sociedade de Sociologia, criadas respectivamente em 1937 e 1934.

A Sociedade de Etnografia e Folclore (SEF), como sabido, reúne um grupo variado de pesquisadores de diferentes vinculações institucionais, entre eles, professores e alunos das recém-criadas faculdades de Ciências Sociais, a ELSP e a USP e funcionários do Departamento de Cultura. Além de Samuel Lowrie, o grupo contava com a participação do diretor do Departamento, Mário de Andrade; de Dyna Dreyfus, esposa de Lévi-Strauss e uma das principais figuras do grupo; dos professores Lévi-Strauss e Plínio Ayrosa, ambos da USP; e de Antonio Rubbo Müller, responsável pelo ensino de antropologia na ELSP. Tomam parte ainda da SEF os funcionários do Departamento de Cultura Bruno Rudolfer, Oneyda Alvarenga, Nicanor Miranda e os alunos da ELSP, Lavínia Costa Villela e Mário Wagner Vieira da Cunha. Entre as ambições deste grupo estava a constituição de um arquivo que seria utilizado tanto na área de conhecimento das ciências sociais, políticas públicas e arte.[26]

---

24 Desse longo período, a RAM totaliza 200 números que se somam à publicação de alguns números esparsos na década de 2000.

25 Sobre a RAM, ver a tese de Silene Ferreira Claro (2008) que faz uma análise aprofundada sobre a revista. Ver também outros autores que comentam a produção da revista, especialmente entre 1935 e 1938: Rubino (1995), Rita Alves Oliveira (1995), Raffaini (2001), Filizzola (2002).

26 Sobre a Sociedade de Etnografia e Folclore, ver o volume organizado por Lélia Gontijo Soares (1983) *Mário de Andrade e a Sociedade de Etnografia e Folclore*, e também o texto de Silvana Rubino (1995) sobre a SEF e a Sociedade de Sociologia. Entre os trabalhos que analisam o grupo a partir de suas

A Sociedade de Etnografia e Folclore funciona ativamente entre 1937 e 1939, portanto, quando Pierson chega a São Paulo, ela encontra-se em vias de extinção. Assim que Pierson não integra um projeto coletivo específico no Departamento de Cultura, como Lowrie o fez entre 1936 e 1938, ao realizar estudos sobre a cidade de São Paulo como técnico da DDSH e participar das atividades coletivas da SEF, juntamente com os professores, alunos e funcionários do grupo.

Com o fim da SEF no mesmo período da chegada de Pierson, o grupo anteriormente reunido em torno de Mário de Andrade e Dina Dreyfus se desfaz pondo fim à realização dos trabalhos coletivos e intercâmbio entre esses pesquisadores jovens e mais veteranos. Entretanto, mesmo com a saída de Mário de Andrade do DC, a Divisão de Documentação Histórica e Social continua a ser dirigida por Sérgio Milliet até 1943, permanecendo voltada para a realização de pesquisas sobre a cidade de São Paulo e a cultura paulista.

Um dos projetos, se não o único da Divisão dirigida por Milliet será, a partir de 1939, justamente a pesquisa de Pierson sobre a cidade de São Paulo. Desta pesquisa participam os alunos que fizeram parte da SEF, entre eles, Lavínia Costa Villela e Mário Wagner Vieira da Cunha. Como aponta o trabalho de Luisa Valentini (publicado neste mesmo volume), ambos haviam tido uma atuação relevante na SEF. Mário Wagner Vieira da Cunha, por exemplo, havia participado do Curso de Etnografia ministrado por Dina Dreyfus e realizado trabalho de campo juntamente com Lévi-Strauss e Mário de Andrade.

Neste sentido, é interessante destacar as semelhanças, mas também as descontinuidades em relação aos projetos do Departamento de Cultura em dois períodos, o da atuação de Lowrie e o da atuação de Pierson. Se Pierson fora contratado para desempenhar a função de uma espécie de substituto de Lowrie no DC e na ELSP, suas funções são diferentes em parte porque o próprio ambiente intelectual e institucional da época estava em transformação.[27]

---

pesquisas e não apenas no sentido institucional mais geral, ver o artigo de Luisa Valentini (2009) e o artigo que compõe este mesmo volume.

27 Com relação à atuação na ELSP, Pierson inicialmente ficaria encarregado dos cursos de Ciências Políticas de Lowrie. Mas depois de vários pedidos de Pierson à instituição, ele assume as aulas de Sociologia e Antropologia Social. Após o primeiro ano como docente, Pierson começaria a trabalhar no currículo de sua nova disciplina Métodos de Pesquisa Social. Esta última foi proposta por ele e não integrava o currículo da ELSP até então. Sobre as disciplinas ministradas por Pierson, ver também relatório enviado a Fundação Rockefeller no FDP, rolo 1, pasta 12, documentos 2012 e 2013.

Ainda de acordo com Luisa Valentini, é possível tratar a Divisão de Documentação Histórica e Social (DDHS) e a Sociedade de Etnografia e Folclore (SEF) como dois grupos de pesquisa atuando de forma muito próxima em relação aos temas de pesquisa, a saber, uma concepção geográfica da mudança cultural na cidade de São Paulo e seu entorno. DDHS e SEF operariam a partir da dicotomia entre o universo rural e o universo urbano e a diferença entre ambos seria uma espécie de divisão de tarefas. Enquanto a SEF atuaria no polo "rural", nos "arredores" de São Paulo, a DDHS atuaria no polo "urbano" realizando estudos sobre a população paulistana para orientar políticas públicas.

Entretanto, com a dissolução da SEF, e a saída de nomes como Mário de Andrade e o "casal Lévi-Strauss" do Departamento de Cultura, os projetos de Pierson passam a aglutinar os jovens integrantes da SEF, caso dos estudantes Lavínia Costa Villela e Mário Wagner Vieira da Cunha para a realização de pesquisas na cidade de São Paulo. E conta ainda com a atuação de Sérgio Milliet que teve atuação destacada em ambos os grupos da SEF e do DDHS.

Desta forma, as pesquisas de Pierson podem ser compreendidas em parte como uma pauta iniciada no interior da DDHS e da SEF. Mas para escrutinar as condições de realização desta pesquisa e a inserção de Pierson no DC e na DDHS é preciso retomar as relações institucionais entre o DC e a ELSP, e consequentemente, a participação da Fundação Rockefeller nos projetos da Escola e da Prefeitura de São Paulo.

Como dito, a atuação de Pierson no Departamento de Cultura se dá de maneira conjunta às atividades da Escola Livre de Sociologia e Política por meio de convênios mantidos pelas instituições, entre eles, além das pesquisas da DDHS, um convênio com a Divisão de Bibliotecas. Por ocasião da incorporação da Biblioteca Municipal ao Departamento de Cultura, em 1935, Rubens Borba de Moraes (que dirigia a Divisão de Biblioteca) cria o curso de Biblioteconomia.

Este mesmo curso, então sob responsabilidade da Prefeitura, passa a ser ministrado na Escola Livre de Sociologia e Política, no prédio da Escola de Comércio Álvares Penteado. De acordo com Funaro e Castro Filho (2003), o curso de Biblioteconomia inaugura sua primeira turma no ano de 1936, que se forma em 1938. Pouco tempo depois, após a formatura desta primeira turma e da suspensão de suas atividades no ano de 1939, o curso de Biblioteconomia é oficialmente incorporado à ELSP, no ano de 1940.

Portanto, Pierson inicia suas atividades na ELSP e no DC, exatamente no momento em que se dá o processo de incorporação do curso de Biblioteconomia à ELSP e o fim das atividades da Sociedade de Etnografia e Folclore. É neste período também que

Sérgio Milliet inicia uma série de contatos com os Estados Unidos para a aproximação cultural e acadêmica com os projetos brasileiros em curso em São Paulo no interior do Departamento de Cultura.

Sérgio Milliet (1898-1966) é uma figura fundamental nesse processo de cooperação entre a ELSP e o Departamento de Cultura. Crítico de literatura e arte, poeta e tradutor, Milliet nasceu em São Paulo e estudou Ciências Econômicas e Sociais na Suíça. Após regressar ao país, em 1925 passa a integrar o grupo de Oswald de Andrade e Afonso Schmidt e, juntos, criam a revista *Cultura*. É um dos fundadores da Escola Livre de Sociologia e Política, e atua na instituição como secretário até 1935; a partir de 1937, aí trabalha como docente. Um dos idealizadores do Departamento de Cultura, como dito, Milliet permanece à frente do Departamento até 1943, como chefe da Divisão de Documentação Histórica e Social. Nas décadas seguintes, Milliet ocuparia o cargo de Diretor Artístico do MAM/SP e de curador da Bienal Internacional de São Paulo.[28]

Dos contatos consolidados por Milliet resultaria um convênio com a Fundação Rockefeller, no ano de 1940. O convênio previa a doação de recursos financeiros para a realização de pesquisas e para que a Escola aumentasse seu acervo bibliográfico (que seria utilizado principalmente pelo curso de Biblioteconomia). Conforme consta nos anuários da Fundação Rockefeller, a doação continua nos anos seguintes até 1943.[29] De acordo com Gonçalves (1992, p. 80), a intermediação entre a ELSP e a instituição americana foi realizada por Carleton Sprague Smith, que além de Adido Cultural do Consulado Americano, também era professor na ELSP.[30] Outro nome importante neste processo é o de David Stevens (diretor da Divisão e Humanidades da Fundação Rockefeller) que teria visitado São Paulo e a ELSP no início dos anos de 1940.

---

28 Em sua tese, Silene Ferreira Claro (2008) apresenta o perfil profissional dos principais colaboradores da *Revista do Arquivo Municipal*, entre eles o de Milliet. Sobre um perfil crítico de Milliet especificamente, ver a tese de Francisco Alambert (1991).

29 De acordo com o anuário da Fundação Rockefeller do ano de 1943 (disponível para consulta via internet), foram realizadas doações à instituição paulista que incluíam pagamento de salários, bolsas de estudo e preparação de materiais com a organização de biblioteca. Ver *Annual Report 1943*, disponível em: <http://www.rockefellerfoundation.org/uploads/files/feae68ed-4c8e-4410-8f3c-a40dd963c409-1943.pdf>.

30 Ainda que não seja o foco deste trabalho, é possível pensar o papel da ELSP (em colaboração com o Departamento de Cultura) para o estreitamento de relações culturais com os Estados Unidos no final dos anos de 1930 e início de 1940. Neste sentido, não podemos esquecer que será o mesmo Carleton Sprague Smith o porta voz de Ciccilo Matarazo junto à Fundação Rockefeller para o projeto de criação do Museu de Arte Moderna de São Paulo (fundado em 1948).

Não parece exagerado supor que a incorporação do curso de Biblioteconomia à ELSP tenha aproximado ainda mais a Escola do órgão municipal. Com o fim da Sociedade de Etnografia e Folclore, o Departamento de Cultura passa a concentrar sua atuação no curso de Biblioteconomia. E, esta aproximação entre DC e ELSP parece ter sido um fator decisivo para que a assinatura do convênio da ELSP com a Fundação Rockefeller. Com isso, a ELSP passa a contar com suporte financeiro da instituição americana para a realização de pesquisas e investigações na capital paulista.

No que diz respeito à atuação de Donald Pierson no Departamento de Cultura e na ELSP, as imbricações entre as duas atividades se tornam ainda mais forte quando ele propõe a criação de um novo curso na Escola, o seminário de Métodos e Técnicas de Pesquisa Social. O seminário era composto de duas atividades, espacialmente demarcadas: em sala de aula, o curso de cunho mais teórico era ministrado na ELSP e no DC, por sua vez, se dava a orientação dos alunos e o treino em pesquisas sobre a cidade de São Paulo. Nesta época, o assistente de Pierson na ELSP era ninguém menos que Sérgio Milliet.

Se o Departamento de Cultura, através de Milliet, proporciona a Pierson os recursos para a realização de pesquisas na cidade de São Paulo, como o pagamento de seu salário e o empréstimo das instalações da prefeitura, este aporte passaria a ser complementado ainda com os recursos financeiros advindos da Fundação Rockefeller no convênio com a ELSP (do qual também participa indiretamente o DC).

De acordo com os dados das cartas de Pierson enviadas a Fundação Rockefeller,[31] os recursos disponibilizados para ele através da ELSP e do DC datam o período que vai de 1941 a 1944. Em uma destas cartas, de abril de 1942, Pierson apresenta uma prestação de contas no valor de cinco mil dólares referente ao ano de 1941. Destes gastos, dois mil dólares teriam sido destinados para a aquisição de livros para a biblioteca da ELSP e três mil dólares para custear os serviços dos alunos do seminário de Métodos e Técnicas de Pesquisa Social, dirigido por Pierson. Do total disponibilizado, mil dólares teriam sido gastos com traduções de textos utilizados em sala de aula e os artigos de sua autoria publicados na RAM e na revista *Sociologia*. Os responsáveis pela tradução eram Lavínia Villela e Mauro Lopes, alunos da ELSP.

31 FDP, rolo 01, pasta 12, documentos 2051 e 2052. No depoimento posterior de Pierson à Mariza Corrêa, ele lista ainda além destes nomes, Maria Aparecida Madeira Kerbeg, Maria de Lourdes Leite de Sá, Margarida Monteiro de Barros e Dulce Schreiner como tendo participado das pesquisas sobre a capital paulista.

Os dois mil dólares restantes haviam sido gastos com projetos de pesquisa na capital paulista que incluem um estudo comparativo das moradias em São Paulo; um estudo comparativo sobre hábitos alimentares; e a preparação de mapas ecológicos sobre a cidade. Os valores custearam os honorários de três assistentes de pesquisa que trabalhavam em tempo integral nos projetos: Octávio da Costa Eduardo (que seria substituído por Carlos Borges Teixeira), Cecília Sanioto e Oracy Nogueira. Além do pagamento de outros alunos que tiveram uma participação mais esporádica realizando entrevistas, coletando dados e tabulando resultados: Cesário Hossri, Lilia Schimitt, Ruy Rodrigues, Vincent Unzer de Almeida, Guaracyaba de Carvalho, Nilza Alves de Almeida, Gioconda Mussolini, Maria Sales de Oliveira.

Conforme indicações dadas pelos textos de Pierson deste período – preparados, segundo consta, especialmente para a RAM – suas atividades no DC, iniciadas em 1939, persistem até 1944. É possível que Pierson tenha finalizado suas atividades no órgão municipal no mesmo ano em que Milliet deixa o Departamento de Cultura, em 1943. De modo que a saída do professor estrangeiro do Departamento de Cultura pode estar relacionada ao término da atuação de Milliet na direção da DDHS.

Mas, é também neste período que cessa o convênio da ELSP com a Fundação Rockefeller e o fim do apoio da instituição americana impossibilitaria a continuidade destas atividades na DDHS. Ainda de acordo com os dados disponíveis sobre o financiamento de suas atividades no DC pela Fundação Rockefeller, é no ano de 1943 que ocorre a última doação de grande porte para os estudos da cidade de São Paulo dirigidos por Pierson sobre habitação e moradia.

Por outro lado, nesta mesma época, Pierson passa a se dedicar a outros projetos como a criação da seção de Estudos Pós-Graduados na ELSP, em 1942. Com isso, Pierson ocuparia na ELSP uma função equivalente a de um diretor acadêmico coordenando a criação e o funcionamento do primeiro curso de pós-graduação em ciências sociais do país. Pierson ainda teria uma importante atuação na área editorial dirigindo a coleção *Biblioteca de Ciências Sociais* (de 1943 e 1949), outro projeto financiado pela Fundação Rockefeller.

As pesquisas na cidade de São Paulo publicadas na Revista do Arquivo Municipal

Os resultados das pesquisas de Pierson sobre moradia e hábitos alimentares realizadas no Departamento de Cultura, entre 1939 e 1944, foram publicados em forma de artigos na *Revista do Arquivo Municipal* que, como mencionado, é o periódico ligado ao órgão municipal.

O texto inaugural de Pierson na RAM, "Recenseamento por quarteirões" reproduz um artigo publicado no jornal *O Estado de S. Paulo*, em 18 de dezembro de 1939. Trata-se de um texto curto de três páginas no qual Pierson comenta a avaliação pela Comissão Censitária Nacional do trabalho "Levantamento demográfico por face de quarteirão" de Bruno Rudolfer, estatístico tcheco especialista do DDHS do Departamento de Cultura, membro da SEF e professor da ELSP. No texto, Pierson endossa a posição de Rudolfer que defende a modificação nos critérios metodológicos para a realização do Censo do ano de 1940. A posição de Rudolfer é a de que o levantamento e análise de dados demográficos fossem pautados pela unidade de quarteirão, ao invés de áreas geográficas maiores, como os distritos.

Tanto a posição de Rudolfer quanto a de Pierson em torno do tema do recenseamento evidenciam uma preocupação com o interesse aplicado das pesquisas realizadas no interior da ELSP e no Departamento de Cultura em suas divisões, subdivisões e órgãos, tais como a DDHS e a SEF. Neste sentido, não se pode perder de vista que as pesquisas demográficas tornam-se parte importante da agenda política no governo local e nacional. De acordo com Ribeiro (2002), em 1934 o governo do estado de São Paulo, comandado por Armando Salles de Oliveira, forma a Comissão Central de Recenseamento para a realização do censo no mesmo ano. Este censo com abrangência no estado de São Paulo teria sido acompanhado justamente por Bruno Rudolfer e Samuel Lowrie (*Idem*, p. 355).

No plano nacional, o censo de 1940 inaugura uma nova etapa na realização do Censo Demográfico Brasileiro. Embora tivessem sido realizados censos durante o período imperial e na Primeira República no fim do século XIX e início do XX, é somente com a criação do IBGE (Instituto Brasileiro de Geografia e Estatística), em 1936, e da Comissão Nacional Censitária, em 1938, que passa a existir no país uma sistemática de dados estatísticos e geográficos. O censo de 1940 marca o início de um novo modelo censitário pautado pelo planejamento de periodicidade e padrões metodológicos definidos na coleta e análise dos dados. Além disso, pela primeira vez, o censo passa a considerar outras variáveis para além das características gerais da população, tais como educação, migração, nupcialidade, fecundidade, mortalidade, trabalho e características domiciliares.[32]

Embora o mote do artigo de Pierson seja a defesa da posição de Rudolfer, o texto não detalha os procedimentos de pesquisas censitárias no Brasil, já que seus exemplos são todos referidos aos Estados Unidos em uma espécie de esforço comparativo. Mas apesar de não apresentar uma discussão aprofundada sobre o caso brasileiro, o artigo introduz uma importante reflexão sobre a "ecologia humana",[33] mais especificamente sobre a necessidade de considerar os diferentes limites humanos e sociais nas áreas urbanas e não apenas os limites geográficos e políticos.

Ao apoiar o estudo apresentado por Rudolfer, Pierson introduz ao leitor brasileiro os procedimentos das pesquisas censitárias nos Estados Unidos e, de modo mais detalhado, no caso da cidade de Chicago, que já havia adotado o quarteirão ou parte deste como unidade estatística. Para defender a adoção de uma unidade estatística de menor escala para o censo brasileiro que seria realizado no ano seguinte, Pierson argumenta que sua principal vantagem estaria exatamente na diferenciação entre os limites políticos e os limites humanos de certas "comunidades" estudadas. Ou seja, a adoção de uma unidade censitária menor em uma grande cidade[34] teria a vantagem de revelar como a organização do espaço poderia sobrepor duas dimensões diferentes:

---

32 Sobre a inserção destas variáveis e as características do Censo de 1940, bem como os anteriores, ver o histórico do Censo Demográfico elaborado pelo IBGE na ocasião do Censo de 2000. Disponível no website < http://www.ibge.gov.br/censo/text_censodemog.shtm >.

33 A "ecologia humana", desenvolvida principalmente por Robert Park e Ernest Burgess, trata das relações sociais e de como estas se revelam por índices físicos, principalmente espaciais. De acordo com este conceito desenvolvido nos estudos da Escola de Chicago entre as décadas de 1910 e 1930, os indivíduos se organizam no espaço de modo espontâneo e inconsciente, chamado de "processo de competição". Desta organização surgem "comunidades", grupos que habitam um dado espaço. Das relações no interior destes grupos os indivíduos passam a compartilhar experiências, atitudes e pontos de vista relativamente comuns. A centralidade desta discussão para o desenvolvimento das pesquisas de Pierson pode ser percebida em seus esforços para tornar acessível aos leitores brasileiros os textos de seus professores de Chicago sobre o tema, esforços estes que se materializaram no volume *Estudos de Ecologia Humana,* editado em 1948. O livro é dividido em quatro partes. Nas três primeiras, Pierson reúne uma série de trabalhos teóricos que definem a "ecologia humana" e seu campo de estudos (com textos de Park, McKenzie, Wirth, e outros) e ainda textos relacionados aos principais conceitos relacionados a ela. Na quarta parte são apresentadas pesquisas, em sua maioria, realizadas nos Estados Unidos, definidas como estudos ecológicos.

34 No artigo não há a menção direta a cidade de São Paulo, mas sim ao caso brasileiro. No entanto, não se pode perder de vista que a discussão está inserida em um contexto que tem como referência a cidade de São Paulo a partir das pesquisas de Bruno Rudolfer.

uma política, com a divisão oficial de um bairro ou distrito, e outra social, baseada nos "interesses humanos" em diferentes atividades econômicas ou sociais.

É importante sublinhar como a ideia de "comunidade" é introduzida no artigo para tratar de fenômenos específicos das áreas urbanas.[35] Nessa direção, o texto apontado por Pierson como inaugural para o desenvolvimento da "Ecologia Humana" é o trabalho publicado por Galpin em 1915.[36] Realizado em uma comunidade rural norte-americana, este trabalho teria o mérito de ter apresentado a dupla dimensão da organização do espaço, social e política. Ainda de acordo com Pierson, foi com base neste mesmo estudo realizado no meio rural que Robert Park e Ernest Burgess conseguiram identificar 75 diferentes "áreas naturais" na cidade de Chicago.

Seguindo a mesma sugestão da pesquisa de "comunidades" em áreas urbanas como apresentado em *Recenseamento por quarteirões*, Pierson irá caracterizar suas primeiras pesquisas empíricas no Departamento de Cultura como estudos realizados na "comunidade" de São Paulo, ou como aparecem nos relatórios enviados à Fundação Rockefeller em 1942, "research in the São Paulo community".[37]

Nestes relatórios, ele detalha as atividades de pesquisa realizadas ao longo do ano de 1941 em conjunto com seus alunos da ELSP.[38] Tais atividades incluem um estudo comparativo das moradias em São Paulo ("Comparative study of housing and living facilities in São Paulo"), um estudo comparativo sobre hábitos alimentares ("Comparative study of diet and eating habits in São Paulo") e a preparação de mapas ecológicos sobre a cidade ("The preparation of ecological maps of the city of São Paulo").

Estas pesquisas na capital paulista, realizadas com apoio da Fundação Rockefeller, deram origem a trabalhos apresentados em congressos, a um artigo publicado na revista *Economia*, em 1941 ("Estudo comparativo da habitação em São Paulo") e a três artigos publicados na *Revista do Arquivo Municipal*: dois em 1942 ("Habitações em São

---

35 Embora não seja citado no artigo, uma importante referência para o conceito de comunidade em áreas urbanas é o livro *The Urban Community*, organizado por Ernest Burgess (1926) que reúne artigos de vários pesquisadores de Chicago sobre o tema.

36 Trata-se de Charles Josiah Galpin (1864-1947), responsável pelas primeiras pesquisas em sociologia rural.

37 A documentação referente aos financiamentos da Fundação Rockefeller encontra-se incompleta no Fundo Donald Pierson. Mas é possível encontrar os relatórios enviados à instituição no FDP na pasta 12, ver em especial os documentos 001_2052.

38 Como não dispomos de maior detalhamento sobre o financiamento da Fundação Rockefeller não é possível saber o ano exato em que estas pesquisas têm início. É provável que as atividades tenham se concentrado no ano de 1941, ou ainda em 1940.

Paulo: estudo comparativo"; "Um estudo comparativo da habitação em São Paulo"), e outro em 1944 ("Hábitos alimentares em São Paulo").

A publicação dos resultados destas pesquisas se concentra nos dois primeiros trabalhos sobre moradia e hábitos alimentares, já que os mapas ecológicos[39] não chegaram a ser publicados. De acordo com o mesmo relatório enviado à Fundação Rockefeller, esses mapas teriam sido elaborados considerando quatro diferentes zonas da cidade: áreas de aluguel de alto nível, zonas deterioradas, distritos industriais, e o último, ainda em elaboração no ano de 1942 sobre áreas de casas e apartamentos.[40]

As semelhanças entre os dois artigos sobre moradia publicados na RAM, em 1942, vão além do título. O número publicado em março/abril de 1942 é um especial que traz exclusivamente as palestras e conferências apresentadas na Jornada de Habitação Econômica do Idort (Instituto de Organização Racional do Trabalho de São Paulo), realizada em 1941, em São Paulo. Dentre os autores aí presentes estão Bruno Rudolfer, Roberto Simonsen (um dos fundadores da ELSP e professor de História Econômica na mesma instituição), Pierre Monbeig (responsável pela cátedra de Geografia Humana na USP e um dos principais nomes da SEF), entre outros quase 40 palestrantes e conferencistas de várias áreas como engenharia, arquitetura, medicina, direito, sociologia, personalidades do meio político e empresarial.

Este período, entre a década de 1930 e 1940, é marcado por eventos, discussões, projetos e iniciativas para a construção de uma política habitacional específica em São Paulo (Cordeiro, 2005). O primeiro evento de grande importância neste sentido foi o I Congresso de Habitação, promovido pelo Instituto de Engenharia de São Paulo em maio de 1931, com vinte e uma teses e quatro conferências apresentadas, sendo seis trabalhos sobre habitação. A Jornada de Habitação Econômica, promovida pelo Idort, seria o segundo evento deste período, de modo que é preciso considerar então a importância destes debates para a formulação de políticas públicas na cidade de São Paulo.

---

39 De acordo com conceito de "ecologia humana" formulado por Robert Park, a cidade é vista em analogia com a vida vegetal, de forma que há interação entre a "estrutura espacial" da cidade e a "ordem moral" de seus habitantes. Neste sentido, a cidade passa a ser entendida como um "laboratório social". Os mapas ecológicos formulados por Pierson seriam uma espécie de tradução visual da interação entre a estrutura espacial e a ordem moral. Ver texto de Park "The City: suggestions for the investigation for the human environment", publicado no periódico *The American Journal of Sociology*, em 1915.

40 Até o presente momento, não foi possível encontrar os mapas ecológicos citados sobre a cidade de São Paulo.

Não se pode perder de vista ainda que, concomitantemente aos processos sociais, políticos e culturais iniciados nos anos de 1920 – que culminariam em uma série de instituições de ensino e cultura –, a cidade de São Paulo inicia a década de 1940 com sérios problemas advindos de seu acelerado processo de crescimento e modernização.[41] Os sinais de "progresso", prosperidade e modernidade da capital paulista, que atraíam imigrantes e migrantes de outras regiões do país, eram contrastados com sérios problemas de moradia que se tornavam evidentes com os cortiços espalhados por toda cidade.

Como indica Mota (2003), na década de 1940, de 40% a 60% da população de São Paulo vivia em condições precárias de habitação. Já desde os anos de 1930, as condições de vida e trabalho da população envolvendo moradia, alimentação, transporte, ensino profissional e salários eram questões que estão na ordem do dia nas preocupações do Estado e, consequentemente, das recém-criadas instituições de ensino e pesquisa na capital paulista, especialmente na ELSP.[42]

No número especial da RAM de 1942, Pierson publica "Um estudo comparativo da habitação em São Paulo", artigo de 13 páginas, que é a versão resumida de "Habitações em São Paulo: um estudo comparativo", publicado no número anterior da *Revista*. Sem fotos, tabelas ou gráficos, o artigo publicado de 1942 é a comunicação oral apresentada no evento do Idort, que no momento da realização da Jornada de Habitação Econômica, encontrava-se em desenvolvimento.

Além dos resultados de pesquisa, é interessante destacar que é neste texto mais curto que Pierson apresenta a listagem de todos os alunos que participaram da trabalho. Em nota explicativa, Pierson nomeia todos os participantes da equipe, entre eles, Octávio da Costa Eduardo, Oracy Nogueira, Carlos Borges Teixeira, Cecília Maria Sanioto, Cesário Hossri, Lilia Schimitt, Gioconda Mussolini, Maria Kerbeg, Maria de Lourdes Leite de Sá e Margarida Monteiro de Barros.

---

41 Sobre as características destes processos de urbanização e modernização da capital, ver ainda os trabalhos de Regina Meyer (1991) e Raquel Rolnik (1988).

42 Este processo não se restringe a São Paulo, como demonstra Licia do Prado Valladares em *A invenção da favela* (Valladares, 2008) sobre o crescimento urbano da cidade do Rio de Janeiro. Mas é importante destacar que, mesmo os primeiros estudos sobre as favelas cariocas dirigidos pelo francês Padre Lebret no final dos anos de 1950, foram realizados em cooperação com instituições paulistas como o jornal *O Estado de S. Paulo* e a Escola Livre de Sociologia e Política. No caso de Lebret, ele lecionou na ELSP no ano de 1947 e realizou pesquisas que seriam publicadas na Revista do Arquivo Municipal, como "Sondagem preliminar a um estudo sobre a habitação em São Paulo São Paulo", no ano de 1951.

Além disso, de acordo com a nota de apresentação, o objetivo primeiro deste esforço de pesquisa seria pedagógico ao oferecer a alguns alunos da ELSP o "treinamento prático dos métodos e técnicas das ciências sociais, especialmente de organizar formulários e questionários e de entrevistar". O esforço de Pierson revela a importância da realização de pesquisas como treino para futuros profissionais em formação na área de ciências sociais. Como já referido, estas pesquisas de campo eram uma atividade prática que serviriam de complementação às aulas de Pierson ministradas no curso de Métodos e Técnicas de Pesquisa Social na ELSP.

O mesmo ocorre com "Hábitos alimentares em São Paulo", publicado em 1944 na RAM, cujo objetivo primeiro seria o treinamento dos alunos da ELSP nas técnicas de entrevista, questionário e formulário, conforme nota explicativa do mesmo artigo. Deste modo, são indicados como participantes da pesquisa os mesmos alunos que participaram da pesquisa sobre moradia, mas em número menor. São eles: Cecília Maria Sanioto, Oracy Nogueira, Carlos Borges Teixeira, Nilza Alves de Almeida, Cesário Hossri e Dulce Schereiner.[43]

Utilizando procedimentos muito parecidos com o empreendido na pesquisa sobre moradia, Pierson trata neste trabalho da dieta e hábitos alimentares na cidade de São Paulo a partir da "variação pelas áreas residenciais e, ao menos até certo ponto, pelas classes" (Pierson, p. 45). Deste modo, considera os hábitos alimentares a partir da variação de "áreas residenciais inferiores e superiores", ou seja, considerando a diferenciação de classes entre os bairros mais pobres e bairros mais ricos da cidade. Para a classificação das áreas chamadas "superiores" e "inferiores", Pierson toma por base a pesquisa anterior de comparação das moradias na capital.[44]

Assim, ao analisarmos os resultados destas duas pesquisas é possível afirmar que a investigação sobre hábitos alimentares é uma espécie de continuação da primeira. As conclusões apresentadas na segunda investigação são impensáveis sem os resultados do primeiro esforço de pesquisa, pois a variação entre as áreas residenciais são apresentadas no texto de 1944 como dados já comprovados pela observação. É graças os

43 Os agradecimentos são prestados ainda à Divisão das Ciências Sociais da Fundação Rockefeller pelo apoio financeiro da pesquisa.

44 Foram pesquisadas duzentas famílias dos mesmos bairros tratados na pesquisa sobre moradia. Da área inferior, Mooca, Bexiga e Canindé e da área superior, Higienópolis, Jardim América e Pacaembu. Os dados averiguados são relativos não ao consumo médio de alimentos de uma dada família, mas sim ao cardápio do dia anterior da visita do entrevistador, excluindo-se os finais de semana e feriados. O artigo indica que a pesquisa foi realizada entre os dias 4 de fevereiro e 3 de março de 1942.

resultados da pesquisa sobre as moradias nas chamadas áreas "inferior" e "superior" da cidade de São Paulo que Pierson passa a utilizar a diferenciação de classe como categoria analítica.[45] Assim, o que se busca nesta segunda pesquisa é a correlação entre os hábitos alimentares das famílias estudadas com o padrão de vida das mesmas.

Se o primeiro trabalho se caracteriza como uma análise primeira dos dados sobre a cidade de São Paulo, o mesmo não ocorre com o artigo publicado posteriormente. Em "Hábitos alimentares em São Paulo" o cruzamento de dados e as conclusões se apresentam de modo mais aprofundado. Novas categorias analíticas são introduzidas na reflexão. Além de classe, Pierson analisa a composição étnica das famílias, considerando tanto a presença estrangeira de acordo com o registro de nascimento, quanto a cor de pele dos entrevistados, além da estrutura familiar de cada moradia.

O cruzamento de diferentes variáveis na análise resulta em um perfil relativamente abrangente sobre os hábitos de consumo alimentar na cidade de São Paulo. Ao apresentar os hábitos dos entrevistados dos bairros em questão, o artigo trata da alimentação "mais adequada" e "menos adequada" de acordo com a necessidade de consumo de sete grupos alimentares, "proteínas, hidro-carbonados, gorduras e doces, laticínios, hortaliças, frutas cítricas e outros frutos". Além da qualidade da refeição em termos nutricionais, são considerados o número de refeições ao longo do dia e os seus horários.

Desta segunda pesquisa é possível perceber um esforço de se obter conclusões mais abrangentes sobre o universo investigado no sentido da busca por parâmetros comparativos entre diferentes universos estudados, seja em diferentes bairros da cidade, seja na comparação com outro país. Por exemplo, o texto apresenta algumas considerações que vão além da localidade estudada e tratam de especificidades da alimentação no Brasil em relação aos Estados Unidos. Tais como, o hábito brasileiro de ingerir

45 É preciso considerar que o conceito de classe tal qual é utilizado por Pierson não é o equivalente ao conceito marxista de classe como, por exemplo, o fará mais tarde Florestan Fernandes no debate sobre o tema publicado na revista *Sociologia* no *Symposium sobre classes sociais,* no número 2-3 do volume X de 1948. O artigo de Pierson, "Como descobrir o que é 'classe'", é o primeiro do *Symposium* ao abrir o número da revista. Nele, Pierson defende que *classe social* é um conceito e, como tal, não corresponde a referente empírico, pois não passa de uma abstração do analista. Neste texto o autor alerta para os riscos de conceitos científicos serem tomados de maneira "doutrinária", para "fins políticos". Enquanto outros pesquisadores brasileiros, entre eles um de seus alunos, Florestan Fernandes, já defendem uma postura de orientação marxista que define classe social como uma manifestação concreta e não abstrata da realidade.
Vale mencionar que o conceito para Pierson estaria mais próximo da noção de status no interior de uma dada sociedade. Os rendimentos da noção de classe como status podem ser verificadas de maneira mais detalhada em seu livro *Brancos e Pretos na Bahia,* já citado.

café puro ou com leite pela manhã, refeições mais leves no desjejum e o consumo de alimentos como o feijão, arroz e pão branco. Tais sugestões se apresentam de forma inicial neste trabalho, pois é preciso não perder de vista que a primeira pesquisa sobre habitação se apresenta como um trabalho preliminar que forneceria os subsídios necessários para o desenvolvimento da segunda pesquisa sobre alimentação.

Isto nos leva a refletir sobre uma premissa do método de trabalho de Pierson como pesquisador. A de que todas as teorias devem ser testadas e comprovadas pelo cientista social e, somente depois disto, é que se tornariam válidas para a tentativa de extrair conclusões mais abrangentes passíveis de comparação. Esta questão esboçada em tantos textos teóricos de Pierson (especialmente aqueles publicados na revista *Sociologia* na seção *Notas Sociológicas,* que apresenta textos de cunho mais teórico[46]) e sistematizada no volume *Teoria e Pesquisa em Sociologia* (Pierson, 1971 [1945]) nos obriga a repensar o papel da descrição e relatos nas pesquisas empíricas empreendidas por Pierson, fundamentais para a validação de hipóteses e posterior formulação de teorias.

Assim, como resposta a uma possível crítica de que estas pesquisas urbanas empreendidas por Pierson pecam pelo excesso de material descritivo e falta de orientação teórica é preciso considerar o lugar que a descrição detalhada, o relato minucioso, o rigor no tratamento dos dados e a necessidade do registro têm na construção deste tipo de investigação. E, consequentemente, o papel destas pesquisas para a atividade de formação de novos pesquisadores no treino universitário. O que orienta os trabalhos nesta direção não é a falta de orientação teórica, mas sim a existência de uma orientação teórica muito específica na qual a realização de "pesquisa empírica" deve ser feita e refeita exaustivamente até que seja possível, a partir de dados confiáveis, se obter uma comparação válida para toda a "ciência".

46 A revista *Sociologia* é criada em 1939 e se constitui como um importante espaço de debates nas ciências sociais. Inicialmente uma empreitada pessoal dos primeiros editores, a *Sociologia* que iniciou suas atividades sem vínculos institucionais vai aos poucos sendo incorporada como um projeto da Escola de Sociologia e Política, até que em 1946 passa a ser oficialmente uma publicação da instituição. Entre 1949 e 1957 é dirigida por Donald Pierson e Oracy Nogueira. Tomando como referência exclusivamente a sua participação como autor, é possível dividir sua contribuição em dois períodos, que correspondem exatamente aos anos da década de 1940 e 1950, respectivamente: a década de 1940, em que Pierson dirige uma seção fixa no periódico chamada *Notas Sociológicas* e a década de 1950 quando publica os resultados da pesquisa de *Cruz das Almas.* A respeito da produção de Pierson na *Sociologia,* ver artigo de minha autoria, Silva [Oliveira], 2009.

Este esforço de comparação está presente em ambas as pesquisas sobre a capital paulista. Em "Hábitos alimentares em São Paulo", Pierson ao comentar sobre a metodologia da pesquisa afirma

> o estudo foi organizado de maneira a permitir que se tomem mais tarde, se possível, amostras de outras partes da cidade e também – para ainda maior comparação – amostras de cidades, povoações e zonas rurais do interior do Estado de São Paulo, bem como de outras áreas do Brasil (p. 47).

De maneira semelhante ao que é estabelecido neste texto de 1944, Pierson, dois anos antes, ao apresentar *Habitações em São Paulo: um estudo comparativo* afirma que o trabalho

> foi organizado de maneira a permitir que se tomem mais tarde, para fins de comparação, amostras das cidades e de povoações do interior de São Paulo e também cidades de cidades, grandes e pequenas, de outras áreas do Brasil (p. 200).

Sobre as áreas de interesse para estudos futuros, é possível notar como o esforço comparativo almejado por Pierson incluía desde essa época a comparação de dados na própria cidade de São Paulo, como apresentado no artigo, mas também ambicionava a comparação com cidades e povoações do interior, em um segundo momento, e, mais tarde, de cidades de outras áreas do país. Vale lembrar que é possível dividir a atuação do pesquisador, como ele mesmo propõe anos mais tarde (Pierson, 1987), em três fases distintas de atuação em diferentes escalas geográficas. A primeira fase compreenderia a realização de pequenos estudos na própria cidade de São Paulo. Esta etapa seria a base para a realização das fases dois e três, respectivamente as pesquisas realizadas por Pierson no interior do estado e as de maior extensão realizadas em diversas regiões do país.[47]

Esta constatação nos leva a relativizar a ideia de que estes estudos sobre a cidade estejam desvinculados dos chamados "estudos de comunidade" realizados por Pierson posteriormente. Primeiro, porque a própria noção de comunidade é aplicada para tratar do meio urbano neste contexto. E segundo, porque estas três escalas geográficas de

47 Na segunda fase estariam as pesquisas no interior do estado, a exemplo de *Cruz das Almas* (1966 [1951]), realizada na cidade de Araçariguama. Na terceira fase estaria a pesquisa sobre o Vale do São Francisco, realizada em Minas Gerais, Bahia, Pernambuco, Alagoas – publicada em 1972, com o título *O homem no Vale do Rio São Francisco.*

observação parecem de fato estar ligadas em um projeto comparativo ambicioso de estudar o Brasil de maneira ampla em termos culturais, geográficos, raciais, sociais, considerando seu processo de modernização e diferenças de status e classe. Esforço este que só se completaria, décadas mais tarde, com a última pesquisa de Pierson no Projeto do Vale do São Francisco, realizado em Minas Gerais, Bahia, Pernambuco, Alagoas.

Desta perspectiva, Pierson inicia já nestes primeiros trabalhos, a construção de uma análise focada na comparação entre diferentes localidades no Brasil. De modo que estas pesquisas têm como finalidade a descrição do meio urbano e sua "ecologia", no caso a diferenciação de suas "áreas naturais" (para usar conceitos formulados por Park da chamada "ecologia humana") e sua aplicação ao estudo das cidades. Assim, este caráter descritivo presente nas pesquisa citadas pode ser compreendido como uma primeira etapa para a construção de um conhecimento das cidades brasileiras, etapa esta que consiste na verificação de um padrão formulado para as cidades americanas.

A partir da análise dos processos envolvidos nas pesquisas de Pierson em São Paulo é possível observar que, além da escolha da cidade como seu "laboratório de investigação", estes trabalhos têm um papel fundamental na formação dos cientistas sociais na ESLP no interior de um modelo acadêmico no qual pesquisa e ensino são indissociáveis. Este modelo profissional, entre outras coisas, dá primazia à pesquisa etnográfica que Pierson nomeia como "pesquisa empírica"; privilegia o trabalho de investigação realizado em grupo; defende o caráter científico da sociologia e da antropologia, bem como a proximidade entre estas duas disciplinas; e toma a cidade como local privilegiado de análise.

Diante deste quadro, é possível situar os artigos publicados na RAM como parte da formulação de um modelo que orienta como deve ser um cientista social profissional de formação universitária. Neste caso especificamente, este modelo é construído a partir de arranjos originais que mesclam perspectivas diversas da chamada Escola de Chicago e que se modificam de acordo com questões que são específicas da "realidade empírica" observada no Brasil e também do ambiente intelectual e institucional da época.

Sobre o ambiente institucional mais restrito, estas pesquisas nos revelam a dificuldade em separar a atuação da Escola Livre de Sociologia e Política do governo municipal através da atuação do Departamento de Cultura e instituições, pessoas e revistas que gravitam em torno deste. Bem como também nos fornecem pistas para pensar a presença decisiva de instituições estrangeiras como a Fundação Rockefeller na formulação da agenda de pesquisas no Brasil nas ciências sociais logo após a instalação do ensino profissionalizante na área.

Ainda que este artigo tenha como foco tratar de uma experiência de pesquisa bem delimitada de um intelectual estrangeiro em São Paulo, espera-se que este esforço de aproximação possa contribuir para a reconstrução de uma cena intelectual mais ampla dos anos de 1930 e 1940 na capital paulista. Momento, este, decisivo de constituição de diferentes pautas de investigação com rupturas, continuidades, divergências, e pontos de contato entre si em um ambiente intelectual e institucional em pleno processo de constituição e transformação. Neste cenário estão envolvidos professores, pesquisadores e alunos; brasileiros e estrangeiros de diferentes nacionalidades advindos das ciências sociais e áreas correlatas; e que estabelecem uma interlocução próxima com as preocupações de médicos, sanitaristas, administradores, juristas, geógrafos, planejadores urbanos, educadores, jornalistas, e outros profissionais atuando na área pública ou na esfera privada na cidade de São Paulo.

Referências Bibliográficas

ALAMBERT JR., F. C. "Um melancólico no auge do modernismo, Sérgio Milliet: uma trajetória no exílio". Dissertação de mestrado. São Paulo, FFLCH-USP, 1991.

ALMEIDA, M. H. T. "Dilemas da institucionalização das ciências sociais no Rio de Janeiro". In: MICELI, S. (org.). *História das Ciências Sociais no Brasil* (vol. 1). São Paulo: Idesp/Editora Vértice/Revista dos Tribunais, 1989.

ALVES, A. M. "Alguns temas e problemas da sociologia no Brasil: uma análise de conteúdo da Revista Sociologia (1939-1941)". Paper (Mestrado em Sociologia). Rio de Janeiro, Instituto Universitário de Pesquisas do Rio de Janeiro, 1993.

ARRUDA, M. A. N. *Metrópole e Cultura: São Paulo no meio século XX*. Bauru: Edusc, 2001.

_______. "A sociologia no Brasil: Florestan Fernandes e a 'escola paulista'". In: MICELI, S. (org.). *História das Ciências Sociais no Brasil* (vol. 2). São Paulo: Sumaré/Idesp/Fapesp, 1995.

ASSUNÇÃO, P. *O patrimônio*. São Paulo: Edições Loyola, 2003.

BARBATO JR, R. *Missionários de uma utopia nacional-popular: os intelectuais e o Departamento de Cultura de São Paulo*. São Paulo: Annablume/Fapesp, 2004.

BATISTA, M. R. *Coleção Mário de Andrade: religião e magia, música e dança, cotidiano*. São Paulo: Edusp/Imprensa Oficial, 2004.

BECKER, H. S. "A Escola de Chicago". *Revista Mana*, vol. 2(2), p. 177-188, 1996.

BERLINCK, C. "Liderança e liberdade". *Sociologia*, São Paulo, vol. 26, n. 3, p. 281-305, 1964.

BULMER, M. *The Chicago School of Sociology: institutionalization, diversity and the rise of sociological theory*. Chicago: University Chicago Press, 1984.

BURGESS, E. "O crescimento da cidade: introdução a um projeto de pesquisa". In: PIERSON, D. (org). *Estudos de ecologia humana: leituras de Sociologia e Antropologia Social*. Tomo I. São Paulo: Martins Editora, [1948] 1970.

_______. *The Urban Community*. Chicago: University of Chicago Press, 1926

CANDIDO, A. "A revolução de 30 e a cultura". In: *Educação pela noite e outros ensaios*. São Paulo: Ática, 1989.

CHAPOULIE J. M. *La tradition sociologique de Chicago: 1892-1961*. Paris: Le Seuil, 2001.

CLARO, S. F. *Revista do Arquivo Municipal de São Paulo: um espaço científico e cultural esquecido (proposta inicial e as mudanças na trajetória – 1934-1950)*. Tese de doutorado (História). São Paulo, FFLCH-USP, 2008.

CORDEIRO, S. L. "Moradia popular na cidade de São Paulo: (1930-1940)". *Histórica – Revista Eletrônica do Arquivo do Estado*, vol. 1, abr. 2005. Disponível em: <http://www.historica.arquivoestado.sp.gov.br>.

_______. "Projetos e iniciativas sobre a habitação popular em São Paulo". *Histórica – Revista Eletrônica do Arquivo do Estado*, vol. 29, jan. 2008. Disponível em <http://www.historica.arquivoestado.sp.gov.br>.

CORRÊA, M. "A Antropologia no Brasil (1960-1980)". In: MICELI, S. (org.). *História das Ciências Sociais no Brasil* (vol. 2). São Paulo: Sumaré/Idesp/Fapesp, 1995.

_______. (org.). *História da Antropologia no Brasil (1930-1960): testemunhos: Emílio Willems e Donald Pierson*. Campinas: Editora da Unicamp/Edições Vértice, 1987.

_______. "Traficantes do excêntrico: os antropólogos no Brasil dos anos 30 aos anos 60". *Revista Brasileira de Ciências Sociais*, vol. 3, n. 6, p. 79-98, 1988.

COULON, A. *A Escola de Chicago*. Campinas: Papirus, 1995.

DEL VECCHIO, A.; DIÉGUEZ, C. *As pesquisas sobre padrão de vida dos trabalhadores da cidade de São Paulo: Horace Davis e Samuel Lowrie, pioneiros da sociologia aplicada no Brasil*. São Paulo: Editora Sociologia e Política, 2009.

DUARTE, P. *Mário de Andrade por ele mesmo*. São Paulo: Hucitec, 1971.

EUFRÁSIO, M. *Estrutura urbana e ecologia humana: a Escola Sociológica de Chicago (1915-1940)*. São Paulo: Editora 34, 1999.

FARIS, R. E. *Chicago Sociology 1920-1932*. Chicago: University Chicago Press, 1970.

FERNANDES, F. "A análise sociológica das classes sociais". *Sociologia* [Symposium sobre classes sociais], vol. 10, n. 2, 1948.

FILIZZOLA, A. C. *Na rua, a "troça", no parque, a troca: os parques infantis da cidade de São na década de 1930*. Tese de doutorado. São Paulo, Faculdade de Educação/USP, 2002.

FUNARO, V. M. O.; CASTRO FILHO, C. M. "Comparação entre duas escolas de Biblioteconomia no Brasil e na Espanha: aspectos curriculares". *Encontro Nacional de Pesquisa em Ciência da Informação*, 5. (Belo Horizonte, 2003). Anais. Belo Horizonte: ANCIB; ECI-UFMG, 2003. 1 cd-rom.

FRÚGOLI JR, H. "O urbano em questão na antropologia: interfaces com a sociologia". *Revista de Antropologia*, vol. 48(1), p. 133-165, 2005.

GONÇALVES, L. R. *Sérgio Milliet, crítico de arte*. São Paulo: Perspectiva/Edusp, 1992.

GORELIK, A. "Historia de la ciudad e historia intelectual". *Primas – Revista de história intelectual*, n. 3, 1999.

_______. "A produção da 'cidade latino-americana'". *Tempo Social*, vol. 17(1), 2005.

HARVEY, L. *Myths of the Chicago School of Sociology.* Avebury, 1987.

JACKSON, L. C. "A sociologia paulista nas revistas especializadas (1940-1965)". *Tempo Social,* São Paulo, USP, p. 263-283, jun. 2004.

______. "Gerações pioneiras na sociologia paulista (1934-1969)". *Tempo Social,* vol. 19(1), p. 115-130, 2007.

KANTOR, I; MACIEL, D; SIMÕES, J. A. (org.) *A Escola Livre de Sociologia e Política: anos de formação 1933-1953.* São Paulo: Escuta, 2001.

KOWARICK, L. *As lutas sociais e a cidade.* São Paulo: Paz e Terra, 1988.

KURTZ, L. R. *Evaluating Chicago Sociology: a guide to the literature, with an annotated bibliography.* 1984.

LEBRET, J. M. "Sondagem preliminar a um estudo sobre a habitação em São Paulo". São Paulo: Departamento de Cultura, 1951.

LIMONGI, F. "A Escola Livre de Sociologia e Política em São Paulo". In: MICELI, S. (org.). *História das Ciências Sociais no Brasil* (vol. 1). São Paulo: Idesp/Editora Vértice/Revista dos Tribunais, 1989a.

______. "Mentores e clientela da Universidade de São Paulo". In: MICELI, S. (org.). *História das Ciências Sociais no Brasil* (vol. 1). São Paulo: Idesp/Editora Vértice/ Revista dos Tribunais, 1989b.

LOWRIE, S. "Origem da população de São Paulo e diferenciação das classes sociais". *Revista do Arquivo Municipal,* ano 4, vol. XLIII, p. 195-212, jan. 1938.

MAGNANI, J. G. "O campo da antropologia". *Cadernos de História de São Paulo,* n. 1, 1992.

MICELI, S. "Condicionantes do desenvolvimento das ciências sociais". In: *História das Ciências Sociais no Brasil* (vol. 1). São Paulo: Idesp/Editora Vértice/Revista dos Tribunais, 1989.

______ (org.). *História das Ciências Sociais no Brasil* (vol. 1). São Paulo: Idesp/Editora Vértice, [1989] 2001.

_______. *História das ciências sociais no Brasil* (vol. 2). São Paulo: Sumaré/Idesp/Fapesp, 1995.

_______. *Intelectuais e classe dirigente no Brasil* (1920-1945). São Paulo: Difel, 1979.

MEUCCI, S. *Gilberto Freyre e a sociologia no Brasil: da sistematização à constituição do campo científico.* Tese de doutorado (Sociologia). Campinas, IFCH-Unicamp, 2006.

MEYER, R. M. P. *Metrópole e urbanismo: São Paulo anos 50.* Tese de doutorado (Arquitetura e Urbanismo). São Paulo, FAU-USP, 1991.

MOTA, C. G. "São Paulo: exercício de memória". *Revista Estudos Avançados,* vol. 17 (48), p. 241-263, 2003.

OLIVEIRA, I. "Os estudos urbanos de Donald Pierson na Escola Livre de Sociologia e Política". *Anais do XIV Congresso Brasileiro de Sociologia* realizado de 28 a 31 de julho de 2009, Rio de Janeiro (RJ). Disponível em: <http://starline.dnsalias.com:8080/sbs/arquivos/29_6_2009_11_12_1.pdf>. Acessado em 10 maio 2010.

OLIVEIRA, I.; DAMASCENO, J. "'Constituindo um campo': estudos de comunidade e o desenvolvimento das ciências sociais no Brasil (1940-1960)". *Revista Cadernos de Campo,* São Paulo, vol. 18, n. 18, p. 253-256, 2009.

OLIVEIRA, R. C. "A Bienal de São Paulo: impacto na cultura brasileira". *São Paulo em Perspectiva,* São Paulo, vol. 15, n. 3, jul. 2001.

_______. *Colonizadores do futuro: cultura, Estado e o Departamento de Cultura do Município de São Paulo.* Dissertação de mestrado (Ciências Sociais). São Paulo, PUC-SP, 1995.

PARK, R. "A cidade: sugestões para a investigação do comportamento humano no meio urbano". In: VELHO, O. *O fenômeno urbano.* Rio de Janeiro: Zahar, 1976.

_______. "The city: suggestions for the investigation of human behavior in the city environment". *American Journal of Sociology,* n. 5, vol. XX, p. 577-612, 1915.

PEIXOTO [MASSI], F. *Diálogos brasileiros: uma análise da obra de Roger Bastide.* São Paulo: Edusp, 2000.

______. "Franceses e norte-americanos nas ciências sociais brasileiras (1930-1960)". In: MICELI, S. (org.). *História das Ciências Sociais no Brasil* (vol. 1). São Paulo: Idesp/Editora Vértice/Revista dos Tribunais, 1989.

PEIXOTO, F. ; SIMÕES, J. "A Revista de Antropologia e as ciências sociais em São Paulo: notas sobre uma cena e alguns debates". *Revista de Antropologia*, vol. 46, n. 2, p. 383-409, 2003.

PIERSON, D. "Algumas atividades no Brasil em prol da Antropologia e outras ciências sociais" [Depoimento de Donald Pierson]. In: CORRÊA, M. (org.). *História da Antropologia no Brasil (1930-1960): testemunhos: Emílio Willems e Donald Pierson*. Campinas: Editora da Unicamp/Edições Vértice, 1987.

______. *Brancos e pretos na Bahia: estudo de contato racial*. São Paulo: Editora Nacional, 1945.

______. "Como descobrir o que é 'classe'". *Sociologia*, vol. 10, 2/3, p. 71-75, 1948.

______. *Cruz das Almas*. Rio de Janeiro: José Olympio, 1966 [1951].

______. "Estudo comparativo da habitação em São Paulo". *Economia*, III (29), p. 7-13, out. 1941.

______. "Um estudo comparativo da habitação em São Paulo". *Revista do Arquivo Municipal*, vol. LXXXII, 1942.

______. "O estudo da cidade". *Sociologia*, vol. V, n. 4, p. 305-315, 1943.

______. "O estudo de Cruz das Almas". *Sociologia*, São Paulo, XII (1), p. 33-43, mar. 1950.

______ (org). *Estudos de ecologia humana: leituras de Sociologia e Antropologia Social*. 2ª ed. Tomo I. São Paulo: Livraria Martins Editora, [1948] 1970.

______. "Habitações de São Paulo: estudo comparativo". *Revista do Arquivo Municipal*, vol. LXXXI, p. 199-238, 1942.

______. "Hábitos alimentares em São Paulo". *Revista do Arquivo Municipal*, São Paulo, vol. 98, p. 45-79, 1944.

_______. *O homem no Vale do São Francisco.* Suvale/Ministério do Interior, 1972.

_______. *Negroes in Brazil: a study of race contact at Bahia.* Chicago: University of Chicago Press, 1942.

_______. "Pesquisa na revista Sociologia". *Sociologia,* São Paulo, Sociologia e Política, vol. 16, n. 1, p. 63-76, mar. 1954.

_______. "Recenseamento por quarteirões". *Revista do Arquivo Municipal,* vol. LXII, p. 173-175, 1939.

_______. "Um 'sistema de referência' para o estudo dos contatos raciais e culturais". *Sociologia,* vol. 3, n. 1, p. 1-17, mar. 1941.

_______. *Teoria e pesquisa em Sociologia.* São Paulo: Melhoramentos, 1971 [1945].

PINHEIRO, F.; MICELI, S. "Entrevista com Mário Wagner Vieira da Cunha". *Tempo Social,* São Paulo, vol. 20, n. 2, nov. 2008.

PLOKTIN, M. "Modernity, Development and the Transnationalization of the Social Sciences in Argentina and Brazil (1930-1970)". *Rockefeller Archive Center Research Reports Online,* 2008. Disponível em <http://www.rockarch.org/publications/resrep/pdf/plotkin.pdf>. Acessado em 16 maio 2010.

PLUMER, K. (org). *The chicago school: critical assessments.* London/New York: Routledge, 1997.

PONTES, H. *Destinos mistos.* São Paulo: Companhia das Letras, 1998.

_______. "Retratos do Brasil: editores, editoras e 'Coleções Brasiliana' nas décadas de 30, 40, 50". In: MICELI, S. (org.). *História das Ciências Sociais no Brasil* (vol. 1). São Paulo: Editora Sumaré, [1989] 2001.

RAFFAINI, P. T. *Esculpindo a cultura na forma Brasil: o Departamento de Cultura de São Paulo.* São Paulo: Humanitas/FFLCH-USP, 2001.

RIBEIRO, M. A. R. "O mercado de trabalho na cidade de São Paulo nos anos vinte". In: SILVA, S.; SZMRECSÁNYI, T. (orgs.). *História econômica da Primeira República.* São Paulo: Edusp, 2002.

REDFIELD, R. *The folk culture of Yucatan*. Chicago: University Chicago Press, 1940.

_______. "The folk society". *American Journal of Sociology*, LII, 1947.

ROLNIK, R. "São Paulo, início da industrialização: o espaço e a política". In: KOWARICK, L. (org.). *As Lutas Sociais e a Cidade*. São Paulo: Paz e Terra/ UNRISD, 1988

RUBINO, S. "Clubes de pesquisadores – A Sociedade de Etnografia e a Sociedade de Sociologia". In: MICELI, S. (org.) *História das Ciências Sociais no Brasil* (vol. 2). São Paulo: Editora Sumaré, 1995.

SANDRONI, C. *Mário contra Macunaíma: cultura e política em Mário de Andrade*. São Paulo: Edições Vértice; Rio de Janeiro: IUPERJ, 1988.

SIMONSEN, R. *Rumo à Verdade*. São Paulo: Editora Limitada, 1933.

SOARES, L. G. *Mário de Andrade e a Sociedade de Etnografia e Folclore, no Departamento de Cultura da Prefeitura Municipal de São Paulo, 1936-1939*. Rio de Janeiro/São Paulo: Funarte/Instituto Nacional do Folclore/Secretaria Municipal de Cultura, 1983.

SPIRANDELLI, C. C. *Trajetórias intelectuais: professoras da Faculdade de Filosofia, Ciências e Letras da USP*. Tese de doutorado (Sociologia). São Paulo, FFLCH-USP, 2008.

VALLADARES, L. P. (org.). *A Escola de Chicago: impactos de uma tradição no Brasil e na França*. Belo Horizonte/Rio de Janeiro: Editora da UFMG/IUPERJ, 2005.

_______. *A Invenção da favela*. Rio de Janeiro: Editora FGV, 2008.

_______. "A visita do Robert Park ao Brasil, o 'homem marginal' e a Bahia como laboratório". *Cadernos CRH*, Salvador, vol. 23, n. 58, abr. 2010.

VALENTINI, L. "Nos 'arredores' e na 'capital': as pesquisas da Sociedade de Etnografia e Folclore (1937-1939)". *Revista Ponto Urbe* [online], ano 3, n. dez. 2009. Disponível em <http://www.pontourbe.net/index.php?option=com_content&view=article&id=22:nos-arredores-e-na-capital-as-pesquisas-da-sociedade-de-etnografia-e-folclore-1937-1939-&catid=6:cat-artigos&Itemid=7>. Acessado em 24 abr. 2010.

A montagem de um ideário urbano em São Paulo: Lebret, 1947[1]

Dinalva Derenzo Roldan

Neste artigo trataremos do primeiro contato do frei dominicano francês Louis-Joseph Lebret com o Brasil, e focalizaremos as relações ali estabelecidas. Procurando localizar como Lebret se insere na cidade de São Paulo, a rede de sociabilidade que o recebe e as relações que estabelece com instituições locais para analisarmos o significado deste contato dentro de sua trajetória intelectual e de seus deslocamentos. Este trabalho insere-se em uma pesquisa maior que pretende contribuir aos estudos sobre as transformações da cidade de São Paulo nos anos 1950 e a formação de um ideário urbano através da atuação do Padre Lebret. O trabalho insere-se no estudo das visões e presenças estrangeiras na cidade de São Paulo, neste período, procurando localizar o campo teórico e conceitual que embasa as proposições urbanísticas formuladas acerca de seu processo de modernização, desenvolvimento e metropolização. O foco recai no paradigma introduzido por Louis-Joseph Lebret de "desenvolvimento harmonizado" nos países do "Terceiro Mundo", no segundo pós-guerra, considerando seus conteúdos de inovação do ponto de vista da abordagem da problemática urbana, bem como o peso que teria na redefinição do campo urbanístico em São Paulo. A pesquisa tem como recorte específico a atuação e presença de Lebret no Brasil entre 1947, ano de sua primeira viagem a São Paulo, e 1964, momento em que cessam as atividades da SAGMACS – Sociedade de Análise Gráfica e Mecanográfica Aplicada aos Complexos Sociais –, escritório que elaborou uma série de pesquisas e planos urbanos e regionais. Neste momento focalizaremos a viagem de 1947 e as atividades aqui realizadas, assim como as motivações deste primeiro deslocamento.

1 O presente artigo é parte da pesquisa que venho realizando na área de concentração em História e Fundamentos da Arquitetura e Urbanismo do Programa de Pós-Graduação da FAU-USP, com bolsa da Fapesp, e sob orientação do Prof. Dr. José Lira.

Introdução

O frei dominicano Louis-Joseph Lebret (1897-1966), Padre Lebret, veio pela primeira vez a São Paulo em 1947 a convite da Escola Livre de Sociologia e Política para ministrar o curso de "Economia Humana". Neste mesmo período fundou a SAGMACS tida por Lamparelli (1994) como um braço local do Movimento Economia e Humanismo, que produziu uma série de estudos sobre as condições de habitação na cidade de São Paulo, assim como projetos e planos de desenvolvimento urbano regional. O Movimento Economia e Humanismo – criado na França em meio à Segunda Guerra – baseava-se na concepção do processo de desenvolvimento e na política de solidariedade como princípio de atuação no chamado "Terceiro Mundo" (Lamparelli, 1994, p. 90). A SAGMACS, tendo como norteadores os princípios deste movimento, realizou inúmeras consultorias, pesquisas e estudos para instituições públicas sobre a realidade das cidades brasileiras e sua dinâmica social (Lamparelli, 1994). É neste sentido que Lebret através da SAGMACS introduz e difunde uma metodologia para o urbanismo no Brasil, focando as análises de campo e o modo de vida da população como meio para orientar as ações específicas do planejamento urbano.

A atuação de Lebret no Brasil se deu, sobretudo nos anos 1950 e correspondeu, dentro de sua trajetória intelectual, ao momento de consolidação das ideias sobre desenvolvimento e atuação nos países de "Terceiro Mundo" no contexto de polarização do mapa político mundial durante a Guerra Fria. François Malley, colaborador de Lebret no *Mouvement Économie et Humanisme* e autor de uma pequena biografia a seu respeito (Malley, 1968) escrita logo após sua morte, divide sua trajetória em três momentos: sua participação no *Mouvement de Saint-Malo* na década de 1930, a formação do *Mouvement Économie et Humanisme* a partir de 1941 e por fim a criação do IRFED – *Institut International de Recherche et de Formation en vue du Développement Harmonisé* em 1958. Foi dentro destes dois últimos momentos da trajetória de Lebret que a atuação no Brasil foi preponderante.

Louis-Joseph Lebret nasceu em 26 de junho de 1897 em Minihic-sur-Rance na região da Bretanha. Entre os anos 1910 e 1920, portanto durante a Primeira Guerra Mundial, Lebret entrara na *École Naval* e se tornara oficial da marinha francesa. Após uma atuação marcante na corporação a abandonou em 1923 para ingressar na Ordem dos Dominicanos em Angers, França, e logo em seguida, como parte de sua preparação religiosa, foi para o Colégio São Domingos de Filosofia e Teologia no Convento de Rijckholt, Holanda, onde se deteve nos estudos da obra de São Tomás de Aquino (Malley, 1968).

Em 1929, Lebret retornou à região da Bretanha para o convento de Saint-Malo, onde se engajou em um movimento de pescadores artesanais da região. O *Mouvement Saint-Malo* (1930-39) reivindicava condições de trabalho dos pequenos pescadores face ao desenvolvimento da pesca industrial e à concorrência estrangeira em um momento de crise econômica marcado pelo desemprego e de miséria das famílias costeiras (Peletier, 1996, p. 20). Lebret teve uma atuação importante tanto na organização do movimento formando comissões multiprofissionais do setor da pesca, quanto na reivindicação frente ao poder público inclusive na elaboração de legislação de regulamentação profissional.

Em 1940, em meio à Segunda Guerra Mundial, a França foi ocupada pelos alemães. Paris, a região centro-norte assim como toda a costa atlântica foram ocupadas e o restante do território ficou sob o domínio do General Pétain instaurando o Regime de Vichy. Neste momento Lebret passou a atuar nos portos da costa mediterrânea em Marselha, onde em 1941 funda o Centro de Estudos *Économie et Humanisme* (Malley, 1968). Esta associação estabeleceu como seus principais objetivos estudar através de pesquisas empíricas a realidade econômica, humana e social dentro de suas complexidades; promover entre seus membros ou mesmo pesquisadores externos trabalhos científicos capazes de contribuir para a elaboração de uma doutrina espiritual que colocasse a economia ao serviço dos homens; suscitar no seio das organizações profissionais as condições concretas do bem comum, e participar dos esforços públicos ou privados da reorganização profissional (Malley, 1968, p. 60).

Em 1945, após a liberação da França da ocupação alemã (1944) e com o fim da Segunda Guerra, a equipe de *Économie et Humanisme* foi transferida para La Tourette, na província de Lyon, onde se estabeleceu uma sede para receber e promover sessões com as equipes do movimento. Segundo François Malley, foi neste momento de ebulição da França após a liberação que as equipes se dispersaram, seja para colocar em prática os métodos de pesquisa, seja para difundir os princípios do movimento. Em 1945 foi criada a SAGMA – *Société pour l'application du graphisme et de la mécanographie à l'analyse* – entidade que se dedicou aos estudos das condições de vida nas cidades francesas somando esforços para os planos de reconstrução do pós-guerra e em 1947 foi aberta em Paris a livraria *Économie et Humanisme* (Malley, 1968). É neste impulso de abertura de frentes de atuação e difusão do movimento que Lebret aceita o convite para vir a São Paulo em 1947.

Estes são, sucintamente, os antecedentes que contextualizam a vinda de um frei dominicano a São Paulo para ministrar o curso de "Economia Humana" na Escola Livre de Sociologia e Política. Esta viagem é importante, pois foi a primeira vez que Lebret tem contato com a América Latina – durante este período visitou também o Uruguai, a Argentina e o Chile[2] – e teve a vivência, ainda que curta, da realidade urbana de grandes cidades da América Latina e contato com a noção de subdesenvolvimento (Pelletier, 1996, p. 100).

Desde então Lebret realizou uma série de viagens para os países do "Terceiro Mundo" – da América Latina, África e Ásia. Iniciando assim, o que François Malley chamou de terceira etapa da trajetória de Lebret marcada pela criação do IRFED – *Institut International de Recherche et de Formation en vue du Développement Harmonisé* – em 1958. Instituto que Lebret dirigiu até sua morte em 1966, dedicando-se, sobretudo, a análises das condições sociais, econômicas e urbanas de países periféricos e elaborando planos de desenvolvimento.

Diferentemente de outros estrangeiros que se fixaram no Brasil onde consolidaram seus trabalhos, ou mesmo grupo de estrangeiros que se estabeleceram no país durante alguns anos para depois retornarem aos seus países de origem, Lebret não se fixou no Brasil, mas estabeleceu com ele uma ponte regular de deslocamento. Entre os anos 1947 e 1961 Lebret fez nove viagens passando por várias cidades brasileiras – São Paulo, Rio de Janeiro, Recife, Bélem, Porto Alegre e Belo Horizonte – (Breuil, 2006) seja para orientar as atividades da SAGMACS, seja para proferir conferências ou participar de congressos, estabelecendo uma "rede" de intelectuais, políticos, religiosos e profissionais em torno de sua figura.

Neste período, sob sua coordenação, a equipe da SAGMACS realizou trabalhos importantes na área de planejamento territorial como a "Sondagem preliminar a um estudo de habitação em São Paulo" (1947) para o Serviço Social da Indústria; "Pesquisa sobre as possibilidades de desenvolvimento do Estado de São Paulo" (1952) para o Governo do Estado de São Paulo; "L'aménagement du territoire des huit Etats du sud du Brésil" (1953) para a CIBPU – Comissão Interestadual da Bacia Parana-Uruguai; "Étude sur les conditions de développement et d'industrialisation d'Etat du Pernanbouc" (1955) para o CODEPE

2 Com relação à cronologia e aos itinerários de viagem de Lebret ver o trabalho de Mathilde Breuil (2006, anexo 1, p. 1).

– Comissão de Desenvolvimento Econômico de Pernambuco; "Estrutura urbana da aglomeração paulistana" (1956-58) para a Prefeitura de São Paulo; "Pesquisa de desenvolvimento urbano de Belo Horizonte" (1958) para a Prefeitura de Belo Horizonte; "Aspectos humanos da favela carioca" (1958-1960) para o jornal *O Estado de São Paulo*.

Dentro deste cenário, é importante tecer os modos como um intelectual influente no campo político, da sociologia e dos urbanistas insere-se na cena urbana paulistana auxiliando a reorganizar, a remodelar e repensar a cidade, seus traçados e sua vida social dentro das instituições públicas – as universidades e órgãos públicos – e por meios de formação e circulação de concepções e ideias sobre a cidade, o urbanismo e a metrópole.

Aqui focalizaremos o primeiro contato de Lebret com o Brasil (1947) e sua circulação por São Paulo, através do curso ministrado na Escola Livre de Sociologia e Política tendo como documentação os anuários desta instituição, e da primeira pesquisa realizada aqui – "Sondagem preliminar a um estudo de habitação em São Paulo" (Lebret, 1951) publicada pela *Revista do Arquivo Municipal* em 1951, finalizando com a carta redigida por Lebret "Lettre aux américains" (Lebret, 1947) publicada pela *Revue Économie et Humanisme* no final do ano de 1947, em que o autor relata e avalia o impacto de sua experiência americana.

O curso de Economia Humana na ELSP

A primeira viagem de Lebret ao Brasil, como dissemos, ocorreu em 1947 a convite do Frei Romeo Dale, para ministrar na Escola Livre de Sociologia e Política de São Paulo – ELSP – o curso sobre Economia Humana. O frei dominicano Romeo Dale desde 1943 lecionava na ELSP e havia conhecido Lebret e o Movimento Economia e Humanismo na França em viagem de formação pela Ordem dos Dominicanos. De abril a junho de 1947, Lebret esteve como professor visitante no curso de "Estudos Pós-Graduados" na seção de Economia,[3] cujo caráter de pesquisa era pioneiro em São Paulo visto que a Faculdade de Filosofia, Ciências e Letras tinha como projeto e privilegiava a formação de professores (Limongi, 1989).

É interessante notar como as formulações do Movimento Economia e Humanismo são inseridas no contexto local, no caso, através do projeto institucional da Escola Livre de Sociologia e Política com aproximações e distanciamentos. Segundo Limongi (1989), a ELSP teria um papel fundamental na definição dos rumos da Sociologia em

3 Anuário da Escola Livre de Sociologia e Política de São Paulo, décimo terceiro ano letivo (1947).

São Paulo, sobretudo por estabelecer um modelo de sociologia aplicada e do sociólogo como profissional treinado para o desenvolvimento de pesquisas empíricas. Em contrate com a Faculdade de Filosofia, Ciências e Letras que teria como objetivo a formação de uma elite de professores secundários, à ELSP caberia a formação de técnicos com competência administrativa, e para esta finalidade prática a pesquisa de campo seria um método importante. Durante os anos 1940 a ELSP contratou uma série de professores estrangeiros, alguns como visitantes e outros para compor o quadro fixo da Escola, como o caso de Donald Pierson, que dirigiu a seção de pós-graduação da ELSP, assim como Herbert Baldus e Emílio Willems. É aparentemente neste projeto que Lebret se insere ao ministrar o curso de Economia Humana e ao focalizar o método em um estudo de caso, o da habitação em São Paulo, reitera a perspectiva de pesquisa empírica com finalidade intervencionista. Convém ressaltar, no entanto, a distância do método e perspectiva de Lebret em relação aos estudos de comunidade baseados nos métodos da Escola de Chicago. Ao inserir-se na seção de economia e não sociologia e antropologia, o trabalho de Lebret revela o seu vínculo com o ideário de planejamento econômico em um momento no qual este começa a pavimentar sua interface com o planejamento urbano.

O curso se estrutura em 36 aulas sendo que a primeira parte (12 aulas) aborda a crítica ao mundo moderno, a crítica da economia política, a reação marxista e teorias de planificação (soviéticas) fornecendo uma espécie de preâmbulo de onde se insere a formulação das bases da economia e humanismo, e deixando evidente o campo de debate, para depois iniciar os fundamentos da Economia Humana. As 24 aulas restantes abordam os conceitos fundamentais de economia humana, sua inserção nas ciências, assim como a dimensão territorial. Em seguida, foca nas categorias de análise da nova teoria – as pessoas, os hábitos, a demografia, a estrutura econômica das unidades territoriais e por fim os equipamentos (sanitários, cultural e espiritual) necessários nestas unidades, e por fim, dedica-se a articulação destes conceitos naquilo que ele caracterizou como um "sistema de economia humana", em que são abordadas outras dimensões daqueles elementos iniciais: a economia ordenada, a organização profissional e as comunidades territoriais. O curso é finalizado com um debate sobre as estratégias de passagem da "economia atual à economia humana".[4]

Deste modo, o curso sistematiza os conteúdos sobre a Economia Humana e seus fundamentos e através dele podemos apanhar uma síntese das formulações teóricas

4 Anuário da Escola Livre de Sociologia e Política de São Paulo, décimo terceiro ano letivo (1947).

e a articulação dos conceitos chave para a perspectiva do movimento que trazem em paralelo a própria trajetória intelectual do Padre Lebret.

Desde os anos de formação na Ordem dos Dominicanos, Lebret aprofundara seus estudos em São Tomás de Aquino deixando como marca em seu pensamento o ideal de vida comunitária e a noção de bem comum, ligados a formas de estrutura social próprias ao mundo rural pré-industrial, como horizonte de uma leitura crítica da modernidade, vista como processo de dissolução do mundo tradicional e ascensão do individualismo da sociedade industrial (Pelletier, 1996, p. 125-126). Depois dos anos de formação (de 1923 a 1929) sua atuação no movimento dos trabalhadores da pesca em Saint-Malo (1930), cujas atividades de trabalho e modos de vida vinham sendo reestruturados pelo processo de industrialização do setor, colocou-se em contato com a prática sindical da esquerda francesa.

Em 1938, segundo Pelletier (1996), realizou um longo estudo sobre *O Capital* de Karl Marx e seria profundamente instigado pela teoria do valor e a noção de alienação apresentada pela análise de Marx na estrutura do capital e tocado pela crítica sistemática ao capitalismo, inclusive encontrando paralelos com a teoria de São Tómas de Aquino.[5] É deste modo que o marxismo mais que uma posição política se tornaria um objeto de pesquisa e posteriormente, como se pode observar no curso da ELSP, um referencial teórico de análise de economia política fundamental para a formulação da Economia Humana.

Segundo Malley (1968), em 1940, Lebret expressa sua vontade de fundar um centro internacional de estudos sobre o marxismo, tendo como foco a análise da dialética, capaz de colocar em questão o capitalismo liberal, o nacional-socialismo assim como o comunismo real. "Centrar os esforço sobre o marxismo, era na realidade analisar e julgar as três *mystiques conquérantes* que juntas tomaram o mundo de assalto" (Malley, 1968, p. 55). Ainda segundo este autor, a identificação direta com o marxismo (seja contra, pelo ou além deste) não era o objetivo do centro de estudo. O desejo de Lebret seria trabalhar a partir do marxismo pelo novo objeto detectado por ele no campo das ciências humanas – o método dialético e a análise da teoria do valor. Deste modo, Lebret elaborara uma doutrina e um método que ele passaria a chamar de Economia Humana, procurando qualificar uma economia que estivesse subordinada às necessidades dos homens.

5 Pelletier analisa os escritos e anotações no rodapé nos livros de Lebret e analisa as relações que Lebret estabelece entre o pensamento tomista e a análise marxista.

Em 1941, quando Lebret fundou o *Mouvement Économie et Humanisme,* ele contava com o apoio do economista François Perroux,[6] René Moreux, do filósofo Gustave Thibon, Alexandre Dubois, Jean-Gatheron e mais dois religiosos: Marie-Réginald Loew e Marie-Fabien Moos, conhecidos como padres-operários[7] (Malley, 1968). Foi também neste período lançada a *Revue Économie et Humanisme,* sob a direção de Lebret e Moreux, logo transferida para François Malley e Thomas Suavet. A revista difundiu uma série de pesquisas e os debates travados neste momento de formulação dos conceitos de economia humana e os métodos de pesquisa empírica e contou com uma ampla rede de intelectuais e religiosos como Henry Desroche, M. D. Chenu e Paul Voisin.

Ao levantar os artigos publicados na revista entre 1942 e 1947 é perceptível a profusão de leituras das obras de Marx e de marxistas, ao lado dos debates sobre a noção de comunidade, dos métodos de análise próprios à economia humana, urbanismo e pesquisas sobre as cidades. Durante estes anos o editorial da revista esteve atento às leituras das obras de Engels e Marx seja avaliando os reflexos do pensamento marxista, seja nas análises da economia política, da noção do materialismo dialético, mas também do humanismo. Encontra-se ainda, durante este período artigos individuais sobre as obras específicas destes autores. Outro tema relevante frequente na revista diz respeito à noção de comunidade que aparece como tema de uma preocupação teórica, mas também é abordada através de relatos das atuações do movimento como o caso da comunidade Boimondau e dos trabalhadores portuários de Marselha (Loew, 1945). Com relação ao urbanismo e a questão da habitação pode-se observar a frequência dos artigos de Gaston Bardet – sobre urbanismo, métodos de pesquisa, habitação e unidade de vizinhança entre outros temas – e ainda podemos ressaltar o artigo de Paul Voisin, "Préface à une politique de l'habitat" (Voisin, 1946) que consta na bibliografia do curso de Lebret.

No início do movimento, uma série de pesquisas empíricas também estavam sendo realizadas inclusive com a formação do *Centre d´etudes des complexes sociaux,* que contou com o apoio da CNRS e do Ministério da Reconstrução e do Urbanismo (Pelletier, 1996). Neste sentido, "Economia e Humanismo", inicialmente marcado por

6 É importante notar que naquele momento François Perroux era professor da na Faculdade de Direito de Lyon e em 1936 havia integrado a missão francesa de formação da Faculdade de Filosofia, Ciências e Letras em São Paulo, ministrando o curso de "Economia política, finanças e história das doutrinas econômicas" (Peixoto, 1995).

7 Loew e Moos ficaram conhecidos como padres-operários, pela atuação com os trabalhadores dos portos de Marselha.

uma utopia comunitária e um catolicismo de herança tomista, passa a um reencontro com o marxismo através da pesquisa social com suporte científico e político típico do pós-guerra (Leme, 2004).

É neste ponto da história intelectual do movimento e da trajetória de Lebret que se situa o curso de Economia Humana ministrado na ELSP. Ele foi a um só tempo difusor das ideias e um momento de síntese e articulação dos conceitos chave do movimento fora da França. Muitos destes autores compõem a bibliografia do curso de Lebret, como François Perroux, M. D. Chenu, Paul Voisin, T. Suavet, G. Thibon, H. Desroche, R. Moreux, seja em artigos publicados em *Économie et Humanisme*, seja em livros de sua autoria. Ao tratar das noções de modernização e planificação e lançar as bases teóricas da economia humana a partir do referencial da economia política, o curso se propunha introduzir uma alternativa científica e planificável ao capitalismo liberal. A Economia Humana colocava-se, portanto, como uma terceira via, dentro do contexto de Guerra Fria, entre comunismo e capitalismo, e neste caminho colocava-se, sobretudo, contra qualquer perspectiva totalitária.

Ainda sobre a difusão das ideias, é importante ressaltar que Malley (1968) ao relatar os momentos de formação da associação, revela como estratégia formadora do movimento não só a publicação da revista, mas outros meios de propaganda, ensino e ação, entre os quais a criação de centros de estudos de complexos sociais na França e no exterior. É importante lembrar que a ELSP no momento de sua fundação em 1933 tinha como objetivo formar quadros para administração pública, tanto de especialistas como de funcionários e dirigentes públicos.[8] Neste sentido, o curso de Lebret na ELSP insere-se em uma rede que articulava intelectuais, técnicos e dirigentes em um projeto de modernização do Estado. O curso foi frequentado pelos alunos regularmente matriculados, mas também por uma série de alunos especiais, entre eles vários religiosos dominicanos, como frei Benevenuto de Santa Cruz,[9] que nos anos 1950 será um dos colaboradores próximos de Lebret na SAGMACS e na ordem dos dominicanos no Brasil, fundando, em 1954, a livraria Duas Cidades, responsável pela tradução e publicação das obras de Lebret nos anos 1950 e 60 (Breuil, 2006). Forma-se, deste modo, uma rede de circulação dos ideais de Lebret.

8 Informações gerais do Anuário da Escola Livre de Sociologia e Política de São Paulo, décimo terceiro ano letivo (1947).

9 Anuário da Escola Livre de Sociologia e Política de São Paulo, décimo quarto ano letivo (1948), na seção de alunos matriculados.

A pesquisa sobre São Paulo em 1947

Concomitante ao curso na ELSP, Lebret dirigiu, uma pesquisa empírica chamada "Sondagem preliminar a um estudo sobre a habitação em São Paulo", na qual teve como assistentes o médico Dr. Oscar Rezende Lima e Sr. Estanislau Roberto Maiorano, ambos alunos da ELSP, além de alunos da Faculdade de Direito da USP, dirigidos por André Franco Montoro,[10] alunos da Escola de Serviço Social e pesquisadores da Divisão de Estatística e Documentação Social da Prefeitura do Município de São Paulo, contando para sua realização com recursos do Serviço Social da Indústria (Lebret, 1951).

Neste trabalho o prioritário era avaliar as condições de habitação da população de São Paulo e a partir de subsídios estatísticos foi realizada a amostra em vários bairros da cidade. O inovador no método de pesquisa da Economia e Humanismo era a tensão constante entre o qualitativo e o quantitativo, entre a monografia e a estatística. A apresentação dos resultados da pesquisa em forma de gráficos, os chamados "gráficos margaridas",[11] permitia a sistematização dos dados de forma a comparar diversas situações, através do confronto dos múltiplos estudos de casos. No caso do estudo de São Paulo havia a preocupação de montar os dados de maneira que eles fossem comparáveis com as pesquisas realizadas em algumas cidades francesas pela SAGMA no imediato pós-guerra.

Na ocasião, o Ministério da Reconstrução contratara a SAGMA para realizar uma pesquisa sobre as condições de habitação em quatro cidades – Marselha, Nantes, Lyon e Saint-Etienne para fornecer dados para a elaboração de uma política de reconstrução.[12]

O relatório da pesquisa sobre São Paulo foi dividida em 11 capítulos: (1) A sondagem; (2) Resultados gerais; (3) Resultados por zona; (4) Localização das categorias extremas; (5) Estudos de tipos de habitação; (6) Estudo de habitação segundo seu

10 Montoro foi advogado e também se formou em Filosofia. Foi secretário geral do PDC – Partido Democrata Cristão – e governador de São Paulo entre 1982 e 1986. Em 1947 era responsável pela Ação Católica em São Paulo.

11 Ficaram conhecidos como gráficos margaridas, os diagramas que sintetizava as informações de uma determinada escala – poderia ser ela, um unidade territorial ou um tema. O interessante dos diagramas é a facilidade e rapidez de leitura através de uma imagem.

12 É interessante notar que em algumas das cidades onde a SAGMA efetuou a pesquisa, posteriormente foram realizados os projetos habitacionais de Le Corbusier. Dentre eles, a Unité d'Habitation de Marselha e o projeto de Nantes. Ainda sobre a relação entre Le Corbusier e os dominicanos, podemos mencionar o Convento de La Tourette.

número de peças; (7) Estudo da superfície das habitações; (8) Ensaio de localização das classes sociais e tipos de moradia; (9) Estudos dos defeitos da habitação por classe social; (10) Nacionalidade dos ocupantes e a (11) Comparação com a França. Depois de realizado um primeiro ensaio da pesquisa notou-se a necessidade de algumas adaptações de itens tendo em vista as especificidades de São Paulo. Seja adaptando os critérios de pesquisa tendo em vista o clima e as soluções arquitetônicas diferentes, seja alterando a escala da pesquisa. Inicialmente ela cobriria um universo de 1.257 domicílios, de modo a obter uma sondagem representativa de cada bairro, proporcional ao número de casa e habitantes. No entanto, foram realizados somente 500 inquéritos o que não era suficiente para uma representação válida. É neste sentido que este primeiro trabalho se apresenta como uma sondagem preliminar. Outro problema enfrentado foi a falta de experiência e formação dos pesquisadores que foram a campo, que teria resultado em dados pouco precisos. Problemas como esses levaria o relatório final a sugerir que os serviços públicos se sensibilizassem para a questão e realizassem a pesquisa completa (Lebret, 1951).

A cidade revelada pela pesquisa indica uma primeira estrutura urbana: uma grande variação da densidade populacional e uma ocupação predominantemente horizontal.

> Estas diversidade permite distinguirem-se zonas homogêneas de ocupação que correspondem à evolução histórica da cidade: evolução por zonas concêntricas, processo habitual no crescimento de nossas metrópoles (Lebret, 1951, p. 15).

A cidade é dividida, então, em três partes: zona central, zona residencial e zona de arrabalde, que corresponderiam às área urbana, suburbana e rural, onde a densidade populacional caía à medida em que tomavam distância do centro.

Dentro desta divisão da cidade encontra-se na área central uma concentração dos tipos extremos de habitação – os casebres e as casas luxuosas –, já na zona residencial concentram-se moradias em melhor situação indicando um movimento de suburbanização onde se localizam as moradias das elites; e por fim, os arrabaldes em que se concentram as moradias em situação precária.

Os tipos de habitação foram divididos em três categorias: a) cortiços ou habitações muito povoadas, com deficiência de iluminação, insolação e ventilação, com dimensões dos cômodos insuficientes com arranjos simples de água, gabinetes e dependências; b) prédios coletivos, que em geral concentravam habitações "miseráveis", mas também habitação satisfatória nesta categoria indicando uma discreta verticalização; e finalmente c) as habitações individuais que concentravam a maioria das habitações satisfatórias. Um dos dados mais alarmantes da pesquisa diz respeito às habitações superpovoadas que, se cruzadas com a estratificação social, revelavam a moradia dos operários.

Outro dado que revela São Paulo daquele momento é a presença de estrangeiros. Quase um terço das residências pesquisadas (27%) eram ocupadas por imigrantes, em sua maioria de origem latina – portugueses, italianos e espanhóis – mas haviam também sírios, poloneses, japoneses, lituanos, húngaros, russos, alemães, iugoslavos romenos, turcos e ingleses. Mas ainda era "digno de nota" (sic) que 5% das habitações pesquisadas entre lares brasileiros eram de negros e todas elas situadas dentro da categoria precária (Lebret, 1951, p. 50).

Por fim, a comparação com a França revela uma estrutura de cidade absolutamente diversa das várias cidades francesas pesquisada pela SAGMA. Enquanto na situação francesa, o gráfico resultante definia um cume no qual se distribuíam as categorias de habitação de sua pior situação à melhor, indicando poucos casebres e casas luxuosas concentrando as habitações nas categorias medianas; o gráfico paulistano conformava um vale, indicando uma concentração nas extremidades – muitas casas miseráveis ao lado de casas luxuosas. É ainda revelado que a média de ocupantes por habitação em São Paulo era muito mais elevada que na França, ainda que na França fosse frequente habitações pequenas, mas confortáveis. Os extremos caracterizavam São Paulo:

> os casebres são mais numerosos e mais deficientes que os franceses. São ocupados por uma população sem dúvida muito pobre e mal educada, que vive de recursos casuais, em estado de absoluta falta de higiene, às vezes com uma cozinha rudimentar comum a diversas famílias. Por outro lado, encontra-se em muito maior número que na França habitações de grande luxo, possuem elas um refinamento e uma busca de conforto raramente realizáveis entre nós (Lebret, 1951, p. 52).

Em retrospecto, o urbanista Celso Lamparelli, discípulo de Lebret de primeira hora, observou:

> O processo de industrialização, na década de 50, acelera-se nos dois países, recebendo significativo fluxo de capitais multinacionais que se concentravam em territórios privilegiados. Agravam-se os problemas de Paris e São Paulo, obrigando os poderes públicos, os técnicos e cientistas a uma reconsideração da importância da problemática urbana. [...] As prioridades se acumulavam e ao lado

> do saneamento aparecem a circulação e a habitação, como setores privilegiados, exigindo atenção especial, ainda que por motivos completamente distintos: na França, a reconstrução [das cidades e da economia destruída pela guerra], no Brasil, a construção de quase tudo para criar as condições de uma nova civilização urbano-industrial. (Lamparelli, 1994, p. 90-91).

Configurava-se, assim, um curto-circuito entre as ideias – de desenvolvimento, metropolização e planejamento – e o processo social em que elas se constituíram – a Europa em um momento de reestruturação das cidades, mas também do capitalismo e do Estado; e o Brasil como país periférico deste mesmo processo procurando criar suas instituições e lidando com seu processo peculiar de modernização.

Deslocamentos

Ainda durante a primeira estadia de Lebret em São Paulo, é fundada em 26 de Julho de 1947 a SAGMACS tida como um braço local da SAGMA francesa. A SAGMACS funcionou como um escritório de planejamento urbano de caráter interdisciplinar reunindo religiosos, intelectuais, políticos, arquitetos, economistas, geógrafos e sociólogos, e que ao longo dos anos 1950 e 1960 foi responsável por estudos, projetos e programas de planejamento de desenvolvimento urbano e regional. Em sua criação estavam Padre Dupuy, Frei Benevenuto de Santa Cruz, Luiz Cintra do Prado – professor da Escola Politécnica da USP –, Luciano Carvalho, Le Digou, Olga Pinheiro – operária que militou no Partido Comunista –, o médico José Leitos, André Franco Montoro, Lucas Nogueira Garcez – engenheiro que em 1952 se tornaria governador do Estado de São Paulo – e mais 4 homens e 4 mulheres da JOC – Juventude Operária Católica (Breuil, 2006). Deste modo, estava se formando uma rede de profissionais em torno dos ideais lebretianos e do movimento Economia e Humanismo.

Mais do que refletir sobre a inserção do pensamento lebretiano no Brasil ou sua influência em outro país, parece-nos importante refletir sobre a circulação de determinado ideário através do modo de recepção de determinadas formulações e, sobretudo os modo de apropriação em uma situação diversa de sua elaboração. Neste sentido, a vinda de Lebret ao país não significa somente o aportar de novas teorias e métodos, ela significa também o contato com outra realidade histórica e urbana e uma experiência social e cultural capaz de desestabilizar determinados conceitos.

Ao fim de sua estadia, já de volta à França, Lebret escreveu "Lettre aux americains" publicada na *Revue Économie et Humanisme* no final do ano de 1947 (Lebret, 1947). Ele inicia esta carta revelando justamente sua própria crença inicial de ser capaz de "aplicar" os conceitos europeus na realidade sul-americana e sua observação posterior da inadequação de determinados conceitos ao contexto americano. Para ele, através das lentes europeias se compreendia mal a situação e se colocavam falsas questões (Lebret, 1947, p. 561-562). A verdadeira tarefa seria, portanto, segundo o autor, descobrir os problemas fundamentais, problemas da suficiência dos bens essenciais a todos, problema do equilíbrio econômico e da ascese da população (Lebret, 1947, p. 567). Lebret inicia, então, um relato da extrema desigualdade observada no país: por um lado a exuberância da paisagem carioca e a pujança econômica paulista corporificada na brancura dos arranha-céus, por outro, a miséria da população forçada a privações e fome. Este relato revela também o contato de Lebret com a obra de Josué de Castro, *Geografia da fome* e o descortinamento da noção de subdesenvolvimento (Lebret, 1947, p. 568).

Segundo Pelletier (1996), a viagem ao Brasil e a descoberta do subdesenvolvimento colocará em jogo as conclusões inicias de Lebret e abrirá um novo campo de investigação e combate. Aquilo que o autor chamaria de terceiro-mundismo. *Lettre aux américains* revela o olhar estrangeiro sobre São Paulo, a América e sua miséria. Mais que um quadro estático representa o início de um movimento, um longo diálogo com um novo terreno de pesquisa e ação que afetará decisivamente a trajetória intelectual de Lebret. Trata-se, portanto, de uma experiência que sugere uma inflexão em seu pensamento. E por outro lado, o Brasil torna-se um campo privilegiado de sua atuação.

Referências Bibliográficas

BREUIL, Mathilde Le Tourneur du. *Le Père Lebret et la construction d'une pensée chrétienne sur le développement: dans la sillage de modèles politiques et intellectuels émergents au Brésil 1947-1966* Mémoire de Master II, École des Hautes Etudes em Sciences Sociales, Paris, out. 2006.

LAMPARELLI, Celso Monteiro. "Louis-Joseph Lebret e a pesquisa urbano-regional no Brasil". *Espaço e Debates,* n. 37, São Paulo, 1994.

_______. "O ideário do urbanismo em São Paulo em meados do século XX: o padre Lebret: continuidades, rupturas, sobreposições". *Cadernos de Pesquisa do LAP*, n. 5, São Paulo, mar.-abr. 1995.

LEBRET, L. J. *Sondagem preliminar a um estudo sobre a habitação em São Paulo.* São Paulo: Departamento de Cultura, 1951.

_______. "Lettre aux américains". *Economie et Humanisme*, n. 34, Lyon, nov.-dez. 1947.

LEME, Maria Cristina da Silva. "A pesquisa pioneira de Lebret sobre as condições de habitação em São Paulo". *Espaço e Debates*, vol. 24, n. 45, p. 110-113, jan./jul. 2004.

_______. *Formação do urbanismo em São Paulo como campo de conhecimento e área de atuação profissional.* Tese de livre-docência. São Paulo, FAU-USP, 2000.

LIMONGI, Fernando. "A Escola Livre de Sociologia e Política em São Paulo". In: MICELI, S. *História das Ciências Sociais no Brasil.* Vol. 1. São Paulo: Ed. Revista dos tribunais, 1989.

LOEW, M-R. "Les dockers de Marseille depuis la Libération". *Revue Economie et Humanisme*, n. 20, jui-aout 1945.

MALLEY, François. *Le père Lebret l'économie au service des hommes.* Paris: Les edition Du cerf, 1968.

PEIXOTO, Fernanda. "Franceses e Norte-americanos nas ciências sociais brasileiras (1930-1960)". In: MICELI, Sergio. *História das ciências sociais no Brasil.* São Paulo: Idesp/Vértice, 1989-1995.

PELLETIER, Denis. *Economie et Humanisme: de l'utopie communautaire au combat pour le tiers-monde 1941-1966.* Paris: Les Editions du Cerf, 1996.

VOISIN, Paul. "Préface à une politique de l'habitat". *Revue Economie et Humanisme*, n. 24, mar.-avr. 1946.

Dois autores em busca de um passado: Richard Morse e Sérgio Buarque de Holanda na construção da especificidade paulista[1]

Ana Claudia Veiga de Castro

[...] E, se como norte-americano prático e puritano, não sabia a princípio o que Sérgio Buarque de Holanda queria dizer ao referir-se ao "homem cordial" brasileiro, logo descobri ao conhecer o autor.

Richard Morse, abril de 1953

Pode não ser novidade dizer que Richard Morse (1922-1992) seja devedor dos trabalhos de Sérgio Buarque de Holanda (1902-1982). Entre os comentadores, essa leitura aparece sobretudo em relação ao seu mais famoso livro, *O espelho de Próspero* (1988), jamais publicado em inglês, no qual o norte-americano positivava a herança ibérica em contraposição à cultura anglo-saxônica (Bomeny, 1989; Borges, 1995; Monteiro, 2009a; Monteiro, 2009b).[2] Nos anos 1960 Morse havia estabelecido um efetivo diálogo com o brasileiro, trocando impressões sobre cursos e orientandos e o convidando a uma temporada na Universidade de Yale, em New Haven, onde ministrava cursos de História da América Latina e do Brasil,[3] e chega a dedicar a Sérgio

1 Este artigo faz parte de uma investigação mais ampla que desenvolvo em minha pesquisa de doutorado na FAU-USP sobre Richard Morse e seu livro *Formação histórica de São Paulo (de comunidade a metrópole)* (1970), dentro do Projeto Temático/Fapesp: São Paulo, os estrangeiros e a construção da cidade, sob coordenação da Profa. Dra. Ana Lanna. É uma versão parcialmente reformulada da comunicação enviada ao XI Seminário de História da Cidade e do Urbanismo. Agradeço aos membros do Temático e a Adrián Gorelik as observações.

2 Vale notar que Morse parece engrossar o coro de uma forte tradição latino-americana de valorização da colonização e herança ibéricas nas primeiras décadas do século 20 – presente no Brasil por exemplo na obra de um Gilberto Freyre – porém, em plena década de 1980. Devo a Fernanda Peixoto o alerta. Para não sair muito de nosso tema, remeto ao texto de Sérgio Buarque sobre a perspectiva freyreana da colonização portuguesa: "Panlusismo". In: Holanda, 1978.

3 Cf. cartas de Morse constantes do arquivo de SBH na Unicamp/SIARQ (14 jul. 1966/Cp 277 P10; 29 jul. 1966/Cp 278 P10) e os programas de disciplinas oferecidas por Morse em Yale (Richard M. Morse Papers, Manuscripts and Archives Library, Yale University, Box 7, Folders 11-16). As cartas recebidas por Morse ficarão fechadas para consulta até 2053.

Buarque um volume que organizou sobre os bandeirantes (Morse, 1965) para o editor norte-americano Alfred Knopf (1929-2009). A relação entre ambos, entretanto, pode ser flagrada anteriormente.

Tendo sido um dos "anfitriões" do jovem doutorando Richard Morse em São Paulo no fim dos anos 1940, Sérgio Buarque já era naqueles anos um intelectual reconhecido – publicara, em 1936, *Raízes do Brasil,* que estava então na sua 3ª edição – e em seus trabalhos contemporâneos refletia sobre a especificidade paulista na "formação" do Brasil, lançando, em 1945, o livro *Monções.* Em anos seguintes, 1948 e 49, saem os artigos "Os primórdios da expansão paulista no fim do século XVI e começo do século XVII" e "Índios e mamelucos na expansão paulista" que, juntamente a outros textos esparsos publicados em periódicos e apresentados em colóquios e seminários internacionais, viriam a compor o volume *Caminhos e Fronteiras,* publicado em 1957 por sugestão de Antonio Candido e iniciativa de José Olympio (1902-1990), a quem é dedicado (Holanda, 1957). Antes disso, Sérgio Buarque passara alguns meses nos Estados Unidos, a convite da Divisão de Cultura do Departamento de Estado americano[4] e, após se tornar diretor do Museu Paulista em 1946 (cargo que ocupou até 1956), assume em 1948 a cadeira de História Econômica do Brasil na Escola Livre de Sociologia e Política, substituindo Roberto Simonsen (1889-1948), fundador da Escola.

Se Morse vinha a São Paulo levantar material para sua tese de doutorado sobre a evolução urbana da cidade, buscando recuperar a dinâmica daquele processo, é natural que se apoiasse também nos estudos daquele historiador, com quem compartilhava de certo modo um mesmo campo de interesses, se não temporal, ao menos espacialmente. Deve-se notar de saída que outro polo fundamental de interlocução para o norte-americano naqueles anos foi Antonio Candido, jovem professor-assistente da cadeira de Sociologia II da Universidade de São Paulo, às voltas com a sua *Formação da Literatura Brasileira* (lançado em 1959) e com sua tese de doutoramento em Sociologia, *Os Parceiros do Rio Bonito,* defendida em 1954 (e publicada em 1964).[5]

---

4 Dentro da estratégia norte-americana de aproximação entre os países, alguns intelectuais brasileiros eram convidados a conhecer os EUA por meio de seu Departamento de Estado e de ações privadas. Além de Sérgio, podemos citar Erico Veríssimo, cuja experiência é relatada em *Gato preto em campo de neve* (1941), ou o arquiteto Vilanova Artigas, que obtém uma bolsa da Fundação Guggenheim para estudar a arquitetura moderna norte-americana, de setembro de 1946 a novembro de 1947.

5 Cuja aproximação pretendemos abordar nos desdobramentos da pesquisa em curso.

Richard Morse chega a São Paulo em setembro de 1947 – após ter concluído um mestrado "sobre os bandeirantes" (Mehy, 1990, p. 160)[6] – e passa um ano pesquisando. Logo se dá conta que a empreitada inicial de escrever uma longa história da cidade, que partisse de sua fundação em 1554 e chegasse até o presente, lhe seria impossível, tamanha a quantidade de documentos e textos existentes sobre o tema. Vale lembrar que o Instituto Histórico e Geográfico de São Paulo (IHGSP), fundado em 1895, vinha publicando desde então inúmeras compilações sobre o período colonial "paulista", justamente por se colocar a tarefa de "rever" a história "nacional", conduzindo São Paulo ao posto de protagonista de um processo histórico, já que para seus membros "a história de São Paulo [era] a própria história do Brasil", como aparece logo no primeiro número da *Revista do IHGSP* (1895). Tal protagonismo se daria pelo reconhecimento das ações dos chamados bandeirantes, homens que por meio de suas andanças pelo sertão teriam alargado as fronteiras nacionais.[7] Também Washington Luís (1869-1957), prefeito (1914-19) e governador (1920-24) de São Paulo e membro ativo do IHGSP, patrocinara naqueles anos a publicação de documentos coloniais, tais como as *Actas da Câmara de Santo André* (1914) e *de São Paulo* (1917), os *Inventários e testamentos* (a partir de 1920) e as *Sesmarias* (desde 1921).[8]

6 Trata-se do trabalho "São Paulo: The Early Years" – apresentado na Universidade de Columbia em junho de 1947 para obtenção do título de M. A. em History, cf. *Office of the Registrar*, Columbia University, New York. O trabalho aborda a São Paulo colonial sob diversos aspectos, da sua configuração físico-geográfica à economia, passando pelas relações sociais e pelos diversos grupos que compunham aquela sociedade (indígenas, jesuítas, portugueses), cf. Morse, 1947.

7 A despeito do termo "bandeira" aparecer nos documentos e escritos coloniais, a palavra "bandeirante" só seria dicionarizada em 1913, sendo portanto uma criação *a posteriori*. Originando-se do substantivo, o adjetivo "bandeirante" estaria "pleno de um sentido simbólico", como diz uma historiadora paulista (Queiróz, 1992). Lucia Lippi aponta dois momentos-chave para a historiografia paulista: o primeiro, ligado aos nomes de Pedro Taques de Almeida Paes Leme (1714-1777) e Frei Gaspar da Madre de Deus (1715-1800), que recuperavam relatos e documentos coloniais para discutir a origem dos primeiros povoadores (respectivamente nas obras *Nobiliarquia paulistana* e *Genealogia das principais famílias paulistanas*; e *Memória para a história da Capitania de São Paulo*), e um segundo, desde fins do século 19 mas sobretudo nas primeiras três décadas do 20, simbolizado na atuação do IHGSP e na obra dos intelectuais a ele ligados, na qual a palavra "bandeirante" passa a ser largamente empregada (Oliveira, 2000).

8 Dentro do esforço de valorização da história da São Paulo colonial no século 20 pode-se incluir ainda a construção dos quatro monumentos neocoloniais no Caminho do Mar, encomendados pelo então governador Washington Luís ao arquiteto franco-argentino Victor Dubugras (1868-1933) para as comemorações do centenário da Independência (1922), ou o monumento às Bandeiras encomendado a Victor Brecheret (1894-1955) também na década de 1920 mas edificado apenas em 1954 para as

Entre os estudos que retomavam o "bandeirante" figuram a *História geral das bandeiras paulistas* (11 vol., 1924-1950) e a *História seiscentista da vila de São Paulo* (4 vol., 1926-1929) de Alfredo d'Escragnolle Taunay (1876-1958); *O bandeirismo paulista e o recuo do meridiano* (1924) e *Raça de gigantes* (1926), de Alfredo Ellis Junior (1896-1974); *Vida e morte do bandeirante* (1929) de José de Alcântara Machado (1875-1941), além de numerosos artigos e documentos de época publicados na própria revista do Instituto e em outros periódicos, como na *Revista do Arquivo Municipal* ou nos *Anais do Museu Paulista*. O "tema" inicial do jovem historiador ainda nos Estados Unidos fora portanto o ponto-chave da construção historiográfica paulista. Ao que parece, o trabalho inicial de Morse serviu como alicerce a sua história da evolução urbana paulistana, uma espécie de "pré-história" para a cidade e a personalidade paulista. Assim, em vista disso e do volume do material encontrado aqui – mas talvez também da natureza do estudo que pretendia fazer –, Morse afirmaria ter preferido limitar a tratar da história da cidade a partir do momento em que ela notoriamente se transformava, no sentido de deixar para trás a pacata vida dos tempos da colônia, para se projetar como aquela que viria ser a principal cidade latino-americana (Mehy, 1990, p. 149 ss.).[9]

Tal perspectiva vinha sendo de certa forma esboçada pelos memorialistas (Brefe, 1993) que, como Antonio Egydio Martins (1860-1922) e seu *São Paulo antigo 1554-1910* (2v., 1911); Affonso Antonio de Freitas (1868-1930) em *Tradições e reminiscências paulistanas* (1921); Paulo Cursino de Moura (1897-1943) com *São Paulo de outrora: evocações da metrópole* (1932); Amadeu Amaral (1875-1929) em *Tradições populares* (1948) e ainda Ernani da Silva Bruno (1912-1986) com as suas *Histórias e tradições da cidade de São Paulo* (1953), entre outros, notavam na evolução urbana de São Paulo uma inexorável marcha para o progresso a partir do advento das ferrovias em decorrência da expansão das fronteiras agrícolas.

Viajantes que passaram pela cidade naqueles anos também contribuíram para essa visão, como por exemplo Junius (pseudônimo de Firmo de Albuquerque Diniz) (1828-?) em suas *Notas de Viagem* (1882); Henri Raffard (1851-1906), *Alguns dias*

comemorações do IV Centenário sediadas no Parque do Ibirapuera – conjunto urbano-arquitetônico eminentemente moderno como se sabe –, reafirmando a "eficácia" da imagem do *bandeirante* para a afirmação da identidade paulista. Sobre a valorização bandeirante nas "instâncias consagratórias", para usar o termo de Bourdieu, ver Schwarcz, 1993; Ferreira, 2002, entre outros.

9 Essa a explicação dada pelo próprio Morse, em entrevista posterior, para a redução do recorte temporal. Na segunda edição do livro seria incorporada a história colonial na forma de um capítulo inicial, "Antecedentes", a partir do que o historiador desenvolvera no mestrado (Morse, 1970).

na Pauliceia (1892) ou Alfredo Moreira Pinto (1847-1903) em *A cidade de São Paulo em 1900: impressões de viagem* (1900); bem como as fotografias publicadas no *Álbum Comparativo de Vistas da Cidade de São Paulo, 1862-1887* (1887) de Militão Augusto de Azevedo (1837-1905); todos trabalhos que registravam as transformações urbanas reforçando a ideia de um *antes* e um *depois*. Morse partiria de uma compreensão a essa altura consagrada, reconhecendo que o material mais "científico" sobre a cidade "moderna" era ainda escasso, o que de certo modo "facilitava" seu trabalho (Morse, 1954, p. 14).[10]

Mas são os trabalhos de Sérgio Buarque de Holanda a partir dos anos 1940 que, me parece, podem ser lidos como uma espécie de introdução ao texto de Morse e, como pretendemos mostrar neste artigo, são eles que oferecem uma importante chave de leitura para entendermos uma certa especificidade paulista proposta por ambos. Sérgio, consciente do papel de São Paulo na modernização brasileira, buscava retraçar as especificidades do estabelecimento colonial na capitania de Martim Afonso. O norte-americano, por sua vez, impressionado com a metrópole que surgia na metade do século 20, pretendia tecer o fio que ligasse aquela vila sem maior importância na empresa colonial portuguesa à cidade potência dos anos de metropolização. Era essa veloz metropolização – que se traduzia em verticalização, expansão periférica e industrialização, atraindo cada vez mais uma população de outros estados brasileiros em busca de melhores condições de vida – que também atraía o seu olhar para a história da cidade. Essa metropolização fazia com que ele se questionasse se São Paulo seria uma espécie de "Chicago sul-americana" ou se vivia um processo com especificidades próprias (Mehy, 1990), o que poderia apontar também novas questões para a metropolização das cidades nos países centrais.

Já em sua primeira passagem pela capital paulista, ainda em 1941 e apenas como escala de viagem, o futuro historiador notara o dinamismo urbano local – "Em Santos deixei o navio e fui conhecer São Paulo... A cidade logo me espantou porque era muito moderna, achei-a demasiadamente grande, interessante, mas não gostei muito: tinha tráfego demais, gente apressada correndo nas ruas..." (Mehy, 1990, p. 138) – e, ao escolher um tema para doutoramento, parece não vacilar. A oportunidade que surgia nos Estados Unidos àqueles que queriam estudar a América Latina – no contexto de aproximação da "Política de boa vizinhança" que levara Sérgio àquele país – vinha a calhar

10 Seria a partir da criação da Faculdade de Filosofia, Ciências e Letras da USP e da Escola Livre de Sociologia e Política, na década de 1930, que os estudos sobre o tema ganhariam maior grau de "cientificidade".

ao jovem historiador que já se impressionara com "a gente exuberante" de Cuba e que, não sendo um norte-americano propriamente atípico, mostrava-se ao menos sensível e interessado às diferenças.[11]

Diante do exposto, este artigo tem a intenção de ler a biografia de São Paulo de Richard Morse[12] à luz dos textos de Sérgio Buarque de Holanda, sobretudo daqueles publicados após sua vista aos Estados Unidos em 1941. Deste modo se organiza em mais duas partes que tentam aproximar os autores e seus trabalhos: primeiramente na construção de um raciocínio comum que os orienta (a especificidade paulista), e depois, na sua forma de fazê-lo, a partir de uma precisa e sutil reconstrução do passado por meio dos pequenos indícios que dele restaram.

Entre os caminhos e as fronteiras da colonização paulista

É a diferença entre as culturas que torna um encontro fecundo
Claude Lévi-Strauss, 1988

Ao ler *Caminhos e Fronteiras* (Holanda, 1957),[13] que trata dos primórdios da colonização de São Paulo a partir de sua condição periférica no sistema colonial (exceção à regra das cidades da América Portuguesa, fundadas no litoral e voltadas para a

11 Richard McGee Morse nasce em Summit, Nova Jersey, em 26 de julho de 1922, filho único de uma família de classe média alta. O avô negociava importação de chá do Oriente para os EUA. Morse evoca a experiência de viagem do pai, ainda jovem, para substituir avô em Taiwan, como responsável por ter recebido uma educação menos restrita que a "tipicamente americana", tornando a sua família meio à margem do resto da comunidade em que viviam. Monteiro, em sua análise, também ressalta a relação entre a biografia e o pensamento intelectual de Morse como uma entrada importante para entender seu trabalho, buscando rebatimentos entre "obra e vida" (Cf. Monteiro, 2009b, p. 362).

12 Trata-se do livro – resultante da ampliação de sua tese de doutoramento defendida em 1952 no Departamento de Ciências Políticas da Universidade de Columbia em Nova York, "São Paulo: City under the empire (1822-1889)", sob orientação do historiador austro-americano Frank Tannembaum (1893-1969) – publicado primeiramente em português pela Comissão do IV Centenário como *De comunidade a metrópole: a biografia de São Paulo* (1954). Em 1958 é publicado em inglês pela Florida University Press (*From community to metropolis: a biography of Sao Paulo*) e em 1970 conhece nova edição em português, na Coleção Corpo e Alma do Brasil dirigida por Fernando Henrique Cardoso, com alguns acréscimos e novo título, *Formação histórica de São Paulo (da comunidade à metrópole)*. Em 1974, teve a versão revisada publicada também em inglês, agora pela Octagon Books de Nova York, mantendo-se o título original.

13 Se o livro é lançado posteriormente a *Monções* (Holanda, [1945] 1976), cronologicamente ele trata das primeiras entradas e bandeiras, ainda nos séculos 16 e 17, que possibilitariam as futuras monções

metrópole), tem-se a sensação que Sérgio Buarque buscava de fato construir a personalidade paulista. Morse diria o *ethos* paulista. Mas se isso a princípio parece apenas se somar às histórias de São Paulo que vinham sendo escritas de modo mais sistemático pelo menos desde a fundação do IHGSP, há em Sérgio uma diferença notável. Se até então se procurava ressaltar o caráter aventureiro e dinâmico do "paulista" por meio da figura do bandeirante, incluindo-se nisso os trabalhos de um Capistrano de Abreu (1853-1927) ou de um Paulo Prado (1869-1943),[14] logo notamos como o interesse de Sérgio era o de principalmente lançar luz na importância do elemento nativo para a formação da personalidade e da cultura do homem de São Paulo. Não se tratava de um ensaio de psicologia, nem de uma tentativa de "desmascaramento histórico", mas de ao trabalhar com os documentos da época – relatos, documentos oficiais, cartas, testamentos e inventários e ainda com resquícios linguísticos, materiais e de comportamento –, tentar reconstruir um cotidiano da penetração no interior que por si só revelasse a importância fundamental da presença e da cultura indígenas nestas paragens. E, portanto, na própria *formação* do paulista e de São Paulo.

É Robert Wegner quem alerta para um "segundo" Sérgio Buarque que surge aí, diferente do de *Raízes do Brasil*, comumente identificado como o autor que insiste na necessidade da superação da herança ibérica para que se possa estabelecer nesse pedaço do Novo Mundo uma sociedade moderna (Wegner, 2000, p. 28).[15] O sociólogo carioca mostra que se num primeiro momento Sérgio Buarque recusa qualquer positividade ao mundo ibérico, é a partir da sua primeira viagem aos Estados Unidos que ele começa também a relativizar essa posição para em seguida matizar sua compreensão da "civilização americana", ao menos no que diz respeito a uma estrita oposição entre as duas Américas, outro dos argumentos fortes de *Raízes*. Essa nova abordagem, diz Wegner, seria tributária

---

de povoado do século 18. Desta forma, optei por tratar sobretudo deste livro neste artigo, pois ele incorpora aspectos desenvolvidos no primeiro livro.

14 O cearense Capistrano de Abreu é visto como um dos primeiros historiadores brasileiros que ressaltou a importância de estudar o sertão, as bandeiras, os caminhos e povoamentos, em contraposição aos estudos dos estabelecimentos litorâneos. Não por acaso, Capistrano é lido e louvado pelos autores paulistas e torna-se "mestre" de Prado, que insiste na proeminência paulista nessa história nacional justamente a partir do papel do "bravo bandeirante", publicando *Paulística* (1926) e *Retrato do Brasil* (1929). A esse respeito ver Calil, 2009; Novais, 2005, p. 313-6 e Waldman, 2010. Robert Wegner frisa a "importância de primeira hora" de Capistrano também para SBH (Wegner, 2000, p. 91 e n. 61, p. 238), notada ainda por Laura de Mello e Souza (Souza, 2001).

15 Leitura consagrada por Antonio Candido em "O significado de *Raízes do Brasil*" (1967), cf. Holanda, 1997.

ao debate da historiografia americana que Sérgio tem contato nos anos 1940, sobretudo da obra do historiador norte-americano F. J. Turner (1861-1932) e de sua tese sobre a conquista do oeste e o alargamento das fronteiras pelos "pioneiros".[16]

A nova perspectiva já é visível em "Considerações sobre o Americanismo", artigo publicado em 28 de setembro de 1941 no *Jornal do Comercio* do Rio, logo após a sua volta ao Brasil. Depois de reconhecer a crescente influência que aquele país passava a exercer em todo o continente (não apenas econômica, mas agora também cultural),[17] o historiador afirmava que a ideia de tomar o Brasil em oposição aos Estados Unidos precisava ser deixada de lado. Propunha analisar antes de tudo as características compartilhadas por ambos, refutando a hipótese de que o Brasil fosse "fruto tão somente das tradições e instituições lusitanas, das quais seria herdeiro e guardião" e cuja "circunstância de sermos uma nação americana pareça afetar-nos como um fato acidental, cujas consequências podemos transformar a vontade" (Holanda *apud* Wegner, 2000, p. 89). Com isso, o historiador insistia que, "apesar de tudo o quanto nos distingue dos anglo-saxões da América, ainda restam *zonas de coincidência nascidas já nas primeiras épocas da colonização e que o tempo não apagou*" (Holanda *apud* Wegner, 2000, p. 90, grifo meu).

Sérgio parecia disposto a perceber no próprio território americano alguma positividade, resultando (numa passagem talvez um tanto brusca, se o leitor me permite) na sua perspectiva de análise nas obras sobre São Paulo. As similaridades ou "zonas de coincidência" entre as duas colonizações – o avanço no oeste americano e as bandeiras paulistas – não cabiam ser exploradas na argumentação de *Raízes do Brasil*, na qual as formas de colonização – de povoamento e de exploração – eram apresentadas em oposição, justificando o desenvolvimento distinto de cada uma das regiões.[18] A perspectiva que se colocava a partir da conhecida frase inicial do livro de 1936 – "somos ainda uns desterrados em nossa terra" – seria posta em dúvida a partir de São Paulo, onde

---

16 Esse é o tema principal do livro de Wegner (2000), a relação entre as discussões nos EUA que Sérgio apreende e a possibilidade de uma nova maneira de se pensar a relação entre tradição ibérica e modernização.

17 Sobre a relação Brasil-EUA nos campos diplomático, econômico e cultural, ver Dozer, 1959; Haines, 1984. Deve-se lembrar que também a cultura brasileira passava a ser divulgada nos Estados Unidos, através de ações conjuntas entre os dois governos, como parte da política de aproximação daquele país, como aponta Pancho Liernur (Liernur, 1999).

18 No capítulo "Trabalho & Aventura" Sérgio faz as devidas comparações e mostra as diferenças entre os tipos de colonização no norte e no sul da América (Holanda, 1997, p. 41-65).

surgira uma "raça híbrida" fundamentalmente adaptada ao meio. É fato, como destaca Wegner, que já em *Raízes do Brasil*, Sérgio anunciara as bandeiras como fenômeno deslocado da empresa colonial portuguesa: "A obra grandiosa das bandeiras paulistas não pode ser bem compreendida em toda sua extensão, se não a destacarmos um pouco do esforço português [...]. No planalto de Piratininga nasce em verdade um momento novo de nossa história nacional" (Holanda *apud* Wegner, 2000, p. 238/n. 61). Mas, como vemos, apenas posteriormente essa perspectiva teria desdobramentos.

Para a nossa discussão, depois de notar a mudança de perspectiva que se afirmava num Sérgio recém-chegado da "América", pode ser interessante ver mais de perto alguns argumentos em suas obras posteriores a fim de identificarmos um "raciocínio" que parece informar também a obra de Morse.

Sérgio Buarque inicia *Caminhos e Fronteiras* retomando palavras de *Monções* e logo aponta, em relação às outras áreas da América portuguesa, a particularidade da região de Piratininga, onde não teria existido

> a coesão interna, o equilíbrio aparente, embora muitas vezes fictícios, dos núcleos formados no litoral nordestino, nas terras do massapé gordo, onde a riqueza agrária pode exprimir-se na sólida habitação do engenho. A sociedade constituída no planalto da capitania de Martim Afonso mantém-se, por longo tempo ainda, numa situação de instabilidade ou imaturidade, que *deixa margem ao maior intercurso dos adventícios com a população nativa*. Sua vocação estaria no caminho, que convida ao movimento, não na grande propriedade rural, que forma indivíduos sedentários (Holanda, 1957, p. I-II, grifo meu).

O autor retomava a formulação anterior revelando de saída o ponto fundamental de *Caminhos e Fronteiras*: mostrar que *a margem ao maior intercurso* propiciara o nascimento de uma população híbrida, com características próprias. Sérgio Buarque construía o paulista dos primeiros tempos como aquele que não teve *chance* para se fixar, como ocorrera em outros pontos da colônia. E se a implantação dos costumes, técnicas e tradições adventícios tomou mais tempo do que onde houvera uma mais fácil fixação – foi "com mais *liberdade e abandono* de que em outras capitanias, [que] a ação colonizadora realizou-se, aqui, provocando uma *contínua adaptação* a condições específicas do meio americano" (Holanda, 1957, p. II, grifo meu). Disso resultariam as distintas consequências que o historiador assinala.

Nota-se em Morse uma reflexão que parece caminhar no mesmo sentido, ao reconhecer no isolamento de São Paulo a possibilidade do surgimento de uma comunidade fechada a partir do estabelecimento jesuítico na colina entre dois pequenos rios, Tamanduateí e Anhangabaú – comunidade que em seguida receberia João Ramalho e os mamelucos que sob sua liderança viviam a dois passos dali. Esses paulistas em pouco tempo "tinham adquirido senso de orgulho e confiança em si" e ainda que a povoação atravessasse os séculos sem maiores transformações, em 1711 seria elevada à categoria de cidade, "orgulhosa de sua quase autonomia" (Morse, 1954, p. 16-7). Mas a autonomia em relação à metrópole não implicara na manutenção de uma "raça pura", de um português que se mantivera "europeu". Sérgio trata de mostrar justamente "a nativização do português no interior do continente americano" (Wegner, 2000, p. 147), reconhecendo "a marca do chamado selvagem" no conquistador. Afirmava que "ela não representava uma herança desprezível e que deve[sse] ser dissipada ou oculta, *não [era] um traço negativo e que cumpre recuperar;* constitui[a], *ao contrário, elemento fecundo e positivo,* capaz de estabelecer poderosos vínculos entre o invasor e a nova terra" (Holanda, 1957, p. 18, grifo meu).

Diversamente do que se escrevera e se propusera até então, não se tratava de desprezar, idealizar e/ou superar uma herança nativa, mas de compreendê-la na sua real importância para a formação daquela personalidade.[19] Reconstruía-se um processo de adaptação que não subjugara nem prescindira do indígena, antes, dele dependera. A propósito dos negros[20] – para ampliar as considerações sobre a "formação" dos brasileiros – é ainda Sérgio quem afirma como "o prestígio singular da raça branca,

---

19 Sérgio se afastava dos estudos que na busca da "especificidade paulista" exaltavam o papel do bravo português que ao subjugar o índio – inclusive por meio da relação homem-mulher – conquistou territórios e alargou as fronteiras, como um Paulo Prado ([*Paulistica*, p. 54], *apud* Waldman, 2010, p. 113). Deve-se notar, entretanto, que já em Frei Gaspar o indígena aparecera como elemento de enobrecimento do português (*apud* Oliveira, 2000, p. 81). Algo que seria mais tarde recuperado por Alfredo Ellis, para justificar o papel econômico e político de São Paulo naquele momento (Oliveira, 2000, p. 86). A visão de Sérgio precisa ser contextualizada neste conjunto de perspectivas, ainda que em quase todas o branco apareça sempre como "superior", o que jamais o autor de *C&F* afirmou. Como exceção à "regra", vale citar a crítica do antropólogo Roquette Pinto à obra de Taunay, justamente em seu discurso de saudação ao historiador na Academia Brasileira de Letras em 1930, notada por Brefe, 2005, p. 205 e ss.

20 "Negros e brancos", artigo publicado no *Diário de Notícias* do Rio de Janeiro em 1941, ano da viagem aos EUA.

à qual devemos nossos os padrões ideais de cultura, [era] imperialista e absorvente" (Holanda, 1978, p. 12) e seria por esse motivo que, no Brasil,

> em vez de [se] admitir que o caldeamento de raças realizado em uma escala sem exemplo po[ssa] significar enriquecimento de potencialidades, manancial de onde nascerá, *talvez*, uma nova cultura, procuramos enganarmos com a opinião fácil de que o tempo apagará bem cedo e sem deixar vestígios toda a influência africana na formação nacional (Holanda, 1978, p. 13, grifo meu).

Sérgio parece demonstrar aí atenção à forma com que essas *culturas outras* eram absorvidas, retrabalhadas e potencialmente portadoras de algo novo. Mas o "talvez" do texto é importante. Se em *Raízes* ele alertara que o fim da cordialidade não implicava automaticamente na civilidade, aqui vale o mesmo raciocínio: a mescla não implicaria *necessariamente* o novo. De volta a São Paulo, notava esse algo novo no contato entre as duas civilizações, mas sobretudo na possibilidade do gentio se manifestar no adventício. Nos campos de Piratininga e nas empreitadas paulistas, apenas porque aquele português soube (ou pode, ou teve) que absorver a cultura da terra é que ele pode (ou soube) e finalmente conseguiu se estabelecer com sucesso. Disso resultava a especificidade paulista – não da afirmação de uma pretensa "pureza de raça" que o isolamento poderia fazer supor – mas no intenso, cotidiano e necessário intercurso entre o nativo e o adventício, entre o negro da terra e o português, narrado com maestria nas suas obras dos anos 1940 e 1950.

A particularidade que caracterizava aquele habitante se manifestava nas próprias formas que o paulista encontrou para sobreviver, mesmo quando a caça ao índio já não fazia mais sentido. Vale voltar ao texto. Analisando a íntima relação entre coragem, violência, crime e punição para estes homens, diz o historiador:

> A verdade é que se essas paragens criaram uma raça em muitos pontos mais próxima do bugre do que do europeu, é talvez porque o tipo do bugre lhes correspondesse melhor. Na luta diuturna contra a floresta, onde todos os inimigos são traiçoeiros, não há lugar para se formarem as imaginações intrépidas e generosas em que o civilizado se distrai da monotonia de um mundo sem constantes e mortais perigos.[21] *A ousadia*, aqui, *há de ser cautelosa, previdente e acomodada a quaisquer surpresas*. (Holanda, 1957, p. 145, grifo meu)

---

21 Tão diferente de uma "fidalguia" e de um "cavalheirismo às vezes mórbido e até sádico, mas com qualidades aristocráticas sem dúvida brilhantes e aptidões certamente superiores para a vida política,

Essa constatação leva Sérgio a traçar a genealogia paulista: homem que adaptado ao meio, acostumado às andanças, em alguns séculos se especializaria em tropeiro – como se sabe, origem das primeiras fortunas locais – para, em seguida, tornar-se o grande fazendeiro de café. O mais emblemático desses homens talvez tenha sido Antonio da Silva Prado (1778-1875), não o conselheiro do Império, mas o avô daquele, quem de fato amealhou a fortuna que daria a base do enriquecimento da família e que no fim da vida seria agraciado com o título de Barão de Iguape. A observação da trajetória de Silva Prado "num meio ainda mofino como o de São Paulo pelo ano de 1816" permitia que se "desmonta[sse] o mito obstinado da avassaladora preeminência agrária na formação brasileira" – opondo São Paulo aos outros pontos da colonização portuguesa. Portanto, matizando as suas próprias afirmações em *Raízes do Brasil*, já que teria sido "à custa de um esforço continuado, de um raciocínio sempre alerta, da intuição certeira" que Prado, através do exercício de atividades se não propriamente urbanas, pouco sedentárias, pôde se estabelecer com sucesso, tornando-se um "filho do próprio trabalho" (Holanda, 1976, p. XIII, XIV).

Esse ponto me parece fundamental, pois mostra como também Sérgio Buarque traça o caminho que leva ao paulista do século 20, aquele da São Paulo potência. As características exaltadas são, sem exceção, herdadas da sobrevivência no "meio hostil", ou não foi por obra do *esforço continuado*, do *raciocínio sempre alerta* e da *intuição certeira* que o europeu se estabeleceu – a duras penas – naquelas terras do Novo Mundo? Noutra oportunidade Sérgio já esboçara a ligação entre o "bandeirismo do ouro" e o que ele chamou de "bandeirismo do café", assinalando que a distância entre ambos não era tão grande quanto parecia ser. Os dois pertenceriam "a uma mesma família" (Holanda, 1941).[22] Mas é no reconhecimento de Silva Prado como "filho do próprio trabalho" que podemos avançar na sua compreensão da contribuição paulista para a formação da nação: era naquele momento que, finalmente, *o ócio dava lugar ao*

---

para a atividade militar, para algumas formas de expressão literária e artística mais suaves e até para a diplomacia, para a vida de salão, para o donjuanismo elegante", notados, segundo Sérgio, por Gilberto Freyre em relação ao Nordeste, *apud* Holanda, 1978, p. 82.

22 Em sua introdução às memórias do colono suíço Thomas Davatz, que trabalhou numa das primeiras fazendas a empregar braços livres em São Paulo, ainda nos tempos da escravidão – pertencente ao Senador Vergueiro (1778-1859) – Sérgio reconstrói os anos em que São Paulo "vira", quando o oeste paulista passa a ser ocupado por fazendas de café (Holanda, 1941).

negócio.[23] Ao tratar da famosa feira de Sorocaba, origem das primeiras fortunas paulistas, Sérgio notava a lenta passagem entre o "aventureiro" bandeirante e o paulista "retalhista" que começa penetrar no sertão não mais atrás dos índios, mas para comerciar produtos. Teria sido

> uma significativa etapa na evolução e também na sociedade paulista. Os grossos cabedais que nelas se apuram, tendem a suscitar *uma nova mentalidade* na população. *O tropeiro é o sucessor direto do sertanista e o precursor, em muitos pontos, do grande fazendeiro*. A transição faz-se assim sem violência. O espírito de aventura [louvado nesses paulistas seiscentistas], que admite e quase exige a agressividade ou mesmo a fraude, encaminha-se, aos poucos, para uma ação mais disciplinadora. [...] O amor da pecúnia sucede o gosto da rapina. [...] Em um empreendimento muitas vezes aleatório, *faz-se necessária certa dose de previdência, virtude eminentemente burguesa e popular* (Holanda, 1957, p. 158, grifos meus).

Ao reconhecer o nascimento de uma nova característica, ligando-a ao tropeiro e ao novo fazendeiro, Sérgio "se permite" então fazer um "parêntese" e perguntar se não haveria ali "uma das explicações possíveis para o fato de justamente São Paulo ter se adaptado, antes de outras regiões brasileiras, a certos padrões do moderno capitalismo" (Holanda, 1957, p. 158). Também Morse se deixara levar pelo fato de São Paulo ter se adaptado, antes de outras regiões, a certos padrões do capitalismo, para construir sua história da cidade e creio que o raciocínio de Sérgio na construção dessa personalidade paulista pode ser percebido na forma como Morse constrói sua própria abordagem da cidade. Vejamos como.

Indícios, fragmentos e narrativas constroem uma história cultural de São Paulo

Ideal bandeirante
Tome este automóvel
E vá ver o Jardin New-Garden
Depois volte à Rua da Boa Vista
Compre o seu lote

23 Outro dos pares de opostos que percorrem *RB*, como vimos. Wegner mostra como o tema é tratado na primeira edição e abrandado na posterior, resultando seus livros sobre entradas e bandeiras como a possibilidade de se pensar uma outra explicação do Brasil (Wegner, 2000, p. 58 e ss)

Registre a escritura
Boa firme e valiosa
E more nesse bairro romântico
Equivalente ao célebre
Bois de Boulogne
Prestações mensais/Sem juros
Oswald de Andrade, *Pau-Brasil*, 1925

Sérgio Buarque iniciara *Caminhos e Fronteiras* lembrando como São Paulo foi desde os primeiros tempos um entroncamento de caminhos, inicialmente dos nativos que cruzavam o vasto continente americano do Prata ao Amazonas, e logo dos conquistadores, que puderam a partir daí trilhar para o sertão. Além da importância para o desenvolvimento daquela região, a situação era vista como a representar simbolicamente os destinos paulistas (Holanda, 1957, p. 16). Morse também buscava construir sua história a partir da perspectiva, digamos, espacial: reconhecia o sítio estrategicamente localizado, "de modo a dominar as rotas terrestres e fluviais de um vasto platô que declina para o oeste até atingir o sistema do rio Paraná", configurando um "destino para o interior" (Morse, 1954, p. 19). As primeiras vias de entrada, sobre os velhos caminhos, se tornariam os principais eixos viários da cidade, onde se deram os primeiros desenvolvimentos urbanos para além do núcleo urbano original. A elas aderiram em seguida as estradas de ferro, adequando-se à configuração de caminhos existentes, convergindo para um centro.[24] "A cidade era portanto frequentemente o único ponto de ligação possível entre duas artérias e tornou-se ponto obrigatório para a maioria dos viajantes que passavam pelo planalto", como atestam os testemunhos de Mawe, Kidder, Spix e Matius, Saint-Hilaire, invocados para reconstruir a situação da vila de São Paulo e seus arredores por volta de 1800 (Morse, 1954, p. 19-21).[25]

---

24 O reconhecimento desse sistema convergente, adequado à topografia, aparece inicialmente no estudo de Caio Prado sobre a formação da cidade de São Paulo, baseado na configuração morfológica do terreno onde a vila se implantou, donde se nota a evolução urbana da cidade a partir do centro. Cf. Prado Jr., [1936] 2004.

25 O inglês John Mawe (1764-1829) publicou *Travels in the Interior of Brazil* (1812); o missionário norte-americano Daniel P. Kidder (1815-1891), *Sketches of Residences and Travels in Brazil* (1845); J. B. von Spix (1781-1826) e C. F. Martius (1794-1869), naturalistas alemães, registraram suas pesquisas em *Travels in Brazil in the years 1817-1820* (1824), Auguste de Saint-Hilaire (1779-1853), naturalista francês, publicou *Voyage dans les Provinces de Saint- Paul* (1851). Morse citaria ainda outros viajantes.

Como Sérgio Buarque, o norte-americano insistia na importância do fato da Serra do Mar ter sido uma barreira quase intransponível, ajudando a manter os interesses daqueles homens voltados para dentro do continente até pelo menos fins do século 18.[26] Mas mais que dificultar um pretenso acesso do litoral, Morse mostra como a serra garantiu autonomia para a região. Governada por seus próprios homens, de certa forma mais livres do mando e da influência metropolitanos, São Paulo se manteve afastada das causas que atingiam e transformavam as outras cidades pelo menos até a Independência, quando a situação começa a mudar. Para o norte-americano, é a perda dessa relativa autonomia, juntamente à implantação da Academia de Direito do Largo São Francisco e ao estabelecimento da imprensa na capital paulista, com a criação do primeiro jornal, que catalisam a "explosão" posterior, pois os três fatores preparam terreno para aquele paulista sair definitivamente do seu mundo interior, apontando para o cosmopolitismo que caracterizará a cidade mais adiante (Morse, 1954, p. 44-58).

Ao recompor os caminhos da colonização paulista, Sérgio Buarque "busca[ra] compreender, em toda a sua complexidade, o mecanismo das trocas, sínteses e soluções culturais" (Souza, 2001, p. 26), e para isso descia às minúcias de cada particularidade da vida no sertão. Retomava a indumentária e as formas de vestir, a dieta, a coleta e as artes da caça e da pesca, os meios de transporte e as formas de caminhar, as maneiras de dormir e de curar doenças, para mostrar, em cada particular, como os primeiros brancos "tiveram de imitar seus hábitos [dos índios] para resistir à hostilidade do meio" (Holanda, 1957, p. 27). Desse modo "ambos – vida material e cotidiano – entrecruzam-se constantemente, formando um todo único, percorrendo múltiplos caminhos, chegando a inúmeras fronteiras, constituindo, enfim, a cultura na sua acepção mais ampla, a cultura enquanto totalidade", como sintetiza Ilana Blaj (Blaj, 1998, p. 30). Ou, nas palavras de Laura de Mello e Souza, "não se trata[va] de constatar a *difusão* de traços, mas de perceber que a forma assumida por tais traços foi definida pela situação histórica" (Souza, 2001, p. 26).

26 Outro ponto que havia sido explorado na bibliografia sobre o desenvolvimento de São Paulo. Lucia Lippi recupera os pressupostos fundamentais que teriam orientado a concepção da história paulista – entre eles o "isolamento", bem como a "mestiçagem luso-indígena" e a "ausência de negro africano" –, desde Pedro Taques de e Frei Gaspar, passando pelos intelectuais do IHGSP (entre os quais Taunay, professor de Sérgio Buarque e diretor do Museu Paulista entre 1917-45) até a *blague* oswaldiana: *tupy or not tupy, that's the question* e chegando à Revolução de 1932, para mostrar como os mesmos aparecem e reaparecem quase sempre afirmando a superioridade paulista (Oliveira, 2000, p. 69-91), e nos auxilia na compreensão da genealogia dos temas trabalhados, ainda que com perspectivas distintas, por Sérgio e Morse.

Richard Morse partia da mesma perspectiva de abordagem: vida material e cotidiano, concebendo a cidade como uma entidade cultural. Jornais, relatos, diários, canções, cartas poemas e pregões se combinavam com estudos científicos e estatísticas, literatura, arquitetura, urbanismo e sociologia. Desta forma, o estudo que propõe sobre São Paulo pode ser visto sob a perspectiva de uma história cultural, compreendendo a cidade por meio de distintos materiais e com apoio das diversas disciplinas.[27] Buscando indícios dessa história "além dos limites físicos mais imediatos", nas raízes históricas que englobavam uma região maior, Morse afirmava num dos artigos que publica antes de terminar a tese que a cidade não podia ser entendida como

> um fenômeno isolado como uma pedra numa praia arenosa. Seus fundamentos, a natureza e o grau de seu desenvolvimento, e suas funções, conduzem-nos a estudar a região global em que ela se assenta, [e, sabendo que] por 400 anos sua vida [havia sido] condicionada por sua posição de centro das rotas de comércio que ela drenava e distribuía para uma vasta região econômica (Morse, 1949).

Deste modo, o norte-americano demonstrava não ter dúvidas que para compreendê-la era necessário compreender a história de toda a sua região. O "histórico crítico e interpretativo" que fazia de São Paulo partia de um "ponto de vista" construído nas conversas informais com seus amigos brasileiros (Morse, 1954, s.p.) – entre os quais Sérgio Buarque – conjugando-o com o que aprendera na universidade, a certa sensibilidade interessada e ao vasto material disperso sobre a vida na cidade. Isso concorre para a visão que compreende na materialidade a própria forma da situação histórica.

Também Sérgio, ao retomar o dia-a-dia daqueles homens ao longo de séculos na sua tarefa de adaptação, flagrando justamente uma mentalidade em formação, partia da materialidade para traçar esse *ethos* paulista. Vale transcrever alguma dessas especulações para mostrar o seu alcance. Em relação à caça e à pesca, por exemplo, fundamentais para a sobrevivência desses sujeitos quase nômades, Sérgio mostrava como

---

27 O crítico Arturo Almandoz é um dos comentadores que localiza os estudos de Morse no campo da história cultural urbana, cf. Almandoz, 2002. A respeito dos rendimentos da história cultural para se pensar as cidades, Adrián Gorelik afirma que "a história cultural urbana abre-se a todas as disciplinas que tenham algo a dizer sobre a cidade, e com isso redefine todas as questões que giram em torno dela: a literatura, a política, a sociologia, a arquitetura, que também acabam reformuladas ao passarem pelo filtro da cidade" (Cf. Castro e Mello, 2009). Não podemos também nos esquecer do inovador trabalho com fontes até então pouco usuais que aparece em *Casa Grande & Senzala*, lido por Morse ainda nos EUA, cf. Mehy, 1990.

o "adventício tinha de ficar quase inteiramente a mercê dos expedientes inventados pelo selvagem, pois o equipamento técnico trazido do Velho Mundo era muitas vezes inútil em terras que não estivessem preparadas para recebê-lo" (Holanda, 1957, p. 68). Nesse convívio diuturno, "a mistura étnica e também a aculturação [...] deram ao indígena um papel que será impossível disfarçar", donde concluía: "de onde naturalmente a espécie de *solidariedade cultural* que logo se estabeleceu aqui entre o invasor e a raça subjugada" (Holanda, 1957, p. 69, grifo meu).

Recorrendo mais uma vez a Ilana Blaj, vemos que Sérgio "não se aproxima dos múltiplos elementos da vida e da cultura material como mera ilustração, o que implicaria no reducionismo", nem com proposições *a priori* que transformassem "as produções e reproduções da vida concreta em simples corroboração" (Blaj, 1998, p. 30). Tal análise cabe, creio, também para a obra de Morse sobre São Paulo. O norte-americano não buscava corroborar uma "tese" sobre o desenvolvimento urbano, não fazia "esforço sistemático para confirmar ou refutar hipóteses sociológicas" (Morse, 1954, p. 14), ao contrário, como completa Blaj sobre o trabalho de Sérgio Buarque, "deixa que os elementos da cultura material falem por si, e desta forma, revelem as múltiplas dimensões da vida real, as dimensões do social, do mental e do cotidiano" (Blaj, 1998, p. 30). O importante para ele era tirar seu objeto de estudo "do contexto amorfo da História", dando-lhe "coerência, drama e finalidade" pois, como diz o próprio, buscava ali escrever "uma *história* da cidade" e não compilar "um almanaque de coisas isoladas da cidade" (Morse, 1949, p. 43-6).

Caminhos e Fronteiras, num certo sentido, contribuiu para a afirmação de São Paulo como polo modernizador da nação. Sérgio Buarque construía a personalidade paulista na mescla de índio e português, resultando um novo homem, mais bugre que outra coisa, mas cuja personalidade, trabalhada nas adversidades da selva, pode se diferenciar daquele português que se sedentarizou na grande propriedade rural e que se acomodou na cordialidade. Morse, a meu ver, partindo disso, quis definir a personalidade do paulista moderno no momento em que aquela comunidade agrária – quase nômade – se transformava em cidade possibilitando aos seus lideres e cidadãos "enunciarem suas esperanças e seus problemas em termos abstratos e intelectuais" (Morse, 1954, p. 16) e deste modo se coloca na trilha desta "tradição". É a partir desse ponto que vale a pena contar a *história da cidade*: quando os elementos que permitirão a "transformação" posterior já aparecem completamente esboçados no horizonte e no temperamento de seus habitantes, quando surgiam os "chamados signos de uma cultura urbana intelectual e autoconsciente" (Morse, 1954, p. 17). Para tanto, também se valeu de uma descrição material minuciosa, embora pouco sistemática, deixando sua "intuição" compor o todo. Reunindo uma miríade de documentos, Morse reconstruiu o dia a dia daquela cidade em vias de se metropolizar, com uma vivacidade que até hoje pode nos surpreender, acompanhando o percurso nem sempre linear[28] que São Paulo trilhou ao longo de mais de um século.

Ao final de seu estudo, o historiador norte-americano insistia que as atitudes mentais e as formas de estrutura social da modernização não podiam ser impostas de fora para dentro (Morse, 1954, p. 239-41). A questão era antes de transformação de mentalidade que de imposição da ordem – mentalidade que vinha sendo formada ao longo dos séculos, se retomarmos o trabalho de Sérgio Buarque. Morse imputava a não implantação do capitalismo nos moldes dos países centrais à conservação de "certas atitudes de natureza católico-agrária" e via que esse "*ethos* residual esta[va] em desacordo com muitos modos de organização importados de fora". Aqui nota-se o germe de uma visão que Morse desenvolve em trabalhos posteriores:[29] para ele, na medida em que aquela comunidade paulistana ainda possuía – "de forma casual e desarticulada" – as qualidades humanas que desapareceram das sociedades dos países centrais, justamente pela modernização capitalista, e que naquele momento (nos anos 1950) eram "tão diligentemente procuradas", havia a possibilidade que "o 'êxito' e a 'eficiência' da indústria paulistana do futuro serem determinados não por índices abstratos de produção mas pela medida em que essa indústria desse lugar a uma configuração fiel às tradições regionais e sócio-culturais" ibéricas, fazendo de São Paulo "um exemplo para o mundo" (Morse, 1954, p. 249-51). Sérgio Buarque não iria tão longe, mas ao se apropriar das teorias de Weber para pensar a implantação do capitalismo no novo mundo, também fizera especulações que passavam pela especificidade cultural local.[30]

---

28 Basta lembrar que depois dos efeitos catalisadores da Academia, imprensa e independência, há para Morse um refluxo nas transformações da cidade, mostrando que o autor não construía uma história de evolução progressiva, como a montagem cronológica proposta possa fazer supor (cf. Morse, 1954).

29 Penso aqui no polêmico *O espelho de Próspero* (1988) e nos artigos suscitados pelas críticas de Simon Schwartzman.

30 Tal tema requereria muito mais atenção que as intenções deste artigo supõem. Para uma leitura de Sérgio Buarque à luz de Weber, remeto a Souza, 1999. Para uma relativização desta "apropriação" em *RB*, ver Waizbort, e Goldfeder, 2009. Mas vale notar, aproveitando as palavras de Helena Bomeny sobre outros intelectuais norte-americanos, que Morse, ao não se concentrar nas "razões do atraso" brasileiro, mas nas possibilidades de positivar o legado ibérico aqui de certa forma preservado, mostra também sua inquietação sobre os "desdobramentos de um individualismo exacerbado indicando a

Assim, mais que buscar temas afins que tenham sido retomados e retrabalhados – o que não creio ocorrer diretamente –, o interesse maior aqui é notar um raciocínio, se não comum, ao menos pertencente à mesma constelação, que orientaria uma forma de pensar e fazer história. É nesse trabalho de reconstrução histórica através da narrativa que podemos talvez apontar o que Morse compartilha com Sérgio Buarque. Uma história cultural *avant la lettre*,[31] feita de documentos oficiais e indícios materiais, de erudição e pesquisa, mas também de intuição e talento para a escrita, que queria entender as particularidades da modernização em São Paulo, semeada nos tempos da colônia e finalmente colhida nos anos do café.

Morse, na sua *biografia da cidade*, parece ter construído um caminho que também partia da ideia esboçada por Sérgio ainda nos anos 1940 e retrabalhada nas suas obras posteriores, para chegar ao dinamismo metropolitano dos anos 1950. Dinamismo que de certo modo alimentou as reflexões do historiador brasileiro, numa espécie de via de mão dupla na qual cada um deles, ao deslocar sua perspectiva, pode propor um ponto de vista específico, capaz de fornecer um ângulo novo para novos e velhos problemas.

Referências Bibliográficas

ALMANDOZ, A. "Notas sobre historia cultural urbana. Una perspectiva latinoamericana". In: *Perspectivas urbanas/Urban Perspectives*. Barcelona: ETSAV, 2002. Disponível em: <http//www.etsav.upc.es/urbpersp/num01/índex.htm>. Acesso em 12 maio 2009.

BENDER, T. "Book Reviews: Lewis Mumford: Public Intellectual. Edited by Thomas P. Hughes and Agatha C. Hughes. New York: Oxford University Press, 1990".

ameaça e/ou a corrosão das possibilidades de vida social mais interativa" (Bomeny, 2001), ou, em outras palavras, a perda dos ideais da comunidade, que em seu modo de ver, se mantinham ainda na São Paulo metrópole daquela década.

31 Ainda que possamos lembrar aqui, além dos trabalhos de Freyre já citados, de outro norte-americano, hoje visto como precursor na abordagem cultural dos estudos urbanos, o planejador urbano e historiador das cidades norte-americano Lewis Mumford (1895-1990), autor de *The culture of the cities* (Mumford, 1938), que serviu a Morse como um guia na sua perspectiva da história da cidade (Cf. Bomeny, 1989). Mumford pode ser visto como um desses intelectuais que criticavam o exacerbado individualismo norte-americano e suas consequências para as cidades, mas o desdobramento dessa relação foge do tema deste artigo.

Technology and Culture, vol. 33, n. 2, abr. 1992, p. 388-389. Disponível em <http://www.jstor.org/stable/3105891>. Acesso em 12 jun. 2010.

BLAJ, I. "Sérgio Buarque de Holanda: historiador da cultura material". In: CANDIDO, Antonio (org.). *Sérgio Buarque de Holanda e o Brasil*. São Paulo: Ed. Fundação Perseu Abramo, 1998, p. 29-48.

BOMENY, H. "Uma Entrevista com Richard Morse". *Estudos Históricos*, Rio de Janeiro, vol. 2, n. 3, 1989, p. 77-93.

_______. "Atraso e doença: duas faces do individualismo moderno". *Estudos Históricos*. Brasil-Estados Unidos. Rio de Janeiro, n. 27, 2001, p. 241-8.

BORGES, D. "A Field Guide to Richard Morse's Brazil, Culture and Ideology in the Americas: Essays in Honor of Richard M. Morse". *Luso-Brazilian Review*, vol. 32, n. 2, University of Wisconsin Press, winter 1995, p. 3-14.

BREFE, A. C. F., "A cidade inventada: a pauliceia construída nos relatos dos memorialistas (1870-1920)". Dissertação de mestrado. Campinas, IFCH-Unicamp, 1993.

_______. *O Museu Paulista: Affonso de Taunay e a memória nacional (1917-1945)*. São Paulo: Editora Unesp, 2005.

CALIL, C. A. "Paulo Prado, entre tradição e modernismo". In: SCHWARCZ, L. e BOTELHO, A. (orgs.). *Um enigma chamado Brasil*. São Paulo: Companhia das Letras, 2009, p. 132-43.

CANDIDO, A., "O significado de *Raízes do Brasil*" (1967). In: HOLANDA, S. B. *Raízes do Brasil*. São Paulo: Companhia das Letras, 1997.

CASTRO, A. e MELLO, J. "Cultura urbana sob novas perspectivas – entrevista com Adrián Gorelik". *Novos Estudos*, São Paulo: Cebrap, n. 84, 2009, p. 235-49.

DOZER, D. M. *Are you good neighbors? Threee decades of Inter-American relations 1930-1960*. Gainsville: University of Florida Press, 1959.

FERREIRA, A. C., *A epopeia bandeirante: letrados, instituições, invenção histórica (1870-1940)*. São Paulo: Editora Unesp, 2002.

HAINES, Gerald. *The Americanization of Brazil. A Study of US Cold War Diplomacy in the Third World, 1945-1954.* Washington: S. R. Books, 1984.

HOLANDA, S. B. *Raízes do Brasil* [1936]. São Paulo: Companhia das Letras, 1997.

_______. Prefácio do tradutor a DAVATZ, Thomas. *Memórias de um colono*. São Paulo: Martins, 1941.

_______. "Panlusismo" [1941]. In: *Cobra de Vidro*. São Paulo: Perspectiva, 1978, p. 73-83.

_______. "Negros e Brancos" [1941]. In: *Cobra de Vidro*. São Paulo: Perspectiva, 1978, p. 12-3.

_______. *Monções* [1945]. São Paulo: Alfa-Ômega, 1976.

_______. *Caminhos e Fronteiras*. Rio de Janeiro: José Olympio, 1957.

_______. Prefácio a PETRONE, M. T. S. *O barão de Iguape*. Rio de Janeiro: Cia Nacional, 1976.

LIERNUR, J. F. "The south american way – el 'milagro' brasileño, los Estados Unidos y la Segunda Guerra Mundial (1939-1943)". *Block*, Buenos Aires: UTT, n. 4, dez. 1999, p. 23-41.

MEHY, J. S. B. *A colônia brasilianista. História oral da vida acadêmica*. São Paulo: Nova Stella, 1990.

MORSE, R. "São Paulo: The Early Years". M. A. in History. New York, Columbia University, 1947.

_______. "O pesquisador social e o historiador moderno". *Revista do Arquivo Municipal*, ano XV, vol. CXXIII, mar. 1949, p. 36-52.

_______. "São Paulo: City under the empire (1822-1889)". Ph.D Dissertation. New York, Faculty of Political Science/Columbia University, 1952.

_______. *De comunidade a metrópole. A biografia de São Paulo*. São Paulo: Comissão do IV Centenário, 1954.

_______ (Ed. with an introd.). *The bandeirantes: the historical role of the Brazilian pathfinders.* New York: Knopf, 1965.

_______. *Formação Histórica de São Paulo (de comunidade a metrópole).* São Paulo: Difel, 1970.

MONTEIRO, P. M. "As *Raízes do Brasil* no Espelho de Próspero". *Novos Estudos:* Cebrap, São Paulo, n. 83, 2009a, p. 159-182.

_______. "A paixão latino-americana: Richard Morse". In: SCHWARCZ, L. e BOTELHO, A. (orgs.). *Um enigma chamado Brasil.* São Paulo: Companhia das Letras, 2009b, p. 352-63.

NOVAIS, F. "Capistrano de Abreu na historiografia brasileira". In: *Aproximações. Estudos de história e historiografia.* São Paulo: Cosac Naify, 2005, p. 313-6.

OLIVEIRA, L. L. *Americanos. Representações da identidade nacional no Brasil e nos EUA.* Belo Horizonte: Ed. UFMG, 2000.

PRADO JR., C. "O fator geográfico na formação e no desenvolvimento da cidade de São Paulo" [1936]. *Revista do Arquivo Municipal,* n. 202, São Paulo: DPH, 2004 (Antologia).

PRADO, P. *Paulística, etc.* (Org. Carlos Augusto Calil). São Paulo: Companhia. das Letras, 2004, p. 65-92.

QUEIROZ, M. I. P. "Ufanismo paulista: vicissitudes de um imaginário" *Revista da USP,* São Paulo, n. 3, 1992, p. 78-87.

SCHWARCZ, L. *O espetáculo das raças: cientistas, instituições e questão racial no Brasil (1870-1930).* São Paulo: Companhia das Letras, 1993.

SOUZA, J. "A ética protestante e a ideologia do atraso brasileiro". In: SOUZA, J. (org.). *O malandro e o protestante: a tese weberiana e a singularidade cultural brasileira.* Brasília: Ed. da UnB, 1999, p. 17-54.

SOUZA, L. M. "SBH entre a história e a sociologia". In: NASCIMENTO, M. M. (org.). *Jornal de Resenhas – Seis anos.* São Paulo: Ateliê Editorial, 2001, vol. 1, p. 26-8.

WAIZBORT, L. e GOLDFEDER, A. "Sobre os 'tipos' em *Raízes do Brasil*". *Revista do Instituto de Estudos Brasileiros*, São Paulo, vol. 49, 2009, p. 13-36.

WALDMAN, T. "Moderno bandeirante: Paulo Prado entre espaços e tradições". Dissertação de mestrado. São Paulo, FFLCH-USP, 2010.

WEGNER, R. *A conquista do oeste: a fronteira na obra de Sérgio Buarque de Holanda*. Belo Horizonte: Ed. UFMG, 2000.

Sobre os autores

Adrían Gorelik

Professor da Universidad Nacional de Quilmes/Argentina, pesquisador do CONICET e autor de *Miradas Sobre Buenos Aires* (2004) e *Das vanguardas à Brasília: cultura urbana e arquitetura na America Latina* (2005).

Adriana Maiolini Mesquita

Graduanda da Faculdade de Arquitetura e Urbanismo da USP e bolsista da Fapesp (Iniciação Científica), para a realização da pesquisa *A presença estrangeira em Habitat (1950-1954) e Mirante das Artes, Etc., 1967-68* (2009).

Ana Claudia Veiga de Castro

Doutoranda da Faculdade de Arquitetura e Urbanismo da USP e bolsista da Fapesp para a realização da tese (em andamento), *A formação da metrópole pelo olhar de Richard Morse: uma história cultural de São Paulo* e autora de *A São Paulo de Menotti del Picchia* (2008).

Ana Lúcia Duarte Lanna

Professora da Faculdade de Arquitetura e Urbanismo da USP, bolsista produtividade CNPq, autora de *Uma cidade na transição: Santos, 1870/1913* (1996).

Arturo Almandoz

Professor da Universidad Simón Bolívar (USB)/Caracas e da Universidad Católica de Chile (PUC)/ Santiago, autor de *Ensayos de cultura urbana* (2000), *Planning Latin America's Capital Cities, 1850-1950* (2002).

Dinalva Derenzo Roldan

Mestranda da Faculdade de Arquitetura e Urbanismo da USP e bolsista da Fapesp para a realização da dissertação (em andamento), *Modernização, metrópole e subdesenvolvimento na perspectiva dos estrangeiros: Padre Lebret e a formação do ideário urbano em São Paulo, entre 1945-1960.*

Fernanda Arêas Peixoto

Professora do Departamento de Antropologia da USP, bolsista produtividade do CNPq e autora de *Diálogos brasileiros: uma análise da obra de Roger Bastide* (2000).

Fernanda Fernandes

Professora da Faculdade de Arquitetura e Urbanismo da USP, organizadora com Aguinaldo Farias de *Arte e arquitetura: balanço e novas direções* (2010).

Graciela Silvestri

Professora da Faculdade de Arquitetura e Urbanismo da Universidad de La Plata, pesquisadora do CONICET e autora de *El color del rio* (2003) e *El lugar común* (2011).

Gwendolyn Wright

Professora de Arquitetura da Universidade de Columbia e autora de *Building the Dream: A Social History of Housing in America (1981)* e de *USA. Modern Architectures in History* (2008).

Isabela Oliveira Pereira da Silva

Doutoranda do Programa de Pós-Graduação em Antropologia Social da USP, bolsista do CNPq e da Capes (bolsa sanduíche/ Universidade de Columbia) para a realização da tese (em andamento) *De Chicago a São Paulo: Donald Pierson, ensino e pesquisa na formação das ciências sociais no Brasil, 1930-1960.*

Joana Mello de Carvalho e Silva

Doutora pela Faculdade de Arquitetura e Urbanismo da USP, professora da Escola da Cidade, autora de *Ricardo Severo, da arqueologia portuguesa à arquitetura brasileira* (2007).

José Tavares Correia de Lira

Professor da Faculdade de Arquitetura e Urbanismo da USP, bolsista produtividade do CNPq, e autor de *Warchavchik: fraturas da vanguarda* (2011).

Jussara Derenji

Diretora do Museu da Universidade Federal do Pará, autora de *Arquitetura Nortista, a presença italiana no início do século XX* (1998).

Karen Macknow Lisboa

Professora da Universidade Federal de São Paulo (Unifesp), autora de *A nova Atlântida de Spix e Martius: natureza e civilização na viagem pelo Brasil, 1817-1820* (1997).

Luisa Amoroso Guardado

Graduanda da Faculdade de Arquitetura e Urbanismo da USP e bolsista da Fapesp (Iniciação Científica) para a realização da pesquisa, *O arquiteto Bernardo Rudofsky em São Paulo: viagens modernistas ao popular* (2009).

Luísa Valentini

Mestre em Antropologia Social pela Universidade de São Paulo com a dissertação *Um laboratório de antropologia: o encontro entre Mário de Andrade, Dina Dreyfus e Claude Lévi-Strauss (1935-1938)*, realizada com apoio da Fapesp (2010).

Maria Cristina da Silva Leme

Professora da Faculdade de Arquitetura e Urbanismo da USP, bolsista produtividade CNPq, autora e organizadora de *Urbanismo no Brasil 1895-1965* (2005).

Maria Ruth Amaral de Sampaio

Professora da Faculdade de Arquitetura e Urbanismo da USP, autora e organizadora de *A Promoção Privada de Habitação Econômica - 1934/1964* (2002).

Mariana Gonçalves Guardani

Mestre pela Faculdade de Arquitetura e Urbanismo da USP, com a dissertação *Fotógrafos estrangeiros na cidade: campo profissional e imagem fotográfica em São Paulo, 1930-60*, realizada com apoio da Fapesp (2011).

Oswaldo Truzzi

Professor da Universidade Federal de São Carlos e bolsista produtividade do CNPq, autor de *Sírios e Libaneses. Narrativas de história e cultura* (2005) e organizador de *Atlas da Imigração Internacional em São Paulo, 1850-1950* (2008).

Paulo César Garcez Marins

Professor do Museu Paulista da USP, autor de *Através da Rótula - sociedade e arquitetura no Brasil, séculos XVII a XX* (2001).

Sarah Feldman

Professora do Instituto de Arquitetura e Urbanismo da USP, bolsista produtividade CNPq, autora de *Planejamento e Zoneamento. São Paulo, 1947-1972* (2005).

Solange Ferraz de Lima

Professora do Museu Paulista da USP, e autora, em parceria com Vânia Carvalho, de *Fotografia e cidade: da razão urbana à lógica do consumo. álbuns de São Paulo (1887-1954)* (1997).

Stamatia Koulioumba

Pós-doutoranda (2010) Fapesp na Faculdade de Arquitetura e Urbanismo da USP com pesquisa *Arquitetura Moderna no Centro de São Paulo: Participação dos Imigrantes na Introdução de Novas Tipologias e Tecnologias Construtivas no Bairro do Bom Retiro* e professora da Uniban.

Sylvain Souchaud

Pesquisador (chargé de recherche) do IRD – *Institut de Recherche pour le Développement*/França, pesquisador colaborador do NEPO/Unicamp e autor de *Geografía de la migración brasileña en Paraguay* (2007)

ESTA OBRA FOI IMPRESSA EM SANTA CATARINA NA PRIMAVERA DE 2011
PELA NOVA LETRA GRÁFICA & EDITORA. NO TEXTO FOI UTILIZADA A
FONTE ARNO PRO EM CORPO 11 E ENTRELINHA DE 15,5 PONTOS.